파워특강

헌법

www.goseowon.co.kr

2000년대 들어와서 꾸준히 이어지던 공무원 시험의 인기는 2016년 현재에도 변함이 없으며 9급 공무원 시험 합격선이 예년에 비해 대폭 상승하고 높은 체감 경쟁률도 보이고 있습니다.
최근의 공무원 시험은 과거와는 달리 단편적인 지식을 확인하는 수준의 문제보다는 기본 개념을 응용한 수능형 문제, 또는 과목에 따라 매우 지엽적인 영역의 문제 등 다소 높은 난이도의 문제가 출제되는 경향을 보입니다. 그럼에도 불구하고 합격선이 올라가는 것은 그만큼 합격을 위한 철저한 준비가 필요하다는 것을 의미합니다.

헌법은 법을 공부하는 많은 수험생들이 반드시 공부해야 하는 기본과목이자 고득점을 목표로 하는 과목으로 한 문제 한 문제가 시험의 당락에 영향을 미칠 수 있는 중요한 과목입니다. 방대한 양으로 학습에 부담이 있을 수 있지만, 우리나라 최고(最高) 법이자 모든 법의 기본인 만큼 빈출 내용을 중심으로 공부한다면 고득점을 얻을 수 있습니다.

본서는 광범위한 내용을 체계적으로 정리하여 수험생으로 하여금 보다 효율적인 학습이 가능하도록 구성하였습니다. 핵심이론에 더해 해당 이론에서 출제된 기출문제를 수록하여 실제 출제경향 파악 및 중요 내용에 대한 확인이 가능하도록 하였으며, 출제 가능성이 높은 다양한 유형의 예상문제를 단원평가로 수록하여 학습내용을 점검할 수 있도록 하였습니다. 또한 2016년 최근기출문제분석을 수록하여 자신의 실력을 최종적으로 평가해 볼 수 있도록 구성하였습니다.

신념을 가지고 도전하는 사람은 반드시 그 꿈을 이룰 수 있습니다. 서원각 파워특강 시리즈와 함께 공무원 시험 합격이라는 꿈을 이룰 수 있도록 열심히 응원하겠습니다.

contents

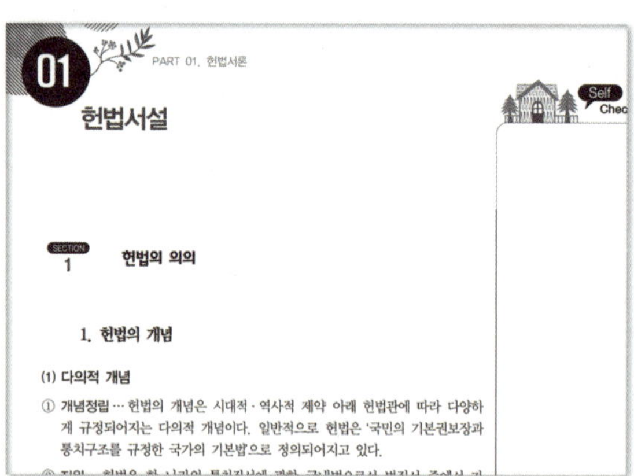

핵심이론정리

기본이론의 내용을 이해하기 쉽도록 요약·정리하고 기출문제와 연계하여 개념학습과 실제 시험유형 파악이 동시에 가능하도록 하였습니다.

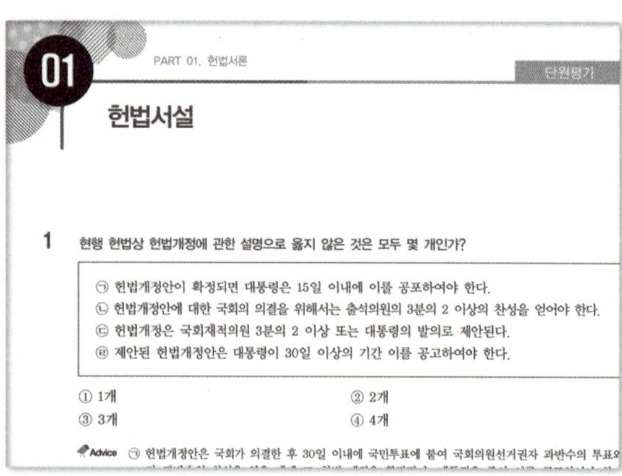

핵심예상문제

출제 가능성이 높은 핵심예상문제(단원평가)를 통해 이론학습에 대한 점검 및 완벽한 실전 대비를 꾀하였습니다.

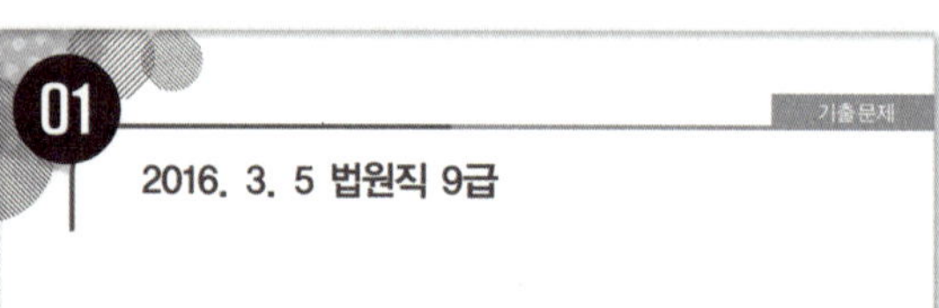

최신 기출문제

2016년 최신 기출문제를 분석·수록하여 효과적인 최종 마무리가 될 수 있도록 구성하였습니다.

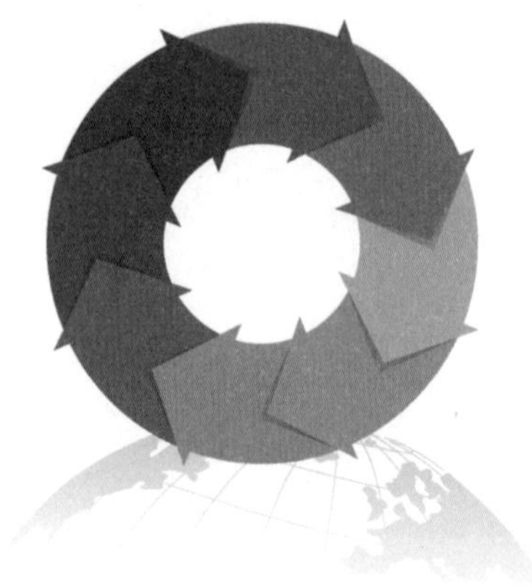

합격에 한 걸음 더 가까이!

헌법서론 단원은 헌법서설, 대한민국 헌법으로 구성되었습니다. 헌법의 기본적인 의미부터 우리나라와 세계 여러 나라의 헌법 비교, 우리나라 헌법에 대한 구성 및 성격, 역할 등을 설명하고 있기 때문에 시험출제 빈도가 높은 영역입니다. 따라서 자주 출제되는 내용에 대한 철저한 학습이 필요합니다.

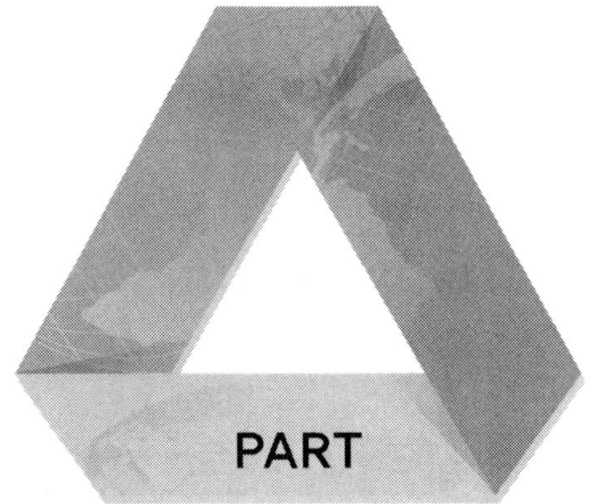

01

헌법서론

01 헌법서설

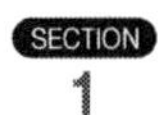
SECTION 1 헌법의 의의

1. 헌법의 개념

(1) 다의적 개념

① **개념정립** … 헌법의 개념은 시대적·역사적 제약 아래 헌법관에 따라 다양하게 규정되어지는 다의적 개념이다. 일반적으로 헌법은 '국민의 기본권보장과 통치구조를 규정한 국가의 기본법'으로 정의되어지고 있다.

② **지위** … 헌법은 한 나라의 통치질서에 관한 국내법으로서 법질서 중에서 가장 강한 효력을 가진다. 법질서 중에서 차지하는 헌법의 좌표와 헌법의 우선적 효력에 대해서는 다툼이 없다.

③ **국가론과의 관계** … 헌법과 국가는 불가분의 관계에 놓여 있으나, '국가론'은 국가현상에 대한 존재론적 연구를 그 대상으로 한다. 즉, 국가의 발생, 존립근거, 국가의 구성요소, 형태 등을 고찰하는 데 대하여 '헌법학'은 국가의 가치실현적 기능형태를 일정한 규범적 테두리 내에서 고찰하려고 한다.

(2) 헌법개념의 이중성

① **의의** … 헌법이 가지는 정치적 사실성과 법규범성을 헌법의 이중성 내지 양면성이라고 한다. 이러한 이중성 때문에 헌법개념도 사실적(사회학적) 헌법개념과 규범적(법학적) 헌법개념으로 나뉜다.

② **사실적 헌법개념**
　　㉠ 개요 : 이는 헌법을 정치적 사실로 보아 존재, 즉 sein으로서의 헌법을 규명하려는 견해이다.
　　㉡ 학자 : F. Lassalle은 헌법의 본질을 사실적 측면에서 구하여 한 나라의 사실적 권력관계가 헌법이라고 하였다. R. Smend는 통합주의적 헌법관에 따라 헌법은 다양한 권력이나 세력에 의하여 정치적 통합이 계속해서 형성되어가는 과정의 원리라고 하였다. C. Schmitt는 결단주의적 헌법관에 따라 정치적 통일체의 종류와 형태에 관하여 헌법제정권자가 내린 근본적 결단이라는 정치적 사실이 헌법이라고 하였다.

③ 규범적 헌법개념

　　㉠ 개요 … 헌법은 정치적 현실(sein)을 규제할 뿐만 아니라 정치적 공동체의 바람직한 형태에 관하여 근거를 제시하는 공동생활에 관한 당위(sollen)로서의 법규범이라고 한다.

　　㉡ 학자 : 이 부류에는 Jellinek, Kelsen, Kägi, Stern 등이 포함된다. Jellinek는 헌법을 국가 최고기관의 구성, 국가 최고기관의 상호관계와 권한배분, 개인의 기본적 지위에 관한 법규범이라고 하였다. Kelsen은 그의 법단계설에 따라 헌법은 국내법상 최상위에 자리하는 근본규범으로 보았다. Kägi는 권력구조와 기본권을 규정하는 국가의 법적인 근본질서라고 하였다. Stern은 국가의 통치질서와 가치질서의 기본원칙에 관한 최고의 규범적 표현이 헌법이라고 하였다.

(3) 역사적 발전과정과 헌법개념

① 고유한 의미의 헌법

　　㉠ 의의 : 국가의 통치체제에 관한 기본사항을 정한 국가의 기본법, 즉 '국가 최고기관의 조직과 권한, 국가 최고기관 상호간의 관계, 국가와 국민의 관계에 관한 기본원칙을 정한 국가의 기본법'을 의미한다.(본래의 의미의 헌법).

　　㉡ 지위 : 고유한 의미의 헌법은 국가가 존재하는 곳이면 성문의 형식이건 불문의 형식이건 반드시 존재하는 헌법이다.

② 근대입헌주의적 헌법

　　㉠ 의의 : 국민의 기본권을 보장하고 권력분립을 규정한 정치원리에 입각한 헌법을 말한다.

　　㉡ 성립시기 : 근대 시민혁명 이후에 성립하였다. 1789년의 프랑스의 '인간과 시민의 권리선언' 제16조는 권리의 보장이 확보되지 아니하고 권력의 분립이 규정되지 아니한 사회는 헌법을 가진 것이라 할 수 없다고 함으로써 근대입헌주의적 헌법에 관한 명쾌한 해석을 하고 있다.

　　㉢ 근대입헌주의헌법의 특성
　　　• 국민주권주의의 원칙
　　　• 기본권보장
　　　• 권력분립의 원칙
　　　• 성문헌법의 원칙
　　　• 경성헌법의 원칙

③ 현대복지국가의 헌법

　　㉠ 의의 : 근대입헌주의적 헌법의 바탕 위에 현대적 복지국가의 이념이 구현된 헌법을 의미한다.

　　㉡ 성립시기 : 양차대전을 겪으면서 근대입헌주의적 의미의 헌법에 수정·변경된 원리가 가미됨으로써 성립되었다. 현대 복지국가의 헌법은 생존권적 기본권을 보장하여 모든 국민에게 인간다운 생활을 보장하고 국민의 복지향상을 위한 적극국가로 발전하여 사회적 법치국가의 이념에 입각하고 있다.

문. 다음 중 '헌법'이라는 말이 근대입헌주의적 의미로 사용되고 있는 것은?

① 국가라는 정치적 조직에는 헌법이 존재한다.
② 영국에는 헌법이 없다.
③ 조선시대의 경국대전도 헌법이다.
④ 권력분립과 권리보장이 없는 국가는 헌법이 없다.
☞ ④

문. 근대입헌주의의 전개과정에서 나타난 외견적 입헌주의에 관한 설명으로 타당하지 않은 것은?

① 프랑스의 자유주의를 적극적으로 수용하기 위하여 '위로부터의 근대화'의 수단으로 채택된 절충적 이데올로기로서 독일에서 확립되었다.
② 국민주권론과 군주주권론의 충돌을 피하기 위한 이론으로 국가주권론이 대두되었다.
③ 자연법적 인권이론을 부인할 뿐만 아니라 외견적인 국민의 권리만을 인정하는 법실증주의적 헌법이론이 등장하였다.
④ 19세기 후반의 비스마르크시대와 일본의 명치시대 등이 이에 해당한다.
☞ ①

POINT 팁 근대입헌주의헌법과 현대복지국가의 헌법

    ㉠ **근대입헌주의헌법**: 재산권의 신성불가침과 개인의 경제활동의 절대적 자유와 형식적 평등에 기초

    ㉡ **현대복지국가의 헌법**: 재산권의 상대화와 공공복리 적합의무, 경제의 민주화와 경제에 관한 규제와 통제를 통하여 사회적 약자의 인간다운 생활을 보장하는 사회적 법치국가의 원리와 실질적 평등의 보장에 기초

  ㉢ **현대복지국가헌법의 특성**
- 국민주권주의의 실질화
- 사회적 기본권의 등장
- 권력융화주의의 경향(행정국가화 경향)
- 사회적 · 실질적 법치주의
- 국제평화주의
- 대의제의 현대적 변용(정당국가의 등장), 헌법재판제도의 강화

(4) 실질적 의미의 헌법과 형식적 의미의 헌법

① **실질적 의미의 헌법**

  ㉠ **의의**: 국가 최고기관의 조직과 권한, 국가 최고기관 상호간의 관계 그리고 국가와 그 구성원인 국민과의 관계에 관한 헌법사항을 정하는 법규범의 전체를 의미한다.

  ㉡ **범위**: 이는 법 형식에 구애됨이 없이 기본적인 통치관계에 관한 법규범의 전부를 포함한다. 즉, 헌법전은 물론 이러한 기본원칙을 정한 법률 · 명령 · 규칙 및 관습이나 조리까지도 모두 헌법개념에 포함된다.

  ㉢ **특색**: 실질적 의미의 헌법은 국가통치의 기본법을 의미하므로 반드시 일정한 역사상의 이념이나 특정한 원리에 지배될 필요는 없다. 따라서 고대국가나 중세국가에도 존재하였고, 성문헌법이 없는 영국 등의 불문헌법국가에도 존재한다.

    ☞ **고유한 의미의 헌법과의 관계** … 양자를 표리관계로 보는 견해(권영성)와 동일한 것으로 보는 견해(구병삭) 그리고 구별되는 것으로 보는 견해(김철수, 실질적 의미의 헌법은 그 규정내용과 형식을 기준으로 한 것인 데 대하여 고유한 의미의 헌법은 역사적 발전단계를 기준으로 한 것이라고 한다)가 있다.

② **형식적 의미의 헌법**

  ㉠ **의의**: 법의 형식적 특징을 기준으로 하여 헌법전의 형식으로 존재하는 것이거나 최고의 형식적 효력을 의미한다. "영국에는 헌법이 없다."고 할 때에는 형식적 의미의 헌법이 없다는 뜻이다.

  ㉡ **특색**: 형식적 헌법은 효력상 법률보다 상위이고 개정절차도 법률보다 까다롭다는 특징을 갖는다.

③ **실질적 의미의 헌법과 형식적 의미의 헌법과의 관계** … 형식적 의미의 헌법은 실질적 의미의 헌법을 거의 내포하고 있으나, 양자가 반드시 일치하지는 않는다. 일치하지 않는 이유는 입법기술상 · 편의상 · 헌법정책상 · 헌법사항의 가변성 등 때문이다.

문. 현대의 사회적 법치국가헌법에 대한 설명으로 옳지 않은 것은?

① 행정국가화 경향에 따른 권력융화현상
② 인간다운 생활을 위한 사회적 기본권의 보장
③ 정당국가의 폐해로 인한 정당기능 보장의 축소
④ 효과적 권리보장을 위한 헌법재판제도의 강화

☞ ③

문. 실질적 의미의 헌법과 형식적 의미의 헌법의 개념에 관한 설명으로 옳은 것은?

① 실질적 의미의 헌법에는 형식적 의미의 헌법이 모두 포함되어 있다.
② 실질적 의미의 헌법은 성문헌법이 아니라 국회법, 법원조직법, 정부조직법 등을 말한다.
③ 형식적 의미의 헌법 중에는 실질적 의미의 헌법이 많이 포함되어 있다.
④ 국회법, 정부조직법, 법원조직법 등은 형식적 의미의 헌법을 많이 포함한다.

☞ ③

> **POINT 팁** 형식적 의미의 헌법은 되나, 실질적 의미의 헌법이 아닌 경우
> ㉠ 스위스 헌법의 도살조항〈동 헌법 제25조〉
> ㉡ 미연방 헌법의 금주조항〈동 헌법 제18조〉
> ㉢ 바이마르 헌법의 풍치조항〈동 헌법 제150조〉
> ㉣ 벨기에 헌법의 선혼인 후 거례조항〈동 헌법 제16조〉

2. 헌법의 분류

(1) 개요

헌법의 유형으로 고찰의 대상이 되는 것은 헌법의 법 형식에 따라 성문헌법과 불문헌법을 구별하는 것과, 우선적 효력의 강약에 따라 연성헌법과 경성헌법으로 구별하는 것이다.

(2) 성문헌법과 불문헌법(존재형식에 따른 분류)

① **성문헌법** … 성문헌법이란 헌법이 단일헌법전의 형식으로 존재하는 경우를 말한다. 성문헌법은 헌법을 성문화하였기 때문에 헌법내용의 존재를 다툴 필요가 없는 장점이 있다. 성문헌법국가라도 헌법적 관행의 존재가 허용된다(예컨대 미국의 법원의 위헌법률심사제). 성문헌법은 대체로 경성헌법이다.

② **불문헌법** … 불문헌법이란 오랜시일에 걸쳐 확립된 국가적 관행이 헌법사항으로 굳어진 헌법적 법률 또는 관습헌법의 형식으로 존재하는 경우를 말한다. 따라서 불문헌법은 헌법전의 형식으로 성문화되어 있지 않고 위헌법률심사제가 보장되어 있지 않으며, 특별한 헌법개정절차가 존재하지 않는다는 점이 특이하다. 불문헌법은 반드시 연성헌법이다.

(3) 경성헌법과 연성헌법(개정의 난이도에 따른 분류)

① **경성헌법** … 경성헌법이란 헌법의 개정절차가 일반법률의 개정절차보다 더 엄격한 절차를 요하는 헌법을 말한다. 정국의 안정을 위해서, 헌법의 악용을 방지하고 헌법의 권위를 유지하기 위해서 오늘날 대부분의 국가가 경성헌법을 채택하고 있다. 그러나 지나친 경성헌법은 오히려 헌법의 파괴를 초래할 수도 있다.

② **연성헌법** … 연성헌법이란 헌법개정절차에 있어서 특별한 절차가 요구되지 않으므로 헌법개정절차를 일반법률 개정절차와 동일하게 하는 경우를 말한다. 여기서 주의할 것은 불문헌법은 전부 연성헌법에 속하나, 연성헌법이 모두 불문헌법은 아니다.

(4) 흠정 · 협약 · 민정 · 국약헌법(제정주체에 따른 분류)

① **흠정헌법** … 제정주체가 군주이고 군주주권사상을 바탕으로 하는 헌법을 말한다.

② **협약헌법** … 군주와 국민의 협정에 의해 성립하는 헌법이다. 이는 군주주권사상과 국민주권사상과의 타협의 산물이다.

③ **민정헌법** … 국민의 의사에 따라 제정된 헌법을 의미한다. 즉, 국민주권원리에 따라 국민투표 또는 민선국회에 의하여 제정되는 헌법이다.

④ **국약헌법** … 둘 이상의 국가가 연합국가를 구성할 때 국가간의 합의에 의하여 제정한 헌법이다. 특히 연방국가의 헌법을 국약헌법으로 볼 수 있느냐가 문제된다. 긍정설(김철수)과 부정설(권영성)이 대립한다.

(5) Loewenstein의 분류

Loewenstein은 내용상 헌법을 독창성 여부에 따라 독창적 헌법과 모방적 헌법으로 나누고 '헌법과 정치현실'의 일치 여부에 따라(이른바 존재적 분류) 규범적 헌법, 명목적 헌법, 장식적 헌법으로 분류하였다.

① **독창적 헌법**
  ㉠ 의의 : 기존의 다른 헌법을 모방하지 아니한 독창적인 내용을 가진 헌법을 말한다.
  ㉡ 사례 : 대부분의 헌법은 모방적 헌법이지만 1787년 미연방 헌법의 대통령제, 1793년의 프랑스 헌법의 국민공회정부제, 1918년의 소련 헌법의 노동자 · 농민 · 병사의 평의회제, 1931년의 중국국민당의 5권분립제, 1935년의 폴란드의 신대통령제 등이 이에 해당한다. 1972년 한국 유신헌법도 독창적 헌법이라고 보는 견해도 있다.

② **모방적 헌법**
  ㉠ 의의 : 외국의 기존헌법을 그 정치적 현실에 적합하도록 재구성한 헌법을 의미한다.
  ㉡ 사례 : 아시아, 중남미 및 영연방의 여러 헌법이 이에 해당한다.

③ **규범적 헌법**
  ㉠ 의의 : 헌법의 규범과 현실이 일치하는 헌법을 말한다. 이러한 헌법은 현실적으로 최고규범으로서의 실효성을 발휘한다.
  ㉡ 사례 : 미국, 영국, 스위스, 독일, 프랑스 등의 헌법이 이에 해당된다.

④ **명목적 헌법**
  ㉠ 의의 : 헌법의 규범과 현실이 일치하지 않는 헌법을 말한다. 이러한 헌법은 현실적으로 규범으로서의 기능을 다하지 못하고 다만 교육적 효과만을 지닐 뿐이다.
  ㉡ 사례 : 후진 아시아국가, 중남미 등의 여러 헌법들이 이에 해당한다.

 ④

⑤ 장식적 헌법(가식적 헌법)
  ㉠ 의의 : 현실과 유리된 과시헌법으로서 권력자의 지배를 안정시키고 영구
     화의 수단으로 이용되는 헌법을 말한다.
  ㉡ 사례 : 과거 공산주의나 독재국가의 헌법, 신대통령제하의 헌법이 이에 해
     당한다.

> **POINT 팁** 한국 현행 헌법의 분류상 지위
> ㉠ 일반적 지위 : 성문헌법, 경성헌법, 민정헌법, 입헌주의적 · 복지국가적 헌법
> ㉡ 구체적 지위 : 단일국가헌법, 대통령제헌법, 모방헌법, 자본주의헌법, 복수정
>   당제헌법

3. 헌법의 특성

헌법은 사실성과 규범성이라는 이중성을 가지기 때문에 헌법이 갖는 특성도
사실적 측면과 규범적 측면으로 나눌 수 있다. '사실적 측면의 특성'으로는 이
념성 · 역사성 · 정치성을 들 수 있고 '규범적 측면의 특성'으로는 최고규범성,
기본권보장규범성, 조직규범성, 수권규범성, 권력제한규범성 등을 들 수 있다.

(1) 헌법의 사실적 특성

① 헌법의 정치성 ⋯ 헌법은 정치세력의 승리자가 직접 손으로 제정 내지 개정
   을 한 것이므로 어느 법보다도 정치성이 강하다. 헌법의 정치성은 헌법제정
   과 같은 격동기뿐만 아니라 비교적 안정된 시기에도 상실되지 않는다.

② 헌법의 이념성 ⋯ 일정한 이념이나 가치질서를 구현하려고 하는 점에 헌법의
   속성이 있으므로 헌법은 각기 그 특유의 이념과 가치질서를 갖는다. 헌법의
   진가는 그 안에 내재하는 이념 또는 가치질서에 의하여 결정된다.

③ 헌법의 역사성 ⋯ 헌법은, 특히 헌법의 이념 내지 가치질서는 역사조건과 지
   배상황에 의하여 제약을 받는 역사적인 이념이고 가치이다. 민주주의에 대
   한 이해가 시대에 따라 변화하는 것이라든지, 법치주의의 개념이나 경제질
   서의 내용이 변화하는 것 등은 이의 반영이다. 현대헌법의 기본이념 내지
   가치는 기본권의 보장이다. 기본적 인권의 보장은 초역사적 의미를 갖는 것
   으로 모든 민주헌법의 궁극적 이념이고 가치인 것이다.

(2) 헌법의 규범적 특성

① 최고규범성 ⋯ 헌법은 그 이상의 상위규범이 없는 최고의 법 또는 최상급의
   법이다. 여기서 '최고규범'이란 일국의 법체계상 최상에 위치하며, 또한 가장
   강력한 효력을 가짐을 의미한다.

☞ 유래 … 헌법의 최고규범성은 헌법제정권자인 국민에 의하여 제정되었다는 점
에서 유래한다. 미연방 헌법〈제6조 제2항〉과 일본 헌법〈제98조 제2항〉에는
최고 법규조항을 두고 있다. 우리 헌법에는 최고규범에 대한 직접규정은 없
으나 제111조의 위헌법률심사, 제69조의 헌법존중과 헌법준수선서를 각각 규
정하고 있다. 헌법은 최고규범으로 법률, 명령, 규칙 등 하위규범의 입법기준
과 해석기준이 된다.

② 기본권보장규범성

　㉠ 의의 : 헌법은 기본권보장을 위한 규범이다. 이것이 가장 중요한 헌법의
기능이라는 견해도 있다. 모든 개인은 인간으로서 당연히 갖는 기본적인
권리를 향유하는 것이며, 근대적 입헌주의헌법 이래 기본권보장은 가장
중요한 헌법의 특성이다. 헌법의 목적은 국민의 기본권보장이라고 할 수
있다. 통치구조도 기본권에 기속되고 기본권에 봉사하기 위한 것으로 파
악할 수 있다.

　㉡ 내용 : 최고법규인 헌법에 기본권보장을 선언하고 그 불가침성을 보장할
때에만 국민은 그 기본적인 자유와 권리를 완벽하게 누릴 수 있다.

　㉢ 헌법의 규정 : 현행 헌법 제10조는 "모든 국민은 인간으로서의 존엄과 가
치를 가지며 행복을 추구할 권리를 가진다. 국가는 개인이 가지는 불가
침의 기본적 인권을 확인하고 이를 보장할 의무를 진다."고 하여 이를 규
정하고 있다.

③ 조직규범성

　㉠ 의의 : 통치기구는 헌법에 바탕을 두어야만 정당성을 갖는다. 헌법은 통치
의 기본구조를 정하는 조직규범이다.

　㉡ 내용 : 헌법은 입법권, 사법권, 행정권 등의 조직과 권능에 관해 규정한
다. 헌법은 개방성과 미완성성 등의 특징을 지니기 때문에 국가의 조직
에 관한 모든 사항을 스스로 규정할 수는 없다. 따라서 헌법전 이외에
국가조직과 활동에 관한 중요한 사항을 법률에 의하여 규정할 수밖에 없
게 되는데, 이러한 법률을 실질적 의미의 헌법이라고 한다.

④ 수권규범성

　㉠ 의의 : 헌법은 국가기관의 권능과 그 범위를 규정하고 있다. 그러므로 특
정의 국가작용과 그것을 담당하는 기관은 그 조직과 권한을 헌법으로부
터 위임받게 된다.

　㉡ 내용 : 헌법적 수권의 범위를 일탈한 국가작용은 헌법적 제재를 받게 된
다. 헌법은 제40조에 "입법권은 국회에", 제66조 제4항에 "행정권은 대통
령을 수반으로 하는 정부에", 제101조 제1항에서 "사법권은 법관으로 구
성된 법원에 속한다."라고 규정하고 있다.

⑤ 권력제한규범성

　㉠ 의의 : 헌법은 국가기관을 분립시키고 상호견제하게 하는 제한규범의 역
할을 한다. 즉, 헌법은 국가작용의 내용을 규율하고 그것에 방향을 부여
하고 그 한계를 확정한다.

문. 다음 중 헌법의 주된 기능으로
　보기 어려운 것은?

① 사회보전적 기능
② 기본권보장기능
③ 권력통제적 기능
④ 정치생활주도적 기능

☞ ①

    ⓛ **내용** : 근대입헌주의헌법은 국민의 기본권을 보장하기 위하여 권력분립에 따라 국가효력을 제한하고 있다. 국가권력의 남용을 방지하기 위한 권력제한규범성은 헌법의 중요한 특성이다. 헌법의 권력제한적 기능은 헌법사적으로 볼 때 입헌주의 초기에는 국민소환권, 국민발안권 또는 중요국사에 대한 국민투표권 등 직접적인 권력통제의 형태로 나타났지만 현대 대의민주제국가에서는 헌법적 수권에 의해서 국가기관 상호간 감시, 견제, 비판, 통제, 문책 등을 함으로써 과잉권력행사를 막는 간접적 권력통제형식을 취한다.

⑥ **자기보장규범성** … 헌법은 하위규범과는 다르게 헌법의 실용성을 확보하거나 그 내용을 강제할 수 있는 기관이나 수단을 구비하고 있지는 않다. 국가권력 상호간의 통제와 권력적 균형이라는 기술적 메커니즘을 통해서 그 실용성을 확보한다. 헌법재판기관도 헌법위반이라는 결정만 할 수 있고 그 결정을 직접 강제집행할 수 있는 권한도 수단도 없다.

⑦ **기타 규범성**

    ㉠ **생활규범성** : 헌법은 국가와 국민과의 기본관계에 관한 규범이라는 의미에서 국민을 위해서는 생활규범으로서의 성격을 갖는다. 헌법의 생활규범성은 통합주의헌법관에서 중시되고 있다.

    ㉡ **헌법제정, 개정규범성** : 헌법에는 헌법제정권력의 주체를 규정하고 이 주체에게 제정권력 및 개정권력을 부여하고 있다. 오늘날 거의 모든 헌법은 민정헌법으로서 국민만을 헌법제정권력자로 규정하고 있다. 헌법개정권자도 민정헌법에서는 국민이다.

> **POINT 팁**   헌법의 구조적 특질
>   ㉠ **개요** : 헌법은 규범이지만 국가생활 전체를 규율대상으로 하는 총체성 때문에 하위 일반법령과는 다른 몇 가지 특질을 갖는다.
>   ㉡ **간결성** : 규범구조가 간결하고 미완성적이다.
>   ㉢ **추상성, 유동성 등** : 국가생활과 국민생활의 가변성, 유동성 때문에 규범내용도 추상적 · 불확정적인 경우가 많다.
>   ㉣ **불완전성** : 제정 당시 장래 기대사항까지 완결규정할 수 없으므로 현실에 불완전한 규범체계를 지니게 된다.
>   ㉤ **구조적 특질의 효과** : 미완성, 불확정성, 추상성, 불완전성 등 때문에 해석을 통한 보완과 하위규범을 통한 구체적인 법령의 제정이 요청된다.

4. 헌법의 법원과 해석

(1) 헌법의 법원

① **법원의 의의** … 구체적인 법적 문제가 발생한 경우에 이를 해결하기 위한 법의 인식자료 내지 존재형식을 법원이라고 한다.

② **헌법의 법원**
  ㉠ **분류** : 헌법의 법원도 일반적인 법의 존재형식과 마찬가지로 성문법원과 불문법원으로 나뉜다.
  ㉡ **성문법원** : 성문법의 대표적인 것은 헌법전이다. 현행 헌법은 1988년 2월 25일부터 시행되어오고 있다. 이는 우리나라 통치질서의 근본규범이 되고 있다. 헌법은 부속법령에 의해서 구체화된다.
  ㉢ **불문법원** : 불문법원에는 국내외의 관습헌법과 판례법 등이 있다.

(2) 헌법해석

① **헌법해석의 의의** : 헌법해석이라 함은 헌법적 현안문제를 해결하기 위해 헌법규범의 진정한 의미와 내용이 무엇인가를 밝히는 법인식작용을 말한다.

② **헌법해석의 특성** : 헌법은 그 규범의 구조적 특성 때문에 해석에 의한 보충의 필요성이 일반법률보다 크다.
  ㉠ **유동성** : 변동하는 정치현실에 대응할 수 있도록 항상 개정가능성을 내포하고 있다.
  ㉡ **추상성** : 헌법자체가 미래의 정치발전을 예상하고 그에 대응할 수 있는 여지가 있어야 하므로 추상적인 규범구조를 가진다.
  ㉢ **개방성** : 헌법은 다양한 이해관계가 얽힌 정치투쟁의 과정에서 최소한의 중요한 합의사항만을 규정하고 장래의 정치투쟁에 의하여 결정될 사항을 유보함을 의미한다.
  ㉣ **미완성성** : 복합적 요소에 의하여 결정될 가능성이 큰 정치적 사항을 의식적으로 헌법규정에서 제외시키게 된다.
  ㉤ **헌법소송의 특수성** : 정치성을 고려하여 그 관할을 일반법원이 아닌 헌법재판소에 담당시키거나 최고법원에 집중시키게 되며, 헌법재판에 있어서도 헌법의 규범성뿐 아니라 정치적 관점을 고려하게 됨을 의미한다.

③ **헌법해석의 종류**
  ㉠ **유권해석** : 국가기관이 행하는 헌법해석이다. 이에는 국가기관에 따라 입법해석, 행정해석, 사법해석 등으로 나뉜다. 유권해석의 최종기관은 헌법재판소이다.
  ㉡ **학리해석** : 학자가 학리를 중심으로 행하는 헌법해석이다. 학리해석은 사인의 지위에서 행하는 것이므로 불문법주의 국가에서는 법원이 되고 있으나, 성문법주의 국가에서는 법원으로 인정되지 않는다.

④ 헌법해석의 방법

  ㉠ Savigny : 법해석은 법조문을 바탕으로 해야 하고 법조문의 뜻이 분명치 않은 경우에는 문법적·논리적·역사적(헌법사적)·체계적 해석방법을 차례로 동원해야 한다고 한다. Savigny의 4단계 해석방법이 법학해석의 기본모델이 되고 있다.

  ㉡ 해석방법론

   • 문리적·문법적 해석 : 조문이나 개별용어의 의미를 어학적·문법적 방법으로 명백히 하는 것

   • 논리적·체계적 해석 : 헌법질서 전체와의 관련하에서 논리적 사유법칙에 따라 해석하는 것

   • 역사적 해석 : 헌법의 규범적 목적을 탐구하고 이를 지도원리로 삼아 해석하는 것

   • 목적론적 해석 : 헌법의 규범적 목적을 탐구하고 이를 지도원리로 삼아 해석하는 것

  ㉢ 헌법해석의 지침 : 헌법을 해석하는 데 있어서 항상 염두에 두고 그 정신과 취지를 해석의 과정에 반영시켜야 되는 원리 등을 헌법해석의 지침 내지 기준이라고 한다. 이에는 헌법의 통일성, 헌법의 기능적 과제, 헌법의 사회안정적 요인 등을 들 수 있다.

> **POINT 팁** 헌법해석의 지침
> ㉠ 헌법의 통일성 : 법익교량의 원칙(상충되는 규범·원칙이 있을 때에는 큰 가치, 큰 법익을 보호하고 우선시하는 해석), 조화의 원칙(상반하는 헌법규범이나 원칙을 최대한으로 조화시켜 동화적인 효력을 가지도록 해석하는 것)
> ㉡ 헌법의 기능적 과제 : 헌법적 제도는 반드시 일정한 기능적 과제와 결부되어 있으므로 해석관점도 기능적·구조적이어야 한다는 것
> ㉢ 헌법의 사회안정적 요인 : 헌법해석의 결과에 의해서 초래될 사회안정적 요인을 고려

⑤ 헌법합치적 해석(합헌적 법률해석)

  ㉠ 의의 : 외형상 위헌적으로 보이는 법률이라 할지라도 그것이 헌법의 정신에 맞도록 해석될 여지가 조금이라도 있는 한 이를 쉽사리 위헌이라고 판단해서는 아니된다는 법률의 해석지침을 말한다.

  ㉡ 분류 : 적극적 의미로는 헌법정신에 맞도록 헌법의 내용을 제한·보충하거나 새로 결정하는 것과, 소극적으로는 합헌적인 해석의 소지를 조금이라도 간직하고 있는 법률은 되도록 그 효력을 지속시켜야 된다는 의미이다.

  ㉢ 연혁 : 헌법합치적 해석은 판례를 통해서 확립된 제도이다. 즉, 미국연방대법원은 "입법부가 의결한 법률은 그 위헌성이 명백한 것으로 판명될 때까지는 일단 그 유효성을 추정하는 것이 입법부의 지혜, 성실 및 그 애국심에 대하여 경의를 표하는 것이 된다."고 하였고(1827 Ogden V. Saunder사건) 독일연방 헌법법원은 "법률이 헌법에 조화되는 것으로 해석될 수 있는 여지가 있는 한 그 법률을 무효로 선언할 수 없다는 기본원리가 이미 일반적 가치로 인정받고 있다."라고 판시하고 있다.

ⓔ **헌재와 판례** : 우리 대법원과 헌법재판소도 헌법합치적 해석을 해오고 있다. 헌법재판소는 "어떤 법률에 대한 여러 갈래의 해석이 가능할 때에는 원칙적으로 헌법에 합치되는 해석 즉, 합헌해석을 하여야 한다."고 판시하는 등 한정합헌결정이나 입법촉구결정 등을 통하여 합헌적 법률해석의 원칙을 채택해오고 있다.

ⓜ **합헌적 해석과 위헌심사와의 관계**
* 합헌적 법률해석은 법률에 대한 위헌심사에서 주로 논의되지만 그렇다고 반드시 법률의 위헌심사가 전제가 되는 것은 아니다. 이들 양자는 헌법의 최고법규성을 공통된 이론적 근거로 한다. 그러나 합헌적 법률해석은 법의 해석규칙으로서 법률을 헌법과 조화되도록 해석할 것을 요구하는 데 비하여 법률의 위헌심사는 법의 저촉되는 법률은 당연히 무효가 된다는 것을 그 내용으로 한다는 점에서 차이가 난다.
* 법률의 합헌적 해석은 헌법의 최고규범성이 보장되고 있는 헌법하에서는 당연히 인정될 수 있는 헌법적 제도이지만 규범통제는 헌법의 최고규범성만에 의해서 인정될 수는 없고 그에 대한 명시적인 별도의 근거규정을 필요로 한다는 것이 지배적인 견해이다.

ⓑ **헌법합치적 해석의 근거와 한계**
* 헌법합치적 해석의 근거 : 법률의 추정적 효력, 국가간의 신뢰보호, 법적 안정성, 언어의미적 한계, 헌법의 최고법규성에서 나오는 법질서의 통일성, 권력분립의 정신
* 헌법합치적 해석의 한계 : 법목적적 한계, 헌법수용적 한계

ⓢ **헌법합치적 해석의 기술** : 헌법합치적 해석의 근거와 한계를 통해서 알 수 있듯이 법률의 효력을 되도록 유지시키려 하지만 한계 또한 만만치 않다. 그러므로 양자조화의 해석상의 기술이 필요하게 된다. 헌법합치적 해석과 관련하여 주로 문제가 되는 경우는 법률의 부분무효의 경우와, 법률내용에 대한 일정한 제한 또는 보완이 없이는 그 합헌성이 인정되기 어려운 경우이다. 전자의 경우는 한 법률이 도저히 합헌적으로 해석될 소지가 없는 몇 가지 조문을 내포하는 경우에는 전체를 무효로 하거나 해당 조문만을 위헌처리할 수 있을 것이고, 후자의 경우, 즉 법률내용의 제한 또는 보완을 통해서만 합헌이라고 할 수 있는 경우에 대해서 헌법재판소는 법률의 제한적인 해석을 통해서 그 법률의 효력을 지속시키려는 경우에 한정합헌결정, 한정위헌결정, 일부위헌결정 등의 주문형식을 취하고 있다.

문. 이른바 '합헌성추정의 원칙과 가장 거리가 먼 것은?

① 법의 지배원칙
② 권력분립의 원리
③ 민주제이론
④ 입법의 재량권

☞ ④

문. 법률의 합헌적 해석에 관한 설명 중 타당하지 않은 것은?

① 법률의 합헌적 해석이란 법률의 개념이 다의적이어서 그 어의에 대해서 여러가지로 해석이 가능할 때 가능한 한 헌법에 합치되는 방향으로 해석을 하여야 한다는 원칙을 말한다.
② 법률의 합헌적 해석은 법률해석의 지침으로서 헌법해석과는 구별된다.
③ 법률의 합헌적 해석은 인권보장상 폐해를 가져오는 경우도 있다.
④ 법률의 합헌적 해석은 주로 정신적 자유규제입법에 적용된다.

☞ ④

SECTION 2 — 헌법의 제정·개정과 변동

1. 헌법제정권력

(1) 헌법제정과 헌법제정권력

① 헌법제정
  ㉠ 형식적 의의 : 헌법사항을 성문헌법으로 법전화하는 것을 형식적 의미의 헌법제정이라고 한다.
  ㉡ 실질적 의의 : 정치적 통일체의 종류와 형태에 관하여 헌법제정권자가 내린 근본적인 결단을 규범화하는 것을 실질적 의미의 헌법제정이라고 한다.

② 헌법제정권력
  ㉠ 의의 : 헌법제정권력은 헌법을 창조하는 힘을 말한다. 국민의 정치적 존재방식에 관한 근본적인 결단을 내리는 정치적 권력인 동시에 정치적 의사라는 이중성을 갖는다. 즉, 헌법제정권력은 헌법을 시원적으로 창조하는 힘을 말하는 것으로 이는 사실상의 힘이라는 권력의 측면과 헌법에 정당성을 부여하는 권위의 측면을 동시에 지칭한다.
  ㉡ 주체 : 누가 헌법제정권력의 주체인가에 대해서는 중세에는 신만이, 시민혁명 후에는 국민이, 전제군주국가에서는 군주라는 견해가 있었으나 국민주권주의가 확립되어 있는 오늘날은 국민만이 유일한 헌법제정권력의 주체이다.
  ㉢ 본질 : 헌법제정권력의 본질은 사실성과 규범성, 시원성, 독립성, 실정법초월성, 항구성, 단일불가분성, 불가양성이다. 헌법제정권력은 정치적 의사이자 법적 권능이기에 그 본질상 순전한 권리라거나 물리적 힘만은 아니다. 헌법제정권력은 헌법질서를 시원적으로 창조하는 권력으로서(시원성) 그것을 합법화시키는 어떠한 상위규범도 없기에 스스로 의도하는 바에 따라 발동되며, 스스로를 정당화할 수 있는 자율성을 갖는다(자율성). 그리고 이는 실정헌법에 의하여 조직되고 제도화된 국가권력의 포괄적 기초가 되면서(단일성) 불가분성을 갖는다(불가분성). 민주국가에서의 헌법제정권력은 오로지 국민에게만 존재하는 불가양성을 갖는다.
    ☞ 헌법제정권력의 본질 … 시원성, 독립성, 자율성, 최고성, 단일성, 실정법초월성, 불가분성, 항구성, 불가양성
  ㉣ Siéyès의 이론 : 프랑스의 Siéyès가 헌법제정권력을 체계화하였다.
    • 헌법은 헌법제정권력자의 작품이며 입법권, 집행권과 같이 헌법에 의하여 만들어진 권력과는 구별된다.
    • 헌법제정권력의 주체는 국민이며 단일, 불가분, 무제한이다.
    • 헌법제정권력의 행사는 특별한 헌법회의에 의해서만 가능하다.
    • 헌법제정권력과 헌법개정권력은 엄격히 구별된다.

ⓜ **독일 법실증주의이론** : 독일의 법실증주의자들은 국가법인설에 의거하여 헌법제정권력 = 헌법개정권력 = 입법권으로 보아서 헌법의 실질적인 최고규범성을 부인하였다. 이에 따라 헌법제정권력도 부인하였다.

ⓗ **C. Schmitt** : 헌법제정권력에 대하여 그는 정치적 실존의 종류 및 형태에 관하여 구체적인 근본결단을 내리는 권력 또는 권위를 가진 정치적 의사라고 하였다. 그에 의하면 헌법제정권력과 헌법개정권력은 구별되며, 주권이 곧 헌법제정권력이라고 한다.

> ☞ 헌법제정권력의 정당성 근거 … Siéyès는 헌법제정권력은 시원적 권력이므로 스스로 정당화된다고 하고 Schmitt는 헌법제정주체의 결단에 의해 정당화된다고 하였다. 그러나 헌법제정의 정당성의 근거는 헌법제정권력과 그에 의하여 제정된 헌법이 그 시대의 일반적인 정치이념, 시대사상, 생활감각과 일치한다는 점에서 찾을 것이다. 시대보편적 이념에 입각할 때에만 헌법은 생활규범으로서 국민의 생활 속에 파고들어 그 실효성을 가질 수 있는 것이기 때문이다(허영).

ⓢ **한계** : 이에는 한계긍정설(Kägi, Maunz)과 부정설(Siéyès, Schmitt)이 있다. 즉, '한계부정설'은 헌법제정권력의 행위는 규범과 대립하는 사실로서의 힘이기 때문에 이것을 제약하는 한계란 있을 수 없다고 한다. '한계긍정설'은 헌법제정권력도 무제약의 만물창조자가 아니며, 불변의 근본가치(기본권존중, 법치국가의 원리, 민주주의)에는 구속된다고 한다.

ⓞ **주권 · 통치권 등과의 관계** : 헌법제정권력 → 헌법 → 헌법개정권력 → 헌법률 → 헌법에 의하여 만들어진 권력이라는 위계질서가 성립된다. 이리하여 주권과 헌법제정권력은 같은 것으로 보고, 통치권은 주권에 의해서 만들어진 것이라는 견해가 통설이다. 즉, 통치권은 입법권, 집행권, 사법권 등의 종합을 의미하며 주권에 의하여 만들어지고 주권에 종속하는 권력이므로 헌법제정권력의 하위에 위치한다.

(2) 헌법제정권력의 발동형태, 한국헌법에 있어서의 헌법제정권력

① 발동형태

　㉠ **행사** : 오늘날 국민주권국가에서는 국민이 적절한 방법으로 그 전체의사를 표명함으로써 헌법제정권력을 행사한다.

　㉡ **방법** : 헌법제정권력은 보통 · 평등 · 비밀의 선거원칙에 의하여 선출된 헌법제정국민회의가 국민의 헌법제정의사를 대신하여 실행하거나 제헌의회의 제안을 국민투표에 붙여 결정하는 방법으로 행사되고 있다.

② 한국헌법과 헌법제정권력

　㉠ **제헌헌법** : 우리 헌법은 1948년 5 · 10선거에 의하여 헌법제정을 임무로 하여 구성된 제헌국회에서 헌법안을 작성하고 제헌국회의 의결만으로 헌법을 확정하였다. 국민은 선거와 대의제를 통하여 헌법제정권력을 행사한 것이다.

　㉡ **헌법규정** : 현행 헌법에 헌법제정권력을 명문화한 것은 없다. 우리 헌법은 제1조 제2항에서 주권재민의 원칙, 헌법전문, 국가형태의 결정, 헌법개정조항 등에서 헌법제정권력에 관해 규정하고 있다.

ⓒ **정치적 결단** : 헌법전문이 "자유민주적 기본질서를 더욱 확고히 하여"라고 한 것과 공화국으로서의 결정은 헌법제정권력의 주체가 내린 정치적 결단인 것이다.

2. 헌법의 개정

(1) 헌법개정의 의의

① **개념** ··· 헌법에 규정된 개정절차에 따라 헌법의 기본적 동일성을 유지하면서 헌법전 중의 개개의 조항을 의식적으로 수정 또는 삭제하거나 새로운 조항을 추가함으로써 헌법의 형식이나 내용에 변경을 가하는 것을 말한다.

② **구별할 개념**

ㄱ **헌법제정** : 기존의 헌법을 개정하는 데 그치므로 헌법의 정립행위인 헌법제정과 다르다. 헌법개정권력은 헌법에 의해 제도화된 권력이라는 점에서 헌법제정권력과 구별된다. 헌법개정이 국민투표에 의함으로써 외형상 헌법제정과 주체가 같은 경우라도 헌법제정과는 다르다.

ㄴ **헌법파괴** : 헌법개정은 전후의 동일성이 유지되는 점에서 헌법파괴와 다르다.

ㄷ **혁명 · 쿠테타** : 헌법개정은 합법적인 변경인 점에서 혁명이나 쿠테타와 구별된다.

ㄹ **헌법의 정지** : 헌법개정은 헌법의 변경행위이므로 일시적 중단인 헌법의 정지와 구별된다.

③ **헌법개정의 곤란성과 필요성**

ㄱ **곤란성** : 헌법개정을 곤란하게 하는 이유는 국민의 기본권보장을 영구화하고 그때그때의 집권의 편의를 위한 빈번한 헌법개정에 반하여 국가기본질서의 안정을 유지하고 헌법의 항구성과 안정성을 보장함은 물론 헌법의 규범력을 고양하기 위한 것이다.

ㄴ **필요성** : 헌법의 현실적응성과 실효성의 유지, 헌법파괴의 방지, 헌법정책적 이유에서 그 개정이 불가피하게 된다. 헌법은 통상의 입법절차로 개정될 수 있는 헌법인 연성헌법과 엄격한 요건과 절차를 필요로 하는 경성헌법으로 구별된다.

(2) 헌법개정의 유형

① **헌법개정의 형식**

ㄱ **형식** : 헌법개정의 형식에는 증보형식(amendment)을 취하는 경우와 기존의 조항을 수정 또는 삭제하거나 새로운 조항을 삽입하는 형식(revision)을 취하는 것이 있다.

ㄴ **방식** : 전면개정의 방식과 부분개정의 방식이 있다.

문. 헌법을 개정하지 않고서도 채택할 수 있는 것은?

① 감사원을 국회소속으로 이관
② 헌법소원의 폐지
③ 선거권 연령을 19세에서 18세로 내리는 것
④ 대통령의 간선제

☞ ③

② 헌법개정의 절차

　㉠ 통상 의회의 의결만으로 개정이 가능하지만 일반법률의 개정절차보다 곤란하게 하는 유형

　㉡ 국민투표에 의해 승인을 얻어 헌법개정이 확정되는 유형

　㉢ 일정수에 달하는 연방구성주의 동의를 필요로 하는 유형

　㉣ 특별한 헌법회의를 소집하여 개정을 하는 유형

　㉤ 의회의 의결과 특별기관의 동의 또는 국민투표에 의한 승인을 요건으로 하는 유형

(3) 헌법개정의 한계

① 한계에 관한 학설

　㉠ 개정한계설 : 헌법개정절차에 따를지라도 일정한 조항이나 사항은 자구수정은 별도로 하더라도 개정할 수 없다고 한다. 그 논거로는 첫째, 헌법의 실정규범 위에는 자연법이 있고 헌법개정은 이런 인류보편의 원리인 자연법의 제약을 받으며 둘째, 헌법개정권이란 헌법제정권력에 의해 제도화된 권력이기 때문에 헌법개정권자는 헌법제정권자의 근본결단을 변경하는 것 같은 개정을 할 수 없고 셋째, 헌법규범의 단계구조를 인정하여 헌법개정규범으로서는 그 상위규범인 근본규범을 개정하는 것은 불가능하며, 그 하위규범만을 개정할 수 있다는 점을 든다.

　㉡ 개정무한계설 : 헌법개정절차에 따르면 어떠한 조항이나 사항도 개정할 수 있다고 한다. 그 논거로는 첫째, 사회생활의 변화에 따라 헌법도 변화하게 된다(헌법의 현실적응성). 둘째, 헌법개정권력과 구별되는 헌법제정권력이라는 관념을 인정할 수 없다(헌법제정권력과 헌법개정권력의 구별 부인). 셋째, 개정할 수 없는 상위규범과 개정할 수 있는 하위규범의 구별 불가, 넷째, 개정한계를 벗어난 경우 이를 무효선언할 객관적 기준이나 기관이 없다는 것 등을 들고 있다.

② 개정의 한계

　㉠ 통설의 입장 : 헌법개정의 한계에 대하여 통설은 한계설을 취한다.

　㉡ 외재적 한계 : 그 국가의 경제적·사회적·기술적 조건과 또는 국제법상의 일반적 규정 등에 의하여 그 개정의 실효성이 도저히 보장될 수 없는 경우의 한계를 말한다. 구체적으로 자연법상의 원리(자연법적 한계), 국제법상의 일반원칙(국제법적 한계), 기술적 한계 등이 있다.

　㉢ 내재적 한계 : 헌법이 규정된 헌법제정권자의 기본적 결단사항을 개정하거나 헌법의 본질적 부분을 파괴하는 개정은 허용되지 아니한다. 그 한계에 관하여는 헌법규범 내의 단계구조를 인정하여 헌법제정권자의 기본적 합의사항은 개정할 수 없다는 견해와 동화적 통합을 촉진시키는 범위 내에서 그리고 헌법의 규범력을 유지하기 위하여 불가피한 범위 내에서만 개정이 인정된다는 견해 등이 있다.

문. 헌법 개정에 관한 설명으로 옳지 않은 것은?

① 헌법개정한계설은 헌법조항 간에는 상하의 가치질서가 있다고 본다.
② 현행 헌법에서 국회의 의결을 거치지 않은 헌법 개정은 허용되지 아니한다.
③ 헌법의 기본적 동일성을 변경하는 개정은 허용되지 않는다고 본다.
④ 헌법재판소는 현행 헌법의 개별 규정 가운데 개정의 한계를 설정할 수 있는 효력상의 차이를 인정하여야 할 형식적 이유가 존재한다고 보았다.

☞ ④

문. 헌법개정에 관한 다음 기술 중 틀린 것은?

① 우리 헌법규정에 따르면 대통령의 중임변경은 개정할 수 없다.
② 헌법개정의 한계를 인정하는 것이 오늘날의 다수설이다.
③ 위헌정당심판제도의 변경은 헌법개정권력으로 개정할 수 있다.
④ 우리 헌법에는 헌법개정의 한계와 관련하여 구체적 명문규정이 없다.

☞ ①

ㄹ **헌법개정의 구체적 한계** : 민주국가인 이상 헌법전문, 민주공화국, 국민주권, 국제평화주의, 복수정당제도의 보장, 기본권보장, 사회적 시장경제 등은 헌법제정권자의 근본결단이므로 개정이 불가능하다. 그리고 개정이 실정헌법상 금지되어 있는 특정조항이나 사항을 개정할 수 있느냐에 관하여는 긍정설과 부정설이 대립하고 있다. 또한 헌법개정의 한계를 헌법핵심에 관한 내재적 한계 문제로 본다면 연성헌법의 개정에도 경성헌법의 경우와 동일한 한계를 인정해야 한다.

③ **개정의 한계를 벗어난 개정의 효력**

ㄱ **무효설** : 개정의 한계를 벗어난 개정은 정상적인 개정작용이 아니므로 법적으로 무효라고 하는 견해이다.

ㄴ **혁명설** : 현행 헌법을 파괴하고 새로운 헌법을 제정한 혁명행위라고 보는 견해이다.

ㄷ **결어** : 법적으로 무효라 해도 실제로 적용되고 있는 사태가 발생한 경우 헌법보장 또는 국민의 저항권문제가 발생하게 된다.

(4) 우리 헌법의 개정

① **헌법개정의 절차**

ㄱ **제안** : 헌법개정을 제안할 수 있는 자는 국회의원(재적 과반수 찬성)과 대통령이다. 즉, 대통령이 국무회의 의결을 거쳐 제안하거나〈제128조 제1항, 제89조 제3호〉 또는 국회재적의원의 과반수 발의로 제안할 수 있다〈제128조 제1항〉.

ㄴ **공포** : 대통령이 20일 이상 공고한다〈제129조〉. 이는 헌법개정에 대해 국민의 여론형성을 보장코자 함이다.

ㄷ **의결** : 헌법개정안은 공고된 날로부터 60일 이내에 국회가 의결하여야 한다. 국회의 의결은 재적의원 3분의 2이상의 찬성을 얻어야 한다〈제130조 제1항〉.

ㄹ **확정** : 국회의 의결을 거친 헌법개정안은 국회가 의결한 후 30일 이내에 국민투표에 회부되고, 국회의원선거권자 과반수의 투표와 투표자 과반수의 찬성을 얻어야 확정된다〈제130조 제2항〉.

ㅁ **공고** : 헌법개정이 확정되면 대통령이 즉시 이를 공포하여야 한다〈제130조 제3항〉.

ㅂ **효력발생** : 헌법개정의 발효시기에 관하여는 견해가 대립되어 있다. 공포한 날로부터 발생한다는 견해와 공포일로부터 20일이 경과함으로써 효력이 발생한다는 견해이다.

② **현행 헌법개정의 한계**

ㄱ **일반론** : 우리 헌법은 그 개정의 한계에 관하여 아무런 규정도 두고 있지 않다. 그러나 헌법핵에 해당하는 부분은 변경할 수 없으며, 동일성을 해하는 개정도 할 수 없다. 헌법전문, 민주공화국, 국민주권주의, 평화주의, 복수정당제도, 기본권보장주의, 사회적 시장경제체제, 경성헌법성은 구체적 한계가 된다.

ⓛ **추상적 견해** : 일반론과 같은 구체적 한계는 개헌 당시의 시대사상, 정치이념, 생활감각 등에 의해서 정해질 문제이기 때문에 그것을 처음부터 광범위하게 확정할 수는 없고 다만, 헌법의 근본정신(정의사회구현, 통일지향성, 자유주의사상)과 정치제도(권력분립주의, 민주주의, 평화적 정권교체, 법치주의)를 완전히 무시할 수는 없다는 견해가 있다.

3. 헌법의 변동

(1) 헌법변동의 의의

헌법에 규정된 개정절차에 따르지 아니하고 헌법이 변경된 경우이거나 헌법개정절차에 따랐을지라도 헌법의 기본적 동일성이 파괴된 경우 등을 말한다. 이는 헌법의 변화라고도 한다. 헌법의 변동은 헌법의 파괴, 폐지, 정지, 침해, 변천 등으로 분류된다.

(2) 헌법변동의 분류

① **헌법의 파괴** … 기존 헌법을 전체적으로 소멸시킬 뿐만 아니라 그 헌법의 토대가 되고 있는 헌법제정권력을 근본적으로 배제하는 경우 곧, 혁명을 의미한다(1789년 프랑스대혁명, 1917년 러시아혁명, 1947년의 일본국 헌법 등이 이에 해당).

② **헌법의 폐지** … 헌법제정권력의 주체는 그대로 유지하면서 기존 헌법의 전부를 폐지하는 경우이다(1958년의 드골 헌법과 우리나라의 7차 헌법이 이에 해당).

③ **헌법의 침해** … 헌법의 조항을 그대로 두고 다른 조치에 의하여 그 규정을 침해하는 것을 말한다. 이는 헌법위반행위이므로 무효로 간주되어야 하고 침해행위를 한 기관에 대해서는 헌법상의 책임을 추궁하여야 한다.

④ **헌법의 정지** … 헌법의 특정 조항의 효력을 일시적으로 중단시키는 것을 말한다. 이는 합헌적 헌법정지와 초헌법적 헌법정지가 있다.

(3) 헌법의 변천

① **의의** … 특정의 헌법조항이 헌법에 규정된 개정절차에 따라 정식으로 변경되는 것이 아니고 당해 조문은 원상태로 존속하면서 그 의미 내용만이 실질적으로 변화하는 경우를 말한다. 즉, 성문헌법조항의 원래의 의미가 소멸하고 새로운 의미의 불문헌법규범이 생성되는 것을 말한다.

② **헌법변천의 유형**
  ㉠ **의회, 정부, 법원의 해석에 의한 변천** : 헌법조항의 규정내용을 해석하거나 부연 또는 그 미비점을 보완함으로써 이를 변경하는 것을 말한다.

ⓛ **정치상의 필요에 의한 변천** : 행정부와 입법부의 정치상의 관례나 관행 등에 의해 헌법규범의 실질이 시대에 따라 변천하는 것을 말한다.

ⓒ **국권의 불행사에 의한 변천** : 헌법규정내용을 실천하지 않음으로써 나타나는 것으로 헌법규정의 묵시적 정지라고 할 수 있다.

ⓔ **헌법의 관행에 의한 변천** : 헌법상의 관행·선례가 누적할 경우 헌법에 적합 또는 부적합하게 그 변천이 일어날 수 있다.

③ **헌법변천의 동기** … 헌법에 위반되는 입법이 있는 경우, 국가기관이 헌법으로부터 위임을 받지 아니한 사항에 관하여 동일한 권한행사를 반복할 경우, 법원이 헌법의 내용과 상이한 판결을 반복할 경우, 헌법에 위반되는 관행이나 선례가 누적될 경우 등이 있다.

④ **헌법변천의 사례** … 헌법변천에 해당되는 경우로는 미국연방 법원의 위헌법률심사권, 미국의 대통령선거가 간접선거임에도 직접선거처럼 운용되는 것, 영국의 의원내각제, 일본의 자위대(自衛隊), 노르웨이의 국왕의 법률안거부권, 우리나라 제1차 개정헌법의 양원제를 단원제로 운용한 것, 제3공화국 헌법의 지방자치에 관한 규정이 관치행정으로 운용된 경우 등이 이에 해당한다.

⑤ **헌법변천의 평가** … 이에 대해서는 유효설(Jellinek)과 무효설(Kelsen)이 대립되어 있다. '유효설'은 헌법의 변천이 불가피하다는 견해에서부터 사회현실과 헌법규범의 괴리를 제거하는 역할을 헌법의 변천을 통해 행하여야 한다는 적극적 견해까지 있다. '무효설'은 최고규범인 헌법을 변경할 수 있는 것은 동위의 규범 즉, 헌법개정절차조항에 의하여만 가능하고 헌법과 모순되는 국가행위가 아무리 반복되더라도 헌법규범이 될 수 없다는 견해로서 규범주의, 법실증주의적 관점에 선 견해이다.

> ☞ **동화적 통합이론과 헌법변천** … 동화적 통합이론적 헌법관에서는 헌법의 동태적이고 유동적인 현실적응력이 중요시되어 헌법의 변천은 규범과 현실의 갈등 문제라기보다는 유동적인 동화적 통합과정을 규율하려는 헌법의 본질상 오히려 당연한 현상으로 보고 있다(허영).

SECTION **3**

헌법의 보장

1. 서설

국가의 근본법인 헌법의 규범력과 가능이 헌법의 침해나 파괴로 말미암아 변질 또는 상실되지 아니하도록 위헌적 행위를 사전에 방지하거나 사후에 배제함으로써 헌법의 법규범성과 실효성을 확보하려는 제도이다.

2. 연혁

헌법보장은 국가 헌법의 발생과 그 기원을 같이 하나, 근대적 헌법보장의 시초는 1791년의 프랑스 헌법이다.

3. 헌법보장의 유형

사전예방적 보장과 사후교정적 보장으로 나뉜다. 사전예방적 보장제도에는 국군의 정치적 중립성준수〈제5조 제2항〉, 공무원의 정치적 중립성보장〈제7조 제2항〉, 방어적 민주주의의 채택, 권력분립, 헌법수호의무의 선서 등이 있고 사후교정적 보장제도에는 공무원의 책임제도〈제29조 제1항〉, 국회의 국정감사·조사제도〈제61조 제1항〉, 국무총리, 국무의원 해임건의제도〈제63조 제1항〉, 탄핵제도〈제65조 제1항〉, 국회의 긴급명령과 긴급재정·경제처분 및 그 명령승인제도〈제76조 제3항〉, 국회의 계엄해제요구제도〈제77조 제5항〉, 위헌법령·처분심사제〈제107조 제1~2항〉, 위헌정당해산제도〈제8조 제4항〉, 헌법소원제도〈제111조 제1항 제5호〉 등이 있다.

4. 헌법의 수호자

(1) 개념

헌법의 수호자문제는 헌법보장기관이 누구인가에 관한 문제로서 헌법이 위기에 처했을 때 누가 헌법의 규범적 실효성을 최종적으로 보장해야 하는가에 대한 논리적·실제적인 문제이다.

(2) 수호자논쟁

Schmitt는 중립적 권력으로서 대통령이 수호자라고 하였고, Kelsen은 헌법재판소가 헌법수호자라고 하였다. 민주국가에 있어서는 최종 헌법수호자는 국민이다. 영국도 헌법의 수호자가 국왕이라는 A.B. Keith와 내각이라는 H. Laski의 논쟁이 있었다.

5. 헌법보장의 한계

헌법보장은 국가의 헌법적 가치질서를 지키려는 것이므로 본질상 헌법의 침해를 전제로 한 개념이다. 헌법적 침해의 방지를 구실로 헌법상 보장된 기본권이 제한당하지 않도록 주의해야 한다. 특히 언론출판의 자유, 집회·결사·시위의 자유, 정당설립의 자유 등 정치적 기본권은 그 행사가 민주적 헌법질서를 실현하는 수단으로서 그 자체가 헌법보장기능을 수행하므로 이들 자유를 부당하게 제한하는 수단으로 헌법보장제도가 남용되어서는 아니된다.

문. 다음 헌법보호수단 중에서 침해유형과 관련하여 성질이 다른 하나는?

① 탄핵제도
② 정당해산제도
③ 위헌법률심사제도
④ 내각불신임제도

☞ ②

문. 사전예방적 헌법보장제도인 것은?

① 탄핵심판제도
② 정당해산제도
③ 구체적 규범통제제도
④ 권력분립제도

☞ ④

문. 헌법 보장에 관한 내용 중 잘못된 것은 모두 몇 개인가?

㉠ 헌법 보장의 대상은 성문헌법전에 한정된다.
㉡ 헌법보장수단으로서의 저항권은 폭력적 수단을 사용해서는 안 된다.
㉢ 평상적 헌법보장제도로는 위헌법률심사제와 계엄선포권을 들 수 있다.
㉣ 헌법 개정에 의해서는 헌법 침해가 행해질 수 없다.
㉤ 헌법수호자의 문제는 위기에 있어서의 헌법보장문제라 볼 수 있다.

---

① 1개   ② 2개
③ 3개   ④ 4개

☞ ④

헌법서설

1 현행 헌법상 헌법개정에 관한 설명으로 옳지 않은 것은 모두 몇 개인가?

> ㉠ 헌법개정안이 확정되면 대통령은 15일 이내에 이를 공포하여야 한다.
> ㉡ 헌법개정안에 대한 국회의 의결을 위해서는 출석의원의 3분의 2 이상의 찬성을 얻어야 한다.
> ㉢ 헌법개정은 국회재적의원 3분의 2 이상 또는 대통령의 발의로 제안된다.
> ㉣ 제안된 헌법개정안은 대통령이 30일 이상의 기간 이를 공고하여야 한다.

① 1개 ② 2개
③ 3개 ④ 4개

🎥 Advice ㉠ 헌법개정안은 국회가 의결한 후 30일 이내에 국민투표에 붙여 국회의원선거권자 과반수의 투표와 투표자 과반수의 찬성을 얻은 때에 그 헌법 개정은 확정되며, 대통령은 즉시 이를 공포하여야 한다〈헌법 제130조 제2·3항〉.
㉡ 헌법개정안에 대한 국회의 의결은 재적의원 3분의 2이상의 찬성을 얻어야 한다〈헌법 제130조 제1항〉.
㉢ 헌법 개정은 국회재적의원 과반수 또는 대통령의 발의로 제안된다〈헌법 제128조 제1항〉.
㉣ 제안된 헌법개정안은 대통령이 20일 이상의 기간 이를 공고하여야 한다〈헌법 제129조〉.

2 다음 중 G. Jellinek의 법실증주의적 규범주의와 거리가 먼 것은?

① 주관적 공권론 ② 관계이론
③ 국가주권설 ④ 사실의 규범적 효력설

🎥 Advice G. Jellinek는 기본권을 주관적 공권으로 보며, 국가와 국민의 관계를 법인격을 가진 주체 상호간의 권리·의무관계로 보는 바 이러한 개인과 국가의 관계를 나타내는 것이 지위이론이다.

3 다음 중 C. Schmitt의 결단주의적 헌법관과 무관한 것은?

① 기본권은 전국가적·초국가적 자연권이다.
② 규범과 사실을 엄격히 구별하였다.
③ Sièyés와 같이 국민주권주의를 주장하였다.
④ 헌법개정의 한계를 인정하였다.

🎥 Advice C. Schmitt는 헌법제정권력과 헌법개정권력을 구별하고 헌법제정권력의 무한계성과 헌법개정권력의 한계성을 인정하였으며, 합법성과 정당성의 대립을 인정하면서 정당성 우위의 입장을 취한다.
② 규범과 사실의 엄격한 구별은 규범주의(법실증주의)적 헌법관의 내용이다.

Answer 1.④ 2.② 3.②

4 다음 중 R. Smend의 통합주의적 헌법관과 거리가 먼 것은?

① 국가와 사회의 구별부정
② 하나의 과정으로서의 국가
③ 기본권과 통치구조의 연관성부인
④ 동태적 · 거시적 헌법관

Advice R. Smend에 있어 통치구조는 통합의 실질적 계기를 의미하는 기본권을 실현하기 위한 하나의 기능을 의미하므로 기본권과 통치구조간에는 가교가 놓여진다. 또한 기본권에 대하여 국가권력에 대한 주관적 공권으로서의 측면보다 공동체의 객관적 질서로서의 성격을 강조하며, 기본권은 국가적 생활과정을 통합하는 실질적 통합의 계기일 뿐 아니라 가치체계로 이해한다.

5 다음의 통합과정이론에 대한 설명 중 옳지 않은 것은?

① 가치론적 학설이다.
② 자유권과 사회적 기본권의 구별을 부정한다.
③ 권력구조와 기본권의 유기적 관련성을 인정한다.
④ 국가와 사회의 구별을 인정하는 2원론의 입장이다.

Advice ④ 통합주의 헌법관에서 국가와 사회의 구별을 부정한다.

6 다음 중 근대입헌주의헌법의 특징으로 볼 수 없는 것은?

① 연성헌법
② 기본권보장
③ 국민주권
④ 성문헌법

Advice 근대입헌주의헌법의 특징으로는 ②③④ 외에 법치주의, 의회주의, 경성헌법 등을 들 수 있다.

7 현대자유민주주의헌법의 특질이라고 볼 수 없는 것은?

① 국제평화주의
② 정당을 통한 권력의 융화
③ 엄격한 권력분립주의
④ 인간다운 생활을 보장받을 권리

Advice ③ 엄격한 권력분립은 근대적 특징이며, 현대는 권력분립이 완화되어 견제와 균형에서 조화로 중점이 옮겨져 가고 있다.

8 다음 중 근대헌법과 구별되는 현대헌법의 특색의 하나로 볼 수 있는 것은?

① 법률의 위헌심사제
② 헌법의 성문화
③ 헌법개정의 곤란성
④ 자유권보장

Advice ① 법률의 위헌심사는 현대헌법에서 일반화된 제도이다. 근대사회는 '의회의 세기'였기 때문에 의회에서 제정한 법률의 위헌 여부를 심사할 수 있는 기반이 존재하지 않았다.

9 다음은 헌법의 개념에 관한 설명이다. 옳지 않은 것은?

① 영국에는 헌법이 없다고 하는 경우 이 헌법은 형식적 의미의 헌법을 말한다.
② 국가의 기본조직과 작용을 규정하는 고유한 의미로서의 헌법은 모든 국가가 가지고 있다.
③ 입헌주의적 의미에서의 헌법은 형식적 의미로서의 헌법과 같다.
④ 입헌주의적 의미로서의 헌법은 모든 국가가 가지고 있는 것은 아니다.

Advice ③ 형식적 의미의 헌법은 주로 성문헌법전을 지칭하며, 따라서 입헌주의적 의미의 헌법과 일치하는 것은 아니다.

10 실질적 의미의 헌법과 형식적 의미의 헌법에 관한 설명으로서 옳은 것은?

① 형식적 의미의 헌법 중에는 실질적 의미의 헌법에 해당하지 않는 것이 있을 수 있다.
② 형식적 의미의 헌법에는 실질적 의미의 헌법이 모두 포함되어 있다.
③ 실질적 의미의 헌법은 성문헌법이 아니라 법원조직법, 정부조직법, 국회법 등을 말한다.
④ 국회법, 정부조직법, 법원조직법 등은 형식적 의미의 헌법을 많이 포함하고 있다.

Advice 실질적 의미의 헌법이란 법형식에 구애되지 않고 국가의 조직, 작용의 기본원칙을 정하고 있는 법규범의 전체를 의미하며, 형식적 의미의 헌법이란 헌법전을 지칭하는 개념이다. 형식적 의미의 헌법과 실질적 의미의 헌법이 반드시 일치하는 것은 아니다.
② 스위스 헌법의 도살조항, Weimar 헌법의 미술·천연기념물과 명승풍경의 보호조항은 형식적 의미의 헌법에는 속하나, 실질적 의미의 헌법으로는 보기 힘들다.
③④ 국회법, 법원조직법, 정부조직법 등에는 실질적 의미의 헌법이 많이 포함되어 있다.

11 다음 중 헌법의 특성으로 가장 부적합한 것은?

① 초실정법적 원칙규범성　　　　② 역사성
③ 최고규범성　　　　④ 정치적 통합성

Advice 헌법의 특질은 사실적 측면과 규범적 측면에서 고찰할 수 있다. 사실적 특질로는 정치성·이념성 및 역사성을, 규범적 특질로는 최고규범성·기본권보장규범성·수권규범성·조직규범성·생활규범성 등을 들 수 있다.
① 헌법의 내용 가운데에는 자연법적인 것도 내포되어 있지만, 일단 명문화된 헌법은 실정법으로 이해하여야 한다.

12 다음 중 헌법의 최고규범성에 관한 설명으로 보기 어려운 것은?

① 헌법의 최고규범성은 헌법의 국가창설적 기능과 불가분의 관계에 있다.
② 헌법이 주권자인 국민에 의하여 제정되었다는 데에서 유래한다.
③ 헌법에 있어 헌법의 최고법이라는 조항은 창설적으로 이해되어야 한다.
④ 하위의 법령은 헌법이념이 최대한으로 구현되도록 제정되고 해석되어야 한다.

🐦Advice ③ 헌법의 최고법조항은 확인 내지 선언규정으로서 조항의 유무가 헌법의 최고법성을 좌우하는 것은 아니다.

13 다음의 헌법규범과 헌법현실에 관한 기술 중 타당하지 않은 것은?

① 헌법에 있어서 규범과 현실간의 갭(gap)은 하나의 숙명적인 것이지만 헌법개정과 헌법변천 등
의 방법을 통하여 좁혀나가야 한다.
② 헌법에 있어서 규범과 현실은 대립적인 관계에서 평가되어야 한다.
③ 헌법규범과 헌법현실의 대립은 헌법의 실질적 가치의 내용과 정치적 현실과의 마찰작용에 기인한다.
④ 헌법의 상반구조적 입법기술은 헌법규범과 헌법현실의 갭을 줄이고자 하는 입법기술이다.

🐦Advice ② 헌법에서 규범과 현실은 대립적 관계에서가 아니라, 상호제약의 관계에서 평가되어야 한다.
그 예로 한편으로 기본권을 보장하면서 다른 한편으로 기본권을 제한하는 것을 들 수 있다.

14 헌법의 유형과 관련된 설명 중 옳지 않은 것은?

① 불문헌법은 개념필수적으로 연성헌법이다.
② 불문헌법은 의회제정법률에 대한 위헌심사권의 보장을 요구하지 않는다.
③ 성문헌법은 모든 법률의 합법성의 근거이다.
④ 성문헌법은 헌법의 경성성을 본질적으로 요구한다.

🐦Advice 헌법은 성문헌법이면서 연성헌법성을 가질 수 있다(1848년 이탈리아 헌법, 1947년 뉴질랜드 헌법 등).

15 K. Loewenstein의 분류와 관계없는 것은?

① 실질적 헌법   ② 규범적 헌법
③ 명목적 헌법   ④ 이념적 · 프로그램적 헌법

🐦Advice K. Loewenstein은 존재론적 분류 이외의 성립유래에 따라 독창적 헌법과 모방적 헌법으로 분류하고, 내
용에 따라 이념적 · 프로그램적 헌법과 실용적 헌법으로 분류하였다.

16 다음 내용 중 옳지 않은 것은?

① 현대 복지주의적 의미의 헌법의 요소는 사회적 법치국가의 원칙이 있다.

② 미리 마취되지 않는 한 식육동물을 살해해서는 안된다는 스위스 헌법 제25조 제2항은 실질적 의미의 헌법은 아니다.

③ 영국에는 헌법이 없다고 할 때의 의미는 형식적 의미의 헌법을 뜻한다.

④ 고유한 의미의 헌법은 실질적 의미의 헌법과 대립되는 개념이다.

Advice ④ 고유한 의미의 헌법이란 국가 통치체제의 기본조직과 작용을 정하는 기본법으로 국가가 존재하는 곳이면 반드시 존재한다.

17 헌법해석에서 가장 우선하여 취하여야 할 방법은?

① 주관적 해석 　　　　　② 정치적 해석

③ 문리적 해석 　　　　　④ 역사적 해석

Advice 헌법해석은 문리해석에서 시작하여 주권적·역사적 해석, 객관적·체계적 해석, 비교법적 해석, 목적론적 해석, 정치적·사회적 해석을 거쳐야 한다.

18 누가 최종적인 헌법해석권을 가지는가?

① 헌법재판권을 가지는 기관 　　② 대통령, 국회, 사법부

③ 국민 　　　　　　　　　④ 사법부

Advice 여러 국가기관이 유권적인 헌법해석권을 가지나, 최종적인 헌법해석권을 가진 기관은 헌법재판권을 가진 기관이다. 현행 헌법상은 헌법재판소이다.

19 다음의 합헌적 법률해석에 관한 기술 중 타당하지 아니한 것은?

① 법률의 합헌적 해석 또는 헌법합치적 법률해석이라고도 한다.

② 규범통제를 반드시 전제로 한다.

③ 법률이 헌법에 조화되게 해석될 수 있는 경우에는 위헌무효로 선언해서는 아니된다는 원칙이다.

④ 법률해석의 문제라는 점에서 헌법규범의 참된 의미와 내용을 찾아내는 헌법해석과 구별된다.

Advice 합헌적 법률해석이란 외형상 위헌같이 보이는 법률이라도 그것이 헌법의 정신에 맞도록 해석될 여지가 조금이라도 있는 한 이를 쉽사리 위헌이라고 판단해서는 아니된다는 법률의 해석지침을 말한다. 합헌적 법률해석은 규범통제(위헌법률심사)의 과정에서 주로 문제가 되지만, 규범통제를 반드시 전제로 하는 것은 아니다.

20 다음 중 합헌적 법률해석의 근거가 아닌 것은?

① 권력분립정신
② 법률추정적 효력
③ 국민주권주의
④ 국가간의 신뢰보호

 Advice 합헌적 법률해석은 법률의 합헌해석의 가능성이 있다면 법률의 효력을 지속시켜야 한다는 소극적 의미와 법률의 위헌적 요소를 헌법정신에 맞도록 법률의 내용을 제한·보충하여야 된다는 적극적 의미가 있다. 그리고 그 이론적 근거는 헌법의 최고규범성에서 나오는 법질서의 통일성 요구(헌법의 최고규범성), 입법부가 제정한 법률의 효력을 최대한 존중하며(권력분립정신), 법률이 제정·공포된 이상은 효력을 가진다는 법률의 추정적 효력, 국가간 체결된 조약의 합헌성이 문제되는 경우에 조약을 되도록이면 합헌적으로 해석해서 그 효력을 지속시키려는 국가간의 신뢰보호가 있다.

21 다음 중 법률의 합헌적 해석의 방법이 아닌 것은?

① 법률의 일부무효
② 한정위헌
③ 심판절차종료선언
④ 헌법불합치

 Advice ① 법률이 위헌인 경우 전체를 무효로 선언하는 것이 원칙이나 위헌적인 조문만을 무효로 선언하여도 나머지 법률의 존속에 문제가 없을 경우 선언하는 방법이다.
② 한정합헌이나 한정위헌은 법률이 그 자체는 합헌이라 볼 수 없어도 해석에 의하여 그 내용을 제한하면 위헌으로 볼 수 없는 경우에 행해진다.
④ 헌법불합치란 법률이 그 자체로는 합헌적이라 볼 수 없어도 그 내용을 일부 보완하는 경우에, 법적 공백의 방지나 법적 안정성을 위하여 위헌결정 대신에 행하여지는 경우이다.

22 헌법제정권력의 설명으로 맞는 것은?

① Schmitt는 국민을 헌법제정권력의 주체로 파악한 최초의 학자이다.
② Anschutz는 헌법제정권력과 헌법개정권력의 한계를 주장하였다.
③ Siéyès는 헌법제정권력과 헌법개정권력을 구별하지 않았다.
④ Siéyès는 시민계급도 참여할 수 있는 제헌의회를 통한 헌법제정을 주장함으로써 대의민주주의의 사상적 선험자가 되었다.

 Advice Siéyès는 「제3신분이란 무엇인가」에서 국민이 헌법제정권력을 가진다는 것을 주장하였고 헌법제정권력과 국가권력을 구분하였으며, 또한 헌법제정권력과 헌법개정권력을 구분하였다.

23 다음 중 옳지 않은 것은?

① C. Schmitt는 헌법제정권력이란 자신의 정치적 통일체의 종류와 형태에 관하여 근본적인 결단을 내리는 권위를 가진 법적 의사라고 하였다.
② 헌법제정권력과 헌법에 의하여 만들어진 권력을 구별한 것은 Siéyès의 공적이다.
③ G. Anshutz, P. Laband, G. Jellinek 등은 헌법제정권력을 부인하였다.
④ G. Burdeau는 헌법제정권력은 '정치와 법의 교차점에 위치하는 것'이라고 주장하였다.

Advice ① C. Schmitt는 헌법제정권력이란 근본결단으로 법적 의사가 아닌 정치적 의사라고 하였다.

24 헌법제정권력에 관한 E.J. Siéyès의 이론과 관계가 없는 것은?

① 헌법제정권력은 무제한한 권력이다.
② 헌법제정권력의 주체는 시대에 따라 다르다.
③ 입법권만을 가진 의회는 헌법제정권력을 행사할 수 없다.
④ 헌법제정권력은 헌법에 의해 만들어진 권력과는 구별된다.

Advice E.J. Siéyès는 프랑스혁명 전야에 익명으로 발간된 「제3신분이란 무엇인가」라는 저서에서 헌법제정권력의 주체는 오로지 국민이며, 그것은 단일·불가분·무제한의 권력이라고 하였다.

25 헌법제정권력의 이론에 있어 E.J. Siéyès와 C. Schmitt의 공통점에 해당하지 않는 것은?

① 무한계설을 주장한 점
② 헌법제정권력과 헌법개정권력을 구별한 점
③ 헌법제정권력과 그밖의 국가권력을 구별한 점
④ 무한계설이 근거를 헌법제정권력의 시원성에서 구한 점

Advice ④ 근거를 E.J. Siéyès는 무한계설의 헌법제정권력의 시원성에서 구한 반면 C. Schmitt는 그 혁명적 성격에서 구한다.

26 헌법제정권력이론의 설명으로 가장 적합하지 못한 것은?

① 원래 헌법이론이나 국가이론으로서 주창된 것이 아니라, 역사적·이데올로기적 요청에 따라 생성된 개념이다.
② 그 이론적 기초는 영국의 명예혁명을 전후하여 태동되었다.
③ 법실증주의적 국법학은 헌법제정권력과 헌법개정권력, 입법권을 구별하지 않는다.
④ C. Schmitt는 헌법제정권력에 의하여 정치적 통일체의 종류와 형태에 관한 근본적 결단으로서의 헌법이 제정된다고 보았다.

Advice ② 헌법제정권력은 프랑스혁명과 관련된다.

27 다음은 헌법제정권력의 한계지정설에 관한 설명이다. 그 한계에 해당되지 않는 것은?

① 자유민주주의와 같은 이데올로기적 한계
② 기본권의 보장과 같은 자연법적 한계
③ 헌법제정권력의 행사방법에 관한 실정법적 한계
④ 식민지의 제헌권행사에서 볼 수 있는 국제법적 한계

Advice ③ 헌법제정권력의 행사방법은 그 성질(시원성)상 이를 규제하는 법적 절차가 존재하지 않는다.

28 헌법제정권력과 국가권력간의 상호관계가 문제되는 시기는 언제인가?

① 헌법개정시
② 국가성립 후
③ 헌법제정시
④ 법률개정시

Advice 헌법개정시 헌법개정권력으로 헌법제정권력의 근본결단을 개정할 수 있는가 하는 것이 문제된다.

29 우리 헌법상 헌법제정권력의 주체는 누구인가?

① 대통령
② 국민전체
③ 국회
④ 유권자의 총체

Advice 이념적 통일체로서의 전체국민이다.

30 다음 중 현행 헌법의 개정이 없이도 인정할 수 있는 것은?

① 체포적부심사제를 실시하는 것
② 대통령의 피선거권연령의 하한을 35세로 낮추는 것
③ 감사원장의 중임을 금지하는 것
④ 국회의원의 정수를 200인 미만으로 하는 것

Advice ②③④는 직접 헌법에 규정되어 있어 헌법의 개정없이는 불가하다.

31 우리 헌법상 헌법개정을 하지 않고도 채택할 수 있는 것은?

① 의원내각제의 전면적 채택
② 국군의 편성 · 조직
③ 대통령의 선임방법
④ 위헌법률심사에 있어서 추상적 규범통제의 채택

Advice ② 국군의 조직 · 편성은 법률로 정한다〈헌법 제74조 제2항〉.

32 헌법개정에 관한 기술로서 가장 부적당하다고 생각되는 것은?

① 헌법전에 대한 의도적 개정절차라는 점에서는 헌법변천과 동일하다.
② 대체로 발의, 공고, 의결, 국민투표, 공포 등의 절차를 거쳐 이루어진다.
③ 연방국가에서는 지방의 일정한 동의를 요건화한다.
④ 수정, 삭제, 추가, 개서, 증보 등의 여러 방식이 있다.

Advice ① 헌법변천은 조문 자체는 그대로 두고 그 의미와 내용만이 변하는 것으로 조문 자체의 변경을 가져오는 헌법개정과 다르다.

33 헌법개정권에 관한 다음의 설명 가운데에서 가장 합당한 것은?

① 헌법개정권은 헌법에 규정된 절차에 따른 헌법참정권을 뜻한다.
② 헌법개정권은 초헌법적 권한이다.
③ 헌법개정권과 입법권은 동일선상의 권한이다.
④ 헌법개정권에는 헌법정지권도 포함된다.

Advice 헌법개정권은 헌법에 의하여 제도화된 권력으로, 헌법에 규정된 절차에 따라 행사되어야 한다.

34 헌법개정의 한계설을 지지하는 경우에 다음 중 개정이 불가능한 것은?

① 행정부의 일원성 폐지   ② 이원집정부제 채택
③ 국회제도의 폐지   ④ 국회의원의 임기연장 채택

Advice 헌법개정의 한계를 긍정할 경우에도 개정권력은 제정권력의 근본결단인 국민주권주의를 부정할 수 없다. 그러므로 국민주권주의의 한 요소인 국민대표주의를 부정할 수는 없다.

Answer 26.② 27.③ 28.① 29.② 30.① 31.② 32.① 33.① 34.③

35 헌법제정권력과 헌법개정권력의 성격에 관한 설명 중 옳지 않은 것은?

① 헌법개정권력의 행사는 헌법제정권력에 의하여 규제된다.
② 헌법제정권력은 시원적인 권력이다.
③ 헌법개정권력은 헌법제정권력의 주체를 변경할 수 있다.
④ 헌법제정권력 → 헌법개정권력 → 입법권의 위계질서가 인정된다.

Advice   ③ 헌법개정권은 헌법에 의해 제도화된 권력으로 헌법제정권력의 주체를 변경할 수 없다.

36 개헌에 관한 설명으로 옳지 않은 것은?

① 우리 헌법에도 개정금지규정이 있다.
② 불문헌법을 고치는 것은 개헌이라고 하지 않는다.
③ 헌법변질의 한계점에서 요구되는 것이다.
④ 일본에서는 개헌하려면 국민투표가 필요하다.

Advice   ① 우리 헌법에는 개정금지조항이 없다.

37 다음 기술 중 옳지 않은 것은?

① 헌법개정안에 대한 국회의 의결은 재적의원 3분의 2이상의 찬성을 얻어야 한다.
② C. Schmitt는 헌법제정권력은 비록 최상위의 시원적 권력이지만 일정한 한계는 존재한다고 보았다.
③ 현행 헌법상 국민의 헌법개정발안권은 인정되지 않는다.
④ Siéyès는 국민만이 헌법제정권력의 주체라 보았으나, C. Schmitt는 국민에게만 한정되지는 않는다고 보았다.

Advice   ② C. Schmitt는 헌법제정권력의 무한계를 주장하였다.
         ③ 헌법개정의 발의는 국회재적의원 과반수 또는 대통령에 한하며, 국민에게 발의권은 인정되지 않는다.

38 헌법개정의 한계에 관한 학설 중 무한계설의 근거가 될 수 없는 것은?

① 현재의 규범과 가치에 의해서 장래의 세대를 구속하는 것은 부당하다.
② 모든 가치는 주관적이며, 헌법도 상대적 규범이며 특정한 국민 또는 문화권의 의사표명에 불과하다.
③ 헌법규범에는 실정화된 자연법규범이 있으며, 그것은 실정화되더라도 자연법규범으로서의 성질을 잃지 아니한다.
④ 헌법규정 중의 가치서열이나 단계성은 인정하기 어려우며, 개정금지규정은 쉽게 개정해서는 안 된다는 것에 불과하다.

Advice   ③은 헌법개정의 한계긍정설의 근거이다.

39 헌법개정에 관한 현행 헌법의 설명으로 옳지 않은 것은?

① 헌법개정안은 국회의 의결과 국민투표를 거쳐 확정된다.
② 대통령의 중임변경 헌법개정은 가능하다.
③ 대통령의 임기를 연장하는 헌법개정은 불가능하다.
④ 국민은 헌법개정의 제안권자가 될 수 없다.

Advice 우리 헌법상 대통령의 임기연장 또는 중임변경을 위한 헌법개정〈제128조 제2항〉은 헌법개정의 한계가 아니라 헌법개정효력의 소급적용을 제한한 것이다. 따라서 임기연장이나 중임변경을 위한 헌법개정도 가능하다.

40 다음 중 헌법개정에 있어 국민발안제와 국민투표제를 다같이 인정하고 있는 헌법은?

① 건국헌법
② 제2차 개정헌법
③ 제8차 개정헌법
④ 제3공화국 헌법

Advice 국민발안제는 제5차 개헌(제3공화국 헌법)에서 채택되었다가 제7차 개헌 시 폐지되었다. 국민투표제는 제2차 개헌에서 채택되었다가 제3차 개헌에서 폐지되고 제5차 개헌에서 다시 채택되었다.

41 헌법개정에 관한 다음의 기술 중 현행 헌법과 합치하는 것은?

① 헌법개정안은 대통령이 30일 이상의 기간 이를 공고하여야 한다.
② 헌법개정안은 국회에서 재적의원 과반수의 찬성을 얻어야 국민투표에 부쳐진다.
③ 헌법개정의 제안은 국회의 재적의원 과반수 또는 국회의원선거권자 50만명 이상의 찬성으로써 한다.
④ 국회는 헌법개정안이 공고된 날로부터 60일 이내에 의결하여야 한다.

Advice 헌법개정은 대통령이 헌법개정안을 20일 이상 공고하고, 국회는 공고된 날로부터 60일 이내 의결하며 의결된 날로부터 30일 이내 국민투표로 이루어진다.

42 헌법의 개정절차에 관한 설명 중 옳지 않은 것은?

① 국민투표로 가결된 개정안은 대통령이 공포하여야 하며, 공포와 동시에 확정된다.
② 개정안의 제안에는 대통령 또는 국회의원 재적과반수의 발의를 요한다.
③ 제안된 개정안은 대통령이 20일 이상의 기간 이를 공고하여야 한다.
④ 국회에서 의결된 개정안은 국민투표에 부쳐 국회의원선거권자 과반수의 투표와 투표자 과반수의 찬성을 얻어야 한다.

Advice 헌법개정안은 국민투표에서 국회의원선거권자 과반수의 투표와 투표자 과반수의 찬성을 얻음으로써 확정되며, 대통령은 즉시 이를 공포하여야 한다.

Answer　　35.③　36.①　37.②　38.③　39.③　40.④　41.④　42.①

43 C. Schmitt에 의한 헌법개정과 구별할 개념에 속하지 않는 것은?

① 헌법의 침해　　　　　　　　　　② 헌법의 변천
③ 헌법의 파기　　　　　　　　　　④ 헌법의 폐지

  ✎Advice　② 헌법의 변천은 G. Jellinek의 견해이다.

    ※ C. Schmitt의 헌법변동유형
      ㉠ 헌법의 파기 : 기존의 헌법을 전체적으로 소멸시킬 뿐 아니라 그 헌법의 토대가 되어 있는 헌법제정
        권력까지도 근본적으로 배제하는 경우를 말한다.
      ㉡ 헌법의 침해 : 위헌임을 인식하면서도 의식적으로 특정한 헌법조항에 위반되는 명령이나 행위를 하는
        경우를 말한다.
      ㉢ 헌법의 폐지 : 기존의 헌법을 배제하지만 헌법제정권력의 주체는 변질되지 아니하는 경우를 말한다.
      ㉣ 헌법의 정지 : 특정한 헌법조항의 효력을 일시적으로 중단시키는 경우를 말한다.

44 다음 중 G. Jellinek가 분류한 헌법변천의 유형에 속하지 않는 것은?

① 정식개정에 의한 헌법의 변천　　　② 헌법의 흠결을 보충하기 위한 변천
③ 헌법상의 관행에 의한 변천　　　　④ 의회, 정부, 법원의 유권해석에 의한 변천

  ✎Advice　G. Jellinek는 헌법변천의 유형으로 ②③④와 국권의 불행사에 의한 변천, 정치적 필요에 의한 변천을 들
    고 있다.

45 다음의 헌법변천에 관한 내용 중 가장 적절한 것은?

① 헌법변천이 발달한 대표적인 국가는 미국이다.
② 헌법의 조화적 해석을 위하여 일률적으로 수용하는 것이 타당하다.
③ 한국의 현행 헌법에 있어서 영토조항〈제3조〉은 헌법변천으로 설명하기보다는 헌법정지라고 보
  는 것이 타당하다.
④ 제3공화국 헌법에서는 참의원에 관한 규정이 있었지만 단원제로 운용한 예가 이에 해당한다.

  ✎Advice　헌법의 변천 내지 변질은 특정의 헌법조항이 헌법이 규정된 개정절차에 따라 형식적으로 변경되는 것이
    아니라, 헌법의 조문은 그대로 있으면서 헌법의 의미 · 내용만이 실질적으로 변화하는 경우를 말한다.

46 다음 중 헌법변천의 동기가 되지 않는 것은?

① 헌법에 위반되는 입법이 제정되어 행정부가 이에 이의를 제기하지 않고 그대로 집행하는 경우
② 어떤 특수한 경우에 위헌임을 알면서도 일정한 헌법조항과 위반되는 명령을 발하거나 조치를
  취하는 경우
③ 헌법의 확대해석 또는 축소해석에 의한 경우
④ 헌법에 위반하는 관행이나 선례가 누적할 경우

  ✎Advice　② 이는 헌법의 침해에 해당한다.

47 헌법변천의 유형에 관한 연결사항 중 옳지 않은 것은?

① 미국 – 연방대법원의 위헌법률심사권　　② 일본 – 평화헌법과 자위대의 설치

③ 한국 – 헌법재판소의 위헌법률심사권　　④ 영국 – 수상에 의한 내각의 지배

Advice　한국의 위헌법률심사제는 헌법상 인정된 제도이므로 헌법변천과는 무관하다.
　　※ 헌법변천의 대표적인 실례
　　　㉠ 미국 : 연방대법원의 위헌법률심사제, 대통령간선제의 직선제적 운용
　　　㉡ 영국 : 수상의 내각지배와 국왕의 실질적 권한상실, 다수당에의 정권이양
　　　㉢ 일본 : 자위대, 미일방위협력지침
　　　㉣ 한국 : 제1차 개정헌법에서의 양원제 국회, 역대헌법에서의 지방의회의 구성연기, 헌법상의 영토조항

48 다음 중 헌법변천의 예라고 볼 수 없는 것은?

① 독일에 있어서 기본권의 상실

② 미국에 있어서 대법원의 위헌법률심사권 행사

③ 일본에 있어서 자위대의 존재

④ 한국에 있어서 1952년 발췌개정헌법하의 단원제 운용

Advice　① 독일의 기본권상실은 명문규정이 있다.

49 헌법보장에 관한 다음의 기술 중 타당하지 않은 것은?

① 헌법의 보장은 최고법규성에서 당연히 나오는 결과이다.

② 헌법수호자의 문제는 위기에 있어서의 헌법보장의 문제이다.

③ 국가의 기본원칙을 정하는 것은 형식적 의미의 헌법이기 때문에 헌법보장의 범위는 헌법론에 국한된다.

④ 헌법보장제도는 헌법규범의 실효성을 확보하기 위한 것이다.

Advice　① 헌법은 헌법의 최고법규성을 선언함으로써 헌법보장을 도모하고 있다.
　　③ 헌법보장의 대상은 헌법전의 개별적인 조문들에 국한되는 것이 아니라, 널리 헌법의 기본원리나 헌법가치의 질서체계이다.

50 어느 국법질서에도 항존하는 헌법보장의 유형은?

① 헌법소송　　　　　　　　② 개인책임제도

③ 사회적 보장　　　　　　　④ 정치적 보장

Advice　G. Jellinek는 헌법보장제도를 사회적 보장, 법적 보장으로 유형화하면서 사회적 보장은 어떠한 국법질서에서도 존재하며, 법적 보장은 가장 중요하다고 하였다.

Answer　43.② 44.① 45.① 46.② 47.③ 48.① 49.③ 50.③

51 다음의 헌법의 수호자에 관한 설명 중 옳지 않은 것은?

① 헌법의 수호자는 제도나 국가기관 중 어느 하나라야 한다.

② C. Schmitt는 헌법의 수호자를 국민에 의하여 선출된 중립적 권력으로서의 대통령이라 하였다.

③ H. Kelsen은 헌법을 침해할 기회나 충동을 가지게 될 대통령에게 헌법수호기능을 담당시키는 것은 부적당하므로, 헌법수호자로서 헌법법원의 중요성을 강조하였다.

④ 영국에서의 헌법의 수호자에 관하여, A.B. Keith는 국왕이어야 한다고 하지만 H. Laski는 내각이어야 한다고 주장하였다.

> **Advice** 헌법의 수호자가 누구이냐의 문제는 헌법의 위기시에 누가, 어떤 수단으로 헌법을 수호할 것이냐의 문제이다.
> ① 헌법수호자의 문제는 헌법의 침해나 위협이 누구에 의하여 야기되느냐에 달려있기 때문에 언제나 하나인 것은 아니다.

52 헌법장애상태에 대한 다음의 설명 중 옳지 않은 것은?

① 헌법기관의 자체고장에 의한 헌법의 기능장애상태를 말한다.

② 헌법장애상태와 국가비상사태는 동일한 개념이다.

③ 헌법장애상태를 수습하기 위하여 국가긴급권을 발동하는 것은 헌법상의 과잉금지의 원칙에 위배된다.

④ 헌법장애상태는 궁극적으로 헌법의 개정에 의해서만 배제된다.

> **Advice** 헌법의 장애상태란 헌법기관이 그에게 주어진 헌법상의 기능을 수행할 수 없는 상태를 말하므로 국가비상사태와는 다르다. 헌법장애상태의 수습은 헌법규범과 그 정신이 철저하게 존중되는 경우에 이루어진다.

53 다음 중 방어적 민주주의와 관련이 먼 것은?

① 가치구속적 민주주의 ② 헌법수호수단

③ 가치중립적 민주주의 ④ 민주주의 소극적 보장

> **Advice** **방어적 민주주의** … 민주주의제도가 민주주의 그 자체를 파괴·폐지하기 위한 수단으로 악용되는 것을 예방하고, 헌법적으로 보장된 자유권에 의해서 자유 그 자체가 부정·말살되는 것을 방지하기 위한 제도를 말한다. 다시 말해 민주주의의 이름으로 민주주의 그 자체를 파괴하거나 자유의 이름으로 자유 그 자체를 말살하려는 헌법질서의 적에 대하여 효과적으로 방어·투쟁하기 위한 민주주의를 말하며, 이는 가치적 헌법관에서만 생각할 수 있는 이론이다.

54 헌법의 침해나 파괴를 미연에 방지하기 위한 사전예방적 보장으로 볼 수 있는 것은?

① 위헌법령심사 ② 국가권력의 분립

③ 탄핵제도 ④ 위헌정당해산

 헌법수호제도는 평상시의 통상적 헌법수호와 비상시의 특수적 헌법수호로 대별할 수 있다. 평상시의 통상적 헌법수호제도에는 헌법의 침해를 미연에 방지하기 위한 사전예방적 헌법수호와 헌법이 현실적으로 침해된 경우에 헌법침해행위를 배제하거나 그 효력을 부인함으로써 헌법의 최고법규성과 그 규범력을 회복시키기 위한 사후교정적 헌법수호의 두 가지 유형이 있다.

㉠ **사전예방적 헌법수호**
- 헌법의 최고법규성의 간접적 선언
- 헌법수호의무의 선서
- 국가권력의 분립
- 경성헌법성을 규정한 헌법개정조항
- 방어적 민주주의 채택
- 공무원 및 군의 정치적 중립성

㉡ **사후교정적 헌법수호**
- 위헌법령심사제
- 탄핵제도
- 위헌정당해산제도
- 각료의 해임건의제 등

㉢ **비상적 헌법수호**: 국가가 비상사태에 처한 경우에 평상시의 통상적 헌법수호수단만으로는 헌법의 수호가 불가능한 때에 이용되는 특수적·비상적 헌법수호방법으로 국가긴급권과 국민의 저항권행사를 들 수 있다.

55 현대복지국가 헌법의 내용과 일치하지 않는 것은?

① 생존권적 기본권의 보장
② 사회적 정의의 실현을 위한 국민경제의 규제, 조정
③ 기능적 권력분립론의 극복과 의회주의의 강화
④ 실질적 평등의 보장을 위한 국가작용의 강화, 확대

 ③ 현대복지국가 헌법에서는 기존의 권력분립에서 벗어나 기능적 권력분립을 성립하고 민주적인 정당제도를 수용하며 국가기능의 효율성을 위해 행정국가화 경향을 보이고 있다.

※ 근대입헌주의 헌법과 현대복지국가 헌법의 비교

	근대입헌주의 헌법	현대복지국가 헌법
기본 헌법 원리	• 국민주권주의 • 법치주의 • 성문화법주의 • 제국주의, 침략주의	• 실질적 국민주권원리 • 실질적 법치주의 • 성문화법주의 • 국제평화주의
기본권	• 재산권과 경제적 자유의 절대적 보장 • 형식적 평등 • 형식적 기본권	• 재산권의 상대화 • 실질적 평등 개념 • 사회적 기본권의 보장
통치 구조	• 권력분립 • 제한선거, 대의제 • 명목상의 헌법규범 • 근대국가	• 기능적 권력분립 • 보통선거, 정당제도 • 헌법재판제도에 의한 헌법수호제도 마련 • 행정국가화, 계획국가화

 51.① 52.② 53.③ 54.② 55.③

02 대한민국 헌법

SECTION 1 대한민국 헌정사

1. 헌법의 성립과정

(1) 총선거의 실시와 국회구성

한일합방 이후 3·1운동과 연합국의 승리로 1945년 해방되었다. 그 후 1948년 5월 10일 미군정하에서 총선을 실시하여 198명의 제헌의원을 선출하였다. 제헌국회에서 1948년 7월 17일 헌법이 공포되었다.

(2) 제헌헌법의 내용

제헌헌법은 고전적 기본권 외에 사회적 기본권을 규정하였고 대통령중심제와 단원제국회, 헌법위원회 설치, 통제경제조항 등을 내용으로 담았다.

2. 헌법의 개정

한국 헌법의 개정과정에 나타난 특징으로는 개정빈도가 잦은 점, 대통령의 임기·권한과 관련된 경우가 많은 점, 개헌처리과정이 변칙적이었던 점, 개헌주체가 집권자 내지 집권여당이었던 점, 국민투표를 통한 형식적 정당성을 도출시킨 점 등이다.

문. 우리나라의 헌법사에 관한 설명으로 옳지 않은 것은?

① 제헌헌법은 대통령간선제를 채택하였다.
② 헌법재판소제도는 현행 헌법이 최초로 채택하고 있다.
③ 정당조항은 제3차 개헌(1960년 6월 15일)에서 신설되었다.
④ 법률의 위헌심사권을 법원에 부여한 것은 제5차 개헌(1962년 12월 17일) 때이다.

☞ ②

문. 1948년 제헌헌법에 관한 다음 설명 중 옳지 않은 것은?
▶ 2015. 3. 7 법원직
① 지방자치에 관한 규정을 두었다.
② 국무총리제를 두지 않고 부통령제를 두었다.
③ 단원제 국회를 규정하였다.
④ 합의체 의결기관인 국무원을 두었다.

☞ ②

⭐ 구체적 개헌사

구분	주요 내용	비고
제1차 개헌 (1952. 7. 7)	정·부통령직선제, 국회양원제, 국회의 국무원 불신임제, 국무위원임명시 국무총리제청권	발췌개헌
제2차 개헌 (1954. 11. 27)	국민투표제 가미(주권의 제한 및 영토의 변경 시), 순수대통령제도의 환원, 자유경제체제로의 전환, 대통령 궐위시의 부통령의 지위승계, 초대대통령의 중임제한 철폐, 군법회의에 대한 헌법상의 근거 부여, 국무총리제 폐지, 헌법개정의 한계조항설정	사사오입개헌
제3차 개헌 (1960. 6. 15)	내각책임제, 기본권의 일반적 유보조항, 복수 정당제의 보장, 중앙선거관리위원회의 설치, 경찰의 중립, 대법원장과 대법관의 선거제 채택, 지방자치제의 활성화, 헌법재판소 설치, 양원제, 경찰의 중립규정	내각책임제 개헌
제4차 개헌 (1960. 11. 29)	부정선거관계자 처벌법, 부정축재자 특별처리법, 공민권 제한법, 특별재판소 및 특별검찰부 조직법 설치	소급입법개헌
제5차 개헌 (1962. 12. 26)	대통령제와 국회 단원제, 기본권의 강화, 정당 정치의 확립, 사법권의 자주성, 헌법개정의 국민투표제, 경제과학심의회의 설치, 국가안전보장회의 설치, 감사원의 설치, 법관임명시 법관추천회의 추천, 헌법전문의 개정, 법원의 위헌법률심사권 부여, 법관임명시 제청	제3공화국 헌법
제6차 개헌 (1969. 10. 21)	대통령의 3선 허용, 대통령에 대한 탄핵소추 요건 강화, 국회의원의 증원, 국회의원의 국무총리·국무위원의 겸직 허용	3선 허용 개헌
제7차 개헌 (1972. 12. 27)	전문개정으로 평화통일 강조, 통일주체국민회의에 의한 대통령 간선, 국정감사권 폐지, 헌법위원회제, 기본권의 본질적 내용 침해금지조항 삭제, 구속적부심제도 폐지, 군인·군속의 2중 배상 청구금지, 헌법개정절차의 2원화	유신개헌
제8차 개헌 (1980. 10. 27)	전문개정, 정당에 대한 국고보조제도, 전통문화의 계승·발전, 민족문화창달의무 신설, 재외국민보호조항 신설, 행복추구권, 고문 등 강요에 의한 임의성 없는 자백의 증거능력 제한, 연좌제 폐지, 사생활의 비밀과 자유, 형사피고인의 무죄추정조항, 평생교육진흥조항, 근로자의 적정임금보장조항, 환경권 신설, 구속적부심사제 부활, 대통령의 선거인단에 의한 간선제, 국정조사권 신설, 국회의원의 청렴의무조항 신설, 독과점의 규제·보호조항, 중소기업 보호·육성조항, 소비자보호조항, 국가표준제도확립조항 신설	제5공화국 헌법

문. 대한민국 헌정사에 대한 설명 중 옳지 않은 것은?

▶ 2014. 9. 27 국회직

① 1948년 제헌헌법은 기본적으로 대통령제를 채택하였으나 국무총리를 두고 국무원을 의결기관으로 하였으며, 단원제국회와 사기업 근로자의 이익분배균점권을 인정하였다.

② 발췌개헌이라고 불리는 제1차 헌법개정에서 양원제국회가 최초로 규정되었다.

③ 1960년 제3차 개헌에 따라 윤보선 대통령은 국민의 직접선거가 아니라 양원합동회의에서 간선되었다.

④ 유신헌법하에서의 헌법개정안은 대통령 또는 국회재적의원 과반수의 발의로 제안되어 국민투표로 확정되었다.

⑤ 1987년 제9차 개헌에서는 재외국민보호의무를 신설하고 대법관 임명에 국회 동의를 요하도록 하였으며, 형사보상청구권을 피의자까지 확대 인정하였다.

☞ ④

문. 우리나라 헌법개정에 관한 기술로 가장 부적당한 것은?

① 이른바 발췌개헌의 경우 당시 정부측과 야당측의 개헌안이 각기 공고된 바 있었다.

② 이른바 4사5입개헌에 의하여 국무총리제와 국무원제는 폐지되었다.

③ 4·19 직후의 제3차 개헌을 최초의 여야합의 개헌으로 볼 수도 있다.

④ 제3차 개헌에 따라 위헌법률심사를 대법원이 관할하게 되었다.

☞ ④

제9차 개헌 (1987. 10. 29)	대한민국 임시정부의 법통과 불의에 항거한 4·19민주이념의 계승 및 조국의 민주개혁의 사명 명시, 국가의 재외국민보호조항 명시, 국군의 정치적 중립성 최초 명시, 정당의 조직·활동·목적의 민주적 명시, 적법절차조항, 구속이유고지 및 구속통지의무규정, 범죄피해자구조청구권, 최저임금제 실시 규정, 여자·노인·청소년의 복지향상을 위한 정책을 실시할 국가의 의무 및 재해예방의무 규정, 주택개발정책의 실시 및 모성보호 규정 등의 추가·신설, 구속적부심사제도와 형사보상청구권제도의 확대·개선, 국정감사권 부활, 국회해산제도 폐지, 국회의 회기제한규정 삭제, 대통령직선, 임기 5년 단임제, 헌법재판소의 헌법소원, 권한쟁의조항 신설	제6공화국 헌법 (직선제 개헌)

3. 헌법전문

(1) 서설

① 의의 … 헌법전문은 헌법의 본문 앞에 쓰여진 문장으로서 헌법전의 일부를 구성하는 헌법서문을 말한다. 대부분의 국가는 헌법전문을 갖는다.

② 지위 … 헌법전문은 전체가 하나의 문장으로 되어 본문과 함께 헌법전을 구성하면서 대체로 헌법제정, 역사적 경위, 헌법제정의 취지나 목적, 헌법의 이상이나 기본원칙 등이 선언되어 있는 것이 일반적이다.

(2) 법적 성격

헌법에 전문이 없는 국가(벨기에, 덴마크, 오스트리아, 1936년 구 소련 헌법)도 있으나, 이를 두고 있는 경우 이의 규범적 효력을 인정할 것인가에 관해서 학설대립이 있다.

① 부정설 … 헌법전문은 헌법의 유래나 헌법제정의 목적 또는 헌법제정에 있어서 국민의 결의 등을 선언하는 데 불과하다고 한다(Anschütz, A. Mayer).

② 긍정설 … 헌법전문은 헌법제정권자의 기본적 결단으로서 헌법의 본질적 부분을 형성하고 각 조항을 지배하는 최고의 원리를 내포하는 직접적 효력을 갖는 근본규범이라고 한다(Schmitt, Kägi, Hesse, 독일 연방헌법재판소, 우리나라 통설).

③ 헌법재판소 … 헌법재판소는 헌법전문의 법적 효력을 긍정하고 재판규범성도 긍정하고 있다.

(3) 헌법전문의 법적 효력

① **헌법전의 구성부분** … 헌법전문은 단순한 공포문과는 달리 헌법전의 일부를 구성한다.

② **최고규범성** … 헌법전문은 모든 법령의 내용을 한정하고 그것이 타당성을 갖는 근거가 되며, 형식적으로는 헌법본문을 비롯한 모든 법령에 상위하는 효력을 가진다.

③ **헌법해석의 기준** … 전문은 개개의 헌법규정에 대한 궁극적인 해석의 기준이 된다.

(4) 우리 헌법전문의 내용

① **국민주권원리** … 헌법의 제정과 개정의 주체가 모두 국민임을 명백히 하고 있다.

② **최고규범** … 헌법전문은 국내법질서에 있어서 최고규범성을 가지며, 본문을 포함한 모든 법령에 우월하고 그 내용을 한정하며 타당성의 근거가 된다.

③ **평화통일의 지향과 자유민주주의적 원리** … 평화통일을 지향하는 새로운 민주공화국으로서의 대한민국의 기본질서는 자유민주주의적 질서라야 한다는 것과 대한민국의 국가적 이념은 이를 더욱 확고히 하는 데 있다고 선언한다.

④ **기본권존중** : 정치 · 경제 · 사회 · 문화의 모든 영역에 있어서 … 국민생활의 균등한 향상을 기하고 우리들의 자손의 안전과 자유와 행복을 영원히 확보할 것임을 규정함으로써 실질적 평등의 보장과 자유 · 안전 · 행복을 추구할 것을 선언하고 있다.

⑤ **국제평화주의** : 조국의 평화적 통일을 역사적 사명으로 자각하고 있음을 명백히 하고 국제평화주의에 대한 적극적 의지를 보여주고 있다.

⑥ **임시정부의 법통과 민주이념계승 등** … 헌법은 3 · 1운동으로 건립된 대한민국 임시정부의 법통 및 4 · 19민주이념의 계승과 조국의 민주개혁의 사명을 명시함으로써 역사적 정통성을 선언하고 민주화에 대한 강한 의지를 표명하고 있다.

4. 우리 헌법의 기본원리

(1) 총설

헌법의 기본원리는 헌법의 각 조항을 비롯한 모든 법령의 해석기준이 되고 입법과 정책결정의 방향제시가 되며, 공무원과 국민의 행동지침이 되고 헌법개정에 있어서 그 개정금지 대상이 된다. 우리 헌법의 기본원리로는 국민주권주의, 기본권존중을 내용으로 하는 자유민주주의, 권력분립의 원리, 법치주의, 복지국가의 원리, 국제적 평화주의, 문화국가의 원리 등을 들 수 있다.

(2) 기본원리

① **국민주권주의**

　㉠ **의의** : 국민주권주의는 국가의 최고의사를 결정할 수 있는 원동력인 주권을 국민이 가진다는 것과 모든 국가권력의 근거가 국민에게 있다는 원리를 말한다.

　㉡ **국민주권주의의 선언** : 제1조 제1항과 제1조 제2항에서 간접적으로, 헌법전문에서 제·개헌의 주체가 국민임을 명시함으로써 국민주권주의를 선언하고 있다.

　㉢ **제도적 구현** : 헌법은 간접민주제를 채택하고〈제3장 제41조 제1항〉 또 한편으로는 직접민주제를 도입하고〈제130조 제2항, 제72조, 제67조 제1항〉, 정당정치주의를 채택하며〈제8조 제1항〉, 지방자치제를 인정하고 있다〈제8장〉.

② **기본권존중주의**

　㉠ **기본권존중주의 선언** : 인간의 존엄과 가치, 행복추구권〈제10조, 제37조 제2항〉에서 기본권의 제한근거를 엄격하게 규정함으로써 기본권존중주의를 선언한다.

　㉡ **개별적 기본권의 보장** : 헌법은 제2장 각 조에서 개별적으로 기본권을 보장하고 있다. 제11조에서 법 앞의 평등을 선언하고 자유권, 생존권, 정치적 기본권, 청구권적 기본권을 규정하고 있다.

③ **권력분립주의**

　㉠ **의의** : 국가권력의 집중과 남용을 방지하고 국민의 자유와 권리를 보장하기 위하여 국가작용을 분립하여 기관상호간에 억제와 균형을 유지하게 하는 자유주의적 정치원리이다.

　㉡ **반영** : 헌법은 입법권은 국회에〈제40조〉, 행정권은 대통령을 수반으로 하는 정부에〈제66조 제4항〉, 사법권은 법관으로 구성된 법원에〈제101조 제1항〉 속하도록 함으로써 원칙적으로 이 원리를 채택한다. 다만, 현대에 이르러 행정국가화의 경향에 따라 이 원리는 완화되고 있다.

④ **국제평화주의** : 헌법전문은 "밖으로는 항구적인 세계평화와 인류공영에 이바지함으로써"라고 하여 국제평화주의를 선언하고 있다. 제5조 '국제평화의 유지와 침략전쟁의 부인' 및 제6조의 '국제법존중주의와 외국인의 지위보장'도 국제평화주의의 반영이다.

⑤ **문화국가주의** : "문화의 영역에서 각인의 기회를 균등히 하고"라고 하여 헌법은 전문에서 문화국가주의를 선언하고 본문의 각 조항에서 이를 구체화하고 있는 바 제9조에서 "국가는 전통문화의 계승발전과 민족문화의 창달에 노력하여야 한다."라고 규정하고 제31조에서 '평생교육의 진흥'을 규정하고 있다. 제69조에서는 '대통령의 민족문화창달의 노력'을 규정하고 있다.

문. 국민주권에 관한 다음 설명 중 타당하지 않은 것은?

① 언론·출판의 자유는 국민주권 원리를 실현하기 위한 필수적 조건이다.
② 국가법인설은 국민주권에 대한 하나의 반동적 이론이라고 할 수 있다.
③ 주권은 단일불가분이지만 통치권은 가분될 수 있다.
④ nation주권론과 peuple주권론의 대립과 조화는 반대표이론의 등장과는 무관하다.

☞ ④

⑥ 복지국가주의
- ㉠ 의의 : 복지국가원리는 사회정의의 입장에서 개인의 자유를 존중하는 법치국가적 방법으로 모든 국민의 복지를 실현하려는 국가적 원리를 말한다. 이의 실현을 위해서는 인간다운 생활을 할 권리를 비롯한 사회적 기본권의 보장, 사회보장제, 사회복지정책의 추진, 재산권의 사회성·공공성의 강조, 기회균등의 보장과 적정한 소득의 분배 등 경제민주화, 경제질서에 관한 규제와 조정 등이 요청된다.
- ㉡ 구현 : 복지국가의 구현은 헌법전문에서 "… 각인의 기회를 균등히 하고 … 국민생활의 균등한 향상을 선언하고 있다." 또한 행복추구권〈제10조〉, 인간다운 생활을 할 권리〈제34조 제1항〉, 사회보장〈제34조 제2항〉, 환경권〈제35조〉 등에서 복지국가형성을 위한 규정을 두고 있다.

⑦ 사회적 시장경제주의
- ㉠ 의의 : 제119조에서 우리 헌법이 사회적 시장경제주의를 채택하고 있음을 선언하고 제119조 이하의 개별적 규정에서 구체적으로 규정하고 있다. 사회적 시장경제주의는 사유재산제의 보장과 자유경쟁을 기본원리로 하는 자본주의적 자유경제질서를 원칙으로 하되 여기에 사회정의·사회복지를 실현하기 위하여 사회주의적 계획, 통제경제를 가미한 경제질서이다.
- ㉡ 헌법의 반영 : 헌법상 경제질서는 사유재산제를 바탕으로 하고 자유경쟁을 존중하는 자본주의적 자유시장 경제질서를 기본으로 하고 이에 수반되는 모순과 폐단을 시정하고 복지국가, 경제민주화를 실현하기 위하여 국가적 규제와 조정을 하는 시장경제질서를 원리로 하고 있다. 제119조의 "대한민국의 경제질서는 개인과 기업의 경제상의 자유와 창의를 존중함을 기본으로 한다. 국가는 균형있는 국민경제의 성장 및 안정과 적정한 소득의 분배를 유지하고 시장의 지배와 경제력의 남용을 방지하며, 경제주체간의 조화를 통한 경제의 민주화를 위하여 경제에 관한 규제와 조정을 할 수 있다"고 규정하고 있다.

⑧ 법치국가원리
- ㉠ 의의 : 근대시민국가의 통치원리의 하나로서 '인의 지배나 폭력적 지배'가 아닌 법의 지배를 의미한다. 국가가 국민의 자유와 권리를 제한하거나 국민에게 새로운 의무를 부과하려 할 때에는 의회제정의 법률에 의하거나 법률에 근거가 있어야 하며, 또한 법은 국가권력의 담당자도 준수해야 한다는 의미이다.
- ㉡ 기본내용
  - 법치주의 목적은 국민의 자유와 권리의 보장이다.
  - 법치주의의 제도적 기초는 권력분립이다.
  - 법치주의의 내용은 법률의 우위, 법률에 의한 행정, 법률에 의한 재판이다.
- ㉢ 법치주의의 기능 : 법치주의(국가원리)는 적극적으로는 국가권력 발동의 근거로서의 기능(법의 1차적 기능)과 소극적으로는 국가권력을 통제·제한하는 기능을 한다.

문. 우리 헌법상 법치주의원리의 요소로 볼 수 없는 것은?

① 복수정당제
② 권력분립
③ 위헌법률심판
④ 국가배상

정답 ①

문. 다음 중 법치주의원칙에 위배되는 것은?

① 포괄적 위임입법
② 권력분립
③ 사법적 권리보장
④ 기본권보장

정답 ①

ⓔ 법치주의의 변천 : 법치주의는 형식적 법치주의에서 실질적 법치주의로 변화하였다. '형식적 법치주의'는 시민적 자유를 보장하기 위한 방법 내지 법기술적 성격으로 이해하여 합법적·형식적 지배만을 의미하고 법률 자체의 내용이나 목적은 도외시하였다. '실질적 법치주의'는 법률의 형식뿐만 아니라 목적이나 내용도 정의에 합치될 것을 요구한다.

ⓜ 법치주의의 구성요소 : 법치주의는 최소한의 구성요소로서 성문헌법주의, 기본권과 적법절차의 보장, 권력분립주의, 행정부에 대한 포괄적 위임입법의 금지, 행정의 합법률성과 행정의 사법적 통제, 위헌법률심사제의 채택, 국가권력행사의 예측가능성의 보장, 신뢰보호의 원칙 등을 들 수 있다.

ⓑ 법치주의의 예외 : 국가긴급시에는 법치주의의 예외가 인정되고 있다. 헌법은 대통령에게 긴급명령권과 긴급재정·경제처분 및 그 명령권〈제76조〉, 계엄선포권〈제77조〉을 인정하고 있다.

SECTION 2 대한민국의 국가형태와 구성요소

1. 국가의 형태

(1) 국가의 개념과 구성요소

① 국가의 개념 … 일정한 지역을 기초로 하여 존립하는 사회의 조직화된 단체를 의미한다. 일반적으로 공법, 특히 헌법에 대한 연구는 국가라는 관념을 끌어들이고 또 그것을 전제로 한다. 헌법의 눈에 비추는 국가란 이미 현상학적 존재자체에 머무는 것이 아니라 어떤 형태로든 규범적 가치체로 나타난다. 국가는 오늘날 공동체에 있어서의 정치적 실체를 형성하는 기본적인 요소들 중의 하나로 나타나는 보편적인 현상이다.

② 국가의 구성요소 … 국가는 국가권력(주권과 통치권), 국민, 영토를 그 구성요소로 한다.

(2) 국가의 성립과 본질에 관한 학설

① 국가의 성립 … 국가 성립의 기원에 관해서는 신의설(Bussuet, Stahl), 실력설(Oppenheimer), 재산설(근대 중농주의자), 가족설(Filmer), 계급국가설(Marx. Engels), 계약설(Hobbes ; 복종계약설, Locke ; 위임계약설, Rousseau ; 사회계약설) 등이 있다.

> **POINT 팁** 헌법과 국가와의 관계
> ㉠ H. Kelsen : 국가는 법질서
> ㉡ G. Jellinek : 국가는 권리의 주체인 법인
> ㉢ C. Schmitt : 이미 선존하고 있는 고정적 실체인 정치적 통일체
> ㉣ R. Smend : 사회공동체 구성원들이 그 자유로운 의사의 동의에 의하여 동화적 통합을 이루어내는 과정

문. 신뢰보호의 원칙에 관하여 옳은 것을 모두 고르시오. (다툼이 있는 경우 판례에 의함)
▶ 2014. 9. 27 국회직

㉠ 「택지소유상한에관한법률」 시행 이전부터 택지를 소유하고 있는 개인에 대하여 택지를 소유하게 된 경우나 그 목적 여하에 관계없이 일률적으로 소유상한을 적용토록 한 것은 신뢰보호의 원칙에 위배된다.

㉡ 5년의 경과규정을 두었더라도 법령시행일 이전에 적법하게 설치된 기존의 노래연습장 시설을 이전 또는 폐쇄하도록 규정한 것은 신뢰보호의 원칙에 위배된다.

㉢ 공무원 임용 당시에는 연령정년에 관한 규정만 있었는데 사후에 계급정년규정을 신설하여 이를 소급적용하였더라도 헌법에 위배되지 않는다.

㉣ 의료기관시설의 일부를 변경하여 약국을 개설하는 것을 금지하는 조항을 신설하면서, 이에 해당하는 기존 약국 영업을 개정법 시행일로부터 1년까지만 허용하고 유예기간 경과 후에는 약국을 폐쇄하도록 한 약사법 부칙조항은 기존 약국개설등록자의 직업행사의 자유를 침해하는 것이다.

㉤ 세무당국에 사업자등록을 하고 운전교습에 종사해 왔음에도 불구하고, 자동차운전학원으로 등록한 경우에만 자동차 운전교습을 영위할 수 있도록 법률을 개정하는 것은 관련자들의 정당한 신뢰를 침해하는 것이 아니다.

㉥ 공무원보수 인상률 방식에 의하여 공무원연금액을 조정하던 것을 전국 소비자 물가변동률을 기준으로 하여 연금액을 조정한 공무원연금법은 신뢰보호의 원칙에 위배된다.

① ㉠, ㉡, ㉢ ② ㉠, ㉢, ㉤
③ ㉠, ㉣, ㉤ ④ ㉡, ㉣, ㉥
⑤ ㉢, ㉤, ㉥
☞ ②

문. 다음 중 J. Locke의 국가사상과 거리가 먼 것은?

① 국민주권론 ② 무제한정부론
③ 신탁계약론 ④ 저항권이론
☞ ②

② 국가의 본질에 관한 학설 ··· 유기체설(Gierke, Bluntschli, Schelling), 착취설(Oppenhimer, Engels), 도덕설(Platon, Aristoteles, Fichite, Hegel), 법인설(Albrecht, Gerber, Jellinek), 법질서설(Kelsen), 부분사회설(Laski, Maciver, Cole 등 다원적 국가론자) 등으로 요약된다.

(3) 국가의 형태

① 의의 ··· 국가의 전체적 성격 내지 그 기본질서가 어떤 것인가를 기준으로 한 국가의 유형을 말한다. 국가형태는 헌법제정권력자의 근본적 결단에 의하여 결정되고 통치구조가 국가질서의 전체적 성격을 규정짓는 기초가 된다.

② 국가형태에 관한 학설 ··· 국가형태에 관하여 Platon은 군주국과 공화국으로 분류하였고 Aristoteles는 군주국, 귀족국, 민주국으로 3등분하였다. Machiavelli는 군주제, 공화제로, Montesquieu는 공화제, 군주제, 전제제로 구분하였다. Rehm은 국가형태(국체 ; 군주국, 귀족국, 계급국, 민주국)와 통치형태(정체 ; 민주정과 공화정, 간접민주정과 직접민주정, 연방제와 단일제, 입헌정과 비입헌정)로 분류하였다. 현대에 와서는 국민주권의 확립으로 말미암아 군주국과 공화국의 구별은 군주제의 존재 여부를 나타내는 정도의 의미밖에 가지지 못하며, 실효성 있는 분류로는 Loewenstein의 이론이 들어진다. 그밖에 단일국가, 연방국가, 국가연합 등의 분류도 있다.

POINT 팁 국가분류의 기본개념
　　　ⓐ **군주국** : 군주제도를 가진 국가
　　　ⓑ **공화국** : 군주제도가 없는 국가
　　　ⓒ **단일국** : 통치권한을 배분함에 있어서 통치권을 중앙에 집중 통일시키는 집권주의에 입각한 국가
　　　ⓓ **연방국** : 통치권한을 각 지방에 분산시키는 분권주의에 입각하고 그 분산된 각 지방이 결합하여 하나의 국가적 결합체를 만드는 국가(여기서 각 지방 내지 지분국은 주권을 가지지 않는 점에서 본래의 국가와 구별되지만 연방의 의사결정에 고도로 참여하고 광범한 자주조직권을 갖는 점에서 단순한 자치단체와는 구별된다)

2. 대한민국의 국가형태

(1) 국가형태

① 헌법규정 ··· 대한민국은 민주공화국이다〈제1조 제1항〉. 이에 의하면 국호는 대한민국, 국가형태는 민주공화국이다. 제1조 제1항은 이른바 우리 헌법의 핵으로서 근본규범적 효력을 가지며, 헌법의 다른 모든 규정을 구속하고 헌법상 적극적 지도원리로 기능한다.

② 학설 ··· '민주'는 정체, '공화국'은 국체라는 견해와 '민주'는 민주정체, '공화국'은 공화정체로 보아 모두 정체에 관한 것이고 제1조 제2항의 주권재민의 규정이 민주국체의 규정이라고 보는 견해, 민주가 국체라는 견해, 민주공화국 자체를 국가형태로 보는 견해가 있다.

(2) 민주공화국의 법적 성격과 규범성

① 법적 성격 … 공화국은 비군주국을 의미하며 자유국가, 국민국가, 반독재국가 라는 의미를 아울러 내포한다. 구체적으로 제1조 제1항의 민주공화국은 대한 민국의 국가적 질서가 전제주의, 독재주의, 전체주의, 인민공화국 등을 부정 하는 공화국이라는 점이다. 대한민국의 국가형태를 민주공화국으로 규정한 것은 헌법제정권력자의 근본결단에 의한 것이며 근본규범성을 함유하므로 이는 헌법개정절차에 의해서도 개정할 수 없다.

② 민주공화국의 내용 … 우리나라의 국가형태인 민주공화국은 간접민주정의 채 택(대의제), 직접민주정의 가미(국민투표제 실시), 방어적 민주주의(위헌정 당 · 위헌결사의 금지), 정당제 민주정치의 도입(정당설립의 자유와 복수정당 제보장) 등을 그 내용으로 한다. 구체적으로 제1조 제2항은 국민주권주의를 규정하고 있고 국민주권주의의 실현방법으로 원칙적으로 대의제를 채택하고 있으며〈제41조, 제67조〉, 국민투표제를 두어 직접민주제를 가미하고 있다. 또한 헌법은 기본권보장〈제2장〉, 권력분립〈제3장 내지 제8장〉, 법치주의, 복수정당제 및 민주적 정당의 보장〈제8조〉 등을 통해 민주주의원리를 구체 화하고 있다. 헌법은 전문에서 사회국가원칙을 선언하고 제10조, 제34조 및 제119조 제2항 등에서 사회국가원리를 내세우고 있다. 제2장, 국민의 권리와 의무, 제9장 경제는 이를 구체화하고 있다.

3. 대한민국의 구성요소

(1) 국가권력

① 주권 … 어떠한 정치적 통일체가 국가이기 위해서는 국가의사를 전반적 · 최 종적으로 결정할 수 있는 최고권력으로서의 주권과 현실적으로 국가적 조직 을 유지하고 국가적 목적을 실현하기 위한 구체적 권력으로서 통치권을 필 요로 한다. 주권은 국가의사를 결정하는 최고의 권력을 의미한다. 이는 대내 적으로는 최고를, 대외적으로는 독립된 권력을 의미한다.

② 주권의 사용례
  ㉠ 주권을 국가권력의 최고, 독립성의 뜻으로 사용(주권 = 주권성)
  ㉡ 통치권 내지 현실적인 국가권력의 뜻으로 사용(주권 = 통치권)
  ㉢ 국가의사를 결정하는 근원적인 힘의 뜻으로 사용(주권 ≳ 헌법제정권력)

③ 통치권 … 헌법에 근거를 가지는 국가의사의 힘으로서 국민에게 명령 · 강제 하는 것을 그 본질로 한다. 통치권은 실질적 내용에 따라 자주조직권, 영토 고권, 대인고권, 외국에 대한 예외적 지배권으로 나뉘고 발동형태에 따라 입 법권, 행정권, 사법권으로 나뉜다.

문. "대한민국은 … 공화국이다."라 는 헌법 제조 제항이 가장 기본적으로 요구하는 것은?

① 단일제국가의 수립
② 자유민주주의 국가
③ 국제평화주의 추구
④ 군주제의 불채택

☞ ④

(2) 국민

① **개념** … 국민이라 함은 국가에 소속하는 개개의 자연인을 의미한다. 개개인은 전체로서 국민을 구성한다. 즉, 국가적 질서를 전제로 하는 데 대하여 인민은 국가적 질서와 대립되는 사회적 개념인 사회의 구성원을 의미한다.

② **국적의 취득** … 국적은 국민으로서의 신분 또는 국민이 되는 자격을 말한다. 국적법정주의에 따라 국적의 취득, 상실 및 회복 등을 규정한 법률이 국적법이다. 국적의 취득에는 선천적 취득(혈통주의, 출생지주의)과 후천적 취득(혼인, 인지, 귀화, 국적회복, 수반취득 등)이 있다.

   ㉠ **선천적 취득**
- 출생에 의한 자연적 취득
- 속인주의(혈통주의), 속지주의(출생지주의)
- 한국 : 원칙 속인주의, 부모양계혈통주의(개정국적법), 예외 속지주의(부모 모두 불분명시·무국적자로 한국출생 및 한국에서 발견된 기아)〈제2조〉

   ㉡ **후천적 취득** : 출생 이외의 사실에 의한 취득, 혼인, 인지, 귀화(일반귀화, 간이귀화, 특별귀화), 수반 취득, 국적회복

③ **국적의 상실**

   ㉠ **외국 국적 취득에 따른 국적 상실**
- 외국인과의 혼인으로 그 배우자의 국적을 취득하게 된 자
- 외국인에게 입양되어 그 양부 또는 양모의 국적을 취득하게 된 자
- 외국인인 부 또는 모에게 인지되어 그 부 또는 모의 국적을 취득하게 된 자
- 외국 국적을 취득하여 대한민국 국적을 상실하게 된 자의 배우자나 미성년의 자(子)로서 그 외국의 법률에 따라 함께 그 외국 국적을 취득하게 된 자

   ㉡ **복수국적자의 국적 상실**
- 법무부장관은 복수국적자가 대한민국의 국적을 보유함이 현저히 부적합하다고 인정하는 경우에는 청문을 거쳐 대한민국 국적의 상실을 결정할 수 있다.
- 복수국적자로서 국적 이탈의 신고를 한 자는 법무부장관이 신고를 수리한 때에 대한민국 국적을 상실한다.
- 복수국적자로서 국적선택의 명령을 받고도 이를 따르지 아니한 자는 그 기간이 지난 때에 대한민국 국적을 상실한다.

④ **재외국민의 보호** … 재외국민은 대한민국 국민으로서 외국정부로부터 영주허가를 받았거나 또는 계속하여 장기간 외국에 체류하는 자를 의미하는데, 헌법은 이들에 대하여 "국가는 헌법이 정하는 바에 의하여 재외국민을 보호할 의무를 진다."고 함으로써 적극적인 보호규정을 두고 있다.

⑤ **국민의 헌법상 지위** … 국민의 헌법상 지위로는 크게 주권자로서의 국민, 최고국가기관으로서의 국민, 기본권의 주체로서의 국민, 통치대상으로서의 국민으로 4분된다.

(3) 국민의 헌법상 지위

① **서설** … 국민이라 함은 (정치적 통일체로서의)국가에 소속하는 개개의 자연인으로서의 국가구성원을 의미한다. 국민은 생물학적·인류학적 의미인 인종 내지 종족과 다르고 사회학적 개념인 혈연을 기초로 한 민족과도 구별되며, 사회적 개념으로 사회의 구성원을 의미하는 인민과도 구별된다.

② **지위분류** … 국가주권설적 입장에서는 소극적 지위(자유권발생), 적극적 지위(수익권발생), 능동적 지위(참정권발생), 수동적 지위(의무발생)로 분류하였으나 국민주권설적 입장에서는 주권자로서의 국민, 국가기관으로서의 국민, 기본권 향유자로서의 국민, 통치대상으로서의 국민으로 분류함이 일반적이다.

③ **주권자로서의 국민**

    ㉠ 정치적·이념적 통일체로서의 국민총체를 의미하며, 국가권력의 원천이자 정당성의 근거가 된다. 국민의 법적 성격에 관해서는 부정설(정치적·이념적인 개념에 불과하다는 견해)과 긍정설(국민은 구체적인 정신적 통일체로 현존하므로 법적인 개념이라는 견해)이 있다.

    ㉡ '국민'에는 국가를 형성하는 모든 사람이 포함되며(이념적 통일체), 법인과 외국인은 포함되지 않는다. 성별·연령과 관계없이 선거권이 없는 국민도 포함된다.

④ **국가기관으로서의 국민**(주권의 행사자로서의 국민)

    ㉠ 이는 이념적 통일체인 주권자로서의 국민이 현실적인 국가질서를 형성하기 위해 정치적으로 행동가능한 형태로 조직된 국민을 의미한다. 이 지위에 대해서는 부정설(참정권에서 유래하는 지위로 보는 견해)과 긍정설(참정권이 국가기관으로서의 지위에서 유래된다는 견해)이 있다.

    ㉡ 주권자로서의 국민은 전체국민을 의미하나, 국가기관으로서의 국민은 전체국민 중에서 능동적 시민(전체국민 중에서 일정연령에 달하고 결격사유가 없는 국민만 의미)만을 의미한다. 능동적 시민의 권한에는 헌법개정안확정권〈제130조 제2항〉, 중요정책에 관한 국민표결권〈제72조〉, 국회의원선출권〈제41조 제1항〉, 대통령선출권〈제67조 제1항〉 등이 있다.

> **POINT 팁** Jellinek의 국가기관
>   ㉠ 제1차적 기관(원시기관) : 자기를 위하여 직접 행동하는 기관. 유권자집단으로서의 국민
>   ㉡ 제2차적 기관(대표기관) : 타 기관을 위하여 기관의 기관으로서 행동하는 기관. 국회, 대통령, 법원, 헌법재판소

⑤ **기본권 향유자(주체)로서의 국민** … 국가권력의 보호대상이 되는 개개인으로서의 국민이다. 기본권의 내용에 따라 자유권, 참정권, 청구권, 생존권 등의 주체로 구분된다. 여기의 국민에는 자연인은 제한없이 주체가 되고 법인은 성질상 적용할 수 없는 것을 제외하고는 주체가 되며, 외국인은 인간의 권리의 주체가 된다. 특별권력관계의 국민에게는 제한이 많다.

⑥ **통치대상으로서의 국민** … 국가구성원으로서의 국민의 지위에서 국민의 의무가 생긴다. 여기의 국민에는 모든 자연인과 법인이 포함되며, 외국인의 경우도 치외법권자가 아닌 한 여기에 포함된다. 공의무의 주체로서의 국민은 납세의무〈제38조〉, 국방의무〈제39조〉, 교육을 받게 할 의무〈제31조 제2항〉, 근로의 의무〈제32조 제2항〉, 재산권행사의 공공복리적합의무〈제23조 제2항〉, 환경보전의무〈제35조〉를 부담한다.

(4) 국가의 영역

① **의의** … 한 국가의 법적 효력이 미치는 공간적 범위를 의미한다. 다른 각도에서는 통치권의 물적 대상을 의미하기도 한다. 영역자체를 자유로이 사용, 수익, 처분하고 영역 내의 인과 물을 독점적·배타적으로 지배할 수 있는 국가권력을 영역권 또는 영토고권이라고도 한다.

② **영토** … 국가영역의 일정한 기초가 되는 일정범위의 육지를 의미한다. 헌법은 이에 대해 '한반도와 그 부속도서'로 규정하고 있다〈제3조〉. 우리 헌법처럼 영토에 관한 규정을 헌법이 명시하고 있음을 영토주의라고 하며 이에는 한국, 독일, 일본, 스위스, 캐나다, 네덜란드, 대만 등이 있다.

③ **영해** … 영토에 접속된 일정범위의 해역을 의미한다. 한국은 영해 및 접속수역법에 의해 12해리를 영해로 하고 있다. 연안국은 대륙붕에서 천연자원을 개발할 수 있는 권리를 갖는다.

④ **영공** … 영토와 영해의 수직적 상공을 말한다. 영공의 범위에 관해서는 지배가능한 상공에 한정된다는 실효적 지배설이 다수설이다.

⑤ **대한민국의 영역** … 대한민국의 영토는 한반도와 그 부속도서로 한다. 대한민국의 국가권력은 휴전선 이남에서만 실효적으로 행사될 수 있고 이북지역에는 미치지 못하고 있다.

⑥ **영토의 변경** … 국가영토는 자연적 원인이나 국제조약에 의해 변경되기도 한다. 영토가 변경되는 경우 국가의 동일성은 유지되나, 국가지배력이 미치는 공간 및 국민의 범위상 변동을 가져오게 된다. 특히 영토변경의 경우는 영역주민의 국적에 관한 효과와 적용법에 변화가 수반된다.

ANSWER

대법원 판례
북한지역은 대한민국의 영토에 속하는 한반도의 일부를 이루는 것이므로 이 지역에는 대한민국의 주권이 미칠 뿐 대한민국의 주권과 부딪치는 어떠한 주권도 법리상 인정할 수 없다.

문. 영토조항과 통일조항에 대한 설명 중 옳지 않은 것은? (다툼이 있는 경우 판례에 의함)
▶ 2014. 9. 27 국회직

① 헌법상 통일조항으로부터 국민 개개인의 통일에 대한 기본권, 특히 국가기관에 대하여 통일을 위한 일정한 행동을 요구할 수 있는 권리가 도출되는 것은 아니다.

② 국민의 개별적 기본권이 아니라 할지라도 기본권보장의 실질화를 위하여는, 영토조항만을 근거로 하여 독자적으로 헌법소원을 청구할 수 있다.

③ 남북관계는 나라와 나라 사이의 관계가 아닌 통일을 지향하는 과정에서 잠정적으로 형성되는 특수관계이다.

④ 1992년 2월 19일 발효된 「남북 사이의 화해와 불가침 및 교류협력에 관한 합의서」는 남북한 당국간에 체결·발효된 합의문서에 불과하여 국가간의 조약에 준하는 것으로 볼 수 없다.

⑤ 북한법의 규정에 따라 북한국적을 취득하여 중국 주재 북한대사관으로부터 북한의 해외공민증을 발급받은 자라 하더라도, 그가 대한민국국적을 취득하고 이를 유지함에 있어 아무런 영향이 없다.

☞ ②

문. 북한의 법적 지위에 관한 설명 중 가장 옳지 않은 것은? (다툼이 있는 경우 판례·헌법재판소 결정에 의함)
▶ 2015 .3. 7 법원직

① 남북 사이의 화해와 불가침 및 교류협력에 관한 합의서(남북기본합의서)는 남북한 당국이 특수관계인 남북관계에 관하여 채택한 합의문서로서, 국가 간의 조약 또는 이에 준하는 것으로 볼 수 있다.

② 북한은 조국의 평화적 통일을 위한 대화와 협력의 동반자임과 동시에 반국가단체이다.

③ 북한을 반국가단체로 보고 있는 국가보안법은 우리 헌법이 규정하고 있는 국제평화주의나 평화통일의 원칙에 모순되지 않는다.

④ 현행 헌법 제3조(영토조항)에 의하면 북한지역도 대한민국의 영토이기 때문에 당연히 대한민국의 주권이 미친다.

☞ ①

 **SECTION 3** 대한민국 헌법의 기본원리 및 기본질서

1. 민주적 기본질서

(1) 개념과 징표

① **의의** … 제8조 제4항의 '민주적 기본질서'는 우리 헌법이 서구민주주의의 원칙을 따르고 있으므로 자유민주주의적 기본질서를 의미한다. 민주적 기본질서는 대한민국의 기본질서의 근간을 이루고 있다. 헌법재판소는 자유민주적 기본질서를 "모든 폭력적 지배와 자의적 지배를 배제하고 다수의 의사에 의한 국민의 자치·자유·평등의 기본원칙에 의한 법치주의적 통치질서"라고 하였다(헌재 2005헌마1173).

② **징표** … 자유민주적 기본질서는 폭력적 지배와 자의적 지배의 부정, 자유와 평등의 보장, 다수결원칙, 국민의 자율성, 법치주의 등을 그 개념적 징표로 한다.

(2) 법적 성격

① **최고규범성** … 헌법제정권력자의 근본결단이며, 기본원리로 헌법개정의 한계요인이 된다.

② **해석의 기준** … 모든 법규범의 해석기준이 된다.

③ **국가작용의 척도** … 모든 국가작용을 구속하며, 모든 권력발동의 척도가 된다.

④ **기본권 제한사유** … 민주적 기본질서의 보장을 위해 국민의 기본권을 제한할 수 있다.

(3) 내용

① **국민주권** … 민주주의는 국민에 의한 국민의 지배를 의미한다. 그러므로 민주적 기본질서는 주권재민을 내용적 특징으로 한다. 헌법은 제1조 제2항에서 주권은 국민에게 있다고 하여 국민주권의 원리를 직접 선언하고 있다.

② **기본권존중** … 민주주의의 이념은 자유와 평등이므로 민주적 기본질서는 자유와 평등을 중심으로 하는 기본권존중을 그 특징으로 한다. 헌법은 제10조에서 인간으로서의 존엄과 가치 및 행복추구권을 규정하고 있고, 또 기본적 인권의 불가침성과 이를 보장하도록 규정하고 있다.

③ **권력분립** … 국민의 자기지배가 확보되고 국민의 기본권이 보장되려면 권력의 집중과 그로 인한 권력의 남용이 억제되어야 한다.

④ **정부의 책임성** … 책임정치의 원칙도 민주적 기본질서의 내용이다. 즉, 국가권력의 자의적인 행사를 방지하고 헌법의 기능을 유지하며 국민의 기본적 인권을 보장하려면 책임정치 또는 정부의 책임성이 확립되어야 한다.

⑤ **법치주의** … 폭력적 지배와 자의적 지배의 부정은 곧 법치주의를 의미하므로 법치주의는 민주적 기본질서의 핵심내용이 된다. 헌법은 형식적 법치주의를 넘어 실질적 법치주의의 실현을 규정하고 있다.

⑥ **사법권독립** … 국가권력의 자의와 횡포로부터 기본권을 보장하려면 사법권의 독립이 요청된다. 헌법은 제101조 제1항에서 사법권의 독립을 규정하고, 이어서 법관의 직무상의 독립과 신분상의 독립 및 그 보장을 규정하고 있다.

⑦ **표현의 자유와 정치적 활동의 자유** … 복수정당제의 보장과 정당존립 및 활동의 자유 등은 민주적 기본질서의 중요한 내용이 된다.

⑧ **복수정당제** … 민주주의는 다양한 이해관계에 대한 의견의 존재를 전제로 하는 다원주의적 정치질서이므로 다양한 국민의 이해관계와 의견을 정치적 의사로 형성하기 위한 복수정당제를 필수요소로 한다. 복수정당제는 정치과정의 개방성, 평화적 정권교체의 가능성을 보장하는 기능을 한다. 그러므로 정당설립의 자유와 복수정당제를 보장한 제8조는 민주적 기본질서의 구성요소의 하나이다.

⑨ **선거제도** … 민주주의는 국가권력기관을 국민의 선출에 의할 것을 요구하므로 국회의원과 대통령에 대한 보통·평등·직접·비밀선거를 규정한 선거제도 역시 민주적 기본질서의 구성요소가 된다.

⑩ **사회적 시장경제주의** … 민주주의는 국민 개개인이 생활수단을 획득하는 과정에서의 자유와 평등을 보장하는 것을 내포한다. 헌법은 개인과 기업의 경제상의 자유와 창의를 존중함을 기본원칙으로 채택하여 사유재산권의 보장과 시장경제에 의하여 국민이 생활수단을 확보하는 것을 예정하고 보완적으로 생존권적 기본권을 보장하고 경제성장, 소득분배, 건전한 시장경제질서의 유지를 위한 경제조정을 하는 사회적 시장경제질서를 채택하고 있다.

⑪ **국제평화주의** … 민주주의는 국제적인 인권보장과 국제적인 평화없이는 존립할 수 없다. 우리 헌법도 국제평화의 유지에 노력하고 침략적 전쟁을 부인한다〈제5조 제1항〉고 하고 있고, 또 국제법규의 존중과 외국인의 법적 지위를 보장하고 있다〈제6조〉.

2. 사회적 시장경제질서

(1) 헌법과 경제질서

① **경제헌법의 대두** … 초기자본주의하의 자유방임적인 경제질서에서는 국가의 경제에의 개입은 최소한에 그쳤다. 20세기에 들어서서 많은 모순과 결함이 나타나게 되어 사회적으로 빈부격차, 노사대립이 격화되는 등 국가개입의 필요성이 증대되어 경제질서가 헌법에 필수적으로 편입되기에 이르렀다.

② **자유방임적 경제질서** … 자유주의와 개인주의사상을 기초로 하고 있는 근대의 경제질서로서 사유재산을 보장하고 개인의 경제활동의 자유를 보장하며, 자유경쟁을 인정하고 경제영역에 국가의 간섭을 원칙적으로 금지하는 경제질서이다.

③ **계획경제** … 구 소련을 중심으로 한 공산주의국가에서는 자본주의경제와 반대되는 사회주의적 계획경제를 채택하였다. 이는 모든 생산수단을 국유화하고 경제영역에서의 모든 활동을 국가의 계획하에서 행하고 모든 개인의 경제활동이 국가의 명령통제하에 있게 하는 경제질서이다.

④ **사회적 시장경제질서** … 자본주의국가에서는 개인의 자유와 권리를 보장함과 아울러 사회복지를 실현하려는 수정자본주의(= 사회적 시장경제질서, 혼합적 경제질서)를 채택하였다.

(2) 우리나라의 경제질서

① **헌법적 반영** … 제헌헌법 이래 경제조항이 계속해서 헌법상 반영되었다.

② **경제질서의 기본성격** … 현행 헌법상 경제질서의 기본성격은 사회적 시장경제질서이다. 즉, 경제질서는 사유재산제를 바탕으로 하고 자유경쟁을 존중하는 자본주의적 자유시장경제질서의 골간을 유지하고〈제119조 제1항〉, 자유시장경제에 수반되는 모순과 부조리를 제거하고 복지국가와 사회정의를 실현하며 또한 경제민주화를 위하여 국가적 규제와 조정을 광범위하게 인정함으로써〈제119조 제2항〉 전체적으로는 사회적 시장경제의 구조를 취하고 있다. 헌법재판소도 우리 헌법의 경제체제는 사유재산제를 바탕으로 하면서 법치주의에 입각한 재산권의 사회성, 공공성을 강조하는 사회적 시장경제체제라고 판시하고 있다.

③ **우리나라의 경제질서의 변천** … 건국헌법에서는 국유화와 사회화가 광범하게 규정되었으나, 2차 개헌에서는 자유주의 경제체제로 변경한 후 제3공화국에 이르러 경제에 관한 규제와 조정을 가능하게 하였으며, 제4공화국 및 제5·6공화국에서는 좀더 확대·심화되었다.

문. 우리 헌법의 경제적 기본질서에 관한 설명 중 옳지 않은 것은?

① 우리 헌법은 자본주의경제를 근간으로 하되, 국민의 인간다운 생활의 확보를 위하여 또 균형있는 국민경제의 발전과 적정한 소득의 분배 및 경제의 민주화를 위하여 경제에 관한 규제와 조정을 할 수 있다는 점에서 사회적 시장경제질서를 그 원칙으로 하고 있다.

② 현행 헌법은 농지에 관하여 경자유전의 원칙을 규정하면서 농지의 임대차 및 위탁경영을 금지하고 있다.

③ 우리 헌법재판소는 계약의 자유는 헌법 제10조 행복추구권에 함축된 일반적 행동자유권으로부터 파생되는 것이나, 헌법 제119조 제1항의 개인의 경제상의 자유의 일종이기도 하다고 본다.

④ 대한민국의 경제질서는 개인과 기업의 경제상의 자유와 창의를 존중함을 기본으로 하고 있다.

☞ ②

④ 현행 헌법상 경제질서의 기본원칙

　　㉠ 사유재산제의 보장과 한계 : 재산권을 사회화, 상대화하며 토지의 공개념
　　　도 시사하고 있다〈제23조 제1항, 제2항 등〉.
　　㉡ 경제적 자유와 통제 : 국민의 인간다운 생활을 확보하기 위해 균형있는
　　　국민경제발전 등을 위해 규제와 조정을 가할 수 있는 수정자본주의를 채
　　　택한다〈제119조〉.
　　㉢ 사회정의의 지향 : 우리 헌법상 경제질서는 사회정의를 지향한다〈전문 제
　　　10조, 제119조 등〉.
　　㉣ 경제에 관한 국가적 개입의 한계문제 : 국가가 경제에 개입한다 하더라도
　　　경제에 관한 규제와 조정은 법치국가적 절차에 따라서 하여야 한다. 자
　　　유경쟁 등 자본주의의 본질적 원리는 유지해야 하며, 재산권침해도 보상
　　　을 전제로 해서만 가능하다. 계획경제의 도입의 경우 자본주의 틀 안에
　　　서의 경제계획은 가능하나, 전면적인 중앙관리경제는 우리 헌법상 허용
　　　되지 않는다.

⑤ 사회적 시장경제의 반영 … 이를 위하여 자연자원 등의 사회화〈제120조 제1
　　항〉, 경제계획〈제120조 제2항〉, 지역경제의 육성〈제123조〉, 무역의 규제와 조
　　정, 중소기업의 보호·육성, 농·어민의 이익보호〈제123조〉, 소비자보호운동
　　의 보장〈제124조, 소비자기본법, 부정경쟁방지 및 영업비밀보호에 관한 법률,
　　계량에 관한 법률, 식품위생법〉, 과학기술의 혁신과 정보, 인력의 개발〈제127
　　조 제1항〉, 국가표준제도의 확립〈제127조 제2항〉, 과학기술혁신 정보, 인력개
　　발을 위한 자문기구의 설치〈제127조 제3항〉 등이 규정되어 있다.

3. 국제질서

(1) 헌법의 규정

　전쟁의 참화에 대한 반성으로 각국은 국제분쟁을 평화적인 방법에 의해 해
결하고자 헌법적 규정을 갖게 되었다. 국제평화주의에 관한 최초의 헌법적 규
정은 1791년의 프랑스 헌법이고, 현재 대다수 국가의 헌법은 평화적 국제질서
에 관한 규정을 두고 있다. 우리 헌법도 이를 규정하고 있다. 특히 분단국으로
서의 특성을 반영하여 통일에 관한 조항도 규정하고 있다.

(2) 국제질서에 관한 기본원리

　우리 헌법은 전문(… 밖으로는 항구적인 세계평화와 인류공영에 이바지 …)과
제5조 제1항에 "… 국제평화의 유지에 노력하고 침략적 전쟁을 부인한다."라고
하여 평화주의를 규정하고 있다. 현행 헌법상의 국제질서에 관한 기본원칙으로
는 평화주의, 국제질서존중주의, 외국인의 법적 지위의 보장에 관한 상호주의
원칙 등을 들 수 있다.

문. 다음 중 현행 헌법이 명문으로
　　규정하고 있지 않은 것은?
　　　　▶ 2015. 3. 7 법원직
① 경자유전의 원칙
② 농수산물의 수급균형
③ 지속가능한 국민경제의 성장
④ 중소기업의 보호·육성
☞ ③

문. 헌법에서 규정하고 있지 아니
　　한 사항은?
① 중앙은행(한국은행)의 자율성보장
② 어민의 자조조직의 육성과 자율성
　　보장
③ 소비자보호운동의 보장
④ 국가의 정보 및 인력개발의무
☞ ①

① 평화주의

　㉠ **침략적 전쟁의 포기** : 헌법상 최초의 평화주의는 침략적 전쟁의 포기형태로 나타났다. 우리 헌법〈제5조 제1항〉, 1946년의 브라질 헌법, 1950년의 니카라과 헌법 등은 침략적 전쟁만을 부인하고 1947년의 일본 헌법은 전쟁의 포기뿐만 아니라 국비자체까지 금지하였다.

　㉡ **자위전쟁** : 우리 헌법은 정전이론(正戰理論)에 따라 침략적 전쟁(영토의 확장, 국가정책의 관철, 국제분쟁해결을 위한 무력사용)을 부인하고 있다〈제5조 제1항〉. 그러나 자위전쟁(외국에 의해 저질러진 불법적인 공격에 대한 방어전쟁)은 허용된다.

　㉢ **평화통일** : 우리 헌법은 민족의 지상과제인 조국통일을 평화적 방법으로 달성하고자 여러 곳에서 규정을 두고 있다. 즉, 헌법전문(… 조국의 평화적 통일의 사명), 제4조(… 평화통일정책을 수립하고), 제66조 제3항(조국의 평화적 통일을 위한 성실한 의무 …), 제69조의 대통령의 취임선서(… 조국의 평화통일에 노력하여 …)와 제92조의 민주평화통일자문회의 등이 그것이다.

② 국제법 존중주의

　㉠ **헌법규정** : 헌법은 제6조 제1항에서 "헌법에 의하여 체결·공포된 조약과 일반적으로 승인된 국제법규는 국내법과 같은 효력을 가진다."라고 하여 국제질서존중주의 의사를 명시하고 있다.

　㉡ **일반적으로 승인된 국제법규** : 이는 국제사회의 일반적·보편적 규범으로서 세계 대다수 국가가 승인하고 있는 법규를 의미한다. 이 범주에는 성문의 국제법규 외에 국제관습법과 국제사회에서 일반적으로 규범력이 인정되는 조약도 포함된다. 일반적으로 승인된 국제법규는 제6조 제1항에 의하여 국내법적 절차를 거칠 필요가 없이 국내법과 같은 효력을 갖는다.

> **POINT 팁**　조약의 지위
> 　㉠ 조약과 국내법과의 관계
> 　　• 조약을 최고법규로 규정 : 미국
> 　　• 조약의 위헌심사금지 : 네덜란드, 스위스
> 　　• 조약을 국내법과 동일한 효력을 갖는다고 규정한 헌법 : 독일, 프랑스, 필리핀
> 　　• 국제법에 의한 주권의 제한을 인정한 헌법 : 이탈리아, 독일
> 　㉡ 국제법과 국내법과의 관계
> 　　• 일원론 : 국제법우위론자(Kelsen, Verdross, Kunz), 국내법우위론자(Jellinek, Welzel, Kaufman)
> 　　• 이원론 : 양자는 별개의 법질서라는 견해(Triepel, waltz, Ross, Anzilotti)
> 　　• 상호주의 : 외국인의 보호에 관해서는 상호주의와 평등주의가 있다. 헌법은 "외국인은 국제법과 조약이 정하는 바에 의하여 그 지위가 보장된다〈제6조 제2항〉."라고 하며, 상호주의를 채택하고 있다.

문. 국제법의 국내에서의 효력에 관한 설명으로 옳은 것은? (통설에 의함)

① 일반적으로 승인된 국제관습법은 국내법과 효력을 가진다.
② 조약이 국내에서 효력을 가지기 위하여는 국내법으로 전환하는 절차가 필요하다.
③ 일반적으로 승인된 조약이라도 대한민국이 당사국이 아니면 국내에서는 효력이 없다.
④ 조약체결은 통치행위에 속하므로 위헌심판의 대상이 되지 않는다.

☞ ①

③ 외국인의 법적 지위의 보장
  ㉠ 제6조 제2항은 "외국인에 대해서는 국제법과 조약에 정한 바에 의하여 그 지위를 보장한다."고 하여 외국인의 법적 지위를 보장하고 있다. 이것은 외국인의 보호에 관한 입법주의로 상호주의와 평등주의 중에서 상호주의를 채택한 것이다.
  ㉡ 외국인은 평등권 등 일정한 범위의 자유권, 인격권, 행복추구권 등의 기본권을 향유할 수 있다(통설).
④ 대한민국의 대외정책
  ㉠ 외교정책 : 헌법은 "대통령은 국가의 원수이며, 외국에 대하여 국가를 대표한다."고 규정하고 있다〈제66조 제1항〉. 외교정책과 국방정책 그리고 대외정책의 수립과 실천은 국가원수인 대통령의 권한에 속한다. 조약의 체결·비준권은 대통령의 권한이다. 외교사절을 신임, 접수, 파견하는 것도 대통령의 권한이다〈제73조〉.
  ㉡ 국방·군사정책 : 헌법상 규정된 국군의 국가안전보장 및 국토방위의무 수행, 국민의 국방의무, 대통령의 선전포고와 강화, 국군의 해외파견, 외국군주둔의 허가 등은 국방을 위한 것이다. 선전포고와 강화는 국회의 동의를 얻어 대통령이 행하고〈제60조 제1항, 제2항, 제73조〉, 국군의 해외파견의 권한도 대통령의 권한이다〈제60조 제2항〉. 그러나 침략전쟁을 위한 파견이나 주둔은 제5조에 위반된다. 현재 미군의 한국주둔은 한미상호방위조약에 의한 것이다.

SECTION 4 | 대한민국 헌법의 기본제도

1. 정당제도

(1) 서설

① 민주정치와 정당 ··· 헌법상 정당은 국민과 국가기관을 매개하는 역할을 담당하는 조직체로서(중개적 권력설 : 다수설) 선거에 참여하거나 의정활동을 통하여 국민의 정치적 의사형성에 참여하는 것을 목적으로 하는 자발적인 정치적 결사이다. 근대국가의 민주주의는 고전적·귀족주의적 민주정에서 대중적 민주주의로 발전하였다. 대중적 민주주의국가에서는 국민의 의사를 형성하게 하기 위해서 이러한 항구적 조직인 정당이 필요하다.

② 정당에 관한 헌법의 태도 ··· 정당제도가 헌법에 규정된 것은 제2차 세계대전 이후의 일이다. 일찍이 Triepel은 정당에 대한 국법의 태도를 발전사적으로 고찰하여 적대시한 단계, 무관심 내지 무시의 단계, 승인 내지 합법화한 단계, 헌법상 수용단계로 분류·설명하였다. 우리 헌법은 제3차 개헌시 처음

등장하여, 제3공화국 헌법에 정당에 관한 상세한 규정을 두었으며, 제4공화국에서는 정당국가적 경향이 상당히 완화되었으나 제5공화국 헌법은 자금보조규정을 두는 등 다소 이를 강화했고, 현행 헌법은 대체로 제5공화국 헌법과 동일하다(다만, 현행 헌법은 정당의 조직, 활동 외에 그 목적도 민주적이어야 한다는 점을 명시했으며 정당의 해산은 헌법재판소의 심판에 따르도록 한 점에 차이가 있다〈제8조 제2항, 제4항〉).

(2) 개념 및 특징

① **개념** … 정당은 국민의 이익을 위하여 책임있는 정치적 주장이나 정책을 추진하고 공직선거에 후보자를 추천 또는 지지함으로써 국민의 정치적 의사형성에 참여함을 목적으로 하는 국민의 자발적 조직을 의미한다〈정당법 제2조〉.

② **특징** … 국가와 자유민주주의의 긍정, 선거에의 참여, 공익실현에의 노력, 정강정책의 소유, 정치적 의사형성에의 영향력행사, 계속성 · 항구성, 구성원이 당원이 될 수 있는 자격구비 등이다.

(3) 헌법 제8조의 성격과 법적 형태

① **성격**
  ㉠ 정당도 본질적으로는 결사의 일종인 정치적 결사이지만 정당의 특권과 그 특별한 국가적 보호 및 그 특수한 의무를 규정한 조항이므로 일반결사에 관한 제21조의 특별법적 규정이다.
  ㉡ 제도적 보장의 하나이다.
  ㉢ 정당설립의 자유와 해산할 자유를 보장하는 것이다.
  ㉣ 헌법개정의 한계요인이 된다.

② **법적 형태** : 정당의 법적 형태에 대해서는 민법상의 법인격 없는 사단설, 사적 정치결사설, 헌법제도와 결사의 혼성체설 등이 있으나, 판례는 사법상의 사단으로 보기도 하고 정치활동을 목적으로 하는 자치적 정치단체라고도 한다. 우리 정당법은 정당에 법인격을 부여하고 있지 않으므로 사적 결사 또는 법인격 없는 사단에 준하는 것이다.

(4) 정당의 권리와 의무

① **정당의 특권**
  ㉠ **설립 · 활동 · 존립상의 특권** : 정당은 일반결사에 대하여 특별법적 지위에 있기 때문에 설립, 활동, 존립에 있어서 특권을 누린다. 헌법과 법률에 의하여 활동의 자유를 가지며, 헌법재판소의 심판에 의하여 해산되는 경우를 제외하고는 강제 해산되지 않는다.
  ㉡ **정치적 특권** : 정당은 공직선거에 참여하거나 여론을 형성하고 주도하는 등의 방법으로 국민의 정치적 의사형성에 참여하는 등 정치적 특권을 가지며, 각종 공직선거에 있어서 후보자를 추천 또는 지지하고 그들의 당선을 위한 선거운동에 관한 특권을 보장받고 있다.

문. 다음 중 정당에 대한 설명으로 옳은 것은?

① 정당은 정치목적을 갖는 공법상의 결사이다.

② 정당은 헌법상의 특별기관이기 때문에 정당소속 후보자와 정당에 소속하지 않는 후보자간에 기탁금액의 차이를 두는 것은 합리적인 차별로서 평등의 원칙에 반하지 않는다는 것이 헌법재판소의 태도이다.

③ 헌법은 복수정당제도를 보장하고 있기 때문에 정당설립의 편의를 위하여 신고제가 채택되고 있다.

④ 정당은 헌법재판소의 심판에 의하여 해산된다.

☞ ④

ⓒ **재정상의 특권** : 정당은 법률이 정하는 바에 의하여 정당의 운영에 필요한 자금을 국가로부터 보조받을 수 있다. 정당운영자금의 국가적 보조에 관한 규정은 1980년 헌법에서 신설되었다.

ⓔ **국가의 보호** : 정당은 법률이 정하는 바에 의하여 국가의 보호를 받는다. 정당법, 공직선거법, 국회법 등에 정당보호에 관한 규정이 규정되어 있다.

② **정당의 의무** : 정당의 의무로서는 그 목적·조직과 활동이 민주적이어야 하며, 국민의 정치적 의사형성에 참여하는 데 필요한 조직을 가져야 한다〈제8조 제2항〉. 또는 정당의 목적이나 활동이 민주적 기본질서에 위배되거나 국가의 존립에 위해가 되어서는 아니된다.

(5) 정당의 기능과 조직

① **정당의 기능** : 정당은 국민의 정치적 의사형성에 참여하는 기능을 갖는다. 정당은 공직선거에 후보자의 추천·지지를 하는 선거준비기관이며 정치적 주장, 정책실현을 위하여 헌법·강령 등을 채택하는 권능을 가지고 있다. 또 각급 선거에 참관인 등의 지명권이 있다.

② **정당의 조직**

구분	내용
구성	정당은 수도에 소재하는 중앙당과 특별시·광역시·도에 각각 소재하는 시·도당(이하 "시·도당"이라 한다)으로 구성한다〈정당법 제3조〉.
발기인	창당준비위원회는 중앙당의 경우에는 200명 이상, 시·도당의 경우에는 100명 이상의 발기인으로 구성한다〈정당법 제6조〉.
법정 시·도당수	정당은 5 이상의 시·도당을 가져야 한다〈정당법 제17조〉.
시·도당의 법정당원수	① 시·도당은 1천인 이상의 당원을 가져야 한다. ② 제1항의 규정에 의한 법정당원수에 해당하는 수의 당원은 당해 시·도당의 관할구역 안에 주소를 두어야 한다〈정당법 제18조〉.

POINT 팁 정당법상 정당의 발기인 및 당원의 자격〈정당법 제22조〉

① 국회의원 선거권이 있는 자는 공무원 그 밖에 그 신분을 이유로 정당가입이나 정치활동을 금지하는 다른 법령의 규정에 불구하고 누구든지 정당의 발기인 및 당원이 될 수 있다. 다만, 다음 각 호의 어느 하나에 해당하는 자는 그러하지 아니하다.

1. 「국가공무원법」 제2조(공무원의 구분) 또는 「지방공무원법」 제2조(공무원의 구분)에 규정된 공무원. 다만, 대통령, 국무총리, 국무위원, 국회의원, 지방의회의원, 선거에 의하여 취임하는 지방자치단체의 장, 국회 부의장의 수석비서관·비서관·비서·행정보조요원, 국회 상임위원회·예산결산특별위원회·윤리특별위원회 위원장의 행정보조요원, 국회의원의 보좌관·비서관·비서, 국회 교섭단체대표의원의 행정비서관, 국회 교섭단체의 정책연구위원·행정보조요원과 「고등교육법」 제14조(교직원의 구분)제1항·제2항에 따른 교원은 제외한다.
2. 「고등교육법」 제14조 제1항·제2항에 따른 교원을 제외한 사립학교의 교원
3. 법령의 규정에 의하여 공무원의 신분을 가진 자

② 대한민국 국민이 아닌 자는 당원이 될 수 없다.

문. 정당에 관한 설명 중 가장 옳지 않은 것은? (다툼이 있는 경우 헌법재판소 결정에 의함)
▶ 2015. 3. 7 법원직

① 헌법은 정당이 국민의 정치적 의사형성에 참여하는데 필요한 조직을 가질 것을 명문으로 규정하고 있다.
② 정당해산심판제도는 1960년 제3차 헌법 개정을 통하여 헌법에 도입되었다.
③ 소유재산의 귀속관계에 있어서는 정당은 법인격 없는 사단이다.
④ 정당의 등록요건으로서 5개 이상의 시·도당 및 각 시·도 당마다 1,000명 이상의 당원을 갖출 것을 요구하는 것은 정당설립의 자유를 침해하기 때문에 위헌이다.

☞ ④

> 헌법재판소는 검찰총장이 퇴직 후 2년 이내일 경우 정당의 발기인 및 당원이 될 수 없다는 규정은 위헌이라고 결정하였다.

(6) 정당의 해산

① **정당해산의 제소** : 정당의 목적이나 활동이 민주적 기본질서에 위배될 때에는 정부는 헌법재판소에 그 해산을 제소할 수 있다. 해산의 대상이 되는 정당은 원칙적으로 정당으로서의 등록을 마친 기성정당을 말한다. 특정정당에 대한 위헌 여부의 1차적 판단은 정부의 권한이고 의무이다.

② **해산의 절차적 요건** : 정부가 국무회의의 심의를 거쳐〈제89조〉헌법재판소에 해산을 제소하고 헌법재판소가 해산을 결정한다〈제113조〉. 해산결정이 있으면 그 통지를 받은 당해 선거관리위원회는 정당의 등록을 말소하고 그 뜻을 공고한다〈정당법 제47조〉.

③ **해산의 효과**
　㉠ 정당은 모든 특권을 상실한다(창설적 효력).
　㉡ 대체정당의 설립도 금지된다〈정당법 제40조〉.
　㉢ 해산된 정당의 잔여재산은 국고에 귀속하게 된다.

(7) 정당과 정치자금

① **정치자금의 의의** : 당비, 후원금, 기탁금, 보조금, 정당의 당헌·당규 등에서 정한 부대수입, 정치활동을 위하여 정당(중앙당창당준비위원회 포함), 「공직선거법」에 따른 후보자가 되려는 사람, 후보자 또는 당선된 사람, 후원회·정당의 간부 또는 유급사무직원, 그 밖에 정치활동을 하는 사람에게 제공되는 금전이나 유가증권 또는 그 밖의 물건 그리고 위에서 열거된 사람(정당 및 중앙당창당준비위원회 포함)의 정치활동에 소요되는 비용

② **정치자금규제입법의 필요성** : 정경유착 등의 부조리제거와 정치적 부패방지 그리고 정치자금의 원활, 투명성보장을 위함이다. 정치자금법은 정치자금의 적정한 제공을 보장하고 그 수입과 지출내역을 공개하여 투명성을 확보하며 정치자금과 관련한 부정을 방지함으로써 민주정치의 건전한 발전에 기여함을 목적으로 한다〈정치자금법 제1조〉.

③ **현행법상 정치자금원** : 이에는 당비(정당의 당헌 또는 당규에 의하여 정당의 당원이 부담하는 금전이나 유가증권 기타 물건)와 후원금(후원회의 회원이 후원회에 납입하는 금전이나 유가증권 기타 물건) 그리고 기탁금(정치자금을 정당에 기부하고자 하는 개인, 법인 또는 단체가 선거관리위원회에 기탁한 금전이나 유가증권 기타 물건)과 국고보조금(정당의 보호육성을 위하여 국가가 정당에 지급하는 금전이나 유가증권) 등이 포함된다〈정치자금법 제3조〉.

문. 정당해산에 관한 설명 중 옳지 않은 것은?

① 헌법재판소에 의하여 강제해산된 정당의 잔여재산은 국고에 귀속된다.
② 헌법재판소의 해산결정으로 정당해산은 확정된다.
③ 정당의 목적이나 활동이 민주적 기본질서에 위배될 때에는 정부는 헌법재판소에 그 해산을 제소할 수 있다.
④ 헌법재판소는 정당해산결정을 당해 선거관리위원회에 송달하고, 당해 선거관리위원회는 당해 정당의 대표에게 통지한다.

☞ ④

문. 정당의 목적이나 활동이 민주적 기본질서에 위배될 때는 해산되는데, 다음 중 정당이 해산되는 시기로서 옳은 것은?

① 당해 선거관리위원회가 정당의 등록을 말소한 때
② 당해 선거관리위원회가 정당해산을 공고한 때
③ 헌법재판소가 정당해산의 결정 선고를 한 때
④ 당해 선거관리위원회가 헌법재판소의 정당해산결정을 접수한 때

☞ ③

2. 선거제도

(1) 서설

① **선거의 의의** … 다수의 선거인에 의한 공무원의 선임행위를 말한다. 즉, 선거인은 전체로서 선거인단을 구성하고 이 합의체에 의하여 공무원을 지명한다. 선거에서 선거인이 누구를 대표자로 선택할 것인가에 대한 의사표시를 투표라 한다.

② **선거의 법적 성질** … 유권자의 집합체인 선거인단이 의원이나 대통령과 같은 국민을 대표하는 국가기관의 구성원을 선임하는 합성행위이다. 선거는 단순한 지명행위라는 점에서 특정공무수행기능을 위임하는 위임행위와 구별된다.

③ **선거의 기능** … 선거를 통해 행정부와 사법부를 쇄신할 수 있고 민의를 반영시킬 수 있으며, 민의에 반하는 지배의 장기화를 방지하여 폭력혁명을 예방할 수 있다.

(2) 선거권과 피선거권

① **선거권** … 선거에 있어 투표에 참여할 수 있는 권리가 선거권이다. 이에 대해서는 개인적 권리설, 공무설, 권한자격설, 공무수행과 권리성의 양면성을 인정하는 견해 등이 대립한다. 선거권은 의회민주주의의 운영과 관련하여 중요한 의미를 갖는다. 선거권을 행사할 수 있으려면 국적, 연령, 주소 등에 관하여 일정한 적극적 요건을 충족할 것이 요구된다. 공직선거법은 선거연령을 19세 이상으로 하고 있다. 소극적 요건으로는 일정한 결격사유 즉, 금치산자나 수형자 등에 해당되지 않을 것이 필요하다〈공직선거법 제15조, 제18조〉.

② **피선거권** … 선거에 의하여 일정한 국가기관의 구성원으로 선출될 수 있는 자격을 의미한다. 피선거권의 요건은 업무의 공무성 때문에 연령제한, 결격사유 등이 엄격히 법정되어 있다. 피선거권도 신앙, 성별, 사회적 신분, 교육, 재산, 수입 등에 의하여 차별되어서는 아니된다.

ANSWER

피선거권과 헌법재판소
선거범으로서 형벌을 받은 자에 대하여 일정기간 피선거권을 정지하는 규정자체는 이로써 선거의 공정을 확보함과 동시에 본인의 반성을 촉구하기 위한 법적 장치로서 국민의 기본권인 공무담임권과 평등권을 합리적 이유없이 자의적으로 제한하는 위헌규정이라 할 수 없다.

(3) 선거의 기본원칙

① **보통선거** … 제한선거에 대한 개념으로 사회적 신분, 재산, 교양 등에 의한 자격요건을 정함이 없이 모든 성년자에게 원칙적으로 선거권을 인정하는 제도이다. 보통선거제는 자연법적인 천부인권론에서 유래한다.

🌱 **ANSWER**

과다한 기탁금
㉠ 헌법재판소는 구 국회의원선거법 제33조 기탁금규정에서 정당후보자와 무소속 후보자의 기탁금을 1,000만원과 2,000만원으로 차등을 한 것은 헌법 제11조 평등권에 위배되며, 너무 과다하게 책정한 것은 보통선거에 반한다고 보고 헌법불합치결정을 내렸다.
㉡ 구 지방의회의원선거법 제36조 제1항의 시·도의회의원후보자(광역의회)의 기탁금(700만원)은 과다하여 경제력이 약한 자의 출마를 사실상 봉쇄함으로써 헌법상 보장된 국민의 선거권, 공무담임권, 평등권에 합치하지 아니한다.

② **평등선거** … 차등선거 내지 불평등선거에 대한 것으로 선거인의 투표가치가 평등하게 취급되어지는 선거를 의미한다. 민주정치와 다수결원칙에서는 각인의 평등을 전제로 하므로 종래의 차등선거제에서 평등선거제로 발전하여 왔다.

🌱 **ANSWER**

선거구간 인구불균형
㉠ 미국 : 선거구의 획정문제는 정치문제라하여 사법심사의 대상에서 제외(Colegrove v. Green)하는 입장을 취하였으나, 1962년 Baker v. Carr사건에서 부당하게 불평등한 인구비례의 선거구획정은 평등원칙에 반한다고 판시하였다.
㉡ 독일 : 연방의회선거법에 선거구간 평균인구수를 기준으로 편차가 33.33%를 넘지 못하게 하고 있다.
㉢ 일본 : 도저히 합리성을 가지는 것으로 생각할 수 없는 정도에 달할 때에는 위헌이라고 하면서 최대인구 선거구와 최소인구 선거구의 인구편차가 4.4 : 1인 경우 위헌으로 판시하였다.
㉣ 한국 : 헌법재판소는 공직선거법(2012. 2. 29. 법률 제11374호로 개정된 것) 제25조 제2항 별표 1 국회의원지역선거구구역표 중 "경기도 용인시 갑선거구", "경기도 용인시 을선거구", "충청남도 천안시 갑선거구", "충청남도 천안시 을선거구", "서울특별시 강남구 갑선거구", "인천광역시 남동구 갑선거구" 부분을 청구인들의 선거권 및 평등권을 침해하여 헌법에 위반되므로, 불가분성에 따라 선거구구역표 전체에 대하여 헌법불합치결정을 했다(헌재 2014. 10. 30. 2012헌마192).

③ **직접선거** … 간접선거에 대한 것으로 의원의 선거가 일반유권자에 의해 직접 행해지는 경우를 말한다. 선거인이 중간선거인을 선거하고 다시 중간선거인이 의원이나 대통령을 선출하는 제도를 간접선거제라고 한다.

④ **비밀선거** … 공개선거에 대한 개념이다. 이는 선거인이 누구에게 선거하였는지를 알 수 없는 상태로 투표하는 것을 말한다. 공개투표제의 주장에서는 민주정치에 있어서 선거는 공무이며, 민주정치는 책임정치이므로 공개투표에 의하여 그 책임을 명백히 해야 한다고 주장한다. 비밀투표는 무책임이 수반되기는 하나 양심껏 하는 제도로서 각국에서 널리 실시되고 있다.

⑤ **자유선거** … 강제선거에 대하여 외부의 압력없이 자유롭게 투표하는 것을 의미한다. 즉, 자유선거에는 투표를 선거인의 자유에 맡기고 기권에 대해서도 하등 제재를 과하지 않는 제도이다. 강제선거제는 선거인이 정당한 이유없이 기권한 경우에는 제재를 과하는 제도이다.

문. 선거제도에 관한 설명 중 가장 옳은 것은? (다툼이 있는 경우 헌법재판소 결정에 의함)
▶ 2015. 3. 7 법원직

① 국회의원 지역선거구에 있어, 전국 선거구의 최대인구수와 최소인구수의 비율이 3:1 이하로 유지되면 평등선거의 원칙에 위배되지 않는다.
② 현행 헌법은 대통령 선거에 관하여 국민의 보통·평등·직접·비밀선거의 원칙을 규정하고 있고, 국회의원 선거에 관하여는 위 원칙들에 관한 규정이 없으나, 헌법해석상 당연히 적용되는 것으로 보아야 한다.
③ 선거구 구역표는 전체가 불가분의 일체를 이루는 것으로서 어느 한 부분에 위헌적 요소가 있다면 선거구 구역표 전체가 위헌적 하자가 있는 것으로 보는 것이 상당하다.
④ 집행유예기간 중에 있는 자에 대해 공직선거법상의 선거권을 부인한 것은 과잉금지의 원칙에 위배되나, 형의 집행이 종료되지 않은 수형자에 대한 선거권을 부인하는 것은 형벌집행의 실효성 확보차원에서 헌법에 위배되지 않는다.

☞ ③

문. 헌법상 비밀선거의 내용으로 보기 어려운 것은?

① 무기명투표
② 투표용지관급주의
③ 투표에 관한 증언거부
④ 모의투표실시의 금지

☞ ④

(4) 대표제

① **다수대표제** … 총유효투표의 다수표를 얻은 자를 당선자로 결정하는 방법으로 소수표를 얻은 쪽에서는 한 사람의 의원도 낼 수 없게 된다. 다수대표제에는 일정한 득표수를 요건으로 하는 절대다수대표제(프랑스)와 상대적 다수를 요하는 상대다수대표제(영국, 미국)가 있다.

② **소수대표제** … 한 선거구에서 2인 이상의 대표를 선출하는 제도로서 소수당도 대표자를 낼 수 있도록 하는 제도이다.

③ **비례대표제** … 각 정당에게 그 득표수에 비례하여 의석을 배분하는 대표제이다.
 ㉠ 장점 : 선거인의 의사를 정확하게 반영한 대표를 선출할 수 있다는 점, 민주정치의 요체인 정당정치에 적합하다는 것, 소수당에게도 의석을 배분하여 소수의사에 대한 다수의사의 횡포를 방지할 수 있다는 점 등이 있다.
 ㉡ 단점 : 다당제 내지 군소정당의 난립으로 정국의 불안을 초래할 수 있다는 점, 불안정한 정치상황을 초래할 수 있다는 점, 실시상 기술적 곤란성과 절차적 복잡성을 수반한다는 것, 선거인과 의원사이가 소원해진다는 것 등이 있다.

④ **직능대표제** … 선거인단을 각 직능별로 나누어 그 직능단위로 선출하게 하는 제도이다.

(5) 선거구제도

① **대선거구제** … 1선거구에서 다수인을 선출하는 제도이다. 이는 사표방지, 부정투표제거, 전국적 인물의 선출 등의 장점을 갖는다.

② **소선거구제** … 1선거구에서 1인의 의원만 선출하는 제도이다. 이는 양당제도의 확립과 정국의 안정을 기할 수 있고 또한 선거비용 등의 절약이라는 장점을 갖는다.

③ **중선거구제** … 1선거구에서 3인 내지 5인을 선출하는 선거제도이다. 이는 이름 그대로 소선거구제와 대선거구제의 중간적 형태이다.

선거구제도의 장·단점

구분	소선거구제	대선거구제
장점	• 양대정당제 확립 • 정책이 유사한 정당형성 • 안정된 정치상황 확보 • 선거인과 의원간의 거리감 축소 • 선거인의 대표선택의 용이성	• 소수대표가 가능하고 사표가 적은 점 • 인물선택의 범위가 넓은 점 • 선거공정성이 비교적 확보되는 점 • 선거의 쟁점이 정강정책이나 강령화되어 후보자와 유권자의 수준향상이 되는 점
단점	• 사표가 많은 점 • 정당득표율과 의석의 배분이 불균형하게 되는 점 • 지방적 소인물의 당선이 용이한 점 • 정책입안 시 지방적 편견을 가지기가 쉬운 점 • 매수 기타 부정부패가능성이 큰 점	• 군소정당의 난립으로 정국불안 초래 • 선거비용의 과다 지출 • 후보자의 식견·인물됨 파악의 불용이 • 보궐선거나 재투표가 곤란

(6) 우리나라 선거제도

① **선거제도의 기본원칙** … 헌법은 국민에게 국정참여의 기회를 보장하기 위하여 선거권과 피선거권을 규정하고 있으며〈제24조, 제25조〉, 선거의 기본원칙으로서 보통·평등·직접·비밀선거제를 규정하고 있다.

② **공직선거법의 목적** … 이 법은 대한민국헌법과 지방자치법에 의한 선거가 국민의 자유로운 의사와 민주적인 절차에 의하여 공정히 행하여지도록 하고, 선거와 관련한 부정을 방지함으로써 민주정치의 발전에 기여함을 목적으로 한다.

③ **선거권과 피선거권** … 19세 이상의 국민은 대통령과 국회의원의 선거권이 있고 결격사유에 해당되지 아니한 자는 일정 연령 이상이 되면 공직취임을 위한 피선거권이 있다.

④ **선거구** … 대통령과 전국구 비례대표국회의원은 전국을 단위로 하고 지역구 선거구 국회의원은 지역선거구, 시·도의회의원 및 자치구·시·군 의회의원은 당해 의원의 선거구를 단위로 하여 선거하며, 비례대표 시·도의원은 당해 시·도를 단위로 하여 선거한다.

⑤ **선거일** : 임기만료에 의한 선거의 선거일은 대통령선거의 경우는 임기만료 전 70일 이후 첫 번째 수요일로 하고 국회의원 선거의 경우는 그 임기만료 전 50일 이후 첫 번째 수요일로 하며 지방자치단체의 의회의원 및 장 선거의 경우는 그 임기만료 전 30일 이후 첫 번째 수요일로 법정하고 있다〈공직선거법 제34조〉.

⑥ **기탁금** … 기탁금은 대통령선거는 3억원, 국회의원 선거는 1,500만원, 자치구·시·군의 장 선거는 1,000만원, 시·도의회의원선거는 300만원, 시·도지사선거는 5,000만원, 자치구·시·군의회의원선거는 200만원으로 하고 있다〈공직선거법 제56조〉.

ANSWER

기탁금
기탁금 3억원은 대통령선거에서 기탁금제도의 목적달성에 필요한 금액을 넘지 아니하고 입후보하려는 국민의 기본권의 본질적 내용을 침해하는 정도에 이르지도 아니하여 입법재량의 범위를 일탈한 과다한 금액이라고 할 수 없다.

⑦ **선거운동** … 공직선거에 있어서 특정의 후보자를 당선되게 하거나 되지 못하게 하는 행위를 말한다. 헌법은 선거운동의 원칙으로 기회균등과 선거경비의 국고부담을 원칙으로 하는 선거공영제를 규정하고 있다. 공직선거법은 선거운동의 규제방법을 종전의 포괄적 제한·금지에서 개별적 제한·금지의 방식으로 전환하였다.

POINT 팁 선거운동의 규제
   ⊙ **시간상 제한** : 선거운동은 선거기간 개시일부터 선거 전일까지 할 수 있다〈공직선거법 제59조〉.

  ⓛ **인적 제한**: 일정범위의 사람들(대한민국 국민이 아닌 자, 예비군 중대장급 이상의 간부, 통·리·반의 장 및 읍·면·동 주민자치센터에 설치된 주민 자치위원회 위원, 일반직공무원, 선상투표신고를 한 선원이 승선하고 선박의 선장, 특별법에 의하여 설립된 국민운동단체로서 국가 또는 지방자치단체의 출연 또는 보조를 받는 단체의 상근 임·직원 및 이들 단체 등의 대표자, 미성년자) 등은 선거운동을 할 수 없다〈공직선거법 제60조〉.

  ⓒ **방법상 제한**: 선거운동을 위한 호별방문, 서명운동, 음식물제공, 기부행위, 비방 등은 금지된다〈공직선거법 제106조, 제107조, 제110조, 제112조, 제113조〉.

  ⓔ **비용상 제한**: 선거의 부패를 방지하기 위하여 선거운동을 위한 비용의 액수나 출납책임의 법정, 수입지출의 보고와 공개 등을 규정하고 있으며, 선거비용의 제한을 항목별 제한방식에서 총액제한방식으로 전환하고 있다.

⑧ **선거에 관한 쟁송** … 선거에 관한 쟁송으로는 선거소청, 선거소송(대통령선거 및 국회의원선거의 경우 선거의 전부 또는 일부의 무효를 주장), 당선소송 (선거는 유효하나, 당선인의 결정만을 위법으로 주장하는 소송), 재정신청, 선거인명부에 관한 불복신청 등이 있다.

3. 공무원제도

(1) 서설

① **헌법규정** … 헌법은 "공무원은 국민전체에 대한 봉사자이며 국민에 대하여 책임을 진다.", "공무원의 신분과 정치적 중립성은 법률이 정하는 바에 의하여 보장된다."고 규정하고 있다〈제7조〉. 그 외에 공무원의 불법행위에 대한 국가배상책임〈제29조 제1항〉, 공무원의 근로 3권의 제한〈제33조 제2항〉, 고급공무원에 대한 탄핵소추〈제65조〉 등에 관해 규정하고 있다.

② **취지** … 특히 제7조는 민주공화국과 국민주권성에서 도출되는 것이나, 보다 구체적으로는 현대민주국가의 정당적 성격에서 유래하는 것으로서 정권교체에도 불구하고 공무원의 신분을 보장함과 동시에 정치적 중립성을 담보함으로써 직업공무원제를 제도적으로 보장하려는 데 있다.

③ **공무원과 임면** … 공무원의 범위는 공무원개념의 광협에 따라 다르고, 공무원의 임면권(임명 + 해임권)은 구체적으로는 다르나, 일반적으로는 헌법과 법률이 정하는 바에 의하여 대통령이 가진다.

(2) 공무원의 헌법상 지위

① **국민 전체의 봉사자로서의 지위** … 공무원은 국민 전체의 봉사자이며, 국민에 대하여 책임을 진다. 여기서 '공무원'은 최광의의 공무원을 의미하며, 국가의 공무에 종사하는 일체의 사람은 국민 전체의 이익을 위하여 봉사하여야 한다. 여기에는 선거직 기타 정치적 공무원이 포함되므로 신분과 정치적 중립성이 보장되는 제7조 제2항의 공무원의 범위와 다르다. '책임의 유형'에는 간

접·정치적 책임(선거, 탄핵, 해임의결)과 직접적·법적 책임(손해배상청구권, 징계책임, 변상책임, 형사책임의 추궁) 등이 있다.

② **공무원의 신분보장** … 공무원의 신분보장은 공무원이 정권교체에 영향을 받지 않고 동일한 정권하에서도 정당한 이유 없이 해임당하지 않는 것을 말한다. '공무원'은 협의의 공무원을 의미하며 공무원법에서 그 신분이 보장되고 있다.

③ **정치적 중립성의 보장** … 여기의 '중립'은 불간섭, 불가담이라는 소극적 의미의 것으로 정당으로부터의 독립이자 정당 및 정치활동에 대한 불간섭·불가담을 의미한다. 다른 공무원에게 금지사항에 위배되는 행위를 하도록 요구하거나 정치적 행위에 대한 보상 또는 보복으로서 이익 또는 불이익을 약속할 수 없다.

④ **공무원의 임면** … 임면은 임명과 면직을 포함한다. 공무원관계의 설정을 임명이라고 하는데, 대통령은 헌법과 법률이 정하는 바에 의하여 공무원을 임명한다. 여기의 임명에는 보직, 전직, 휴직, 징계처분 등도 포함된다. 임명권자가 별단의 규정이 없는 한 면직권도 가진다.

(3) 직업공무원제

① **의의** : 사람이 공무에 종사하는 것을 일생의 직업으로 생각하고 또 여기에 대해서 긍지와 명예심을 갖도록 조직·운영되는 인사제도를 말한다. 이는 구체적으로 계급제, 폐쇄형, 일반능력자주의에 입각한 공무원제도를 일컫는다.

② **직업공무원제의 취지** … 직업공무원제는 국민주권주의에 바탕을 둔 민주적이고 법치국가적인 직업공무원제도를 확립하려는 데 있다.

③ **직업공무원제의 내용** … 이에는 공무원의 정치적 중립성, 공무원의 신분보장, 실적주의 등이 포함된다. 여기서 '실적주의'는 인사행정에 있어 엽관제를 배제하고 자격이나 능력을 위주로 하여 공무원을 임용하는 원칙을 말한다. 구체적으로 "공무원의 임용은 시험성적, 근무성적, 기타 능력의 실증에 의하여 행한다〈국가공무원법 제26조〉."로 표현되고 있다. 실적제와 직업공무원제도는 그 내용이 중복되는 점도 많으나, 출발점과 강조점이 다르다. 우선 중복되는 점으로는 공직취임에의 기회균등, 신분보장, 정치적 중립, 자격이나 능력에 의한 채용, 승진 등이다. 그러나 충원이 개방적이냐 폐쇄적이냐, 공직에 대한 사회적 평가가 높으냐 낮으냐, 상위직을 정치적으로 임명할 수 있느냐 없느냐에 따라 다르다.

문. 공무원의 정치적 중립성에 관한 설명 중 타당하지 않은 것은?

① 공무원의 정치적 중립성은 법률에 의하여 보장된다.
② 정치적 중립성의 보장을 위하여 공무원의 국민 또는 노동자로서의 기본권은 완전히 배제될 수 있다.
③ 공무원의 정치적 중립성이란 공무원의 정치적 활동의 금지를 의미한다.
④ 공무원은 정당 기타 정치단체의 결성에 관여하거나 이에 가입할 수 없다.

☞ ②

④ **직업공무원제의 공무원범위** ⋯ 헌법재판소는 직업공무원제도에서의 공무원에 대해 '신분의 보장을 받고 정치적 중립성이 요구되는 직업공무원은 국가 또는 공공단체와 근로계약을 맺고 이른바 공법상 특별권력관계에서 공무를 담당하는 것을 직업으로 하는 협의의 공무원 즉, 일반직·기능직 공무원과 같은 경력직 공무원만을 의미'한다고 한다. 이는 통설의 입장이기도 하다.

ANSWER

직업공무원제도상 공무원
헌법 제7조 제2항은 "공무원의 신분과 정치적 중립성은 법률이 정하는 바에 의하여 보장된다."고 규정하고 있는 바 이는 공무원이 정당한 이유없이 해임되지 아니하도록 신분을 보장하여 국민 전체에 대한 봉사자로서 성실히 근무할 수 있도록 하기 위한 것임과 동시에 공무원의 신분은 무제한 보장되는 것이 아니라 공무의 특수성을 고려하여 헌법이 정한 신분보장의 원칙 아래 법률로 그 내용을 정할 수 있도록 한 것이다.

(4) 공무원의 권리와 의무

① **공무원의 권리** ⋯ 공무원은 국가와 공법상 근무관계를 맺고 있기 때문에 포괄적인 권리와 의무를 갖는다. 봉급, 연금 기타 재산권을 가지고 직무상 광범한 권한을 가지며, 불이익처분을 받는 경우에 행정쟁송제기권을 가진다. 공무원이 갖는 권리는 대별하여 신분상의 권리와 재산상의 권리로 나뉜다.

② **공무원의 의무** ⋯ 공무원은 공무를 담당하는 지위에서 일정한 의무를 지고 있다. 즉, 직무상 의무로 법령준수의무, 복종의무, 직무전념의무 등을 가진다. 국군이나 국회의원 등은 헌법상 특별한 의무를 가진다. 즉, 현행 헌법은 국군의 국가안전보장의무와 국토방위의무 및 정치적 중립성〈제5조 제2항〉과 국회의원에게 청렴의무〈제46조〉를 지우고 있다.

(5) 공무원의 기본권제한

① **개요** ⋯ 헌법은 공무원이 국민 전체에 대한 봉사자라는 지위를 확보하고 그 직무의 공정한 수행과 정치적 중립성을 보장하기 위하여 일반국민에게 인정되지 아니한 기본권의 제한을 규정하고 있다. 즉, 정당가입의 제한, 정당활동의 제한, 근로 3권의 제한이 그것이다.

② **정치활동의 제한** ⋯ 정치적 중립성을 보장하기 위하여 정당가입이나 정치활동을 금지하고 있다. 정치활동의 금지는 구체적으로 공직선거에의 입후보와 정당가입 등의 금지를 말한다.

③ **근로 3권의 제한** ⋯ 이러한 제한은 국민 전체의 봉사자로서의 지위와 직무의 공정·적정한 수행을 보장하기 위해서 인정된다.

④ **특별권력관계에 의한 제한** ⋯ (협의의)공무원은 국가와 공법상의 특별권력관계하에 있으므로 질서유지와 공공의 직무의 목적을 달성하기 위하여 일정한 범위 안에서 일반국민과는 다른 기본권(예컨대 제16조의 주거의 자유, 제21조의 언론·출판·집회·결사의 자유, 제15조의 직업선택의 자유 등)에 제한이 가해지고 있다.

문. 공무원이라는 이유로 제한되는 기본권은?

① 계약의 자유
② 청원권
③ 언론의 자유
④ 단결권

☞ ④

⑤ **제한의 한계** … 공무원의 기본권이 제한되는 경우에도 기본권 제한에 관한 헌법원칙〈제37조 제2항〉이 존중되어야 한다. 그러므로 제한할 경우 헌법 또는 법률상의 근거를 요하고 합리적인 범위 내에서 필요·최소한의 것이어야 한다.

ANSWER

> **공무원의 기본권제한과 헌법재판소**
> ㉠ 사립학교 교원의 정치활동 또는 노동운동을 금지하고 이에 위반한 경우 면직의 사유로 규정한 사립학교법 제58조 제1항 제4호에 관해 '교육의 목적과 교원직무의 특수성, 공·사립학교 교원의 동질성 그리고 교원의 근로관계의 특수성' 등을 이유로 합헌결정을 내렸다.
> ㉡ 국가·지방자치단체에 종사하는 근로자는 공무원의 신분 여하에 관계없이 쟁의행위를 할 수 없다는 종전(1997년 3월 제정 이전) 노동쟁의조정법 제12조 제2항에 대해 헌법불합치결정을 내렸다.

4. 지방자치제도

(1) 서설

① **지방자치의 개념** … 일정한 지역을 기초로 하는 단체나 일정한 지역의 주민이 그 지방적 사무를 자신의 책임하에서 자신이 선출한 기관을 통하여 처리하는 제도를 말한다. 지방자치의 본질에 대해서는 자치고유권설과 자치위임설이 있으나, 국가제도론의 관점에서 본다면 자치위임설이 타당하다(통설).

② **지방자치의 기반** … 지방행정을 지방자치의 방식으로 처리할 때 자치행정이라고 하며, 주민자치와 단체자치를 기반으로 한다.

⭐ 주민자치와 단체자치의 비교

주민자치	지방자치
• 지방행정을 지방주민 자신의 의사와 책임으로 처리	• 지방자치단체가 국가 밑에서 독립한 인격과 자치권을 가지고 자주적으로 사무 처리
• 자치권은 자연법상의 권리	• 자치권은 실정법상의 권리
• 국민자치사상이 지배한 영국에서 발달	• 대륙법계에서 발달
• 민주주의가 이념	• 권력분립주의에 의한 기관대립형의 수장제
• 인민자치라고도 함	• 지방분권사상을 기초
• 권력통합주의에 의한 기관단일형의 내각책임제	• 포괄적 수권주의
• 정치적 의미의 지방자치	• 법률적 의미의 지방자치
• 지방세의 독립세주의	• 국가의 행정적 감독
	• 지방세의 부가세주의

(2) 본질과 성격

① **지방자치의 이념** … 지방자치는 '민주주의의 교실'이라는 말처럼(James Bryce)

<hr>

문. 지방자치제도와 관련된 설명 중 가장 옳지 않은 것은? (다툼이 있는 경우 헌법재판소 결정에 의함)

▶ 2015. 3. 7 법원직

① 지방자치제도의 헌법적 보장은 지방자치의 본질적 내용인 핵심영역이 어떠한 경우라도 국가의 침해로부터 보호되어야 한다는 것을 의미한다.

② 지방자치제도는 헌법상 제도적 보장이기 때문에 기본권 보장과는 달리, 최소보장의 원칙이 적용된다.

③ 지방자치단체의 조례가 국내법령과 동일한 효력을 갖는 조약에 위반되는 경우에는 그 효력이 없다.

④ 지방자치단체에게는 자신의 관할구역 내의 사람과 물건을 독점적·배타적으로 지배할 수 있는 영토고권을 가진다.

☞ ④

지방자치제도는 민주주의와 밀접한 관련을 갖는다. 풀뿌리 민주주의를 고무하고 중앙집권주의를 견제하기 위한 지방분권주의의 실현이 지방자치의 이념이 된다.

ANSWER

> **헌법재판소의 지방자치제도**
> 지방자치제도는 현대입헌민주국가의 통치원리인 권력분립 및 통제, 법치주의, 기본권보장 등의 제원리를 주민의 직접적인 관심과 참여 속에 구현시킬 수 있어 바로 자율과 책임을 중시하는 자유민주주의 이념에 부합되는 것이므로 국민(주민)의 자치의식과 참여의식만 제고된다면 권력분립원리의 지방에서의 실현을 가져다 줄 수 있을 뿐 아니라(지방분권) 지방의 개성 및 특성과 다양성을 국가 전체의 발전으로 승화시킬 수 있고 ….

② **지방자치의 법적 성격** … 지방자치제도는 역사적 · 전통적으로 형성된 일종의 헌법상의 제도로서 그 본질적 내용을 입법에 의하여 폐지하거나 유명무실하게 하여서는 아니되는 제도적 보장이라는 것이 통설이다.

(3) 지방자치단체의 유형

① **주민총회형** … 주민이 직접 지방사무를 처리한다. 이는 직접민주제적 요소가 강한 유형으로 스위스 등에서 실시하고 있다.

② **의원내각제형** … 주민은 지방의회의원을 선출하고 지방의회가 자치단체의 장을 선거한다.

③ **대통령형**(수장제형) … 지방의회의 의원은 물론 자치단체의 장까지도 주민이 직접 선출하는 유형을 말한다.

(4) 우리 헌법과 지방자치제

① **성질** … 지방자치단체는 일정한 지역을 기초로 하여 국가로부터 자치권을 부여받아 지방적인 사무를 그 권한과 책임하에서 처리하는 독립된 공법인이다. 지방자치단체는 주민 · 구역 · 자치권 · 고유사무 등으로 이루어진다. 지방자치단체가 수행하는 사무에는 자치사무, 단체위임사무, 기관위임사무가 있다.

② **종류** … 지방자치단체의 종류는 법률로 정한다〈제117조 제2항〉. 지방자치법에 의하면 일반지방자치단체와 특별지방자치단체로 분류된다.

③ **지방자치단체의 기관** … 일반지방자치단체에는 의결기관으로 지방의회가 있고 집행기관으로 지방자치단체의 장이 있다. 지방자치법은 의결기관인 의회의 권한과 집행기관인 단체장의 권한을 분리하여 배분하고 있다.

④ **지방의회** … 지방자치단체의 의결기관으로서 주민에 의하여 선출된 의원을 구성원으로 하는 합의제기관이다. 지방의회는 지방의회의원들로만 구성된다. 임기는 4년이며, 의정자료 수집 · 연구, 이를 위한 보조 활동에 사용되는 비용 등을 보전하기 위한 의정활동비, 공무 여행 시 여비, 직무활동에 대해 지급하는 월정수당을 지급한다〈지방자치법 제32조, 제33조〉.

POINT 팁 지방의회 및 의원의 권한
- ㉠ 지방의회의원의 권리와 의무
  - 권리 : 의안제출권, 임시회 및 위원회소집요구권, 표결권, 질문 및 질의권, 토론권, 청원의 소개권, 일비 및 여비청구권
  - 의무 : 공익우선의무, 청렴 및 품위유지의무, 이권불개입의무, 영업금지의무, 회의장에서의 질서유지의무, 모욕발언금지, 발언방해금지 등 의사진행에 관한 의무, 본회의와 위원회에 출석할 의무
- ㉡ 지방의회의 의결사항
  - 조례의 제정 및 개폐, 예산의 심의확정, 결산의 승인, 법령에 규정된 것을 제외한 사용료·수수료·분담금·지방세 또는 가입금의 부과와 징수 등〈지방자치법 제39조〉
  - 행정사무 감사·조사권〈지방자치법 제41조 및 제41조의2〉
  - 행정사무처리상황을 보고받을 권한과 질문권〈지방자치법 제42조〉
  - 내부자율권(내부조직권, 의사규칙제정권, 의장·부의장 불신임권, 의원경찰권)

⑤ **지방자치단체의 장**(집행기관) … 지방자치단체의 장으로서는 특별시에 특별시장, 광역시에 광역시장, 특별자치시에 특별자치시장, 도와 특별자치도에 도지사를 두고, 시에 시장, 군에 군수, 자치구에 구청장을 둔다〈지방자치법 제93조〉. 이들의 선거는 공직선거법이 규정하고 있다. 지방자치단체장은 지방자치단체를 대표하고 그 사무를 총괄하며〈지방자치법 제101조〉, 소속직원을 지휘·감독한다〈지방자치법 제105조〉.

(5) 지방자치단체의 권능

지방자치단체는 주민의 복리에 관한 사무를 처리하고 재산을 관리하며, 법령의 범위 안에서 자치에 관한 규정을 제정할 수 있다〈제117조 제1항〉. 지방자치단체의 권능은 자치입법권, 자치행정권, 자주재정권으로 나뉜다.

① **자치입법권** … 지방자치단체가 법령의 범위 내에서 자치에 관한 조례와 규칙을 제정할 수 있는 바 이 권한이 자치입법권이다.
- ㉠ 조례
  - 의의 : 지방의회가 법령의 범위 내에서 권한 내의 사무에 관하여 지방의회 의결로써 제정하는 규범
  - 근거 : 헌법 제117조 제1항, 지방자치법 제22조
  - 범위
    - 법령의 범위 안에서 지방자치단체 권한에 속하는 사무
    - 법률의 수권이나 위임이 없을지라도 법령에 위배되지 아니하는 한 제정가능
    - 주민의 권리 제한 또는 의무 부과에 관한 사항이나 벌칙을 정할 때에는 법률의 위임이 있어야 한다.
  - 분류 : 필요적 조례규정(법령이 조례로써 정할 것을 규정하고 있는 사항)과 임의적 조례규정(법령에 규정이 없어도 국가의 전권에 속하지 아니하는 사항)으로 분류

문. 지방자치에 관한 설명으로 옳지 않은 것은?

① 지방자치단체의 위임사무는 법령을 통해 국가가 위임한 사무이다.
② 지방의회와 지방자치단체장간에 권한쟁의가 있는 경우는 헌법재판소에서 심판한다.
③ 지방자치단체는 주민의 복리에 관한 사무를 처리하고 재산을 관리한다.
④ 지방의회의원의 임기는 4년이다.

☞ ②

문. 조례에 관한 설명 중 옳지 않은 것은?

① 조례도 법규의 성격을 가진다.
② 주민의 권리의무사항에 대한 법률의 위임은 포괄적인 것으로 족하다는 것이 헌법재판소의 입장이다.
③ 조례는 자치단체의 고유사무, 단체위임사무, 기관위임사무에 관한 사항을 그 내용으로 할 수 있다.
④ 이미 법령이 존재하는 사항에 관해서는 그보다 강하게 규제하는 조례는 원칙적으로 제정할 수 없다. 조례로써 규정할 수 있다.

☞ ③

- 효력
  - 형식적 효력은 법률과 명령의 하위법
  - 주민의 자유와 재산을 침해하거나 제한하는 조례의 제정은 특별한 법률의 위임 필요
- 조례의 한계
  - 국가사무 중 기관사무는 조례로 규정불가
  - 법령의 범위 내에서 제정될 것
- ㉡ **규칙제정권**: 지방자치단체의 장이 법령 또는 조례가 위임한 범위 안에서 그 권한에 속하는 사무에 관하여 규칙을 제정할 수 있다.

② **자치행정권** … 지방자치단체가 주민의 복리에 관한 사무를 처리한다는 것은 그 고유사무를 자기의 권한과 책임하에서 자치적으로 처리하는 것을 의미한다. 자치단체의 사무에는 고유사무, 단체위임사무, 기관위임사무가 있다.

- ㉠ 고유사무
  - 지방자치단체의 존립목적이 되는 사무
  - 지방자치단체의 의사와 책임하에 처리
- ㉡ 단체위임사무: 법령에 의하여 국가 또는 상급자치단체로부터 위임된 사무
- ㉢ 기관위임사무
  - 전국적으로 이해관계가 있는 사무
  - 국가, 도 등 광역자치단체로부터 집행기관에 위임된 사무

③ **자주재정권** … 지방자치단체는 그 재산을 관리하며, 재정을 형성하고 유지할 권한을 가진다. 지방자치단체는 수지균형의 원칙에 따라 재정을 건전하게 운영하여야 한다.

ANSWER

> **지방자치단체의 폐치·분합과 헌법재판소**
> 지방자치단체의 폐치·분합은 지방자치단체의 자치권의 침해문제와 더불어 그 주민의 헌법상 보장된 기본권의 침해문제도 발생시킬 수 있다.

④ **주민투표권** … 지방자치단체의 장은 지방자치단체의 폐치·분합 또는 주민에게 과도한 부담을 주거나 중대한 영향을 미치는 지방자치단체의 주요 결정사항 등을 주민투표에 부칠 수 있다.

(6) 지방자치단체에 대한 국가의 통제

지방자치단체에 대한 국가의 통제에는 입법적 통제, 사법적 통제, 행정적 통제가 있다. 이들 중 가장 직접적이고 강력한 통제는 행정적 통제이다.

① **입법적 통제** … 국회는 지방자치단체의 본질을 침해하지 아니하는 한 입법을 통하여 통제하고 있다.

② **사법적 통제** … 사법기관은 행정소송을 통하여 그리고 행정심판의 재결청은 재결을 통하여 지방자치사무의 적법성과 합목적성을 통제할 수 있다.

문. 조례에 대한 설명으로 옳지 않은 것은?

① 조례는 법률이 설정한 범위 내에서 지방의회의 의결로 제정한다.
② 조례에 대한 법령의 위임은 포괄적인 것으로 족하다.
③ 조례로 인하여 기본권을 침해받은 자는 헌법소원을 제기할 수 있다.
④ 조례로써 세액을 감액하는 것도 가능하다.

☞ ④

③ **행정적 통제** … 대통령, 국무총리, 각부 장관 및 상급지방자치단체의 장은 국가기관의 지위에서 구역 내의 시·군·구에 대하여 감독권을 갖는다. 행정적 통제에는 권력적 통제(취소, 정지, 이행명령, 승인)와 비권력적 통제(보고, 조언, 권고, 지원)가 있다.

5. 교육제도와 대학자치제

(1) 교육제도

① **의의** … 교육에 관한 법적 제도를 의미한다. 이는 교육의 이념과 기본방향, 교육담당기관, 교육내용, 교육관리, 행정기구 등에 관한 법체계를 그 내용으로 한다. 헌법은 교육에 관한 기본조항인 제31조에서 교육을 받을 권리와 더불어 교육의 기본원칙과 대학자치제를 핵심으로 하는 교육제도를 보장하고 있다.

② **우리나라** … 우리나라의 교육제도는 형식적으로는 교육제도가 지방분권적인 것이나, 실질적으로는 중앙집권적으로 운영되고 있어 중앙행정기관의 과도한 간섭과 통제가 문제되고 있다.

(2) 교육에 관한 기본원칙

① **교육의 자주성** … 교육내용과 교육기구가 교육자에 의하여 자주적으로 결정되고 행정권력에 의한 교육통제가 배제되어야 한다. 교육의 자주성을 확보하려면 교사의 교육의 자유, 교육내용에 대한 교육행정기관의 권력적 개입금지, 교육관리기구(교육위원회, 교육감, 교육장 등)의 공선제 등이 실현되어야 한다.

② **교육의 정치적 중립성** … 교육의 본질적 내용에 대해서는 정치적·사회적·종교적 세력에 의한 영향을 배제한다는 의미이다. 교육의 정치적 중립성은 교육의 정치적 무당파성, 정치적 압력의 배제, 권력으로부터의 독립, 교원의 정치적 중립, 교육의 정치에의 불간섭 등을 그 내용으로 한다.

③ **교육제도의 법정주의** … 학교교육 및 평생교육을 포함한 교육제도와 그 운영, 교육재정 및 교원의 지위에 관한 기본적인 사항은 법률로 정한다. 교육제도에 관한 기본적인 법률로는 교육법과 교육공무원법이 있다.
   ㉠ 교육제도를 비롯하여 학제, 교육재정의 확보 그리고 교원의 신분보장과 사회적·경제적 지위의 향상 등에 관한 법정주의는 현대국가에 있어서 교육중시주의를 선언한 것이다.
   ㉡ 교육재정의 법정주의에서 교육재정은 교육활동에 필요한 재원을 확보하고 배분하며 평가하는 일련의 활동을 말한다. 교육재정의 특수성으로는 공정성, 장기효과성, 비실적 측정성 등을 들 수 있다.
   ㉢ 교원지위의 법정주의에서 교원의 지위는 교원직무의 중요성, 사회적 대우 또는 존경, 교원의 근무조건, 보수 및 그밖의 물적 급부 등을 포괄적으로 의미하는 것이다.

(3) 대학자치제

① **의의** … 연구와 교육이라는 대학 본연의 임무와 기능을 달성하는 데 필요한 사항은 자치적 기능을 인정하여야 하는 것을 의미한다. 대학의 자율성보장 규정의 법적 성격은 현행 헌법규정에 비추어 제도보장으로 보는 것이 타당하다는 견해도 있으나, 헌법재판소는 대학의 자율성은 대학에 부여된 헌법상의 기본권이라고 하였다.

② **대학자치의 주체** … 대학자치에 관한 내용을 실질적으로 결정할 수 있는 자가 대학자치의 주체이다. 이에 관해서는 교수주체설과 전구성원주체설이 대립되어 있다.

③ **대학자치의 내용** : 대학자치는 인사에 관한 자주결정권, 대학의 관리 및 운영에 관한 자주결정권 그리고 학사관리에 관한 자주결정권을 그 내용으로 한다.
　㉠ **인사에 관한 자주결정권** : 대학은 교수의 임용과 보직 등을 자주적으로 결정할 수 있어야 함을 의미한다.
　㉡ **관리 및 운영에 관한 자주결정권** : 연구와 교육의 내용 및 그 방법과 대상, 교과과정의 편성 등에 관한 자주결정권, 연구와 교육을 위한 시설의 관리에 관한 자주결정권, 대학의 재정에 관한 자주결정 등이 포함된다.
　㉢ **학사관리에 관한 자주결정권** : 학생선발, 성적평가, 학점의 인정, 학위의 수여, 학생에 대한 포상과 징계 등을 자주적으로 결정할 수 있음을 그 내용으로 한다.

④ **대학자치의 한계** … 대학자치는 제도적 보장의 하나이므로 입법자가 법률의 형식으로 제한하는 경우에도 대학자치의 본질적 내용을 침해하는 제한은 허용되지 아니한다. 대학자치와 관련하여 경찰권과의 관계가 문제된다. 학내문제에 대해서는 1차적으로 대학에 맡기고 대학측이 대처능력의 한계 여부를 판단해야 하며, 대학요청시 경찰권이 개입한 경우 목적범위 내에서 행사해야 한다.

6. 가족제도

(1) 서설

① **헌법규정** … 혼인과 가족생활은 개인의 존엄과 양성의 평등을 기초로 성립되고 유지되어야 하며, 국가는 이를 보장한다〈제36조 제1항〉라고 하여 이를 헌법에 규정하였다. 가정은 사회화, 사회구성원을 지속적으로 재생산, 성의 충족으로 반사회적인 성행위를 규제, 경제적 수요 해결, 정서적 만족을 충족시키는 기능을 한다.

② **성질** … 이 규정은 민주적인 혼인제도와 가족제도를 보장하는 원칙규범인 동시에 제도적 보장에 관한 규정이다. 이 조항은 구체적인 입법이나 행정처분을 필요로 하지 아니하고 그 자체로써 모든 국가기관을 직접 구속하는 효력을 가지는 직접적 효력규정이다. 가족제도는 혈연적 가족공동체를 규율하는 법적 제도를 의미한다.

(2) 혼인제도, 가족제도의 내용

① **혼인제도** … 혼인은 개인의 존엄, 양성의 평등, 자유로운 당사자간의 합의를 기초로 하여야 한다. 축첩이나 인신매매적 결혼, 지나친 조혼, 강제결혼 등은 인정되지 아니한다. 가족생활에 있어서 기본관계를 의미하는 부부관계, 친자관계는 각자의 인격을 존중하는 것이어야 한다.

② **가족생활** … 인간공동생활의 시작이자 생활의 원천인 가족생활은 인격존중과 부부의 평등을 바탕으로 하여야 한다. 가족제도와 관련되는 상속제도나 이혼제도는 개인의 존엄과 평등을 위반하지 않는 것이어야 한다.

③ **부부평등의 원칙** … 부부는 각자 독립된 인격체로서 평등이 유지되는 것이라야 한다. 그리하여 이 원칙에 대응하여 부부간의 협력의무와 공동생활유지의무가 인정되는 바 부부의 동거의무·부양의무·협조의무〈민법 제826조〉, 일상가사채무의 연대책임〈민법 제832조〉, 부모공동친권행사〈민법 제909조〉 등이 그것이다.

(3) 혼인 및 가족제도의 효력

① **적용범위** … 가족제도에 관한 헌법적 보장을 받을 수 있는 자는 한국민에 국한되고 외국인에게는 적용되지 않는다.

② **효력** … 제36조 제1항은 헌법원칙과 제도적 보장을 의미하므로 이는 모든 국가권력을 직접 구속한다. 이 조항에 위반되는 법률은 무효이고 집행도 사법도 이에 위배될 때에는 헌법위반으로 무효가 된다. 그러므로 이에 위반되는 사인간의 법률행위도 헌법위반이 되어 무효가 된다.

문. 헌법 제36조 제1항이 규정하고 있는 혼인과 가족생활에 관한 설명 중 가장 옳지 않은 것은? (다툼이 있는 경우 헌법재판소 결정에 의함)

▶ 2015. 3. 7 법원직

① 헌법 제36조 제1항은 혼인과 가족에 관련되는 공법 및 사법의 모든 영역에 영향을 미치는 헌법원리이다.
② 육아휴직신청권은 헌법상 권리가 아닌 법률상 권리이다.
③ 독신자의 친양자 입양을 제한하는 것은 독신자의 가족생활의 자유를 침해하는 것이다.
④ 자녀에 대한 부모의 양육권은 헌법 제36조 제1항에 그 헌법적 근거를 두고 있다.

☞ ③

대한민국 헌법

1 대한민국헌법사에 대한 설명으로 옳지 않은 것은?

① 재외국민보호규정은 1980년의 제8차 개정헌법에서 처음으로 규정되었다.
② 대한민국 임시정부의 법통계승은 현행헌법(1987년 헌법)에 최초로 명문화되었다.
③ 범죄피해자구조제도는 현행헌법이 최초로 채택하고 있다.
④ 언론·출판에 대한 허가·검열의 금지는 제3공화국 헌법에서 처음으로 명시하였다.

✎Advice ④ 제3차 개정헌법에서 언론·출판·집회·결사의 자유에 대한 사전검열·허가제를 금지함으로써 표현의
자유를 절대적으로 보장하였다.

2 다음 중 1948년의 건국헌법의 내용이 아닌 것은?

① 국무총리제
② 국회의 양원제
③ 헌법위원회 설치
④ 부통령제

✎Advice 1948년의 건국헌법의 주요 내용으로는 기본권존중주의, 국제평화주의, 국회의 단원제, 의원내각제 요소를
가미한 대통령제, 대통령의 국회에서의 간선제, 국무총리의 국회인준제, 국무원제, 헌법위원회제, 탄핵재
판소의 설치, 농지개혁, 지하자원·수산자원 등의 국유화, 지방자치제의 보장 등을 들 수 있다. 다만, 정
당조항과 통일조항은 없었다.

3 발췌개헌의 위법성은?

① 공고절차에 위반하였다.
② 의결정족수에 미달하였다.
③ 헌법개정의 한계를 넘었다.
④ 국민투표에 부의하지 않았다.

✎Advice 제1차 개헌(발췌개헌)의 주요 내용으로는 정·부통령의 직선제, 양원제국회, 국회의 국무원불신임제, 국무
위원임명에 있어서 국무총리의 제청권 등을 들 수 있다. 제1차 개헌은 공고절차의 위반과 의결이 강제되
었다는 점 등에서 위헌이었다.

Answer 1.④ 2.② 3.①

4 다음 중 1960년 헌법(제3차 개정헌법)의 내용이 아닌 것은?

① 국무총리의 행정부수반의 지위
② 탄핵심판위원회의 구성
③ 헌법재판소의 위헌법률심사
④ 대법원장과 대법관의 선거인단에 의한 선거

> **Advice** 제3차 개헌의 주요 내용으로는 국민의 자유와 권리보호의 철저화, 정당보호규정의 신설, 의원내각제도, 공무원의 신분과 정치적 중립성보장, 중앙선거관리위원회의 설치, 법관의 법관선거인단에 의한 선출, 탄핵재판소·헌법위원회 폐지와 헌법재판소 설치, 지방자치단체장의 선거제, 경찰의 중립 등을 들 수 있다. 대법관을 선거인단의 선거로 선출하는 선거제를 처음으로 도입하였다.
> ※ 역대헌법상의 탄핵심판기관은 탄핵재판소(건국헌법)) – 헌법재판소(1960년 헌법)) – 탄핵심판위원회(1962년 헌법) – 헌법위원회(1972년 헌법과 1980년 헌법)) – 헌법재판소(현행 헌법) 순으로 변천되었다.

5 다음 중 제5차 개헌에 의하여 처음으로 채택한 것이 아닌 것은?

① 헌법개정에 대한 국민발안제
② 법관추천회의
③ 법원의 위헌법률심사제
④ 헌법개정에 대한 필수적 국민투표제

> **Advice** 1962년의 제5차 개정헌법, 즉 제3공화국 헌법의 주요 내용으로는 전문개정(4·19와 5·16이념 추가), 인간으로서의 존엄과 가치의 존중조항 신설, 극단적 정당국가화, 단원제 국회, 대통령제, 헌법재판소의 폐지와 법원에 의한 위헌법률심사제, 법관추천회의제의 도입, 경제과학심의회의와 국가안전보장회의의 신설, 헌법개정에 국민투표제 도입 등을 들 수 있다. 우리의 헌정사상 헌법개정에 국민발안제가 인정되었던 헌법은 제2차 개정헌법과 제3공화국 헌법이다.

6 다음 중 제6차 개헌의 내용이 아닌 것은?

① 대통령의 계속재임 3기 연장
② 대통령의 임기연장
③ 국회의원의 국무위원 겸직허용
④ 대통령에 대한 탄핵소추의 엄격화

> **Advice** 1969년의 제6차 개헌은 이른바 삼선개헌으로 그 주요 내용으로는 국회의원정수의 증원(150인→250인 이하), 대통령의 3선금지규정의 완화(12년 계속재임 가능), 국회의원의 국무위원겸직의 허용, 대통령에 대한 탄핵소추의 의결정족수 가중(국회재적의원 3분의 2이상) 등을 들 수 있다.

7 다음 제7차 개정헌법에서 처음으로 채택된 제도는?

① 국회해산제도
② 국민투표제
③ 헌법개정방법의 이원화
④ 대통령간선제

Advice 1972년의 제7차 개정헌법, 이른바 유신헌법의 주요 내용으로는 평화통일의 강조, 주권행사의 방법, 기본권의 약화(구속적부심제의 폐지, 재산권수용 등에 따른 보상을 법률에 위임함, 근로 3권의 제한 등), 통일주체국민회의의 신설, 정당국가화 경향의 완화, 대통령의 임기연장과 간선제 도입, 국가긴급권의 강화, 대통령의 국회해산권 인정, 국회의 권한약화(회기단축, 국정감사권 폐지), 헌법위원회제도의 도입, 지방의회 구성시기의 연기, 헌법개정방법의 이원화 등을 들 수 있다.
①은 제2공화국 헌법, ②는 제2차 개정헌법, ④는 건국헌법에서 각각 처음 채택된 제도이다.

8 제8차 개헌의 내용이 아닌 것은?

① 형사피해자에 대한 국가구조제
② 형사피의자의 형사보상청구권
③ 대학의 자율성보장
④ 헌법재판소에 의한 헌법소원에 관한 심판

Advice ④ 헌법소원심판은 현행 헌법에서 신설되었다.

9 우리나라 헌법사상 한번도 채택되지 않았던 것은?

① 헌법재판소제　　　　　　　　② 양원제국회
③ 부통령제　　　　　　　　　　④ 직능대표제 국회

Advice ①은 제3차, 제9차 헌법개정시, ②는 제1차 헌법개정, ③은 제헌헌법에서 채택되었다.

10 다음 중 가장 적절하지 않은 것은?

① 공무원제도는 제헌헌법에서부터 규정되었으나, 그 정치적 중립성의 보장은 4·19 이후에 명문화되었다.
② 근로자의 이익분배균점권을 규정한 것은 제헌헌법이다.
③ 민족문화의 창달의무규정은 현행 헌법에서 처음으로 명문화하였다.
④ 대학의 자율성에 관한 명시적 보장은 현행 헌법에서 최초로 규정하였다.

Advice ③ 민족문화의 창달과 전통문화의 계승·발전에 관한 국가적 의무는 제8차 개정헌법에서 최초로 명문화되었다.

**Answer**　　4.② 5.① 6.② 7.③ 8.④ 9.④ 10.③

11 다음 중 현행 헌법에 명문규정이 없는 것은?

① 선거권연령 ② 국정감사권
③ 최저임금제 ④ 여성근로의 보호

Advice ① 헌법 제24조는 "모든 국민은 법률이 정하는 바에 의하여 선거권을 가진다."라고 규정함으로써 그 연령을 법률에 위임하고 있다.

12 다음 중 제9차 개헌의 내용으로 옳지 않은 것은?

① 국회의 국무총리, 국무위원에 대한 해임의결권을 해임건의권으로 변경하였다.
② 군법회의를 군사법원으로 명칭을 변경하고 비상계엄하의 군사재판의 단심제에 있어서 사형을 선고한 경우는 제외하였다.
③ 대통령에게 중앙선거관리위원회의 실질적 구성권을 부여하였다.
④ 국회 정기회 회기를 90일에서 100일로 연장하였으며, 연간 개회일수 제한규정도 삭제하였다.

Advice 제9차 개헌의 주요 내용으로는 대한민국임시정부의 법통계승의 명시, 국가의 재외국민보호의무의 강화, 평화통일조항 신설, 국군의 정치적 중립성, 적법절차조항 신설, 구속이유 등 고지 및 통지제도 신설, 과학기술자의 권리 신설, 선거연령은 법률위임, 재판정 진술권, 범죄피해자구조청구권, 최저임금제, 재해예방 노력의무, 모성보호규정 신설, 대학의 자율성보장, 회기제한규정의 삭제, 국정감사부활, 해임건의제, 대통령직선제, 5년단임, 긴급명령, 국민경제자문회의 신설, 대법관임명에 국회의 동의요, 헌법재판소 신설, 헌법소원제도 신설 등을 들 수 있다. 언론의 사회적 책임은 제5공화국 헌법에서 신설되었다.
③ 대통령은 중앙선거관리위원회 위원 중 3인만을 구성할 수 있으므로 실질적 구성권이 없다.

13 다음 중 현행 헌법에 새로이 규정된 것이 아닌 것은?

① 체포이유 등 고지제도 ② 범죄피해자에 대한 국가구조제
③ 적법절차의 보장 ④ 구속적부심사제

Advice ④ 구속적부심사제는 제헌헌법부터 존재하였다.

14 다음 중 국회의결과 국민투표를 다같이 거친 헌법은?

① 1962년 제3공화국 헌법 ② 1972년 유신헌법
③ 1980년 제5공화국 헌법 ④ 1987년 제6공화국 헌법

Advice 제6공화국 헌법은 1987년 6월의 시민평화대행진을 통하여 분출된 국민적 여망을 수용하기 위하여 개최된 8인 정치회담에서 마련한 개헌안을 국회개헌특별위원회에서 채택하고, 이어 국회에 발의하여 그 의결과 국민투표를 거쳐 확정되었다.

15 다음 국가의 의의에 관한 기술 중 타당하지 아니한 것은?

① 일정한 지역을 존립의 기초로 하는 지역사회이다.
② 동일지역 내에 존재하는 모든 사회조직에 우월하는 최고권력을 갖는다.
③ 국가와 사회의 관계에 관하여는 양자의 구별을 부정하는 일원론이 통설이다.
④ 구성원인 국민의 능력·개성의 발휘와 공동이익의 증진을 목적으로 하는 사회의 조직화된 단체이다.

Advice 국가와 사회의 구별 여하는 국가학과 헌법학에서 핵심문제의 하나이다. 이에 관해서는 주로 독일을 중심으로 일찍부터 국가와 사회를 각기 상이한 영역으로 보고 이들을 구별하려는 이원론과 양자의 구별을 부인하는 일원론이 대립하여 논의되어 오고 있다.

16 헌법전문의 내용으로 볼 수 없는 것은?

① 조국의 민주개혁과 평화적 통일의 사명
② 권력분립
③ 자유와 권리에 따르는 책임과 의무
④ 자유민주적 기본질서

Advice **헌법 전문**…유구한 역사와 전통에 빛나는 우리 대한국민은 3·1운동으로 건립된 대한민국임시정부의 법통과 불의에 항거한 4·19민주이념을 계승하고, 조국의 민주개혁과 평화적 통일의 사명에 입각하여 정의·인도와 동포애로써 민족의 단결을 공고히 하고, 모든 사회적 폐습과 불의를 타파하며, 자율과 조화를 바탕으로 자유민주적 기본질서를 더욱 확고히 하여 정치·경제·사회·문화의 모든 영역에 있어서 각인의 기회를 균등히 하고, 능력을 최고도로 발휘하게 하며, 자유와 권리에 따르는 책임과 의무를 완수하게 하여 안으로는 국민생활의 균등한 향상을 기하고 밖으로는 항구적인 세계평화와 인류공영에 이바지함으로써 우리들과 우리들의 자손의 안전과 자유와 행복을 영원히 확보할 것을 다짐하면서 1948년 7월 12일에 제정되고 8차에 걸쳐 개정된 헌법을 이제 국회의 의결을 거쳐 국민투표에 의하여 개정한다.

17 다음 중 헌법에서 명문으로 규정하고 있지 않은 것은?

① 일반사면과 특별사면에 대한 국회의 동의권
② 조세법률주의
③ 군사법원의 상고심에 대한 대법원의 관할
④ 탄핵소추의 대상으로서의 감사위원

Advice ① 헌법 제79조 제2항에는 '일반사면을 명하려면 국회의 동의를 얻어야 한다.'라는 규정은 있으나 특별사면에 대한 내용은 규정되어 있지 않다.
② 헌법 제59조
③ 헌법 제110조 제2항
④ 헌법 제65조 제1항

 **Answer** 11.① 12.③ 13.④ 14.④ 15.③ 16.② 17.①

18 국가의 본질에 관하여 국가는 논리적 이념의 현실체 내지 최고의 인륜이라고 한 사람은?

① C. Montesquieu
② G.W.F. Hegel
③ T. Hobbes
④ J.J. Rousseau

Advice 국가의 본질에 관한 주요 학설

학설	내용	주창자
유기체설	국가를 유기체로, 국민을 그 유기체를 구성하는 세포로 보는 국가론	O.v. Gierke, J.K. Bluntschli, Schelling, H. Spencer
착취설	국가를 유산계급이 무산계급을 착취하는 지배형태로 보는 국가론	F. Oppenheimer, F. Engels
윤리설	국가를 인간이 도덕(윤리)을 완성하기 위한 제도로서 윤리적 이념의 발현이며, 객관적 정신의 최고의 발전단계로 보는 국가론	Platon, Aristoteles, C.v. Wolff, J. Fichte, G.W.F. Hegel
법인설	국가를 법인격을 가진 단체로 보는 국가론	C.F.v. Gerber, G. Jellinek
법질서설	국가를 법질서 그 자체로 보는 국가론	H. Kelsen
다원적 국가론	국가를 전체사회가 아니라 부분사회의 하나로 보는 국가론	H.J. Laski, R..M. Maciver, G.D. H. Cole, E. Barker, P. Boncour

19 다음 사항 중 옳지 않은 것은?

① 국가법인설은 국가양면설과 같은 학설이다.
② 국가법인설은 군주의 전제를 옹호하기 위한 학설이다.
③ 국가법인설은 국가를 권리 · 의무의 주체로 본다.
④ 국가법인설의 대표자는 Jellinek이다.

Advice 국가법인설은 국가를 권리 · 의무의 주체로 보고 국가주권설을 주장하기도 한다. 국가법인설에 의하면 군주도 하나의 국가기관에 불과하다.

20 다음의 고전적 국가형태론에 관한 기술 중 타당하지 아니한 것은?

① Herodot는 국가형태론에 있어 선구자이다.
② Aristoteles의 국가분류론에 대해서는 정치조직의 분류일 뿐 국가의 분류가 아니라는 비판이 가능하다.
③ N.B. Machiavelli는 군주국, 귀족국, 민주국의 3분법을 취하였다.
④ Platon은 국가형태를 군주국과 민주국으로 분류하였다.

Advice ③ Aristoteles가 주장했으며, Machiavelli는 군주국과 공화국으로 구분하였다.

21 다음 중 옳지 않은 것은?

① G.W.F. Hegel은 국가를 윤리적 개념의 실현이며, 객관적 정신의 최고의 발전단계라고 하였다.

② H.J. Laski는 다원적 국가론자이다.

③ H. Kelsen은 국가란 근본규범하에 법단계적 구조를 이룬 법질서라고 하였다.

④ L. Duguit는 국가를 법학상의 의미에서 인격의 개념과 사회현상으로서의 집단의 개념으로 구분하였다.

> **Advice** L. Duguit는 사회학적 국가론에 입각하여 국가를 단체적 단일체 내지 유기체로 보지 아니하고 강자가 지배하고 약자가 복종하는 지배층과 피지배층간의 정치적 관계를 전제로 하는 사회로 보았다.
> ④는 Jellinek에 관련된다.

22 다음의 주권에 관한 설명 중 옳지 않은 것은?

① 오늘날 주권이론의 중점은 그 객관적 개념이 아니고 주관적 개념으로 이행하고 있다.

② J. Bodin은 주권의 대내적 최고성과 대외적 독립성을 주장하였으나, 그는 군주주권설의 입장에 있다.

③ 주권은 통치권의 의미로 사용되기도 한다.

④ 주권은 헌법제정권력의 의미로 사용되기도 한다.

> **Advice** 주권은 역사적 개념으로서 인류역사의 전개상황에 따라 다양하게 이해되어오고 있지만 일반적으로 국내에서 최고의 권력, 국외에 대하여 독립의 권력을 의미한다. 종래 주권개념의 용례에는 국가권력의 최고·독립성(주권 = 주권성)의 뜻으로 사용하는 경우, 통치권 내지 현실적인 국가권력의 뜻으로 사용하는 경우(주권 = 통치권 = 국가권력), 국가의사를 결정하는 근원적 힘(전반적·최종적·최고의 결정권력)의 뜻으로 사용하는 경우(주권 = 헌법제정권력)가 있다.
> ①은 반대로 기술되어 있다.

23 국민주권주의와 그 실현방법에 관한 다음 설명 중 옳지 않은 것은?

① 의회주의는 공개토론으로 국민이 수시로 국정에 참가할 기회를 제공하는 직접민주제 실현에 있어 중요한 제도라 할 수 있다.

② 직접민주주의적 국가의사결정방법은 비용·시간·기술적인 어려움으로 극히 예외적인 경우에만 허용되고 있음이 현대국가의 실정이다.

③ 현대민주국가의 국민주권행사는 국민대표의 원리에 따라서 간접민주제에 의함이 보편화되어 있다.

④ 현대정당국가적 민주주의에서의 선거는 국민투표적 성격이 농후해지고 있다.

> **Advice** ① 의회주의는 국민대표의 원리를 그 구성원리의 하나로 하므로 간접민주제 실현에 있어 중요한 제도라고 할 수 있다.

 **Answer** 18.② 19.② 20.③ 21.④ 22.① 23.①

24 다음 중 가장 적당하지 못한 것은?

① 우리의 국적제도는 기본적인 속지주의에다 부분적으로 혈통주의를 가미한 것이다.
② 국적취득의 기본형태는 선천적 취득이다.
③ 복수국적자가 된 자는 하나의 국적을 선택하여야 한다.
④ 특별한 공로가 인정될 경우에는 주소만 있으면 특별귀화가 가능하다.

🖋Advice 우리의 국적제도는 속인주의를 기본으로 하고, 속지주의를 부분적으로 가미한 것이다.

25 다음은 우리나라에서 출생한 자가 당연히 한국 국적을 취득하는 경우의 예이다. 이에 속하지 아니하는 것은?

① 국민인 부 또는 모에 의하여 인지된 자
② 출생할 당시 부 또는 모가 대한민국의 국민인 경우
③ 출생 전에 부가 사망한 때에는 그 사망할 당시에 부가 대한민국의 국민인 경우
④ 부모가 모두 불분명한 때 또는 국적이 없는 때에는 대한민국에서 출생한 자

🖋Advice ① 인지에 의한 국적취득의 경우로서 후천적 국적취득사유에 해당한다.
②③④ 국적법 제2조가 규정하고 있는 선천적 국적취득의 경우이다.

26 대한민국 국적의 후천적 취득에 관한 설명이 타당하지 않은 것은?

① 외국인의 배우자로서 대한민국의 국민인 부모가 인지한 자는 대한민국의 국적을 취득한다.
② 무국적 외국인이 대한민국 국민의 배우자가 된 경우에는 일정 조건을 갖춘 경우 대한민국의 국적을 취득한다.
③ 대한민국에 특별한 공로가 있는 무국적 외국인이 현재 대한민국에 주소를 가지고 있고 품행이 단정하여 법무부장관의 귀화허가를 얻은 경우에는 독립의 생계를 유지할만한 자산 또는 기능이 없더라도 대한민국의 국적을 취득한다.
④ 부 또는 모가 대한민국 국적을 취득하게 되면 미성년인 자는 함께 대한민국 국적을 취득할 수 있다.

🖋Advice ① 외국인으로서 대한민국의 국민인 부 또는 모에 의하여 인지된 자가 일정 조건을 갖추면 대한민국의 국적 취득이 가능하다.

27 다음 중 부적당한 것은?

① 재외국민의 효율적 보호를 위하여 재외국민등록제를 실시하고 있다.
② 재외국민은 외국의 국적을 가진 한민족만을 가리킨다.
③ 재외국민의 보호조항은 1980년 헌법에 처음으로 규정되었다.
④ 현행 헌법에는 재외국민에 대한 국가적 보호의무가 강조되고 있다.

🖋Advice 재외국민에는 대한민국의 국민으로서 체류국에 영주하는 교민과 일정기간 체류하는 유학생, 공무원 및 일반인 등의 체류자가 있다.

28 다음 중 우리 국적법이 인정하고 있지 않는 것은?

① 간이귀화제도
② 이중국적자의 한국 국적 강제
③ 부모양계혈통주의
④ 처의 단독귀화

Advice ② 부모양계혈통주의의 채택으로 선천적 이중국적자가 양산될 것에 대비하여 국적선택제도를 신설하였으나, 한국 국적을 강제하지는 않는다.

29 헌법 제3조의 영토조항에 대한 설명 중 옳지 않은 것은?

① UN의 남북한 동시가입은 헌법 제3조와 형식상 충돌된다.
② 남·북한 합의서는 남한과 북한의 상호관계를 국가와 국가의 관계로 본다.
③ 헌법 제3조의 영토조항은 헌법 제4조의 통일조항과 상호 저촉관계에 있다고 보는 것이 지배적이다.
④ 헌법 제3조와 헌법 제4조의 충돌을 비현실에 대한 현실우선의 원칙과 구법에 대한 신법우선의 원칙에 따라 해결하자는 견해가 유력하다.

Advice ② 남북합의서는 남한과 북한을 국가 대 국가의 관계가 아닌 잠정적 특수관계로 보고 있다.

30 대한민국 헌법의 효력범위에 관하여 헌법의 영토조항과 부합하는 해석은?

① 북한지역에 대해서 실효성만이 있다.
② 북한지역에 대해서 타당성만이 있다.
③ 북한지역에 대해서 타당성과 실효성이 있다.
④ 북한지역에 대해서 타당성도 실효성도 없다.

Advice 우리의 영토는 헌법 제3조에 의해서 북한지역을 포함한다. 따라서 우리 헌법은 북한지역에도 타당성 내지 규범성을 가지나, 실효성은 없다.

Answer 24.① 25.① 26.① 27.② 28.② 29.② 30.②

31 다음 중 옳지 않은 것은?

① 국가법인설은 국가의 법인격을 인정한다.
② 영토의 변경은 당해 영역에 있어서 영토고권의 변경을 의미한다.
③ 신영토에 있어서 영토고권은 전국가의 영토고권을 승계한 것이 아니라 그 국가의 통치권에 의한 것이다.
④ 유효한 영토변경의 형식으로는 국제법상의 행위, 국법상의 행위를 필요로 하고 특별한 행위가 필요없는 경우는 존재하지 않는다.

 Advice ④ 자연적인 영토변경의 경우에는 특별한 행위를 필요로 하지 않는다.

32 국민주권주의에 관한 것 중 타당한 것은?

① 국민은 주권자이기 때문에 직접 헌법을 제정할 권리가 있다.
② 국민은 주권자이기 때문에 입법권도 가지고 있다.
③ 국민은 주권자이기 때문에 국민투표에 의하여 국가의 의사형성에 대한 최종결정권을 가진다.
④ 국민은 주권자이기 때문에 국회의원과 대통령을 선거할 수 있다.

 Advice 국민은 주권을 대표자나 국민투표에 의하여 행사한다.

33 우리나라 헌법전문에서 명문으로 선언하고 있지 않는 것은?

① 상해임시정부의 법통계승　　　　② 조국의 평화적 통일
③ 자유민주적 기본질서　　　　　　④ 재외국민의 보호

 Advice ④ 재외국민의 보호는 헌법전문이 아니라 제1장 총강 제2조 제2항에서 규정하고 있다.

> 전　문
>
> 　유구한 역사와 전통에 빛나는 우리 대한국민은 3·1운동으로 건립된 대한민국임시정부의 법통과 불의에 항거한 4·19민주이념을 계승하고 조국의 민주개혁과 평화적 통일의 사명에 입각하여 정의·인도와 동포애로써 민족의 단결을 공고히 하고, 모든 사회적 폐습과 불의를 타파하며, 자율과 조화를 바탕으로 자유민주적 기본질서를 더욱 확고히 하여 정치·경제·사회·문화의 모든 영역에 있어서 각인의 기회를 균등히 하고 능력을 최고도로 발휘하게 하며, 자유와 권리에 따르는 책임과 의무를 완수하게 하여 안으로는 국민생활의 균등한 향상을 기하고 밖으로는 항구적인 세계평화와 인류공영에 이바지함으로써 우리들과 우리들의 자손의 안전과 자유와 행복을 영원히 확보할 것을 다짐하면서 1948년 7월 12일에 제정되고 8차에 걸쳐 개정된 헌법을 이제 국회의 의결을 거쳐 국민투표에 의하여 개정한다.
>
> 1987年 10月 29日

34 국민주권주의 국가에 있어서 주권행사방법에 위배되는 것은?

① 국민대표기관원의 선거제도
② 국민소환제도
③ 국민대표자 임명제도
④ 국민대표제도

Advice 주권의 행사방법에는 직접적인 방법과 간접적인 방법이 있는데, ②는 전자이고 ①④는 후자이다. 대표자의 임명은 군주제적인 방법이다.

35 다음 국민주권론과 인민주권론에 관한 설명 중 옳지 않은 것은?

① 국민주권하에서 주권의 주체는 인격화된 전체국민이나, 인민주권하에서는 유권적 시민의 총체이다.
② 국민주권은 대의제를 이상으로 하나, 인민주권은 직접민주제를 이상으로 한다.
③ 국민주권은 주권의 주체와 행사자의 일치를, 인민주권은 주권의 주체와 행사자의 분리를 원칙으로 한다.
④ 국민주권은 자유위임을, 인민주권은 기속위임을 원칙으로 한다.

Advice 국민주권의 원리와 인민주권의 원리의 비교

구분	국민주권의 원리	인민주권의 원리
주권의 주체	인격화된 국민으로서의 전체국민, 즉 가치공동체	현실적·구체적인 유권적 시민의 총체
주권의 성격	전체국민에게 귀속하는 불가분적 주권	가분적 주권
정치적 구성원리	대표에 의하여 행사될 수밖에 없는 대의제(간접민주제)	국민이 직접 그것을 행사하는 직접민주제
주권의 주체와 행사자	주권의 주체와 행사자가 반드시 분리됨	주권의 주체와 행사자가 일치함
주권의 위임방법	무기속·자유방임	기속적·강제위임
선거제도	보통선거가 아닌 제한·차등선거도 무방	보통·평등선거(제한선거는 인민의 주권제한으로 간주)
선거권의 성격	국민의 의무	국민의 권리
권력구조	권력분립	권력통합

 **Answer**   31.④   32.③   33.④   34.③   35.③

36 법치주의에 관한 설명에 해당되지 않는 것은?

① 형식적 법치주의는 통치의 정당성을 그 특징으로 한다.
② 법치주의의 제도적 기초는 권력의 분립이다.
③ 법치주의의 목적은 국민의 자유와 권리의 보장이다.
④ 독일에 있어서 법치국가의 개념은 관료국가에 대립하는 개념으로 성립되었다.

> **Advice** 형식적 법치주의는 법률의 내용을 문제삼지 않는 것으로 통치의 합리성만을 중시한다. 반면, 실질적 법치주의는 법률의 내용을 중시하므로 통치의 정당성을 그 특징으로 한다.

37 다음 중 법치행정의 원리와 직접적 관련이 없는 것은?

① 행정의 합법성의 원칙　　　　　② 행정법원제도
③ 법률우위의 원칙　　　　　　　④ 사법권의 독립

> **Advice** ② 사법부로부터 독립한 행정법원이 행정사건을 담당하게 하는 행정법원제도는 법치행정의 원리와 직접적 관련이 없는 제도이다. 영국·미국의 경우는 행정사건도 일반법원이 관장한다.

38 다음 중 실질적 법치주의와 가장 관련이 있는 것은?

① 국가권력행사의 예측가능성　　　② 법률의 우위
③ 위헌법률심사제　　　　　　　④ 사법권의 독립

> **Advice** 형식적 법치주의는 행정과 재판이 의회가 제정한 형식적 법률에 적합한 것만을 요청한 데 반하여 실질적 법치주의는 이러한 형식적 합법성뿐만 아니라 그 법률의 목적과 내용도 정의에 합치되는 정당한 것이어야 한다. 실질적 법치주의는 위헌법률심사제 등과 같은 사법적 권리구제제도의 완비를 통하여 확립된다.

39 민주주의와 법치주의와의 관계를 설명한 것으로 타당하지 않은 것은?

① 민주주의에서는 정적인 제도적 기능이 요구되나, 법치주의에서는 동적인 정치적 기능이 요구된다.
② 민주주의를 다수결에 의한 다수자지배의 정치과정으로 이해할 때에는 전자는 후자와 대립된다.
③ C. Schmitt는 전자와 후자는 무관계한 것으로 본다.
④ 양자는 본질·기능에 있어서 보충 상호작용을 한다고 보는 것이 통설이다.

> **Advice** 민주주의는 본질상 유동성을 가지고 있으나, 법치주의는 안정성과 계속성을 보장하여 민주주의의 유동적인 측면을 제도적으로 안정시켜주는 기능을 한다.

40 다음 중 민주적 기본질서와 가장 관계가 없는 것은?

① 권력분립주의   ② 법치주의
③ 대통령제   ④ 국민주권주의

✿Advice 자유민주적 기본질서란 모든 폭력적 지배와 자의적 지배(반국가단체의 일인독재 내지 일당독재)를 배제하고, 다수의 의사에 의한 국민의 자치, 자유·평등의 기본원칙에 의한 법치주의적 통치질서를 의미한다. 즉 민주적 기본질서란 결국 민주주의 기본원리라 할 수 있다.
③ 정부형태는 권력분립의 실현형식으로서 민주적 기본질서의 내용이 되지는 않는다. 민주국가의 정부형태는 대통령제 이외에도 의원내각제, 이원집정부제 등 여러가지가 있을 수 있다.

41 헌법 제6조 제1항에 기한 조약과 국제규범의 국내법적 효력에 관한 기술 중 타당하지 아니한 것은?

① 일반적으로 승인된 국제법규는 국내법과 같은 효력을 가진다.
② 조약이 헌법에 저촉되는 경우, 조약의 국내법적 효력은 인정되지 아니한다.
③ 조약은 헌법과 동일한 효력을 가진다.
④ 명령규칙은 조약의 하위에 놓인다.

✿Advice 조약은 국내법과 같은 효력이 있는데, 일반적으로 법률과 같은 효력을 가진다. 조약은 헌법보다는 하위이다.

42 다음 헌법상 조약에 관한 기술 중 옳지 않은 것은?

① 국회는 조약의 체결·비준에 대한 동의권을 가진다.
② 양국간의 문서에 의한 합의이면 사법상의 계약의 성질을 가진 것이라도 조약이다.
③ 행정협정이 국회의 동의를 요하지 않는다고 하는 것은 다만 헌법 제60조의 조약에 포함되지 않기 때문이다.
④ 국군의 외국에의 파견에 관해서도 국회의 동의가 필요하다.

✿Advice ② 문서에 의한 합의이면 그 성질이 사법적이거나 공법적이거나를 불문하고 모두 조약이나, 사법상의 계약의 성질을 지닌 것은 조약이라 볼 수 없다.

43 다음 조약에 관한 기술 중 옳지 않은 것은?

① 안전보장에 관한 조약은 국회의 동의를 필요로 한다.
② 조약은 체결·비준에 앞서 국무회의의 심의를 거쳐야 한다.
③ 조약도 위헌심사의 대상이 된다.
④ 국회가 동의를 거부하여도 대통령은 조약을 비준할 수 있으며, 이 조약은 유효하다.

✿Advice ③ 조약은 법률과 동등한 효력을 지니므로 위헌심사의 대상이 된다는 것이 다수설이다.
④ 국회의 동의는 조약의 효력발생요건으로서 국회의 동의를 얻지 않은 조약은 효력을 발생하지 않는다.

Answer   36.①   37.②   38.③   39.①   40.③   41.③   42.②   43.④

44 대한민국 내에 있어서의 외국인의 법적 지위는?

① 모든 외국인은 국제평화주의에 입각하여 동일하게 그 지위를 보장한다.
② 외국인에 대하여는 국제법과 조약에 정한 바에 의하여 그 지위를 보장한다.
③ 모든 외국인은 국제법규와 조약에 따라 동일하게 그 지위를 보장한다.
④ 모든 외국인은 국제법과 조약에 정한 바에 의하여 동일하게 그 지위를 보장한다.

✎Advice 우리 헌법은 국제법과 조약의 범위 내에서 외국인의 지위를 보장하는 상호주의원칙을 채택하고 있다.

45 다음 중 옳지 않은 것은?

① 외국인의 법적 지위보장에는 상호주의원칙이 적용된다.
② 국내법 효력을 갖는 조약은 성립·절차·내용이 헌법에 적합해야 한다.
③ 국회 동의 없는 대통령의 비준·조약은 국제법상 유효하다.
④ 명령 또는 규칙과 동일한 효력을 가지는 조약의 위헌성 여부는 반드시 헌법재판소가 관할한다.

✎Advice ④ 명령 또는 규칙과 동일한 효력을 갖는 조약의 위헌성 여부는 각급 법원이 관할한다.

46 조약의 체결·비준에 대한 국회동의에 관한 설명 중 옳지 않은 것은?

① 체결·비준에 있어 국회의 동의를 요하는 조약은 헌법 제60조 제1항의 조약에 한한다.
② 동의없는 조약의 국내법상 효력은 부정된다.
③ 동의없는 조약의 국제법상 효력은 인정된다.
④ 국회의 동의권에 조약의 수정권이 포함된다는 것이 통설이다.

✎Advice ① 조약은 대통령이 체결·비준·공포하지만 헌법 제60조 제1항에 열거된 일정한 조약의 체결·비준에는
국회의 동의를 요한다.
② 국회의 동의가 조약의 효력발생요건인가에 관해서는 부정설과 긍정설이 대립하고 있지만, 적어도 헌법
제60조 제1항에 열거되어 있는 조약은 국회의 동의를 얻지 아니하면 국내법상의 효력이 발생하지 않는
다고 본다(다수설).
③ 대통령이 국회의 동의를 얻지 아니하고 비준한 조약도 최소한 국제법상으로는 유효하다고 본다. 왜냐
하면 대통령의 조약체결·비준권과 국회의 일정조약에 대한 동의권은 헌법적 근거를 달리 할 뿐 아니
라 조약의 국제법상 효력은 국제법에 의하여 결정되어야지 당사국 일방의 국내법에 의하여 좌우되는
것은 아니라고 보기 때문이다.
④ 국회의 동의권 중에 조약의 수정권이 포함되는가에 관해서는 견해가 대립하고 있지만 부정설이 타당하
다. 국회의 동의권은 당해 조약의 일괄승인인가 일괄부결인가에 관한 권한으로 보아야 하기 때문이다.
다만, 가분적 성질의 조약에 대해서만 일부승인·일부부결이 인정된다고 본다(다수설).

47 헌법에 규정된 것으로 경제질서의 기본원칙과 무관한 것은?

① 국가배상책임
② 인간의 존엄과 가치 · 행복추구권
③ 사유재산제의 보장
④ 개인의 경제상의 자유와 창의의 존중

Advice ① 국가배상책임도 현행 헌법이 인정하고 있으나 경제질서의 기본원칙이라고 할 수는 없고, 이는 공무원의 직무상 불법행위나 영조물의 설치, 관리상의 하자로 인한 손해에 대한 배상책임이다.

48 대한민국 헌정사에 대한 설명 중 옳지 않은 것은?

① 1948년 제헌헌법은 기본적으로 대통령제를 채택하였으나 국무총리를 두고 국무원을 의결기관으로 하였으며, 단원제국회와 사기업 근로자의 이익분배균점권을 인정하였다.
② 발췌개헌이라고 불리는 제1차 헌법개정에서 양원제국회가 최초로 규정되었다.
③ 1960년 제3차 개헌에 따라 윤보선 대통령은 국민의 직접선거가 아니라 양원합동회의에서 간선되었다.
④ 유신헌법하에서의 헌법개정안은 대통령 또는 국회재적의원 과반수의 발의로 제안되어 국민투표로 확정되었다.

Advice ④ 제7차 개헌(유신헌법)에서는 헌법개정 절차를 이원화하여 대통령이 헌법개정안을 제안한 경우에는 국민투표로, 국회에서 헌법개정안을 제안한 경우에는 통일주체국민회의의 의결로 확정토록 하였다.

49 양대정당의 장점이 아닌 것은?

① 책임정치가 확립될 수 있다.
② 내각의 통일성과 강력성이 보장된다.
③ 구성이 원활 · 신속하므로 정치의 공백기가 적다.
④ 선거민이 자기정견에 가까운 정당을 널리 선택할 수 있다.

Advice 양대정당제의 장점으로는 ①②③과 그밖에 의회의 과반수를 차지하는 정당이 있게 되므로 정국이 안정되고 국가의사의 구성이 원활하고 빠르게 행해질 수 있다. 총선거시 공약의 실행을 중시하게 된다. 양대정당의 정책상의 대결의 내용을 이해하기가 쉽다. 국가시책에 영속성이 있다는 점 등을 들 수 있다. 양대정당제의 단점으로는 국민의 여론을 2분화한다는 것이 여론을 무시하는 경향으로 흐른다. 민주정치의 뿌리가 깊지 못하고 국민대중의 정치교양이 낮고, 정당에 정당성이 없는 경우에는 다수를 차지하는 정당이 정치적 횡포로 나아가기 쉽다. 정당의 선택범위가 좁아진다는 점 등을 들 수 있다.
④는 다당제의 장점에 해당한다.

**Answer**   44.② 45.④ 46.④ 47.① 48.④ 49.④

50 다음 중 정당의 당원이 될 수 있는 자는?

① 민법상 미성년자　　　　　　　② 국회의원 선거권자

③ 법인　　　　　　　　　　　　　④ 외국인

> **Advice** 정당법 제22조 제1항은 정당의 당원이 될 수 있는 자격에 관하여 국회의원 선거권이 있는 자는 공무원 그
> 밖에 그 신분을 이유로 정당가입이나 정치활동을 금지하는 다른 법령의 규정에 불구하고 누구든지 정당의
> 발기인 및 당원이 될 수 있다고 규정하고 있으며, 예외를 명시하고 있다.
> ④ 정당법 제22조 제2항은 대한민국 국민이 아닌 자는 당원이 될 수 없다고 규정하고 있다.

51 정당제도에 관한 다음 기술 중 옳지 않은 것은?

① 현행헌법은 복수정당제를 보장하고 있다.

② 비례대표국회의원이 소속정당의 합당·해산 또는 제명 외의 사유로 당적을 이탈·변경하거나
2 이상의 당적을 가지고 있는 때에는 의원직을 상실하도록 한 것은 그 해당 비례대표국회의원
에 대한 정당기속을 실현하기 위한 제도적 장치라고 볼 수 있다.

③ 위헌정당해산제도는 이른바 방어적 민주주의를 실현하기 위한 수단이라고 볼 수 있다.

④ 현행법상 헌법재판소에 의하여 해산된 정당소속의 국회의원은 의원직을 상실하도록 하고 있다.

> **Advice** ④ 현행법상 헌법재판소에 의하여 해산된 정당소속 국회의원의 자격을 명시한 규정은 없다.
> ① 헌법 제8조 제1항
> ③ 헌재 1999.12.23, 99헌마135

52 다음 중 선거가 갖는 권능과 직접적 관련이 가장 적은 것은?

① 복수정당제의 확립　　　　　　② 통치의 정당화 보장

③ 국민주권의 확립　　　　　　　④ 소수자의 보호와 기회균등의 보장

> **Advice** 선거의 기능은 지도자의 선출, 국가권력의 정당성의 기초, 국가질서의 통합적 기능으로 분류할 수 있는
> 바 복수정당제 확립과는 가장 직접적인 관련성이 적다.

53 다음 중 대선거구제의 장점이 아닌 것은?

① 보궐선거와 재선거의 실시가 용이하다.

② 인물선택의 범위가 넓기 때문에 국민대표에 적합한 자를 선택할 수 있다.

③ 소수대표가 가능하고 소선거구제에 비하여 사표가 적다.

④ 선거의 공정을 기할 수 있다.

 대선거구제란 한 선거구에 2인 이상의 대표자를 선출하는 선거구제이다. 대선거구제의 장점으로는 ②③④ 등을 들 수 있다.

※ 대선거구제의 단점으로는 소수정당의 분립으로 정국의 불안정을 초래하는 경향이 있다, 선거비용이 과도하다, 유권자가 후보자의 인격이나 식견을 자세히 알기 어렵다, 보궐선거와 재선거의 실시가 곤란하다는 점 등을 들 수 있다.

54 선거구의 획정에 있어서 인구비율을 고려하지 않고 선거구를 구분하는 것은 다음 중 어느 원칙에 어긋나는 것인가?

① 보통선거   ② 평등선거
③ 직접선거   ④ 비밀선거

 선거구의 획정에 있어서 인구비율이 불평등하면 1표의 가치가 각 선거구에 따라 달라지게 되고, 그 차이가 심하면 평등선거의 원칙에 위배된다. 이에 관하여 미국에서는 Baker v. Carr사건에서 이를 인정하였고 독일의 연방헌법재판소는 33.33%의 편차가 넘는 경우에는 위헌이라고 하였으며, 일본의 최고재판소도 유권자의 1표의 가치가 4배 이상 차이가 나면 헌법에 위반되는 것이라고 하면서도 선거자체는 유효라고 판결한 바 있다.

55 다음 중 우리나라 국회의원선거에서 인정하고 있지 아니한 것은?

① 입후보자등록제   ② 기탁금제도
③ 연소자당선제   ④ 비례대표제

 우리나라의 지역구 국회위원선거에서 유효투표의 득표수가 동일한 경우에는 연장자순에 의하여 당선자를 결정한다〈공직선거법 제188조 제1항〉.

56 피선거권자의 연령에 관한 다음 기술 중 타당하지 않은 것은?

① 국회의원 - 25세 이상   ② 대통령 - 40세 이상
③ 지방의회의원 - 25세 이상   ④ 광역시장, 도지사 - 30세 이상

 ④ 공직선거법 제16조 제3항은 25세 이상의 국민은 지방의회의원 및 지방자치단체의 장의 피선거권이 있다고 규정한다.

Answer   50.② 51.④ 52.① 53.① 54.② 55.③ 56.④

57 다음 중 국회의원선거의 재선거사유에 해당하지 아니한 것은?

① 임기중 사직했을 경우

② 당해 지역구의 후보자가 없을 경우

③ 당선인이 의원의 임기개시 전에 사퇴한 경우

④ 선거 전부무효의 판결이 있는 경우

> **Advice** 재선거는 당해 선거구의 후보자가 없는 때, 당선인이 없거나 지역구자치구·시·군의원 선거에 있어 당선
> 인이 당해 선거구에서 선거할 지방의회의원정수에 달하지 아니한 때, 선거의 전부무효의 판결 또는 결정
> 이 있는 때, 당선인이 임기개시 전에 사퇴하거나 사망한 때, 당선인이 임기개시 전에 피선거권 상실로 당
> 선의 효력이 상실되거나 당선이 무효로 된 때, 선거비용의 초과지출 또는 선거사무장의 선거범죄로 인하
> 여 당선이 무효로 된 때에 실시하는 선거이다〈공직선거법 제195조 제1항〉.
> ※ **보궐선거** … 당선인이 그 신분을 취득한 후에 발생한 사유로 말미암아 그 신분이 상실된 경우 그 결원의
> 보충을 위하여 실시하는 선거이다.

58 다음 중 공직선거법의 주요 내용에 해당하지 않는 것은?

① 선거구획정위원회의 구성

② 지방자치선거에의 정당추천제

③ 정당별 득표율에 따른 비례대표 국회의원 의석배분

④ 위헌으로 해산당한 정당의 소속의원의 의원직 상실

> **Advice** ④ 현행법상 위헌으로 해산당한 정당의 소속의원의 의원직 상실에 관한 규정은 없다.

59 선거의 원칙에 관한 설명 중 가장 옳지 않은 것은? (다툼이 있는 경우 헌법재판소 결정에 의함)

① 자유선거의 원칙은 선거의 전 과정에 요구되는 선거권자의 의사형성의 자유와 의사실현의 자유를
   말하고, 구체적으로는 투표의 자유, 입후보의 자유 나아가 선거운동의 자유를 의미한다.

② 선거구 획정에 있어서 고려되는 투표가치의 평등에 있어 가장 중요한 요소는 인구비례의 원칙이다.

③ 공직선거법상 지방선거에서의 외국인의 선거권은 법률상의 권리이다.

④ 선거운동에서의 기회균등보장은 일반적 평등원칙과는 달리, 절대적이고도 획일적인 평등 내지
   기회균등을 요구하는 것이다.

> **Advice** ④ 선거운동에서의 기회균등보장도 일반적 평등원칙과 마찬가지로 절대적이고도 획일적인 평등 내지 기회
> 균등을 요구하는 것이 아니라 합리적인 근거가 없는 자의적인 차별 내지 차등만을 금지하는 것으로 이
> 해하여야 한다(1999.1.28, 98헌마172).
> ① 헌재 2001.8.30, 99헌바92
> ② 헌재 2007.3.29, 2005헌마985
> ③ 헌재 2007.6.28, 2004헌마644

60 조례와 관련한 다음 설명 중 가장 옳지 않은 것은? (다툼이 있는 경우 헌법재판소 결정 및 대법원 판결에 의함)

① 지방자치단체는 법령의 범위 안에서 그 사무에 관하여 조례를 제정할 수 있다.

② 지방자치단체가 조례로 주민의 권리 제한 또는 의무 부과에 관한 사항이나 벌칙을 정할 때에는 법률의 위임이 있어야 한다.

③ 조례에 대한 법률의 위임은 법규명령에 대한 법률의 위임과 같이 반드시 구체적으로 범위를 정하여 해야 하고 포괄위임은 금지된다.

④ 조례안 의결에 대한 재의가 법령에 위반된다고 판단되는 경우 대법원에 소를 제기할 수 있다.

Advice ③ 조례의 제정권자인 지방의회는 선거를 통해서 그 지역적인 민주적 정당성을 지니고 있는 주민의 대표 기관이고 헌법이 지방자치단체에 포괄적인 자치권을 보장하고 있는 취지로 볼 때, 조례에 대한 법률의 위임은 법규명령에 대한 법률의 위임과 같이 반드시 구체적으로 범위를 정하여 할 필요가 없으며 포괄적인 것으로 족하다(헌재 1995.4.20, 92헌마264).
①② 지방자치법 제22조
④ 지방자치법 제172조 제3항

61 다음 중 지방자치에 관한 설명으로 옳지 않은 것은?

① 지방자치는 제도보장의 하나로 파악될 수 있다.

② 지방자치를 단체자치로 볼 때에만 민주제와의 관련성이 인정된다.

③ 국민의 권리·의무에 관한 사항과 벌칙의 제정에는 법률상 구체적·한정적 위임이 있어야 한다.

④ 국가사무가 아니라면 법령의 특별한 수권이나 위임이 없더라도 조례로 규율할 수 있다.

Advice 지방자치는 주민자치와 단체자치를 통하여 민주주의와 지방분권을 실현하는 것이다.

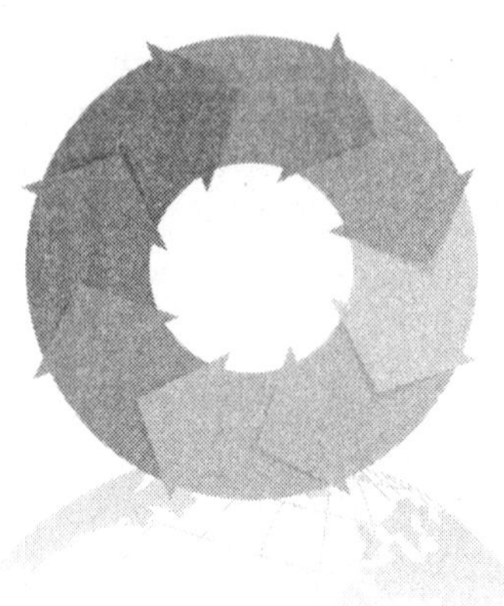

기본권론 단원은 기본권 총론, 기본권 각론으로 구성하였습니다. 기본권론에서는 헌법에 명시되어 있는 국민의 기본권과 그와 관련된 타법의 내용을 소개하고 있습니다. 우리가 살아가는 데 있어 기본적인 권리를 명시하고 있는 만큼 시험에도 자주 출제되므로 반드시 철저하게 숙지하고 시험에 응하시기 바랍니다.

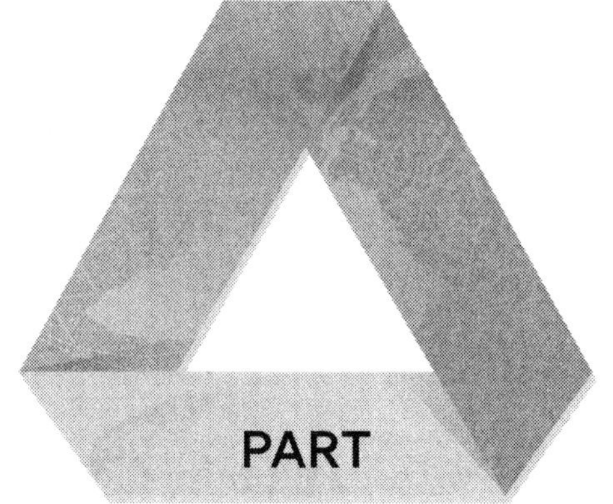

02

기본권론

01 기본권 총론

기본권의 의의

1. 서설

(1) 기본권의 의의와 지위

① 의의 … 기본권은 헌법이 보장하는 국민의 기본적 권리를 의미한다. 이는 대체로 인권과 동일한 개념으로 보고 구별하지 않고 쓰는 경우가 일반적이다. 양자를 엄격히 구별한다면 인권은 인간이 인간으로서 당연히 갖는 천부의 권리를 의미하게 된다.

② 헌법적 규정 … 인권의 관념은 사회계약론자와 계몽주의적 자연법론자에 의해서 주장·형성된 개념으로 이에 관한 헌법적 규정은 버지니아 권리장전과 프랑스 인권선언이다. 근대입헌주의헌법은 기본권보장을 그 본질적 요소로 하여 이를 국가기관(통치구조)에 관한 규정 앞에 두고 있다.

(2) 기본권의 특질

① 보편성 … 기본권은 보편성을 지니고 있으므로 인종, 성별, 사회적 신분 등에 제약받지 않고 모든 인간에게 보편적으로 적용된다.

② 고유성 … 기본권은 국가나 사회의 창조물이 아니고 인간이 인간으로서 생존하기 위하여 당연히 누려야 할 인간에게 고유한 권리이다.

③ 항구성 … 기본권은 인간에게 계속적으로 보장되는 항구적인 권리이다.

④ 불가침성 … 기본권은 인간이 가지는 불가침의 권리로서 이의 본질적 내용은 집행권과 사법권은 물론 입법권에 의해서도 침해될 수 없다.

2. 기본권적 성격

(1) 개인을 위한 주관적 공권

① 학설대립 … 헌법상의 기본권은 구체적이고 현실적인 권리, 즉 구체적 공권이냐 방침적 기본권이냐에 대해서 학설대립이 있다.

문. 기본권의 본질 및 법적 성격에 관한 설명으로 가장 타당하지 않은 것은?

① 기본권이 자연권인가 실정권인가에 대해서는 견해의 대립이 있으나, 현행 실정헌법체계에서는 그러한 구분의 불필요성을 제기하는 입장도 있다.

② 자연권설의 입장에서 보면 헌법 제37조 제1항은 별다른 의미가 없지만 실정권설의 입장에서 보면 권리창설적 의미가 있다.

③ 실정권설은 C. Schmitt로 대표되는 결단주의이론에서 출발하고 있다.

④ 제도보장이론은 학자에 따라서 다양한 내용으로 전개되지만 국민의 자유와 권리를 보다 잘 보장하고자 하는 점에서는 공통적이다.

☞ ③

② **이분설** … 사회적 기본권에 관한 규정은 방침적 규정이고 나머지 기본권은 직접적 효력을 갖는 현실적·주관적 공권이라는 이분설이 유력하다.

(2) 이중성과 자연법상의 권리

① **이중성** … 헌법상의 기본권은 주관적 공권으로서의 성격뿐만 아니라 국가의 기본적 법질서의 구성요소로서의 성격도 아울러 가진다.

② **자연법상의 권리** … 이는 절대적 자연권과 상대적 자연권으로 나눌 수 있다. 절대적 자연권으로는 행복추구권〈제10조〉, 사생활의 비밀〈제17조〉, 양심상 결정의 자유〈제19조〉, 신앙의 자유〈제20조〉, 연구의 자유〈제22조〉 등이 있고 상대적 자연권으로는 평등권〈제11조 제1항〉, 신체의 자유〈제12조 제1항〉, 거주·이전의 자유〈제14조〉, 직업선택의 자유〈제15조〉, 사생활의 자유〈제17조〉, 주거와 통신의 불가침〈제16조, 제18조〉, 표현의 자유〈제21조〉, 연구 이외의 학문과 예술의 자유〈제22조〉 등을 들 수 있다.

(3) 기본권과 제도적 보장

① **제도적 보장의 의의** … 헌법의 규정 가운데 순전히 기본권을 보장하는 외에 헌법이 일정한 기존의 제도 그 자체에 착안하여 그 제도의 핵심적 내용을 객관적으로 보장하는 경우가 있는 바 이를 제도보장이라 한다.

② **보호대상** … 제도적 보장에 있어서 그 직접적인 보호대상은 특정의 제도 그 자체이다.

③ **제도보장의 취지** … 제도보장은 전통적인 개인주의적·자유주의적 질서와 제도의 최소한을 보장하려는 것이 직접목적이었으나, 입법부의 일방적·자의적 입법에 의해 기존제도의 폐지 등 법률만능주의 내지 법실증주의로부터 기본적 인권을 수호하려는 것이었다.

④ **내용** … 제도적 보장에 있어서 헌법이 보장하려는 것은 특정한 제도의 본질적 내용이고 기존의 제도를 현상 그대로 유지하려 함이 아니다(최소한 보장의 원칙).

⑤ **제도보장과 기본권** … 제도적 보장 중에는 기본권보장과 직접 관계없이 제도 그 자체만이 독자적으로 보장되는 경우(직업공무원제도, 지방자치제도)와 제도적 보장이 어떠한 형태로든 특정의 기본권규정과 일정한 관련을 가지는 경우가 있다. 이에는 구체적으로 제도가 수반되는 경우, 보장이 병존하는 경우, 권리가 종속되는 경우가 있다.

문. 기본권의 이중적 성격에 관한 것으로 옳지 않은 것은?

① 기본권의 성격과 관련하여 그 주관적 공권성뿐만 아니라 객관적 질서로서의 성격까지 인정해야 한다는 데 학설은 일치하고 있다.
② 통합주의적 헌법관에 따르면 기본권은 사회적 통합을 위한 생활양식 내지는 법질서의 바탕이 되는 가치세계인 동시에 국가권력의 정당성의 원천으로서 객관적 질서라는 점이 강조된다.
③ 언론의 자유의 헌법적 보장은 개개인이 자유로이 의견을 발표할 수 있는 주관적 표현권을 보장한 것이면서, 동시에 자유로운 여론형성과 여론존중의 원칙을 객관적으로 확인한 민주국가적 법질서의 구성요소로서의 성격을 가진다고 볼 수 있다.
④ 기본권은 주관적으로는 개인을 위한 공권을 의미하지만 객관적으로는 국가의 기본적 법질서를 구성하는 요소라고 할 수 있다.

☞ ①

문. C. Schmitt의 제도적 보장이론과 관계가 적은 것은?

① 직업공무원제도 등이 그 대표적 예이다.
② 입법에 의해 창설적으로 보장된다.
③ 최소한의 보장을 추구하기 위한 목적이 있었다.
④ 자유와 제도는 다르다는 점에서 논리가 전개되었다.

☞ ②

✦ **기본권 규정과 제도적 보장**

구분	내용
기본권 규정	• 주관적 권리 • 최대한의 보장 • 헌법개정권자를 구속 • 소권인정
제도적 보장	• 객관적인 법규범 • 최소한의 보장 • 헌법개정권자를 불구속 • 소권불인정

⑥ 현행 헌법상의 제도적 보장

 ㉠ 범위 : 우리 헌법상의 제도적 보장에 대해서는 학자마다 다소 차이가 있다.

 ㉡ 공통적인 제도보장 : 직업공무원제〈제7조 제2항〉, 국군의 정치적 중립성〈제5조 제2항〉, 복수정당제〈제8조 제1항〉, 교육의 자주성과 전문성〈제31조〉, 지방자치제〈제8장〉, 민주적인 혼인제도와 가족제도〈제36조 제1항〉 등이 있다.

3. 기본권보장의 역사

(1) 서론

 기본권의 역사는 인간의 자유의 역사라 할 수 있다. 즉, 기본권은 인간의 존엄과 가치에 대한 자각과 권력에 대한 투쟁의 결과 쟁취한 것이다. 우리 헌법도 제10조에서 인간으로서의 존엄과 가치를 선언하는 동시에 각종의 기본권을 보장하고 있다.

(2) 근대 이전

① 중세에 있어서의 관습법상의 권리 … 중세 초기 유럽제국에는 저항권 등과 같이 관습법상의 피지배자에게 인정된 권리가 있었다. 이러한 관습법상의 국민의 권리가 성문화된 것으로 1215년의 대헌장(Magna Carta)을 들 수 있다. 대헌장에 이어 영국에서는 권리청원(Petition of Right, 1679) → 국민협정(Agreement of People, 1647) → 인신보호법(Habeas Corpus Act, 1679) → 권리장전(Bill of Rights,1689) 등을 제정하였다.

② 근대자연법론 … 근대에 이르러 문예부흥과 종교개혁을 통하여 근대자연법론의 단서가 이루어졌다. 근대자연법론은 17~18세기에 H. Grotius, J. Locke, Montesquieu, J.J. Rousseau 등에 의하여 생성·발전되어 후일의 인권선언 형성에 크게 기여하였다.

문. 다음 중 제도적 보장과 기본권 보장의 관계를 설명한 것으로 옳지 않은 것은?

① 기본권 보장은 '최대한의 보장의 원칙', 제도적 보장은 '최소한의 보장의 원칙'이 적용된다.
② 제도적 보장은 기본권 보장보다 입법형성권이 넓다.
③ 현행 헌법상 복수정당제, 언론·출판의 자유, 직업공무원제 등은 제도적 보장에 해당한다.
④ 제도적 보장은 재판규범도 안 되고 헌법소원도 안 된다.

☞ ④

문. 제도적 보장에 관하여 틀린 것은?

① 단순한 프로그램이 아니다.
② 제도보장규정 자체를 직접근거로 개인이 제소할 수 없다.
③ 최대한의 보장이다.
④ 객관적인 법규범성이다.

☞ ③

(3) 근대

① **미국에 있어서의 권리선언** … 미국에 있어서의 권리선언은 Virginia 권리장전, 독립선언 및 미연방헌법에 의해 대표된다. 이들 미국의 인권선언들은 주로 J. Locke, Montesquieu, Rousseau의 천부인권설과 사회계약설의 영향을 받았고, 종교의 자유를 쟁취하기 위한 투쟁의 산물로서 획득된 것이다.

② **프랑스에서의 인권선언** … 1789년 프랑스의 '인간과 시민의 권리선언'은 자연법사상을 바탕으로 하여 각종의 천부적 권리들을 열거하고 국민주권과 권리분립의 원리를 불가결한 원리로 선언하였다. 프랑스 인권선언이 1791년의 헌법에 채택된 이래 빈번한 정체의 변화로 인권의 전국가적 자연권성이 부인되기도 하고 인정되기도 하다가, 1946년의 제4공화국 헌법과 1958년의 제5공화국 헌법에 와서 부활하게 되었다.

③ **외견적 입헌주의국가에서의 인권** … 19세기의 독일이나 일본 등 외견적 입헌주의국가의 헌법(1850년의 PreuBen 헌법, 1871년의 Bismarck 헌법, 1899년의 일본제국 헌법)은 기본권의 천부인권성을 부인하고 기본권을 국민 또는 시민의 권리로서 군주에 의해 은혜적으로 부여된 것으로 관념되었다.

(4) 현대

현대적 · 20세기적 헌법의 인권선언은 사회적 기본권의 확충 내지 인권선언의 사회화, 자연법사상의 부활, 인권선언의 국제화라는 특색을 띠고 있다.

① **인권선언의 사회화** … 자본주의 경쟁의 폐해를 해결하고 사회적 기본권의 확대 · 강화를 위하여 국가기능의 전환과 인권관념의 변화를 요청하게 되었다. 이리하여 수정자본주의와 사회적 법치국가 내지 복지국가의 원리에 기하는 자유민주주의제국과 자본주의사회를 기반으로 한 시민국가체제를 전면적으로 부정하는 사회주의제국이 등장하게 되었다.

② **자연권사상의 부활** … 제2차 세계대전 중 나치독재체제에 의한 인권의 무자비한 탄압에 대한 역사적 반성으로 전후에 제정된 여러 헌법은 기본권의 천부인권성을 부활시켰다.

③ **인권선언의 국제화** … 인권선언의 국제화는 Roosevelt 대통령의 4개의 자유와 그 뒤의 국제연합헌장과 세계인권선언에서 그 근거를 찾을 수 있다. 그리고 전인류의 Magna Carta로서의 세계인권선언이 법적 구속력이 없는 결점을 극복하기 위하여 '유럽인권협약'이 제정되었다.

(5) 기본권보장의 현대적 과제

헌법은 역사적 산물이며, 기본권의 내용도 시대의 전환에 따라 달라지기 마련이다. 오늘날 자유민주주의국가가 해결하여야 할 기본권보장에 있어서의 새로운 과제로는 각종의 국가긴급권과 기본권의 조화의 문제, 사회단체와 개인 또는 시민의 인권문제, 공해문제, 소비자보호문제 등이 있다.

① **새로운 인권** … 새로운 인권이라고 호칭되는 것으로는 건강권, 일조권, 휴식권, 국민의 알 권리(정보권), 엑세스권, 평화적 생존권, 생명권, 인격권(성명, 초상, 명예) 등이 새로운 인권으로서 또는 기존인권의 한 부류로서 등장하게 되었다.

② **인권의 현대적 과제** … 현대복지국가에 있어서의 기본권은 국가로부터의 자유가 아니라 국가에 의한 자유의 특성을 가지고 있다. 그 중에서도 결핍에서의 자유와 실질적 평등의 보장이 최대의 관건이다.

SECTION 2 기본권의 분류와 체계

1. 주체에 의한 분류

(1) 인간의 권리와 국민의 권리

모든 인간에게 귀속되는 초국가적·자연법상의 권리가 인간의 권리이고 국민만이 누릴 수 있는 권리가 국민의 권리이다.

(2) 자연인의 권리와 법인의 권리

자연인이 원칙적으로 기본권의 주체이나, 법인도 그 주체가 되는 경우가 있다. 즉, 재산권, 직업선택의 자유, 표현의 자유, 거주·이전의 자유, 통신의 자유, 집회·결사의 자유, 재판을 받을 권리 등이 그것이다.

2. 성질에 의한 분류

(1) 초국가적 기본권과 국법상의 기본권

① **초국가적 기본권** … 자연법상 또는 천부적 인권이다. 국가에 의하여 제한·박탈될 수 없는 모든 인간에게 귀속되는 권리이다. 생명권과 인격권, 행복추구권, 평등권, 신앙과 양심의 자유, 사생활의 비밀과 자유, 표현의 자유, 결사 및 집회의 자유, 학문과 예술의 자유, 수면권, 일조권, 휴식권, 국가권력의 위헌적 행사에 대한 저항권 등이 이에 속한다.

② **국법상의 기본권** … 국가에 의하여 창설된 권리로서 그 내용이 국법에 의하여 확정되고 입법자에 의하여 제한될 수 있는 권리이다. 실정법상의 권리라고도 한다. 재산권, 정당결성권, 선거권, 공무담임권, 청구권적 기본권, 사회적 기본권 등이 이에 속한다.

(2) 절대적 기본권과 상대적 기본권

① 절대적 기본권 ··· 어떤 경우에도 어떤 이유로도 제한할 수 없는 기본권으로 신앙·무신앙의 자유, 종교선택 및 개종의 자유, 양심상의 결정과 침묵의 자유, 연구와 창작의 자유 등이 이에 속한다.

② 상대적 기본권 ··· 국가적 질서나 국가적 목적을 위하여 제한이 가능한 기본권이다.

(3) 진정한 기본권과 부진정한 기본권

① 진정한 기본권 ··· 개개인을 위한 실질적인 권리로서 국가의 부작위나 국가적 급부의 청구를 내용으로 하는 주관적 공권을 말한다.

② 부진정한 기본권 ··· 헌법이 일정한 문화질서, 경제질서, 사회질서, 가족제도, 교육제도, 노동제도 등을 규정하고 있는 결과 반사적으로 누리게 될 기본권을 의미한다. 이에는 문화시설이용권, 교육시설이용권 등이 속한다.

3. 대국가적 기본권과 제3자적 기본권

(1) 대국가적 기본권

국가에 대해서만 효력을 가지는 기본권을 말한다.

(2) 제3자적 기본권

국가는 물론 제3자에 대해서도 구속력을 가지는 기본권을 말한다(제3자적 효력을 가지는 기본권 : 행복추구권, 평등권, 사생활의 비밀과 자유, 자유로운 의견발표, 노동 3권, 환경권 등).

SECTION 3 | 기본권의 주체와 효력

1. 기본권의 주체

(1) 서론

① 의의 ··· 기본권의 주체라 함은 기본권의 향유자 또는 향유대상자를 의미한다. 입헌주의적 헌법은 국민의 기본권을 보장하고 있으며, 우리 헌법도 제2장에서 모든 국민에 대한 기본권을 선언하고 있다.

② 범위 ··· 기본권의 주체는 원칙적으로 국민임에는 이론이 없으나, 국민의 범위를 둘러싸고 문제가 되고 있다.

문. 기본권을 인간의 권리와 국민의 권리로 나누어 설명할 수 있다. 아래의 권리 중 인간의 권리에 속하는 것은?

㉠ 종교의 자유 ㉡ 양심의 자유
㉢ 평등권   ㉣ 선거권
㉤ 행복추구권

① ㉠㉡㉢㉣㉤   ② ㉠㉡㉢㉣
③ ㉠㉡㉢㉤   ④ ㉣

☞ ③

문. 기본권의 주체에 관한 설명 중 옳지 않은 것은? (다툼이 있는 경우 판례에 의함)
▶ 2014. 9. 27 국회직

① 기본권 주체로서의 법적 지위는 헌법소원에 의해 권리를 구제받을 수 있는지를 판단하는 기준의 하나가 된다.
② 정당은 선거에서 차별대우를 받은 경우 평등권의 주체로서 헌법소원심판을 청구할 수 있다.
③ 공법인은 원칙적으로 '기본권 수범자'일 뿐 '기본권 주체'는 아니지만, 예외적인 경우에 기본권 주체성이 인정될 수 있다.
④ 법인은 사단법인·재단법인 또는 영리법인·비영리법인을 가리지 아니하고 일정한 한계 내에서 헌법상 보장된 기본권이 침해되었음을 이유로 헌법소원심판을 청구할 수 있다.
⑤ 초기배아도 헌법상 생명권의 주체가 된다.

☞ ⑤

(2) 국민

① **일반국민** … 헌법에 규정된 기본권은 모든 국민에게 보장됨이 원칙이다. 기본권을 보유 또는 향유할 수 있는 능력을 기본권 향유능력이라고 한다. 또한 현실적으로 기본권을 행사할 수 있는 능력을 기본권 행사능력이라고 한다. 기본권의 주체로서의 국민은 개개인으로서의 국민이기 때문에 이에는 미성년자나 정신병자, 수형자 등도 포함된다. 다만, 특정한 참정권의 주체가 되기 위해서는 일정 연령에의 도달을 요한다.

② **특별권력관계에 있는 국민** … 여기서 특별권력관계는 특정한 행정목적을 달성하기 위하여 포괄적인 지배권을 설정하고 이에 복종할 의무를 지는 공법상 특별한 법률관계를 의미하는데, 종래에는 이에 대해서는 법률의 근거없이 기본권을 제한할 수 있다고 하였으나, 지금은 법치주의의 관계가 이에도 적용되어 헌법·법률의 근거를 요함은 물론 근거가 있어도 합리적으로 필요한 범위 내에서만 제한할 수 있다(예컨대 공무원의 정치활동권, 근로 3권〈제33조〉, 군인·군무원의 재판청구권〈제27조〉, 국가배상청구권〈제29조〉 등은 일반국민에 비해 현저히 제한되고 있다).

(3) 외국인

① **의의** … 우리나라의 국적을 가지지 아니한 자를 외국인이라 하고 무국적자도 포함한다.

> **POINT 팁** 외국인의 기본권 주체성 여부와 학설
> ㉠ **부정설**
> - 법실증주의적 관점에서는 기본권의 자연권성을 부인하므로 기본권의 주체는 법적 공동체의 구성원인 국민에 한하고 외국인은 여기에서 제외된다고 한다.
> - 통합주의적 헌법관에서는 기본권을 사회공동체가 통합되어 가기 위한 당위론적 가치질서로 파악하기 때문에 외국인의 기본권 주체성을 원칙적으로 부인한다.
> ㉡ **긍정설**: C. Schmitt적 헌법관에서는 기본권은 인간의 천부적·전국가적인 인권으로 파악하기 때문에 외국인도 인간으로서 당연히 기본권의 주체가 된다고 한다.

② **외국인이 주체가 될 수 있는 기본권** … 각개의 기본권마다 차이가 있으므로 개별적 고찰이 필요하다.
  ㉠ 인간으로서의 존엄과 가치 및 행복추구권은 외국인도 주체성이 인정된다.
  ㉡ 평등권의 경우 합리적 차별의 근거가 없는 한 외국인도 본국인과 마찬가지로 취급된다.
  ㉢ 자유권의 경우 원칙적으로 자유권의 주체가 될 수 있지만 거주이전의 자유〈제14조〉, 언론·출판·집회·결사의 자유〈제21조〉와 재산권의 경우〈제23조〉 등에는 성질상 제한이 수반된다.
  ㉣ 생존권은 원칙적으로 외국인에게 적용되지 않는다. 다만, 환경권이나〈제35조〉 보건권〈제36조 제3항〉 등은 제한된 범위 내에서 인정된다.

문. 다음 중 옳지 않은 것은?

① 헌법재판소는 성질상 허용되는 경우에는 정당도 기본권의 주체가 될 수 있다고 본다.
② 기본권의 경합(경쟁)의 문제는 하나의 기본권 주체에게서 발생한다.
③ 헌법은 연좌제를 금지하고 있다.
④ 헌법재판소는 자연인에게만 인격권이 인정되고 법인에게는 인격권이 인정되지 않는다고 본다.

☞ ④

문. 다음 중 외국인에 대한 기본권 허용문제에 관한 설명으로 가장 옳지 않은 것은?

① 기본권 중에는 외국인에게 허용되지 않는 것이 있다.
② 선거권, 피선거권 같은 것은 허용되지 않는다.
③ 인간다운 생활을 보장하기 위한 기본권 중에는 허용되지 않는 것이 있다.
④ 사회보장을 받을 권리나 노동 3권은 허용되지 않는다.

☞ ④

문. 외국인에 대하여 그 기본권을 제한하기 어려운 것은?

① 참정권에 대한 제한
② 급여청구권에 대한 제한
③ 출입국요건에 대한 제한
④ 직업선택권에 대한 제한

☞ ②

ⓜ 청구권적 기본권의 경우 일정한 기본권〈제10조, 제11조, 제12조, 제27조〉과 결부된 청구권적 기본권은 외국인에게도 인정된다.

ⓗ 참정권의 경우 정치적 자유를 비롯한 선거권, 피선거권, 공무담임권, 국민표결권 등은 국민주권의 원리에 따라 국민의 권리를 의미하므로 외국인에게는 인정되지 않는다.

(4) 법인

① **의의** … 자연인 이외의 것으로서 권리·의무의 주체가 되는 것을 의미한다.

② **주체성** … 명문의 규정이 없는 경우 법인의 기본권 주체성에 대해서는 긍정설과 부정설이 대립되어 있다. 이의 학설을 도식화하면 다음과 같다.

✿ 법인의 기본권 주체성

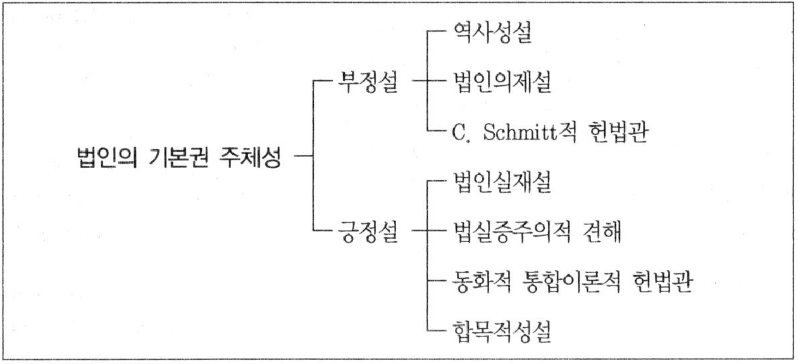

③ **법인의 경우**

㉠ 사법상의 법인에는 권리능력이 없는 사단이 포함된다.

㉡ 공법상의 법인은 원칙적으로 기본권의 주체가 될 수 없다. 공법인은 공법상의 직무로서 일정한 관할 내지 권한을 가질 뿐 기본권을 누리는 것은 아니기 때문이다. 다만, 예외적으로 기본권에 의해 보호될 생활영역에 속하는 법인체들, 예컨대 대학교나 언론기관 등은 학문의 자유를 향유하게 된다.

> ☞ 헌법과 기본권 주체성을 갖는 법인 … 헌법적 차원에서 기본권 주체성이 인정되는 법인에 대해 요젭아젠제(Josef Lsen-see)는 의사결정과 활동에 있어서 통일성을 가지는 조직적 통일체일 것, 당해 조직에 참여하는 자연인과의 관계에서 상대적 독립성을 유지할 것, 그 구성상 사적 자율을 기초로 하는 조직일 것을 요한다고 하였다.

④ **주체성의 범위** … 법인이 누릴 수 있는 기본권에는 평등권, 직업선택의 자유, 거주·이전의 자유, 주거의 자유, 통신의 자유, 언론·출판의 자유, 집회·결사의 자유, 재산권, 재판을 받을 권리 등을 열거하고 있다.

⑤ **외국법인과 정당** … 우리 헌법에서는 내국법인과 외국법인을 구별하는 규정이 없으므로 외국법인도 법인에 준한 기본권 주체성의 법리가 적용된다. 정당은 단순한 시민도 아니고 국가관도 아니지만 정당결사로는 정당제도로서

문. 법인의 기본권 주체성 여부에 관한 설명으로 옳지 않은 것은?

① 과거 독일의 바이마르 헌법 당시에는 법인의 기본권 주체성을 부인하는 견해가 통설이었으나, 현재 우리나라의 통설은 법인의 기본권 주체성을 인정하고 있다.
② 헌법재판소의 판례는 권리능력이 없는 단체의 기본권 주체성을 인정하지 않고 있다.
③ 일부 공법인의 경우에는 제한적으로 기본권의 주체성을 인정할 수 있다.
④ 신앙의 자유, 양심의 자유와 같이 자연인의 정신적 특성에서 유래하는 기본권의 경우에는 법인의 기본권은 부인된다.

☞ ②

문. 법인의 기본권 주체성에 대한 다음 설명 중 타당한 것을 모두 고르면?

㉠ 우리나라 헌법재판소에서는 국립대학교는 공권력의 행사자이므로 기본권의 주체가 될 수 없다고 판시하였다.
㉡ 국민투표권은 성질상 법인에게는 인정될 수 없다.
㉢ 독일 기본법은 법인의 기본권 주체성을 명문으로 인정하고 있다.
㉣ 단체의 구성원이 기본권을 침해당한 경우 단체가 구성원의 권리구제를 위하여 헌법소원을 청구하는 것은 허용되지 않는다.

① ㉠㉡㉢ ② ㉡㉢
③ ㉡㉢㉣ ④ ㉢㉣

☞ ③

선거에 있어서의 평등이나 언론 · 출판 · 결사의 자유, 재판청구권 등은 향유할 수 있다고 봄이 타당하다. 헌법재판소도 정당의 기본권 주체성(선거에서의 기회균등)을 인정하고 있다.

> **POINT 팁** 헌법재판소가 법인의 기본권 주체성을 인정한 경우
> ㉠ 사죄광고의 위헌 여부에 관한 헌법소원사건에서 법인에 대하여 법인격을 인정하였다.
> ㉡ 영화법 제12조 등에 대한 헌법소원사건에서 단체 자체의 기본권 주체성을 인정하였다.
> ㉢ 정당의 기본권 주체성을 인정하였다.

2. 기본권의 효력

(1) 서설

기본권의 효력은 기본권이 그 의미 내용대로 실현될 수 있는 힘 즉, 기본권의 구속력을 의미한다. 기본권의 효력은 대별하여 대국가적 효력과 제3자적 효력(대사인적 효력)으로 나뉜다. 기본권은 역사적으로 대국가적인 방어적 권리로 이해되어 왔다. 오늘날 기본권의 제3자적 효력 등의 논란에도 불구하고 기본권이 주관적 공권으로서 국가에 대하여 효력을 가짐에는 별 이론이 없다. 기본권의 효력을 도식화하면 다음과 같다.

✿ 기본권의 효력

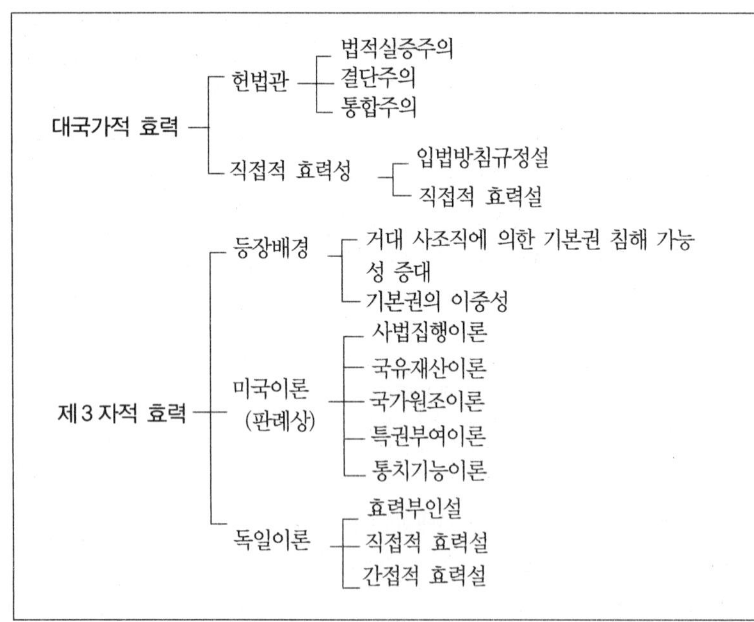

문. 다수인의 결합체에 대하여 기본권을 인정할 수 있는지에 관한 설명으로 옳지 않은 것은?

① 사법상의 권리능력을 가지느냐에 상관없이 기본권 주체성이 인정되므로 민법상의 법인격없는 사단인 정당도 기본권의 주체가 될 수 있다.

② 공법인은 기본권의 수범자이지 기본권을 주장하는 주체로서의 기본권 보유자는 아니므로 원칙적으로 기본권을 원용할 수 없다.

③ 사법절차적 기본권은 성격상 자연인, 법인을 가리지 아니하고 사법절차에 참가한 자는 누구나 원용할 수 있어야 한다.

④ 지방자치단체는 그 자체로서는 공법인이기는 하지만, 대국가적인 관계에서는 기본권을 주장할 수 있다고 보는 것이 헌법재판소의 판례이다.

☞ ④

(2) 대국가적 효력

① **국가권력 일반에 대한 효력** … 기본권은 모든 국가권력을 구속한다(통설). 기본권은 헌법개정권력도 구속한다. 입법권은 기본권보장에 반하는 입법을 제정할 수 없고 사법권도 기본권에 반하는 판결을 내릴 수 없다. 집행부가 공권력의 반동인 권력적 작용을 하는 경우에는 기본권에 구속된다.

② **관리행위와 국고행위에 대한 효력** … 관리행위와 국고행위도 기본권규정에 구속되는가에 관해서는 긍정설과 부정설이 대립된다. 최근에는 이들 행위에도 기본권규정이 적용된다는 긍정설이 다수설이다. 긍정설은 국고(國庫)와 국가가 동일체로 간주되므로 국고작용도 기본권에 기속되어야 하고, 기본권의 대사인적 효력이 인정되므로 국가의 관례행위와 국고행위에는 당연히 기본권규정이 적용되어야 한다. 또 공권력의 주체로서의 국가와 비권력적·경제적 주체로서의 국가를 구별할 이유가 없다고 한다.

ANSWER

> **일반(잡종)재산의 성격**
> 헌법재판소는 국유재산 중 일반(잡종)재산은 사적 거래의 대상이 되므로 국유재산에 대한 시효취득을 금지한 구 국유재산법 제5조 제2항을 잡종재산에 대하여까지 적용하는 것은 국민의 기본권을 본질적으로 침해하고 국가와 일반국민을 합리적 근거없이 차별대우하는 것으로서 불평등한 과잉입법이라고 하며, 이를 위헌이라고 선언한 바 있다.

③ **특별권력관계에 있어서의 기본권의 효력** … 절대적 기본권에 대해서는 어떠한 경우에도 기본권의 제한이 불가능하지만 상대적 기본권은 특별권력관계를 설정한 목적에 비추어 합리적이라고 판단되는 범위 내에서는 제한될 수 있다는 것이 일반적 입장이다.

(3) 제3자적 효력

① **의의** … 사회가 발전함에 따라 기본권이 국가권력 이외의 제3자에 의해서도 침해되는 경우가 있게 되었다. 이 경우 기본권의 효력이 제3자에 대해서도 적용되는가에 대해서 논란이 있는 바 이것이 이른바 기본권의 제3자적 효력(대사인효력)의 문제이다.

② **이론적 배경** … 기본권의 제3자적 효력문제는 현대사회에 있어서 거대한 사조직에 의해 개인의 권리와 자유가 침해당할 가능성이 증대함에 따라 기본권을 국가 이외의 사인간에도 확대·적용되어야 한다는 논의가 등장하게 되었다. 기본권의 이중성(주관적 권리이면서 객관적 가치질서로서의 성격도 지닌다는 것) 때문에 기본권은 국가권력과 전사회질서를 기속하고 사인상호간에도 미치게 된다고 한다.

③ **학설**

　㉠ **긍정설**
- 직접적용설 : 독일, 일본(Nipperdey, Leisner, Schwade). 국가관여설(국가유사설)
- 간접적용설 : 공서양속설(Dürig)

　㉡ **부정설** : 효력부인설

④ **미국판례이론** … 미국 초기 판례는 헌법상의 인권규정이 사인의 행위는 제한하지 않는다고 하였으나, 그 후 흑인에 대한 사적 차별문제를 계기로 사인에 의한 경우라도 공권력과 관련되거나 국가작용인 것처럼 의제되면 사인 상호간에도 기본권의 효력이 미친다고 하는 이론이 등장한 바 이것이 국가유사론이다. 이에는 국가재산이론, 국가원조이론, 통치기능이론, 사법적 집행이론, 특권부여이론 등이 있다.

> **POINT 팁**　미국판례이론(국가유사론 = 국가행위의제론)
> ㉠ **국가재산이론** : 국가의 시설을 임차한 사인이 그 시설을 가지고 개인의 기본권을 침해한 경우에 그 침해행위를 국가행위와 동일시하여 이에 기본권규정을 적용하는 이론이다.
> ㉡ **국가원조이론** : 국가로부터 재정적 원조를 받든가 토지수용권, 조세감면 또는 그밖의 원조를 받는 사인의 행위를 국가행위와 동일시하여 헌법의 기본권규정을 적용하려는 이론이다.
> ㉢ **특권부여이론** : 국가에서 특권을 부여받고 그 한도 내에서 국가의 규제를 받아 국가와의 사이에 밀접한 관계가 있는 경우의 사적 단체의 행위를 국가행위와 동일시하는 이론이다.
> ㉣ **통치기능이론** : (정당이나 사립대학처럼)실질적으로 통치적 기능을 행사하는 사인에 의한 인권침해행위를 국가적 행위로 보고 헌법의 규제에 따르게 하려는 이론이다.
> ㉤ **사법적 집행이론** : 사적 인권침해행위에 사법이 개입하여 집행될 때 그 집행을 위헌인 국가적 행위라고 하는 이론이다.

⑤ **사인간에도 직접적으로 효력이 미치는 기본권** … 근로 3권과 표현의 자유에 관해서는 헌법에 직접규정이 있으나, 그외에 여자와 소년의 근로보호나 인간의 존엄과 가치와 행복추구권에 대해서도 직접적용이 있다.

⑥ **사인간에 간접적으로 효력이 미치는 기본권** … 평등권〈제11조〉, 사생활의 비밀〈제17조〉, 양심·신앙·표현의 자유〈제19조, 제20조, 제21조〉 등이 있다.

⑦ **대사인적 효력이 전혀 인정될 수 없는 기본권** … 형벌불소급의 원칙과 죄형법정주의, 국가배상청구권, 형사보상청구권, 고문을 받지 아니할 권리, 변호인의 조력을 받을 권리 등이 있다.

> **POINT 팁**　독일의 이론
> ㉠ **개요** : 바이마르 헌법하에서 기본권의 제3자적 효력의 문제가 제기되었으나, 이것이 본격적으로 논의된 것은 서독 기본법 제정 이후부터이다. 기본법 제3조의 남녀평등권 규정이 사인간에도 직접 적용되어 동일 노동에 대한 남녀의 동일임금의 요구가 직접 이 규정으로부터 도출될 수 있는가의 문제가 제기되었다.
> ㉡ **적용부인설** : 사인간의 법률관계에는 기본권규정이 적용되지 아니한다는 견해이다.

Self Check

문. 기본권의 효력에 관한 다음 설명 중 옳은 것은 모두 몇 개인가?

- 기본권의 대사인적 효력은 사회적 압력단체나 사인에 의하여도 기본권에 대한 침해가 일어날 수 있다는 것을 전제로 한 이론이다.
- G. Dürig은 기본권은 사법상의 일반 원칙을 통하여 간접적용된다고 하였다.
- 직접적용설은 기본권은 사인에 대한 주관적 사권으로서 적용된다는 것이다.
- 미국 연방대법원(U.S. Supreme Court)은 국가행위의제설을 실제 판례에 적용하고 있다.

① 1개　　② 2개
③ 3개　　④ 4개

☞ ④

ⓒ **직접적용설**: 이에는 절대적 직접적용설과 한정적 간접적용설이 있으나, 전설을 주장하는 사람은 없고 후설만 주장되고 있다. 후설은 개인의 사회적 지위에 관한 기본권은 사회생활을 규율하는 객관적 가치질서를 구체화한 것이고 헌법은 최고의 가치질서에 위반될 수 없으며, 기본권의 역사적 성격의 변화 등을 논거로 한다.
ⓔ **간접적용설**: 기본권규정이 사법질서에 적용되는 것은 인정되지만 직접 적용되는 것이 아니라 사법상의 일반조항을 통하여 간접적으로 적용된다고 한다.

(4) 기본권의 갈등

① **의의** … 기본권 상호간의 마찰과 모순으로부터 야기되는 제반문제를 기본권의 갈등이라고 한다. 기본권의 갈등은 기본권의 경합과 충돌을 포괄하는 개념이다.

② **기본권의 경합** … 동일한 기본권주체가 자기의 일정한 행위를 보호받기 위해서 동시에 여러 기본권을 주장한 경우 이들 기본권 상호간의 관계를 말한다. 이는 기본권의 대국가적 효력의 측면에서 문제가 된다.

③ **기본권의 충돌** … 서로 다른 기본권주체가 상충하는 이해관계로 말미암아 각각 상이한 기본권의 효력을 주장하는 경우에 이들 기본권은 서로 충돌관계에 놓이게 된다.

④ **해결원칙** … 기본권의 경쟁관계에 있어서는 최약효력설과 최강효력설의 대립이 있으나, 다수설은 최강효력설을 취한다. '기본권의 충돌관계'에 있어서는 이익형량의 원칙(둘 이상의 법익을 비교하여 우열을 결정하여야 한다는 원칙)과 규범조화적 해석의 원칙(이익형량에 의해 어느 기본권만을 타기본권에 우선시키지 않고 충돌하는 기본권 모두가 최대한으로 그 기능과 효력을 나타낼 수 있는 조화의 방법을 추구하는 입장)이 있다.

SECTION 4 기본권의 한계와 제한

1. 기본권의 한계

(1) 필요성

기본권은 절대적인 것은 아니고 여러가지 면에서 제한되고 있다. 오늘날의 기본권의 제한은 기본권 상호간의 모순·충돌을 조정하여 기본권을 최대한으로 보장하기 위해 인정된다.

문. 기본권의 경합과 충돌에 대한 설명 중 옳지 않은 것은? (다툼이 있는 경우 판례에 의함)
▶ 2014. 9. 27 국회직

① 기본권의 경합은 동일한 기본권주체가 동시에 여러 기본권의 적용을 주장하는 경우에 발생하는 문제이다.
② 기본권의 충돌은 상이한 기본권주체가 서로 대립되는 기본권의 적용을 주장할 때 발생하는 문제이다.
③ 조각가가 공사현장에서 대리석을 절취한 행위는 재산권과 예술의 자유의 충돌로 인정할 수 없다.
④ 예술적 표현수단을 사용하여 상업적 광고를 하는 경우 영업의 자유, 예술의 자유 등 복합적인 기본권 충돌의 문제가 발생한다.
⑤ 흡연권은 사생활의 자유를 실질적 핵으로 하는 것이고, 혐연권은 사생활의 자유뿐만 아니라 생명권에까지 연결되는 것이므로 혐연권이 흡연권보다 상위의 기본권이다.

☞ ④

(2) 한계와 제한의 유형

이는 명시적 제약과 묵시적 제약, 헌법유보와 법률유보로 대별될 수 있다.

① **명시적 제약** … 헌법이 명문을 가지고 기본권에 대하여 가하는 제약이다. 이에는 기본권의 구성요건 또는 규범영역의 확정에 의한 제한, 헌법직접적 제한, 법률유보에 의한 제한이 있다.

② **묵시적 제약** … 기본권 자체에 내재하는 한계성을 묵시적 제약이라고 한다. 이는 "어떠한 기본권도 타인의 도덕률에 반하거나 헌법질서를 파괴하기 위하여 행사될 수 없다."고 표현되고 있다. 또한 타인의 권리의 불가침, 도덕률의 준수, 헌법질서의 존중 등은 그에 관한 명문의 규정이 없는 그밖의 헌법의 경우에도 국가적 공동생활을 위하여 기본권에 필연적으로 내재하는 한계적 요소가 된다.

ANSWER

> **기본권의 묵시적 한계**
> 기본권도 국가적·사회적 공동생활의 테두리 안에서 타인의 권리, 공중도덕, 사회윤리, 공공복리 등의 존중에 의한 내재적 한계가 있는 것이며, 따라서 절대적으로 보장되는 것은 아니다.

③ **헌법유보** … 헌법이 명문으로 기본권의 제약을 직접 규정하는 경우를 말한다. 이는 일반적 헌법유보와 개별적 헌법유보로 분류된다. '일반적 헌법유보'는 기본권 전반이 법률에 의하여 제한될 수 있다고 규정한 경우이다.

2. 현행 헌법에 있어서의 기본권의 제한

(1) 헌법유보에 의한 제한

① **일반적 헌법유보** … 현행 헌법에는 일반적 헌법유보에 해당하는 직접적 규정은 없다. 타인의 권리, 도덕률, 헌법질서 등의 존중이 내재적 한계요인이 된다.

② **개별적 헌법유보** … 정당의 목적과 활동〈제8조 제4항〉, 언론·출판의 자유〈제21조 제4항 ; 언론·출판은 타인의 명예나 권리 또는 공중도덕이나 사회윤리를 침해해서는 아니된다〉, 재산권행사의 공공복리성〈제23조 제2항 ; 재산권의 행사는 공공복리에 적합하도록 하여야 한다〉 등이 이에 해당한다.

(2) 법률유보에 의한 제한

① **법률** … 기본권은 원칙적으로 법률에 의해서만 제한할 수 있다. 여기의 '법률'은 국회의 의결을 거쳐 제정된 형식적 의미의 법률을 의미한다(관습법에 의한 제한은 불가).

② **제한대상** … 법률에 의하여 제한될 수 있는 기본권은 국민의 모든 자유와 권리이다. 그러나 실제로 제한의 대상이 되는 기본권은 그 성질상 제한이 가능한 기본권에 한한다.

<hr>

문. 기본권의 상충시에는 이익형량의 문제가 제기된다. 이에 대한 설명으로 옳지 않은 것은?

① 기본권 상호간에 일정한 위계질서가 존재한다는 전제하에서만 논의되는 문제이다.
② 기본권은 타인의 기본권을 침해하지 않는 범위 내에서만 법적인 보호를 받을 수 있다는 전제하에서 논의되는 것이다.
③ 기본권의 상충시에 효력의 우열을 결정하는 것은 헌법적 가치질서에 대한 형성기능을 하는 것과 같다.
④ 공익과 사익에 대립하는 기본권의 상충관계에서는 이익형량의 문제가 제기되지 않는다.

☞ ④

문. 기본권의 제한과 그 한계에 관한 설명 중 가장 옳지 않은 것은? (다툼이 있는 경우 헌법재판소 결정에 의함)
▶ 2015. 3. 7 법원직

① 대통령은 긴급명령을 통하여 국민의 기본권을 제한할 수 있다.
② 기본권 제한의 한계원리인 과잉금지의 원칙은 법치국가원리에 그 바탕을 두고 있다.
③ 법률유보의 원칙은 기본권의 제한에 있어서 법률의 근거뿐만 아니라, 그 형식도 반드시 법률의 형식일 것을 요구한다.
④ 기본권 제한과 관련한 법률의 명확성원칙은 법률을 제정함에 있어서 개괄조항이나 불확정 법개념의 사용을 금지하는 것은 아니다.

☞ ③

③ **제한의 목적** ··· 기본권을 제한하는 목적은 국가안전보장(국가의 독립, 영토의 보전, 헌법과 법률의 기능, 헌법에 의하여 설치된 국가기관의 유지 등과 같은 국가적 안전의 유지), 질서유지(사회의 안녕질서), 공공복리(현대적 복지국가의 이념을 적극적으로 실현하는 의미를 갖는 것으로서 인권 상호간의 충돌을 조정하고 각인의 기본권을 최대한으로 보장하는 사회주의의 원리)의 3가지이다. '국가안전보장'을 위하여 기본권을 제한하는 경우에도 그 제한은 필요·최소한의 제한에 그쳐야 하고, '질서유지'에서의 질서에는 자유민주적 기본질서를 포함하는 헌법적 질서는 물론 그밖의 사회적 안녕질서를 말한다. '공공복리'는 사회구성원 전체를 위한 공공적 이익 즉, 국민공동의 이익을 의미한다. 이러한 공공복리는 우리나라와 같은 사회국가에서는 사회공동생활의 지표인 동시에 국가적 이념이다.

④ **기본권제한의 형식**

　㉠ **법률** : 국회입법의 형식적 법률로서 이는 일반적이어야 하고 개별적인 경우나 개별적인 사항을 내용으로 할 수는 없고 명확해야 하며, 기본권을 제한하는 법률은 제한의 대상이 되는 기본권을 구체적으로 적시해야 한다. 여기서 일반적이어야 한다는 것은 개별적인 경우나 개별적인 사항을 법률의 내용으로 할 수 없다는 것으로 국가의 권력남용을 방지하기 위하여 처분적 법률을 제한하는 것이다. 명확해야 한다는 것은 구체성과 명백성을 가져야 함을 의미하며, 불명확한 경우에는 예측가능성과 법적 안정성을 해하고 국가기관에 의한 자의적 해석이 가능하기 때문이다. 헌법재판소도 법률의 내용이 불명확한 경우에는 막연하기 때문에 무효라고 한다.

　㉡ **명령** : 법률의 위임이 있거나 긴급명령, 긴급재정·경제명령인 경우에는 예외적으로 기본권을 제한할 수 있다.

　㉢ **조약과 국제법규** : 조약과 일반적으로 승인된 국제법규가 법률과 동일한 효력을 갖는 경우 이에 기한 기본권제한은 법률에 의한 기본권제한에 준한다.

⑤ **기본권제한의 필요성과 비례성** ··· 기본권은 제한이 불가피한 경우에 행해져야 하고 그 제한이 최소한에 그쳐야 한다. 비례원칙으로서는 기본권과 공익과의 조정을 위한 이론이 있다. 즉, 이익교량이론, 사전억제금지이론, 제한입법의 명확성과 합리성의 요구, 명백하고 현존하는 위험원칙 등이 그것이다.

POINT 팁 과잉금지원칙과 이중기준의 원칙

㉠ 과잉금지원칙

- 의의 : 기본권을 제한하는 내용의 입법에는 입법권의 한계를 의미하는 과잉금지의 원칙이 존중되어야 함을 의미한다. 이의 내용으로는 목적정당성의 원칙, 방법적정성의 원칙, 침해최소의 원칙, 법익균형성의 원칙이 있다.
- 내용
  - 목적정당성의 원칙 : 기본권을 제한하는 입법은 그 목적이 헌법과 법률의 체계 내에서 정당성을 인정받을 수 있어야 한다는 원칙
  - 방법적정성의 원칙 : 기본권제한의 경우 입법목적을 달성하기 위한 방법으로서 적정한 것이어야 한다는 원칙
  - 침해최소성의 원칙 : 기본권제한의 경우 피해가 필요 최소한의 것이어야 한다는 원칙
  - 법익균형성의 원칙 : 기본권제한과 국민적·사회적 손실을 비교교량하여 양자간에 합리적인 균형관계가 성립하여야 한다는 원칙

㉡ 이중기준의 원칙 : 정신적 자유권은 원칙적으로 제한되지 아니하며, 예외적으로 제한되는 경우에도 그 제한입법의 합헌성 여부에 대한 판단은 경제적 기본권에 대한 그것보다 엄격하지 않으면 아니된다는 원칙이다.

⑥ **본질적 내용의 침해금지** … 기본권을 제한하는 경우에도 자유와 권리의 본질적인 내용을 침해할 수 없다. 여기서 '본질적인 내용'은 당해 기본권의 핵이 되는 실체를 의미하고 이의 '침해'는 그 침해로 인하여 해당 자유나 권리가 유명무실한 것이 되어버릴 정도의 침해를 말한다.

⑦ **헌법재판소와 본질적 침해금지**

㉠ 제37조 제2항의 본질적 내용 침해금지의 원칙은 헌법에서 부여한 기본권을 법률로, 그 범위를 제한할 수는 있으되 제한하여야 할 현실적인 필요성이 아무리 큰 것이고 또 강조될 것이라 하더라도 기본권을 근본적으로 잃게 하는 본질적 내용을 침해하는 기본권침해입법은 허용되지 않는다.

㉡ 본질적 내용 침해금지의 원칙에서 본질적인 내용은 헌법상의 각 기본권마다 가진 특유의 내용이므로 근로 3권의 본질적 내용도 근로 3권의 핵이 되는 실질적 요소 내지 근본요소를 뜻한다 할 것이다. 따라서 근로 3권의 본질적인 내용을 침해하는 경우라고 하는 것은 그 침해로 인하여 근로 3권이 유명무실해지고 근로 3권이 형해화되어 헌법이 근로 3권을 보장하는 궁극적인 목적을 달성할 수 없게 되는 지경에 이르는 경우라고 할 것이다.

3. 기본권의 예외적 제한

(1) 서설

기본권은 평상시에도 제한될 수 있으나, 국가긴급시나 특별권력관계 설정자의 경우에도 제한되는 경우가 있다.

(2) 국가비상시의 제한

① **긴급명령, 긴급재정·경제명령** … 대통령은 국가의 안위에 관계되는 중대한 교전상태에 있어서 국가를 보위하기 위하여 긴급한 조치를 할 필요가 있을 경우에는 긴급명령을 발할 수 있다〈제76조 제2항〉. 또한 긴급재정·경제처분을 하기 위하여 필요한 때에는 긴급재정·경제명령을 발할 수 있다〈제76조 제1항〉. 이들은 법률의 효력을 가지므로 기본권을 제한하거나 기존의 법률을 개폐할 수 있다.

② **비상계엄** … 대통령은 전시·사변 또는 이에 준하는 국가비상사태에 있어서 병력으로서 군사상의 필요에 응하거나 공공의 안녕질서를 유지할 필요가 있을 때에는 법률이 정하는 바에 따라 계엄을 선포할 수 있다〈제77조 제1항〉. 특히 비상계엄이 선포된 때에는 법률이 정하는 바에 따라 영장제도, 언론·출판·집회결사의 자유, 정부나 법원의 권한에 관하여 조치를 할 수 있다〈제77조 제3항〉.

> **POINT 팁** 국가비상시와 기본권제한
> ㉠ **긴급명령 등의 한계**: 국가긴급권의 본질상 기본권제한은 절대로 그 목적일 수가 없고 하나의 수단 내지 방법에 그쳐야 하는데도 불구하고 기본권제한을 그 목적으로 하는 오용된 국가긴급권이 발동되는 경우에는 저항권의 행사가 불가피하다(허영).
> ㉡ **비상계엄의 경우**: 비상계엄시 법률이 정하는 바에 의하여 영장제도, 언론·출판·집회·결사의 자유, 정부나 법원의 권한에 관한 특별한 조치를 할 수 있다〈제77조 제3항〉(※ 계엄법상의 규정: 비상계엄지역에서 군사상 필요할 때에는 체포·구금·압수·수색·거주·이전·언론·출판·집회·결사 또는 단체행동에 대하여 특별한 조치를 할 수 있다〈계엄법 제9조 제1항〉).

(3) 특별권력관계와 기본권

① **의의** … 이의 자세한 내용은 행정법관계에서 다루어진다. 이는 공법상의 특정한 목적을 달성하기 위하여 당사자의 한 쪽이 다른 쪽을 포괄적으로 지배하고 상대방이 이에 복종하는 것을 내용으로 하는 공법상의 특별한 법률관계이다.

② **성립** … 법률규정에 의해서 성립하는 경우와 당사자의 동의 등 특별한 법적 원인에 의거하여 성립하는 경우가 있다.

③ **기본권과의 관계** … 특별권력관계에 있어서도 기본권을 제한할 수 있는가에 대해서 학설대립이 있다. 이에 대해서 일반적인 견해는 '절대적 기본권'에 대해서는 제한이 불가능하지만 '상대적 기본권'은 특별권력관계를 설정한 목적에 비추어 합리적이라고 판단되는 범위 내에서는 제한될 수 있다고 한다.

④ **특별권력관계와 사법적 통제** … 특별권력관계에 있어서의 처분을 사법적 통제의 대상으로 할 수 있는가에 대해서는 부정설, 전면적 긍정설, 제한적 긍정설이 있다. 통설은 제한적 긍정설(특별권력관계를 기본관계와 복무관계로 나누어 기본관계에 관한 처분에 대해서는 사법적 통제가 이루어져야 한다는 견해)을 취한다.

ANSWER

특별권력관계

㉠ 종래이론 : 특별권력관계의 핵심적 이론은 특별권력관계에 있어서는 법치주의가 배제된다는 것으로 특별권력주체는 개별·구체적 법률의 근거없이 일방적으로 명령·강제할 수 있는 포괄적 지배권을 가지고 설정 목적의 범위 내에서 법률의 근거없이 기본권을 제한할 수 있으며, 권력주체의 행위에 대해서는 원칙적으로 사법심사가 미치지 않는다는 것이다.

㉡ 대법원 판례 : 특별권력관계에서도 위법·부당한 특별권력의 발동으로 인하여 권리를 침해당한 자는 그 위법·부당한 처분의 취소를 구할 수 있다.

㉢ 헌법재판소 결정 : 경찰공무원을 비롯한 공무원의 근무관계인 이른바 특별권력관계에 있어서도 일반행정법 관계에 있어서와 마찬가지로 행정청의 위법한 처분 또는 공권력의 행사·불행사 등으로 권리 또는 법적 이익을 침해당한 자는 행정소송 등에 의하여 그 위법한 처분 등의 취소를 구할 수 있다고 보아야 할 것이다.

SECTION 5 기본권의 침해와 구제

1. 서설

(1) 의의

기본권의 보장이 완전하게 되려면 기본권이 침해되지 않도록 사전에 예방적 조치를 강구해야 하며, 현실적으로 기본권이 침해된 경우 침해의 배제와 아울러 사후의 구제절차가 완비되어야 한다. 제10조 제2문은 "국가는 개인이 가지는 불가침의 기본적 인권을 확인하고 이를 보장할 의무를 진다."라고 하여 국가의 기본권확인과 기본권보장의무를 규정하고 있다. 기본권보장의무는 법적 의무이지만 이때의 보장은 국가가 개인의 기본적 인권을 침해해서는 아니된다는 소극적 의미 외에 기본적 인권을 적극적으로 보호하고 실현해야 한다는 의미를 동시에 갖는다.

(2) 침해의 형태

기본권의 침해주체가 누구인가에 따라 국가에 의한 침해와 사인에 의한 침해로 나눌 수 있고 침해기관에 따라 입법기관, 행정기관, 사법기관에 의한 침해로 세분된다. 국가기관에 의하여 기본권이 침해된 경우 그에 대한 헌법상의 구제제도로서는 청원을 비롯하여 손실보상, 국가배상, 재판의 청구 등의 방법과 저항권행사 등이 있다.

문. 현행법과 이론상 기본권의 침해에 따른 구제책으로 인정되지 아니하는 것은?

① 진정입법부작위에 대한 헌법소원
② 헌법개정의 국민발안
③ 행정기관에 대한 부작위위법확인소송
④ 위헌법률에 대한 구체적 규범통제

☞ ②

2. 입법기관에 의한 침해와 구제

(1) 침해

입법은 기본권에 의해 제약을 받으며, 기본권을 침해하는 입법은 위헌이 된다.

(2) 구제

① 적극적 입법에 의한 침해와 구제 … 기본권을 침해하는 입법이 행해지면 법률에 근거하여 행하여진 행정처분에 대하여 행정소송을 제기하면서 근거법률의 위헌 심사를 구하거나 법률에 대한 헌법소원을 제기함으로써 침해를 구제받을 수 있다〈제111조〉.

② 입법의 부작위에 의한 침해와 구제 … 국가의 적극적 입법이 요구되는 기본권에 있어서 입법의 부작위는 곧 기본권을 침해하는 것이 된다. 입법부작위에 의한 기본권침해는 정치적 기본권, 청구권적 기본권, 사회적 기본권 등 국가의 적극적 입법이 요구되는 기본권분야에서 주로 문제된다. 이에 대한 구제수단으로는 청원 및 선거가 있다.

> ☞ 입법부작위에 대한 소구문제 … 입법부작위에 의한 기본권침해시 재판적 구제가 가능할 것인가에 대해 견해가 대립된다. 입법이 전혀 없거나 불충분한 경우 헌법의 규정만으로 사법적 구제는 청구할 수 없고 법원에 그에 관한 법률의 제정을 소구하거나 충분한 내용의 입법으로 개정할 것을 소구하는 것은 사법권의 범위를 벗어나는 것이 되어 불허된다.

ANSWER

입법행위의 소구청구권의 불인정
헌법재판소는 "입법행위의 소구청구권은 원칙적으로 인정할 수 없다. 입법부작위에 대한 헌법소원은 헌법에서 기본권을 보장하기 위하여 명시적인 위임입법을 하였음에도 불구하고 입법자가 이를 이행하지 아니한 경우와 헌법해석상 특정인에게 구체적인 기본권이 생겨 이를 보장하기 위한 국가의 작위의무 내지 보호의무가 발생하였음에도 불구하고 아무런 입법조치를 취하지 아니한 경우에 한정된다."고 하였다.

3. 행정기관에 의한 침해와 구제

(1) 침해

행정기관에 의한 기본권침해로는 기본권침해를 내용으로 하는 법률을 적용하여 생기는 경우, 법률의 해석적용을 잘못하여 생기는 경우, 법을 위반하여 기본권을 침해하는 경우, 행정기관의 부작위에 의한 기본권침해가 있다.

문. 입법에 의한 기본권침해시 그 구제에 관한 설명 중 가장 옳지 않은 것은?

① 입법예고제를 통한 사전적·예방적 보호수단도 중요하다.
② 포괄적 위임입법의 금지도 역시 입법에 의한 기본권침해를 막는 기능을 한다.
③ 법률의 적용에 의하여 구체적 기본권침해가 발생되었고, 그 법률이 재판의 전제가 되었을 때에는 위헌법률심판제도를 통한 구제가 가능하다.
④ 입법부작위의 경우에는 입법자의 형성의 자유 때문에 구제가 불가능하다.

☞ ④

(2) 구제

크게 나누어 행정기관에 의한 구제(청원, 행정심판, 손해배상, 행정절차, 손실보상제도, 행정기관의 내부의 감독청에 의한 직권취소나 정지, 공무원의 징계책임의 추궁)와 사법기관에 의한 구제(행정소송, 명령·규칙 심사제도, 형사보상제도, 기타 당해 공무원에 대한 민·형사책임의 추궁 등) 및 헌법재판소에 의한 구제가 있다. 즉, 위헌적인 행정처분으로 말미암아 기본권이 침해된 경우에는 최종적으로 헌법재판소의 헌법소원심판〈제111조 제5호〉을 통하여 구제받을 수 있다.

4. 사법기관에 의한 침해와 구제

(1) 침해

사법기관에 의하여 기본권이 침해되는 경우는 흔하지 않으나 위헌법률의 적용, 판단의 잘못, 사실인정에서의 오인 등으로 인한 오판에 의한 침해, 유죄판결이 확정되기 전에 형사피고인을 유죄인으로 취급하는 것, 재판지연에 의한 신속한 재판을 받을 권리를 침해하는 것 등의 유형이 있을 수 있다.

(2) 구제

사법기관에 의한 기본권침해의 경우 상소, 재심, 비상상고, 형사보상에 의한 구제가 있다(형사피고인으로 구금되었던 자가 무죄판결을 받은 경우의 형사보상청구〈제28조〉). 형사보상결정의 요지를 일간신문에 공시하도록 신청할 수 있으며〈형사보상 및 명예회복에 관한 법률 제25조 제1항〉, 형사피해자는 재판절차에서 진술의 기회를 요구할 수 있다.

5. 사인에 의한 침해와 구제

(1) 침해

사인(私人)에 의하여 기본권이 침해되는 경우로는 사인간에 불법행위에 의한 것, 합의나 협정 또는 자율적 규제의 이름 아래 당사자나 제3자의 기본권을 침해하는 일이 일어난다.

(2) 구제

범죄로서 형사상의 제재를 가하거나, 민사상의 손해배상, 위자료 혹은 사죄광고 등의 책임을 추궁하거나 기본권의 침해가 합의나 협정 등의 방법으로 행해질 경우에는 기본권의 대사인적 효력에 따라 해결하면 된다. 또한 타인의 범죄행위로 인하여 생명, 신체에 대한 피해를 입는 경우에 그 피해자는 법률이 정하는 바에 의하여 국가로부터 구조를 받을 수 있다〈제30조〉.

기본권 총론

1 기본권의 주체에 관한 서술로 타당성이 가장 적은 것은? (다툼이 있는 경우 판례에 의함)

① 기본권의 성질상 인간의 권리에 해당하는 기본권은 외국인도 그 주체가 될 수 있다고 할 때 그것은 기본권행사능력을 가짐을 의미한다.

② 태아의 경우에는 생명권 등 한정된 기본권에 대해서만 그 주체가 될 수 있다.

③ 미성년자의 인격권은 성인과 마찬가지로 헌법 제10조에 의하여 보호된다.

④ 최소한의 근로조건을 요구할 수 있는 권리는 자유권적 기본권의 성격도 가지는 만큼 외국인 근로자에게도 그 기본권 주체성이 인정된다.

✎Advice ① 기본권행사능력이 아닌 기본권향유능력을 가짐을 의미한다.

2 기본권논리에 관한 다음 연결 중 잘못된 것은?

① C. Schmitt – 기본권의 양면성이론

② P. Haberle – 제도적 기본권이론

③ R. Smend – 가치체계로서의 기본권이론

④ H.C. Nipperdey – 기본권규정의 한정적 직접효력이론

✎Advice ① 기본권의 양면성이론이란 기본권은 주관적 공권으로서의 성격뿐만 아니라 객관적 질서(법규범)로서의 성격도 갖고 있다는 것으로 K. Hesse, R. Smend 등 통합론자들이 주장하였다.

3 다음 중 현대국가에서의 기본권이념의 확대와 변화와 무관한 것은?

① 사회적 인간으로서의 생존권적 기본권의 확대

② 국제적 평화주의의 확대로 기본권의 국제화경향

③ 기본권의 자연권성의 강조로 국가에 의하여도 제한할 수 없는 절대적 기본권의 확대

④ 기본권의 상대화경향

✎Advice 현대국가에서 기본권의 자연권성이 강조되었지만 국가권력에 의해서도 제한할 수 없는 무제한의 절대적 기본권이 확대된 것은 아니다. 오히려 오늘날 사회적 기본권의 확대로 자유권에 대한 제한이 불가피한 실정이다.

Answer 1.① 2.① 3.③

4 기본권을 인간의 권리와 국민의 권리로 나누어 설명할 수 있다. 아래의 권리 중 인간의 권리에 속하는 것은?

> ㉠ 종교의 자유 ㉡ 양심의 자유
> ㉢ 평등권 ㉣ 선거권
> ㉤ 행복추구권

① ㉠㉡㉢㉣㉤
② ㉠㉡㉢㉤
③ ㉠㉡㉢㉣
④ ㉠㉡㉣㉤

 **Advice** 인간의 권리는 내국인·외국인 불문하고 적용하는 천부인권이며, 국민의 권리는 국내법에 따라 적용되는 국가내적인 국민의 권리이다. '선거권'은 국가 내적인 참정권이다.

5 다음 중 제도적 기본권이념과 관계가 없는 것은?

① 자유는 결코 제도가 아니다.
② M. Hauriou의 제도이론에서 유래한다.
③ 기본권은 개인권적 측면과 객관적·제도적 측면의 이중성을 강조한다.
④ 기본권은 단순한 상태일 뿐만 아니라 과정이기도 한다.

Advice 제도적 기본권이론을 주장한 P. Haberle에 의하면 개인의 자유는 제도로서만 그 의미를 갖게 된다. 그리고 기본권에 대한 법적 규제는 기본권을 제한하기 위한 것이 아니라 기본권을 실현하고 구체화하기 위한 것으로 이해하여야 한다.

6 헌법이 일정한 경제, 사회, 문화, 교육, 직업, 근로 등의 질서를 보장하는 규정을 둔 결과 국민이 누리는 기본권을 의미하는 것은?

① 부진정한 기본권
② 상대적 기본권
③ 절대적 기본권
④ 진정한 기본권

Advice 진정한 기본권이란 개인의 실질적인 권리로서 주관적 공권을 의미하나, 부진정한 기본권이란 헌법이 일정한 질서나 제도를 규정한 결과 반사적으로 누리는 기본권을 말한다.

7 법인의 기본권 주체성과 관련하여 학설과 그 내용이 잘못 연결된 것은?

① 결단주의 – 공법인의 기본권 주체성 긍정
② 결단주의 – 사법인의 기본권 주체성 부정
③ 법실증주의 – 사법인의 기본권 주체성 긍정
④ 통합과정론 – 공·사법인의 기본권 주체성 긍정

Advice ①② 결단주의는 기본권을 인간의 천부적·전국가적 권리 즉, 인간의 권리로 보게 되므로 법인은 기본권의 주체가 될 수 없다.
③ 법실증주의는 기본권의 항유주체는 국민에 한하게 되나 법인은 자연인과 규범적 일원체이므로 법인에게도 기본권의 주체성을 인정하게 된다. 다만, G. Jellinek는 지방자치단체에게 독자적 결정권을 인정하여 제한된 범위에서 공법인의 기본권 주체성을 긍정한다.
④ 통합주의에서 국가는 정치적 생활공동체의 동화적 통합과정이므로 법인의 기본권 주체성을 인정하게 된다.

8 외국인도 우리 국민과 동등하게 보장되고 있는 것은?

① 생활보호를 받을 권리
② 형사보상청구권
③ 국회의원선거권
④ 출입국의 자유

Advice 외국인에게 주체성이 인정되는 기본권은 재판청구권, 학문의 자유, 행복추구권, privacy의 권리, 영장제도, 형사보상청구권 등 인간의 권리로서 천부적·자연권적 성격을 갖는 기본권은 외국인에 대해서도 보장된다.
④ 외국인의 출입국의 자유에 관해서는 그에 관한 특별한 조약이 없는 한 입국을 허가할 의무는 없다. 다만, 입국을 허가받은 외국인에게는 출국의 자유가 보장된다.

9 기본권의 양면성이론에 대한 설명으로 잘못된 것은?

① 결단주의헌법관에 기초한 것이다.
② 이 이론의 입장에서 보면 기본권의 포기는 금지된다.
③ 국가권력이 기본권에 기속되는 것이 당연하다고 본다.
④ 양면성이란 기본권의 주관적 공권성과 객관적 질서성을 말한다.

Advice ① 기본권의 양면성이론의 기초는 통합주의이다.

Answer   4.② 5.① 6.① 7.① 8.② 9.①

10 미국 판례상 기본권규정의 사법관계에의 효력확장이론의 이론적 근거에 해당하지 않는 것은?

① 공서양속의 이론
② 국가재산의 이론(State Property Theory)
③ 국가원조의 이론(State Assistance Theory)
④ 사법적 집행의 이론(Judicial Enforcement Theory)

Advice 미국에서는 인종차별문제의 해결을 중심으로 사인간에도 기본권의 효력을 넓게 적용시키려는 이론(국가유사설) 헌법판례(Shelly v. Kramer)를 중심으로 형성되었다. 국가유사설이란 사인 또는 사적 단체에 의한 기본권침해의 경우 이를 사인간에 적용하기 위해서는 기본권의 침해가 국가의 행위와 동일시되거나, 적어도 국가작용인 것처럼 의제되어야 한다는 것을 의미한다. 이에는 사인간에 기본권침해가 발생된 때 법원의 판결에 의하여 그것이 집행된 경우에는 그 집행이 위헌적인 국가행위가 된다는 사법적 집행의 이론(Shelly v. Kramer), 국가적 시설을 임차한 자가 그 시설을 통하여 개인의 기본권을 침해한 경우에는 그 침해행위를 국가행위로 보는 국가재산의 이론(Turner v. City of Memphis), 국가로부터 재정적 조세감면을 받은 개인의 행위를 국가행위와 동일시하여 기본권을 적용한다는 국가원조의 이론(Norwood v. Harrjson), 국가적인 통치작용과 유사한 사실상의 지배가 행하여진 경우 이를 국가적 행위로 보는 통치기능의 이론(Smith v. Allwright) 등이 있다.
① 공서양속의 이론 또는 간접적용설은 독일에서 논의된 이론이다.

11 다음 중 헌법상에 명문으로 규정되어 직접적으로 제3자적 효력이 발생되는 기본권은?

① 직업선택의 자유
② 언론·출판의 자유
③ 사생활 비밀의 자유
④ 거주·이전의 자유

Advice 헌법 제21조 제4항은 "언론·출판은 타인의 명예나 권리 또는 공중도덕이나 사회윤리를 침해해서는 아니 된다. 언론·출판이 타인의 명예나 권리를 침해한 때에는 피해자는 이에 대한 피해의 배상을 청구할 수 있다."라고 규정하고 있다. 따라서 언론·출판의 자유는 헌법의 명문규정에 의하여 직접적으로 대사인적 효력을 갖는 기본권이다.

12 기본적 인권에 관한 규정이 사법관계에도 적용된다는 견해가 갖는 문제점으로 볼 수 있는 것은?

① 인권보장의 철저
② 기본권의 기능변천의 강조
③ 사법의 사회화·국가화
④ 헌법의 내용변천의 강조

Advice 기본권이 사법관계에 직접 적용될 때 제기되는 문제점으로는 첫째 사적 자치를 제한하게 되고, 둘째 사법관계의 국가권력에의 구속은 사법의 국가화를 초래할 우려가 있으며, 셋째 사인 상호간의 관계에 무조건 기본권의 구속력을 확대적용하는 것은 개인의 자유가 국가권력에 대해서는 자유이지만 사인간에는 부자유라는 결과를 가져와 기본권 그 본래의 제도적 목적에 반하게 된다.

13 다음은 기본권의 대국가적 효력에 관한 설명이다. 잘못된 것은?

① 인간의 존엄규정은 모든 국가권력을 구속한다.
② 기본권의 보장은 국가권력의 침해를 방지하기 위한 것이다.
③ 기본권의 규정은 원칙적으로 모든 국가권력을 구속한다.
④ 비권력적인 관리행위에는 기본권규정이 적용되지 아니한다.

Advice 비권력적인 관리행위 또는 국고행위라도 국가의 행위인 이상 기본권규정에 구속된다. 즉 기본권은 모든 국가권력을 구속한다.

14 한국 헌법상의 기본권체계에 관한 설명 중 옳지 않은 것은?

① 헌법 제37조 제1항은 기본권이 실정법상의 권리임을 명시한 규정이다.
② 인간의 존엄성존중의 규정은 모든 기본권보장의 궁극적 목적조항이다.
③ 헌법 제11조에서 제36조까지의 기본권은 인간의 존엄성존중을 실현하기 위한 수단조항이다.
④ 헌법에 열거되지 아니한 자유와 권리도 넓은 의미의 기본권으로서 보장된다.

Advice 헌법 제37조 제1항은 기본권의 자연권성을 선언한 규정이다. 국민의 자유와 권리는 헌법에 열거되지 아니한 이유로 경시되지 아니한다〈헌법 제37조 제1항〉.

15 기본권의 갈등에 관한 설명으로 잘못된 것은?

① 동일한 기본권주체가 동시에 여러 가지의 기본권을 주장하는 경우가 기본권의 경쟁관계이다.
② 다른 기본권주체가 서로 상충하는 이해관계에서 각각 기본권을 주장하는 경우가 기본권의 충돌이다.
③ 동위의 기본권이 충돌한 경우에는 평등·재산적 기본권보다 자유·인격권이 우선된다.
④ 기본권의 경쟁은 주로 기본권의 제3자적 효력과 관계되나, 기본권의 상충은 주로 기본권의 대국가적 효력에 관한 문제이다.

Advice ④ 기본권의 경쟁은 주로 기본권의 대국가적 효력에 관한 문제인 데 대하여 기본권리 상충(충돌)은 주로 기본권의 제3자적 효력과 관계된다.

Answer 10.① 11.② 12.③ 13.④ 14.① 15.④

16 다음 중 기본권경합의 해결방법에 관한 설명으로 타당하지 아니한 것은?

① 최강효력설이 통설이므로 모든 기본권의 경합은 최강효력설에 의하여 해결될 수 있다.

② 여러 기본권 중에서 문제의 사안과 가장 직접적 관계가 있는 기본권이 우선 적용된다.

③ 문제의 사안과 관련성이 동등할 경우에는 그 효력이 가장 강한 기본권이 적용된다.

④ 각 기본권의 효력이 동등한 경우에는 문제의 사안과 관련이 있는 모든 기본권이 적용된다.

> **Advice** 기본권의 경합을 해결하는 원칙에 관해서는 최약효력설과 최강효력설이 있으나, 후설이 다수설이다. 모든 기본권의 경합을 최강효력설에 따라서만 해결하려고 하는 경우에는 경합관계에 있는 기본권 중에서 구체적 사안과 가장 밀접한 관계에 있는 핵심적 기본권이 오히려 무시되는 경우도 생길 수 있고, 기본권 상호간의 효력의 우열도 일률적으로 판단하기 곤란한 점이 있다. 따라서 기본권이 경합하는 경우에는 문제의 사안과 가장 직접적 관계가 있는 기본권이 우선 적용되고(직접관련기본권적용의 원칙), 문제의 사안과 관련성이 동등할 경우에는 최강효력설에 따라 그 효력이 가장 강한 기본권이 적용되며(최강력기본권적용의 원칙), 각 기본권의 효력이 동등한 경우에는 문제의 사안과 관련이 있는 모든 기본권이 적용되어야 한다(관련기본권전부적용의 원칙)고 본다.

17 다음의 기본권의 충돌에 관한 기술 중 타당하지 아니한 것은?

① 기본권의 대국가적 효력과 무관한 문제이다.

② 상이한 기본권주체가 상충하는 이해관계의 다툼에서 자기이익을 위하여 각기 나름대로의 기본권의 효력을 주장하는 경우를 말한다.

③ 궁극적으로 대립하는 상이한 기본권주체와 국가권력의 삼각관계의 문제라 할 수 있다.

④ 기본권의 충돌이 주로 기본권의 제3자적 효력과 관계되는 반면, 기본권의 경합은 주로 기본권의 대국가적 효력과 관계된다는 점에서 기본권의 경합과 다르다.

> **Advice** ① 기본권의 충돌은 대립하는 상이한 기본권주체와 국가권력의 삼각관계의 문제로서 결코 기본권의 대국가적 효력과 무관하지 않다.

18 제도적 보장에 관한 설명으로서 옳지 않은 것은?

① 객관적 질서를 보장한다.

② 제도적 보장의 침해는 그 자체로서 소권을 발생시킨다.

③ 입법에 의한 본질훼손을 금지한다.

④ 기본권보장의 효과를 수반한다.

> **Advice** 제도적 보장은 그 자체만을 직접근거로 하여 소권이 발생하지는 않는다. 기본권과 중복적인 경우만 기본권침해에 의해 소권이 발생한다. 그리고 제도적 보장이란 역사적으로 형성된 기존의 객관적 제도자체를 보장하기 위한 것이므로 기본권과의 관련성이 없는 경우(직업공무원제·지방자치제)에는 기본권침해의 문제는 발생하지 않는다.

19 기본권제한에 관하여 옳지 않은 것은?

① 기본권의 제한과 보장은 법익의 추상적 가치형량의 원칙에 따라 결정되어야 한다.
② 특별권력(특수신분)관계에 있는 사람의 기본권제한은 그 관계설정의 목적달성에 필요한 한계 내에서만 가능하다.
③ 기본권의 제한은 그 자체가 목적이 아니라 기본권과 타법익의 보호를 위해 필요한 것이다.
④ 기본권의 제한이란 기본권 상호간 또는 기본권과 타법익 상호간의 정서를 의미한다.

> **Advice** ① 기본권의 제한과 보장은 추상적 가치형량의 원칙에 따를 것이 아니라 최소제한의 원칙, 이중기준의 원칙, 이익형량의 원칙 등에 따라 결정되어야 한다.

20 현행 헌법상 기본권침해에 대한 구제제도로서 타당하지 않은 것은?

① 청원
② 위헌법률심사제
③ 저항권
④ 헌법소원

> **Advice** ③ 저항권은 현행 헌법상 인정되는 구제제도가 아니다. 대법원은 민청학련사건과 김재규사건에서 저항권을 부인하였다.

21 기본권제약사유로서 공공복리의 의미내용에 해당하지 아니하는 것은?

① 일시적인 정부의 이익을 위한 기본권의 제한
② 민주적 기본질서를 수호하기 위한 자유의 제한
③ 명백하고 현존하는 위기에 대비하기 위하여 필요한 예방적 조치로서 인정되는 기본권의 제한
④ 공중도덕이나 사회논리를 수호하기 위한 자유의 제한

> **Advice** 공공복리라고 할 때 넓게 파악하면 인류적 복리, 사회적 복리, 국가적 복리를 모두 포함한다. 여기서는 광의로 파악하고 있다.

22 다음 내용 중 옳은 것은?

① 기본권은 국가비상시에는 정지된다.
② 기본권의 본질적 내용은 법률에 의해서 침해할 수 없다.
③ 국민의 권리와 자유는 헌법에 열거된 것에 한하여 보장된다.
④ 행정부의 재량처분에 의해서도 기본권은 제한될 수 있다.

> **Advice** 기본권의 본질적 내용은 당해 기본권의 핵이 되는 실체를 말하고, 본질적인 내용의 침해는 그 침해로 말미암아 당해 자유나 권리가 유명무실한 것이 되어버리는 정도의 침해를 말한다.

 **Answer** 16.① 17.① 18.② 19.① 20.③ 21.① 22.②

02 기본권 각론

SECTION 1 포괄적 기본권

1. 인간의 존엄과 가치

(1) 서설

① **의의** … 헌법상 인간의 존엄과 가치는 인간일반에게 고유한 가치로 간주되는 존귀함 즉, 인격성 내지 인격주체성을 의미한다. 제10조 제1문은 "모든 국민은 인간으로서의 존엄과 가치를 가진다."고 규정하고 있다. 이 조항은 주관적으로는 모든 인간은 인간으로서의 존엄과 가치를 소유한다는 것을, 객관적으로는 인간으로서의 존엄과 가치를 공권력은 물론 개인도 존중해야 한다는 것을 확인한 것이다.

② **성격** … 인간의 가치는 인간에 대한 절대적 평가이다. 여기의 '인간'은 고립된 개체로서의 개인주의적 인간상이 아니고 사회에서의 대립관계에서 인간고유의 가치를 훼손하지 않으면서 사회관련성과 사회구속성을 인정하는 인간상이다.

> **POINT 팁** 인간의 존엄성존중의 지위와 입법례
> ㉠ **지위**: 인간의 존엄성존중의 원리는 도덕적 차원에서는 윤리적 가치를 의미하고 법적 차원에서는 초국가적 자연법적 원리를 의미하며, 실정법화된 경우 법규범성을 갖게 된다. 인간의 존엄성존중원리는 모든 기본권의 이념적 기초인 동시에 헌법해석상 최고가치기준이 된다.
> ㉡ **입법례**: 제2차 세계대전 중 진행된 전체주의국가의 비인간적인 만행에 대한 반성의 결과 인간존엄성보장이 국제조약 및 헌법으로 실정법화하였다. 구체적으로 서독 기본법, 일본 헌법, 이탈리아 헌법에 규정되었고 우리나라는 제5차 개정헌법 이래 규정되어 왔다. 그리고 국제적으로는 국제연합규정, 세계인권선언, 유럽인권협정 등에서 이를 규정하고 있다.

(2) 법적 성격

① **최고의 헌법적 원리** … 인간의 존엄과 가치는 모든 기본권의 이념적 전제가 되고 모든 기본권보장의 목적이 되는 기본권리 즉, 최고의 헌법적 원리이다.

② **근본규범성** … 이는 헌법의 기본권 존중의무를 규정한 최고의 국가구성원리로서 모든 기본권규정을 해석하는 가치기준이며, 기본권제한 및 헌법개정의 한계가 된다. 그외에 구체적인 규범성으로는 인간의 가치는 물적 가치보다 우선한다(인간우선의 원리). 국가와 국민의 공동생활상의 실천목표를 제시한

문. 인간의 존엄과 가치에 대한 헌법적 의미가 아닌 것은?

① 인간존엄권은 민주제 국가의 기본적 지침으로도 된다.
② 인간존엄권은 국가권력에 대한 직접적인 구속규범은 아니다.
③ 인간존엄권의 적극적 의미는 국가는 개인의 기본권보장을 위해서 존재한다는 것이다.
④ 인간존엄권의 소극적 의미는 국가와 개인의 충돌시 개인이익의 우위성을 추정케 한다.

☞ ②

것이다(국가적 · 국민적 실천목표). 헌법규정이나 법령흠결시 보완하는 원리가 된다(법의 보완원리). 모든 국가적 활동의 법적 효력이나 정당성이 문제될 경우 그에 관한 최종적 가치판단의 기준이 된다(국가작용의 가치판단의 기준).

③ 다른 기본권조항과의 관계
　㉠ 다른 기본권조항과는 목적과 수단의 관계에 있다. 헌법에 열거된 기본권보장의 목적은 결국 인간으로서의 존엄과 가치를 존중하고 구현하려는 것이고 인간으로서의 존엄과 가치는 제11조부터 제36조에 걸쳐 열거된 개별적 기본권의 보장에 의해서 실현된다.
　㉡ 제37조 제1항과의 관계 : 제37조 제1항은 일반적으로 기본권의 전국가성과 포괄성을 선언한 주의적 규정으로 보고 있는데, 구체적으로 헌법에 열거되지 않은 자유와 권리로는 어떤 것이 있느냐에 있어 인간으로서의 존엄과 가치는 그 판단기준이 된다.
　㉢ 제37조 제2항과의 관계 : 자유와 권리의 제한도 그 본질적 내용을 침해하지 못하는 바 여기서 자유와 권리의 본질적 내용을 판단하는 데 있어서 인간으로서의 존엄과 가치는 그 해석기준이 된다.

(3) 보장수단과 적용범위

① 보장수단 … 인간으로서의 존엄과 가치를 실현하기 위한 적극적 내용 내지 수단으로서 헌법에 규정된 것 외에 생명권, 일반적 행동의 자유, 평화적 생존권 등 헌법에 열거되지 않은 자유와 권리도 포함된다.

② 적용범위 … 모든 국민은 인간으로서의 존엄과 가치를 가진다. 외국인, 태아, 정신병자, 유아, 범죄인 등도 포함된다. 그러나 법인, 결사에게는 적용되지 않는다.

③ 제한과 한계 … 인간의 존엄과 가치도 제37조 제2항에 의하여 법률로 제한할 수 있으나, 그 본질적 부분은 침해할 수 없다. 인간으로서의 존엄과 가치를 침해하는 기본권제한은 그것이 아무리 법률에 의해서 행해진다 하더라도 결코 용납되지 않는다.

(4) 법적 효력

① 대국가적 효력 … 인간의 존엄과 가치는 대한민국의 모든 법질서를 지배하는 법원리이고 국가권력에 대해서는 실천기준이 되며, 국민에 대해서는 행동규범이 되는 대국가적 효력을 갖는다.

② 대사인적 효력 … 공서양속 등의 사법의 일반규정을 통해 대사인간에도 간접적으로 적용된다.

2. 행복추구권

(1) 서설

① **헌법규정** : 헌법은 인간의 존엄과 가치존중에 관한 규정〈제10조〉에서 행복추구권을 함께 보장하고 있다. "모든 국민은 행복을 추구할 권리를 가진다."가 그것이다. 행복추구권은 인간으로서의 평온감을 느끼면서 만족스런 삶을 영위하는 권리이다.

② **성질** : 행복추구권이 무엇인가에 대해서는 학자마다 다르나, 공통적인 것으로는 자연권이다. 포괄적·종합적 성질을 갖는다. 행복추구권은 신체의 자유, 양심의 자유와 같은 의미 내용을 갖는 소극적·방어적 성질을 갖는 권리인 동시에 청구권적 기본권, 정치적 기본권과 같은 의미내용을 갖는 적극적·능동적 성질의 권리이기도 하다.

(2) 주체와 내용

① **주체** : 이는 인간의 권리이므로 국민뿐만 아니라 외국인도 향유할 수 있는 권리이다. 그러나 자연인에 국한되고 법인은 그 주체가 될 수 없다.

② **내용** : 이의 내용은 명확히 열거할 수는 없으나 일반적으로 생명권, 신체를 훼손당하지 아니할 권리, 자유로운 활동과 인격발전에 관한 권리, 평화적 생존권, 휴식권, 수면권, 소비자의 권리, 일조권, 스포츠권 등을 들고 있다.

③ **인간의 존엄성존중과의 관계** : 행복추구권은 인간으로서의 존엄과 가치를 실현하기 위한 수단이 되는 포괄적 권리이다.

④ **다른 개별적 기본권과의 관계** : 행복추구권은 다른 개별적 기본권조항에 의해 해결되지 않을 때에 보충적으로 적용되는 관계에 있다.

(3) 효력과 한계 및 제도

① **효력** : 대국가적 효력과 대사인적 효력을 모두 갖는다. 그러므로 국가나 사인에 의해서 침해 내지 방해받을 때에는 침해행위배제청구와 침해예방청구에 의하여 구제받을 수 있다.

② **한계** : 행복추구권도 다른 기본권과 마찬가지로 남용될 수 없고 타인의 행복추구권을 방해하지 않는 한도 내에서 보장된다.

③ **제한** : 행복추구권도 반사회적 행위를 수반하는 경우에는 제한될 수 있으나, 본질적 내용은 침해될 수 없다.

문. 행복추구권과 인격권에 관한 설명으로 옳지 않은 것은?

① 수사 및 재판단계에서 미결수용자에게 재소자용 의류를 입게 하는 것은 인간으로서의 존엄과 가치에서 유래하는 인격권과 행복추구권을 침해하는 것이다.
② 인격권과 개성의 자유로운 발현권은 인간의 존엄과 가치에서, 일반적인 행동의 자유권은 행복추구권에서 나온다.
③ 행복추구권도 권리의 일종이므로 이를 침해당한 경우에는 헌법소원을 청구할 수 있다.
④ 정정보도청구권은 일반적 인격권에 바탕을 두고 있다.

☞ ②

문. 행복추구권에 관한 설명 중 가장 옳지 않은 것은? (다툼이 있는 경우 헌법재판소 결정에 의함)

▶ 2015. 3. 7 법원직
① 행복추구권은 포괄적이고 일반조항적인 성격을 가진 기본권이다.
② 행복추구권은 국민이 행복을 추구하기 위하여 필요한 급부를 국가에게 적극적으로 요구할 수 있는 권리는 아니다.
③ 행복추구권은 다른 기본권에 대한 보충적 기본권으로서의 성격을 가진다.
④ 행복추구권은 현행 헌법인 제6공화국 헌법에서 최초로 규정되었다.

☞ ④

3. 법 앞의 평등

(1) 서설

① **헌법규정** ··· 헌법은 전문에서 그리고 제32조 제4항(여성근로자의 차별금지), 제31조 제1항(교육의 기회균등), 제36조 제1항(양성의 평등), 제41조 제1항 (선거에 있어서의 평등), 제119조 제2항의 균형있는 국민경제의 성장, 제123조 제2항의 지역간의 균형있는 발전 등에서 평등권 및 평등원칙에 관해 규정하고 있다.

② **연혁과 입법례**

ㄱ **연혁** : 평등사상은 고대의 정의관념에서 중세의 신 앞의 평등사상을 거쳐 자연법사상에 의해 법 앞의 평등사상으로 발전하였다.

ㄴ **입법례** : 평등사상은 미국의 독립선언, 프랑스의 인권선언 그리고 각국의 헌법에 실정화되었다. 근대에 있어서의 평등개념은 단순한 형식적 평등이었으나, 현대에 이르러서는 생존의 평등을 의미하는 실질적 평등으로 변화하였다.

(2) 평등권

① **의의 및 성질**

ㄱ **의의** : 국가로부터 차별대우를 받지 아니하고 또 국가에 대하여 평등한 대우를 요구할 수 있는 국민의 주관적 공권을 의미한다.

ㄴ **성질** : 포괄적 · 종합적 성격을 가진 권리이다. 평등은 객관적 법질서인 동시에 주관적 공권을 가지는 것으로서, 불평등한 입법에 대해서는 위헌심사를 요청하고 불평등한 행정처분이나 재판에 대해서는 행정소송 또는 상소를 제기할 수 있다.

② **자유권과의 관계** ··· 평등권을 자유권의 일종으로 보는 견해도 있으나, 이는 국가에 대하여 평등보호를 구하는 권리로서 다른 모든 기본권에 적용되는 권리이므로 자유권과는 다르다는 것이 통설이다.

③ **주체와 내용**

ㄱ **주체** : 평등권의 향유주체는 개인뿐 아니라 법인, 권리능력 없는 사단이나 재단도 포함된다. 이는 인간의 권리이므로 외국인도 포함한다(통설). 다만, 외국인에 대해서는 국제법규와 상호주의에 따라 다소의 제한이 따른다.

ㄴ **내용** : 법 앞의 평등에 있어서 여기의 '법 앞의'는 평등설, 즉 법의 적용뿐만 아니라 법의 제정까지도(즉, 입법자도 구속) 포함한 모든 국가작용에 대한 제한원리로 보는 것이 통설이다. 여기의 '평등'은 절대적 평등이 아니라 상대적 평등이다(통설). 상대적이라 함은 모든 인간은 평등하게 대우하되 정당한 이유가 있거나 합리적 근거가 있는 차별은 허용된다는 의미이다. 법 앞의 평등에서의 '법'은 의회가 제정한 형식적 의미의 법률에 국한되지 않고 성문 · 불문을 가리지 않고 국내법과 국제법을 가리지 아니하며 헌법, 법률, 명령, 규칙 등 모든 법규범이 포함된다. 상대적 평등을 의미하는 법 앞의 평등의 기준은 자의의 금지 또는 합리성이 된다.

문. 평등권에 관한 설명으로 옳지 않은 것은?

① 남녀의 사실적 · 생리적 차이에 의한 차별은 인정된다.

② 중학교 1학년에게만 의무교육의 혜택을 부여하고, 2 · 3학년에게는 그 혜택을 부여하지 않더라도 평등의 원칙에 위반되지 않는다.

③ 무소속후보자보다 정당공천후보자에게 유리한 선거제도는 선거운동의 기회균등의 원칙에 위배되어 어떠한 경우에도 허용될 수 없다.

④ 잠정적 우대조치(affirmative action)는 기회의 평등보다 결과의 평등을 추구한다.

☞ ③

문. 다음 중 평등권에 관한 헌법재판소의 결정례와 다른 것은?

① 국가를 상대로 한 재산권의 청구에서 가집행의 선고를 금지하는 것은 평등원칙에 위반된다.

② 배우자 또는 직계존비속간의 부담부증여에 대한 증여세의 과세가액의 산정에 수증자가 인수한 채무액을 공제하지 않도록 한 구상속세법규정은 위헌이다.

③ 한약업사에 대해서만 구보건사회부령이 정하는 지역에 한정해서 영업을 할 수 있게 한 약사법규정은 위헌이다.

④ 국유잡종재산도 시효취득에 대상이 되지 아니한다는 구 국유재산법상의 규정은 국가를 이유없이 우대하는 불평등한 규정이다.

☞ ③

> **ANSWER**
>
> 합리적 차별 여부의 기준과 판례
> ㉠ 합리적 차별 여부의 기준 : 인간의 존엄성존중이라는 헌법의 최고원리와 정당한
> 입법목적(공공복리 등)의 달성, 수단의 적정성이라는 3가지 복합적 요소를 기준
> 으로 하여 판단하여야 한다.
> ㉡ 대법원 판례 : "헌법에서 말하는 법 앞의 평등은 모든 국민을 절대적으로 평등하
> 게 대우해야 한다는 것이 아니라 불합리한 차별대우를 금지한다는 것을 의미한
> 다."고 하여 상대적 평등설을 취한다.
> ㉢ 헌법재판소 : 변호사법 제10조 제2항은 재직기간이 긴 사람에 대해서 그러하지
> 아니한 사람과 구별하여 그 개업지 제한규정의 적용을 배제하고 있는데, 이는
> 합리적인 이유없이 변호사로 개업하고자 하는 공무원을 차별하는 것이 되므로
> 헌법 제11조에 위배된다.
> ㉣ 형법 제35조가 누범에 대하여 형을 가중한다고 해서 그것이 인간의 존엄성존중
> 이라는 헌법의 이념에 반하는 것도 아니며, 누범을 가중하여 처벌하는 것은 사
> 회방위, 범죄의 특별예방, 더 나아가서 사회의 질서유지의 목적을 달성하기 위
> 한 합리적 근거있는 차별이어서 헌법상의 평등의 원칙에 위배되지 아니한다.

④ 차별금지사유

　㉠ **종교에 의한 차별금지** : 이는 곧 신앙평등을 의미한다.

　㉡ **성별에 의한 차별금지** : 남녀의 성에 대한 가치판단을 기초로 차별대우하
　　는 것은 허용되지 않는다. 다만, 남녀의 생리적 차이에 의한 합리적 차
　　별, 예컨대 남녀의 병역의무, 여성의 생리휴가 등은 허용된다.

　㉢ **사회적 신분** : 선천적 신분 외에 인간이 후천적으로 사회에서 장기간 점
　　하는 지위로서 일정한 사회적 평가를 수반하는 것을 의미한다(다수설).
　　이에 의하면 선천적 신분 외에 직업상의 지위와 특정지역의 주민인 지위
　　도 사회적 신분에 해당된다고 한다.

> **ANSWER**
>
> 헌법재판소는 국·공립사범대학 등 출신자를 교육공무원인 국·공립학교 교사로
> 우선 채용하는 것은… 차별화하는 결과가 되어 이러한 차별은 이를 정당화할 합리
> 적인 근거가 없으므로 헌법상 평등의 원칙에 어긋난다고 하고 있다.

⑤ 차별금지영역

　㉠ **정치적 영역** : 선거, 투표 그리고 공직취임에서의 평등이 보장되어야 한다.

　㉡ **경제적 영역** : 고용, 임금과 담세율의 차별금지 등이 중심이 된다.

　㉢ **사회적 영역** : 주거, 여행, 공공시설의 이용상 차별대우를 받지 아니한다.

　㉣ **문화적 영역** : 교육의 기회균등, 문화적 활동 또는 문화적 자료 이용에 있
　　어서의 차별금지 등이 중심이 된다.

⑥ 평등권의 구현

　㉠ **특권제도의 금지** : 특수계급의 귀족, 노예제도와 같은 봉건적 제도를 말한
　　다. 헌법은 이러한 제도를 인정하지 않는다.

　㉡ **영전일대의 원칙** : 영전에는 아무런 특권도 따르지 않으며, 세습도 인정되
　　지 않는다〈제11조 제3항〉.

Self Check

문. 적극적 평등실현조치에 관한
　설명 중 가장 옳지 않은 것은?
　(다툼이 있는 경우 헌법재판소
　결정에 의함)
　　　　　▶ 2015. 3. 7 법원직
① 적극적 평등실현조치는 종래 사
　회로부터 차별을 받아 온 일정
　집단에 대해 그 동안의 불이익
　을 보상하기 위한 우대적 조치
　이다.
② 적극적 평등실현조치는 개인의
　자격이나 실적보다는 집단의 일
　원이라는 것을 근거로 하여 우
　대하는 조치이다.
③ 적극적 평등실현조치는 결과의
　평등보다는 기회의 평등을 추구
　하기 때문에 합헌적 정책이다.
④ 적극적 평등실현조치는 항구적
　정책이 아니라 구제목적이 실현
　되면 종료하는 임시적 조치이다.
　　　　　　　　☞ ③

⑦ 평등의 원칙에 대한 예외

　　㉠ 헌법상의 예외 : 이에는 일반결사에 대한 정당의 특권〈제8조〉, 대통령의
　　　형사상 특권〈제84조〉, 국회의원의 면책특권〈제44조〉, 불체포특권〈제45
　　　조〉, 현역군인의 문관 임명제한〈제86조 제3항〉, 군인·군무원의 국가배
　　　상청구권의 제한〈제29조 제2항〉, 국가유공자의 보호〈제32조 제6항〉 등
　　　이 있다.
　　㉡ 법률상의 예외 : 이는 각각의 단행법률에 규정되어 있다. 공무원의 겸직금
　　　지, 정당가입제한 등(국가공무원법), 재소자 등에 대한 통신 및 신체의
　　　자유제한 등(행형법), 전과자 등의 공무담임권 제한 등(공직선거법)이 그
　　　것이다.

⑧ 평등권의 효력

　　㉠ 대국가적 효력 : 평등조항은 모든 국가권력을 직접 구속하는 대국가적 효
　　　력을 갖는다. 따라서 입법기관이 불평등한 입법을 하거나 집행기관과 사
　　　법기관이 법을 불평등하게 집행 또는 적용한다면 평등조항에 위반하게
　　　된다.
　　㉡ 제3자적 효력 : 통설은 간접적용설에 따라 사인상호간의 법률관계에도 평
　　　등조항과 평등권의 효력이 미친다고 한다. 이에 의하면 사기업에서도 동
　　　일자격·동일취업의 원칙과 동일노동·동일임금의 원칙이 준수되어야 하
　　　고, 종교나 사회적 신분 등에 의한 차별도 허용되지 않는다.

SECTION 2　**자유권적 기본권**

1. 자유권 일반

(1) 서설

① 개념 … 국민이 그의 자유영역에 대해 국가권력으로부터 침해를 받지 않을
　소극적·방어적 권리를 말한다. 자유권은 권력으로부터의 개인의 자유보장
　이라고 하는 자연법사상과 사적 자치의 보장이라고 하는 개인주의, 자유를
　그 사상적 배경으로 한다.

② 연혁

　　㉠ 자유권의 개념은 역사적 개념이어서 시대적으로 구속되어 그 시대의 지
　　　배적인 정치적 이데올로기의 영향을 받으면서 그 의미 내용이 변천해 왔
　　　다. 영국의 대헌장, 권리청원, 권리장전 등이 규정했던 자유와 권리는 천
　　　부적 인권사상에 바탕한 것이 아니고 왕의 압정에서 벗어나기 위한 자유
　　　와 권리였다. 천부인권성에 근거한 개인적 자유권은 자연법사상을 정신
　　　적 기초로 하고, 교양과 재산을 가진 시민계급을 정치적 기초로 하고,

자유방임을 경제적 기초로 하여 미국의 독립선언과 프랑스의 인권선언에서 명문화되었으나, 20세기에 들어와서 파시즘과 나치즘의 전체주의국가의 등장으로 자유권은 크게 유린당했다. 제2차 세계대전의 종식으로 자연법사상이 부활하여 개인의 자유의 자연권성이 높이 평가되고 이와 더불어 자유권에 대한 사회적 제약성이 강조되게 되었다.

ⓒ 자유권에 대한 사회적 제약이 강해짐에 따라 자유권도 형식적 자유만의 보장이 아닌 사회적 정의의 실현을 위해 실질적 의미의 자유권으로 의미가 변화하였다.

(2) 자유권의 구조와 성질

① 자유권의 구조

㉠ 자유권은 주 기본권인 일반적 행동자유권과 파생적인 개별적 기본권으로 구성된다.

ⓒ 자유권은 고립된 개인적 자유권과 공동생활을 전제로 한 자유권으로 구성된다. 신체의 자유, 신앙과 양심의 자유, 주거의 불가침, 사생활의 비밀과 자유 등은 전자에 해당되고 언론·출판의 자유, 집회·결사의 자유, 선교의 자유, 강학의 자유 등은 후자에 속한다.

② 자유권의 성질

㉠ **상대적 자연권성**: 자유권의 법적 성질에 관해서는 실정권설과 자연권설이 대립하고 있으나, 자유권은 국가 이전의 천부적·초국가적 권리로서 헌법상의 자유권은 개개인 자연적 자유에 대한 국가적 인준과 보장을 의미할 뿐이라는 자연권설이 타당하다. 자유권은 국민총의의 표현인 법률로써 필요한 경우에 제한할 수 있다는 의미에서 상대적 자연권이다.

ⓒ **자유권의 공권성**: 자유권의 권리성에 관해서는 이를 부정하는 반사적 이익설(H. Kelsen, Gerber O. Mayer)과 이를 긍정하는 법적 권리설의 대립이 있다. 그러나 국민은 자기의 자유가 부당하게 국가권력에 의하여 침해된 경우에 그 침해의 제거를 요구할 수 있다는 의미에서 소극적인 개인적 공권이라고 보는 견해가 통설이며, 또한 타당하다.

ⓒ **자유권의 포괄성**: 자유권은 포괄성을 갖느냐 개별성을 갖느냐에 관해서는 문제가 있으나, 자유권을 초국가적 자연권으로 보는 오늘날의 통설은 포괄성을 당연한 것으로 인정한다. 따라서 성문헌법에 규정된 것은 이러한 포괄적인 자유의 예시로 보아야 한다. 우리 헌법 제37조 제1항도 자유권의 포괄성을 선언하고 있다.

(3) 자유권의 향유주체

자유권은 인류보편의 '인간의 권리'를 의미하므로 그 주체는 외국인을 포함한 모든 인간이다. 자연인의 내심의 작용이나 인신을 대상으로 하는 자유권을 제외하고 법인도 그 주체가 될 수 있다.

(4) 자유권의 내용

우리 헌법상 자유권은 그 내용으로 보아 인신과 사생활의 자유권, 정신적 활동에 관한 자유권, 경제적 생활에 관한 자유권으로 나눌 수 있다.

① 인신과 사생활의 자유권 … 신체의 자유, 주거의 불가침, 거주 · 이전의 자유, 사생활의 비밀과 자유의 불가침

② 정신적 활동에 관한 자유권 … 종교의 자유, 양심의 자유, 통신의 불가침, 언론 · 출판 · 집회 · 결사의 자유, 학문과 예술의 자유

③ 경제생활에 관한 자유권 … 직업선택의 자유, 재산권의 보장

(5) 자유권과 생존과의 관계

① 양자의 대립 … 자유권은 자연법사상에 기초를 둔 국가로부터의 자유를 내용으로 하는 데 비해 생존권은 자유권의 수정 · 보완으로 실질적 평등을 구현하기 위한 사회복지국가사상에 근거하여 국가에 대한 요구를 그 내용으로 하는 권리로서 양자는 그 정신적 배경과 원리구조에 있어서 상호대립된다.

② 양자의 조화 … 생존의 위협 및 공포로부터 해방될 때 인간은 진정한 자유를 누릴 수 있게 되므로 생존권은 자유권의 실현을 위한 기반이 된다. 그러므로 양자는 인간의 존엄과 가치를 그 목표로 하고 있으며, 그 점에서 조화를 이룬다.

(6) 자유권의 제한

① 서설 … 자유권도 절대적 · 무제약적인 것은 아니다. 자유권도 기본권제약의 일반원리에 따라서 내재적 제약을 받음은 물론 헌법유보 및 법률유보에 의한 명시적 제약을 받는다. 따라서 제37조 제2항의 일반적 법률유보의 적용을 받아 자유권은 국가안전보장, 질서유지 또는 공공복리를 위하여 필요한 경우에는 법률의 형식으로 제한할 수 있다. 그러나 그 경우에도 국가안전을 위한 불가피한 경우라야 하고 또 최소한의 것이어야 하며, 자유권의 본질적 내용은 침해할 수 없다.

② 자유권의 침해와 구제 … 자유권의 침해는 침해의 주체 · 방법 등에 따라 다양하며, 그에 대한 구제방법도 동일하지 않다.

   ㉠ 입법권에 의한 경우 : 입법권에 의한 침해에는 적극적 입법에 의한 것과 입법의 부작위에 의한 것이 있는데, 전자의 경우에는 위헌법률심사제와 헌법소원에 의해 후자의 경우에는 선거, 청원 등에 의해 구제받을 수 있다.

   ㉡ 행정권에 의한 경우 : 자유권이 행정권에 의해 침해받은 경우에는 청원〈제26조〉, 행정쟁송〈제107조〉, 국가배상청구권〈제29조〉 등과 사전(事前)의 경우에는 행정절차에 의해 구제받을 수 있다.

   ㉢ 사법기관에 의한 침해와 구제 : 사법기관의 오판 등에 의한 침해의 경우에는 상소, 재심 및 형사보상청구권 등에 의해 구제될 수 있다.

ⓔ 사인에 의한 침해와 구제 : 사인의 침해행위가 범죄가 되기도 하고 헌법 규정이 간접적으로 적용되어 무효, 손해배상청구권이 발생하기도 한다.

2. 신체의 자유

(1) 서론

① 헌법과 인신의 자유 … 우리 헌법은 인간이 생존하기 위한 최소한의 시원적 요구인 인신에 관한 자유를 규정하고 있다. 인신에 관한 자유권에는 생명권, 신체를 훼손당하지 아니할 권리, 신체의 자유〈제12조〉 등이 그 내용을 이룬다. 그 중에서 특히 신체의 자유를 형사절차와 관련하여 크게 강화·보완하고 있다.

② 생명권의 보장과 신체를 훼손당하지 아니할 권리

　　㉠ 우리 헌법에는 생명권의 보장에 관한 명문규정을 두고 있지 않으나, 학설과 판례는 인간의 존엄과 가치조항〈제10조〉을 근거로 생명권을 헌법상의 권리로서 인정하고 있다. 생명권의 대상으로서 생명이라 함은 아직 비생명적인 것과 사(死)에 반대되는 생존을 의미한다. 생명권은 인간의 권리로서 그 주체는 모든 자연인이다.

　　㉡ 우리 헌법에는 신체를 훼손당하지 아니할 권리에 관한 명문의 규정은 없으나, 모든 국민은 본인의 동의에 의하지 않는 한 건강뿐만 아니라 신체의 안전성을 훼손당하지 아니할 권리를 가진다. 신체를 훼손당하지 않을 권리는 우리 헌법 제10조, 제37조 제1항 등에서 그 근거를 찾을 수 있다.

(2) 헌법규정과 의의 및 성격

① 헌법규정 … 제12조 제1항은 "모든 국민은 신체의 자유를 가진다."고 규정하고 있다. 그리고 신체의 자유를 보장하기 위한 구체적 규정을 여러 조항으로 세분하고 있다. 적법절차의 보장, 구속이유고지제도, 형사피의자의 형사보상청구권 등은 현행 헌법에서 신설된 조항이다.

② 신체의 자유의 의의와 성격

　　㉠ 의의 : 법률과 적법절차에 의하지 아니하고는 신체의 안전성과 자율성을 제한 또는 침해당하지 아니하는 자유를 말한다. 이는 기본권 중에서도 가장 원시적인 것으로서 다른 모든 기본권에 영국의 대헌장, 권리청원, 권리장전, 인신보호법 등을 통해 쟁취되었으며 현대국가의 헌법은 예외 없이 규정하고 있다.

　　㉡ 지위 : 신체의 자유는 인간의 시원적 요구인 동시에 인간생존을 위한 최소한의 조건이다. 또한 입헌주의적 헌법이 보장하는 최소한의 기본적인 자유이다.

ⓒ 성질 : 신체의 자유권은 부당하게 국가권력에 의해 신체의 활동을 구속당하지 아니할 국가로부터의 자유이며, 국가권력에 대한 방어적·초국가적인 인간의 권리이며 포괄적·직접효력적 권리이다.

(3) 신체의 자유의 내용

① 실체적 보장

ⓐ **죄형법정주의** : 이는 법률에 의하지 아니하고는 신체의 자유를 제한하지 못하게 하는 기본권보장을 위한 규정이다. 제12조 제1항에서 규정되고 있다. 죄형법정주의는 국민의 자유와 권리를 행정권과 사법권의 전단으로부터 보호하기 위하여 범죄의 구성요건과 형벌의 종류·부과 등을 사전에 법률로 명확히 규정해 놓을 것을 요구하는 원칙이다. 죄형법정주의의 내용으로는 형벌법규 법률주의와 관습형법의 금지, 형벌법규의 소급효금지, 명확성의 원칙, 유추해석의 금지, 절대적 부정기형의 금지, 일사부재리의 원칙 등을 들 수 있다.

POINT 팁   죄형법정주의의 요약정리

ⓐ 의의 : 이미 제정된 정의로운 법률에 의하지 아니하고는 처벌받지 아니함을 의미한다.

ⓑ 취지 : 국민의 자유와 권리를 행정권과 사법권의 자의적인 전단으로부터 보호하려는 법치국가적 형법의 기본원칙이다.

ANSWER

죄형법정주의

ⓐ 죄형법정주의의 원칙은 법률이 처벌하고자 하는 행위가 무엇이며 그에 대한 형벌이 어떠한 것인지를 누구나 예견할 수 있고, 그에 따라 자신의 행위를 결정할 수 있도록 구성요건을 명확하게 규정할 것을 요구한다.

ⓑ 형사처벌의 대상이 되는 범죄의 구성요건은 형식적 의미의 법률로 명확하게 규정되어야 하며, 만약 범죄의 구성요건에 관한 규정이 지나치게 추상적이거나 모호하여 그 내용과 적용범위가 과도하게 광범하거나 불명확한 경우에는 국가형벌권의 자의적인 행사가 가능하게 되어 개인의 자유와 권리를 보장할 수 없으므로 죄형법정주의의 원칙에 반한다.

ⓑ **일사부재리의 원칙** : 실체판결이 확정되어 판결의 실체적 확정력이 발생하면 그후 동일사건에 대해서는 거듭 심판하는 것이 허용되지 아니함을 의미한다. 그 결과 무죄판결을 이미 받은 행위와 처벌이 끝난 행위에 대해서는 다시 형사책임을 물을 수 없다.

ⓒ **연좌제의 금지** : "모든 국민은 자기의 행위가 아닌 친족의 행위로 인하여 불이익한 처우를 받지 아니한다."라고 하여 헌법은 근대형법의 원칙인 자기책임주의와 형사책임개별화원칙에 터잡아 종전의 공직취임이나 해외여행시 불편했던 이른바 연좌제를 폐지하였다.

② 신체의 자유의 절차적 보장

ⓐ **적법절차의 보장** : 공권력에 의한 국민의 생명·자유·재산의 침해는 합리적이고 정당한 법률에 의거해서 정당한 절차를 밟은 경우에만 유효하

다는 원리이다. 헌법은 "누구든지 법률에 의하지 아니하고는 … 법률과 적법한 절차에 의하지 아니하고는 …"에서 '적법한 절차에 따라야 ….'한다고 하여 적법절차의 원리를 규정하고 있다〈제12조 제1항〉.

POINT 팁 적법절차의 정리

- ㉠ **연혁**: 미국 연방대법원의 판례를 통해서 발전되었다.
- ㉡ **의의**: 국가권력의 자의적 행사를 금지하는 자유와 정의의 일반원칙이다.
- ㉢ **취지**: 적정한 헌법상 적법절차조항은 신체의 자유 등 기본권의 실질적 기본원칙이다.
- ㉣ **지위**: 우리 헌법상 적법절차조항은 신체의 자유 등 기본권의 실질적 보장을 위한 실천적 규정이고 법치주의의 핵심요소이면서 또한 형사절차의 기본이념이기도 하다.
- ㉤ **내용**: 적법절차는 권리의 실질적인 내용을 실현하기 위하여 택하여야 할 수단적·기술적 방법으로 고지, 청문, 변명 등 방어기회 등의 제공절차를 의미한다.
- ㉥ **적용범위**: 적법절차의 원칙은 입법절차, 행정절차 및 사법절차의 전부에 적용된다. 그러므로 처벌, 보안처분, 강제노역은 예시적인 것에 불과하다.
- ㉦ **적정법정(適正法定)의 심사**: 적정한 법정 여부의 심사는 법원이 심사할 수 있고 최종적인 심판은 헌법재판소가 할 수 있다.

- ㉡ **무죄추정의 원칙**: 형사피고인과 피의자는 유죄판결이 확정되기 전까지는 무죄로 추정된다는 원칙을 말한다. 헌법은 제27조 제4항에서, 형사소송법은 제275조의2에서 각각 규정하고 있다. 이 원칙은 형사절차와 관련하여 피의자는 물론 공소의 제기가 있는 피고인이라도 유죄의 확정판결이 있기까지는 원칙적으로 죄가 없는 자에 준하여 취급하여야 하고 불이익을 입혀서는 아니되며, 만약 불이익을 입힌다 하더라도 최소한도에 그치도록 비례의 원칙이 존중되어야 한다는 원칙이다.

POINT 팁 무죄추정의 원칙의 정리

- ㉠ **적용범위**: 피고인 + 피의자, 재판기관 + 수사기관
- ㉡ **내용**
  - 범죄사실의 입증책임은 기소자가 부담한다.
  - 유죄에 대한 객관적인 입증이 없으면 '의심스러운 때에는 피고인의 이익으로'가 적용된다.
  - 무리한 실체적 진실추구의 금지로 피고인, 피의자의 인권을 보호하고자 함이다.
  - 필요 이상의 강제조치에 대해서는 배제나 시정요구가 가능하다.
- ㉢ **무죄추정원칙의 결과**: 유죄의 입증책임은 검사가 부담하고 '의심스러운 때에는 피고인의 이익으로'라는 원칙에 따라 재판하고 불구속수사하여 불구속재판을 원칙으로 한다.

ANSWER

> **무죄의 추정**
> 형사재판에 있어서 유죄로 인정되기 위해서는 법관이 공소사실의 진실성에 관하여 합리적인 의심이 없을 정도로 확신을 가지게 할 수 있는 증명력이 있는 증거가 있어야 하며, 그와 같은 증명력을 가진 증거가 없는 경우에는 설사 피고인에게 유죄의 의심이 간다 하더라도 피고인의 이익으로 판단하여야 한다.

문. 적법절차에 관한 설명 중 가장 옳지 않은 것은? (다툼이 있는 경우 헌법재판소 결정에 의함)

▶ 2015. 3. 7 법원직

① 현행 헌법에서는 적법절차의 원리를 신체의 자유를 보장하는 조항에서 규정하고 있다.
② 적법절차는 형사처벌이 아닌 행정상의 불이익처분에도 적용된다.
③ 탄핵소추절차에도 적법절차의 원칙이 직접 적용된다.
④ 적법절차에서 파생되는 일반 국민의 청문권은 국회입법절차에서는 인정되지 아니한다.

☞ ③

③ 신체의 자유의 구체적 내용

　　㉠ **불법한 체포, 구속으로부터의 자유** : 헌법은 이를 위하여 "체포·구속을 할 때에는 적법한 절차에 따라 검사의 신청에 의하여 법관이 발부한 영장을 제시하여야 한다."고 하여 영장주의를 규정하고 있다〈제12조 제3항〉.

　　㉡ **불법한 압수·수색으로부터의 자유** : 헌법은 불법한 압수, 수색을 막기 위하여 일정한 요건하에 영장주의를 채택하고 있다.

　　㉢ **불법한 심문으로부터의 자유** : 헌법은 법률에 의하지 아니하고는 답변의 강요하지 못하게 하고 있다.

　　㉣ **불법한 처벌으로부터의 자유** : 헌법은 "법률과 적법한 절차에 의하지 아니하고는 처벌을 받지 아니한다."라고 하여 불법적인 처벌로부터 신체의 자유를 보장하고 있다.

　　㉤ **불법한 보안처분으로부터의 자유** : 여기서 '보안처분'은 죄를 범한 자 또는 사회적으로 위험한 행위를 할 우려가 있는 자에 대하여 이들을 사회로부터 격리하여 그 위험성을 교정함을 목적으로 하는 범죄예방처분이다. 헌법은 "법률과 적법한 절차에 의하지 아니하고는 보안처분을 받지 아니한다."고 하여 제12조 제1항에 보안처분에 관한 근거규정을 마련하였다.

　　㉥ **불법한 강제노역의 금지** : 헌법은 '법률과 적법한 절차에 의하지 아니한 강제노역의 금지'에 관하여 규정하고 있다〈제12조 제1항〉.

④ 영장주의

　　㉠ **의의** : 인신을 체포·구속하는 데에는 원칙적으로 법관이 발부한 영장을 제시하도록 하는 것을 말한다. 영장제도는 수사기관에 의한 신체의 자유의 침해를 방지하기 위하여 검사에게 영장의 요구를 독점시키고, 행정기관에 의한 인권의 침해를 방지하기 위하여 법관에게 영장의 발부를 독점시킴으로써 인권을 옹호하자는 영미법에서 유래한 제도이다.

　　㉡ **헌법재판소** : 헌법재판소는 '영장주의는 구속개시뿐만 아니라 구속영장의 효력지속 여부도 법관의 판단에 의해 결정되어야 하는 것을 의미하므로 무죄판결이 선고된 때에는 구속영장은 효력을 잃는다'고 한다.

　　㉢ **내용** : 헌법은 영장의 신청과 발부가 모두 적법한 절차에 따를 것을 요구하고 있다.

　　㉣ **예외** : 영장주의의 예외가 적용되는 경우로는 현행범(준현행범도 포함)〈제12조 제3항〉, 긴급체포·구속의 경우〈제12조 제3항〉, 비상계엄의 경우〈제77조 제3항〉이다.

　　㉤ **행정상의 즉시강제** : 행정상의 즉시강제에 영장을 요하는가에 관해서는 영장불효설과 영장필요설이 대립하고 있으나, 행정목적의 달성을 위하여 특히 불가피한 경우에는 영장주의의 예외가 허용되나, 형사상의 목적을 위하여 행하여지는 경우에는 영장주의가 적용되어야 한다고 본다(다수설).

⑤ 구속적부심사제도

　　㉠ **의의** : 피구속자 또는 관계인의 청구가 있으면 법관이 즉시 본인과 변호인이 출석한 공개법정에서 구속의 이유를 밝히도록 하고 구속의 이유가

문. 현행 헌법규정의 내용과 어긋나는 것은?

① 법률과 적법한 절차에 의하지 아니하고는 처벌, 보안처분 또는 강제노역을 받지 아니한다.

② 체포, 구속, 압수 또는 수색을 할 때에는 적법한 절차에 따라 검사가 발부한 영장을 제시하여야 한다.

③ 누구든지 체포 또는 구속을 당한 때에는 적부의 심사를 법원에 청구할 권리를 가진다.

④ 모든 국민은 소급입법에 의하여 참정권의 제한을 받거나 재산권을 박탈당하지 아니한다.

정답 ②

부당하거나 적법한 것이 아닐 때에는 법관이 직권으로 피구속자를 석방하게 하는 제도를 말한다. 이 제도는 영미법계 국가의 인권보장제도인 인신보호영장제도에서 출발한 것인데, 우리 헌법에서는 1972년 헌법개정 시 삭제되었다가 제5공화국 헌법에서 부활되었다. 제6공화국 헌법은 법률유보조항을 삭제하여 그 범위를 확대시켰다.

POINT 팁 인신자유의 확보책
    ⊙ **사전예방책** : 구속영장제도, 구속적부심사제
    ⓒ **사후구제책** : 불법체포감금자의 형사처벌〈형법 제124조〉, 형사보상 등

  ⓒ **청구의 주체** : 체포 또는 구속된 피의자 또는 그 변호인, 법정대리인, 배우자, 직계친족, 형제자매·가족·동거인 또는 고용주이다〈형사소송법 제214조의 2〉(피고인에게는 심사청구권이 없다).

  ⓒ **심사청구의 대상** : 모든 범죄에 대해 구속적부심사청구가 가능하다.

  ⓔ **심사절차** : 체포영장 또는 구속영장을 발부한 법관은 구속적부심사의 심문, 조사, 결정에 관여하지 못한다. 법원은 청구서가 접수된 때부터 48시간 이내에 체포 또는 구속된 피의자를 신문하고 수사관계서류와 증거물을 조사하여 청구가 이유없다고 인정할 때에는 결정으로서 이를 기각하고, 이유가 있다고 인정한 때에는 결정으로써 석방을 명하여야 한다〈형사소송법 제214조의2〉. 체포 또는 구속적부심사결정에 의하여 석방된 자가 도망하거나 죄증을 인멸할 경우를 제외하고는 동일한 범죄사실에 관하여 재차 체포 또는 구속하지 못한다〈형사소송법 제214조의 3〉.

  ⓜ **심사와 불복** : 구속적부의 심사는 영장발부의 요식과 절차에 관한 형식적 사항뿐만 아니라 구속사유의 타당성과 적법성에 관한 실질적 사항까지도 심사대상으로 한다. 법원의 구속적부심사의 결정에는 검사도 피의자도 항고할 수 없다.

⑥ **구속이유 등의 고지**

  ⊙ **헌법의 규정** : "누구든지 체포 또는 구속의 이유와 변호인의 조력을 받을 권리가 있음을 고지받지 아니하고는 체포 또는 구속을 받지 아니한다. 체포 또는 구속을 당한 자의 가족 등 법률이 정하는 자에게는 그 이유와 일시, 장소가 지체없이 통지되어야 한다〈제12조 제5항〉."라고 규정하고 있다.

  ⓒ **지위** : 인신의 자유를 보장하기 위하여 현행법이 신설한 조문이다. 구속이유 등 고지제도는 영미에서 발전해온 제도로서 체포 또는 구속을 당했을 때 그 이유를 알지 못하거나 변호인의 조력을 받을 권리가 있음을 알지 못할 경우 적절한 방어수단을 강구할 수 없고 장기간의 불법구금이 자행될 위험을 배제할 수 없으므로 이를 방지하기 위해 인정된 것이다.

  ⓒ **성격** : 체포·구속의 이유, 일시 및 장소 등에 관하여 알권리로서 주관적 공권성을 갖는다.

  ⓔ **내용** : 고지·통지받을 사항은 체포 또는 구속의 이유, 변호인의 조력을 받을 권리가 있다는 사실이다. 수사기관이 고지 및 통지의무를 이행하지 아니할 경우에는 직권남용에 의한 불법행위로 간주되어 형사처벌을 면하

문. 구속적부심사제도에 관한 설명으로 타당하지 아니한 것은?

① 영미법상의 인신보호영장제도에서 출발한 것으로서 우리 헌법에는 제헌헌법에서 도입된 이후 현행 헌법에 이르기까지 일관되게 채택되고 있다.

② 우리 헌법은 구속뿐만 아니라 체포영장에 의한 체포의 경우에도 그 적부심사를 법원에 청구할 수 있도록 하고 있다.

③ 구속적부심사를 청구할 수 있는 자는 구속된 피의자와 그 변호인뿐만 아니라 그 직계친족, 형제자매, 고용주도 포함된다.

④ 현행 법제상 피고인에게는 구속적부심사청구권이 인정되지 아니한다.

☞ ①

지 못한다. 형사피의자의 가족 등에게 통지할 사항, 체포 또는 구속의 이유, 체포 또는 구속의 일시, 체포 또는 구속의 장소, 변호인의 조력을 받을 권리가 있다는 사실 등이다.

ANSWER

> **구속이유 등 고지제도(Miranda원칙)**
> 피의자를 구속영장없이 현행범으로 체포하기 위해서는 체포 당시에 피의자에 대하여 범죄사실의 요지, 체포의 이유와 변호인을 선임할 수 있음을 말하고 변명할 기회를 준 후가 아니면 체포할 수 없고 이와 같은 절차를 밟지 아니한 채 실력으로 연행하려 하였다면 적법한 공무집행으로 볼 수 없다.

⑦ **자백의 증거능력 및 증명력제한의 규제**
　㉠ **헌법규정** : "피고인의 자백이 고문, 폭행, 협박, 구속의 부당한 장기화 또는 기망 기타의 방법에 의하여 자의로 진술된 것이 아니라고 인정될 때 또는 정식재판에 있어서 피고인의 자백이 그에게 불리한 유일한 증거인 때에는 이를 유죄의 증거로 삼거나 이를 이유로 처벌할 수 없다."고 규정하고 있다〈제12조 제7항〉.
　㉡ **규정의 취지** : 이는 피고인의 인권을 보장하려는 피고인보호의 원칙과 허위배제의 원칙, 임의성 없는 자백의 증거능력의 부정 등을 그 취지로 한다.
　㉢ **효과** : 임의성 없는 자백은 증거능력이 인정되지 않는다. '임의성'은 고문, 구속, 폭행, 협박, 신체구속의 부당한 장기화 등 증거의 수집과정에 위법성이 없는 것을 의미하며, 임의성유무는 구체적 사건에 따라 자백이 기재된 조서의 형식과 내용, 진술자의 학력·경력·지능정도 등 제반사정을 종합하여 판단하여야 한다.

⑧ **고문을 받지 아니할 권리**
　㉠ **헌법규정** : "모든 국민은 고문을 받지 아니하며"라고 고문에 관한 규정을 두고 있다〈제12조 제2항〉. 고문의 금지는 절대적 금지이므로 어떤 이유로도 허용되지 않는다.
　㉡ **내용** : 형법은 공무원의 고문을 범죄로 규정하여 처벌하고〈형법 제125조〉, 헌법은 고문으로 손해를 입은 국민에게 국가배상의 청구를 인정하고 있다〈제29조 제1항〉, 여기서 '고문'은 자백을 강요하기 위해 가해지는 폭력을 말한다. 고문을 근절하기 위해서는 자백의 증거능력제한에 있어서 허위배제설에서 위법배제설로의 판례의 변경이 요청되고, '불법의 과실도 불법'이라는 독수(毒樹)·독과(毒果)원칙에 따라 고문에 의한 자백뿐만 아니라 고문에 의한 자백으로 수집한 증거에 대해서도 증거능력을 부정 또는 제한해야 하고 끝으로 고문을 한 수사공무원을 엄중히 처벌해야 한다.

ANSWER

> **고문과 자백의 임의성**
> 피의자가 경찰수사단계에서 고문에 의한 자백을 하고 그 임의성 없는 심리상태가 검사의 피의자심문시까지 계속되었다고 인정되는 경우에는 검사의 피의자신문시에 자백강요사실이 없었다 할지라도 검찰자백의 임의성을 부정하여야 한다.

⑨ 형사보상청구권

  ㉠ **헌법의 규정** : 형사피고인 또는 형사피의자로서 구금되었던 자가 법률이 정하는 불기소처분을 받거나 무죄판결을 받은 때에는 법률이 정하는 바에 의하여 국가에 대하여 정당한 보상을 청구할 권리가 규정되어 있다 〈제28조〉.

  ㉡ **주체의 확대** : 현행 헌법은 피의자에게까지 형사보상청구의 주체성을 인정하였다. 즉, 형사피의자에게도 법률이 정하는 불기소처분을 받으면 형사보상을 받을 수 있게 하고 정당한 보상을 청구할 수 있도록 함으로써 형사보상의 적정화를 기하였다.

⑩ 변호인의 조력을 받을 권리

  ㉠ **의의** : 체포·구금을 받은 때에는 즉시 변호인의 조력을 받을 권리가 있으며, 법률이 정하는 경우에 형사피고인이 스스로 변호인을 구할 수 없을 때에는 국가가 변호인을 붙인다.

  ㉡ **취지** : 구속피의자, 피고인의 인권을 보장하고 피의자, 피고인이 수사기관 또는 검찰과 대등한 지위에서 자신을 방어할 수 있도록 하기 위하여 보장되는 것이다.

  ㉢ **보장책** : 변호인의 조력을 받을 권리가 실질적으로 보장되기 위하여서는 변호인접견교통권이 확보되어야 한다. 변호인의 자유로운 접견은 신체구속을 당한 자에게 보장된 변호인의 조력을 받을 권리의 가장 중심이 되는 것으로서 이는 국가안전보장, 질서유지, 공공복리 등 어떠한 명분으로도 제한될 수 있는 성질의 것이 아니다.

> **ANSWER**
>
> **변호인의 조력을 받을 권리**
> ㉠ 미결수가 변호사에게 발송 의뢰한 서신, 변호사가 미결수에게 보낸 서신에 대해 교도관이 서신검열한 행위는 변호인의 조력을 받을 권리를 침해한 것으로 위헌이다.
> ㉡ 구속피의자에 대한 접견이 접견신청일로부터 상당한 기간이 경과되도록 허용되지 않고 있는 것은 접견불허처분과 동일시할 것으로서 이는 곧 기본권의 침해가 된다.

⑪ 불리진술거부권의 보장

  ㉠ **현행법의 규정** : "모든 국민은 형사상 자기에게 불리한 진술을 강요당하지 아니한다〈제12조 제2항〉."라고 하여 이른바 묵비권을 보장하고 있다. 묵비권은 자기부죄거부특권으로서 형사소송법상의 원칙을 헌법에 명문화한 것이다.

  ㉡ **취지** : 피고인 또는 피의자의 인권을 보장하고 당사자주의의 전제인 무기평등의 원칙을 실질적으로 실현하기 위하여 인정된 것이다.

  ㉢ **보장책** : 진술거부권의 보장을 위해 수사기관은 피의자 등을 신문하기 전에 진술거부권을 고지하여야 한다. 미국 연방대법원은 1966년의 미란다 판결에서 진술거부권을 고지하지 않고 신문하여 얻은 자백은 증거능력이 없다고 판시한 바 있다.

문. 변호인의 도움을 받을 권리에 관한 설명 중 옳은 것은?

① 구속된 피의자가 변호인없이 구속적부심사를 청구한 때에는 반드시 국선변호인을 선임하여야 한다.

② 국선변호인은 변호사 또는 사법연수생 중에서 선정하며, 어떠한 경우에도 변호사가 아닌 자 중에서 선임할 수 없다.

③ 군사재판에서 피고인에게 변호인이 없는 때에도 피고인이 빈곤 기타 사유로 변호인을 선임할 수 없는 때에 한하여 국선변호인을 선임한다.

④ 헌법재판소는 신체구속을 당한 피의자, 피고인이 변호인과 접견할 때 수사관이 참여하여 대화내용을 듣거나 기록한 것이 변호인의 조력을 받을 권리를 침해한 것이라고 판시하였다.

☞ ④

문. 진술거부권에 관한 다음 내용 중 옳지 않은 것은?

① 묵비권과 진술거부권은 확연히 구별되는 개념이다.

② 진술거부권의 주체는 피고인뿐만 아니라 피의자도 해당한다.

③ 진술강요의 금지는 진술거부권의 본질적 내용에 해당한다.

④ 신문에 대하여 시종 침묵할 수 있을 뿐 아니라 개개의 신문에 대해서 진술을 거부할 수도 있다.

☞ ①

ANSWER

불리진술거부권
수사기관이 피의자를 신문하면서 피의자에게 진술거부권을 고지하지 아니한 경우
에는 그 자백의 임의성이 인정되는 경우에도 위법수집증거의 배제원칙에 의하여
그 자백의 증거능력을 부정하여야 한다.

⑫ **자백의 증거능력 및 증명력제한의 원칙** ⋯ 제12조 제7항은 고문 기타 임의성 없는 자백의 증거능력을 제한하고 피고인의 자백이 불리한 유일한 증거일 경우 보강증거를 요구하고 있다.

(4) 신체의 자유의 한계와 제한

① **한계** ⋯ 신체의 자유도 절대적·무제약적으로 보장되지는 않는다(상대적 권리). 그러므로 타인의 권리를 침해하거나 도덕률에 위반하거나 헌법질서에 위배될 수 없다. 헌법유보 및 법률유보에 의한 제한도 가능하다.

② **제한의 한계** ⋯ 국가안전보장, 질서유지 또는 공공복리를 위하여 필요한 경우에는 법률에 따라 제한할 수 있다. 제약하는 경우에도 신체의 자유의 본질적 내용은 침해할 수 없다. 즉, 기본권제한의 일반원칙인 보충성의 원칙, 최소한 제한의 원칙, 비례의 원칙 등은 준수되어야 한다.

(5) 신체의 자유의 침해와 구제

신체의 자유가 국가권력에 의해 침해된 경우에 피해자에게는 형사보상청구권, 국가배상청구권, 재판청구권에 의한 구제수단이 인정된다. 신체의 자유가 사인에 의해 침해된 경우에도 국가권력에 의한 구제를 요구할 수 있다.

3. 사생활에 관한 자유권

(1) 사생활의 비밀과 자유

① 서설

　㉠ 헌법의 규정 : 모든 국민은 사생활의 비밀과 자유를 침해받지 아니한다 〈제17조〉.

　㉡ 지위 : 사생활의 내용을 공개당하지 아니할 권리, 사생활의 자유로운 형성과 전개를 방해받지 아니할 권리, 자신에 관한 정보를 통제할 수 있는 권리 등의 복합적 권리이다. 이 조항은 제8차 개헌시 신설되었다.

② 보호법익과 성격

　㉠ 의의 : 사생활의 비밀과 자유가 무엇을 의미하느냐에 관해서는 privacy권으로 보는 견해와 사생활의 공개를 당하지 아니할 권리와 사생활의 자유를 제한받지 아니할 권리로 보는 견해 등이 있으나, 사생활의 비밀과 자유는 privacy권을 포함하는 보다 광범하고 적극적인 권리를 내포한다고 본다.

ⓒ 법적 성격

- 인격권의 일종이다.
- 자유권의 일종이다. 즉, 국가권력 또는 제3자에 대한 소극적·방어적 성격을 가진 자유권이다.
- 일신전속적인 권리이다.
- 정보통제와 관련되어 청구권적 성격도 갖는다.

③ 사생활의 비밀자유의 주체 … 사생활의 비밀의 자유는 인간의 자유를 의미하므로 내외국인을 불문한다. 사자는 주체가 될 수 없다. 다만, 역사적 존재로서의 사자의 인격적 가치는 보호된다. 법인 등 단체도 그 주체가 될 수 없다.

④ 사생활의 비밀자유의 내용
　ⓐ 내용 : 사생활의 비밀은 사생활을 공개하지 아니할 권리로서 사사(私事)의 공개, 명예나 신용을 훼손하는 공표, 인격적 징표의 타인에 의한 이용 등 비밀영역 또는 인격적 영역의 불가침을 그 내용으로 한다. 특히 사생활의 비밀의 공표가 불법행위가 되기 위해서는 사생활의 공개가 사실을 공공연하게 폭로할 것, 폭로된 사실이 사적 사항일 것, 공개된 사실이 평균적 감수성을 가진 합리적 인간의 감정을 침해하는 것일 것, 공개된 사적 사항이 자신에 관한 것이라는 증명, 즉 일체성이 입증될 것 등이다.
　ⓑ 사생활의 자유의 불가침 : 이에는 사생활 평온의 불가침과 자유로운 사생활의 형성과 유지의 불가침이 포함된다. 개인의 평온한 사생활이 적극적으로 침해·간섭받거나 소극적으로 감시·도청하는 행위 등에 의해 교란됨으로써 불안, 불쾌감을 유발해서는 안된다. 개인이 자기가 원하는 바에 따라 자유로이 사생활을 형성하고 영위하는 것을 억제 또는 위협해서는 안된다.
　ⓒ 자기정보관리통제권 : 자기자신에 관한 정보로 함부로 침해당하지 아니하며, 그 정보를 자신이 통제할 수 있는 권리를 말한다. 자기정보관리통제권은 자신에 관한 정보를 함부로 침해당하지 아니하고 자신에 관한 정보를 자유로이 열람하며, 자신에 관한 정보의 정정·사용·중지·삭제 등을 요구할 수 있고 이러한 요구가 수용되지 않을 경우에 불복신청이나 손해배상을 청구할 수 있음을 그 내용으로 한다. 좁은 의미의 정보통제권은 자기정보의 열람, 정정, 사용중지, 삭제 등을 요구할 수 있는 권리이다.

⑤ 사생활의 비밀과 자유의 한계와 제한
　ⓐ 사생활의 비밀과 자유의 한계 : 타인의 권리를 침해해서는 안되며, 사회질서나 헌법질서에 위배되어서도 안된다. 사생활 비밀의 자유와 표현의 자유와의 관계에 대해서는 권리포기의 이론, 공익의 이론, 공적 인물의 이론 등이 있다. 여기서 권리포기의 이론은 일정한 사정하에서는 사생활의 비밀과 자유를 포기한 것으로 간주한다는 이론을 말한다. 공익의 이론은 국민의 알권리의 대상이 되는 사항은 국민에게 알리는 것이 공공의 이익이 된다는 이론이다. 공적 인물의 이론은 사생활의 비밀과 자유가 침해되었다고 주장하는 자의 사회적 지위에 따라 사생활의 비밀과 자유의 한

계가 결정되어야 한다는 이론을 말한다. 즉, 공적 인물은 그 사생활이 공개되더라도 일반인에 비해 수인할 경우가 많다는 이론이다.

  ⓛ **사생활의 비밀과 자유의 제한** : 제37조 제2항에 따라 필요한 경우 법률로 써 제한할 수 있으나, 수사권 및 국정조사권과 관련하여 논란이 있다. 이들의 경우 사생활의 비밀과 자유가 제한되더라도 그 정도는 필요한 최소정도에 그쳐야 한다.

⑥ **사생활의 비밀과 자유의 침해와 구제**

  ㉠ **입법권에 의한 침해** : 청원, 위헌법률심사, 손해배상 등의 구제가 가능하다. 또한 국정감사 · 조사에 의한 침해의 경우에는 침해행위의 배제청구와 손해배상청구를 할 수 있다.

  ㉡ **행정기관에 의한 침해** : 청원, 관계공무원의 파면요구, 권리행사방해, 직권남용, 손해배상 등을 청구할 수 있다. 행정입법에 의한 침해의 경우는 법원의 위헌 · 위법명령심사나 헌법소원에 의해 구제받을 수 있다.

  ㉢ **사법기관에 의한 침해** : 판결에 의한 침해의 경우 상소, 재심청구, 손해배상을 청구할 수 있다. 그 외 법원공무원의 불법행위로 인한 경우 청원, 관계공무원의 징계요구, 국가배상청구 및 헌법소원의 제기에 의해 구제받을 수 있다.

  ㉣ **대사인간의 경우** : 사인에 의한 침해의 경우에는 민사상 손해배상청구, 위자료청구, 정정보도의 청구, 사죄광고의 게재 등을 요구할 수 있다. 사죄광고에 대해 헌법재판소는 '명예회복에 적당한 처분'에 사죄광고를 포함시키는 것은 헌법에 위반된다는 결정을 내린 바 있으므로 더 이상 구제수단이 될 수는 없다.

(2) 주거의 자유와 거주 · 이전의 자유

① **주거의 자유**

  ㉠ **헌법규정** : 모든 국민은 주거의 자유를 침해받지 아니한다. 주거에 대한 압수나 수색을 할 때에는 검사의 신청에 의하여 법관이 발부한 영장을 제시하여야 한다〈제16조〉. 사생활의 중심인 주거의 불가침을 보장하고 주거침해에 대한 영장주의를 규정하고 있다.

  ㉡ **보호취지** : 주거는 사생활의 중심이고 인간의 최소한이며, 자유의 근원이기 때문이다.

  ㉢ **내용** : 개인의 주거를 공권력에 의한 자의적인 침해로부터 보호하는 것을 내용으로 한다. 주거의 자유는 사생활의 비밀 · 자유와 내용이 중복되지만 전자는 후자보다 좁은 개념으로 전자는 후자를 보장하기 위한 전제라 할 수 있다.

    ☞ 주거의 자유의 주체 … 주거의 자유는 인간의 권리이므로 일정한 주거에 거주함으로써 그 장소로부터 이익을 얻는 자이면 누구나 그 주체가 된다. 그러나 법인은 그 주체가 될 수 없다.

  ㉣ **제한** : 법률에 의하지 아니하고는 점유자의 의사에 반하여 주거에 들어갈 수 없다.

문. 주거의 자유에 관한 설명으로 옳지 않은 것은? (통설 · 판례에 의함)

① 주거란 개인의 사생활을 영위하는 장소를 말한다.

② 주거침입죄는 사실상의 주거의 평온을 보호법익으로 하는 것이다.

③ 점유할 권리없는 자가 점유한 경우, 권리자가 자력구제의 수단으로 건조물에 침입한 경우에는 주거침입죄가 성립하지 않는다.

④ 호텔객실의 경우 주거의 자유의 주체는 그 소유자가 아니라 투숙객이다.

정답 ③

    ㉤ **영장주의** : 원칙적으로 주거에 대한 압수나 수색에는 정당한 이유와 적법 절차에 따라 발부된 영장이 필요하다. 그러나 예외적으로 현행범인의 체포·구속과 더불어 합리적인 범위 내에서 압수나 수색을 하는 경우에는 영장없이도 가능하다. 행정절차에 있어서도 특히 긴급을 요하는 경우 외에는 영장주의가 인정되어야 한다.

② 거주·이전의 자유

    ㉠ **의의** : 거주·이전의 자유는 인간존재의 본질적 자유로서 정신적·경제적 자유권과 밀접한 관련을 가지고 있다. 거주·이전의 자유라 함은 자기가 희망하는 곳에 주소 또는 거소를 정하고 또는 그곳으로부터 이전할 자유 및 자기의 뜻에 반하여 거주지를 옮기지 아니할 자유를 말한다.

    ㉡ **주체** : 거주·이전의 자유의 주체는 국민과 법인으로서 외국인에 대해서는 원칙적으로 보장되지 않는다.

    ㉢ **내용** : 거주·이전의 자유에는 국내거주·이전의 자유, 국외이주의 자유, 해외여행의 자유, 귀국의 자유, 국적이탈의 자유가 포함된다. 그러나 무국적의 자유까지 보장하는 것은 아니다.

    ㉣ **제한** : 국가안전보장, 질서유지 또는 공공복리를 위하여 법률에 의한 제한을 할 수 있다.

(3) 통신의 자유

① **서설** … 모든 국민은 통신의 비밀을 침해받지 아니한다〈제18조〉. 통신의 자유는 사적 생활의 보호와 정보교환의 수단으로써 현대생활에 있어서 중요한 지위를 갖는다. 통신의 자유의 보장은 통신행위에 의해 개인간에 자유로이 의사가 형성된다는 점에서 표현행위의 기초가 된다.

② **의의와 성격**

    ㉠ **의의** : 통신의 자유는 통신, 전화, 전신 등의 수단에 의하여 의사나 정보를 전달 또는 교환하는 경우에 그 내용이 공권력에 의하여 침해당하지 아니하는 자유이다.

    ㉡ **성격** : 통신의 자유는 복합성을 갖는다.
- 통신면에서 사생활의 비밀을 보장하는 것이다.
- 개인간의 자유로운 의사형성을 가능하게 한다.
- 표현행위의 자유의 성격까지 아울러 가진다.

③ **주체** … 자연인, 법인, 외국인도 주체가 된다.

④ **내용** … 통신의 자유에서 통신은 의사의 전달뿐만 아니라 물품의 수수까지 포함한다. 통신의 자유의 불가침은 봉한 서신에 대해서는 통신종사자에 대한 개폐, 인지를 금지하는 것과 봉하지 아니한 서신 등에 대해서는 취득한 내용을 제3자에게 누설하는 것을 금지하는 것이다. 통신의 불가침은 열람의 금지, 누설의 금지, 정보의 금지 등을 그 내용으로 한다.

문. 거주·이전의 자유에 대한 설명 중 옳지 않은 것은? (통설에 의함)

① 무국적의 자유는 포함하지 않는다.
② 국외이주의 자유를 포함한다.
③ 출국의 자유를 포함한다.
④ 외국인에게도 입국의 자유가 인정된다.

정답 ④

⑤ **효력** … 이는 국가적 효력뿐만 아니라 제3자에 대해서도 효력을 갖는다(다수설). 통신의 자유가 가지는 본래의 의의는 국민의 통신의 자유를 수사기관이나 정보기관 등 그것을 침해할 우려가 있는 국가기관으로부터 통신의 비밀을 보장하려는 데 있다.

⑥ **제한** … 통신의 자유도 국가안전보장, 질서유지, 공공복리를 위해 필요한 때에는 법률로 제한할 수 있다. 통신의 자유를 제한하는 경우에도 영장주의가 적용되는가에 관해 견해 대립이 있는 바 형사소추를 위한 것인 이상 마땅히 영장제도가 여기에도 적용된다는 설이 통설이다.

⑦ **기타의 문제**
　　㉠ **도청의 문제** : 도청은 전기통신에 대하여 당사자의 동의없이 전자장치, 기계장치 등을 사용하여 통신의 음향, 문언, 부호, 영상을 청취하거나 공독(共讀)하여 그 내용을 알아내거나 송·수신을 방해하는 것을 말한다. 이러한 도청에는 전화도청과 그밖의 방법에 의한 도청이 있는 바 어느 것이든 그것은 인간으로서의 존엄과 가치를 해치고 사생활의 비밀과 자유, 통신의 자유를 침해하는 것이므로 제10조, 제17조 및 제18조에 위배된다. 법률에 규정된 경우에만 극히 예외적으로 허용된다.
　　㉡ **발신자전화번호통보(안내)제도** : 전기통신사업자는 수신인의 요구가 있으면 송신인의 전화번호를 알려줄 수 있다. 다만, 송신인이 전화번호의 송출을 거부하는 의사표시를 하는 경우에는 그러하지 아니하다〈전기통신사업법 제84조〉

4. 정신적 자유권

(1) 정신적 · 사회적 활동의 자유

① 서설
　　㉠ **지위** : 정신적 자유는 사상의 형성과 그 전달, 양심과 신앙의 유지, 학문의 연구 등 그 성격상 인간존엄의 유지 및 민주주의체제의 존립을 위한 기본요건이다.
　　㉡ **보장** : 민주국가에 있어서는 정신적 활동의 자유는 체제의 존립과 발전 그리고 그 전통성을 확보하기 위하여 최대한 보장되어야 한다. 종교의 자유는 정신적 자유 중에서 선구적 역할을 담당하였고, 특히 초국가적 개념을 형성하는 데 원동력이 되었다.
　　㉢ **확립** : 근대시민국가에 와서 정신적 자유권을 확립하는 데 결정적 역할을 한 것은 국가중립론과 자유주의사상이다.
　　㉣ **목표** : 정신의 자유는 자유로운 정신활동과 사회활동의 확보를 그 궁극적 목표로 한다.

② **정신적 자유의 성격** … 정신적 자유는 인간에게 고유한 최고의 자연권으로서 인간의 존엄과 가치를 유지하기 위한 기본적 조건이며, 민주주의체제를 존립시키는 불가결의 전제이다. 따라서 경제적 자유보다 고도의 보장이 인정되어야 한다는 정신적 자유의 우월론이 주장되게 된다. 그러므로 정신적 자유를 국가의 존립이나 공공복리 차원에서 제한하는 경우에도 한계가 있게 된다.

> **POINT 팁**　정신적 자유규제에 관한 이론
> ㉠ **합리성 판단의 이중기준론** : 정신적 자유를 규제하는 법령의 합헌성 여부는 경제적 기본권 등을 규제하는 법령의 그것보다 엄격한 기준에 따라 판단되어야 한다.
> ㉡ **합헌성추정 배제의 원칙** : 정신적 자유를 규제하는 법령에 대해서는 합헌성추정의 원칙이 배제된다.
> ㉢ **무효의 이론** : 정신적 자유를 규제하는 입법이 막연하거나 불명확한 경우에는 무효이다.
> ㉣ **명백 현존하는 위험의 원칙** : 표현의 자유에 관한 입법은 해악발생의 확실성과 제한의 절대적 필요성이 인정될 경우에 한하여 정당화될 수 있다는 명제가 존중되어야 한다.

③ **정신적 자유의 주체** : 정신적 자유의 주체는 자연인으로서의 개인과 법인이다.

④ **정신적 자유의 내용** : 양심의 자유〈제19조〉, 종교의 자유〈제20조〉, 언론·출판의 자유와 집회·결사의 자유〈제21조〉, 학문과 예술의 자유〈제22조〉 등이 포함된다. 정신적 자유는 다음과 같이 분류되기도 한다.

　㉠ **내심의 자유** : 양심의 자유, 종교의 자유, 학문·예술의 자유

　㉡ **외면적(표현의) 자유** : 개별적 표현의 자유(언론·출판의 자유), 집단적 표현의 자유(집회·결사의 자유)

(2) 양심의 자유

① **연혁 및 입법례** … 근대헌법에 있어서 양심의 자유는 인간의 존엄과 가치에 대한 자각과 더불어 근대 초의 휴머니즘에서 탄생하여 1850년의 Preuβen 헌법에서 종교의 자유의 한 내용으로서 성문화되었다. 그 후 1919년의 Weimar 헌법에서는 종교의 자유와 분리하여 규정되게 되었다. 그러나 오늘날 양심의 자유는 방어적 민주주의사상과 매스미디어의 발달 및 국가의 사상통제력강화로 위기에 처해 있다. 우리 헌법에서는 제5차 개헌 전에는 신앙의 자유와 함께 동일조항에서 규정하였으나, 1962년 헌법부터 독자적인 자유의 하나로 규정하게 되었다.

② **헌법규정** … 제19조는 "모든 국민은 양심의 자유를 가진다."라고 규정하여 양심의 자유를 보장하고 있다. 양심의 자유는 인간의 존엄과 가치의 기준이 되는 최상급 기본권이다.

③ **의의와 성질**

　㉠ **의의** : 자기의 판단이나 가치관으로서의 확신을 외부에 표명하도록 강제 당하지 아니할 자유와 양심에 반하는 행위를 강요당하지 아니할 자유를 말한다. 무엇이 양심인가에 대해서는 종교적 신앙설, 도덕적 윤리설, 세계관설, 사상설, 일반적 신조설, 종신적 관조설 등이 있으나 헌법재판소는 양심의 자유에서의 양심은 세계관, 인생관, 주의, 신조 등은 물론 널리 개인의 인격형성에 관계되는 내심에 있어서의 가치적·윤리적 판단까지도 포함하는 것으로 보고 있다.

　㉡ **성질** : 양심의 자유는 내심적 자유로서 행동의 자유에 선행하며 다른 정신적 자유의 모체가 되는 최상급 기본권이다.

> **POINT 팁**　양심의 자유의 성질
> 　㉠ 내면적 정신활동의 자유이다.
> 　㉡ 주관적 공권이자 객관적 가치질서를 갖는 이중적 성격을 지니는 권리이다.
> 　㉢ 인간의 권리이다.
> 　㉣ 자연인의 자연법상의 권리이다.
> 　㉤ 내면의 세계에 머무르는 한 절대적 기본권이다.
> 　㉥ 일신에 전속하는 권리이다.
> 　㉦ 정신적 자유권 중에서 가장 소극적인 권리이다.

④ **기능과 주체**

　㉠ **양심자유의 기능** : 양심의 자유는 자유민주적 기본질서를 창설하는 권리로서 사회정신성숙 촉진기능, 동화적 통합기능, 정당화기능, 예방적 기능을 갖는다.

　㉡ **주체** : 양심의 자유는 자연인이 그 주체가 되는 인간적 권리이므로 외국인도 주체가 된다.

⑤ **내용**

　㉠ **양심결정(형성)의 자유** : 양심의 자유는 양심상의 결정의 자유이다. 이는 절대적으로 보장되기 때문에 국가권력이나 타인이 그 결정을 방해하거나 일정한 양심상의 결정을 하도록 강제할 수가 없다. 양심의 자유는 인간으로서의 존엄과 가치를 유지하기 위한 대전제가 되므로 현실적으로 양심의 자유가 보장되려면 불안, 공포, 빈곤 등이 제거되어야 한다.

> ── **ANSWER**
>
> 양심에 반하는 행위의 강제금지
> ㉠ 증거거부 및 취재원의 묵비권 : 양심의 자유는 윤리, 도덕적 판단, 사상 혹은 이와 결부된 일정한 사실을 보호하기 위한 것이므로 단지 사실에 관한 지식, 기술적 지식 그 자체는 그 보호의 대상이 되지 못한다. 따라서 범죄수사시 증언거부나 신문기자의 취재원에 관한 묵비권은 양심의 자유에 포함되지 않는다.
> ㉡ 사죄광고판결 : 사죄광고를 명하는 판결에 대해서는 합헌설과 위헌설이 있으나, 헌법재판소는 사죄광고의 강제는 양심표명의 강제인 동시에 인간의 존엄과 가치 및 그를 바탕으로 하는 인격권을 침해하는 것이므로 민법 제764조의 '명예회복에 적당한 처분'에 이를 포함시키는 것은 위헌이라고 하였다.

문. 양심의 자유에 관한 설명 중 옳지 않은 것은?

① 사죄광고를 판결로써 강제하는 것이 양심의 자유를 침해하느냐에 관해서는 찬반의 대립이 있다.
② 헌법수호선언은 양심의 자유를 침해하지 않는다.
③ 양심의 자유는 양심의 표현행위까지 보장한다.
④ 양심적 병역거부의 문제는 대체로 사원병제 국가에서는 일어나지 않는다.

☞ ③

ⓒ 양심적 집총거부 : 양심상의 결정을 이유로 병역, 특히 집총을 거부할 수 있는가 가 문제이다. 판례는 양심상의 결정으로 군복무를 거부한 행위는 응당 병역법의 처벌을 받아야 하며, 소위 양심상의 결정은 헌법 제19조에서 보장한 양심의 자유에 속하는 것은 아니다라고 수차 판시한 바 있다.

ⓛ **침묵의 자유** : 침묵의 자유는 인간의 내면세계에서 형성·결정된 양심의 외부에 표명하도록 강제받지 않는 자유이다. 침묵의 자유로부터 양심추지(良心推知)의 금지와 양심에 반하는 행위의 강제가 파생한다.

ⓒ **표현의 자유** : 양심의 자유는 양심의 결정에 따라 행동할 자유가 포함되는가 즉, 표현 내지 실현의 자유에 대해서는 긍정설과 부정설 등의 학설 대립이 있으나, 통설은 양심의 자유의 보장에 행동의 자유, 실현, 표현의 자유까지 확대·해석하지는 않고 있다. 다수설에 의할 때 양심이 외부에 객관적으로 표현될 때 그것은 그 내용에 따라서 학문·언론의 자유 등에 포함되어 양심의 자유의 영역을 벗어난다고 한다.

⑥ **효력과 한계**

㉠ **효력** : 양심의 자유는 대국가적 효력을 가지며, 다수설에 의하면 제3자적 효력도 인정된다. 양심의 자유는 기본권인 인권의 중핵이 되는 것이므로 인간의 존엄성존중에 버금가는 비중을 갖는다.

ⓛ **한계** : 양심의 자유는 어떤 경우에 어느 정도로 보장되는가에 대해서 내재적 한계설, 절대적 무제약설, 내심무한계설 등의 대립이 있으나 양심의 외부적인 표현은 표현의 자유의 한계에 관한 이론이 적용되어야 할 것이며, 내면의 자유인 경우에는 그 제한은 불필요할 뿐만 아니라 불가능하므로 내면적 무한계설이 타당하다(통설·판례).

(3) 종교의 자유

① **서설**

㉠ **헌법규정** : "모든 국민은 종교의 자유를 가진다. 국교는 인정되지 아니하며, 종교와 정치는 분리된다〈제20조〉."라고 규정하고 있다.

ⓛ **지위** : 종교의 자유는 종교개혁을 통하여 쟁취한 자유로서 근대정신의 선구자적 역할을 하였다. 종교의 자유는 자유권, 특히 정신적 자유를 확립하는 데 원동력이 된 초국가적 권리로서 근대시민혁명의 성과를 확인·선언한 근대헌법은 예외없이 종교의 자유의 보장을 선언하고 있다.

② **의의와 성격**

㉠ **종교의 자유의 의의** : 종교의 자유라 함은 자기가 원하는 종교를 자기가 원하는 방법으로 신앙할 자유를 핵심으로 하여 이에 부수한 적극적 자유와 소극적 자유를 총칭한다. 현행 헌법이 종교의 자유〈제20조〉와 양심의 자유〈제19조〉를 독립시켜 규정하고 있으므로 양자의 개념을 구별해야 한다. 즉, 종교의 자유는 신앙에 관한 대내·외적인 모든 자유를 의미하고 양심의 자유는 종교사항이 아닌 윤리적 사항 내지 사상 및 신념에 관한 내심의 자유를 의미한다고 보아야 한다.

ⓛ 종교의 자유의 성격 : 종교의 자유는 인간의 정신적 자유의 일종으로서 다른 경제적 자유에 비해 고도의 보장을 받는다. 구체적으로 종교의 자유는 인간 내심의 자유이며, 정신적 자유의 모체로서 주관적 공권이다.

③ 종교의 자유의 내용

㉠ 신앙의 자유 : 신앙이라 함은 인간을 규율한다고 믿는 초인격적인 절대자에의 귀의를 말한다. 신앙의 자유 중에는 신앙선택의 자유, 개종의 자유, 무신앙의 자유, 신앙고백의 자유, 신앙불표현의 자유 등이 포함된다. 신앙의 자유는 종교의 자유의 본질적 내용을 이루는 절대적 자유권으로서 자연인만이 그 주체가 된다.

㉡ 종교적 행위의 자유 : 각 개인이 기도나 예배, 독경이나 예불 등과 같은 신앙을 외부에 표현하는 행위를 강요당하지 아니하고 임의로 행할 수 있는 자유를 말한다. 자연인뿐만 아니라 종교단체와 같은 법인도 그 주체가 될 수 있는 종교적 행위의 자유는 신앙이 내심의 작용만으로 그치지 아니하고 외부적 행위로 표현된 것이므로 약간의 제한이 가능하다.

㉢ 종교적 집회 · 결사의 자유 : 종교적 집회 · 결사의 자유는 종교적인 목적으로 동신자가 집합하거나 서로 회합하여 계속적인 단체를 조직한 경우에 국가가 이에 간섭하지 않는 것을 뜻한다. 이 자유도 종교의 자유의 일내용으로서 일반적인 집회 · 결사의 자유보다 광범한 보장을 받는다.

④ 종교의 자유의 주체 … 종교의 자유는 인간의 권리이다. 그러므로 자국민만이 아니라 외국인도 그 주체성이 인정된다. 자연인만이 주체가 되므로 법인은 제외된다.

⑤ 종교의 자유의 한계와 제한

㉠ 종교의 자유의 한계 : 내심의 작용을 의미하는 절대적 자유권인 신앙의 자유를 제외하고 종교적 행사의 자유, 종교적 집회결사의 자유, 선교의 자유 등은 외부에 나타나는 상대적 자유권이므로 헌법유보나 법률유보에 의해서 제한할 수 있다. 종교적 단체가 국가의 존립을 위태롭게 하거나 종교적 의식, 축전, 행사 등이 공서양속 또는 안녕질서를 침해할 경우에는 법률로써 금지 또는 제한할 수 있다.

㉡ 종교의 자유의 제한 : 종교의 자유를 제한하더라도 그 본질적 내용은 침해할 수 없고 이익형량을 하여야 하며, 과잉금지의 원칙에 반해서는 안된다.

⑥ 효력

㉠ 대국가적 효력 : 종교적 자유는 국가로부터의 침해와 간섭을 부정하는 주관적 공권이다.

㉡ 대사인적 효력 : 제3자적 효력도 갖는다(간접적용설). 따라서 사기업 등에 의한 신앙실행의 자유의 침해는 허용되지 않고 사용자가 근로자의 신앙을 이유로 근로조건에 관하여 차별대우를 하거나 해고하는 것도 금지된다. 그러나 종교단체 내부에까지 종교적 관용이 요구되는 것은 아니므로 교단의 교율에 따르게 하거나 그에 위반시 징계권행사는 가능하다.

⑦ 정교분리의 원칙

　㉠ 분리의 원칙 : 정교분리원칙은 종교의 자유에서 파생된 것이기는 하나 당연히 그 속에 포함되는 것은 아니다. 종교의 자유는 주관적 공권인 데 비하여 정교분리원칙은 제도보장으로서의 성질을 갖는다.

　㉡ 정교분리의 내용 : 정교분리원칙은 종교의 정치간섭금지, 국교의 불인정, 국가의 종교교육금지와 종교활동금지, 국가에 의한 특정종교의 우대나 차별의 금지 등을 들 수 있다.

> **POINT 팁**　정교분리원칙의 내용
>
> ㉠ **종교의 정치간섭금지** : 종교는 정치에 간섭할 수 없으므로 종교단체가 정치활동을 하는 것은 금지된다.
>
> ㉡ **국교의 불인정** : 국교의 인정은 종교의 자유를 심히 제한하므로 인정되지 않는다〈제20조 제2항〉.
>
> ㉢ **국가의 종교교육금지와 정치활동금지** : 국가와 지방자치단체가 설립한 학교에서는 특정한 종교를 위한 종교교육을 하여서는 아니된다〈교육기본법 제6조 제2항〉.
>
> ㉣ **국가에 의한 특정종교의 대우·차별금지** : 국가가 특정종교를 보호하거나 제한하기 위하여 재정적·경제적 특혜를 부여하거나 부당한 대우를 하는 것은 금지된다. 모든 종교에 대해 동등하게 우대하는 것도 무종교의 자유와 균형상 금지된다.

(4) 언론·출판의 자유

① 표현의 자유 일반

　㉠ 의의 : 개인적 권리로서 언론·출판의 자유와 집단적 권리로서의 집회·결사의 자유를 포함하는 개념이다. 이들 자유는 정신적 자유를 외부적으로 표출하는 자유로서 현대 민주정치에서 필수불가결한 중요성을 지닌다.

　㉡ 성격 : 표현의 자유의 성격에 대해서는 개인적 자유권설, 제도적 보장설이 대립하고 있으나 양 성질을 아울러 가지는 것으로 보는 것이 통설이다.

　㉢ 주체 : 표현의 자유의 주체는 내국인, 외국인, 법인 모두가 주체가 된다. 다만, 외국인의 경우 국익과 관련하여 정치적 표현의 자유는 제한이 더 가해질 수 있다.

　㉣ 내용 : 표현의 자유 중 언론자유에는 사사의견을 표명하고 전파하는 자유, 정보를 수집·처리할 자유(이른바 알권리), 언론기관의 자유(언론기관창설의 자유, 의사발표의 자유와 보도 및 논평의 자유, 보급의 자유 기타의 보조활동의 자유 등) 등이 있고 집회·결사의 자유에는 집회의 자유(집회결사, 집회사회, 집회참가, 불참가자유)와 결사의 자유(적극적으로 단체형성, 단체활동, 단체존속, 결사에 가입과 잔류 및 일탈의 자유 그리고 결사에 가입하지 않을 자유 등)가 있다.

　㉤ 효력 : 표현의 자유는 모든 국가권력을 구속하며, 사인간에 있어서도 사법상의 일반조항을 통하여 적용된다(간접적용설).

　㉥ 제한과 한계 : 표현의 자유는 국가안전보장, 질서유지, 공공복리를 위해 필요한 경우 법률로 제한할 수 있다〈제37조 제2항〉. 언론·출판의 자유는 내재적 한계를 가지며〈제21조 제4항〉, 군사기밀 보호법 등에 의해 제

문. 표현의 자유 및 언론·출판의 자유에 관한 다음 설명 중 옳은 것은? (다툼이 있는 경우 판례·헌법재판소 결정에 의함)
▶ 2015. 3. 7 법원직

① 종교에 대한 비판은 그 성질상 어느 정도의 편견과 자극적인 표현을 수반하게 되는 경우가 많으므로, 종교적 목적을 위한 언론·출판의 자유를 행사하는 과정에서 타종교의 신앙의 대상을 우스꽝스럽게 묘사하거나 다소 모욕적이고 불쾌하게 느껴지는 표현을 사용하였더라도 그것이 그 종교를 신봉하는 신도들에 대한 증오의 감정을 드러내는 것이거나 그 자체로 폭행·협박 등을 유발할 우려가 있는 정도가 아닌 이상, 허용된다고 보아야 한다.

② 건강기능식품의 표시·광고 역시 헌법이 정한 언론·출판의 자유의 보호범위에 포함되므로 그에 대한 사전심의절차를 법률로 규정한 것은 헌법이 금지한 사전검열에 해당한다.

③ 인터넷언론사에 대하여 선거운동기간 중 당해 인터넷홈페이지의 게시판·대화방 등에 정당·후보자에 대한 지지·반대의 글을 게시할 수 있도록 하는 경우 실명을 확인받도록 하는 기술적 조치를 할 의무를 부과하는 것은 표현의 자유를 침해하는 것이다.

④ 음란한 표현은 헌법상 언론·출판의 자유의 보호영역에 포함되지 아니한다.

☞ ①

한된다. 집회결사의 자유 중 옥외집회 및 시위는 집회 및 시위에 관한 법률에 의해 사전신고를 해야 한다. 표현의 자유를 제한하는 입법의 합헌성 판단기준에 관한 이론으로는 사전억제금지이론, 명확성이론, 비례원칙, 법익형량이론, 명백하고 현존하는 위험의 원칙 등이 있다.

   ◇ **예외적 제한과 한계** : 표현의 자유는 긴급명령〈제76조〉, 비상계엄〈제77조〉, 특별권력관계에 의해 예외적으로 제한될 수 있다. 다만, 이를 제한하는 경우에도 그 본질적 내용은 제한할 수 없다.

② **언론 · 출판의 자유의 의의와 성격**

   ㉠ **언론 · 출판의 자유의 의의** : 언론 · 출판의 자유라 함은 사상 또는 의견을 언어, 도형, 문자 등으로 불특정 다수인에게 발표하는 자유를 말한다. 언론 · 출판의 자유는 인간의 존엄과 가치를 유지하고 자유로운 인격발전의 성취와 직결되어 있을 뿐 아니라 민주정치에 있어서 필수불가결한 자유라는 점에 그 중요성이 있다. 따라서 언론 · 출판의 자유의 우월적 지위가 일반적으로 인정된다.

   ㉡ **연혁** : 언론 · 출판의 자유는 영국에서 1649년 인민협정에서 선언되어 1776년 미국의 버지니아 권리선언, 1791년의 미연방헌법, 1789년 프랑스 인권선언 등에서 규정된 이래 각국 헌법에 규정되었다. 언론 · 출판의 자유는 집회 · 결사의 자유, 신앙 · 양심 · 학문 · 예술의 표현행위, 통신행위 등과 밀접한 관련을 갖고 있다.

   ㉢ **언론 · 출판의 자유의 법적 성격** : 언론 · 출판의 자유의 법적 성격에 관해서는 개인적 자유권설과 제도적 보장설이 대립하고 있으나, 언론 · 출판의 자유는 일면에서는 개인의 주관적 공권으로서의 최대한의 보장과, 타면에서는 민주적 · 법치국가적 질서수립을 위한 자유로운 여론형성이라는 제도적 보장으로서의 최소한의 보장과의 결합으로 보는 것(권리보장설)이 다수설이며, 또한 타당하다.

③ **언론 · 출판의 자유의 주체** : 자연인의 권리로서 개인뿐만 아니라 법인에게도 보장된다. 이는 또한 인간의 권리이기 때문에 외국인에게도 보장된다.

④ **다른 기본권과의 관계**

   ㉠ **집회 · 결사의 자유와의 관계** : 언론 · 출판의 자유가 원칙적으로 개인적인 표현의 자유를 의미하는데, 집회 · 결사의 자유는 집단적 표현의 자유를 의미한다.

   ㉡ **양심 · 신앙 · 학문 · 예술의 자유와의 관계** : 이러한 사항의 외부적 표현은 제21조에 대한 특별법적 규정이기 때문에 제19조, 제20조, 제22조가 각기 우선적으로 적용된다.

   ㉢ **사생활의 비밀과 자유 · 통신의 자유와의 관계** : 표현행위가 사회적으로 공표되는 것이라면 사생활의 비밀과 자유 · 통신의 자유는 공표되기 이전의 행위로 개인간의 의사교환과 형성에 관한 기본권이다.

문. 표현의 자유와 언론 · 출판의 자유에 대한 설명 중 옳지 않은 것은? (다툼이 있는 경우 판례에 의함)

▶ 2014. 9. 27 국회직

① 사법부가 사법절차에 의하여 심리 · 결정하는 방영금지가처분은 헌법에서 금지하는 사전검열에 해당하지 않는다.

② 교과서의 국정 또는 검 · 인정제도는 허가의 성질보다 특허의 성질을 갖는 것이므로 국가가 재량권을 갖는 것은 당연하다.

③ 외국비디오물을 수입할 때 영상물등급위원회의 추천을 받도록 한 것은 헌법에 위반된다.

④ 옥외광고물의 경우에도 그 종류, 외형, 설치뿐만 아니라 그 내용을 심사 · 선별하게 되면 사전허가 · 검열에 해당한다.

⑤ 행정기관인 청소년보호위원회 및 각 심의기관에 '청소년유해매체물'의 결정권한을 부여하는 것은 법관에 의한 재판을 받을 권리를 침해하는 것이다.

☞ ⑤

⑤ 언론·출판의 자유의 내용

　㉠ **고전적 내용** : 고전적 의미의 언론·출판의 자유는 불특정 다수인을 상대로 자신의 의견이나 사상을 자유로이 표명하거나 전달할 수 있는 자유로 이해되고 있다. 현대적 의미의 언론·출판의 자유는 고전적 의미 외에 알권리, 엑세스권, 반론권, 언론기관 설립권, 언론기관의 자유까지도 그 내용으로 한다.

　㉡ **의사·의견의 표명과 전파의 자유** : 이는 사상이나 의견을 외부에 표현하는 자유로서 여기에는 '보도의 자유'가 포함된다고 봄이 타당하다. 그러나 사상이나 의사를 표현하지 않을 자유는 이에 속하지 않고 침묵의 자유로서 양심의 자유에 속한다.

　㉢ **알권리** : 일반대중이 각종의 정보수집의 수단을 통하여 표현된 의사나 사상을 받아들이는 자유이다. 이와 관련하여 취재의 자유가 문제되나, 다수설은 취재의 자유를 인정한다. '알권리'는 자유권적인 성격과 청구권적 성격을 아울러 가지는 복합적 성격의 권리이다. 언론·출판의 자유 중 의견 또는 사상의 표현과 그 전달의 자유가 내어보내는 쪽의 자유를 의미한다면, 알권리는 받아들이는 쪽의 자유를 의미한다. 타인에게 정보를 제공하는 자유가 아니라 자신의 정보를 수집할 수 있는 권리이다.

> ANSWER
>
> **헌법재판소와 알권리**
> ㉠ 알권리의 생성기반을 볼 때 이 권리의 핵심은 정부가 보유하고 있는 정보에 대한 국민의 정부에 대한 일반적 정보공개를 구할 권리라 할 것이다.
> ㉡ 정보에의 접근, 수집, 처리의 자유, 즉 알권리는 헌법 제21조 소정의 표현의 자유와 표리의 관계에 있으며 자유권적 성질과 청구권적 성질을 공유하는 것이다.
> ㉢ 국가 또는 지방자치단체의 기관이 보관하고 있는 문서 등을 공개하지 않는 것은 이해관계 있는 당해 국민의 알권리를 침해하는 것이다.

　㉣ **엑세스권(Access Right)** : 일반국민이 자신의 사상이나 의견을 발표하기 위하여 언론매체에 자유로이 접근하여 그것을 이용할 수 있는 권리이다. 고전적 의미의 표현자유가 국가권력의 부작위를 요구하는 소극적 자유권이라면, 엑세스권은 표현의 자유를 실현하기 위하여 국가권력의 발동을 적극적으로 요구하는 청구권적인 권리이다.

　㉤ **반론권** : 신문, 방송 등 매스미디어의 기사에 의해 비판, 공격 기타 피해를 받은 자가 이에 대한 반론을 게재 또는 방송하도록 당해 언론사에 요구할 수 있는 권리를 말한다. 사실에 대한 반박을 반박권, 논평에 대한 반론을 반론권이라 하여 구별할 수 있으나 양자를 포함하여 사용함이 일반적이다. 우리나라의 경우 언론중재 및 피해구제 등에 관한 법률에서 정정보도청구권, 반론보도청구권, 추후보도청구권을 각각 규정하여 반론권을 인정하고 있다.

문. 언론·출판의 자유에 포함된다고 보기 어려운 것은? (다수설에 의함)

① 취재원의 비닉권
② 정보의 자유
③ 보도의 자유
④ 방송·방영의 자유

☞ ①

문. 알 권리에 관한 설명 중 가장 옳지 않은 것은? (다툼이 있는 경우 판례·헌법재판소 결정에 의함)

▶ 2015. 3. 7 법원직

① 저속한 간행물의 출판을 전면 금지시키고, 그 출판사의 등록을 취소시킬 수 있도록 하는 것은 성인의 알 권리를 침해하는 것이다.
② 헌법재판소의 견해에 의하면 알 권리는 헌법 제21조의 표현의 자유에 포함되는 권리이다.
③ 공공기관의 정보에 대한 공개청구와 관련하여서는 알 권리는 청구권적 성격을 가지고, 알 권리가 일반적으로 접근할 수 있는 정보원으로부터 자유롭게 정보를 수집할 수 있는 권리를 의미하는 경우에는 자유권적 성격을 가진다.
④ 알 권리가 일반 국민 누구나 국가에 대하여 보유·관리하고 있는 정보의 공개를 청구할 수 있는 권리를 의미하는 것은 아니다.

☞ ④

ⓗ **언론기관설립권** : 언론·출판의 자유는 언론기관을 자유로이 설립할 수 있는 언론기관 설립의 자유까지도 그 내용으로 한다. 헌법은 "통신, 방송의 시설기준은 법률로 정한다."고 하여 언론기관의 시설기준 법정주의를 규정하고 있다〈제21조 제3항〉. 언론기관 설립을 제한하는 것으로 언론기업의 독과점규제문제가 있다.

ⓢ **언론기관의 특권과 자유** : 민주국가에서 여론형성, 전달, 수집, 표시 등 언론의 기능이 막대하기 때문에 이러한 공공적 기능을 뒷받침하기 위해 언론기관의 특권과 자유 그리고 책임이 논의된다.

⑥ **언론·출판의 자유의 효력**

㉠ **대국가적 효력** : 언론·출판의 자유는 입법·사법·행정의 모든 국가기관과 영조물, 공법상의 재단과 같은 간접적 국가기관 그리고 공권력의 행사를 위임받은 사인까지 구속한다.

㉡ **대사인적 효력** : 언론·출판의 자유는 사인간에 있어서도 사법상의 일반조항을 통하여 간접적으로 적용된다.

⑦ **언론·출판의 자유의 한계**

㉠ **내재적 한계** : 언론·출판의 자유가 현대국가의 기능상 중대한 역할을 수행하므로 최대한 보장하여야 하나, 이 자유도 자유민주적 기본질서에 위배되어서는 안되고 국가존립을 위태롭게 해서도 안되며, 타인의 명예를 훼손하거나 도덕률을 위배해서도 안된다.

㉡ **내재적 한계 일탈의 경우** : 언론과 출판이 내재적 한계를 벗어난 경우로는 타인의 명예훼손, 타인의 사생활의 비밀과 자유의 침해, 공중도덕 또는 사회윤리에 반하는 경우, 범죄나 공공질서의 교란 또는 국제질서를 파괴하는 선동 등의 행위를 한 때이다.

⑧ **언론·출판의 자유의 제한**

㉠ **원칙** : 언론·출판의 자유도 국가안전보장, 질서유지, 공공복리를 위하여 필요한 경우에는 법률로 제한할 수 있다.

㉡ **사전적 억제** : 언론·출판에 대한 사전통제는 사후통제보다 유해하다. 사전통제의 유형으로는 허가제와 검열제가 있다. '허가제'는 자연적 자유에 속하는 언론의 자유를 일반적으로 금지한 연후에 특정한 경우에 한하여 그 금지를 해제하여 주는 행정처분이다. 검열에 의한 사전억제는 금지되며 허가제도 사전검열의 일종이므로 금지된다(등록이나 신고는 사전검열이 아니므로 허용된다). 비상계엄이 선포된 경우에는 언론·출판의 자유도 특별조치로서 검열 등의 사전통제를 받게 된다.

㉢ **사후통제** : 언론·출판에 대한 제한은 사후적 통제가 원칙이다. 사후적 통제에는 대중적 표현수단의 규제, 법에 의한 규제가 있다. 긴급명령과 비상계엄에 의해 언론·출판에 대한 특별한 조치가 가해질 수 있다.

⑨ **언론규제입법의 합헌성 판단기준**

㉠ **이중기준의 이론** : 언론·출판의 자유권 등 정신적 자유권은 경제적 기본권에 비하여 우월성을 지니므로 그 제한과 규제에 관해서는 경제적 기본

권의 규제입법에 대한 합헌성 판단보다 더 엄격한 기준에 따라야 한다. 이것은 이중기준의 이론이다. 이에 관한 이론으로는 명확성의 이론, 과잉금지의 원칙, 법익형량이론, 명백하고도 현존하는 위험의 원칙, 규제입법의 합헌성추정의 배제이론, 입증책임의 전환이론, 당사자적격요건의 완화 등이 있다.

ⓛ **명확성의 이론** : 불명확한 법조문으로 표현의 자유를 제한하는 것은 있을 수 없다. 법조문의 내용이 지나치게 막연한 경우에는 문언상 당연히 무효가 된다.

ⓒ **비례의 원칙·법익형량의 이론** : 표현의 자유를 억제함으로써 얻는 이익과 그 반대의 경우의 불이익을 형량하여 더 큰 공익을 위해 필요한 경우에만 표현의 자유의 제한은 허용된다.

ⓔ **명백하고 현존하는 위험의 원칙** : 표현행위에 의해 실질적 해악을 발생시키고 이것이 명백하고도 현존하는 위험상태에 빠지게 한 경우에, 다른 수단으로는 그것을 방지할 수 없을 때, 표현행위와 해악간에 밀접한 인과관계가 있을 때에 한해서 비로소 표현행위의 제한이 정당화된다는 이론이다(1919년의 Schenck v. U.S.사건에서 O.W. Holmes 판사에 의해 판시). 이 원칙은 언론의 자유를 제한하는 이론적 근거로서 언론의 자유를 합리화함과 동시에 언론의 자유를 최대한으로 보장하는 역할도 한다.

⑩ **언론·출판의 자유**

ⓐ **국가기관에 의한 침해와 구제** : 개인 또는 언론기관의 언론·출판의 자유가 국가기관으로부터 침해당한 경우에는 위헌법률심판이나 헌법소원의 청구, 행정쟁송, 국가배상청구, 청원 등의 구제수단을 통해 구제받을 수 있다.

ⓑ **언론기관 또는 사인에 의한 침해와 구제** : 언론기업의 사주로부터 언론의 자유를 제약하는 지시를 따르지 않았다는 이유로 부당해고당한 기자는 해고무효확인소송을 제기할 수 있고, 기타 사인간의 사법상 계약에 의한 언론·출판의 자유에 대한 침해도 위헌무효로서 구제받을 수 있다.

(5) 집회·결사의 자유

① **서설**

ⓐ **의의** : 다수인의 공동의 목적을 가지고 회합 또는 결합하는 자유를 말한다. 집회·결사의 자유는 타인과의 접촉을 통해서 개성을 신장시키고 의사를 형성하며, 집단적인 의사표현을 하고 집단적인 형태로 공동의 이익을 추구함으로써 민주정치의 실현과 동화적 통합에 기여하는 매우 중요한 기본권이다.

ⓑ **언론·출판의 자유와의 관계** : 양자 공통으로 표현의 자유의 범주에 해당하나, 언론·출판의 자유는 개인적 성격을 가진 데 비하여 집회·결사의 자유는 집단적 성격을 가졌다. 또한 집회·결사의 자유는 언론·출판의 자유를 보충해주는 성질도 갖는다.

② 집회의 자유

  ㉠ 개념 : '집회'는 다수인이 공동의 목적을 가지고 일정장소에서 일시에 집합하는 행위를 말한다. 집회의 목적은 합법적인 것이어야 한다. 집회개념의 징표로는 다수인, 공동의 목적, 일시적 회합이다. 다수설은 집단적 시위나 시위행렬은 '움직이는 집회'로서 집단사상표현의 한 형태이므로 집회의 개념에 포함된다고 한다.

> **ANSWER**
>
> **시위의 개념**
> 시위(示威)는 여러 사람이 공동목적을 가지고 도로, 광장, 공원 등 일반인이 자유로이 통행할 수 있는 장소를 행진하거나 위력 또는 기세를 보여 불특정한 여러 사람의 의견에 영향을 주거나 제압을 가하는 행위이다〈집회 및 시위에 관한 법률 제2조 제2호〉. 헌법재판소는 시위에 대해 '이동하는 집회'라고 한다.

  ㉡ 집회자유의 기능
- 개성신장 및 동화적 통합의 촉진기능
- input 기능
- 의사표현의 보완적 기능
- 효과적인 정치투쟁의 기능
- 직접민주주의적 기능
- 소수의 보호기능 등을 통해서 민주정치의 실현에 결정적으로 기여하는 객관적 가치질서로서의 기능

  ㉢ 내용 : 집회의 자유는 적극적인 면과 소극적인 면이 있다. 적극적인 면에는 집회를 개최하는 자유, 집회를 사회 또는 진행하는 자유, 집회에 참가하는 자유 등이 포함된다. 소극적인 면에는 집회를 개최하지 아니할 자유, 집회에 참가하지 아니할 자유 등이 있다.

  ㉣ 주체 : 자연인, 법인이 다 포함된다. 다만, 외국인의 주체성에 대해서는 찬반대립이 있다. 외국인의 경우 국민에 비하여 제한이 가중될 수 있다.

  ㉤ 성격 : 집회의 자유는 절대적 고립화를 피하려는 초실정법적 권리이고 정치적 또는 민주적 기본권으로서 개인의 주관적 공권이면서 집단적 기본권이다.

  ㉥ 한계와 제한
- 집회의 자유에 있어서의 집회 및 시위는 평화적·비폭력적·비무장이라야 하며, 내재적 한계인 헌법질서의 위배, 도덕률의 침해, 타인의 권리 등을 침범하는 것이어서는 안된다.
- 집회의 자유에 대한 사전허가제는 허용되지 않는다. 집회 및 시위에 관한 법률은 헌법재판소의 결정에 의하여 해산된 정당의 목적을 달성하기 위한 집회 또는 시위, 집단적인 폭행, 협박, 손괴, 방화 등으로 공공의 안녕질서에 직접적인 위험을 가할 것이 명백한 집회 또는 시위를 절대로 금지되는 집회 및 시위로 규정하고 있다〈집회 및 시위에 관한 법률 제5조〉.
- 집회 및 시위에 관한 법률은 일출 전, 일몰 후〈동법 제10조〉나 중요청사 또는 저택 100m 이내의 장소나 주요 도로상의 옥외집회 또는 시위를 금지·제한하고 있다〈동법 제11조, 제12조〉.

문. 집회·시위의 자유에 관한 내용으로 옳지 않은 것은? (다툼이 있는 경우 판례에 의함)

▶ 2014. 9. 27 국회직

① 우리 헌법상 보호되는 집회의 자유는 오로지 '평화적' 또는 '비폭력적' 집회에 한정되고, 폭력을 사용한 집회는 보호되지 않는다.

② 야간시위를 금지한 것은 사회의 안녕질서를 유지하고 시위참가자 등의 안전과 제3자인 시민들의 주거 및 사생활의 평온을 보호하기 위한 것으로 정당한 목적 달성을 위한 적합한 수단이다.

③ '해가 뜨기 전이나 해가 진 후'라는 광범위하고 가변적인 시간대는 '야간'이라는 특징이나 차별성이 명백하게 존재한다고 할 수 없고, 그러한 광범위하고 가변적인 시간대의 시위를 금지하는 것은 목적 달성을 위해 필요한 정도를 넘는 지나친 제한이다.

④ 옥외집회, 시위에 대한 사전신고 이후 기재사항의 보완, 금지통고 및 이의절차 등을 원활하게 진행하기 위하여 늦어도 집회가 개최되기 48시간 전까지 사전신고를 하도록 규정한 것은 지나친 기본권 제한이다.

⑤ 국내에 주재하는 외국의 외교기관으로부터 100m 내의 모든 집회를 예외없이 일률적으로 금지한 것은 위헌이지만, 국회의사당으로부터 100m 내의 모든 집회금지는 합헌적인 규제이다.

정답 ④

ANSWER

> **야간옥외집회**
> 해가 뜨기 전이나 해가 진 후의 옥외집회(야간옥외집회)를 금지하고, 일정한 경우
> 관할경찰관서장이 허용할 수 있도록 한 집시법 제10조 중 '옥외집회' 부분은 헌법에
> 위반하여 집회의 자유를 침해한다고 판시하였다.

③ **결사의 자유**

　㉠ **의의** : 공통의 목적을 가진 다수인이 자발적으로 계속적인 단체를 조직할 수 있는 자유를 말한다. 결사의 개념적 징표로는 결합, 계속성, 자발성, 조직적 의사에의 복종, 공동의 목적 등이다. 결사의 자유는 일반결사의 자유를 의미하므로 정당, 학회, 예술단체, 노동조합 등을 위한 결사는 각각 제8조, 제22조, 제33조의 적용을 받는다.

　㉡ **법적 성격**
　　• 국민의 국가에 대한 주관적 공권이다.
　　• 개인 또는 집단의 자유권임과 동시에 정치적 기본권성을 동시에 갖는다.
　　• 민주적 기본질서의 본질적 요소인 여론형성의 기본적 전제가 되는 권리이다.

　㉢ **내용** : 결사의 자유도 적극적인 면과 소극적인 면을 내포한다. 적극적인 면에는 단체결성의 자유 · 단체존속의 자유, 단체활동의 자유, 결사에의 가입 · 잔류의 자유 등이 있고 소극적인 면에는 결사탈퇴 및 불가입의 자유가 있다.

> **POINT 팁**　결사의 자유의 내용
> 　㉠ **적극적인 면** : 단체결성의 자유, 단체존속의 자유, 단체활동의 자유, 결사에의 가입 · 잔류의 자유
> 　㉡ **소극적인 면** : 결사탈퇴의 자유, 결사에 가입하지 않을 자유[사법상 인정, 공법상 불인정(의사회, 변호사회, 상공회의소 등)]

　㉣ **주체** : 모든 인간이 그 주체가 되며 법인도 주체성을 가지나, 외국인의 경우 제한이 강하다.

　㉤ **효력**
　　• 대국가적 효력을 가지므로 국가기관을 구속한다.
　　• 대사인적 효력도 사법상의 일반조항을 통해 간접적용설에 따라 인정함이 다수설이다.

　㉥ **제한한계** : 결사의 자유에 대한 제한은 기본권 제한입법의 한계조항〈제37조 제2항〉의 범위 내에서만 허용된다.
　　• 결사의 자유에 대한 허가제는 금지되며 제한하는 경우에도 이익형량, 규범조화적 해석, 과잉금지의 원칙, 명백하고 현존하는 위험의 원리 등이 존중되어야 한다.
　　• 결사의 자유의 본질적 내용은 어떤 경우에도 제한할 수 없다.

　㉦ **예외적인 제한** : 대통령의 긴급명령〈제76조〉, 비상계엄선포의 경우〈제77조 제3항〉에는 법률의 형식에 의하지 아니하고 긴급명령이나 특별한 조치로서 집회와 결사의 자유를 제한할 수 있다〈계엄법 제9조 제1항〉.

문. 집회 · 결사에 관한 다음 설명 중 가장 옳지 않은 것은? (다툼이 있는 경우 판례 · 헌법재판소 결정에 의함)

▶ 2015. 3. 7 법원직

① 집회 및 시위에 관한 법률상 반드시 다수인이 아니더라도 2인이 모인 집회도 위 법률의 규제 대상이 될 수 있다.

② 헌법재판소의 결정에 따라 해산된 정당의 목적을 달성하기 위한 집회 또는 시위를 주최하는 행위는 금지된다.

③ 결사의 목적은 반드시 비영리적인 것에 한하지 않으며 영리단체도 헌법상 결사의 자유의 보호를 받는다.

④ 헌법재판소는 야간시위를 금지하는 조항에 대하여, 이미 보편화된 야간의 일상적인 생활의 범주에 속하는 시간대까지 이를 적용하는 것은 과잉금지의 원칙에 반하여 위헌을 면할 수 없으나, 헌법재판소가 그러한 시간대를 직접 특정하는 것은 입법부와의 권력분립 측면에서 적절하지 않다는 점을 들어 헌법불합치의 주문을 선고하였다.

☞ ④

문. 결사의 자유에 관한 기술 중 틀린 것은?

① 범죄단체의 구성은 위법으로서 법의 제재를 받는다.

② 결사는 사상표현의 한 방식으로서 민주사회에서는 주요한 기능을 발휘한다.

③ 근로자의 결사인 노조는 일반결사법규의 규정에 따라 규제되지 아니한다.

④ 사회단체등록법에 의해 등록되어야만 결사로서 성립 · 존속할 수 있다.

☞ ④

(6) 학문과 예술의 자유

① 학문의 자유

⊙ **의의**: 학문적 활동에 관하여 간섭이나 방해를 받지 아니하는 자유를 말한다. 여기의 '학문'은 인간이 자연과 사회의 변화·발전에 관한 법칙이나 진리를 인식하고 탐구하는 행위를 말한다. 학문의 자유는 17세기에 Bacon, Milton 등에 의하여 주장되어 오다가 1849년의 Frankfurt 헌법에서 비로소 헌법상의 기본권으로 선언되었으며, 그 후 1919년의 Weimar 헌법을 거쳐 제2차 세계대전 이후의 민주적 현대헌법은 거의 예외없이 예술의 자유, 대학의 자치까지 학문의 자유의 한 내포로서 규정하기에 이르렀다.

⊙ **헌법규정**: 제22조는 "모든 국민은 학문과 예술의 자유를 가진다."고 규정하고 있다.

⊙ **법적 성격**: 학문의 자유는 주관적으로는 개인을 위한 주관적 공권이고, 객관적으로는 학문활동을 자율적 생활영역으로 보호하고 헌법이 지향하는 문화국가로서 보호·장려해야 한다는 객관적인 제도보장 또는 가치결단을 의미한다.

⊙ **주체**: 국민 모두에게 보장되는 기본적 인권이다. 외국인도 학문의 주체가 될 수 있으며, 대학이나 단체도 주체가 될 수 있다.

⊙ **내용**: 보는 관점에 따라 학문의 자유는 그 내용범위가 다르다. '협의의 학문의 자유'에는 연구의 자유(사색, 독서, 조사, 실험 등에 의하여 진리를 탐구하는 행위의 자유), 강학의 자유(대학이나 고등교육기관에 종사하는 교원이 자유로이 강의하는 자유)만을 의미하나, '넓은 의미의 학문의 자유'에는 이외에 연구결과 발표의 자유, 학문을 공동으로 연구하고 발표하기 위한 집회·결사의 자유도 포함한다. '최광의 학문자유'에는 대학의 자치까지 포함한다. 특히 대학의 자치는 학문자유의 중핵이기도 하다.

ANSWER

강학의 자유
초·중·고교의 교사는 자신이 연구한 결과에 대하여 스스로 확신을 갖고 있다고 하더라도 그것을 학회에서 보고하거나 학술지에 기고하거나 스스로 저술하여 책자를 발행하는 것을 별론으로 하고, 수업의 자유를 내세워 함부로 학생들에게 여과없이 전파할 수는 없다고 할 것이다. 나아가 헌법과 법률이 지향하고 있는 자유민주적 기본질서를 침해할 수 없음은 물론 사회상규나 윤리도덕을 일탈할 수 없으며, 가치편향적이거나 반도덕적인 내용의 교육은 할 수 없다.

⊙ **학문자유의 제한**: 학문의 자유에는 개별적인 유보조항은 없다. 학문연구는 절대적 자유가 보장되나, 연구결과를 발표하고 교수하고 연구발표를 위한 집회·결사의 경우에는 질서유지 또는 공공복리를 위해 법률로써 제한이 가능하다. 학문의 자유는 다원성, 개방성, 자율성을 특징으로 하기 때문에 학문적 활동이 헌법적 질서를 부정하는 현실참여일지라도 그것이 이론적 탐구의 단계에 머물러 있는 한 학문의 자유로서 보장된다.

⊙ **학문자유의 제한의 한계**: 제한하는 경우에도 본질적 내용을 침해해서는 안 된다〈제37조 제2항〉. 제한의 기준은 사법적 통제를 통해서 구체적으로 결정될 것이나, 그 범위를 넘는 입법권의 행사는 위헌법률심사의 대상이 된다.

문. 현행 헌법상 직접적 제한규정을 두고 있지 아니한 것은?

① 학문의 자유
② 사유재산권의 보장
③ 정당의 자유
④ 노동 3권

☞ ①

문. 학문의 자유에 관한 설명 중 옳은 것은 모두 몇 개인가?

• 교수의 자유와 교육의 자유는 구별된다.
• 학문의 집회·결사의 자유는 일반적 집회·결사의 자유와 동일한 보호를 받는다.
• 학문의 자유는 사인간에 적용되지 않는다.
• 교수나 연구소의 연구원뿐만 아니라 모든 국민이 학문의 자유의 주체가 된다.
• 학문의 연구에 있어서 연구의 자유와 교수의 자유는 고도의 헌법적 보장을 받는 절대적 자유권에 해당한다.

---

① 2개　　　　② 3개
③ 4개　　　　④ 5개

☞ ①

② 예술의 자유

    ㉠ 의의 : 예술의 자유는 인간의 미적인 감각세계 내지는 창조적인 경험세계의 표현형태에 관한 기본권이다. 예술활동은 인간의 창조적 정신의 표현이며, 자유로운 예술활동의 보장은 헌법의 최고이념인 인간존엄성과 문화국가주의의 필수적 요소이다.

    ㉡ 주체 : 예술의 자유는 모든 인간에게 보장되는 자유이다. 법인인 예술단체도 예술의 주체가 된다.

    ㉢ 내용 : 예술의 자유는 객관화될 수 있는 주관적인 미적 감각세계를 창조적이고 개성적으로 추구하고 표현할 수 있는 자유를 그 내용으로 한다. 구체적으로 예술창작의 자유, 예술표현의 자유, 예술적 집회·결사의 자유 등이 그것이다.

    ㉣ 제한과 그 한계 : 예술의 자유에 대한 제한과 그 한계는 본질적으로 학문의 자유에 대한 그것과 유사하다. 다만, 영화·예술에 대해서는 대중성, 오락성 때문에 질서유지나 윤리적 관점에서 그 제한이 강해지는 경우가 있다.

    ㉤ 학문의 자유와의 관계 : 헌법은 학문의 자유와 더불어 예술의 자유를 규정하고 있는데, 양자 다같이 인간의 정신·문화생활영역을 그 보호대상으로 하지만 그 활동영역과 그 활동양상이 다르다. 예술의 자유는 미의 추구의 자유를 보장하는 것으로 보면 학문의 자유와 유사하다.

    ㉥ 저작자, 발명가, 과학기술자와 예술가의 보호 : 헌법은 학문과 예술의 자유를 제도적으로 뒷받침해주고 학문과 예술의 자유에 내포된 문화국가실현의 실효성을 높이기 위해서 저작자, 발명가, 과학기술자와 예술가의 권리보호를 국가의 과제로 규정하고 있다〈제22조 제2항〉. 이에 따라 저작권, 특허권, 산업재산권, 예술공연권 등의 권리가 각 단행법에 의해서 보호되고 있다.

5. 경제적 자유권

(1) 재산권 일반

① 서설

    ㉠ 경제적 기본권 : 근대초의 서구사회는 자유방임주의사상을 배경으로 재산권에 대하여 신성불가침의 권리로 인정하였다. 그러나 자본주의의 병폐가 심화됨에 따라 재산권에 대한 통제가 가해지게 되었다.

    ㉡ 사회적 법치국가 : 재산권행사의 공공복리성이 바이마르 헌법에 규정된 이래 각국 헌법에 경제규정이 필수적으로 가미되어 재산권에 대한 제한·규제·의무를 과하는 사회적 복리국가주의를 채택하기 이르렀다. 현행 헌법의 경제질서는 자유시장경제를 기본으로 하되 사회정의의 실현과 균형있는 국민경제의 발전을 위하여 규제와 조정이 가능한 사회적 시장경제질서 내지 혼합경제질서를 기본으로 하고 있다(통설). 인간다운 생활

문. 다음 중 예술의 자유에 관한 기술 중 잘못된 것은?

① 예술경향에 대한 국가의 간섭은 예술의 자유의 본질적 내용을 침해하는 것이다.
② 건축법을 위반한 건축예술은 허용되지 않는다.
③ 예술의 자유는 자기목적적이다.
④ 미술관, 박물관은 예술의 자유를 향유하는 기본권의 주체이다.

☞ ④

문. 예술의 자유에 대한 설명으로 옳지 않은 것은?

① 예술의 자유를 기본권으로 헌법에 최초로 명시한 헌법은 1919년 바이마르 헌법이다.
② 예술작품에 대한 비평도 예술의 자유에 의하여 보호된다.
③ "예술활동의 본질은 예술가의 인상, 체험, 경험 등을 일정한 형태언어를 수단으로 하여 직접적인 표상으로 나타내는 자유로운 창조적 형성이다."라는 정의는 예술개념에 대한 실질적인 정의이다.
④ 헌법재판소는 음반을 제작하는 회사도 예술의 자유의 주체가 될 수 있다고 본다.

☞ ②

권을 선언하고 있으며, 이를 구현하기 위하여 사회적 기본권을 규정하고 있다. 사회보장, 사회복지의 증진을 국가의 의무로 규정하고 있다〈제34조 제2항〉.

② 경제생활영역의 보호

　㉠ 헌법의 태도 : 우리 헌법은 인간의 존엄과 가치를 경제생활영역에서 실현시키고 경제적으로도 인간다운 생활을 영위하고 국민경제활동을 보호하기 위하여 여러가지 기본권을 규정하고 있다.

　㉡ 구체적 제도 : 경제적 기본권의 범주에 해당하는 것으로 거주 · 이전의 자유〈제14조〉, 직업선택의 자유〈제15조〉, 재산권 보장〈제23조〉 등이 그것이다.

　㉢ 경제질서의 방향 : 국가의 경제질서는 국민의 경제생활을 위해서 마련된 것이고 경제질서의 주요 목표라고 볼 수 있는 경제성장, 물가안정, 국제수지균형, 완전고용 등은 국민의 창의적인 경제활동 내지 경제적인 생활감각에 의해서만 달성된다.

(2) 재산권의 보장

① 서설

　㉠ 헌법규정 : 헌법은 재산권의 보장 및 공공복리적합의무와 공공필요에 의한 재산권의 수용 · 사용 · 제한 그리고 보상에 관해 규정하고 또한 제120조, 제121조, 제125조, 제126조 등 재산권과 관련된 조항들을 규정하고 있다.

　㉡ 성질 : 제23조 제1항과 제2항의 재산권의 사회성, 의무성의 규정에 대해 학설대립이 있다. 즉, 자유권설과 제도적 보장설, 종합설이 그것이다. '자유권설'은 재산권은 원칙적으로 자유권이나 다만, 그 내용과 한계가 법률로 정해지고 그 행사는 공공복리에 적합해야 한다는 고도의 사회성, 의무성을 수반하는 것이라고 한다. '제도보장설'은 헌법상 재산권의 보장은 헌법규정에 의하여 비로소 보장되는 제도적 보장, 즉 사유재산제의 보장이라고 한다. '절충설'은 헌법상 재산권의 보장은 대국가적 방어권으로서 개개인의 재산상 자유권을 보장하는 것이며, 동시에 사유재산제를 보장하는 것이라고 한다.

② 내용

　㉠ 주체 : 재산권의 주체는 모든 국민이며, 자연인은 물론 법인도 그 주체가 된다. 외국인은 정책상 제한이 많이 따른다.

　㉡ 범위 : 재산권의 범위에는 민법상의 소유권 기타의 물권, 채권, 무체재산권은 물론 광업권, 어업권과 같은 특별법상의 권리와 공무원의 봉급청구권, 연금청구권 등과 같은 공법상의 권리도 포함한다. 단순한 기대이익은 포함되지 않는다. 헌법재판소는 일반(잡종)재산의 시효취득을 인정하였다.

문. 재산권에 관한 설명 중 가장 옳지 않은 것은? (다툼이 있는 경우 헌법재판소 결정에 의함)
▶ 2015. 3. 7 법원직
① 국가의 일방적인 급부인 사회부조는 헌법상 보호되는 재산권이 아니다.
② 연금납부자의 연금수급기대권은 헌법상 보호되는 재산권이다.
③ 우편법에 의한 우편물의 지연배달에 따른 손해배상청구권은 헌법상 보호되는 재산권이 아니다.
④ 상공회의소의 의결권 또는 회원권은 그 회원들의 헌법상 보장되는 재산권이 아니다.
정답 ③

ANSWER

> **재산권의 보장**
> 헌법이 보장하고 있는 재산권은 경제적 가치가 있는 모든 공법상·사법상의 권리를 뜻하고, 그 재산가액의 다과를 불문한다. 또 재산권의 보장은 재산권의 자유로운 처분의 보장까지 포함한 것이다.

ⓒ 사유재산제의 보장 : 헌법상 재산권보장은 동시에 법제도로서의 사유재산권의 보장을 의미한다. 이는 현존하는 사유재산제를 현상태로 보장한다는 것이 아니라 법률로써도 사유재산제의 기본 내지 중핵을 부인할 수 없다는 의미이다. 헌법이 개인을 위하여 구체적인 재산권을 보장한다는 것은 재산을 소유하고 상속할 수 있을 뿐 아니라 재산을 사용·수익·처분할 수 있는 권능을 보장한다는 뜻이다. 그러므로 재산권은 국가에 대한 소극적 권리로서의 성격을 갖는다. 개인을 위한 주관적 공권으로서의 재산권보장은 재산권의 내용과 한계는 반드시 법률로 정해야 한다는 것, 현재 누리고 있는 재산권을 제한할 경우에는 법률에 근거가 있어야 한다는 것, 법률로써 재산권을 제한하는 경우에도 그 법률은 헌법상의 제원칙과 제약을 따라야 한다는 것, 소급입법에 의한 침해나 제한금지, 사인에 의해 재산권이 침해되는 일이 없도록 국가의 보호를 요구할 수 있는 것 등을 의미한다.

ⓔ 소급입법에 의한 박탈금지 : 헌법은 "모든 국민은 소급입법에 의하여…재산권을 박탈당하지 아니한다〈제13조 제2항〉."라고 규정하여 소급입법에 의한 재산권의 박탈을 금지하고 있다.

ⓜ 경제조항에 의한 재산권의 보장 : 제9장에는 재산권의 보장 및 제한과 관련되는 조항이 많다. 이러한 조항들은 제23조의 재산권보장과 그 제한에 관한 조항을 보완하는 의미를 갖는다.

③ 재산권보장의 한계와 제한

ⓐ 한계
- "재산권의 내용과 한계는 법률로 정한다〈제23조 제1항〉."고 하여 헌법은 사유재산제의 한계에 관한 법정주의를 규정하고 있다.
- "재산권의 행사는 공공복리에 적합하도록 하여야 한다〈제23조 제2항〉."고 하여 재산권의 사회적 제약성을 규정하고 있다.

ⓑ 제한
- 개인의 재산권은 헌법과 법률에 따라 제한될 수 있다.
- 재산권은 국가안전보장, 질서유지, 공공복리〈제37조 제2항〉에 의해서 뿐만 아니라 제23조 제3항에 의한 공공필요를 위해서도 제한할 수 있다.
- 제한의 목적 : 국가안전보장, 질서유지, 공공복리〈제37조 제2항〉, 공공필요〈제23조 제3항〉, 국회제정의 형식적 법률
- 제한의 형식 : 법률, 명령(부정설 – 다수설), 조례(부정설 – 다수설), 수용(공용수용 = 공용징수)
- 제한의 태양 : 사용(공용사용), 제한(공용제한 – 계획제한, 보전제한, 사업제한, 공물제한, 사용제한)

문. 국민보상을 위해서 광견병에 걸린 개를 정당한 보상없이 공권력이 살해하는 경우를 정당화하는 이론은?

① 사회기속이론
② 특별희생이론
③ 기대가능성이론
④ 사적 유용성이론

☞ ①

④ **재산권에 대한 보상**

  ㉠ **헌법규정** : "공공필요에 의한 재산권의 수용, 사용 또는 제한 및 그에 대한 보상은 법률로써 하되 정당한 보상을 지급하여야 한다〈제23조 제3항〉."고 규정하고 있다. 헌법재판소는 정당한 보상에 대해 "헌법 제23조 제3항이 규정하는 정당한 보상이란 원칙적으로 피수용재산의 객관적인 재산가치를 완전하게 보상하는 것이어야 한다는 완전보상을 의미한다."고 하였다.

  ㉡ **법적 근거** : 피해자의 손실보상청구권은 법률에 명시적 규정이 있을 때에만 한하는가, 헌법규정으로 직접 효력이 발생하느냐에 대해서 입법방침설과 직접적효력설, 위험무효설이 대립되어 있다.

  ㉢ **손실보상의 기준** : 보상은 법률로써 하되 정당한 보상을 지급하여야 한다. 즉, 복지국가적 이념과 조화되는 가장 합리적이고 정당한 보상이 이루어져야 한다.

  ㉣ **보상방법** : 손실보상은 다른 법률에 특별한 규정이 있는 경우를 제외하고는 현금으로 지급하여야 한다〈공익사업을 위한 토지 등의 취득 및 보상에 관한 법률 제63조 제1항〉.

  ㉤ **보상에 대한 불복** : 보상액에 대한 불복이 있을 때에는 이의신청, 행정소송 등을 제기할 수 있다.

⑤ **침해에 대한 구제**

  ㉠ 재산권제한의 한계를 벗어난 침해에 대해서는 구제가 수반되어야 한다.

  ㉡ 국가권력에 대하여 불법적으로 침해된 경우에는 침해행위의 배제나 원상회복을 요구할 수 있다.

  ㉢ 사인에 의해 침해된 경우에는 형사상의 처벌이나 민사상의 손해배상의 효과가 따르게 된다.

(3) 직업선택의 자유

① **서설**

  ㉠ **헌법의 규정** : "모든 국민은 직업선택의 자유를 가진다〈제15조〉."라고 하며, 직업선택의 자유를 규정하고 있다.

  ㉡ **입법례** : 바이마르 헌법이 최초로 규정한 이래 독일 기본법, 일본 헌법 등 각국 헌법이 규정하고 있으며, 우리나라는 제3공화국 헌법부터 독립하여 인정하고 있다.

② **의의와 성격**

  ㉠ **의의** : 직업선택의 자유는 자신의 원하는 직업을 자유로이 선택하고 자기가 선택한 직업에 종사하여 이를 영위하고 언제든지 임의로 그것을 전환할 수 있는 자유를 말한다. 직업선택의 자유에서 '직업'은 사람의 생활의 기본적 수요를 충족시키기 위하여 행하는 계속적인 경제적 소득활동을 의미하고 '직업선택의 자유'는 사경제적 소득활동을 자유롭게 선택할 수 있는 자유를 의미한다.

  ㉡ **법적 성격** : 직업선택의 자유는 기본적으로는 경제적 자유이지만 인격발전에 관한 권리로서의 성격 및 사회권의 성격도 가진다. 주관적 공권이면서 동시에 사회적 시장경제질서의 내용을 구성하는 객관적 가치질서이기도 하나.

③ **내용** … 직업선택의 자유에는 직업결정의 자유, 직업종사의 자유, 직업이탈의 자유, 전직의 자유 등이 포함한다.

  ㉠ **직업결정의 자유** : 직종을 자유로이 선택할 수 있는 직종결정의 자유, 전직의 자유, 무직업의 자유 등이 포함된다.

  ㉡ **직업수행의 자유** : 직업개시, 계속, 종무의 자유가 포함된다.

  ㉢ **직업이탈의 자유** : 자유로이 자기의 직업을 포기하고 이탈할 자유를 지닌다.

  ㉣ **전직의 자유** : 직업선택의 자유에는 당연히 전직의 자유도 포함한다.

  ㉤ **자유경쟁의 자유** : 학설대립이 있으나, 다수설은 자유경쟁의 자유도 포함한다고 한다.

④ **주체** … 국민이 주체이고 외국인은 원칙적으로 그 주체가 되지 못한다. 자연인, 법인 모두 주체가 된다(통설). 다만, 지방자치단체나 공공단체 등의 공법인의 경우에는 주체성이 인정되지 않는다.

⑤ **효력**

  ㉠ **대국가적 효력** : 모든 국가권력을 구속하므로 국가는 직업선택·종사를 강제하거나 방해할 수 없다. 국가는 개인의 직업선택을 강제할 수 없고 개인의 직업종사를 방해할 수 없다.

  ㉡ **대사인간의 효력** : 간접적용설에 따라 적용된다. 따라서 영업상 자유를 제한하는 사인간의 약정은 일방이 해약할 수 있다.

⑥ **직업선택의 자유와 그 한계**

  ㉠ **제한의 대상** : 직업선택의 자유 중에서 직업결정의 자유와 직업이탈의 자유는 절대적 자유지만, 경우에 따라 제한할 수 있다. 직업수행의 자유는 공서양속상 제한의 대상이 된다. 제한의 목적은 국가안전보장, 질서유지 또는 공공복리를 위하여 필요한 경우이다. 제한의 방식은 원칙적으로 법률로써 하여야 한다. 구체적인 방식으로는 등록제, 자격제, 허가제, 지정제, 특허제, 금지제 등이 있다.

  ㉡ **제한의 한계** : 직업선택의 자유를 제한하는 경우 그 제한의 수단은 합리적인 것이라야 하고 과잉금지의 원칙에 반해서는 안되고 직업선택의 자유의 본질적 내용을 침해하는 것이어서는 안된다.

ANSWER

직업선택의 자유(위헌결정)

㉠ 변호사 개업지제한을 규정한 변호사법 제10조 제2항은 비례의 원칙에 위배되므로 직업선택의 자유를 침해한 것이다.

㉡ 형사사건으로 공소가 제기된 변호사에 대하여 그 판결이 확정될 때까지 업무정지를 명할 수 있다고 규정한 변호사법 제15조는 직업선택의 자유를 제한하며, 비례의 원칙에 어긋난다.

㉢ 국·공립학교 교사의 신규채용시 국·공립사범대학 출신자를 우선 채용하도록 규정한 교육공무원법 제11조 제1항은 직업선택의 자유와 평등의 원칙에 반한다.

㉣ 법무사시험 시행 여부를 법원처장이 정하도록 규정한 법무사법 시행규칙 제3조 제1항은 직업선택의 자유를 침해한 것이다.

㉤ 당구장 출입문에 18세 미만자의 출입금지표시를 하도록 규정한 체육시설의 설치·이용에 관한 법률 시행규칙 제5조에 대하여는 당구장 경영자의 직업종사의 자유가 제한되어 헌법상 보장되고 있는 직업선택의 자유가 침해된다.

문. 직업의 자유에 대한 제한 중 헌법에 위반되는 것은? (다툼이 있는 경우 판례에 의함)
▶ 2014. 9. 27 국회직

① PC방 전체를 2년의 유예기간이 지난 뒤 전면금연구역으로 운영하도록 규제하는 것

② 자동차운전전문학원을 졸업하고 운전면허를 받은 사람 중 교통사고를 일으킨 비율이 대통령령이 정한 비율을 초과하는 경우 운전전문학원의 등록을 취소하거나 운영정지를 할 수 있도록 규정한 것

③ 외국인을 대상으로 하는 카지노 신규사업의 허가대상기관을 한국관광공사로 한정한 것

④ 청원경찰이 법원에서 자격정지의 형을 선고받은 경우 국가공무원법을 준용하여 당연퇴직하도록 한 것

⑤ 무면허운전으로 벌금 이상의 형을 선고받은 자에게 2년 동안 운전면허를 취득할 수 없도록 하는 것

☞ ②

(4) 소비자의 권리

① 서설

　　㉠ 의의 : 소비자가 그들의 인간다운 생활을 영위하기 위하여 공정한 가격으로 양질의 상품 또는 용역을 적절한 유통구조를 통하여 구입·사용할 수 있는 권리를 말한다.

　　㉡ 지위 : 현대사회는 대량소비사회이다. 그러므로 소비를 둘러싸고 일어나는 문제가 중요하게 대두되었다. 헌법도 소비자보호에 관한 규정을 두었고 일반법으로 소비자기본법이 있다.

② 소비자권리의 내용 … 소비자기본법 제4조에서는 소비자의 기본적 권리로서 다음을 규정하고 있다.

　　㉠ 물품 또는 용역으로 인한 생명·신체 또는 재산에 대한 위해로부터 보호받을 권리

　　㉡ 물품 등을 선택함에 있어서 필요한 지식 및 정보를 제공받을 권리

　　㉢ 물품 등을 사용함에 있어서 거래상대방·구입장소·가격 및 거래조건 등을 자유로이 선택할 권리

　　㉣ 소비생활에 영향을 주는 국가 및 지방자치단체의 정책과 사업자의 사업활동 등에 대하여 의견을 반영시킬 권리

　　㉤ 물품등의 사용으로 인하여 입은 피해에 대하여 신속·공정한 절차에 따라 적절한 보상을 받을 권리

　　㉥ 합리적인 소비생활을 위하여 필요한 교육을 받을 권리

　　㉦ 소비자 스스로의 권익을 증진하기 위하여 단체를 조직하고 이를 통하여 활동할 수 있는 권리

　　㉧ 안전하고 쾌적한 소비생활 환경에서 소비할 권리

③ 소비자의 권리의 법적 성격 … 이에 대해서는 자유권적 기본권설, 사회적 기본권설, 복합적 기본권설 등이 대립하고 있으나 소비자권리는 복합적 기본권으로서 자유권적 기본권, 경제적 기본권, 청구권적 기본권, 사회적 기본권의 성격을 모두 포함한다.

④ 권리의 주체 … 모든 소비자, 즉 상품 또는 서비스를 최종적으로 구입, 사용하는 자 모두가 주체이다. 내외국인도 포함, 자연인뿐만 아니라 법인도 포함된다.

⑤ 권리의 효력

　　㉠ 대국가적 효력 : 모든 국가권력을 구속한다. 소비자기본법은 국가와 지방자치단체의 소비자권리보호를 위한 책무를 규정하고 있다〈소비자기본법 제6조〉.

　　㉡ 대사인적 효력 : 대사인간에도 적용된다. 사업자는 소비자 보호를 위하여 필요한 조치를 강구해야 하고 국가·지방자치단체의 소비자권익 증진시책에 협력해야 한다〈소비자기본법 제18조〉.

문. 소비자의 권리에 관한 설명 중 옳지 않은 것은?

① 소비자기본권은 1960년대 이후 강조되고 있는 현대적인 기본권이다.
② 우리 헌법에는 소비자기본권에 관한 근거규정이 있다.
③ 소비자기본권은 제3세대 인권으로서 연대권적인 성질을 갖는다.
④ 소비자기본권은 대국가적 효력을 가짐에는 의문이 없으나, 대사인적 효력은 갖지 않는다고 봄이 타당하다.

☞ ④

⑥ 침해와 구제

  ㉠ 국가에 의한 침해 : 입법, 사법, 행정 등에 의해 소비자의 권리가 침해된 경우에는 청원권의 행사, 행정소송의 제기, 국가배상·국가원조의 청구, 헌법재판소에 헌법소원 제기 등을 할 수 있다.

  ㉡ 대사인에 의한 침해 : 소비자는 물품 등의 사용으로 인한 피해의 구제를 한국소비자원에 신청할 수 있다〈소비자기본법 제55조 제1항〉.

SECTION 3 정치적 기본권(참정권)

1. 서설

(1) 정치적 기본권의 의의

① 개념

  ㉠ 좁은 의미 : 이는 전통적인 참정권만을 의미하는 것으로 국민이 국가기관의 구성원으로서 국정에 참여하는 권리를 말한다.

  ㉡ 넓은 의미 : 참정권뿐만 아니라 국민이 정치적인 사상 또는 의견을 자유로이 표명하고, 국가기관인 국민의 일원으로 국정에 참여하고 국가의 의사형성에 협력하는 권리를 포괄하는 의미이다.

② 정치적 기본권의 지위

  ㉠ 민주정치와의 관계 : 참정권은 민주정치에 필수불가결한 민주적·정치적 권리로 현대민주정치에서 매우 중요한 존재의의를 가진다.

  ㉡ 적극적인 권리 : 정치적 기본권은 좁은 의미의 참정권 외에 현대국가의 정치상황에서 요구하는 정당의 결성, 정당에의 가입, 투표와 선거운동, 헌법에 명기되지 아니한 권리로서의 저항권, 시민운동권까지도 포함하는 보다 적극적·포괄적인 성격을 갖는 이른바 정치적 활동권의 지위를 갖는다.

(2) 정치적 자유권

① 정치적 표현의 자유

  ㉠ 의의 및 성질 : 이는 국민 자신의 정치적 의견과 정치사상을 외부로 표현하는 자유를 말한다. 정치적 표현의 자유는 자유권이면서 민주정치의 전제가 되는 제도보장으로서의 성격도 갖는다. 정치적 표현의 자유의 주체는 국민과 내국법인만이다.

  ㉡ 내용 : 정치적 표현의 자유의 내용으로는 정치적 언론·출판의 자유, 정치적 집회·결사의 자유 등이 포함된다. 정치적 시위의 자유는 정치적 집회의 자유에 포함된다. 정당결성과 정당활동의 자유는 정치적 결사의 자유에 포함된다.

    ⓒ 제한 : 제37조 제2항에 의해 법률로 제한할 수 있다. 제한하는 경우에도 민주정치와 관련성 때문에 본질적 내용은 침해할 수 없고 과잉금지의 원칙이 준수되어야 한다. 사전억제인 검열제와 허가제는 금지된다〈제21조 제2항〉.

② 정당가입과 정당활동의 자유

    ㉠ 의의 : 정당제 민주주의를 표방하는 현대민주정치에서는 정당지위의 특수성 때문에 정당가입과 활동의 자유는 정치적 기본권의 하나로서 중요시된다.

    ㉡ 내용 : 이 자유의 주체는 내국인이다. 그러므로 외국인과 법인은 제외되며 정당가입과 불가입의 자유, 정당활동의 자유, 정당내부활동의 자유 등을 그 내용으로 한다.

    ⓒ 제한 : 제37조 제2항이 적용되어 필요한 경우 법률로 제한될 수 있다. 정당법은 당원자격을 법정하고 있으며, 해산된 정당의 대체정당의 금지를 규정하고 있다. 제한하는 경우 본질적 내용은 제한할 수 없다.

③ 투표와 공직선거입후보 및 선거운동의 자유

    ㉠ 의의 : 국민의 참정권행사의 실효성확보를 위해서는 투표와 공직선거입후보 및 선거운동의 자유가 최대한 보장되어야 한다.

    ㉡ 내용 : 이 자유의 주체는 내국인에 한한다. 이 자유의 내용은 투표의 자유, 공직선거입후보의 자유, 선거운동의 자유와 선거불참운동의 자유 및 국민투표에 대한 찬성, 반대 또는 불참의 자유가 포함된다.

    ⓒ 제한 : 제37조 제2항에 의해 법률로 제한할 수 있으나 그 본질적 내용은 제한할 수 없고 과잉금지의 원칙에 반해서는 안된다.

2. 참정권

(1) 의의 및 존재이유

① 의의 … 국민이 국가기관의 구성원으로서 공무에 참여하는 권리이다. 즉, 국민이 치자의 위치에서 국가의사결정에 직접 참여하거나 공무원을 선거하고 공무원으로 선임될 수 있는 권리이다. 참정권은 직접참정권(국민투표권)과 간접참정권(선거권, 피선거권, 공무담임권)으로 나뉜다.

② 존재이유 … 참정권은 민주정치에 필수불가결한 민주적 · 정치적 권리로 현대민주정치에서만 중요한 존재이유를 갖는다. 오늘날은 간접민주제를 원칙으로 하고 국민의 직접참정은 예외적인 것이 되고 있는 바 간접민주제하에서도 국민의 자유로운 정치적 활동의 영역을 보다 확대시켜 주는 직접참정의 원리를 통해 간접민주제를 보완할 필요성이 점증되고 있다.

(2) 법적 성격

① **능동적 권리** … 참정권은 국민이 국정에 참가하는 권리로 능동적 권리이다.

② **국가내적 권리** … 참정권은 국가기관의 한 구성원으로서의 개개국민의 국가
내적 · 실정법적 권리이다.

③ **의무성 여부** … 참정권은 헌법에서 기본권의 하나로 선언되고 있으며, 참정권
의 행사 · 불행사가 법상 자유이며 그 불행사에 대한 실정법상 제재가 없으
므로 권리성만 가지고 법적인 의무성은 없다(통설). 참정권은 일신전속적 권
리이므로 대리행사가 인정되지 않는다.

(3) 주체

참정권은 국가 내적인 실정법상의 권리이므로 국민만이 그 주체가 되며, 외
국인은 주체가 아니다.

(4) 내용

① **직접참정권**

　㉠ 의의 : 국민이 국가의 의사형성에 직접 참여할 수 있는 권리를 말한다. 이
　　는 직접민주제를 위한 수단으로서 간접민주제를 보완하는 기능을 한다.

　㉡ 내용 : 직접참정권에는 국민발언권, 국민표결권, 국민해임권이 있다. 여기
　　서 국민발언권은 국민이 헌법개정안이나 법률안을 제안할 수 있는 권리
　　를 말하고, 국민표결권은 국민이 중요법안이나 정책을 국민투표로서 결
　　정하는 권리를 말하며 여기에는 Referendum(레퍼렌덤 – 협의의 국민표
　　결)과 Plebiszit, Plébiscite(플레비지트 – 국민결정)이 있다. 국민소환권
　　(국민파면권)은 국민이 공직자를 임기만료 전에 해직시킬 수 있는 권리를
　　말한다. 현행법상 직접참정제에는 헌법개정안에 대한 국민표결권〈제130
　　조 제2항, 제3항〉, 주민투표권〈지방자치법 제14조〉, 국가안위에 관한 국
　　민표결권〈제72조〉이 있다.

② **간접참정권**

　㉠ 의의 : 국민이 국가기관의 구성에 참여하거나 국가기관의 구성원으로 선
　　임될 수 있는 권리를 말한다. 현행 헌법은 간접민주제가 원칙이다.

　㉡ 내용 : 간접참정권에는 선거권과 공무담임권(피선거권, 공직취임권)이 있
　　다. 선거권은 선거인단의 구성원으로서 국민이 각급 공무원을 선임하는
　　권리이다. 여기의 공무원은 가장 넓은 의미의 공무원을 의미하므로 일반
　　직 공무원은 물론 대통령, 국회의원, 지방자치단체장, 지방의회의원, 법
　　관 등 국가기관과 지방자치단체를 구성하는 모든 자가 포함된다. 공무담
　　임권은 행정부, 입법부, 사법부, 지방자치단체 기타 일체의 공공단체의
　　직무를 담당할 수 있는 권리를 말한다. 이는 선거에 의해 국가기관의 구
　　성원이 될 수 있는 자격인 피선거권보다 넓은 개념이다.

문. 국민투표에 관한 다음 기술 중
　틀린 것은?

① 스위스와 미국에 있어서의 국민
　투표는 Referendum을 의미한다.
② 프랑스에 있어서 국민투표는 Plébiscite
　을 의미한다.
③ Referendum은 국민의 직접입
　법을 의미한다.
④ Referendum은 임의적 국민투
　표를 의미하고, Plébiscite는 의
　무적 국민투표를 의미한다.

☞ ④

ANSWER

> **선거의 의의**
> 오늘날 입헌민주국가에서는 대의제도에 의한 통치가 불가피한 것으로 선거야말로 국민의 의사를 체계적으로 결집하고 수렴하고 구체화하는 방법으로 국민의 정치적 의사를 형성하는 가장 합리적인 절차이다. 따라서 국민의 의사가 얼마나 굴절없이 정당하게 반영되느냐의 여부가 통치권의 정통성과 정당성을 담보하는 핵심이며, 생명이다.

(5) 참정권의 제한과 한계

① **일반적 법률유보에 의한 제한** … 참정권은 법률이 정하는 바에 의하여 보장되므로 제한될 수 있다. 그러나 본질적 내용을 제한할 수는 없고 과잉금지의 원칙이 존중되어야 한다. 공무담임권의 제한과 관련하여 기탁금제도에 대해 기탁금제도자체는 합헌이라고 하면서 다만 과다한 고액기탁금과 그 국고귀속을 규정한 것은 헌법에 반한다고 헌법재판소는 결정을 낸 바 있다.

② **소급입법에 의한 참정권의 제한** … 모든 국민은 소급입법에 의해 참정권의 제한을 받지 아니한다〈제13조 제2항〉. 소급입법에 의한 참정권제한의 금지는 현대민주국가의 보편적인 원칙이다. 우리 헌정사에서는 반민족행위자처벌법(제한국회), 반민주행위자 공민권제한법(4·19 당시), 정치활동정화법(5·16 당시), 정치풍토쇄신을 위한 특별조치법(1980. 11) 등으로 소급입법이 제정된 바 있었다.

(6) 정치적 기본권과 다른 권리와의 관계

① **청원권 · 청구권과의 관계**
  ㉠ 청구권과의 관계 : 참정권은 소극적 권리인 데 비하여 청구권은 국가에 대하여 일정한 행위나 급부를 청구하는 적극적인 권리이다.
  ㉡ 청원권과의 관계 : 청원권은 각인의 요망을 국가기관에 전하여 그 수리를 요구하는 데 그치는 것이므로 주권자로서 국가의사형성에 적극적으로 참여하는 참정권과는 근본적으로 다르다.

② **그밖의 참정권(정치적 활동권)**
  ㉠ 의의 : 고전적 의미의 언론 · 출판 · 집회 · 시위 · 결사의 자유와 헌법에 규정된 참정권을 제외한 그밖의 정치적 활동에 관한 권리를 의미한다.
  ㉡ 해당되는 참정권 : 정당참여 · 활동권, 선거에 영향을 미칠 활동을 할 수 있는 권리〈제116조 제1항〉, 소비자보호를 위한 운동, 환경보전, 공해추방을 위한 주민운동권〈제35조 제1항〉, 헌법에 열거되지 아니한 권리로서 그밖의 문제에 관한 시민운동권의 저항권 등이 해당된다.

문. 다음 중 선거에 관한 설명으로 옳은 것은?

① 선거와 투표는 동일한 개념이다.
② 우리나라는 투표의무를 법제화하고 있다.
③ 과중한 기탁금을 기탁하게 하는 것은 위헌의 여지가 있다.
④ 재외국민에게 부재자투표가 인정되지 않는다.

☞ ③

SECTION 4 청구권적 기본권

1. 청구권적 기본권 일반과 청원권

(1) 청구권적 기본권 일반

① 서설

  ㉠ 의의 : 청구권적 기본권은 국가에 대하여 일정한 행위를 적극적으로 청구할 수 있는 국민의 주관적 공권을 말한다. 청구권의 대상이 되는 국가의 행위는 국가적 작용(입법·사법·행정)일 수도 있고 경제적 급부일 수도 있다.

  ㉡ 지위 : 청구권적 기본권은 다른 권리나 이익이 침해되거나 침해될 우려가 있을 때에 그와 같은 권리나 이익을 확보하기 위한 수단으로서의 권리로서 권리의 보장을 위한 기본권이다.

② 성질 : 청구권적 기본권은 고전적 기본권의 하나로서 다른 기본권을 확보하기 위한 수단적 성질의 권리이다. 또한 국가에 대해 요구하는 적극적 성질의 기본권으로서 국가적 행위나 급부를 청구함을 내용으로 한다. 행사절차상 구체적인 입법을 요하는 불완전한 구체적 권리이다.

  ㉠ 자유권과의 관계 : 자유권은 소극적 권리로서 국가로부터의 자유를 의미하는 데 대하여 청구권은 적극적 권리로서 국가에 대한 권리이다.

  ㉡ 생존권과의 관계 : 생존권은 20세기 전 기본권이며 추상적 권리성을 갖는데, 청구권은 자유권과 더불어 고전적 기본권으로서 현실적 권리성을 갖는다.

  ㉢ 참정권과의 관계 : 참정권은 국민이 직접·간접으로 국가의 의사형성에 참여하거나 공무를 담임할 수 있는 능동성을 갖는데, 청구권은 일정행위나 급부를 요구하는 적극성을 갖는다.

(2) 청원권

① 서설 … 국가기관에 대하여 일정한 사항에 관한 의견개진권을 청원권이라 한다. 이는 국가기관에 대하여 일정한 행위를 요구할 수 있는 주관적 공권으로서 청구권적 기본권의 하나이다. 청원권은 재판제도나 의회제도가 제대로 확립되지 못한 시대, 특히 영국에서 권리구제수단 또는 정치에 관한 국민의 의사나 희망을 위정자에게 전달하는 권리로서 영국의 권리장전에서 최초로 규정된 이래 미연방헌법, 바이마르 헌법 등에 규정되었다.

② 기능과 성격

  ㉠ 기능

    • 국민적 관심사를 국가기관에 표명할 수 있는 수단이다.

    • 국회와 국민의 유대를 지속·강화시켜준다.

문. 국민의 청원권에 관한 기술로 옳지 않은 것은?

① 국민의 권리가 침해된 경우에만 행사할 수 있다.
② 문서로 하여야 한다.
③ 모든 국가기관에 대하여 할 수 있다.
④ 국가는 이에 대하여 심사할 의무가 있다.

☞ ①

문. 청원에 관한 설명으로 옳은 것은?

① 구두에 의한 청원도 가능하다.
② 국가원수에 대한 청원은 금지된다.
③ 재판에 간섭하는 청원은 수리하지 아니한다.
④ 법인과 외국인의 청원은 수리하지 아니한다.

☞ ③

- 국회의 국제통제의 기초를 마련해주고 이를 뒷받침해준다.
- 비정상적인 제한적 권리구제수단으로서의 기능을 갖는다.

ⓒ **법적 성격**: 청원권은 이것이 갖는 다원적 기능 때문에 그 성격도 다원적일 수밖에 없으나, 이중적 성격설(자유권성과 청구권성의 겸유) 내지 복합적 성격설이 다수설이다.

> **ANSWER**
>
> 청원권의 성격
> 헌법재판소는 "헌법상 보장된 청원권은 공권력과의 관계에서 일어나는 여러가지 이해관계, 의견, 희망 등에 관하여 적법한 청원을 한 모든 국민에게 국가기관이 청원을 수리할 뿐만 아니라 이를 심사하여 청원자에게 그 처리결과를 통지할 것을 요구할 수 있는 권리"라고 한다.

③ **주체** … 헌법은 청원권의 주체에 대해 국민이라고 하고 있으나 외국인에게도 인정되고 자연인뿐만 아니라 법인에게도 인정된다. 공무원, 군인, 수형자 등도 청원을 할 수 있으나 직무와 관련된 청원이나 집단적 청원은 할 수 없다.

④ **내용**

ㄱ **개요**: 국민의 공권력과의 관계에서 일어나는 여러가지 이해관계 또는 국정에 관해서 국가기관에 문서로써 의견이나 희망을 진술할 수 있는 권리를 그 내용으로 한다. 청원의 내용은 대별하여 자유권적 내용(청원방해금지, 청원을 이유로 하는 차별대우금지, 단체청원을 위한 서명운동방해금지 등)과 청구권적 내용〈청원법 제4조〉으로 대별된다.

ㄴ **청원사항**: 제26조 제1항은 청원사항을 입법사항으로 하고 있다. 이에 따라 청원법 제4조는 청원사항을 규정하고 있다.

POINT 팁 청원사항

ㄱ **허용되는 것**〈청원법 제4조〉
- 피해의 구제
- 공무원의 위법 · 부당한 행위에 대한 시정이나 징계의 요구
- 법률 · 명령 · 조례 · 규칙의 제정 · 개정 또는 폐지
- 공공의 제도 또는 시설의 운영
- 그 밖에 국가기관 등의 권한에 속하는 사항

ㄴ **허용되지 않는 것**〈청원법 제5조〉
- 감사 · 수사 · 재판 · 행정심판 · 조정 · 중재 등 다른 법령에 의한 조사 · 불복 또는 구제절차가 진행 중인 때
- 허위의 사실로 타인으로 하여금 형사처분 또는 징계처분을 받게 하거나 국가기관 등을 중상 모략하는 사항인 때
- 사인간의 권리관계 또는 개인의 사생활에 관한 사항인 때
- 청원인의 성명 · 주소 등이 불분명하거나 청원내용이 불명확한 때

ㄷ 청원은 불평분자의 욕구를 충족시키는 것은 아니기 때문에 같은 내용의 청원을 같은 기관에 되풀이하는 것은 허용하지 않는다〈청원법 제8조〉.

⑤ **청원을 제출할 수 있는 기관 · 방법 · 절차**

ㄱ **청원제출기관**: 청원은 국가기관, 지방자치단체와 그 소속기관, 법령에 의하여 행정권한을 가지고 있거나 행정권한을 위임 또는 위탁 받은 법인 · 단체 또는 그 기관이나 개인에게 제출할 수 있다〈청원법 제3조〉.

문. 청원권에 관한 기술 중 옳지 않은 것은?

① 법률, 명령, 규칙의 제정 · 개정 또는 폐지에 대한 청원을 할 수 있으나 재판에 간섭하는 청원은 수리되지 않는다.

② 청원인과 직접 이해관계가 있는 사항에 대하여서만 청원할 수 있다.

③ 공무원의 비위의 시정이나 공무원의 징계 또는 처벌을 요구하는 청원도 할 수 있다.

④ 국가기관의 청원에 대한 심사처리결과의 통지 유무는 행정소송의 대상이 되는 행정처분이 아니다.

☞ ②

ⓛ 청원의 방법 : 문서주의가 적용된다. 그러므로 청원인의 성명, 주소 또는 거소를 기재하고 서명한 문서로 제출하여야 한다〈청원법 제6조 제1항〉. 국회나 지방의회에 제출할 때에는 의원의 소개를 받아 제출하여야 한다〈국회법 제123조, 지방자치법 제73조〉.

ⓒ 절차 : 청원서는 청원사항을 관장하는 기관에 제출하여야 한다. 청원서를 접수한 기관은 청원서에 미비한 사항이 있다고 판단할 때에는 그 청원인에게 보완하여야 할 사항 및 기간을 명시하여 이를 보완할 것을 요구할 수 있다. 청원서를 접수한 기관은 청원사항이 그 기관이 관장하는 사항이 아니라고 인정되는 때에는 그 청원사항을 관장하는 기관에 청원서를 이송하고 이를 청원인에게 통지하여야 한다〈청원법 제7조〉.

⑥ 청원의 효과

㉠ 청원의 제1차적 효과 : 청원을 받은 국가기관에게 청원서를 접수·심사할 의무를 지게 한다. 청원법에서는 국민의 권리구제를 확실하게 하기 위하여 통지의무까지 규정하였다〈청원법 제9조〉.

ⓛ 국무회의 심의사항 : 청원서가 정부에 제출되었거나 청원내용이 정부의 정책에 관계되는 사항인 때에는 그 청원의 심사는 국무회의의 심의사항이다〈제89조 제15호〉.

ⓒ 불이익처분금지 : 누구든지 청원하였다는 이유로 차별대우를 받거나 불이익을 강요당하지 아니한다〈청원법 제12조〉.

⑦ 청원권의 제한과 그 한계

㉠ 제한 : 청원권도 기본권제한입법의 한계조항〈제37조 제2항〉 내에서 제한할 수 있는데, 그 제한이 합당한 사유로 적당한 방법으로 필요한 최소한도로 이루어져야 한다.

ⓛ 한계 : 제한도 한계가 있지만 청원서의 수리·심사를 원칙적으로 거부하는 민법조치는 청원권의 본질적 내용이 침해가 된다.

2. 재판청구권과 형사보상청구권

(1) 재판청구권

① 서설

㉠ 의의 : 독립된 법원에 의한 적정, 공평, 신속, 경제적인 재판을 청구할 수 있는 권리를 말한다. 기본권의 현실적 보장을 위해서는 기본권이 침해되지 않도록 사전예방책이 강구되어야 하고, 만약 기본권이 침해된 경우에는 사후구제절차가 완비되어 있어야 한다. 사후구제절차 중에서 사법적 구제절차가 가장 중요한 바 이러한 사법적 구제절차를 요구할 수 있는 권리가 바로 재판청구권이다.

ⓛ 지위 : 기본권을 실효적으로 보장하기 위한 수단으로서 고전적·전통적인 기본권이다.

문. 국회법상 국회에 대한 청원에 관한 기술 중 옳지 않은 것은?

① 청원을 하려고 하는 자는 의원의 소개를 얻어 청원서를 제출하여야 한다.
② 국회는 정부에서 처리함이 타당하다고 인정되는 청원은 채택할 수 없다.
③ 청원심사소위원회는 그 의결로 위원 또는 전문위원을 현장이나 관계기관 등에 파견하여 필요한 사항을 파악하여 보고하게 할 수 있다.
④ 국회법은 국가기관을 모독하는 내용의 청원은 이를 접수하지 못하도록 하고 있다.

☞ ②

문. 청원권에 관한 서술 중 옳지 않은 것은?

① 청원은 법인도 할 수 있다.
② 청원은 구두로도 할 수 있다.
③ 청원은 재판에 간섭할 수 없다.
④ 청원은 사법기관에도 할 수 있다.

☞ ②

문. 재판청구권에 관한 기술 중 타당하지 않은 것은?

① 형사피고인은 유죄의 판결이 확정될 때까지는 무죄로 추정된다.
② 형사피해자는 법률이 정하는 바에 의하여 당해 사건의 재판절차에서 진술할 수 있다.
③ 교통범칙자에 대한 경찰서장의 통고처분은 이 권리를 침해한 것이 아니라고 봄이 통설이다.
④ 행정소송에서 제소기간을 한정함은 이 권리를 부당하게 제한한 것으로 위헌이다.

☞ ④

② **법적 성질** … 수익권설, 다른 기본권의 보장을 위한 기본권설, 청구권적기본권설 등이 대립하고 있으나 다수설은 청구권적 성격과 자유권적 성격이라는 이중적 성격을 가졌다고 한다. 재판청구권의 범위에는 일체의 법률상의 쟁송이 포함된다. 그러므로 이 권리는 법적 절차질서의 근본규범의 지위에 선다.

③ **주체** … 자유와 권리의 주체가 될 수 있는 한 누구나 재판을 받을 권리의 주체가 된다. 이에는 내국인과 외국인이 모두 포함된다. 법인도 주체가 된다.

④ **내용**

　㉠ 개요 : 재판을 받을 권리는 헌법과 법률에 정한 법관에 의하여, 법률에 의한 재판을 받을 권리를 말한다.

　㉡ 헌법과 법률에 정한 법관에 의한 재판을 받을 권리 : 국민은 헌법과 법률에 정한 법관에 의한 재판만을 받을 권리와 헌법과 법률에 정한 법관이 아닌 자에 의한 재판을 받지 아니할 권리를 가진다. 헌법과 법률에 정한 법관이란 헌법에 의거해 제정된 법원조직법에 정한 자격을 갖추고〈제101조〉, 헌법 및 법원조직법에 정한 절차에 따라 법원을 구성하기 위해 임명되고〈제104조〉, 헌법에 의해 임기·정년·신분이 보장되고〈제105조, 제106조〉, 헌법에 의해 직무상 독립이 보장되며〈제103조〉, 제척 기타의 사유로 법률상 그 재판에 관여하는 것이 금지되지 않는 법관을 말한다.

POINT 팁　헌법과 법률에 정한 법관에 의한 재판을 받을 권리 여부로 문제가 되는 경우

　　㉠ 군사법원 : 헌법은 예외법원으로서 군사법원을 설치할 법적 근거를 부여하고 있으며, 군사법원도 재판관의 독립을 규정하고 있고〈군사법원법 제21조〉, 또 상고심은 대법원에서 하고 있으므로〈동법 제9조〉 이는 국민의 재판을 받을 권리가 침해된 것은 아니라는 견해가 유력하다.

　　㉡ 배심재판 : 배심원은 사실의 판정에만 관여하고 법률판단에는 참여하지 않기 때문에 배심제도를 두더라도 본조에 위반되지 않는다는 것이 통설이다.

　　㉢ 통고처분 : 정식재판의 절차가 보장되는 경우 재판청구권을 침해하는 것이 아니라는 것이 통설이다.

　　㉣ 약식절차 : 약식절차는 공판권의 간이소송절차로써 정식재판을 청구할 수 있기 때문에 재판청구권의 침해가 아니다.

　　㉤ 즉결처분, 가사심판, 보호처분 : 이들도 법관에 의한 재판이므로 문제가 되지 않는다.

　　㉥ 행정심판 : 현행 헌법은 제107조 제3항에 행정심판의 근거규정을 두고 있다.

　㉢ 법률에 의한 재판을 받을 권리 : 법률에 의한 재판이란 합헌적인 법률로 정한 내용과 절차에 따라, 즉 실체법과 절차법에 따라 하는 재판을 말한다. 여기서의 법률은 형사재판의 경우 죄형법정주의원칙에 따라 형법, 형사소송법 등의 형식적 의미의 법률만을 뜻하나 민법, 행정재판의 경우는 그 절차법은 역시 형식적 의미의 법률이어야 하지만 그 실체법에는 법률, 명령 등과 같은 일체의 성문법은 물론 그에 저촉되지 않는 불문법도 포함된다.

문. 다음 중 재판청구권에 관한 설명으로 타당한 것은?

① 외국인과 법인은 재판청구권의 주체가 될 수 없다.
② 재판청구권은 당사자의 동의로 포기할 수 있다.
③ 재판을 받을 권리에는 대법원의 재판을 받을 권리까지 포함된다는 것이 헌법재판소의 입장이다.
④ 피고인 등의 반대신문권을 제한하는 것은 헌법상 적법절차의 원칙에 반하는 것이지 공정한 재판을 받을 권리를 침해하는 것은 아니다.

☞ ②

문. 다음 중 재판청구권에 관한 설명으로 옳은 것은?

① 기본권의 주체가 될 수 있는 자는 누구나 재판청구권의 주체가 될 수 있고, 따라서 외국인과 법인에게도 보장된다.
② 재판이라고 함은 법률의 해석·적용을 의미하므로 법관에 의한 사실확정의 기회가 부여되지 않았다고 하더라도 헌법에 위반된다고 할 수 없다.
③ 법원이 방청인의 수를 제한할 경우, 이는 헌법상 보장된 공개재판을 받을 권리의 본질적 내용을 침해한다.
④ 모든 국민은 대법원의 재판을 받을 권리를 가진다.

☞ ①

ANSWER

법률에 의한 재판

헌법재판소는 법률에 의한 재판에 대해 합헌적인 실체법과 절차법에 따라 행해지는 재판을 의미하므로 형사재판에 있어서는 적어도 그 기본원리인 죄형법정주의와 적법절차주의에 위반되지 않는 실체법과 절차법에 따라 규율되는 재판이어야 한다고 한다.

ⓔ **재판을 받을 권리** : 재판을 받을 권리는 국민이 헌법과 법률에 정한 법관의 재판을 청구할 수 있는 권리이며(적극적 의미), 이러한 재판 이외의 재판을 받지 않을 권리(소극적 의미)를 말한다. 이러한 재판을 받을 권리는 당사자간에 권리·의무에 관한 구체적 분쟁이 있는 경우에 당사자 적격있는 자가 소이익이 있어야 재판을 청구할 수 있다.

ⓜ **군사법원의 재판을 받지 않을 권리** : 일반 민간인은 원칙적으로 군사법원의 재판을 받지 않을 권리가 있다.

ⓗ **신속한 재판을 받을 권리** : 모든 국민은 신속한 공개재판을 받을 권리가 있다. 실정법상 소송촉진 등에 관한 특례법이 제정되어 소송의 신속성을 보장하고 있다. 정당한 이유가 없음에도 재판을 지연하는 것은 당사자의 정신적 고통과 불안을 강요하는 것이 되므로 신속한 재판은 국민의 기본권 보장에 이바지한다. 신속한 재판을 받을 권리는 민사, 형사, 행정 등의 모든 재판에 적용된다.

ANSWER

신속한 재판을 받을 권리

신속한 재판을 받을 권리는 주로 피고인의 이익을 보호하기 위하여 인정된 기본권이지만 동시에 실체적 진실 발견, 소송경제, 재판에 대한 국민의 신뢰와 형법목적의 달성과 같은 공공의 이익에도 근거가 있기 때문에 어느 면에서는 이중적인 성격을 갖고 있다고 할 수 있다.

ⓢ **공개재판을 받을 권리** : '공개재판'은 공정을 보장하기 위하여 재판의 심리와 판결을 공개함을 말한다. 이러한 재판의 공개주의는 그 재판에 이해관계가 없는 제3자에게도 방청을 허용하는 것이므로 공개재판청구권은 형사피고인뿐만 아니라 일반국민의 권리이기도 하다.

ⓞ **정당한 재판을 받을 권리** : 정당한 재판은 공정한 재판만을 의미하며, 정당한 재판이기 위하여서는 원칙적으로 관할권을 가진 법원의 재판이어야 한다.

⑤ **재판청구권의 제한**

ⓐ **군사법원에 의한 재판** : 군인, 군무원 등은 특별법원인 군사법원에 의해 군사재판을 받는다〈제110조〉. 일반국민도 예외적으로 군사재판을 받을 경우가 있다.

ⓑ **상고의 제한** : 법률심에 관하는 한 대법원에의 상고가 반드시 인정되어야 하지만 사실심의 상고제한은 합리적 이유가 있는 것으로 허용되므로 이로 말미암아 대법원에 의한 재판을 받을 권리가 제한되는 것이다.

Self Check

ANSWER

> **상고제한과 대법원 판례**
> 상고심을 순전한 법률심으로 하여 법령위반을 하는 때에 한하여 상고를 할 수 있다고 하든가 또는 법령위반 이외에 양형부당이나 사실오인을 이유로 하는 때에도 상고할 수 있도록 하느냐는 입법정책의 문제이고 헌법에 위배되는 문제가 아니라 할 것이므로 형사소송법 제383조에서 상고이유를 일부 제한하였다고 하여 헌법 제27조 또는 제110조 제2항에 위배된다고 말할 수 없다.

ⓒ 행정소송상의 사건의 재결·결정 등 : 행정소송에서 행정심판전치주의가 적용되는 입법례나 결정전치주의가 적용되는 경우 국민의 재판청구권이 상당히 제한을 받게 된다(이 경우 정식재판에의 길이 열려 있는 경우 위헌은 아니라는 것이 통설).

ⓔ 제소기간의 제한 : 행정소송에서는 제소기간을 한정하고 있는 바〈행정소송법 제20조, 제41조〉 이 또한 국민의 재판을 받을 권리의 중대한 제한이 된다.

(2) 형사보상청구권

① 서설

ⓐ 의의 : 형사피의자 또는 형사피고인으로서 구금되었던 자가 법률이 정한 불기소처분을 받거나 공판결과 확정판결에 의하여 무죄를 선고받은 경우에 그가 입은 물질상·정신상의 손실에 대하여 청구할 수 있는 권리이다. 현행 헌법은 구 헌법에 비해 형사피의자에게도 이 권리를 인정하고 있다. 형사보상청구의 내용과 절차를 규정한 법률에 형사보상 및 명예회복에 관한 법률(약칭 : 형사보상법)이 있다.

ⓑ 지위 : 이는 국가에 대하여 적극적으로 보상을 청구할 수 있는 권리로서 국가배상청구권과 함께 청구권적 기본권의 하나이다.

② 형사보상의 본질과 성질

ⓐ 본질 : 형사보상의 본질에 대해서는 손해배상설, 손실보상설(다수설), 이분설(오판보상은 손해배상, 피의자의 구류에 대한 보상은 손실보상이라는 견해) 등이 있다.

> **POINT 팁** 형사보상의 본질
> ⓐ 손해배상설 : 공무원에게 고의·과실이 없을지라도 객관적 위법행위가 있는 이상 지는 배상책임이라는 견해이다.
> ⓑ 손실보상설 : 정당·적법한 행위로 구속된 경우 불기소처분을 받거나 무죄의 확정판결이 있는 경우에는 공법상의 조절적 공평보상의 견지에서 손실을 보상하여 주는 무과실 손실보상책임이라는 견해이다.
> ⓒ 이분설 : 오판에 대한 경우에는 손해배상이고 피의자, 피고인의 구금에 대한 보상인 경우에는 적법행위에 기한 손실보상이라는 견해이다(통설).

ⓑ 법적 성격 : 헌법상의 형사보상청구권이 직접적 효력규정(다수설)과 program적 규정으로 학설이 대립되어 있다. '직접적 효력설'은 제28조가 직접효력을 가지므로 형사소송법이 존재하지 않아도 이를 청구할 수 있다는 견해이고 'program적 규정설'은 제28조가 "법률이 정하는 바에 의하여"라고 규정하고 있기 때문에 문언에 충실하여 형사보상법의 제정에 의해 비로소 법적 권리가 된다는 견해이다.

문. 재판청구권에 관한 다음 설명 중 가장 옳지 않은 것은? (다툼이 있는 경우 헌법재판소 결정에 의함)
▶ 2015. 3. 7 법원직

① 형사소송법 제405조의 즉시항고는 당사자의 중대한 이익에 관련된 사항이나 소송절차의 원활한 진행을 위해 신속한 결론이 필요한 사항을 대상으로 하는 것으로서 제기기간을 단기로 정할 필요성이 인정되는바, 그 기간을 3일로 제한한 것이 재판청구권 침해라고 볼 수 없다.

② 형사소송절차에서 국민참여재판 제도는 사법의 민주적 정당성과 신뢰를 높이기 위하여 배심원이 사실심 법관의 판단을 돕기 위한 권고적 효력을 가지는 의견을 제시하는 제한적 역할을 수행하게 되고, 따라서 헌법상 재판을 받을 권리의 보호범위에 국민참여재판을 받을 권리가 포함되는 것은 아니다.

③ 형사보상의 청구에 대하여 한 보상의 결정에 대하여는 불복을 신청할 수 없도록 하여 형사보상의 결정을 단심재판으로 규정한 것은, 재판청구권 침해에 해당한다.

④ 도로교통법상 주취운전을 이유로 한 운전면허 취소처분에 대하여 행정심판의 재결을 거치지 아니하면 행정소송을 제기할 수 없도록 한 것은, 재판청구권을 침해한 것으로서 위헌이다.

☞ ④

③ 형사보상청구권의 성립요건과 청구권자

　　㉠ 성립요건 : 형사보상청구권이 성립하기 위해서는 형사피의자로서 구금되
　　었던 자가 법률이 정하는 불기소처분을 받거나(피의자보상), 형사피고인
　　으로서 구금되었던 자가 무죄판결을 받을 것을 요구한다(피고인보상).

✨ 기본용어

구분	내용
형사피의자	범죄의 혐의를 받아 수사기관에 의하여 수사의 대상이 되어 있는 자로서 아직 공소의 제기가 없는 자
형사피고인	검사에 의하여 공소를 제기당한 자
구금	형사소송법상의 구금으로서 미결구금의 경우와 형집행의 경우가 포함
불기소처분	구금되었던 피의자가 기소유예처분, 기소중지처분 이외의 불기소처분을 받는 경우
무죄판결	당해 절차에 의한 무죄판결과 재심 또는 비상상고절차에 의한 무죄판결의 경우까지 포함

　　㉡ 형사보상청구권자 : 형사보상청구권의 주체는 형사피고인과 형사피의자이
　　다. 형사보상청구권자는 구금당했던 본인이 원칙이지만 사망한 경우 또
　　는 사형이 집행된 경우 그 상속인이 청구가능하다. 내국인뿐만 아니라
　　외국인의 청구도 가능하다.

④ 형사보상청구의 절차와 내용

　　㉠ 절차 : 보상청구는 무죄재판이 확정된 사실을 안 날부터 3년, 무죄재판이
　　확정된 때부터 5년 이내에 하여야 한다〈형사보상법 제8조〉. 보상청구는
　　법원 합의부에서 재판한다〈동법 제14조 제1항〉. 보상결정에 대하여는 1
　　주일 이내에 즉시항고를 할 수 있으며, 청구기각 결정에 대하여는 즉시
　　항고를 할 수 있다〈동법 제20조〉.

　　㉡ 내용 : 헌법은 정당한 보상을 규정하고 있다. 이는 형사보상청구권자가 입
　　은 손실액의 완전한 보상을 말하는 것이다. 구속피고인의 경우 변호사의
　　조력이 필요하므로 변호사비용도 포함되어야 한다는 견해가 통설이다.
　　형사보상법은 보상을 받을 자가 다른 법률에 따라 손해배상을 청구하는
　　것을 금지하지 아니한다〈동법 제6조〉. 법원은 보상결정이 확정되었을 때
　　에는 2주일 내에 보상결정의 요지를 관보에 게재하여 공시하여야 한다
　　〈동법 제25조〉.

⑤ 군사법원에의 준용 : 형사보상법의 규정은 군사법원에서 무죄의 재판을 받거
　나 군사법원 군검찰부 군검찰관으로부터 공소를 제기하지 아니하는 처분을
　받은 자에 대한 보상에 대하여 이를 준용한다〈형사보상법 제29조 제2항〉.

문. 다음은 형사보상을 받을 수 있는 경우이다. 이 가운데 보상이 법원의 재량에 맡겨져 있는 경우는?

① 재심으로 무죄가 된 경우
② 공소기각의 재판을 받을 경우
③ 비상상고로 무죄가 된 경우
④ 심신장애로 무죄의 재판을 받은 경우

☞ ④

3. 국가배상청구권 · 범죄피해자구조청구권

(1) 국가배상청구권

① 서설

  ⊙ 의의 : 국가배상청구권은 공무원의 직무상 불법행위로 손해를 입은 자가 국가 또는 공공단체에 대하여 배상을 청구할 수 있는 권리를 말한다. 이 권리는 공무원의 국민에 대한 책임을 담보한 실질적 법치국가의 이념이 구현된 청구권적 기본권의 하나이다.

  ⊙ 연혁 : '대륙법계'에서는 1919년 바이마르 헌법에서 국가배상책임을 규정한 이래 각국에서 인정되고 있다. 우리나라는 건국헌법 이래 인정되어 오고 있으며, 국가배상법은 공무원의 직무상 불법행위로 인한 국가배상 외에 공공시설(이른바 영조물)의 하자로 인한 국가배상도 규정하고 있다.

② 법적 성질

  ⊙ 직접적 효력규정 : 헌법규정에 의해 직접 국가배상을 청구할 수 있다는 견해가 판례, 통설의 입장이다.

  ⊙ 청구권적 기본권 : 국가배상청구권은 제23조의 재산권과는 구별되는 청구권적 기본권의 하나이다.

  ⊙ 공권 : 국가배상청구권은 공권이다(다수설). 다수설인 공권설은 국가배상청구권은 청구권적 기본권이고, 청구권적 기본권은 개인의 주관적 공권이기 때문이라고 한다. 사법상의 손해배상청구권도 양도 · 압류가 가능하나 국가배상을 받을 권리는 양도나 압류의 대상이 원칙적으로 될 수 없으며, 또한 외국인에 대해서 사법상의 손해배상은 인정되는데 국가배상법은 원칙적으로 인정되지 않는다는 점을 논거로 든다.

③ 주체 : 국가 내적 기본권으로서 내국인만이 주체가 된다. 이에는 자연인, 법인이 포함된다. 외국인에 대해서는 국가배상법 제7조의 상호보증주의에 따라 예외적으로만 그 주체성이 인정된다.

④ 성립요건

  ⊙ 개요 : 국가배상청구권이 발생하기 위해서는 '공무원'의, '직무상'의 '불법행위'로 '손해'가 발생할 것을 요한다.

  ⊙ 공무원 : 국가공무원법상의 공무원에 한하지 않고 널리 국가 또는 공공단체를 위하여 공무를 집행하는 일체의 사람을 말한다. 여기의 공무원은 기관구성원인 자연인을 말하지만 기관 그 자체가 포함되는 경우도 있다. 한미행정협정에 따라 우리나라에 주둔하는 미군대의 구성원, 고용원, 카투사 등은 공무원은 아니지만 이들의 공무집행 중의 행위로 피해를 받은 자도 한국정부에 배상청구할 수 있다.

ANSWER

> **공무원의 해당 여부**
> ㉠ 공무원에 포함 : 전입신고서에 확인도장찍는 통장, 파출소에 근무하는 방범원, 소집중인 예비군, 집달관, 미군부대 카투사, 시청 청소차의 운전수, 철도건널목의 간수
> ㉡ 공무원에 불포함 : 시영버스 운전수, 의용소방대원

ⓒ **직무상 행위** : 사법상의 행위를 제외한 그 나머지 즉, 공권력의 행사로서의 권력행위와 비권력적 관리행위만을 의미한다(다수설). 직무의 범위에 관해서는 권력행위만을 의미한다는 협의설, 권력행위 외에 관리행위까지 포함한다는 광의설(다수설 : 허영, 권영성, 판례), 권력행위, 관리행위뿐만 아니라 사법상 행위까지 포함한다는 최광의설(김철수) 등이 있다. 국가배상법 제2조 제1항의 직무를 집행하면서에 대해서는 직무행위 자체는 물론이고 객관적으로 직무행위의 외형을 갖추고 있는 행위까지 포함한다는 외형설이 통설·판례이다.

ANSWER

> **직무행위사례**
> ㉠ 직무행위 : 상관의 명에 의한 상관 이삿짐 운반, 감방내의 사형, 훈계권행사로서의 기합, 시위진압중의 전경이 조경수 짓밟는 행위
> ㉡ 직무를 집행하면서의 판단기준 : 행위의 외관을 객관적으로 관찰하여 공무원의 직무행위로 보여질 때에는 비록 그것이 실질적으로 직무집행행위이거나 아니거나 또는 행위자의 주관적 의사에 관계없이 그 행위는 공무원의 직무집행행위라 볼 것이며, 이러한 행위가 실질적으로 공무집행행위가 아니라는 사정을 피해자가 알았다 하더라도 이에 대한 국가의 배상책임은 부정할 수 없다.

ⓒ **불법행위** : 고의·과실에 의하여 법령에 위반한 행위를 말한다(고의·과실을 요하는 점에서 이를 요구하지 않는 재산상 손실보상청구권, 형사보상청구권과 다르다). 여기의 법령위반에 있어서의 법령은 법률, 명령, 관습법을 열거하는 견해나 법률, 명령 등 엄격한 의미의 법령 외에 인권존중, 권력남용금지, 신의성실, 공서양속 등 조리법도 포함하는 견해도 있다. 불법행위의 내용에는 작위, 부작위, 입법작용, 행정작용, 사법작용 등이 모두 포함된다(불법행위의 입증책임은 피해자가 진다).

ⓜ **타인에 대한 손해의 발생** : 타인은 불법행위를 한 공무원과 국가 또는 공공단체를 제외한 모든 자가 포함된다. 손해는 법익의 침해로 말미암아 야기되는 모든 불이익을 의미한다. 여기의 손해에는 재산적 손해 외에 정신적 손해도 포함되며 적극적 손해뿐만 아니라 소극적 손해도 포함된다. 손해의 발생과 공무원의 불법행위간에는 상당인과관계가 있음을 요한다.

⑤ **국가배상책임의 본질**

㉠ **학설** : 국가배상책임의 본질에 관해서는 대위책임설, 자기책임설, 절충설 등이 있다.

㉡ **다수설** : 헌법학계의 통설은 자기책임설(국가가 자신의 기관으로서 공무원을 사용한 데 대한 책임이라는 견해)이나, 행정법학계의 다수설은 대위

문. 국가배상청구권에 대한 설명 중 옳지 않은 것은?
▶ 2014. 9. 27 국회직

① 국가배상청구권은 공무원의 국민에 대한 책임을 담보하고 법치국가의 원리를 구현하기 위하여 인정된 청구권적 기본권의 하나이다.

② 군무원의 직무집행과 관련하여 받은 손해에 대하여는 법률이 정하는 보상 외에 국가 또는 공공단체에 공무원의 직무상 불법행위로 인한 배상은 청구할 수 없다.

③ 헌법재판소는 국가배상청구권을 재산권과 청구권의 양 성격을 갖는 것으로 본다.

④ 국가배상청구권의 성립요건으로서 '공무원의 불법행위'에서 말하는 공무원에는 국가공무원과 지방공무원이 모두 포함되나, 공무를 위탁받아 실질적으로 공무를 수행하는 자는 포함되지 아니한다.

⑤ 현행 국가배상법에서는 당사자가 배상심의회에 배상신청을 하여 그 결과에 불복할 경우 소송을 제기할 수도 있고, 배상심의회를 거치지 아니하고 바로 법원에 소송을 제기할 수도 있다.

☞ ④

책임설(원래 공무원 개인이 부담하여야 할 책임이나 국가, 공공단체가 대신하여 지는 책임이라는 견해)이다.

⑥ **국가배상청구권의 내용**

　㉠ **국가에 대한 청구권** : 국가배상책임의 본질을 자기책임설로 보는 다수설에 의하면 배상청구의 상대방을 국가로 보는 것이 타당하다.

　㉡ **선택의 청구** : 공무원의 선임감독자와 비용부담자가 다를 경우 피해자는 어느 쪽에 대해서도 선택적으로 청구할 수 있다〈국가배상법 제6조 제1항〉.

　㉢ **청구권** : 가해공무원에게 고의나 중과실이 있으면 국가, 공공단체는 그 공무원에게 구상권을 행사할 수 있다〈국가배상법 제2조 제2항〉.

　㉣ **배상절차** : 국가배상법에 의한 손해배상의 소송은 배상심의회에 배상신청을 하지 아니하고도 이를 제기할 수 있다〈국가배상법 제9조〉.

　㉤ **배상의 범위** : 당해 손해와 상당 인과관계가 있는 모든 손해이다. 현행 헌법은 정당한 배상을 규정하고 있다.

⑦ **손해배상청구권의 제한**

　㉠ **헌법상의 제한** : 헌법은 제29조 제2항에서 군인, 군무원, 경찰공무원 등에 대해서는 특정한 손해에 관하여 법정보상만을 인정하고 국가배상청구권을 부인한다〈제29조 제2항〉. 국가배상청구권은 국가안전보장, 질서유지 또는 공공복리를 위하여 필요한 경우에는 법률로 제한할 수 있다〈제37조 제2항〉. 제한하는 경우 국가배상청구권의 본질적 내용을 침해할 수 없고 평등의 원칙, 과잉금지의 원칙 등에 위배되어서는 아니된다.

　㉡ **특별법상의 제한** : 철도사업법, 우편법, 전기통신사업법 등에서 각각 배상책임의 범위를 제한하고 있다. 이들의 제한에 대해서는 과도한 제한이라는 견해가 있다.

(2) 범죄피해자구조청구권

① **서설**

　㉠ **의의** : 타인의 범죄행위로 말미암아 생명·신체에 피해를 입은 국민이 국가에 대하여 유족구조 또는 장해구조를 청구할 수 있는 권리를 말한다.

　㉡ **지위** : 범죄피해자구조청구권은 강력범죄 등으로 말미암아 손해를 본 범죄피해자에게 이에 따라 범죄피해자구조법이 제정되었으나 2010년 범죄피해자 보호법이 전부개정되면서 범죄피해자구조법은 폐지되었다.

② **법적 성격**

　㉠ **학설** : 이의 성질에 대해서는 국가배상청구권설, 생존권적 기본권설의 대립이 있다. 그리고 생존권적 성격을 띤 청구권이라는 설도 있다.

　㉡ **이론적 근거** : 범죄피해자구조청구권의 이론적 근거에 대해서는 국가책임설, 사회보장설, 사회분담설 등의 학설대립이 있다. 청구권으로서의 성격과 사회적 기본권으로서의 성격을 아울러 가지는 복합적 권리로 보는 견해가 유력하다.

③ 범죄피해청구권의 내용

　㉠ **주체**: 피해자가 사망한 경우에는 유족이, 중장해를 당한 경우에는 본인이다. 여기에 유족은 피해자의 사망 당시 피해자의 수입에 의하여 생계를 유지하고 있던 자로서 배우자와 자, 부모, 손, 조부모, 형제·자매 등이며 태아는 이미 출생한 것으로 본다〈범죄피해자보호법 제18조〉. 외국인은 구조피해자이거나 유족인 경우에는 상호보증이 있는 경우에 한하여 그 주체가 된다.

　㉡ **구조금의 청구와 지급**: 구조금은 유족구조금과 장해구조금 및 중상해구조금으로 구분되어 있다〈동법 제17조 제1항〉. 구조금의 금액은 유족의 수와 연령 및 생계유지상황 등을 고려하여 대통령령으로 정한다〈동법 제22조〉.

④ 범죄피해자구조청구권의 성립요건

　㉠ **적극적 요건**

　　• 타인의 범죄행위로 인해서 손해가 발생할 것

　　• 생명·신체에 대한 피해일 것

　　• 가해자의 불명 또는 무자력으로 인하여 피해의 전부 또는 일부를 배상받지 못할 것

　　• 피해자의 생계유지가 곤란할 것

　㉡ **소극적 요건**: 부적격요건이 있는 경우 구조금의 전부 또는 일부가 지급되지 아니한다. 이에 해당하는 경우로는 친족간의 범행인 경우, 피해자에게 귀책사유가 있는 경우, 기타 사회통념상 구조금의 전부 또는 일부를 지급하지 아니함이 상당하다고 인정되는 경우 등이다.

> **POINT 팁** 범죄피해자구조청구권의 내용과 보충성
> ㉠ 내용: 범죄피해자구조금의 청구와 그 지급이다.
> ㉡ 보충성: 구조금지급은 범죄로 인한 피해보상에 있어서 보충성을 갖는다. 즉, 구조피해자나 유족이 해당 구조대상 범죄피해를 원인으로 하여 「국가배상법」이나 그 밖의 법령에 따른 급여 등을 받을 수 있는 경우에는 대통령령으로 정하는 바에 따라 구조금을 지급하지 아니한다〈동법 제20조〉.

⑤ 지급방법과 절차

　㉠ **지급방법**: 일시불이 원칙이다〈동법 제17조 제1항〉.

　㉡ **지급절차**: 범죄피해자보호법은 구조 여부를 결정하는 기관으로 지방검찰청에 법무부장관의 지휘·감독을 받는 범죄피해구조심의회를 두고 있다〈동법 제24조〉. 구조금을 지급받고자 하는 자는 당해 범죄피해의 발생을 안 날로부터 3년 이내 또는 해당 구조대상 범죄피해가 발생한 날로부터 10년 이내에 그 주소지, 거주지 또는 범죄발생지를 관할하는 지구심의회에 신청하여야 한다〈동법 제25조〉. 구조금수령권은 2년간 행사하지 않으면 시효로 소멸하고〈동법 제31조〉 양도 또는 담보로 제공하거나 압류할 수 없다〈동법 제32조〉.

문. 범죄피해구조청구권의 요건에 관한 다음 기술 중 타당하지 않은 것은?

① 타인의 범죄행위로 생명·신체에 대한 피해가 발생할 것
② 가해자가 불명 또는 무자력의 사유로 인하여 피해의 전부 또는 일부를 배상받지 못할 것
③ 피해자의 생계가 곤란할 것
④ 피해자와 가해자간에 친족관계가 있을 것

☞ ④

문. 범죄피해자의 국가구조청구권에 관한 다음의 기술 중 타당하지 않은 것은?

① 제9차 개정헌법에서 신설된 청구권적 기본권으로 적극적 공권이다.
② 타인의 범죄행위로 인한 생명·신체에 대한 피해의 구조이다.
③ 이 권리는 과실책임이 아니므로 당해 범죄행위로 인하여 손해배상이나 국가배상을 받는 경우에도 지급하여야 한다.
④ 구조금은 유족구조금과 장해구조금으로 나뉘며, 일시금으로 지급한다.

☞ ③

⑥ 범죄피해구조금의 환수와 청구권의 제한
  ㉠ 환수 : 국가는 구조금을 받은 자가 허위 기타 부정한 방법으로 구조금의 지급을 받은 경우, 구조금을 지급하지 아니할 사유가 발견된 경우, 과오로 지급된 경우 등에는 구조금의 전부 또는 일부를 환수할 수 있다〈동법 제30조〉.
  ㉡ 청구권의 제한 : 제37조 제2항에 따라 국가안전보장, 질서유지, 공공복리를 위하여 필요한 경우에는 법률로써 제한할 수 있다. 상호주의원칙에 따라 외국인에 대해서는 제한되는 경우가 있다.

SECTION 5 사회적 기본권

1. 사회적 기본권 일반

(1) 의의와 구성

① 의의 … 생활에 필요한 제반조건을 국가권력이 적극적으로 관여하여 확보해 줄 것을 요청할 수 있는 권리를 말한다. 바이마르 헌법이 사회적 기본권을 최초로 헌법에 규정하였다. 제2차 세계대전 이후 각 헌법과 세계인권선언, 유럽사회헌장(1961)이 사회적 기본권을 규정하였다. 우리나라도 건국헌법 이래 사회적 기본권을 규정하고 있다.

② 구성 … 생존권적 기본권은 인간다운 생활권〈제34조 제1항〉을 목적조항으로 하고 그밖의 사회보장수급권〈제34조 제2항 내지 제6항〉, 교육을 받을 권리〈제31조〉, 근로의 권리〈제32조〉, 노동 3권〈제33조〉, 환경권〈제35조〉, 보건권〈제36조 제3항〉 등을 그 수단조항으로 하고 있다.

(2) 법적 성격

① program적 권리설 … 헌법규정은 구체적·현실적 권리를 부여한 규정이 아니고 입법에 의해서만 효력을 발생하는 강령규정이라는 견해이다. 이에 의하면 국가가 그 권리의 실현에 필요한 입법 또는 시설을 하지 않는 한 그에 관한 헌법규정만으로는 국가에 대하여 그 의무의 이행을 재판상 청구할 수 없으며, 입법의 태만을 헌법위반이라 하여 위헌법령심사를 통하여 시정할 수 없다고 한다.

② 법적 권리설 … 법적 권리설은 국가에 대하여 법적으로 요구할 수 있는 법적 권리를 개개의 국민에게 부여하며, 국가는 그에 대응하는 법적 의무를 가지고 있다고 한다. 이에는 추상적 권리설(국민은 국가에 대하여 추상적 권리를 가지고 국가는 입법 기타 국정상 필요한 조치를 강구할 추상적 의무를 진다

고 보는 견해)과 구체적 권리설(법률의 제정·개정을 포함하여 헌법상의 사회권을 근거로 국민이 국가의 생활보장에 관한 시책을 권리로서 적극적으로 청구할 수 있다는 견해)이 나뉘어 있다. 이 중 추상적 권리설이 우리나라의 다수설이다.

(3) 자유권과 사회적 기본권과의 관계

① **양자의 기초**

 ㉠ **자유권** : 정신적 기초는 자연법사상, 정치적 기초는 시민계급, 경제적 기초는 자유방임주의적 자본주의국가의 권력구조는 중립적이다.

 ㉡ **생존권** : 산업혁명 이후 빈부격차의 확대와 자본주의의 병폐가 나타났다. 이에 자유의 개념을 실질화하고 평등의 원칙을 사회·경제영역에 확대할 필요성 때문에 사회권이 등장하였다.

② **법적 성질**

 ㉠ **자유권** : 소극적·방어적 권리

 ㉡ **생존권** : 적극적 권리

③ **효력**

 ㉠ **자유권** : 구체적 권리성을 갖는다.

 ㉡ **생존권** : 추상적 권리성을 갖는다(다수설).

④ **위헌심사 여부**

 ㉠ **자유권** : 위헌심사가 인정된다.

 ㉡ **생존권** : 위헌심사가 인정되지 않는다.

⑤ **법률유보**

 ㉠ **자유권** : 자유권은 권리제한적 유보이며, 일반적·추상적 사항을 대상으로 하는 규범적 법률의 형태이다.

 ㉡ **생존권** : 생존권은 권리형성적 유보이며, 개별적·구체적 사항을 대상으로 하는 처분적 법률의 형태이다.

⑥ **양자의 대립**

 ㉠ **자유권** : 자유권은 국가로부터의 자유를 의미하며, 현상유지적·소극적이다.

 ㉡ **생존권** : 생존권은 국가에의 요구이며 사회경제적 필요에 의하여 개인의 간섭과 그 자유의 제한을 의미하며, 조정적 급부로서 적극적이다.

⑦ **양자의 조화** … 인간의 존엄성의 존중과 유지, 자유로운 인격발전을 위하여 자유권과 생존권은 목적과 수단의 관계에 놓여있게 된다. 민주국가에 있어서는 자유제한의 한계와 사회권 수용의 한계가 문제되나, 동일한 헌법질서 안에서 두 기본권의 조화가 요구된다.

(4) 사회적 기본권의 효력과 실현방법

① **사회적 기본권의 효력** … 국가의 침해행위의 배제를 요구하는 사회적 기본권의 자유권적 측면에 대해서는 직접적 효력이 인정되는 바 침해배제청구권은 구체적 권리성과 재판규범성을 가진다(통설).

② 사회적 기본권의 실현방법

　㉠ 국가의 적극적 침해 : 의회가 헌법상 보장된 사회적 기본권을 적극적으로 침해하는 경우에는 헌법소원이나 행정소송 또는 위헌법률심사 등을 통하여 권리구제를 받을 수 있다.

　㉡ 입법부 존재 : 헌법규정을 구체화하는 법률이 존재하지 않는 경우 개인은 정치적 책임의 추궁 외에 헌법규정에 의하여 국회의 입법부작위에 대한 헌법소원을 제기할 수 있고 헌법재판소는 헌법불합치결정이나 입법추구결정을 할 수 있다.

ANSWER

> 헌법소원의 인정 여부
> 헌법재판소는 '헌법에서 기본권보장을 위해 법령에 명시적인 입법위임을 하였음에도 입법자가 이를 이행하지 않을 때, 그리고 헌법해석상 특정인에게 구체적인 기본권이 생겨 이를 보장하기 위한 국가의 행위의무 내지 보호의무가 발생하였음이 명백함에도 불구하고 입법자가 전혀 아무런 입법조치를 취하고 있지 않는 경우'에 한하여 입법부작위에 대한 헌법소원을 인정하고 있다.

2. 인간다운 생활권과 교육을 받을 권리

(1) 인간다운 생활을 할 권리

① 서설

　㉠ 의의 : 인간다운 생활권은 인간의 존엄성에 상응하는 건강하고 문화적인 생활을 할 권리를 의미한다. 인간다운 생활을 할 권리를 최초로 규정한 헌법은 바이마르 헌법이다.

　㉡ 지위 : 인간다운 생활권은 생존권적 기본권에 관한 총칙적 규정이고 그밖의 생존권은 인간다운 생활권을 실현하기 위한 구체적인 수단이 되는 권리이다. 인간다운 생활을 할 권리를 규정한 제34조 제1항은 제10조의 인간의 존엄성존중조항을 보완하는 규정인 동시에 제10조와 더불어 헌법에 있어서의 최고의 가치적 조항의 지위에 있다(통설).

② 법적 성질

　㉠ program규정설 : 모든 국민이 문화적인 생활을 영위할 수 있도록 규정을 운영할 것을 국가의 책무로 선언한 것으로 국민을 위한 구체적·현실적인 권리를 보장한 것은 아니라는 견해이다.

　㉡ 추상적 권리설 : 국민의 인간다운 생활의 보장에 필요한 조치를 해줄 것을 요구할 수 있는 추상적인 권리를 규정한 것이라는 견해이고 우리나라의 다수설이다.

　㉢ 구체적 권리설 : 생활보장에 관한 입법이 없거나 불완전한 경우 법률의 제정이나 개정을 요구할 수 있는 구체적·현실적인 권리라는 견해이다.

문. 인간다운 생활을 할 권리를 최초로 규정한 헌법은?

① 레닌 헌법
② 바이마르 헌법
③ 미국 헌법
④ 프랑스 제5공화국 헌법

☞ ②

③ 인간다운 생활권의 내용

　　㉠ 인간다운 생활 : 이는 건강하고 문화적인 생활을 의미하나, 구체적인 내용
은 시대와 상황에 따라 달리 나타날 것이다. 이의 수준은 객관적으로 결
정되어야 한다.

　　　• 사회보장 : 출산, 양육, 실업, 노령, 장애, 질병, 빈곤 및 사망 등의 사회
적 위험으로부터 모든 국민을 보호하고 국민 삶의 질을 향상시키는 데 필
요한 소득 · 서비스를 보장하는 사회보험, 공공부조, 사회서비스를 말한다.

　　　• 사회보험 : 국민에게 발생하는 사회적 위험을 보험의 방식으로 대처함으
로써 국민의 건강과 소득을 보장하는 제도를 말한다.

　　　• 공공부조 : 국가와 지방자치단체의 책임 하에 생활 유지 능력이 없거나 생
활이 어려운 국민의 최저생활을 보장하고 자립을 지원하는 제도를 말한다.

　　　• 사회서비스 : 국가 · 지방자치단체 및 민간부문의 도움이 필요한 모든 국
민에게 복지, 보건의료, 교육, 고용, 주거, 문화, 환경 등의 분야에서 인
간다운 생활을 보장하고 상담, 재활, 돌봄, 정보의 제공, 관련 시설의 이
용, 역량 개발, 사회참여 지원 등을 통하여 국민의 삶의 질이 향상되도록
지원하는 제도를 말한다.

　　㉡ 인간다운 생활보장을 위한 국가의 의무

　　　• 헌법은 제34조 제2항에서 사회보장, 사회복지 증진의 의무를 국가에 부
과하였다. 이에는 사회보장제도, 사회구호시설의 혜택을 받을 수 있는 권
리가 포함된다.

　　　• 또한 국가는 여자의 복지와 권익의 향상을 위하여 노력하여야 하며〈제34
조 제3항〉, 노인과 청소년의 복지향상을 위한 정책을 실시할 의무를 지
고〈제34조 제4항〉 재해를 예방하고 그 위협으로부터 국민을 보호하기 위
하여 노력할 의무를 진다〈제34조 제6항〉.

　　　• 국가는 국민의 인간다운 생활을 보장하기 위해 경제질서에 관한 규제와
조정의 방법을 이용할 수 있다〈제119조, 제123조, 제124조 등〉.

　　㉢ 생활무능력자의 보호 : 신체장애자 및 질병 · 노령 기타의 사유로 생활능
력이 없는 국민은 법률이 정하는 바에 의해 국가의 보호를 받는다〈제34
조 제5항〉. '신체장애자'는 선 · 후천적 요인에 의해 정상적인 신체활동이
곤란한 사람을 말하고 생활무능력자란 질병 · 노령 기타의 사유로 생활능
력을 상실한 자이다.

④ 권리의 주체 … 국민만이 주체가 되고 외국인은 주체가 아니다. 자연인의 권
리이고 법인에게는 보장되지 않는다.

⑤ 권리의 효력 … 인간다운 생활을 할 권리는 국가권력에 대해 직접적 구속력
을 가지며, 사인간에도 직접적용설에 따라 효력이 인정된다.

⑥ 권리의 침해와 구제

　　㉠ 권리의 침해 : 인간다운 생활의 기준이 문화적 최저한도에 미치지 못하여
인간의 존엄과 가치가 침해된다고 인정되는 경우에는 그를 규정한 해당
법률 내지 위임된 행정입법에 대해서 위헌법령심사를 청구할 수 있다.

ⓛ **입법의 부작위에 의한 침해와 구제** : 생존권확보에 필요한 입법조치를 국회에서 하지 않았거나 개폐되었기 때문에 침해되었을 경우 구체적 권리설을 취하지 않는 이상 부작위의 위헌확인소송은 제기할 수 없다.

> **ANSWER**
>
> 인간다운 생활을 할 권리
> 인간다운 생활을 할 권리로부터는 인간의 존엄성에 상응하는 생활에 필요한 최소한의 물질적인 생활의 유지에 필요한 급부를 요구할 수 있는 구체적인 권리가 상황에 따라서는 직접 도출될 수 있다고 할 수 있어도, 동 기본권이 직접 그 이상의 급부를 내용으로 하는 구체적인 권리를 발생케 한다고는 볼 수 없다고 할 것이다. 이러한 구체적 권리는 국가가 재정형편 등 여러가지 상황들을 종합적으로 감안하여 법률을 통하여 구체화될 때에 비로소 인정되는 법률적 권리이다.

(2) 교육을 받을 권리

① **서설** … 좁은 의미의 교육을 받을 권리는 교육을 받는 것을 국가로부터 방해받지 아니하고(자유권적 측면) 교육을 받을 수 있도록 국가가 적극적으로 배려하여 주도록 요구하는 권리(사회권적 측면)이다(다수설). 넓은 의미의 교육을 받을 권리는 개개인이 능력에 따라 균등하게 교육을 받을 수 있는 수학권뿐만 아니라 학부모가 그 보호하에 있는 자녀에게 적절한 교육의 기회를 제공하여 주도록 요구할 수 있는 교육기회제공청구권까지 포괄하는 개념이다.

② **법적 성격** … 교육을 받을 권리는 주관적 공권인 동시에 객관적 가치질서로서의 이중성을 갖는다. 주관적 공권성에 대해서는 자유권설과 생존권설이 대립되어 있으나, 양자를 포함한다는 설이 다수설이다. 보다 더 구체적으로는 프로그램설, 추상적 권리설, 구체적 권리설로 나뉜다.

> **ANSWER**
>
> 교육을 받을 권리
> ㉠ 교육을 받을 권리는 현대적 사회국가 · 문화국가에 있어서는 인간다운 생활의 필수요건이 되며, 국민의 능력의 계발과 실현을 위하여 요구된다.
> ㉡ 국민의 수학권의 보장은 국민이 인간으로서의 존엄과 가치를 가지며, 행복을 추구하고〈제10조〉 인간다운 생활을 영위하는 데〈제34조〉 필수적인 조건이고 전제이다.

③ **주체** … 교육을 받을 권리는 국법상의 권리이다. 그러므로 국민만이 주체가 되고 외국인 · 법인에게는 보장되지 아니한다. 어린이뿐만 아니라 학생도 시민도 평생교육의 향유자로서 교육을 받을 권리를 보장받고 있다.

④ **내용**

㉠ **능력에 따라 교육을 받을 권리** : 이는 정신적 · 육체적 능력에 상응하는 교육을 의미한다. 여기의 능력은 재능이나 그 밖의 일신전속적인 능력을 의미하고, 재력이나 가정환경 등 비전속적인 능력을 의미하지는 않는다.

문. 교육의 권리와 관련된 헌법재판소의 판시내용 중 옳지 않은 것은?

① 교사의 수업권은 학생의 학습권을 보장하기 위하여 제한될 수 있다.

② 국정교과서제도는 다양한 사고방식의 개발을 저해하고 학생들의 사고력을 획일화하여 창의적인 교육을 이루지 못하게 하므로 헌법에 위반된다.

③ 중학교의무교육이 순차적으로 시행되도록 하는 것이 헌법에 반하지는 않는다.

④ 하급교육기관에서의 수업의 자유는 대학에서의 교수의 자유에 비해서 많은 제약을 받는다.

☞ ②

> **ANSWER**
>
> **수학능력 없는 자에 대한 불합격 처분**
> 대학입학 지원자가 모집정원에 미달한 경우라도 대학이 정한 수학능력이 없는 자에 대하여 불합격처분을 한 것은 구 교육법 제111조 제1항에 위반되지 아니하여 무효라 할 수 없고 또 위 학교에서 정한 수학능력에 미달하는 지원자를 불합격으로 한 처분이 재량권의 남용이라 할 수 없다.

ⓛ **균등하게 교육을 받을 권리** : 균등한 교육이란 자유권적 측면에서는 교육의 기회균등을 의미하고 사회권적 측면에서는 모든 국민이 균등하게 교육을 받을 수 있도록 국가나 지방자치단체에 요구할 수 있는 권리를 말한다. 교육을 받을 권리의 적극적 측면에 대응하여 국가나 지방자치단체는 교육의 기회균등을 보장하기 위한 각종의 방책을 시행할 의무를 지게 된다〈교육기본법 제9조, 제10조〉.

> **ANSWER**
>
> **교육의 기회균등**
> 서울대학교가 일본어를 선택과목에서 뺀 대신 고등학교 교육과정의 필수과목으로서 모든 고등학교에서 가르치고 있는 한문을 다른 외국어와 함께 선택과목으로 채택하였을 뿐더러 위 시험요강을 적어도 2년간의 준비기간을 두고 발표함으로써 고등학교에서 일본어를 배우고 있는 1·2학년 학생들로 하여금 그다지 지장이 없도록 배려까지 하고 있으므로 그들이 갖는 교육의 기회균등이 침해되었다고 말할 수 없다고 판시하였다.

ⓒ **교육을 받을 권리** : 교육을 받을 권리의 내용이 되는 교육은 학교교육, 사회교육, 직업교육, 가정교육 등을 포함하는 광의의 교육을 말하나 여기서의 교육은 주로 학교교육을 말한다.

⑤ **교육을 받게 할 의무**

ⓐ **헌법규정** : "모든 국민은 그 보호하는 자녀에게 적어도 초등교육과 법률이 정하는 교육을 받게 할 의무를 진다〈제31조 제2항〉."라고 헌법은 규정하고 있다. 이에 따라 모든 국민은 6년의 초등교육과 3년의 중등교육을 받을 권리를 보장받고 있다〈교육기본법 제9조〉.

ⓑ **권리·의무의 주체** : 의무교육에 있어서 교육을 받을 권리의 주체는 어린이이고 교육을 받게 할 의무의 주체는 학령아동의 친권자나 후견인이다(통설). 교육의 의무는 국민의 인간다운 생활을 보장하고 문화국가의 이념을 실현하는 성격을 가진다.

ⓒ **무상의 의무교육제** : 의무교육은 무상으로 한다〈제31조 제3항〉. 무상의 범위에 대해서는 수업료무상설과 취학필수비무상설 등이 있으나, 후설이 통설이다. 통설에 의하면 취학필수비는 모두 무상이며 이에는 수업료 외에 교재, 학용품, 급식의 무상까지 포함한다고 한다.

⑥ **국가의 평생교육진흥의무**

ⓐ **헌법규정** : 헌법은 "국가는 평생교육을 진흥하여야 한다〈제31조 제5항〉."라고 하여 국가의 평생교육진흥의무를 규정하고 있다.

ⓑ **내용** : 평생교육은 학교교육뿐 아니라 성인교육, 사회교육, 직업교육, 청소년교육, 국민교육 등을 망라한 넓은 의미의 교육이다.

문. 교육을 받을 권리에 관한 우리 헌법재판소의 결정과 다른 것은? (다툼이 있는 경우 판례에 의함)

▶ 2014. 9. 27 국회직

① 헌법 제31조 제6항이 규정하고 있는 교원지위법정주의는 교원의 권리 혹은 지위의 보장에 관한 것만이 아니라 교원의 기본권 제한의 근거규정이 되기도 한다.

② 교원의 노동권, 노동조합 등에 관하여는 헌법 제31조 제6항의 교원지위법정주의 조항이 헌법 제33조의 노동3권 조항보다 우선하여 적용된다.

③ 부모의 자녀교육권은 부모의 자기결정권에 근거하는 것이 아니라 자녀의 보호와 인격발현을 위하여 부여되는 것이므로, 부모의 자녀교육권의 행사가 자녀의 행복을 추구하는 것에 합치하지 아니하는 경우에는 국가가 이를 제한할 수 있다.

④ 「구 지방교육자치에관한법률」에서 국·공립 초·중등학교의 경우 학교운영위원회의 설치를 의무화하면서 사립학교의 경우에는 그 설치를 임의적인 것으로 규정한 것은 학부모에게 헌법상 보장된 교육참여권과 평등권을 침해하는 것은 아니다.

⑤ 입법자가 사립 초·중·고교에도 학교운영위원회 구성을 의무화하도록 한 법률개정은 사립학교의 자율성을 침해하는 것이다.

☞ ⑤

⑦ **교육을 받을 권리의 효력** : 교육을 받을 권리의 사회적 측면은 국가나 공공단체에 대해서만 효력을 가지나, 그 자유권적 측면은 국가는 물론 제3자에 대해서도 효력을 갖는다.

3. 노동의 권리와 노동 3권

(1) 노동의 권리

① **서설**

   ㉠ **의의** : 근로자가 자신의 의사·능력에 따라 근로의 종류, 내용 등을 선택하고 가장 유리한 조건으로 노동력을 제공함으로써 얻는 대가로 생존을 유지하며 타인의 방해를 받음이 없이 이러한 고용관계를 계속할 권리를 말한다.

   ㉡ **지위** : 현대국가들은 경제적 약자인 근로자의 인간다운 생존을 보장하기 위한 일련의 규정들을 두고 있다. 이러한 근로자보호를 위한 헌법조항을 노동헌법이라고 한다. 근로기본권은 노동헌법의 핵심이다.

   ㉢ **연혁** : 근로의 권리는 바이마르 헌법에서 최초로 나타났고 사회주의 헌법과 인민민주주의 헌법에도 나타났다.

ANSWER

> **근로기본권**
> 근로기본권은 근로자를 개인의 차원에서 보호하기 위한 근로의 권리와 그들의 집단적 활동을 보장하기 위한 집단적 활동권 그리고 그들의 자주적 조직체인 노동조합의 활동을 보장하기 위한 노동 3권을 총칭한다. 헌법재판소는 '근로기본권은 근로자의 근로조건을 개선함으로써 그들의 경제적·사회적 지위의 향상을 기하기 위한 것으로서 자유권적 기본권으로서의 성격보다는 생존권 내지 사회권적 기본권으로서의 측면이 보다 강한 것으로 그 권리의 실질적 보장을 위해서는 국가의 적극적인 개입과 뒷받침이 요구되는 기본권'이라고 하였다.

② **법적 성격** … 근로의 권리의 성격에 대해서는 자유권설, 생존권설(통설)이 대립되어 있다. 생존권설에는 다시 program규정설과 법적 권리설[이에는 다시 추상적 권리설(다수설), 구체적 권리설로 나뉜다]로 나뉘어진다.

③ **내용**

   ㉠ **주체** : 이는 국민의 권리이다. 그러므로 외국인은 주체성이 없으며 법인도 마찬가지이다.

   ㉡ **원칙적 내용** : 근로의 의사와 능력을 가진 자가 사기업에 취업할 수 없을 때에는 국가에 대하여 근로의 기회제공을 요구하고 그것이 불가능한 때에는 상당한 생활비의 지급을 청구할 수 있는 권리이다(다수설).

   ㉢ **보충적 내용** : 근로의무의 보충적 내용으로는 국가의 고용증진의무, 적정임금의 보장과 최저임금제 실시〈제32조 제1항〉, 근로조건의 기준법정〈제32조 제3항〉, 여자와 연소자의 근로보호〈제32조 제4항, 제5항〉, 국가유공자 우선취업〈제32조 제6항〉, 남녀고용평등 등을 규정하고 있다.

문. 헌법이 법률에 위임한 사항이 아닌 것은?

① 교육제도에 관한 사항
② 교원의 지위에 관한 사항
③ 의무교육의 무상에 관한 사항
④ 교육재정에 관한 사항

☞ ③

문. 근로의 권리에 관한 설명 중 가장 옳은 것은? (다툼이 있는 경우 헌법재판소 결정에 의함)
▶ 2015. 3. 7 법원직

① 근로자가 퇴직급여를 청구할 수 있는 권리는 헌법에서 직접 도출된다.
② 근로자뿐만 아니라, 근로자의 모임인 노동조합도 근로의 권리의 주체가 된다.
③ 근로의 권리는 고용증진을 위한 국가의 정책을 요구할 수 있는 권리이다.
④ 근로자가 최저임금을 청구할 수 있는 권리는 헌법에서 직접 도출된다.

☞ ③

④ 효력과 제한

　㉠ 효력 : 근로의 권리는 대국가적 효력뿐만 아니라 대사인간에도 적용된다. 국가는 사회적 · 경제적 방법으로 근로자의 고용의 증진과 적정임금의 보장에 노력하여야 하며, 법률이 정하는 바에 의하여 최저임금제를 시행하여야 한다. 국가는 사회보장적인 실업보험제도, 연금제도를 위한 법률을 제정하지 않으면 안된다.

　㉡ 제한 : 근로의 권리는 그것이 구체적인 법률에 의하여 현실적인 권리가 되면 그때부터 헌법 제37조 제2항에 의하여 국가안전보장, 질서유지 또는 공공복리를 위하여 법률로써 제한할 수 있다.

(2) 근로 3권

① 서설

　㉠ 의의 : 근로자들이 그들의 인간다운 생활을 확보하기 위한 구체적인 방법으로 근로조건의 향상을 위하여 자유로이 단결하고 단체의 이름으로 교섭하며, 그 교섭이 원만하게 이루어지지 아니할 경우에 단체행동을 할 수 있는 권리를 말한다.

　㉡ 연혁 : 근대시민법의 초기단계에서는 노동 3권이 인정되지 않다가 20세기에 이르러 국가의 적극적인 보호를 받게 되었다. 1919년 바이마르 헌법 이후 각국 헌법에 규정되었다.

② 법적 성격

　㉠ 의의 : 노동권의 법적 성격에 관해서 자유권설, 생존권설, 복합적 성질설이 있다. '자유권설'에 의하면 근로자의 단결권과 단체행동권은 국가권력으로부터 부당한 간섭이나 방해를 받지 않는 소극적인 자유권의 일종이라고 한다. '생존권설'에 의하면 국가는 근로자가 단결, 단체교섭, 단체행동 등을 행함에 있어서 그 장해를 제거해야 할 뿐만 아니라 적극적으로 근로자의 이와 같은 권리행사를 보장해주도록 노력할 의무를 지기 때문에 생존권이라고 한다. 통설인 '복합적 권리설'에 의하면 근로 3권은 근로자가 근로 3권을 행사하는 것을 국가가 방해해서는 아니된다는 자유권적 측면과 근로자의 생활향상을 위하여 국가가 적극적으로 법률을 제정해야 할 생존권적 측면을 아울러 갖는다고 한다.

　㉡ 집회 · 결사의 자유와의 관계 : 노동 3권은 생존권이므로 자유권인 집회 및 시위의 자유와는 구별된다.

ANSWER

근로 3권

헌법재판소는 근로 3권을 보장하는 취지에 관하여, 노동관계 당사자가 상반된 이해관계로 말미암아 계급적 대립 · 적대의 관계로 나아가지 않고 활동과정에서 서로 기능을 나누어 가진 대등한 교섭주체의 관계로 발전하게 하여 그들로 하여금 때로는 대립 · 항쟁하고 때로는 교섭 · 타협의 조정과정을 거쳐 분쟁을 평화적으로 해결하게 함으로써 근로자의 이익과 지위의 향상을 도모하는 사회복지국가 건설의 과제를 달성하고자 함이 있다고 한다.

  ⓒ 주체
- 근로 3권의 주체는 사용자를 제외한 근로자이다. '근로자'는 직업의 종류를 불문하고 임금, 급료 기타 이에 준하는 수입에 의하여 생활하는 자이다〈노동조합 및 노동관계조정법 제2조 제1호〉. 따라서 육체근로자, 정신근로자 또는 민간근로자, 공공기업체의 직원, 공무원 등 자신의 노동력을 제공함으로써 얻는 대가인 임금·급료 등의 수입에 의하여 생활하는 모든 자가 포함된다.
- 현행 공무원 관계법률은 공무원에 대하여 원칙적으로 노동운동을 위한 집단행위를 금지하고 있다. 다만, 사실상 노무에 종사하는 공무원은 예외로 한다. 그리고 6급 이하의 일반직 공무원 등은 노동조합에 가입할 수 있다.

③ 근로 3권의 내용

  ㉠ 단결권
- 단결권은 근로조건의 유지·개선을 목적으로 사용자와 대등한 교섭력을 가지기 위하여 단체를 결성할 권리를 말한다. 근로자의 단결권은 목적성과 자주성을 그 특징으로 한다. 근로자의 단결권은 근로자가 노동조합 및 쟁의단체를 조직할 수 있는 자유, 노동조합 및 쟁의단체에의 가입·탈퇴의 자유, 노동조합 및 쟁의단체와 무관할 수 있는 소극적인 단결권을 그 내용으로 한다.
- 근로자는 단체를 결성하거나 이에 가입함에 있어서 국가나 사용자의 부당한 개입이나 간섭을 받지 아니한다.
- 국가가 근로자의 단결권을 침해한 경우 불법행위로 인한 배상책임을 진다.

  ㉡ 단체교섭권
- 근로자가 단결권을 행사하여 사용자와 노동조건 등에 관하여 자주적으로 교섭하는 권리이다. 근로자의 단결의 힘에 의하여 근로자의 입장은 사용자의 그것과 본질적으로 대등하게 된다. 단체교섭의 결과인 단체협약은 국가의 보호를 받는다.
- 사용자는 노동조합에 대하여 정당한 이유가 없는 한 교섭에 응할 의무가 있고 노동조합은 교섭에 응하라고 요구할 권리가 있다.
- 단체교섭에 있어서 근로자측의 주체는 노동조합이고 사용자측의 당사자는 사용자이다. 단체교섭권은 노동조합의 자격을 가진 근로자단체이면 가능하므로 유일단체교섭조항이나 단체협약체결 능력제한조항은 위헌이다.

  ㉢ 단체행동권
- 노동쟁의가 발생한 경우에 쟁의행위를 할 수 있는 권리이다. '노동쟁의'는 노동조합과 사용자 또는 사용자 단체간에 임금, 근로시간, 복지, 해고 기타 대우 등 근로조건의 결정에 관한 주장의 불일치로 인하여 발생한 분쟁상태를 말한다〈노동조합 및 노동관계조정법 제2조 제5호〉.
- 주체는 1차로는 근로자 개인과 노동조합자체이다.
- 근로자측의 쟁의행위에는 파업(strike), 태업(sabotage), 불매운동(boycott), 감시행위(picketting), 생산관리 등이 있다. 사용자측의 쟁의행위에는 직장폐쇄(lock out)가 있다.

- 헌법상 단체행동권의 보장은 국가권력에 대한 관계에서 채무불이행 또는 불법행위를 이유로 민사상 책임을 발생시키지 아니한다. 또한 단체행동에 참가하지 아니하였음을 이유로 근로자는 해고나 그밖의 불리한 처우를 받지 아니한다.

④ **효력** … 노동 3권이 제3자적 효력을 갖는가에 대해서 학설대립이 있으나, 다수설은 이는 사용자 대 근로자라고 하는 차원에서 사인간에도 직접 적용되는 현실적·구체적인 권리라고 한다.

⑤ **제한**

　㉠ **공무원인 근로자의 근로 3권의 제한〈제33조 제2항〉** : 공무원인 근로자는 법률로 인정된 자만이 노동 3권을 가질 수 있다. 노동조합 및 노동관계조정법은 제5조 단서에서 공무원인 경우에는 따로 법률로 정한다고 하며, 국가공무원법은〈제66조〉공무원의 노동운동과 기타 공무 이외의 일을 위한 집단적 행위를 금지하면서 국회규칙, 대법원규칙, 대통령령 등으로 사실상 노무종사하는 공무원은 이에서 제외하고 있다.

　㉡ **방위산업체 등에 종사하는 근로자의 단체행동권의 제한** : 법률이 정하는 방위산업체 등에 종사하는 근로자의 단체행동권은 법률이 정하는 바에 의하여 이를 제한하거나 인정하지 아니할 수 있다.

　㉢ **예외적 제한** : 국가긴급재정명령·처분 및 긴급명령이나 비상계엄 등에 의해 예외적으로 노동 3권이 제한되는 경우도 있다.

　㉣ **제한의 한계** : 노동기본권의 제한은 최소한도에 그쳐야 한다. 국가나 공공단체, 사기업에서는 근로 3권을 부인하거나 근로 3권의 본질적 내용을 침해해서는 안된다.

4. 환경권과 보건권 및 모성보호권

(1) 환경권

① **서설**

　㉠ **의의** : 깨끗한 환경에서 쾌적하고 건강한 생활을 누릴 수 있는 권리를 말한다. 환경권은 좁은 의미에서는 건강을 훼손당하거나 훼손당할 위험에 있는 자가 책임있는 제3자나 공권력에 대하여 그 원인을 예방 또는 제거하여 주도록 요구할 수 있는 권리를 말하며, 넓은 의미에서는 협의의 환경권은 물론이고 청정한 환경에서 건강하고 쾌적한 생활을 누릴 수 있는 권리까지도 그 내용으로 한다.

　㉡ **지위** : 환경파괴 및 오염은 개인의 건강과 생명 및 인류의 생존을 좌우할 위험이 되기 때문에 다른 어떤 기본권보다 그 중요성이 크고 다른 기본권을 실현하는 전제로서의 의의가 있다.

　㉢ **입법례** : 환경권은 1960년대 이후 미국에서 처음 등장하였다. 1969년에 미국은 국가환경정책법을 만들었고 1972년에 독일에서는 환경보호를 위한 기본법개정이 있었다. 우리나라는 제5공화국 헌법에서부터 반영되었다.

② 성질

- ㉠ **법적 성격** : 이에 대해서는 인간의 존엄권설, 행복추구권설, 생존권설, 통합적 기본권설(인간의 존엄성존중과 행복추구권 및 사회적 기본권의 성격을 아울러 가지는 권리) 등이 있으나, 통합적 기본권설이 유력하다.
- ㉡ **환경권조항** : 입법방침설, 추상적 권리설, 구체적 권리설이 있으나 추상적 권리설이 다수설이다.

③ 주체

- ㉠ **자연인** : 자연인만이 주체가 되고 법인은 포함되지 않는다.
- ㉡ **원고적격** : 광범하게 인정되어 오염된 환경과 관련이 있는 모든 자이다.

④ 내용

- ㉠ **학설** : 환경권의 내용에 대해서는 협의설(자연환경만 의미), 광의설(자연환경 + 사회환경)의 대립이 있으나 다수설은 광의설을 취한다.
- ㉡ **우리 헌법** : 헌법은 제35조에서 건강하고 쾌적한 환경에서 생활할 권리라고 규정하고 있으므로 사회적 환경도 포함하는 것으로 보는 광의설이 다수설이다.
- ㉢ 환경권의 구체적인 내용으로는 건강하고 쾌적한 환경에서 생활할 권리, 쾌적한 주거생활을 할 권리, 공해예방 및 배제청구권 등이 있다.

ANSWER

> **환경권**
> ㉠ 생수의 국내시판을 불허하는 보건복지부 고시는 헌법상 조장된 직업의 자유와 행복추구권 그리고 환경권을 침해하는 것이므로 무효이다.
> ㉡ 주택조합의 조합원자격을 무주택자로 한정하고 있는 구 주택건설촉진법 제3조 제9호는 우리 헌법이 전문에서 천명한 사회국가·복지국가·문화국가의 이념과 그 구현을 위한 사회적 기본권조항인 헌법 제34조 제1항과 제2항, 제35조 제3항과 규정에 의하여 국가에게 부과된 사회보장의무의 이행과 국민의 주거확보에 관한 정책시행을 위한 정당한 고려에서 이루어진 것으로 유주택자를 배제했다고 해서 그것이 인간의 존엄성이라는 헌법이념에 반하는 것도 아니고 우선 무주택자를 해소하겠다는 주택건설촉진법의 목적달성을 위하여 적정한 수단이기도 하므로 이는 합리적 근거있는 차별이어서 헌법의 평등이념에 반하지 아니하고 그에 합치된 것이며, 헌법 제37조 제2항의 기본권제한 과잉금지의 원칙에도 저촉되지 아니한다.

⑤ 효력

- ㉠ **대국가적 효력** : 환경권은 국가권력을 직접 구속한다. 국가에 대하여 환경을 침해하지 말아달라고 요구하는 측면과 환경을 개선·보호해달라는 두 가지 측면을 갖는다. 따라서 입법부는 환경권을 실현하기 위한 구체적 입법의 의무를 지고 행정부와 사법부는 환경입법에 위반하여 환경권을 침해하는 행위를 할 수 없다.
- ㉡ **대사인적 효력** : 사인에 의해서 환경권이 침해된 경우에 사법의 일반조항을 통하여 사인에게 간접적용된다(다수설).

문. 환경권에 관한 설명으로 옳지 않은 것은?

① 환경보호의 중요성을 인식하여 환경권을 헌법상 기본권으로 명문화하여 보장하고 있는 것은 오늘날 세계 각국의 거의 공통적인 현상이다.
② 환경권을 보장하고 있는 헌법규정이 개개의 국민에게 직접적으로 적용되어 구체적인 사법상의 권리를 부여한 것으로 보는 것은 어렵다는 것이 대법원 판례이다.
③ 우리 헌법은 국가뿐만 아니라 국민에게도 환경보전을 위하여 노력하여야 할 의무를 규정하고 있다.
④ 환경권은 법률에 의하여 제한할 수 있다.

☞ ①

⑥ 제한과 한계

   ㉠ 제한 : 환경권도 절대적 권리가 아니므로 제37조 제2항에 따라 국가안전보장, 질서유지, 공공복리를 위하여 필요한 경우에는 법률로 제한할 수 있다.

   ㉡ 한계 : 환경권을 법률에 대하여 제한하는 경우에도 본질적 내용을 제한할 수 없다. 어떠한 경우에도 인명이나 신체에 결정적인 위협을 주는 제한은 허용되지 아니하기 때문이다.

⑦ 환경권보장을 위한 국가의 의무 … 제35조 제1항과 제3항은 개인을 위한 주관적 공권으로서의 환경권과 쾌적한 주택에서의 생활을 할 권리를 보장한 규정이면서 동시에 그에 상응하는 국가적 노력의 의무를 규정한 조항이다.

⑧ 침해와 구제

   ㉠ 침해 : 환경권은 공권력뿐만 아니라 사인에 의해서도 침해될 수 있다. 즉, 국가, 지방자치단체 또는 공공단체가 도로의 건설이나 산업단지에의 공해산업유치 등과 같이 적극적으로 환경권을 침해하거나 사인의 환경파괴를 허용하거나 묵인함으로써 소극적으로 환경권을 침해할 수 있다. 공해기업의 무단폐수방출 등과 같이 사인에 의해서도 환경권이 침해되고 있다.

   ㉡ 구제
     • 국가권력에 의한 침해의 경우에는 청원권, 행정소송, 국가배상청구권, 헌법소원, 위헌법률심사제 등을 청구할 수 있다.
     • 사인에 의한 침해의 경우에는 불법행위에 의한 손해배상청구권, 공해업소의 조업금지처분 등에 의해 구제받을 수 있다.

(2) 보건권과 모성보호권

① 보건권

   ㉠ 의의 : 국민의 건강유지를 위하여 필요한 국가적 급부와 배려를 요구할 수 있는 권리를 의미한다.

   ㉡ 헌법규정 : "모든 국민은 보건에 관하여 국가의 보호를 받는다〈제36조 제3항〉."고 하여 보건에 관한 국가적 보호의무와 함께 국민의 보건권을 규정하고 있다. 보건권이 헌법상 최초 등장한 것은 바이마르 헌법이다. 우리 헌법은 건국헌법 이래 보장하고 있다.

   ㉢ 성격 : 보건권은 주관적 공권이면서 객관적 법질서로서의 성격도 갖는다. 여기에서 국가의 적극적 보호의무가 나오게 된다. 보건권은 일면으로는 공권력에 의한 건강침해에 대하여 그 배제를 요구할 수 있는 자유권적 성격을 가지며, 건강생활에 대하여 국가에 대해 적극적 배려를 청구할 수 있는 사회권적 성격을 갖는다.

   ㉣ 주체 : 국민만이 주체가 된다. 자연인만 해당되고 법인은 포함되지 않는다.

   ㉤ 내용 : 보건의 대상은 모든 국민이다. 구체적으로 국가가 국민의 건강을 침해하여서는 아니된다는 소극적 의미뿐만 아니라 적극적으로 국민보건을 위하여 필요한 정책을 시행하여야 할 의무도 포함한다.

문. 다음 중 환경보호의 기본원칙에 해당한다고 볼 수 없는 것은?

① 사전배려의 원칙
② 원인자책임의 원칙
③ 규제완화의 원칙
④ 존속보장의 원칙

☞ ③

- ⓗ **효력** : 보건권은 모든 국가권력을 직접 구속하는 효력을 갖는다. 따라서 국가의 작용에 의해 건강을 침해당한 국민은 마땅히 국가배상청구권을〈제29조〉 행사할 수 있다. 사인상호간에도 간접적으로 적용된다. 사인에 의한 건강훼손시 보건권을 근거로 피해배제청구 또는 손해배상청구가 가능하다.
- ⓢ **제한과 한계** : 보건권도 제37조 제2항에 따라 법률로써 제한할 수 있다. 그러나 그 본질적 내용은 침해할 수 없고 과잉금지의 원칙에 위배되어서도 안된다.
- ⓞ **침해와 구제** : 국민의 건강이 국가의 공권력행사나 사실행위 등에 의하여 침해될 경우에는 국가배상을 청구할 수 있다.

② **모성보호권**
- ㉠ **의의** : 제36조 제2항은 "국가는 모성의 보호를 위하여 노력해야 한다."고 규정하고 있다. 이는 직접적으로는 모성보호를 위한 국가의 노력의무를 규정한 것이고 이에 상응하여 국민은 모성을 보호받을 권리를 가지게 된다.
- ㉡ **법적 성격** : 모성보호조항은 개인적·주관적 공권을 보장하면서 아울러 국가의 의무를 규정한 것이다. 이는 소극적인 자유권적인 측면과 적극적인 사회권적인 측면도 가진다.
- ㉢ **주체** : 자녀를 가진 모든 여성이 주체가 된다.
- ㉣ **내용** : 모성보호는 단지 모성의 건강뿐만 아니라 모성이 제2세 국민을 생산·양육하기에 필요한 사회적·경제적 여건의 조성을 그 내용으로 한다. 구체적으로 모성의 건강에 대한 특별한 보호(모자보건법의 제정), 모성으로 인한 불이익의 금지(동일노동, 동일보수 등), 적극적 보호(근로기준법, 남녀고용평등과 일·가정 양립지원에 관한 법률, 한부모가족지원법) 등이 있다.

SECTION 6 국민의 의무

1. 국민의무 일반

(1) 국민의무의 의의

① **서설**
- ㉠ **개념** : 국민의 통치대상으로서의 지위에서 부담하는 여러가지 의무 중에서 특히 헌법이 규정하고 있는 기본적 의무를 의미한다.
- ㉡ **헌법의 규정** : 헌법은 고전적 기본의무로 납세의무〈제38조〉, 국방의무〈제39조〉 외에 20세기적 의무인 재산권제도의 공공복리적합의무〈제23조 제2항〉, 교육의 의무〈제31조 제2항〉, 근로의 의무〈제32조 제2항〉, 환경보존의 의무 등을 규정하고 있다. 이러한 의무를 헌법상의 의무 또는 공의무라고도 한다.

② **법적 성질**…국민의 의무는 국가적 공동체를 형성하고 유지하기 위한 국민의 실정법상의 의무이므로 전국가적인 의무는 아니다(다수설). 근대입헌주의 헌법상 납세의무나 국방의무는 국가권력의 자의적 발동을 억제한다는 소극적 의의를 지니고 있으나, 오늘날 민주국가에 있어서는 주권자인 국민이 국가존립과 안전을 위하여 스스로 국가재정을 형성하고 병력을 유지한다는 적극적 의미도 내포하고 있다. 교육의무, 근로의무, 재산권복리행사의무, 환경보전의무는 인간다운 생활을 보장하기 위한 사회적 기본권을 실질화한다는 의미도 갖는다.

(2) 기본적 의무의 분류

① **고전적 의무**…국가질서의 유지를 목적으로 한 납세·국방의 의무가 이에 해당한다. 이밖에 입헌준수의 의무, 법률준수의무, 국가수호의무 등도 이에 속한다.

② **새로운 의무**…사회국가이념에 봉사하기 위한 20세기의 의무로서 교육의 의무, 근로의 의무, 재산권행사의 공공복리적합의무, 환경보전의 의무 등이 이에 해당한다. 이밖에 토지를 경작할 의무와 토지이용의 의무, 기본권을 보유하고 남용하지 않을 의무 등도 이에 속한다.

2. 고전적 의무

(1) 납세의 의무

① **의의**…국가의 통치활동에 필요한 경비를 충당하기 위하여 국민이 조세를 납부하는 의무를 말한다. 여기의 조세는 명칭 여하를 불문하고 국가 또는 지방자치단체가 재력의 취득을 위하여 과세권에 의하여 일반국민에게 강제부과·징수하는 금전부담을 말한다.

② **주체**

　㉠ **국민**: 자연인과 법인을 포함한다.

　㉡ **외국인**: 납세의무에 대응하는 과세권은 국가의 통치권의 일부이기 때문에 외국인도 국내에 재산을 가지고 있거나 조세대상행위를 하는 경우에 납세의무가 부과된다.

③ **내용**

　㉠ **조세**: 명칭 여하를 불문하고 보상없이 국가가 일방적·강제적으로 과하는 경제적 부담을 말한다. 그러므로 일정한 반대급부를 조건으로 한 사용료나 수수료의 징수, 전매수입, 공채수입 등은 이에 해당되지 않는다.

　㉡ **과세원칙**: 조세의무는 공정한 과세(담세능력에 따른 조세부과)와 조세법률주의(과세는 반드시 의회가 정하는 법률에 의하는 것)의 원칙에 따라 부과된다.

문. 조세에 관한 헌법재판소의 판례에 대한 설명 중 틀린 것은?

① 조세의 감면은 수익적 행정활동이므로 그 요건을 법률로 정해야 하는 것은 아니다.

② 부동산양도소득세를 원칙적으로 기준시가에 의하여 산정하는 것은 조세법률주의에 위반되지 아니한다.

③ 부동산매매업자가 부동산을 매매한 경우 실거래가격을 기준으로 소득을 산정하는 것은 조세평등주의에 위반되지 않는다.

④ 과점주주 중 '주식을 가장 많이 소유한 자'에게 일률적으로 제2차 납세의무를 부담시키는 것은 헌법에 위반된다.

답 ①

ANSWER

조세부과의 근거
우리 헌법은 국민주권주의와 국민의 기본권보장 차원에서 조세의 부과징수에 있어서는 반드시 법률적 근거를 필요로 하게 하고(조세의 합법률성의 원칙), 아울러 조세관계 법률의 내용이 형평의 원칙 내지 평등의 원칙에 합당하여 조세의 징수부과 대상자로서의 국민이 합리적 기준에 의하여 평등하게 처리되도록 하고 있다.

(2) 국방의 의무

① **서설** … 외국 또는 외적의 침입으로부터 국가의 독립을 유지하고 영토를 보전하기 위한 국토방위의 의무를 말한다. 헌법은 누구든지 병역의무의 이행으로 인하여 불이익한 처우를 받지 아니한다고 규정하고 있다〈제39조 제2항〉.

② **법적 성격** … 국방의 의무는 국민의 신체의 자유보장이라는 소극적 성격과 국가적 주권의 유지라는 적극적 성격을 가졌다. 또한 대체적 이행이 불가능한 일신전속적 성격을 갖는다.

③ **주체** … 한국민만이 주체가 된다. 다만, 연령에 따라 그 범위가 제한된다. 직접적인 병력형성의 의무는 남자만이 부담하나, 간접적인 병력형성의무는 남녀불문한다(여성의 지원복무는 가능하다).

④ **내용**
  ㉠ **국방법률주의** : 국방의무의 부과는 반드시 법률로 정한다. 이에 따라 병역법, 예비군법, 민방위기본법이 제정되었다.
  ㉡ **병역** : 통설은 광의설을 취한다. 이에 의하면 국방이란 병역제공의 의무 외에 방공·방첩전시근로 등 국방에 필요한 모든 의무를 포함한다고 한다.

⑤ **불이익처우금지** … 헌법은 누구든지 병역의무의 이행으로 인하여 불이익한 처우를 받지 아니한다고 규정하고 있다〈제39조 제2항〉. 이는 군복무의식을 고취하려는 취지이다.

ANSWER

병역의무이행으로 인한 불이익 처우금지
헌법재판소는 군법무관이었던 자가 전역 후 변호사로 개업을 함에 있어서 개업지 제한을 받도록 규정한 구 변호사법 제10조 제2항은 헌법 제39조 제2항에 위반된다고 하였다.

3. 현대적 새로운 의무

(1) 교육을 받게 할 의무

① **서설**
  ㉠ **의의** : 친권자 또는 후견인이 그 자녀로 하여금 초등교육과 법률이 정하는 교육을 받도록 할 의무, 이른바 취학시킬 의무를 말한다.

문. 납세의 의무에 관한 다음 내용 중 가장 타당한 것은?

① 국민은 조례의 규정에 의하여 국세부담을 면제할 수 있다.
② 국민은 원칙적으로 직접 조례에 의하여 납세의무가 조정되기도 한다.
③ 국민은 법률이 정하는 바에 의하여 조례로써 지방세가 면제되기도 한다.
④ 국민은 법률이 정한 세율을 명령으로써 변경할 수도 있다.

☞ ③

ⓛ **지위**: 문화국가의 이념을 구현하고 생존권적 기본권을 실질화하는 현대적 의무이다.

② **성격**

  ㉠ **두 가지 성격**: 현대사회에 있어서의 생존에 필요한 최소한의 교양과 능력을 함양하게 하는 인간다운 생활권보장과 문화국가이념을 구현하기 위한 제2세 교육이라는 성격을 아울러 가진다.

  ㉡ **법적 의무**: 윤리적 의무설도 있으나, 법적 의무설이 다수설이다.

③ **내용**

  ㉠ **대상교육**: 적어도 초등교육과 법률이 정하는 교육이다. 교육기본법은 6년간의 초등교육과 3년의 중등교육을 의무교육으로 규정하고 있다〈교육기본법 제8조〉.

  ㉡ **무상의 범위**: 이는 수업료의 면제와 교과서의 무상배부 외에 국가적 재정이 허용할 경우 교과서, 학용품, 급식의 무상제공까지 포함시키는 견해가 다수설이다.

④ **주체** … 교육을 받게 할 의무의 주체는 우리나라 국민으로서 교육을 받아야 할 자녀, 즉 학력아동을 가진 친권자 또는 후견인이다(통설). 의무교육이 무상제가 되도록 할 의무교육의 주체는 국가 또는 지방자치단체이다.

ANSWER

교육의 의무
헌법재판소는 구 교육법 제8조의2에 관한 위헌법률심사에서 3년의 중등교육에 대한 의무교육은 대통령령이 정하는 바에 의하여 순차적으로 실시하도록 규정한 교육법 제8조의 2는 … 중학의무 무상교육실시의 시기를 대통령령에 위임할 수 있으므로 법률이 정하는 교육을 받게 할 의무를 규정한 헌법 제31조 제2항에 위배되지 아니한다.

(2) 노동의 의무

① **서설**

  ㉠ **의의**: 국민이 노동함으로써 국부의 증식에 이바지하여야 할 의무를 말한다. 여기서 근로는 육체적 노동이나 정신적 노동을 포함한다. 근로의 의무는 20세기 헌법이 낳은 생존적 기본권으로서 근로의 권리에 대응한 의무이다.

  ㉡ **지위**: 현대적 의무로서 생존권보장의 법률상 전제로서의 의의를 가지며, 사회주의국가에서는 특히 이를 강조한다.

② **법적 성격** … 근로의 의무의 성격에 대해서는 윤리적 의무설과 법적 의무설이 있다. 다수설은 윤리적 의무설을 취한다.

③ **주체** … 근로의 의무의 주체는 대한민국 국민이다. 외국인과 법인은 근로의 의무의 주체가 될 수 없다.

④ 내용

　㉠ **의무의 내용** : 근로의 의무는 미리 법률로 규정하되 국가 비상시에만 예외적으로 부과하는 것이고, 대체적 이행이 허용되어야 한다.

　㉡ **불이행** : 근로의무의 불이행에 대한 제재도 금전벌이어야 하고 자유형이어서는 안된다.

(3) 환경보전의 의무

① 서설

　㉠ **헌법규정** : 헌법은 "국민은 환경보전을 위하여 노력하여야 한다〈제35조 제1항〉."라고 하여 환경보전의무를 규정하고 있다.

　㉡ **취지** : 헌법은 환경의 중요성 때문에 국가뿐만 아니라 국민에게도 일정한 환경보전의무를 규정하고 있다.

② **법적 성격** … 윤리적 · 도덕적 의무설도 있으나, 다수설은 헌법상의 추상적 의무로 본다.

③ 내용

　㉠ **주체** : 환경보전의무는 인류의 의무이기 때문에 내 · 외국인, 법인 모두가 의무의 주체가 된다.

　㉡ **내용** : 환경보전의무에는 환경을 오염시키지 않을 의무, 공해방지시설을 할 의무 등이 있다.

(4) 재산권행사의 공공복리적합주의

① **서설** … 헌법은 "재산권의 행사는 공공복리에 적합하게 행사하여야 한다〈제23조 제2항〉."라고 규정하고 있다. 이는 재산권의 사회적 의무성을 규정한 것으로서 단체주의적 내지 사회적 법치국가사상이 헌법에 반영될 것이다.

② **법적 성격** … 윤리적 의무설과 법적 윤리설이 대립되어 있다. 다수설은 윤리적 의무설을 취한다. 윤리적 의무설에 의하면 이는 공의무의 하나라기보다는 재산권행사의 내용이라고 하거나 재산권의 한계 내지 제한의 문제로 본다.

③ **내용** … 재산권행사의 의무는 토지를 적극적으로 이용 · 개발할 의무, 재산권을 남용하지 않을 의무 등이 포함된다.

기본권 각론

1 헌법재판소와 대법원은 사회적 기본권에 대하여 많은 판단을 내린 바 있다. 다음의 서술 중 헌법재판소나 대법원의 입장과는 다른 내용을 가진 것은?

① 인간다운 생활을 할 권리는 입법부와 행정부에 대하여는 행위규범으로 작용하지만, 헌법재판에 있어서는 통제규범으로 작용한다.

② 인간다운 생활이란 그 나라의 문화의 발달, 역사적·사회적·경제적 여건에 따라 어느 정도 달라질 수 있다.

③ 사회보험료를 형성하는 두 가지 중요한 원리는 '보험의 원칙'과 '사회연대의 원칙'이다.

④ 근로자의 단결권에는 노동자가 노동조합을 결성하지 아니할 자유나 노동조합을 탈퇴할 자유도 포함된다.

> **Advice** ④ 근로자가 노동조합을 결성하지 아니할 자유나 노동조합에 가입을 강제당하지 아니할 자유, 그리고 가입한 노동조합을 탈퇴할 자유는 근로자에게 보장된 단결권의 내용에 포섭되는 권리로서가 아니라 헌법 제10조의 행복추구권에서 파생되는 일반적 행동의 자유 또는 제21조 제1항의 결사의 자유에서 그 근거를 찾을 수 있다(헌재 2005.11.24, 2002헌바95).
> ① 헌재 1997.5.29, 94헌마33
> ② 헌재 1997.5.29, 94헌마33
> ③ 헌재 2000.6.29, 99헌마289

2 인간의 존엄과 가치·행복추구권에 관한 헌법재판소의 태도를 기술한 것으로 타당하지 않은 것은?

① 헌법재판소는 무권한의 얼차려 명령에 대한 불복종이 항명죄를 구성함을 전제로 하여 내린 기소유예처분은 행복추구권을 침해한 것이라고 보았다.

② 헌법재판소는 '알권리'의 보호가 인간의 존엄과 가치를 아울러 신장시키는 결과가 된다고 보았다.

③ 헌법재판소는 간통죄 위헌결정에서 개인의 인격권·행복추구권에는 개인의 자기운명결정권이 전제되는 것이고, 이 자기운명결정권에는 성행위 여부 및 그 상대방을 결정할 수 있는 성적 자기결정권이 포함되어 있다고 판시한 바 있다.

④ 교도소 독거실 내 화장실 창문에 안전 철망을 설치한 행위가 청구인의 환경권, 인간의 존엄과 가치 및 행복추구권 등 기본권을 침해한다고 보았다.

> **Advice** ④ 교정시설 내 자살사고는 수용자 본인이 생명을 잃는 중대한 결과를 초래할 뿐만 아니라 다른 수용자들에게도 직접적으로 부정적인 영향을 미치고 나아가 교정시설이나 교정정책 전반에 대한 불신을 야기할 수 있다는 점에서 이를 방지할 필요성이 매우 크고, 그에 비해 청구인에게 가해지는 불이익은 채광·통풍이 다소 제한되는 정도에 불과하다. 따라서 이 사건 설치행위는 청구인의 환경권 등 기본권을 침해하지 아니한다(헌재 2014.6.26, 2011헌마150).

3 언론·출판의 자유를 제한하는 입법의 위헌여부를 심사하는 기준으로 가장 거리가 먼 것은?

① 자의금지의 원칙
② 사전억제금지의 원칙
③ 명백하고도 현존하는 위험의 원칙
④ 보다 덜 제한적인 규제수단의 선택에 관한 원칙

Advice ① 자의금지의 원칙은 평등원칙의 심사기준이다.

4 낙태행위에 대한 처벌로서의 형벌권 발동을 정당화시키기 위한 헌법이론으로 가장 설득력이 없는 사항은?

① 태아의 기본권능력
② 태아의 생명권
③ 기본권의 양면성(이중성)
④ 국가가 가지는 생명의 조성의무

Advice ④ 일반적으로 국가에는 생명의 조성의무가 없다고 본다.

5 신체의 자유와 관련된 다음 기술 중 옳지 않은 것은? (다툼이 있는 경우 판례에 의함)

① 후보자의 배우자가 공직선거법 소정의 범죄를 범함으로 인하여 징역형 또는 300만원 이상의 벌금형의 선고를 받은 때에는 그 후보자의 당선을 무효로 하는 것은 헌법 제13조 제3항에서 금지하고 있는 연좌제에 해당한다.
② 비상계엄이 선포된 때에는 법률이 정하는 바에 의하여 영장제도에 관하여 특별한 조치를 할 수 있다.
③ 누구든지 체포 또는 구속을 당한 때에는 즉시 변호인의 조력을 받을 권리를 가진다. 다만, 형사피고인이 스스로 변호인을 구할 수 없을 때에는 법률이 정하는 바에 의하여 국가가 변호인을 붙인다.
④ 미결수용자 또는 변호인이 원하는 특정한 시점에 접견이 이루어지지 못하였더라도 곧바로 변호인의 조력을 받을 권리가 침해되는 것은 아니다.

Advice ① 배우자는 후보자와 일상을 공유하는 자로서 선거에서는 후보자의 분신과도 같은 역할을 하게 되는 바, 이 사건 법률조항은 배우자가 죄를 저질렀다는 이유만으로 후보자에게 불이익을 주는 것이 아니라 후보자와 불가분의 선거운명공동체를 형성하여 활동하게 마련인 배우자의 실질적 지위와 역할을 근거로 후보자에게 연대책임을 부여한 것이므로 헌법 제13조 제3항에서 금지하고 있는 연좌제에 해당하지 아니한다(헌재 2005.12.22, 2005헌마19).
② 헌법 제77조 제3항
③ 헌법 제12조 제4항
④ 헌재 2011.5.26, 2009헌마341

Answer   1.④ 2.④ 3.① 4.④ 5.①

6 존엄권의 향유자에 관한 다음 설명 중 옳은 것은?

① 존엄권의 향유능력은 이 권리를 사실적으로 행사할 자율적 능력을 전제로 한다.

② 장기 기타 신체의 부분을 생전의 동의없이 떼어내 타인에게 이식하는 것은 사자의 존엄권침해가 된다는 주장이 있다.

③ 존엄권의 향유능력은 영적·정신적·가치체험능력에 따라 구별되어야 한다는 것이 통설이다.

④ 시체의 산업적 이익은 존엄권에 반하지 않는다는 것이 통설이다.

> **Advice** ② 사체에 대한 해부라든가, 장기이식과 같은 것은 사자의 생전유언이라든가 또는 추정적 동의에 의해서만 가능하다.
> ④ 시체는 원칙적으로 인간의 존엄과 가치를 향유할 수 없으나, 예외적으로 시체를 산업용으로 이용하는 경우에는 그 주체가 될 수 있다고 한다.

7 평등원칙 내지 평등권에 관한 다음 기술 중 옳지 않은 것은? (다툼이 있는 경우 판례에 의함)

① 자기 또는 배우자의 직계존속을 고소하지 못하도록 하는 법률조항은 비속이 존속을 고소하는 행위의 반윤리성을 억제한다는 합리적 근거가 있는 차별로서 평등원칙에 위배되지 않는다.

② 중선거구제에서는 소선거구제에서보다 당선에 필요한 유효득표율이 필연적으로 낮아지므로 양자의 기탁금 반환기준을 동일하게 설정하는 것은 불합리한 차별로서 평등원칙에 위배된다.

③ 지방자치단체의 장이 금고 이상의 형을 선고받고 그 형이 확정되지 아니한 경우 부단체장이 그 권한을 대행하도록 하는 것은 지방자치단체장의 평등권을 침해한다.

④ 전상유공자가 보훈급여금을 받는 경우 보훈급여금과 참전명예수당 중 어느 하나만을 선택하여 받도록 하는 것은 평등권을 침해하지 않는다.

> **Advice** ② 중선거구제인 선거에서 기탁금반환의 기준이 소선거구제인 다른 선거에 적용되는 기준보다 낮을 수도 있으나, 우리의 정치문화와 선거풍토에서 선거의 신뢰성과 공정성을 확보하고 이를 유지하는 것이 무엇보다 중요하고 시급한 점, 국민들의 경제적 부담을 가중시키고, 정국의 불안정이나 정치에 대한 무관심으로 이어지는 등 부작용을 방지하여야 한다는 점 등을 고려하여 중선거구제를 도입하였음에도 불구하고 종전과 마찬가지 수준의 기탁금반환 기준을 유지함으로써 상대적으로 이러한 문제점을 완화시키려고 하였던 입법자의 판단에는 합리적인 이유가 있다 할 것이다. 따라서 이 사건 법률조항이 규정하고 있는 기탁금반환과 선거비용보전의 기준은 합리적인 것으로서, 이를 두고 청구인의 평등권을 침해하여 헌법에 위반된다고 단정할 수 없다(헌재 2011.6.30, 2010헌마542).
> ① 헌재 2011.2.24, 2008헌바56
> ③ 헌재 2010.9.2, 2010헌마418
> ④ 헌재 2010.10.28, 2009헌마272

8 평등원칙에 대한 헌법상의 제한이 아닌 것은?

① 전과자의 피선거권 제한

② 국회의원의 불체포특권 부여

③ 법률로 정한 일부 공무원의 노동 3권에 대한 제한

④ 일반결사보다 우월한 특권을 정당에 부여

Advice ① 공직선거법은 선거일 현재 금고 이상의 형의 선고를 받고 그 형이 실효되지 아니한 자에게 피선거권을 제한하고 있다〈공직선거법 제19조 제2호〉.

9 교육을 받을 권리와 관련된 다음 기술 중 옳지 않은 것은? (다툼이 있는 경우 판례에 의함)

① 교육을 받을 권리는 국가에 대해 교육을 받을 수 있도록 적극적으로 배려해 줄 것을 요구할 권리와 능력에 따라 균등하게 교육받는 것을 공권력에 의하여 침해받지 않을 권리를 포함한다.

② 능력에 따라 균등하게 교육을 받을 권리는 개인의 정신적 · 육체적 · 경제적 능력에 따른 차별만을 허용할 뿐 성별 · 종교 · 사회적 신분에 의한 차별은 허용하지 않는다.

③ 국가의 교육시설은 그 물적 · 인적 한계 등으로 인하여 입학자격조건을 정하는 경우에 능력에 따른 차별이 가능한 영역으로서 입법재량의 범위가 넓은 영역이다.

④ 의무교육제도는 국민에 대하여는 그 보호하는 자녀에게 적어도 초등교육과 법률이 정하는 교육을 받게 할 의무를 부과하고, 국가에 대하여는 인적 · 물적 교육시설을 정비하고 교육환경을 개선하여야 할 의무를 부과한다.

Advice ② 우리 헌법은 제31조 제1항에서 "모든 국민은 능력에 따라 균등하게 교육을 받을 권리를 가진다."라고 규정함으로써 모든 국민의 교육의 기회균등권을 보장하고 있다. 이는 정신적 · 육체적 능력 이외의 성별 · 종교 · 경제력 · 사회적 신분 등에 의하여 교육을 받을 기회를 차별하지 않고, 즉 합리적 차별사유 없이 교육을 받을 권리를 제한하지 아니함과 동시에 국가가 모든 국민에게 균등한 교육을 받게 하고 특히 경제적 약자가 실질적인 평등교육을 받을 수 있도록 적극적 정책을 실현해야 한다는 것이다(헌재 1994.2.24, 93헌마192).
① 헌재 2008.4.24, 2007헌마1456
③ 헌재 2011.6.30, 2010헌마503
④ 헌재 2005.3.31, 2003헌가20

10 다음 중 자유권의 성질에 관한 기술로서 옳지 않은 것은?

① 자유권은 전통적으로 국가권력에 대한 방어적 · 소극적 권리로 이해된다.

② 법실증주의자나 자연법론자 모두 자유권이 자유의 영역의 보장이라는 점에서 공통점을 갖는다.

③ C. Schmitt는 자유권을 정치적 결단의 결과에서 나온 법적 권리로 본다.

④ 자유권을 반사적 이익에 불과하다고 보는 것은 법실증주의적 사고의 결과이다.

Advice ③ C. Schmitt는 자유권을 초국가적 · 전국가적 권리로 본다.
④ H. Kelsen, C.F.v. Gerber, O. Mayer 등의 법실증주의자들은 자유권의 권리성을 부정하고 이를 반사적 이익에 불과하다고 보았다.

 **Answer**   6.② 7.② 8.① 9.② 10.③

11 공무담임권과 관련된 다음 설명 중 가장 옳지 않은 것은? (다툼이 있는 경우 헌법재판소 결정에 의함)

① 공무담임권은 각종 선거에 입후보하여 당선될 수 있는 피선거권과 공직에 임명될 수 있는 공직취임권을 포괄하고 있다.

② 헌법 제7조에서 보장하는 직업공무원제도의 기본적 요소에 능력주의가 포함되는 점에 비추어 헌법 제25조의 공무담임권 조항은 모든 국민이 누구나 그 능력과 적성에 따라 공직에 취임할 수 있는 균등한 기회를 보장함을 내용으로 한다고 할 것이다.

③ 공직자선발에 관하여 능력주의에 바탕한 선발기준을 마련하지 아니하고 해당 공직이 요구하는 직무수행능력과 무관한 요소, 예컨대 성별·종교·사회적 신분·출신지역 등을 기준으로 삼는 것은 공직취임권을 침해하는 것이 되므로 헌법상 능력주의 원칙에 대한 예외는 인정되지 않는다.

④ 국회의원 선거에 있어 기탁금제도, 공무원 시험의 응시연령 제한 등은 모두 공무담임권의 제한 문제와 관련된다.

🐦Advice ③ 공직자선발에 관하여 능력주의에 바탕한 선발기준을 마련하지 아니하고 해당 공직이 요구하는 직무수행능력과 무관한 요소, 예컨대 성별·종교·사회적 신분·출신지역 등을 기준으로 삼는 것은 국민의 공직취임권을 침해하는 것이 된다. 다만, 헌법의 기본원리나 특정조항에 비추어 능력주의 원칙에 대한 예외를 인정할 수 있는 경우가 있다. 그러한 헌법 원리로는 우리 헌법의 기본원리인 사회국가원리를 들 수 있고, 헌법조항으로는 여자·연소자근로의 보호, 국가유공자·상이군경 및 전몰군경의 유가족에 대한 우선적 근로기회의 보장을 규정하고 있는 헌법 제32조 제4항 내지 제6항, 여자·노인·신체장애자 등에 대한 사회보장의무를 규정하고 있는 헌법 제34조 제2항 내지 제5항 등을 들 수 있다. 이와 같은 헌법적 요청이 있는 경우에는 합리적 범위 안에서 능력주의가 제한될 수 있다(헌재 1999.12.23, 98헌마363).
① 헌재 1996.6.26, 96헌마200
② 헌재 1999.12.23, 98헌마363
④ 헌재 1991.3.11, 91헌마21/헌재 2012.5.31, 2010헌마278

12 헌법상 신체의 자유에 관한 대법원의 판결과 일치되지 않는 것은?

① 공범자 자백은 증거능력이 없으므로 이를 이유로 처벌할 수 없다.

② 절도범에 있어서 변호사아닌 법원사무관을 국선변호인으로 붙인 것은 합헌이다.

③ 변호인이 상소이유서를 제출하지 않고, 다른 국선변호인을 선정한 경우에도 상소이유서 제출기간이 지나면 제출할 수 없다.

④ 공판정에서의 자백은 강요된 것은 아니라 하더라도 그것만으로는 유죄로 할 수 없다.

🐦Advice ① 공범자의 자백은 증거능력이 있다고 본다.

13 무죄추정원칙의 설명으로 타당하지 않은 것은?

① 무죄추정의 원칙은 유죄의 예측 아래 무리한 진실추구를 하지 말고 피의자, 피고인의 인권옹호와 법적 안전성보장을 위하여 특별히 배려해야 되는 원칙이다.

② 무죄의 추정은 제4공화국 헌법에서 신설조항으로 규정하였다.

③ 형사피고인은 유죄의 판결이 확정될 때까지는 무죄로 추정된다.

④ 무죄추정이라 함은 형사절차와 관련하여 피고인뿐만 아니라 피의자까지도 유죄의 선고를 받기까지는 무죄로 추정된다는 원칙을 의미한다.

Advice ② 무죄추정원칙은 제5공화국 헌법에서 신설되었다.

14 다음 중 구속적부심사청구권에 관한 기술로서 옳지 않은 것은?

① 경찰서의 보호실에 보호중인 피의자는 인정되지 않는다.
② 피의자의 석방제도라는 점에서 피고인의 석방제도인 보석과 구별된다.
③ 긴급체포된 자 또는 현행범인으로 체포된 자라도 영장이 발부되기 전에는 체포·구속적부심사의 청구가 허용되지 아니한다.
④ 법관이 발부한 영장에 대한 재심청구 내지 항고적 성격을 띠고 있다.

Advice 헌법 제12조 제6항에서 체포 또는 구속의 적부심사를 청구할 수 있다고 규정하고 있는 바 위 규정이 체포영장에 의하지 아니하고 체포된 피의자의 구속적부심사청구권을 제외한 취지라고 볼 것은 아니므로 긴급체포 등 체포영장에 의하지 아니하고 체포된 피의자의 경우에도 그 적부심사를 청구할 권리를 가진다.

15 다음 중 자백에 관한 설명으로 옳은 것은?

① 고문에 의한 자백은 항상 증거로 할 수 없다.
② 고문에 의한 자백도 피고인이 동의하면 유죄의 증거로 할 수 있다.
③ 고문에 의한 자백이라도 사실과 부합하면 증거로 할 수 있다.
④ 고문에 의한 자백이 아닌 임의로 한 자백의 거증책임은 피고인에게 있다.

Advice ① 고문에 의한 자백의 증거능력의 박탈은 절대적이며, 그것이 전문진술이든 아니든 불문하여 당사자가 그러한 자백을 증거로 함에 동의한 경우에도 증거능력을 취득할 수 없다.

16 다음 중 수사기관의 불법체포·구속에 대한 사후구제책 가운데 가장 대표적인 사항은?

① 불법체포·감금자의 형사처벌
② 형사보장
③ 구속영장제도
④ 체포·구속적부심사제

Advice 수사기관의 수사권남용으로 인한 불법체포·구속으로부터 인신의 자유를 확보하기 위해 사전예방책과 사후구제책이 동시에 마련되어야 한다. 사전예방책을 대표하는 것이 체포·구속영장제도이고 사후구제책으로는 체포·구속적부심사제, 불법체포·감금자의 형사처벌, 형사보상, 체포·구속취소제도 등 여러가지가 있지만 가장 대표적인 것은 체포·구속적부심사제도이다.

 **Answer** 11.③ 12.① 13.② 14.③ 15.① 16.④

17 영장제도의 예외로서 인정되지 않는 것은?

① 비상계엄선포지역에서의 영장에 대한 특별조치

② 조세수사를 위한 무영장 가택수사

③ 현행범인에 대한 무영장 구속

④ 준현행범에 무영장 긴급체포

    Advice 형사소송의 적정한 수행을 위하여 영장주의의 예외를 인정하지 않을 수 없는 경우가 있고, 구태여 영장에 의하지 않더라도 권력이 부당하게 남용될 염려가 없는 경우 등에는 영장주의를 강행할 필요가 없다 할 것이다.
        ※ **영장주의의 예외가 인정되는 경우** … 대인적 강제처분으로 피의자의 긴급구속, 현행범인 및 준현행범인의 체포, 공무소 등에 대한 조회, 법원의 신체검사, 공판정에서의 인신구속 등이 있고 대물적 강제처분으로 공판정에서의 압수·수색, 법원의 검증, 인신구속시의 압수·수색·검증, 임의제출물 등의 압수 등이 있다.

18 근로의 권리에 관한 설명으로 가장 옳지 않은 것은?

① 헌법 제32조 제1항이 규정한 근로의 권리는 개인인 근로자 외에 노동조합 또한 그 주체가 된다.

② 근로3권은 자유권적 기본권으로서의 성격과 사회권적 기본권으로서의 성격을 모두 포함한다.

③ 단체교섭권은 헌법 제37조 제2항에 의하여 국가안전보장·질서유지 또는 공공복리 등의 공익상의 이유로 제한이 가능하다.

④ 형법상 업무방해죄는 모든 쟁의행위에 대하여 무조건 적용되는 것이 아니라, 단체행동권의 내재적 한계를 넘어 정당성이 없다고 판단되는 쟁의행위에 대하여만 적용된다.

    Advice ① 헌법 제32조 제1항이 규정한 근로의 권리는 근로자를 개인의 차원에서 보호하기 위한 권리로서 개인인 근로자가 그 주체가 되는 것이고 노동조합은 그 주체가 될 수 없다(헌재 2009.2.26, 2007헌바27).
        ② 헌재 2009.2.26, 2007헌바27
        ③ 헌재 2004.8.26, 2003헌바58
        ④ 헌재 2010.4.29, 2009헌바168

19 다음 중 이중위험금지의 원칙과 거리가 먼 것은?

① 이는 영·미법에서 연유한 원칙이다.

② 미국의 판례를 통해 인정된 원칙이다.

③ 이중위험의 금지에 관한 권리는 포기할 수 있다.

④ 이 원칙에 따라 검사의 상소를 불허하고 있다.

    Advice ② 미연방헌법 수정 제5조는 "누구든지 동일한 범행에 대하여 재차 생명 또는 신체에 대한 위험을 받지 아니한다."라고 하여 이중위험(double jeopardy)금지의 원칙을 명문으로 규정하고 있다.
        ※ **현행 헌법상의 일사부재리의 원칙과 영·미법상의 이중위험금지의 원칙의 차이점**
            ㉠ 일사부재리의 원칙이 대륙법상의 원칙임에 반해 이중위험금지의 원칙은 영·미법상의 원칙이다.
            ㉡ 전자가 확정된 실체판결의 효력에 의하여 재차의 심판을 금지하려는 것인 데 대하여 후자는 공판절차간 일정단계에 이르면 다시는 그 절차의 부담을 되풀이할 수 없다는 순전히 절차상의 원칙이다.
            ㉢ 전자는 판결이 확정되어야만 발생하는 것이지만 후자는 심판절차가 일정단계에 이름으로써 발생한다.
            ㉣ 그밖에도 전자의 적용대상은 후자의 그것보다 좋으며, 미국에서는 후자의 원칙에 따라 검사의 상소를 허용하지 않고 있으며, 본인은 또한 후자의 원칙을 포기할 수도 있다.

20 적법절차와 관련하여 옳은 것은?

① 모든 국민은 법률에 의해서도 보안처분을 받을 수 없다.
② 죄형법정주의원칙에 따라 형사법의 유추해석이 허용된다.
③ 군사에 관한 죄에 있어서는 동일범죄에 대하여 거듭 처벌받을 수 있다.
④ 모든 국민은 형법법규의 불소급을 주장할 권리를 가진다.

Advice 죄형법정주의는 법률주의, 유추해석금지원칙, 소급효금지의 원칙, 절대적 부정기형의 금지, 관습형법배제의 원칙 등을 내용으로 한다. 한편 법률과 적법한 절차에 의해서는 보안처분을 할 수 있으며, 군사에 관한 죄에 대해서도 이중처벌금지원칙이 인정된다.

21 신체의 자유에 대한 설명 중 옳은 것은?

① 우리 헌법재판소는 신체의 불구속수사는 어디까지나 예외적인 것이고 구속수사, 구속재판이 원칙이라고 본다.
② 현행 헌법은 적법한 절차에 의한 보장이 처벌·보안처분 또는 강제노역에 대해서 뿐 아니라 실체법적 권리보호까지 인정됨을 명문으로 규정하고 있다.
③ 미결수용자와 변호인과의 접견에 대해 어떠한 명분으로도 제한할 수 없다고 한 것은 구속된 자와 변호인 간의 접견이 실제로 이루어지는 경우에 있어서의 '자유로운 접견'을 제한할 수 없다는 것이지, 변호인과의 접견 자체에 대해 아무런 제한도 가할 수 없다는 것을 의미하는 것은 아니다.
④ 현행 헌법은 모든 재판에 있어서 자백이 피고인에게 불리한 유일한 증거일 때 이를 유죄로 삼거나 이를 이유로 처벌함을 금지하고 있다.

Advice ③ 헌재 2011.5.26. 2009헌마341
① 불구속수사를 원칙으로 한다.
② 실체법적 권리보호에 대한 명문규정이 없다.
④ 자백의 증명력의 제한은 정식재판의 경우에만 인정되므로, 즉결심판 등 약식재판의 자백만으로도 유죄의 선고를 할 수 있다.

22 형사피의자의 권리가 아닌 것은?

① 묵비권　　　　　　　　② 형사보상청구권
③ 보석을 받을 권리　　　④ 변호인의 조력을 받을 권리

Advice ③ 보석을 받을 권리는 형사피고인에게 해당된다.

23 우리 헌법상 인정되어 있지 아니한 제도는?

① 부심제도
② 구속적부심제
③ 보안처분제
④ 일사부재리

 Advice 부심제도는 영·미의 제도로서 우리나라는 이를 채택하지 않고 있다.

24 다음 설명 중 가장 적당하지 않은 것은?

① 형의 면제나 집행의 유예는 유죄판결이다.
② 체포·구금의 경우에는 반드시 그 이유를 고지하여야 한다.
③ 재판의 심리는 반드시 공개하여야 하나, 특정한 경우 선고는 법원의 결정으로 비공개로 할 수 있다.
④ 필요적 변론사건에서는 사선 또는 국선변호인이 변론하여야 한다.

 Advice ③ 재판의 심리와 판결은 공개한다. 다만, 심리는 국가의 안전보장 또는 안녕질서를 방해하거나 선량한 풍속을 해할 염려가 있을 때에는 법원의 결정으로 공개하지 아니할 수 있다〈헌법 제109조〉.

25 다음 중 적법절차의 내용으로 보기 어려운 것은?

① 절차의 적법만을 내용으로 하므로 그 실체의 적정 여부는 문제되지 않는다.
② 절차상 개인의 권리나 자유에 영향을 미치는 국가행위에 대하여 해당 국가기관이 정당한 권한을 가져야 한다.
③ 권리와 의무를 판정하는 기관이 공정하게 구성되어야 한다.
④ 권리·의무의 판정은 정의의 원칙과 헌법의 기본이념에 합치되어야 하고, 자의적·전단적인 것이 되어서는 아니된다.

 Advice ① 헌법 제12조 제3항 본문은 동조 제1항과 함께 적법절차원리의 일반조항에 해당하는 것으로서, 형사절차상의 영역에 한정되지 않고 입법, 행정 등 국가의 모든 공권력의 작용에는 절차상의 적법성뿐만 아니라 법률의 구체적 내용도 합리성과 정당성을 갖춘 실체적인 적법성이 있어야 한다는 적법절차의 원칙을 헌법의 기본원리로 명시하고 있는 것이므로…(헌재 1992. 12. 24. 92헌가8)

26 우리나라 국선변호인제에 관한 다음 설명 중 가장 옳은 것은?

① 구속당사자의 신청이 있어야 국선변호인을 붙인다.
② 형사피고인에 한하여 법률이 정한 경우에 붙인다.
③ 형사피의자 및 피고인에게 법률이 정한 경우 붙인다.
④ 구속된 피고인에 한하여 붙일 수 있다.

**Advice** 국선변호인이라 함은 피고인의 이익을 위하여 법원이 직권으로 선임하는 변호인이다.

 ※ **헌법 제12조 제4항 단서** … 형사피고인이 스스로 변호인을 구할 수 없을 때에는 법률이 정하는 바에 의하여 국가가 변호인을 붙인다.

 ※ **형사소송법 제33조(국선변호인)**
  ㉠ 다음의 어느 하나에 해당하는 경우에 변호인이 없는 때에는 법원은 직권으로 변호인을 선정하여야 한다.
  • 피고인이 구속된 때
  • 피고인이 미성년자인 때
  • 피고인이 70세 이상인 때
  • 피고인이 농아자인 때
  • 피고인이 심신장애의 의심이 있는 때
  • 피고인이 사형, 무기 또는 단기 3년 이상의 징역이나 금고에 해당하는 사건으로 기소된 때
  ㉡ 법원은 피고인이 빈곤 그 밖의 사유로 변호인을 선임할 수 없는 경우에 피고인의 청구가 있는 때에는 변호인을 선정하여야 한다.
  ㉢ 법원은 피고인의 연령·지능 및 교육 정도 등을 참작하여 권리보호를 위하여 필요하다고 인정하는 때에는 피고인의 명시적 의사에 반하지 아니하는 범위 안에서 변호인을 선정하여야 한다.

27 사생활의 자유에 관한 설명으로 옳지 않은 것은?

① 인간의 존엄으로부터 연원하는 것으로 개인주의 및 자유주의사상에 근거하고 있다.
② 독일에서는 일반적 인격권으로서 논의되고 있다.
③ 미국에서는 판례법상 프라이버시를 권리로서 인정하고 있다.
④ 대인의 사생활을 보도한 언론기관은 공익상 필요가 인정되더라도 민사상의 불법행위책임을 면치 못한다.

Advice ④ 언론기관이 개인의 사생활을 보도한 경우에는 그것이 공익에 적합한 때에는 불법행위를 구성하지 않는다.

28 사생활의 비밀과 자유에 관한 설명 중 옳지 않은 것은?

① 정치인, 영화배우 등 유명인은 이 자유를 갖지 못한다.
② 미국에서는 privacy의 권리로서 인정되고 있다.
③ 자신에 관한 정보를 관리·통제할 수 있는 권리도 이에 포함된다.
④ 공익의 차원에서 국민의 알권리의 대상이 되는 것은 이 자유에 우선한다.

Advice ① 공적 인물의 경우에는 그 사생활이 공개될지라도 통상인에 비하여 수인하여야 할 경우가 많다는 공적 인물의 이론이 적용된다. 유명인에게는 사생활이 공개되더라도 수인하여야 할 경우가 많으나, 그렇다고 하여 privacy권을 전혀 갖지 않는 것은 아니다. 유명인도 공적 생활 이외에서는 사생활의 비밀과 자유를 보장받는다.

Answer 23.① 24.③ 25.① 26.② 27.④ 28.①

29 사생활의 비밀과 자유에 관한 설명으로 가장 옳지 않은 것은?

① 개인정보자기결정권의 보호대상이 되는 개인정보는 개인의 내밀한 영역에 속하는 정보에 국한되며, 공적 생활에서 형성되었거나 이미 공개된 개인정보는 포함되지 않는다.

② 지문은 그 정보주체를 타인으로부터 식별가능하게 하는 개인정보이므로, 시장·군수 또는 구청장이 개인의 지문정보를 수집하고, 경찰청장이 이를 보관·전산화하여 범죄수사목적에 이용하는 것은 모두 개인정보자기결정권을 제한하는 것이라고 할 수 있다.

③ 혐연권은 흡연권과 마찬가지로 헌법 제17조, 헌법 제10조에서 그 헌법적 근거를 찾을 수 있다.

④ 선거운동 과정에서 자신의 인격권이나 명예권을 보호하기 위하여 대외적으로 해명을 하는 행위는 사생활의 자유에 의하여 보호되는 범주를 벗어난 행위라고 볼 것이다.

Advice　① 개인정보자기결정권의 보호대상이 되는 개인정보는 개인의 신체, 신념, 사회적 지위, 신분 등과 같이 개인의 인격주체성을 특징짓는 사항으로서 그 개인의 동일성을 식별할 수 있게 하는 일체의 정보라고 할 수 있고, 반드시 개인의 내밀한 영역이나 사사(私事)의 영역에 속하는 정보에 국한되지 않고 공적 생활에서 형성되었거나 이미 공개된 개인정보까지 포함한다(헌재 2005.5.26, 99헌마513).
　　② 헌재 2005.5.26, 99헌마513
　　③ 헌재 2004.8.26, 2003헌마457
　　④ 헌재 2001.8.30, 99헌바92

30 다음은 재산권의 제한사례들이다. 재산권보장의 우리 헌법정신과 조화될 수 없는 경우는?

① 광견병에 걸린 개를 보상없이 살해하는 것
② 지금까지 농경지로만 이용되던 토지를 녹지대로 지정함으로써 건축을 제한하는 것
③ 건축법과 도시계획법 등에 의한 건축제한
④ 국가가 단순히 재산취득의 방법으로 토지수용권을 발동하는 것

Advice　④ 개인의 재산권제한은 공공필요가 있는 경우에 법률에 의해서만 할 수 있다. 국가가 단순히 재산취득의 필요가 있으면 사경제적 방법으로 취득하여야지 수용권을 발동함은 위헌이 된다.

31 다음 설명 중 가장 옳지 않은 것은?

① 모든 국민은 능력에 따라 균등하게 교육을 받을 권리를 가진다.
② 교육의 자주성·전문성·정치적 중립성 및 대학의 자율성은 법률이 정하는 바에 의하여 보장된다.
③ 부모의 자녀에 대한 교육권은 헌법에 명문으로 규정되어 있지는 아니하지만, 헌법 제36조 제1항, 헌법 제10조 및 헌법 제37조 제1항에서 나오는 중요한 기본권이다.
④ 국민의 수학권(修學權)과 교사의 수업의 자유는 다같이 보호되어야 하겠지만 그 중에서도 교사의 수업의 자유가 더 우선적으로 보호되어야 한다.

Advice　④ 국민의 수학권(헌법 제31조 제1항의 교육을 받을 권리)과 교사의 수업의 자유는 다 같이 보호되어야 하겠지만 그 중에서도 국민의 수학권이 더 우선적으로 보호되어야 한다(헌재 1992.11.12, 89헌마88).
　　① 헌법 제31조 제1항
　　② 헌법 제31조 제4항
　　③ 헌재 2000.4.27, 98헌가16

32 다음 중 종교의 자유에 관한 설명으로 타당하지 아니한 것은?

① 공직취임시에 특정종교의 신앙을 조건으로 하거나, 종교적 시험을 하여서는 아니된다.
② 공립학교의 일과개시 전의 기도문 또는 성서낭독은 위헌이다.
③ 일요일휴업법은 위헌이 아니다.
④ 국가나 공공단체가 통계상 또는 행정상의 필요에서 국민의 종교실태를 조사할 경우에는 강요하여도 무방하다.

Advice ④ 이 경우에도 강요할 수 없다.

33 양심의 자유에 관한 것 중 옳지 않은 것은?

① 고백을 강제당하지 아니하는 자유도 포함된다.
② 내심작용의 자유를 의미하며, 내심작용의 자유는 절대무제약이다.
③ 양심에 따라 자유로이 행동할 수 있는 자유도 포함되므로 자유로부터 우러나오는 행동의 자유는 절대무제약이다.
④ 법률에 의한 증언·감정의 강제는 위헌이 아니다.

Advice ③ 양심의 자유의 한계와 제한에 관해서는 양심이 전혀 외부에 표명되지 아니하고 내심의 작용으로 머물러 있는 경우에도 일정한 제한에 따른다는 한계설(내재적 한계설), 양심이 내심의 작용으로 머물러 있는 경우는 물론 외부에 표명되는 경우에도 전혀 제한을 받지 않는다는 무한계설(절대적 무제약설) 그리고 양심이 외부에 표명된 때에는 일정한 제한에 따르지만 외부에 표명되지 아니하고 내심의 작용으로 머물러 있는 이상 전혀 제한을 받지 않는다는 내심무한계설(내면적 무한계설)이 있는데, 내심무한계설이 타당하고 또한 다수설이다.

34 양심의 자유에 관한 기술로서 옳지 않은 것은?

① 양심의 자유에는 침묵의 자유도 포함된다.
② 양심의 자유를 넓게 해석하여 사상의 자유라고 보는 학설이 있다.
③ 재판에서의 증인의 의사에 반하여 증언을 요구하는 것은 양심의 자유의 위반이다.
④ 양심의 자유는 내심의 자유로서 권력도 내면에 대한 간섭에 한계가 있다.

Advice ③ 증인에 대한 증언요구는 사실에 대한 진술로서 내심의 사상·신념을 뜻하는 양심과 구별된다.

Answer   29.①   30.④   31.④   32.④   33.③   34.③

35 표현의 자유의 제한에 관한 이론과 가장 관계가 없는 것은?

① 표현의 자유의 절대성설 ② 명백하고도 현존하는 위험의 이론
③ 표현제한 입법의 합헌성추정 배제원칙 ④ 사전억제금지이론

Advice 표현의 자유의 제한에 관한 이론으로는 이외에 우월적 자유의 원칙, 해악성향설, 명확성의 이론, 법익형량의 이론, 당사자적격요건의 완화이론, 거증책임전환의 이론 등이 있다.

36 언론 · 출판의 자유와 맞지 않는 것은?

① 신용침해보도에 대한 정정보도청구제 ② 명예훼손보도에 대한 사죄광고제
③ 반론보도청구권 ④ 정기간행물의 등록제

Advice 헌법재판소는 명예회복의 적당한 방법에 사죄광고를 포함시키는 것은 헌법상 양심의 자유 및 인격권보호의 원칙에 위반된다고 하였다.

37 엑세스(Access)권에 관한 설명으로 옳지 않은 것은?

① 정보수집을 위하여 그 내용의 공개를 청구할 수 있는 권리이다.
② 언론매체에서 소외당한 국민이 이를 통하여 자기의사를 표명하려 할 경우에 그것을 이용할 수 있는 권리이다.
③ 표현의 자유의 한 내용으로써 반론권과 명확히 구분된다.
④ 언론매체의 보도의 자유로서 국가기관에 대한 정보접근권을 의미한다.

Advice 엑세스권은 국민이 자신의 사상이나 의견을 발표하기 위하여 언론매체(mass media)에 자유로이 접근하여 그것을 이용할 수 있는 권리를 말한다. 언론매체에 대한 엑세스권을 헌법상의 권리로서 최초로 주장한 사람은 J.A. Barron이다. 그는 1967년 미연방헌법 수정 제1조에 근거하여 액세스권을 주장하였다.
③ 반론권과 엑세스권은 명확히 구별되지 않는다. 굳이 따지자면 반론권이 엑세스권에 포함된다고 본다.

38 언론 · 출판의 자유에 포함되지 않는 것은?

① 학보발행 ② 연구발표
③ 취재활동과 취재원비닉권 ④ 라디오방송

Advice 학문연구결과의 발표는 넓은 의미에서는 학문의 자유에 속하나, 학문적 언론 · 출판의 자유라고도 할 수 있다. 취재활동의 자유는 인정되나, 취재원비닉권이 언론 · 출판의 자유에 포함되는가에 대하여는 견해가 대립하고 있다. 이를 부정하는 입장이 다수의 견해이다.

39 다음의 정정보도청구권에 관한 설명 중 옳지 않은 것은?

① 피해자는 서면으로 정정보도의 게재 또는 방송을 청구하여야 한다.

② 언론 등의 보도 또는 매개로 인한 분쟁의 조정·중재 및 침해사항을 심의하기 위하여 언론중재위원회를 두고 있다.

③ 언론사 등의 고의·과실이나 위법성을 필요로 하지 않는다.

④ 피해자는 사실보도가 있은 후 6개월이 경과한 때에도 정정보도문의 게재를 청구할 수 있다.

> **Advice** ④ 사실적 주장에 관한 언론보도 등이 진실하지 아니함으로 인하여 피해를 입은 자(피해자)는 해당 언론보도 등이 있음을 안 날부터 3개월 이내에 언론사, 인터넷뉴스서비스사업자 및 인터넷 멀티미디어 방송사업자(언론사 등)에게 그 언론보도 등의 내용에 관한 정정보도를 청구할 수 있다. 다만, 해당 언론보도 등이 있은 후 6개월이 지났을 때에는 그러하지 아니하다〈언론중재 및 피해구제 등에 관한 법률 제14조 제1항〉.

40 표현의 자유의 우월적 지위를 보장하기 위한 법리로 볼 수 없는 것은?

① 특권부여의 이론

② 필요최소한도의 규제수단 선택에 관한 원칙

③ 표현의 자유를 제약하는 입법의 합헌성추정의 배제원칙

④ 막연하기 때문에 무효의 이론

> **Advice** 특권부여이론은 기본권의 대사인간의 효력문제에서 문제되는 이론이다.

41 다음 중 가장 옳지 않은 것은? (다툼이 있는 경우 헌법재판소 결정에 의함)

① 법률과 적법한 절차에 의하는 경우에는 처벌·보안처분 뿐만 아니라 강제노역도 받을 수 있다.

② 미결수용자가 변호인의 조력을 받을 기회가 충분히 보장되었다고 인정될 수 있는 경우라도, 미결수용자 또는 그 상대방인 변호인이 원하는 특정 시점에 접견이 이루어지지 못한 경우에는 변호인의 조력을 받을 권리가 침해된 것이다.

③ 법원은 피고인이 빈곤 그 밖의 사유로 변호인을 선임할 수 없는 경우에 피고인의 청구가 있는 때에는 변호인을 선정하여야 한다.

④ 헌법상 명문의 규정은 없지만, 불구속 피의자의 경우에도 변호인의 조력을 받을 권리를 가진다.

> **Advice** ② 접견이 불허된 특정한 시점을 전후한 변호인 접견의 상황이나 수사 또는 재판의 진행과정에 비추어 미결수용자가 방어권을 행사하기 위해 변호인의 조력을 받을 기회가 충분히 보장되었다고 인정될 수 있는 경우에는, 비록 미결수용자 또는 그 상대방인 변호인이 원하는 특정 시점에는 접견이 이루어지지 못하였다 하더라도 변호인의 조력을 받을 권리가 침해되었다고 할 수는 없다(헌재 2011.5.26, 2009헌마341).
> ① 헌법 제12조 제1항에서는 법률과 적법한 절차에 의하지 아니하고는 처벌·보안처분 또는 강제노역을 받지 아니한다고 규정되어 있다. 따라서 법률과 적법한 절차에 의하는 경우에서는 처벌·보안처분 또는 강제노역도 받을 수 있다.
> ③ 형사소송법 제33조 제2항
> ④ 헌재 2004.9.23, 2000헌마138

42 다음 결사의 자유에 관한 기술 중 옳지 않은 것은?

① 결사의 개념요소에는 결사의 자발성도 포함된다.

② 결사의 자유는 단체결성의 자유와 같은 적극적 자유를 포함한다.

③ 근로자의 단결권은 특수한 결사이지만 우리 헌법상 결사의 자유의 일반적 보호하에 있다.

④ 결사의 자유의 제한은 원칙적으로 법률에 따라서만 가능하다.

   Advice 근로자의 단결권은 특수한 결사로서 생존권에 속한다. 집회·결사의 자유는 언론·출판의 자유와 거주·
이전의 자유를 전제로 하여 집단적 형태로 행해지는 광의의 사상·의견의 발표의 한 형태이다.

43 결사의 자유에 관한 기술 중 옳지 않은 것은?

① 범죄단체의 구성은 위헌으로서 법의 제재를 받는다.

② 정부정책을 반대하기 위한 결사의 구성도 자유이다.

③ 헌법재판소는 국가보안법상 이적단체가입조항은 표현의 자유 및 결사의 자유를 침해한다고 판
시하였다.

④ 근로자의 결사인 노조는 일반결사법규의 규정에 따라 규제되지 아니한다.

   Advice ③ 이적단체에 가입하고 이를 통해 의사를 표현하고자 하는 자유가 다소 제한된다고 할지라도, 그 제한의
정도가 국가의 존립과 안전, 국민의 생명과 자유를 수호하고자 하는 공익에 비하여 결코 중하다고 볼 수
없다. 따라서 이적단체가입 조항은 표현의 자유 및 결사의 자유를 침해하지 아니한다(헌재 2015. 4. 30.
2012헌바95).

44 정당의 자유와 결사의 자유의 관계에 관한 기술로서 옳지 않은 것은?

① 정당의 존립은 일반결사의 그것보다 강하게 보장된다.

② 정당의 설립은 등록제이나, 일반결사의 경우는 허가제이다.

③ 헌법의 정당조항은 집회·결사의 조항에 대한 특별법의 성격을 가진다.

④ 양자는 모두 표현의 자유를 누린다.

   Advice 정당도 정치적 결사의 일종이지만 이에 관한 헌법 제8조는 일반적 결사에 관한 헌법 제21조에 대해 특별
법적 관계에 있다고 볼 수 있다.
② 정당은 중앙당이 중앙선거관리위원회에 등록함으로써 성립하나 일반결사는 신고제를 채택하고 있다.

45 다음 중 학문의 자유에 관한 설명 중 옳지 않은 것은?

① 주관적 공권이며, 객관적 법질서의 성질을 가진다.

② 대학에서 국정교과서를 사용하도록 하는 것은 학문의 자유에 어긋난다.

③ 연구발표에 의한 명예훼손은 법적으로 면책된다.

④ 학점취득의 규제, 대학행정의 감독, 대학설립의 허가제는 학문의 자유와 모순되지 않는다.

   Advice 대법원은 비록 연구발표에 의한 것일지라도 개인의 명예를 훼손하는 경우에는 형법상의 명예훼손죄를 구
성한다고 한다.

46 집회 및 시위에 관한 법률에 의해 금지된 집회 또는 시위의 금지통고권자는?

① 지검검사장
② 시장 · 군수
③ 관할경찰관서장
④ 서울특별시장 · 도지사 · 광역시장

> **Advice** **집회 및 시위에 관한 법률 제8조 제1항**(집회 및 시위의 금지 또는 제한 통고) … 신고서를 접수한 관할경찰관서장은 신고된 옥외집회 또는 시위가 다음의 어느 하나에 해당하는 때에는 신고서를 접수한 때부터 48시간 이내에 집회 또는 시위를 금지할 것을 주최자에게 통고할 수 있다. 다만, 집회 또는 시위가 집단적인 폭행, 협박, 손괴, 방화 등으로 공공의 안녕 질서에 직접적인 위험을 초래한 경우에는 남은 기간의 해당 집회 또는 시위에 대하여 신고서를 접수한 때부터 48시간이 지난 경우에도 금지 통고를 할 수 있다.
> ㉠ 제5조 제1항, 제10조 본문 또는 제11조에 위반된다고 인정될 때
> ㉡ 제7조 제1항에 따른 신고서 기재 사항을 보완하지 아니한 때
> ㉢ 제12조에 따라 금지할 집회 또는 시위라고 인정될 때

47 다음의 학문의 자유에 관한 설명 중 옳지 않은 것은?

① 학문의 자유에서 본질적 내용의 침해는 진리연구의 자유의 부인 및 그에 따르는 진리를 탐구하는 정신적 존재로서의 인간의 존엄과 가치의 훼손을 말한다.
② 학문의 자유는 공공복리의 개념으로 제한이 불가능하다는 데 견해가 일치한다.
③ 학문적 집회 · 결사와 연구결과의 발표는 일반적 집회 · 결사의 자유와 언론 · 출판의 자유보다 고도로 보장된다.
④ 학문발표의 자유는 검열을 금지하는 것을 내포한다.

> **Advice** ② 진정한 학문의 발전에는 국가권력의 권위적 강제보다 자유로운 진리탐구가 필요하며, 또한 이것이 공공복리에 적합한 것이므로 적극적인 공공복리를 이유로 하는 학문의 자유에 대한 제한은 용인되지 않는다는 견해도 있으나, 통설은 공공복리의 개념을 광의로 해석하여 제한가능성을 긍정하고 있다.

48 다음의 예술의 자유에 대한 기술 중 가장 타당하지 아니한 것은?

① 예술창작의 자유는 예술의 자유의 가장 핵심적인 내용을 이룬다.
② 예술품을 직업차원에서 취급하는 경우에는 직업의 자유와 예술의 자유가 경합관계에 있다고 본다.
③ 음반 및 비디오물로써 예술창작활동을 하는 자유는 예술의 자유에 포함되지 않는다.
④ 예술적 집회 · 결사의 자유는 일반적 결사 · 집회의 자유에 비하여 보다 고도로 보장을 받는다.

> **Advice** ③ 예술창작의 자유는 예술창작활동을 할 수 있는 자유로서 창작소재, 창작형태 및 창작과정 등에 대한 임의로운 결정권을 포함한 모든 예술창작활동의 자유를 그 내용으로 한다. 따라서 음반 및 비디오물로써 예술창작활동을 하는 자유도 이 예술의 자유에 포함된다.

 **Answer**   42.③ 43.③ 44.② 45.③ 46.③ 47.② 48.③

49 국민의 지위를 적극적 지위, 소극적 지위, 능동적 지위, 수동적 지위로 구분할 때 다음 중 능동적 지위에서 나오는 기본권은?

① 언론 · 출판의 자유 ② 청원권
③ 재산권의 보장 ④ 참정권

🐦Advice Jellinek의 지위설에 따르면 소극적 지위(자유권), 적극적 지위(청구권), 능동적 지위(참정권), 수동적 지위(의무)로 나뉜다.

50 국민의 선거권을 규정한 다음 내용을 가진 법률 중 합헌이라고 생각되는 것은?

① 군입대중인 자에게 선거권을 부인하는 법률
② 금치산선고를 받은 자에게 선거권을 부인하는 법률
③ 형을 받은 자에게 영구히 선거권을 박탈하는 법률
④ 초등교육이수자에게만 선거권을 인정하는 법률

🐦Advice ② 공직선거법 제18조 제1항 제1호의 내용이다.

51 선거권에 관한 기술 중 타당한 것은?

① 선거권은 개인의 기본권이기 때문에 포기 · 양도할 수 있다.
② 헌법에 성년자의 선거권을 보장했으므로 선거권연령을 높일 수 없다.
③ 선거권은 공의무이므로 권리로서 주장할 수는 없다.
④ 재판상의 증인이 되더라도 누구에게 투표했는가를 진술할 의무는 없다.

🐦Advice ① 선거권은 개인의 기본권이므로 포기 · 양도할 수 없으나, 사실상 불행사하는 것은 가능하다.
② 선거연령은 입법사항이므로 법률로 높이거나 낮출 수 있다. 2005년 공직선거법 개정으로 과거 20세 이상이던 선거연령을 19세 이상으로 낮추었다.
③ 선거권은 개인을 위한 주관적 공권인 동시에 공의무로서의 성격을 갖는다는 이원설이 다수설이다.

52 다음 중 투표권행사에 있어서 결격자로 하면 보통선거를 해할 가능성이 있는 것은?

① 금치산선고를 받은 자
② 다른 법률에 의하여 선거권이 정지된 자
③ 생활유지의 능력이 없는 자
④ 선거범으로서 징역형을 선고받고 집행이 면제된 후 10년이 지나지 아니한 자

🐦Advice 생활무능력자나 빈곤자에게 선거권을 인정하지 않으면 제한선거로 된다. 또 납세의무자에게만 선거권을 인정하는 것도 보통선거에 위배된다.

53 다음 선거에 관한 기술 중 옳은 것은?

① 선거와 투표는 동일한 개념이다.
② 재외국민에게 부재자투표가 인정되지 않고 있다.
③ 금고이상의 형을 받고 집행유예기간에 있는 자의 선거권을 제한하더라도 헌법상 전혀 문제되는 바 없다.
④ 과중한 기탁금을 기탁하게 하는 것은 위헌의 여지가 있다.

Advice ① 선거는 대표기관을 형성하기 위한 아래로부터의 합동행위적 다수의사의 표명이며, 투표는 사실상 이러한 국민의사의 실현이라는 점에서 다르다.
② 재외국민에 대한 부재자투표는 현재 인정되고 있다.
③ 헌법재판소는 공직선거법(2005. 8. 4. 법률 제7681호로 개정된 것) 제18조 제1항 제2호 중 '유기징역 또는 유기금고의 선고를 받고 그 집행유예기간 중인 자'에 관한 부분은 헌법에 위반된다고 단순위헌 판결을 했으며, '유기징역 또는 유기금고의 선고를 받고 그 집행이 종료되지 아니한 자'에 관한 부분은 헌법불합치 판결을 하였다(헌재 2014.1.28, 2012헌마409).
④ 헌법재판소는 시·도의원후보자 기탁금은 과다하여 경제력이 약한 자의 출마를 사실상 봉쇄함으로써 헌법상 보장된 국민의 선거권, 공무담임권, 평등권에 합치하지 않는다고 한다.

54 평등권 내지 평등원칙에 관련된 다음 설명 중 가장 옳지 않은 것은? (다툼이 있는 경우 헌법재판소 결정에 의함)

① 헌법 제11조에서 규정한 평등원칙은 일체의 차별적 대우를 부정하는 절대적 평등이 아니라, 입법과 법의 적용에 있어서 합리적 근거없는 차별을 하여서는 아니된다는 상대적 평등을 뜻하고, 따라서 합리적 근거있는 차별 내지 불평등은 평등원칙에 반하는 것이 아니다.
② 평등권 침해 여부를 심사함에 있어 엄격한 심사척도에 의할 것인지, 완화된 심사척도에 의할 것인지는 입법자에게 인정되는 입법형성권의 정도에 따라 달라지게 된다.
③ 개별사건에만 적용되는 개별사건법률은 그 자체로 헌법상 평등원칙에 위배되므로 그 내용을 불문하고 절대적으로 금지된다.
④ 헌법이 스스로 차별의 근거로 삼아서는 아니되는 기준을 제시하거나 차별을 특히 금지하고 있는 영역을 제시하고 있는 경우나 차별적 취급으로 인하여 관련 기본권에 대한 중대한 제한을 초래하게 되는 영역에서는 엄격한 심사척도가 적용된다.

Advice ③ 개별사건법률금지의 원칙이 법률제정에 있어서 입법자가 평등원칙을 준수할 것을 요구하는 것이기 때문에 특정규범이 개별사건법률에 해당한다 하여 곧바로 위헌을 뜻하는 것이 아니다. 비록 특정법률 또는 법률조항이 단지 하나의 사건만을 규율하려고 한다 하더라도 이러한 차별적 규율이 합리적인 이유로 정당화될 수 있는 경우에는 합헌적일 수 있다. 따라서 개별사건법률의 위헌 여부는 그 형식만으로 가려지는 것이 아니라 나아가 평등의 원칙이 추구하는 실질적 내용이 정당한지 아닌지를 따져야 비로소 가려진다(헌재 1996.2.16, 96헌가2).
① 헌재 1999.5.27, 98헌바26
②④ 헌재 1999.12.23, 98헌마363

 Answer　　49.④　50.②　51.④　52.③　53.④　54.③

55 다음 중 청원사항이 아닌 것은?

① 재판에 간섭하는 것
② 공공의 제도 또는 시설의 운영
③ 공무원의 위법·부당한 행위에 대한 시정이나 징계의 요구
④ 법률·명령·규칙의 제정·개정 또는 폐지

> Advice 청원법에 따르면 청원사항은 피해의 구제, 공무원의 위법·부당한 행위에 대한 시정이나 징계의 요구, 법률·명령·조례·규칙의 제정·개정 또는 폐지, 공공의 제도 또는 시설의 운영, 그 밖에 국가기관 등의 권한에 속하는 사항이라고 예시되어 있다. 청원불수리 사항으로는 감사·수사·재판·행정심판·조정·중재 등 다른 법령에 의한 조사·불복 또는 구제절차가 진행 중인 때, 허위의 사실로 타인으로 하여금 형사처분 또는 징계처분을 받게 하거나 국가기관 등을 중상모략하는 사항인 때, 사인간의 권리관계 또는 개인의 사생활에 관한 사항인 때, 청원인의 성명·주소 등이 불분명하거나 청원내용이 불명확한 때 등이 있다.

56 국회법상 국회에 대한 청원에 관한 기술 중 옳지 않은 것은?

① 청원을 하려고 하는 자는 의원의 소개를 얻어 청원서를 제출하여야 한다.
② 국회법은 국가기관을 모독하는 내용의 청원은 접수하지 못하도록 하고 있다.
③ 국회는 정부에서 처리함이 타당하다고 인정되는 청원은 채택할 수 없다.
④ 청원심사소위원회는 그 의결로 위원 또는 전문위원을 현장이나 관계기관 등에 파견하여 필요한 사항을 파악하여 보고하게 할 수 있다.

> Advice ② 청원불수리사항에 해당한다.
> ③ 국회가 채택한 청원으로서 정부에서 처리함이 타당하다고 인정되는 청원은 의견서를 첨부하여 정부에 이송한다. 정부는 이 청원을 처리하고 그 처리결과를 지체없이 국회에 보고하여야 한다〈국회법 제126조〉.

57 변호인의 조력을 받을 권리에 관한 설명 중 옳지 않은 것은? (다툼이 있는 경우 판례에 의함)

① 필요적 변호사건에서 피고인이 재판거부의 의사표시 후 재판장의 허가 없이 퇴정하고 변호인마저 이에 동조하여 퇴정해 버린 경우 법원으로서는 피고인이나 변호인의 재정없이도 심리판결할 수 있다.
② 변호인의 수사기록 열람·등록에 대한 지나친 제한은 결국 피고인에게 보장된 변호인의 조력을 받을 권리를 침해하게 되는 것이다.
③ 변호인의 접견교통권은 신체구속을 당한 피고인이나 피의자의 인권보장과 방어준비를 위하여 필수불가결한 권리이므로 법원의 결정으로도 제한할 수 없다.
④ 변호인선임권은 변호인의 조력을 받을 권리의 출발점이기는 하나, 법률로써 제한할 수 있다.

> Advice ④ 변호인의 조력을 받을 권리의 출발점은 변호인선임권에 있고, 이는 변호인의 조력을 받을 권리의 가장 기초적인 구성부분으로서 법률로써도 제한할 수 없다(헌재 2004.9.23, 2000헌마138).
> ① 대판 1991.6.28, 91도865
> ② 헌재 1997.11.27, 94헌마60
> ③ 대판 1996.6.3, 96모18

58 헌법상의 재판청구권에 관한 기술 중 옳지 않은 것은?

① 군인, 군무원을 위한 군사법원은 위헌이라고 할 수 없다.
② 비상계엄하에서 민간인도 군사법원의 재판을 받을 수 있다.
③ 비상계엄하라고 하더라도 군사법원은 대법원에 상고할 수 있는 길이 반드시 열려 있어야 한다.
④ 군인이더라도 민간인으로서 민간법령에 위배된 경우에는 일반법원에도 재판권이있다.

> **Advice** 비상계엄의 상황에서도 일반재판은 단심으로 행할 수 없다. 다만, 비상계엄하의 군사재판은 군인, 군무원의 범죄나 군사에 관한 간첩죄의 경우와 초병·초소·유독음식물 공급, 포로에 관한 죄 중 법률이 정한 경우에 한하여 단심으로 할 수 있다. 다만, 사형선고의 경우에는 제외한다〈헌법 제110조 제4항〉.

59 무죄추정의 원칙과 관련한 다음 설명 중 가장 옳지 않은 것은? (다툼이 있는 경우 헌법재판소 결정에 의함)

① 헌법 제27조 제4항의 무죄추정의 원칙이라 함은, 아직 공소제기가 없는 피의자는 물론 공소가 제기된 피고인이라도 유죄의 확정판결이 있기까지는 원칙적으로 죄가 없는 자에 준하여 취급하여야 하고 불이익을 입혀서는 안 되며 가사 그 불이익을 입힌다 하여도 필요한 최소한도에 그쳐야 한다는 원칙을 말한다.
② 무죄추정의 원칙상 금지되는 '불이익'이란 '범죄사실의 인정 또는 유죄를 전제로 그에 대하여 법률적·사실적 측면에서 유형·무형의 차별취급을 가하는 유죄인정의 효과로서의 불이익'을 뜻한다.
③ 무죄추정의 원칙은 형사절차 내에서 원칙으로 형사절차 이외의 기타 일반 법생활 영역에서의 기본권 제한과 같은 경우에는 적용되지 않는다.
④ 사업자단체의 독점규제 및 공정거래에 관한 법률 위반행위가 있을 때 공정거래위원회가 당해 사업자단체에 대하여 법위반사실의 공표를 명할 수 있도록 한 것은 무죄추정의 원칙에 반한다.

> **Advice** ③ 무죄추정의 원칙상 금지되는 '불이익'이란 '범죄사실의 인정 또는 유죄를 전제로 그에 대하여 법률적·사실적 측면에서 유형·무형의 차별취급을 가하는 유죄인정의 효과로서의 불이익'을 뜻하고, 이는 비단 형사절차 내에서의 불이익뿐만 아니라 기타 일반 법생활 영역에서의 기본권 제한과 같은 경우에도 적용된다(헌재 2010.9.2, 2010헌마418).
> ① 헌재 1990.11.19, 90헌가48
> ② 헌재 2010.9.2, 2010헌마418
> ④ 헌재 2002.1.31, 2001헌바43

60 재판을 받을 권리에 관한 헌법재판소의 판시사항이 아닌 것은?

① 구속기간의 예외적 연장은 가능한 최소한에 그쳐야 한다.
② 자의적인 기소유예처분은 재판청구권을 침해하는 것이다.
③ 대법원의 상고심재판을 받을 권리에 대한 제한은 위헌이다.
④ 헌법과 법률이 정한 자격과 절차에 의하여 법관은 임명되어야 한다.

> **Advice** ② 검찰의 자의적인 기소유예처분은 다른 형사사건과 차별없는 공정하고 성실한 수사를 받을 청구인의 평등권과 헌법 제27조 제1항 소정의 법관에 의한 재판을 받을 권리를 침해하는 것이 된다.
> ③ 대법원에 대한 상고에 있어 법률심이 아닌 사실심에 대한 제한은 입법정책상의 문제로서 위헌이라 할 수 없다.

 **Answer** 55.① 56.③ 57.④ 58.③ 59.③ 60.③

61 형사보상청구권에 관한 다음 기술 중 옳지 않은 것은?

① 불구속기소된 자도 이 청구권을 가진다.
② 무과실책임으로서 고의·과실을 요하지 않는다.
③ 형의 집행을 위하여 구치되었던 자도 청구권자가 될 수 있다.
④ 면소판결을 받은 자도 이 권리를 행사할 수 있다.

> Advice   형사보상청구권은 형사피의자로서 구금되었던 자가 법률이 정하는 불기소처분을 받거나, 형사피고인으로
> 서 구금되었던 자가 무죄판결을 받은 경우에 인정된다〈헌법 제28조〉.

62 행정상 손실보상에 관한 설명으로서 옳지 않은 것은?

① 민법상 불법행위책임제도를 모체로 한 것이다.
② 보상은 특별한 희생에 대한 공평부담의 견지에서 인정되는 것이다.
③ 침해행위 및 보상에 관한 것은 법률로 정하도록 하고 있다.
④ 손실보상의 원인으로는 재산권의 수용·사용 또는 제한이 있다.

> Advice   ① 손실보상제도는 '적법'한 공권력의 행사에 의한 재산권침해에 대해 공평부담의 견지에서 인정하는 제도
> 이므로 불법행위책임과는 무관하다.

63 군인이 그 직무수행과 관련하여 손해를 받은 경우 배상을 청구할 수 없는 것은?

① 재해보상금
② 유족연금
③ 공상 등으로 인하여 법률이 정한 기타의 보상
④ 공무원의 직무상 불법행위로 인한 국가나 공공단체에 대한 배상청구

> Advice   ④ 군인, 군무원, 경찰공무원 기타 법률로 정한 자가 전투·훈련 등 직무수행과 관련하여 받은 손해에 대
> 하여는 법률이 정한 보상 이외에 국가나 공공단체에 공무원의 직무상 불법행위로 인한 배상은 청구할 수
> 없다〈제29조 제2항〉.

64 헌법 제29조에 근거한 국가 또는 공공단체의 배상에 관한 대법원의 다음 견해 중 옳지 않은 것은?

① 국가배상법 제2조 제1항 공무원의 직무행위라 함은 국가 또는 공공단체의 경제적 작용은 물론
   권력적 작용도 이에 포함된다.
② 공무원이 그 직무를 집행함에 당하여 일어난 것인지의 여부는 행위의 외관을 객관적으로 관찰
   하여 판단하여야 한다.
③ 의용소방대원은 공무원이 아니나 그의 직무수행상의 불법행위에 대하여 국가는 배상책임이 있다.
④ 대한민국 군인이 주월 미군부대에 파견복무 중 사고를 일으킨 경우에도 국가배상법 제2조의
   적용이다.

 ③ 판례는 의용소방대원, 시영버스 운전사는 공무원에 해당하지 않는다고 보아 국가배상책임을 인정하지 않았다.

> ※ 판례가 인정한 공무원의 범위 … 전입신고서에 확인인을 찍는 통장, 파출소에 근무하는 방범대원, 소집 중인 예비군, 집행관, 미군부대 카투사, 철도건널목 간수 등을 공무원에 포함시켜 이들의 직무상 불법행위에 대하여 국가의 배상책임을 인정하고 있다.

65 다음 직업의 자유의 제한에 관한 설명 중 옳지 않은 것은?

① 안경사가 시력보정용 안경을 제조할 수 있게 하는 것은 안과의사의 전문적인 의료영역을 침해한 것이므로 위헌이다.

② 사립학교 교원은 형사사건으로 공소 제기되면 반드시 직위해제하도록 규정한 사립학교법 규정은 합리적 제한이 아니어서 직업의 자유에 위배되는 등 위헌이라는 것이 헌법재판소 판례이다.

③ 당구장 경영 영업주로 하여금 당구장 출입문에 18세 미만자의 출입금지 표시를 반드시 하도록 함은 직업수행의 자유에 대한 위헌적 제한이라고 함이 헌법재판소 판례이다.

④ 직업의 자유의 제한 중 가장 강도가 높은 것은 객관적 사유에 의한 직업선택의 자유의 제한이다.

 ① 안경사가 시력보정용 안경을 제조할 수 있게 하는 것은 안과의사의 전문적인 의료영역을 정면으로 침해하는 것이라고 할 수는 없는 것이고, 나아가 그 규정이 청구인의 직업선택(수행)의 자유를 침해하여 위헌이라고 결정하기는 더욱 어려운 것이다(헌재 1993.11.25, 92헌마87).
② 헌재 1994.7.29, 93헌가3
③ 헌재 1993.5.13, 92헌마80
④ 헌재 2010.5.27, 2008헌바110

66 양심의 자유와 관련한 다음 설명 중 가장 옳지 않은 것은? (다툼이 있는 경우 헌법재판소 결정에 의함)

① 양심상의 결정이 양심의 자유에 의하여 보장되기 위해서는 어떠한 종교관·세계관 또는 그 외의 가치체계에 기초하고 있어야 한다.

② 양심의 자유 중 양심형성의 자유는 내심에 머무르는 한, 절대적으로 보호되는 기본권이다.

③ 양심적 결정을 외부로 표현하고 실현할 수 있는 권리인 양심실현의 자유는 법률에 의하여 제한될 수 있는 상대적 자유다.

④ 헌법상 보호되는 양심은 어떤 일의 옳고 그름을 판단함에 있어서 그렇게 행동하지 아니하고는 자신의 인격적인 존재가치가 허물어지고 말 것이라는 강력하고 진지한 마음의 소리로서 절박하고 구체적인 양심을 말한다.

 ① 양심상의 결정이 어떠한 종교관·세계관 또는 그 외의 가치체계에 기초하고 있는가와 관계없이 모든 내용의 양심상의 결정이 양심의 자유에 의하여 보장된다(헌재 2004.8.26, 2002헌가1).
②③ 헌재 1998.7.16, 96헌바35
④ 헌재 2004.8.26, 2002헌가1

 **Answer**　61.① 62.① 63.④ 64.③ 65.① 66.①

67 집회의 자유에 대한 다음 설명 중 가장 옳지 않은 것은? (다툼이 있는 경우 헌법재판소 결정에 의함)

① 집회의 자유는 표현의 자유의 일종인 바, 장소선택의 자유는 집회의 자유의 내용에 포함되지 않는다.

② 집회의 자유에는 집회를 통하여 형성된 의사를 집단적으로 표현하고 이를 통하여 불특정 다수인의 의사에 영향을 줄 자유를 포함한다.

③ 집회의 자유는 개인의 인격발현의 요소이자 민주주의를 구성하는 요소라는 이중적 헌법적 기능을 가지고 있다.

④ 집회를 방해할 의도로 집회에 참가하는 것은 집회의 자유에 의해 보호되지 않는다.

> **Advice**　① 집회·시위장소는 집회·시위의 목적을 달성하는데 있어서 매우 중요한 역할을 수행하는 경우가 많기 때문에 집회·시위장소를 자유롭게 선택할 수 있어야만 집회·시위의 자유가 비로소 효과적으로 보장되므로 장소선택의 자유는 집회·시위의 자유의 한 실질을 형성한다(헌재 2005.11.24, 2004헌가17).
> ② 헌재 2005.11.24, 2004헌가17
> ③ 헌재 2003.10.30, 2000헌바67
> ④ 헌재 2003.10.30, 2000헌바67

68 자유권적 기본권과 생존권적 기본권의 관계에 관한 설명으로 옳지 않은 것은?

① 자유권이 전국가적인 인간의 권리라고 한다면 생존권은 국가내적 국민의 권리라 할 수 있다.

② 자유권에 대한 법률유보는 권리형성적이고 생존권에 대한 법률유보는 권리제한적이라 할 수 있다.

③ 자유권의 이념적 배경은 자유주의, 개인주의인데 반하여 생존권의 이념적 배경은 현대적·복지국가적 이념이다.

④ 자유권이 국가권력으로부터의 침해배제라는 소극적인 권리인데 반하여, 생존권은 인간다운 생활보장을 국가에게 요청하는 적극적인 권리이다.

> **Advice**　② 자유권에 대한 법률유보는 권리제한적인 데 반하여 생존권에 대한 법률유보는 권리형성적이라고 할 수 있다.

69 생존권에 관한 것 중 옳지 않은 것은?

① 회사원이 최저한도의 생활을 유지하기 위하여 회사돈을 사용한 경우 생존권을 이유로 무죄일 수는 없다.

② 세율이 극히 높은 결과 납세자의 최저생활이 불가능하게 되더라도 생존권을 침해하는 것이 아니다.

③ 교육·근로의 권리, 사회보장을 받을 권리, 가족의 보건과 혼인의 순결에 관한 권리 등은 개별적 생존권이다.

④ 형사피고인이 실형을 과한 결과 그 가족이 노상에서 방황하더라도 생존권을 침해한 것은 아니다.

> **Advice**　②는 기본권의 본질적 내용을 침해하는 결과가 되어 위헌이다.

70 사회적 기본권에 관한 내용 중 옳은 것은?

① 사회적 기본권은 단순히 반사적 이익이다.
② 우리 헌법상 보장되어 있는 사회적 기본권은 모두가 구체적 권리이다.
③ 세계인권선언에는 사회적 기본권이 규정되어 있지 않다.
④ 사회적 기본권을 보장하기 위해서는 자유권적 기본권을 어느 정도 제한하지 않을 수 없다.

✎Advice ① 생존권은 단순한 반사적 이익이 아니고 법적 권리이다.
　　　　④ 생존권이 확대되고 강화되면 될수록 자유권은 축소되고 약화되지 않을 수 없다.

71 다음 행위들 중 헌법재판소의 판례에 따를 때 양심의 자유의 문제로 보지 않은 것들로 묶은 것은?

㉠ 양심적 집총거부자에 대한 형사처벌	㉡ 음주측정
㉢ 사죄광고의 강제	㉣ 주민등록법상의 지문날인
㉤ 법위반사실의 공표명령	㉥ 준법서약

① ㉠㉡㉢
② ㉠㉢㉣㉤㉥
③ ㉡㉣㉤㉥
④ ㉠㉢㉣

✎Advice ㉡ 음주측정요구에 처하여 이에 응하여야 할 것인지 거부해야 할 것인지 고민에 빠질 수는 있겠으나 그러한 고민은 선과 악의 범주에 관한 진지한 윤리적 결정을 위한 고민이라 할 수 없으므로 그 고민 끝에 어쩔 수 없이 음주측정에 응하였다 하여 내면적으로 구축된 인간양심이 왜곡·굴절된다고 할 수 없다. 따라서 이 사건 법률조항을 두고 헌법 제19조에서 보장하는 양심의 자유를 침해하는 것이라고 할 수 없다(헌재 1997.3.27, 96헌가11).
㉣ 지문을 날인할 것인지 여부의 결정이 선악의 기준에 따른 개인의 진지한 윤리적 결정에 해당한다고 보기는 어려워, 열 손가락 지문날인의 의무를 부과하는 이 사건 시행령조항에 대하여 국가가 개인의 윤리적 판단에 개입한다거나 그 윤리적 판단을 표명하도록 강제하는 것으로 볼 여지는 없다고 할 것이므로, 이 사건 시행령조항에 의한 양심의 자유의 침해가능성 또한 없는 것으로 보인다(헌재 2005.5.26, 99헌마513).
㉤ 경제규제법적 성격을 가진 공정거래법에 위반하였는지 여부에 있어서도 각 개인의 소신에 따라 어느 정도의 가치판단이 개입될 수 있는 소지가 있고 그 한도에서 다소의 윤리적 도덕적 관련성을 가질 수도 있겠으나 이러한 법률판단의 문제는 개인의 인격형성과는 무관하며 대화와 토론을 통하여 가장 합리적인 것으로 그 내용이 동화되거나 수렴될 수 있는 포용성을 가지는 분야에 속한다고 할 것이므로 헌법 제19조에 의하여 보장되는 양심의 영역에 포함되지 아니한다(헌재 2002.1.31, 2001헌바43).
㉥ 준법서약은 어떤 구체적이거나 적극적인 내용을 담지 않은 채 단순한 헌법적 의무의 확인·서약에 불과하다 할 것이어서 양심의 영역을 건드리는 것이 아니다(헌재 2002.4.25, 98헌마425).
㉠ 헌재 2004.8.26, 2002헌가1
㉢ 헌재 1991.4.1, 89헌마160

 **Answer**　67.① 68.② 69.② 70.④ 71.③

72 표현의 자유에 관한 다음 설명 중 가장 옳지 않은 것은? (다툼이 있는 경우 헌법재판소 결정에 의함)

① 헌법 제21조의 표현의 자유는 전통적으로는 사상 또는 의견의 자유로운 표명과 그것을 전파할 자유를 의미하는 것으로서, 개인이 인간으로서의 존엄과 가치를 유지하고 행복을 추구하며 국민주권을 실현하는 데 필수불가결한 것으로 오늘날 민주국가에서 국민이 갖는 가장 중요한 기본권 중의 하나이다.

② 의사표현 · 전파의 자유에 있어서 의사표현 또는 전파의 매개체는 어떠한 형태이건 가능하며 그 제한이 없다.

③ 상업광고도 표현의 자유의 보호영역에 속하므로 엄격한 비례의 원칙에 따라 보호된다.

④ 누구든지 단체와 관련된 자금으로 정치자금을 기부할 수 없도록 하는 것은 정치활동의 자유 내지 정치적 의사표현의 자유에 대한 제한이 될 수 있다.

> Advice ③ 상업광고에 대한 규제에 의한 표현의 자유 내지 직업수행의 자유의 제한은 헌법 제37조 제2항에서 도출되는 비례의 원칙(과잉금지원칙)을 준수하여야 하지만 상업광고는 사상이나 지식에 관한 정치적, 시민적 표현행위와는 차이가 있고, 인격발현과 개성신장에 미치는 효과가 중대한 것은 아니므로, 비례의 원칙 심사에 있어서 '피해의 최소성' 원칙은 '입법목적을 달성하기 위하여 필요한 범위 내의 것인지'를 심사하는 정도로 완화되는 것이 상당하다(헌재 2005.10.27, 2003헌가3).
> ① 헌재 1992.2.25, 89헌가104
> ② 헌재 1993.5.13, 91헌바17
> ④ 헌재 2010.12.28, 2008헌바89

73 헌법상 사전검열금지원칙에 대한 다음 설명 중 가장 옳지 않은 것은? (다툼이 있는 경우 헌법재판소 결정에 의함)

① 헌법 제21조 제2항이 금지하는 언론 · 출판에 대한 검열은 그 명칭이나 형식과 관계없이 실질적으로 행정권이 주체가 되어 사상이나 의견 등이 발표되기 이전에 예방적 조치로서 그 내용을 심사, 선별하여 발표를 사전에 억제하는 것을 의미한다.

② 사전검열금지원칙에 의해 언론 · 출판에 대한 모든 형태의 사전적 규제는 금지된다.

③ 사전검열은 법률에 의하더라도 불가능하다.

④ 헌법이 사전검열금지를 규정한 이유는, 사전검열이 허용될 경우에는 국민의 예술활동의 독창성과 창의성을 침해하여 정신생활에 미치는 위험이 클 뿐만 아니라 행정기관이 집권자에게 불리한 내용의 표현을 사전에 억제함으로써 이른바 관제의견이나 지배자에게 무해한 여론만을 허용하는 결과를 초래할 염려가 있기 때문이다.

> Advice ② 검열금지의 원칙은 모든 형태의 사전적인 규제를 금지하는 것이 아니고 단지 의사표현의 발표 여부가 오로지 행정권의 허가에 달려있는 사전심사만을 금지하는 것을 뜻하며, 또한 정신작품의 발표 이후에 비로소 취해지는 사후적인 사법적 규제를 금지하지 않는다(헌재 1996.10.4, 93헌가13).
> ①③ 헌재 2001.8.30, 2000헌가9
> ④ 헌재 2001.8.30, 2000헌가9

74 헌법 제27조의 재판을 받을 권리에 대한 다음 설명 중 가장 옳지 않은 것은? (다툼이 있는 경우 헌법재판소 결정에 의함)

① 재판청구권은 공권력이나 사인에 의해서 기본권이 침해당하거나 침해당할 위험에 처해있을 경우 이에 대한 구제나 그 예방을 요청할 수 있는 권리라는 점에서 다른 기본권의 보장을 위한 기본권이라는 성격을 가지고 있다.

② 정의의 실현 및 재판의 적정성이라는 법치주의의 요청에 의해 재심제도의 규범적 형성에 있어서는 입법자의 형성적 자유가 축소된다.

③ 재판청구권에 상급심재판을 받을 권리나 사건의 경중을 가리지 않고 모든 사건에 대하여 반드시 대법원 또는 상급법원을 구성하는 법관에 의한 균등한 재판을 받을 권리가 포함되어 있다고 할 수는 없다.

④ 재판청구권은 기본권의 침해에 대한 구제절차가 반드시 헌법소원의 형태로 독립된 헌법재판기관에 의하여 이루어 질 것만을 요구하지는 않는다.

Advice ② 재심제도의 규범적 형성에 있어서 입법자는 확정판결을 유지할 수 없을 정도의 중대한 하자가 무엇인지를 구체적으로 가려내어야 하는바, 이는 사법에 의한 권리보호에 관하여 한정된 사법자원의 합리적인 분배의 문제인 동시에 법치주의에 내재된 두 가지의 대립적인 이념 즉, 법적 안정성과 정의의 실현이라는 상반된 요청을 어떻게 조화시키느냐의 문제로 돌아가므로 결국 이는 불가피하게 입법자의 형성적 자유가 넓게 인정되는 영역이라고 할 수 있다(헌재 2009.4.30, 2007헌바121).
① 헌재 2009.4.30, 2007헌바121
③ 헌재 1996.10.31. 94헌바3
④ 헌재 1997.12.24, 96헌마172

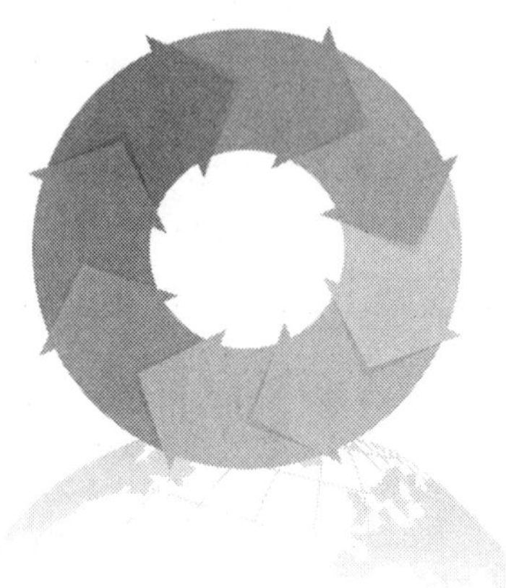

통치구조론 단원은 통치구조의 원리와 형태, 통치기구로 구성되었습니다. 우리나라를 구성하고 있는 세 가지 권력기관, 즉 입법부인 국회·행정부인 정부·사법부인 법원을 비롯하여 이와 관련된 다양한 기관·기구들에 대한 법을 수록하고 있습니다. 시험에서 이 단원은 헌법 이외의 다른 법과 관련해서도 출제가 되는 만큼 관련 법을 폭넓게 공부하시기 바랍니다.

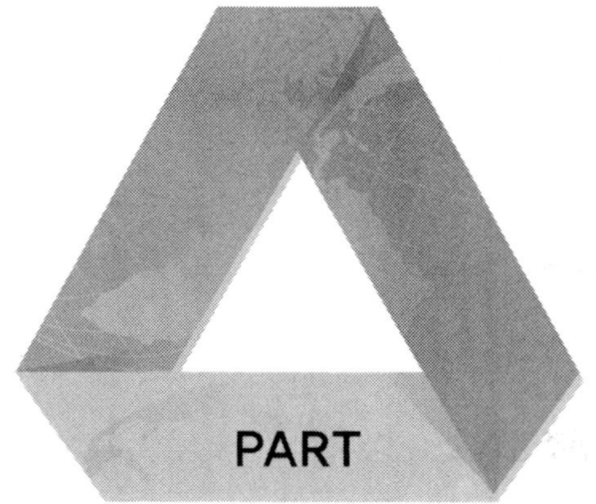

03

통치구조론

01

통치구조의 원리와 형태

SECTION 1 통치구조의 기본원리 · 조직원리

1. 통치원리 일반과 국민주권주의

(1) 다의적 개념

① **통치의 기본원리** … 현대민주국가의 통치구조와 통치작용은 입헌주의적 원리에 의해 지배되고 있다. 통치구조와 기본권규정과의 관계에 대해서는 양자를 무관한 국가의 자기목적적 강제기구로 보는 견해, 통치구조를 동화적 통합의 실질적 계기를 의미하는 기본권실현을 위한 정돈된 기능으로 보는 견해, 기본권보장과 통치구조를 목적과 수단이라는 유기적 관련을 가지는 것으로 보는 견해 등이 있다.

② **입헌주의적 원리** … 입헌주의는 그 이념적 기반으로서 국민주권의 원리를, 그 가치로서 기본권의 보장을, 그 제도로서 대의제와 권력분립제를, 그 준거원칙으로서 법치주의, 책임정치의 원리 등을 포괄하는 통치원리이다.

③ **현대민주국가의 통치원리** … 국민주권의 원리, 대의제의 원리, 법치주의 등이 열거된다.

(2) 국민주권주의

① 서설
  ㉠ **의의** : 국가의사를 최종적 · 전반적으로 결정할 수 있는 최고권력의 담당자가 국민이라고 하는 주권재민의 원리를 말한다.
  ㉡ **연혁** : 이 원리는 특히 근대에 이르러 군주주의하에서 권력행사의 절대성과 자의성에 대한 항의적 · 투쟁적 이데올로기로 발전하였다.

② 국민의 범위와 성질
  ㉠ **국민의 범위** : 국민주권이라 할 때의 국민은 비유권자를 포함한 한국 국적을 가진 모든 국민의 정치적 · 이념적 통일체를 의미한다.
  ㉡ **국민의 의미** : 국민주권에서의 국민의 의미에 대해서는 대체적으로 일체의 자연인인 국민의 총체, 즉 전국민으로 이해하는 입장(국민전체설), 사회계약참가자(성년)의 총체로서의 인민으로 이해하는 입장(유권자전체설, 인민주권설), 유권자 및 전국민의 양자로 이해하는 입장(국민전체 및 유권자전체설)으로 견해가 나뉜다.

③ 국민주권의 법적 성격

　㉠ **법규범성의 여부**：국민주권주의는 통치작용의 정당성을 국민에 두고 국민이 통치작용에 참여하여야 한다는 내용으로서 헌법질서의 출발점이 되는 원리이므로 단순한 정치적 선언수준이 아니고 법규범성을 지닌다.

　㉡ **최고규범**：국민주권주의는 자유민주주의를 표방하는 우리 헌법의 최고규범 중의 하나이다.

> **ANSWER**
>
> 국민주권의 성격
> 헌법재판소도 "우리 헌법의 전문과 본문에 담겨져 있는 최고이념은 국민주권주의와 자유민주주의에 입각한 입헌민주헌법의 본질적 기본원리에 기초하고 있다. 기타 헌법상의 제반원칙도 여기에서 연유되는 것이므로 이는 헌법전을 비롯한 모든 법령해석기준이 되고 입법형성권행사의 한계와 정책결정의 방향을 제시하며, 나아가 모든 국가기관과 국민이 존중하고 지켜가야 하는 최고의 가치규범이다."라고 하였다.

④ 우리 헌법과 국민주권주의 … 헌법은 제1조 제2항에서 "대한민국의 주권은 국민에게 있고, 모든 권력은 국민으로부터 나온다."라고 하여 대한민국에 있어서 국가의사를 전반적·최종적으로 결정할 수 있는 최고권력인 주권이 이념적 통일체로서의 국민전체에게 귀속된다는 국민주권의 원리를 선언하고 있다.

2. 대의제와 권력분립주의 및 법치주의

(1) 대의제

① 서설 … 주권자인 국민이 그들의 대표자를 선출하여 국민을 대신하여 국가의사를 결정하게 하는 제도를 말한다(대표민주제 = 대의민주제 = 간접민주제 = 국민대표제). 대의제의 내용은 정부형태에 따라 차이가 있지만 국민에 의하여 선출된 국민의 대표기관인 의회가 국가의사의 결정에 있어 중추적인 역할을 담당하는 의회주의를 그 핵심내용으로 한다.

> **POINT 팁** 대의제의 개념적 징표
> ㉠ 통치자의 주권자인 국민이 구별되고 있다.
> ㉡ 국가의사결정권과 국가기관구성권이 분리되어 있다.
> ㉢ 대표자는 선거를 통하여 선출된다.
> ㉣ 통치자는 국민 전체의 대표자를 의미한다.
> ㉤ 명령적(기속적) 위임이 배제되고 자유위임의 원리가 지배한다.
> ㉥ 전체이익과 국민의 추정적 의사가 우선하여야 한다.
> ㉦ 대표자는 국민에 대하여 정치적 책임을 진다.

② 본질과 기능

　㉠ **본질**：통치자와 피치자의 구별을 전제로 하여 국민은 국가기관의 구성권과 통제권만을 유보하고 국가의사의 현실적인 결정권과 그에 관한 책임은 선출된 대표자들에게 일임하는 것이다.

 ②

   ⓛ **기능** : 대의제는 국민에 의하여 선출된 국민의 대표자가 합의의 과정을 거쳐 국민을 대신하여 국가의사나 국가정책을 결정하는 통치원리이다. 그러므로 대의제의 기본적 기능은 국민에 의하여 선출된 국민의 대표자가 국민을 대신하여 국가의사를 결정한다는 대의기능과, 복수의 대표자가 합의에 의하여 국가의사를 결정한다는 합의기능이다. 그 외에 민주적인 통치기구를 구성하는 기능, 책임정치실현기능, 제한정치·공개정치실현기능, 엘리트에 의한 전문정치실현기능, 사회공동체 통합기능을 한다.

③ **대표관계의 성립과 유지**

   ㉠ **성립** : 대표제가 민주적 정당성을 확보하기 위해서는 그 대표관계가 정당하게 구성되어야 하고 정당한 대표관계가 계속 유지되어야 한다.

   ⓛ 민주적 정당성의 확보·유지

④ **대표관계의 성질**

   ㉠ **법적 대표설** : 법적 의미의 대표관계로 보는 견해이다. 이에는 법적 위임관계설, 법정대표관계설, 대표적 위임설, 헌법적 대표설 등이 있다. '법적 위임관계설'은 주권 내지 입법권은 국민에게만 있고, 일반국민은 선거에 의해서 그 권한을 의회에 위임하여 의회로 하여금 입법권 기타의 권한을 행사하게 함으로써 간접적으로 입법권을 행사하게 된다고 한다. 따라서 의회는 국민의 위임에 의한 국민의 법적 대표기관이라고 한다. '법정대표관계설'은 국민은 선거를 통하여 의회를 조직하는 제1차적 국가기관이고 의회는 국민의 의사를 대신하여 표시하는 제2차 국가기관이기 때문에 국민과 의회는 법적으로 하나의 통일체를 형성한다고 한다(Jellinek). '헌법적 대표설'은 대표기관의 권한은 국민의 위임행위에 의해서 아니고 헌법에 직접 근거한 것이라고 한다.

   ⓛ **정치적 대표설** : 대표의 성격을 법적 대표가 아니고 정치적 대표에 불과하다고 한다(다수설). 즉, 국민과 대표자간에는 명령적 위임관계가 존재하지 아니하고 사법적 대리관계도 존재하지 아니하기 때문에 대표자는 그를 대표자로 선출하여준 국민에 대하여 정치적 책임을 질 뿐이고 법적 책임은 부담하지 않는다고 한다(Laband, Kelsen).

    ☞ 정당대표설(Leibholz) … 현대의 정당제 민주주의에서는 국민의 보편의사는 정당에 의하여 형성되며, 국민의 의사는 정치적 대표의 원리에 의하여 형성되는 것이 아니라 직접민주적인 정통성의 원리에 의하여 형성되므로 정당이 의회를 대신하여 국민을 대표하는 기관의 지위를 보유하게 되었다고 한다.

⑤ **직접민주제**

   ㉠ **의의** : 국민주권의 원리를 완벽하게 실현하기 위하여 국민이 직접 통치하는 방식을 의미한다. 현대형 대의제는 고전적인 정태적 형태가 아닌 직접민주제적인 요소가 가미된 형태이다.

   ⓛ **지위** : 간접민주제의 결함을 보완하는 지위에 선다. 대의제의 원칙에 대한 보완책으로서는 국민표결제, 국민발안제, 국민소환제 등이 있다.

문. 다음 중 대의제도에 관한 설명으로 옳지 않은 것은?

① 대의제도는 '명령적 위임관계'를 그 본질로 한다.
② 대의제도는 '기관구성권'과 '정책결정권'의 분리를 전제로 한다.
③ 대의제도는 권력분립을 통한 정치권력의 절제 속에서만 제대로 기능할 수 있다.
④ 대의제도는 현대와 같은 고도의 산업사회에서 요구되는 전문적인 정책결정을 보장하는 데 크게 기여하는 기능을 갖는다.

☞ ①

문. 대의제도에 관한 설명 중 타당하지 아니한 것은?

① E. Burke는 대의제도를 이성에 의한 통치를 실현할 수 있는 것으로 파악하여 명령적 위임에 반대하였다.
② 대의원리는 국가의사결정권과 통치기관구성권을 분리하는 것을 그 기본으로 삼는다.
③ J.J. Rousseau는 직접 민주주의를 주장한 학자였으나, 현실적 필요성에 의해 대의제도의 도입을 적극 주장하였다.
④ E.J. Siéyès는 대의제도를 민중에 의한 통치를 배제하고 엘리트에 의한 통치를 실현할 수 있는 것으로 보아 자유위임을 역설하였다.

☞ ③

✿ 직접민주제의 장단점

장점	단점
• 국민자치의 고도실현	• 다수결의 불합리성 우려
• 의회의 부패, 무능력 시정 · 보완	• 독재정치의 합리화수단 우려
• 국민이 최종적 결정	• 투표결과의 조작가능성

ⓒ **직접민주제의 구현**: 국민표결, 국민발안, 국민소환제도가 있으나 현행 헌법은 국민발안제와 국민소환제를 인정하지 않고 있다. '국민표결'은 중요한 법안이나 정책은 국민투표로서 결정하는 방식을 말하며, 이에는 레퍼랜덤(협의의 국민표결 : 중요사항을 국민이 직접투표로서 최종적으로 확정하는 방식), 프레비시트(국민결정 · 신임투표 : 집권자가 권력의 정통성에 대한 신임 여부를 국민에게 직접 묻는 방식)가 있다. '국민발안'은 일정 수의 국민이 법안이나 그밖의 의안을 제안할 수 있는 제도이다. '국민소환'은 국민파면이라고도 하는데, 국민의 의사로서 임기 전의 공직자를 파면시키는 것이다.

POINT 팁　현대국가의 대의제의 위기 원인
　　㉠ 공개적 토론의 소외 현상
　　㉡ 엘리트정치의 타락 현상
　　㉢ 대표기관의 대표성의 약화 현상
　　㉣ 무기속위임의 원칙에 대한 위협
　　㉤ 대중사회화의 현상
　　㉥ 이익집단, 압력단체들의 등장과 그 영향력의 증대 현상
　　㉦ 국민의 직접참여욕구의 증대 현상

⑥ **우리나라의 대의제**

㉠ **원칙(대의제)**: 헌법은 의회주의를 통치구조의 기본으로 하고 있다. 따라서 국민은 대표자로 선출한 국회의원, 대통령 등을 통해 주권자로서의 의사를 간접적으로 실현하는 것을 원칙으로 한다. 대의제를 위하여 선거권〈제24조〉과 공무담임권〈제25조〉이 보장되어 있다.

㉡ **예외(직접민주제)**: 헌법은 예외적으로 직접민주제를 채택하고 있다(헌법개정안에 대한 국민투표제〈제130조〉, 국가안위에 관한 중요정책에 대한 국민투표제〈제72조〉).

🌱 **ANSWER**

대의제
오늘날 입헌민주국가에서는 대의제도에 의한 통치가 불가피한 것으로 선거야말로 국민의 의사를 체계적으로 결집하고 수렴하고 구체화하는 방법으로 국민의 정치적 의사를 형성하는 가장 합리적인 절차이며, 따라서 국민의 의사가 얼마나 굴절없이 정당하게 반영되느냐의 여부가 통치권의 정통성과 정당성을 담보하는 핵심이며, 생명이라고 할 수 있는 것이다.

문. 대의제도에 관한 설명으로 가장 옳은 것은?

① 이론적으로 볼 때 대의원리는 사회통합과는 거리가 상당히 멀다.
② 대의제도는 동일성이론에 의해 도출되는 것이다.
③ 대의제도의 원리는 통치를 위한 기관구성원리라 할 수 있다.
④ K. Marx는 대의제도를 강력하게 지지하였다.

☞ ③

(2) 권력분립의 원리

① 서설 … 국가의 통치권을 입법·행정·사법이라는 작용으로 구분하고 그 작용을 각각 입법부·사법부·행정부로 나누어 담당케 하여 상호 견제·균형하게 함으로써 국민의 자유와 권리를 보장하려는 자유주의적 정치조직원리를 말한다. 이는 1789년 프랑스 인권선언이 "권리의 보장이 확보되지 아니하고 권력의 분립이 규정되지 아니한 사회는 헌법을 가진 것이라고 할 수 없다."라고 선언한 이후 각국 헌법이 채택하고 있다. 엄격한 권력분립제도를 제도화한 것은 미국연방헌법이다.

② 이론적 발전

   ㉠ Locke의 2권분립 : 입법권과 집행권으로 분립하였다. '입법권'은 국민의 생명·자유·재산을 보호하기 위한 법률제정 권력을 의미하고 '집행권'은 법률집행권을 의미하였다(다만, 사법권에 관한 언급이 없다).

   ㉡ Montesquieu의 3권분립 : 입법권, 사법권, 집행권으로 분류하였다. 그는 입법권은 국민을 대표하는 의회가 가져야 하고 집행권은 신속한 처리를 요하기 때문에 1인에게 부여하는 것이 합리적이며, 사법권은 비상설 법정에서 국민에 의하여 선발된 자가 행사하는 것이 바람직하다고 한다. 이들 3권에 관하여 "동일한 인간이나 집단 등이 2권력 또는 3권력을 함께 행사하게 되면 모든 것을 잃게 된다."고 경고하였다. Montesquieu의 3권분립론은 오늘날까지도 커다란 영향을 미치고 있다.

> **POINT 팁** Locke와 Montesquieu의 권력분립의 비교
>   ㉠ 공통점 : 권력분립에 의한 시민적 자유보장
>   ㉡ 차이점
>   • Locke의 2권분립 : 집행권에 대한 입법권의 우월, 영국에 영향 → 의원내각제
>   • Montesquieu : 엄격한 3권분립, 3권대등지위로 권력 상호견제, 미국에 영향 → 대통령제

③ 권력분립의 유형

   ㉠ 입법부와 행정부와의 관계
    • 엄격분립형 : 미국
    • 입법부우위형 : 프랑스혁명 당시의 국민공회
    • 균형형 : 의원내각제 국가

   ㉡ 입법부와 사법부와의 관계
    • 입법부우위형 : 영국(사법부가 법률의 위헌 여부를 심사할 수 없다)
    • 사법부우위형 : 독일(사법부가 법률의 위헌 심사를 하고 위헌인 경우 그 법률자체를 무효화한다).
    • 균형형 : 미국 등이 있다(사법부가 법률의 위헌 여부를 심사할 수 있으나, 위헌인 경우 무효는 아니고 적용만 하지 않는다).

④ 권력분립제의 위기 … 20세기에 들어오자, 권력분립의 배경이 된 개인주의와 자유주의사조가 퇴조하기 시작하였고 이에 따라 입헌주의와 의회민주주의가 위기에 처하게 되었다. 그 결과 권력분립의 원리가 동요하게 되었다. 위기의 원인으로는 보통 다음을 들고 있다.

문. 권력분립원리에 관한 기술 중 잘못된 것은?

① 자유민주주의 통치구조의 하나의 실천원리이다.
② 개인의 자유와 권리를 보장하기 위한 자유주의적 조직원리이다.
③ 적극적으로 국가업무의 능률을 증진시키기 위한 구조적 원리이다.
④ 권력분립원리는 기관의 분리라는 조직상의 요청 외에 겸직금지와 장기집권의 배제를 내용으로 한다.

☞ ③

문. 권력분립원리에 대한 설명으로 적절하지 않은 것은?

① 권력분립의 원리는 국가권력의 구성에 있어서 그 권력의 남용과 전제성을 방지하기 위한 소극적 원리를 의미한다.
② Montesquieu의 권력분립은 극단의 전제성과 극단의 민주성과의 중화를 위한 입장에서 출발하였으므로 그것은 중립적 원리를 의미하기도 한다.
③ 권력의 속성에 대한 불신과 회의에서 싹튼 자유주의적 사고는 권력분립론이 중요한 배경이 되고 있다.
④ 입법과 집행간의 권력적 균형은 근대국가의 헌법사에서 볼 때 일관되게 실천되었다.

☞ ④

⑦ 국민주권에 대한 도전

⑧ 정당국가에서의 문제, 즉 정당정치에 의한 권력의 통합

⑨ 복지국가의 등장

⑩ 위헌법률심사제로 인한 사법국가화

⑪ 행정입법의 증대와 처분적 법률의 출현

⑫ 사회적 이익단체의 출현과 그 영향력의 증가

⑤ **권력분립의 현대적 변용** … 고전적 권력분립제는 현대의 국내외적 상황으로 변용을 겪게 되었지만 이 제도의 존재의의는 충분히 있는 만큼 문제는 어떻게 합리적으로 재구성할 것인가에 있다. 이에는 동태적 권력분립론을 제정한 Loewenstein이나 국가기능에 의한 권력분립을 전제로 포괄적 권력론을 제창한 Kägi의 이론이 있다.

⑦ **Loewenstein의 동태적 권력분립이론** : 정책결정론, 정책집행권, 정책통제권

⑧ **Kägi의 포괄적 권력분립이론**

- 헌법제정 · 개정권과 일반입법권의 이원화
- 입법부의 양원제
- 집행부 내부에서의 권력분립
- 국가기능 담당자의 임기의 한정
- 복수정당제의 확립과 여야간의 대립
- 연방제와 지방자치제의 수직적 권력분립
- 민사권력과 군사권력의 분리

⑥ **우리 헌법상의 권력분립주의**

⑦ **권력분립의 변천개요** : 제1공화국에서는 비교적 행정부우위의 권력분립제를, 제2공화국에서는 비교적 균형제도를, 제3공화국에서는 행정부우위의 권력분립제를, 제4공화국에서는 권력의 집중현상이 뚜렷하여 대통령에게 절대적 권력이 부여된 영도적 대통령제였다. 제5공화국은 제4공화국에 대한 반성으로 권력분산제였으나 여전히 행정부우위였다. 제6공화국은 비교적 의회가 강화된 권력분산제였다.

⑧ **권력의 분산** : 입법권은 국회에〈제40조〉, 행정권은 대통령을 수반으로 하는 행정부에〈제66조〉, 사법권은 법원에〈제101조〉 각각 분립시키고 있다. 현행 헌법은 3권간에 국회, 법원의 기능을 강화하고 대통령의 권한을 축소하여 제5공화국 헌법에 비하여 균형적인 대통령제를 취하고 있다.

> **POINT 팁** 권력의 분산
>
> ⑦ **주권기관** : 대한민국의 주권은 국민에게 있고 모든 권력은 국민으로부터 나온다〈제조 제2항〉.
> ⑧ **행정부** : 대통령은 행정부의 수반으로서 권한을 행사하고 국무총리는 대통령을 보좌하고 행정에 관해 대통령의 명을 받아 행정 각부를 통할한다〈제66조 제4항, 제86조 제2항〉.
> ⑨ **국회** : 국회는 입법권을 가진다〈제40조〉.
> ⑩ **사법부** : 사법권은 법관으로 구성된 법원에 속한다〈제101조 제1항〉.
> ⑪ **헌법재판소** : 헌법재판소는 헌법보장기관으로서 법률의 위헌심사, 탄핵결정, 정당해산결정, 국가상호간 · 국가기관과 지방자치단체간 및 지방자치단체 상호간의 권한쟁의결정, 법률이 정하는 헌법소원에 관한 결정권을 가진다〈제111조〉.

문. 다음 중 권력분립에 대한 설명으로 잘못된 것은?

① 현대국가에서 권력분립제는 더욱 강화되고 있다.
② 우리나라 헌법은 권력분립에 대해 명시적으로 규정하고 있다.
③ 고전적 권력분립의 목적은 견제와 균형의 원리를 통한 국민의 기본권 보장에 있다.
④ 기능적 권력분립론에는 정책결정권 · 정책집행권 · 정책통제권으로 구분하는 동태적 권력분립과 권력분립과 통합을 포괄적인 질서개념으로 이해하는 포괄적 권력분립이 있다.

☞ ①

ⓒ **국회의 타부에 대한 통제**
- 국회는 정부에 대해 탄핵소추권, 국무총리 또는 국무위원의 해임건의권, 국정감사 · 조사 · 선전포고 등 외교행위에 대한 동의, 긴급명령과 긴급재정 · 경제처분, 명령에 대한 승인, 계엄해제요구, 대통령이 제안한 헌법개정안의결, 일반사면에 대한 동의 등으로 대통령과 정부를 통제할 수 있다.
- 국회는 법원에 대해 법관에 대한 탄핵소추, 국정감사, 조사 등을 통하여 법원을 통제할 수 있다.

ⓓ **행정부의 타부에 대한 통제**
- 행정부는 국회에 대해 법률안제출권, 법률안거부권 등을 가지고 있다.
- 행정부는 법원에 대해서는 대법원장 등의 임명권을 가진다.

ⓜ **법원의 타부에 대한 통제**
- 법원은 행정부에 대해 명령 · 규칙심사권을 가지고 있다.
- 법원은 국회에 대해 위헌법률심사제청권, 대법원의 규칙제청권을 가지고 있다.
  > ☞ 헌법재판소의 타부에 대한 통제 … 헌법재판소는 위헌법률심판, 권한쟁의심판, 탄핵심판, 헌법소원심판 등을 통해 국회, 대통령, 정부, 법원을 통제할 수 있다.

ⓗ **권력의 융화** : 현행 헌법은 대통령에게 강력한 권한을 부여하고 있으면서 (긴급명령권, 대법원장 · 대법관임명권) 의원내각제 요소의 도입으로 권력의 융화도 기하고 있다.

(3) 법치주의의 원리

① **서설**
  ㉠ **의의** : 모든 국가기관은 국민의 자유와 권리를 제한하거나 국민에게 새로운 의무를 부과하려 할 때에는 반드시 의회가 제정한 법률에 의하거나 그에 근거가 있어야 한다는 원리를 말한다.
  ㉡ **지위** : 법치주의는 인(人)의 지배나 힘(力)의 지배나 아닌 법(法)에 의한 통치를 의미한다는 점에서 대의제 민주정치의 기본원리가 되어 있다.

② **법치주의의 기능** … 법치주의는 넓게는 통치구조의 구성원리로서, 좁게는 국가권력발동의 준거원리로서 기능한다.
  ㉠ **적극적 기능** : 국가권력발동의 근거로서의 기능을 한다.
  ㉡ **소극적 기능** : 국가권력을 제한 · 통제하는 기능을 한다.

③ **법치주의의 기초**
  ㉠ **목적** : 국민의 자유와 권리의 보장
  ㉡ **기초** : 권력분립
  ㉢ **내용** : 법률의 우위, 법률에 의한 행정, 법률에 의한 재판

④ **입헌주의와 법치주의**
  ㉠ **입헌주의** : 헌법에 의하여 국가권력을 조직하고 규제함으로써 국민의 자유와 권리를 보장하려고 한다.

    ⓛ 법치주의 : 행정권에 의하여 국민의 자유와 권리의 침해가 일어나지 않도록 법률에 의하여 행정권의 발동을 규제하려는 것이다.

POINT 팁 민주주의와 법치주의

전통적 견해는 민주주의는 정치적·국가지향적 원리이고 법치주의는 비정치적·법기술적 원리라고 이해하고 양자를 대립관계로 보았다(민주주의=정치논리, 법치주의=법논리). 현대국가에 있어서는 양자는 국가구성의 원리로서 국가라는 정치적 통일체형성의 정당성 근거부여, 합리성의 부여, 계속성 보장, 권력분배 및 권력통제의 기능을 한다. 또 양자는 헌법의 기본질서로서 상호결합되어 있어 구성요소가 대부분 중첩되는 특징을 보인다.

⑤ 형식적 법치주의와 실질적 법치주의

    ㉠ 형식적 법치주의 : 법률의 목적이나 내용은 문제삼지 않는다.

    ⓛ 실질적 법치주의 : 의회제정의 법률이어야 할 뿐만 아니라 그 법률의 목적과 내용이 정의에 합치하는 정당한 것이어야 한다는 법치주의이다. 형식적 법치주의는 통치의 합법성을 특징으로 하는 것이라면 실질적 법치주의는 통치의 정당성을 그 특징으로 한다.

⑥ 현대의 법치주의와 우리 헌법

    ㉠ 현대의 법치주의 : 현대의 사회적 법치국가에 있어서는 분배의 원리와 사회복지, 사회보장의 원리에 입각하여 국가가 적극적으로 개입·조정하게 되었다.

    ⓛ 우리 헌법상의 법치주의 : 우리나라는 통치의 단순한 형식적 합법성에서 나아가 통치의 내용, 목적의 정당성까지 요구하는 실질적 법치주의 또 사회정의와 국민복지실천을 위한 복지국가원리를 흡수한 사회적 법치주의를 채택한다.

⑦ 법치주의의 예외

    ㉠ 긴급재정·경제명령, 처분권 및 긴급명령권〈제76조 제1항, 제2항〉

    ⓛ 계엄〈제77조 제1항〉

    ㉢ 특별권력관계

SECTION 2　정부의 형태

1. 정부형태

(1) 정부형태 일반

① 의의

    ㉠ 개념 : 국가권력구조에 있어서 권력분립의 원리가 어떻게 적용되고 있느냐를 의미한다. 보다 더 구체화시키면 국가권력과 국가기능이 입법부, 집행부, 사법부에 어떻게 배분되고, 입법부, 집행부, 사법부는 배분된 국가권력과 국가기능을 어떻게 행사하며, 이들 기관의 상호관계는 어떠한가 하는 것을 의미하게 된다.

---

⑭ **구별개념** : 정부형태와 통치형태와의 구별에 대해서 통치형태는 정부형태 또는 정부제도를 의미한다. 정부형태는 입법부와 집행부와의 관계여하가 중심을 이룬다(다수설).

② **정부형태의 분류** … 전통적인 분류방법에 의하면 정부형태는 입법부와 행정부가 밀접한 공화·협력관계에 있느냐 아니면 양자가 상호독립적인 관계에 있느냐를 기준으로 의원내각제, 대통령제, 의회정부제로 분류된다. 현대적 분류방법은 다음과 같다.

③ **Loewenstein의 분류** … 그는 전제주의적 정부형태와 입헌주의적 정부형태로 분류하였다.

ㅡ 전제주의적 정부형태
- 의의 : 국가권력이 1개인, 1계급 또는 1정당에서 집중되고 집권자가 아무런 구속과 제한도 받지 아니하고 자의적으로 권력을 행사하는 통치방식을 의미한다.
- 특징 : 국민의 정치참여배제, 국민에게 정치적 자유보장 불허, 집권자의 무책임을 특징으로 한다.
- 분류 : 전체주의(전체의 선행성과 우위성이 강조되는 원리)와 권위주의(정통성의 근거없이 피치자의 복종을 확보할 수 있고 이것이 사회적으로 승인되는 주의)로 분류된다.

ㅢ 입헌주의적 정부형태
- 의의 : 국민의 자유와 권리를 보장하기 위하여 국가권력이 분립되고 권력 상호간에 억제와 균형이 유지되는 정부형태를 의미한다.
- 형태 : 국가의사결정시 국가기관간의 협조방식에 따라 직접민주제(스위스), 의회정부제(페레스트로이카 이전의 소련), 의원내각제(영국), 대통령제(미국), 집정부제(스위스)로 분류된다.

(2) 정부형태의 기본적 유형

① **권력분산형** : 대통령제, 의원내각제(입헌주의적 정부형태), 집정부제

② **권력통합형** : 의회정부제(인민회의제), 독재제, 전체주의적 정부형태, 권위주의제, 절대군주제, 권위주의적(전제주의적 정부형) 신대통령제

2. 의원내각제와 대통령제

(1) 의원내각제

① 서설

ㅡ 의의 : 행정부가 대통령과 국무총리로 구성되며, 행정부와 입법부가 공화·협력관계를 유지하여 행정부를 민주적으로 통제할 수 있는 정부형태를 말한다.

문. 현행 헌법상 의원내각제의 요소로 볼 수 없는 것은?

① 국무회의의 설치
② 대통령의 법률안거부권
③ 국회의 국무위원 해임건의
④ 국회의 동의에 의한 국무총리 임명

 ☞ ②

  ⓒ 형태

- 고전적인 의원내각제 : 집행권이 대통령과 내각에 나뉘어 있고, 대통령은 의례적 권한만을 가지고 행정에 관한 실질권은 수상이 보유한다.
- 통제된 의원내각제 : 정부가 의회에 우월, 대통령은 의례적 권한으로 조각권을 형식적으로 갖는다. 의회는 건설적 불신임투표에 의하지 아니하고는 정부불신임 행사가 불가하다.
- 내각책임제 : 수상이 다수당 공천에 의해 총선으로 결정, 그는 정책을 결정·집행하는 권한을 보유, 고로 입헌적 독재자로 호칭된다.

② 의원내각제의 장·단점

  ⊙ 장점

- 입법부와 행정부의 협조에 의해 신속한 국정처리가 가능하다.
- 능률적이고 적극적인 국정수행이 가능하다.
- 행정부가 입법부에 책임을 지기 때문에 책임정치가 가능하다.
- 유능한 인재기용이 가능하다.
- 입법부와 행정부의 협조로 2위 1체가 되어 강력한 정치가 가능하다.

  ⓒ 단점

- 정당독점정치 우려가 있다.
- 군소정당의 난립으로 정국불안정의 우려가 있다.
- 입법부가 정권획득을 위한 장소가 될 우려가 있다.
- 내각이 연명을 위하여 의회의사에 구애받지 아니하는 강력한 정치를 추진할 수 없다.

POINT 팁 의원내각제의 단점 보완책

 ⊙ 정당의 난립방지를 위해 다수대표제와 소선거구제를 채택할 필요가 있다.
 ⓒ 비례대표제를 채택하거나 다수대표제를 혼합한 경우 지역구 필수의석을 둠으로써 정당난립을 방지할 수 있다.
 ⓒ 건설적 불신임제(차기 수상을 재적의원 과반수 찬성으로 선임하지 아니하고는 정부를 불신임할 수 없게 하는 제도 : 독일 채택)를 도입할 수 있다.
 ⓔ 정국안정을 위해 일정기간, 일정회수의 불신임제한제를 둘 수 있다.
 ⓜ 정당이탈자의 의원직 상실 여부를 고려할 수 있다.

③ 의원내각제의 기본원리

  ⊙ 집행부의 이원적 구조 : 집행부는 대통령내각으로 구성하며, 대통령은 명목상의 원수이고 집행실권은 수상이 가진다.
  ⓒ 내각불신임권과 의회해산권에 의한 권력적 균형 : 의회와 정부는 법적으로 분리·독립되어 있으나, 정부는 의회에 대해 연대책임을 지게 되고, 동시에 의회해산권을 가지고 의회의 불신임권에 대항하여 의회를 견제할 수 있다.
  ⓒ 입법부와 집행부간의 공화와 협조 : 정부는 의회의 다수당에 의해 구성되고 정부가 의회에 의해 성립되는 결과로서 그 존속까지도 의회에 의존한다. 양부의 구성원은 각자 겸직할 수 있고 각료는 의회에 출석하여 발언할 수 있으며, 정부도 의회에 법률안을 제출할 수 있다.

문. 의원내각제가 성공하기 위한 조건이라고 할 수 없는 것은?

① 의회의 대표기능의 보장
② 직업공무원제의 확립
③ 입법부우위의 정부형태
④ 안정된 정당제도

☞ ③

문. 의원내각제에 관한 설명으로 가장 옳지 않은 것은?

① 의회의 내각불신임권이 본질적 요소이다.
② 각료와 의원의 겸직이 허용된다.
③ 행정부의 이원적 구조가 특징이다.
④ 양원제가 그 전제이다.

☞ ④

(2) 대통령제

① 서설

　㉠ 의의 : 권력분립이 엄격히 행해지고 권력기관 상호간의 독립이 보장되어 대통령이 독립하여 행정권을 행사하는 정부형태를 말한다.

　㉡ 유형 : 대통령제의 유형에는 고전적인 대통령제, 반대통령제, 신대통령제 등으로 분류된다.

　　• 고전적 대통령제 : 미국식 대통령제로서 삼권분립형 대통령제이다. 대통령은 행정권의 수반으로서 민선되며, 국회에 대해서 책임을 지지 않고 국회해산권도 없다. 의회 또한 정부불신임권이 없다.

　　• 반대통령제 : 대통령이 모든 것을 지배하는 지위에 있고 군주처럼 대권을 가지며, 간선제로 선출되어 지위의 장기성, 불가침성, 무책임성을 그 특징으로 한다.

　　• 신대통령제 : 헌법상 국가원수인 동시에 집행부수반인 대통령이 국회나 사법부보다 절대적으로 우월한 지위를 겸한다. 대통령의 권력행사에 대한 통제와 권력남용을 방지하기 위한 제도적 장치가 마련되어 있지 않거나 마련된 경우에도 실효를 거두고 있지 못한 것이 특징이다.

② 특징

　㉠ 행정부의 독립 : 행정부수반인 대통령이 민선되고 의회에 대해 정치적 책임을 지지 아니하며, 의회도 행정부불신임권을 가지지 못한다.

　㉡ 행정부의 일원화 : 행정부가 일원화되어 있고 국가원수로서의 지위와 행정부수반으로서의 지위가 대통령 1인에게 통합되어 있다.

　㉢ 겸직의 금지(기능상의 독립) : 엄격한 권력분립주의이기 때문에 대통령과 각부 장관은 의원을 겸직할 수 없음이 원칙이다.

　㉣ 견제와 균형 : 의회는 조약의 비준과 고급공무원에 대한 동의권, 예산심의 의결권, 탄핵소추권(하원), 탄핵심판권(상원) 등을 가지고 대통령을 견제한다. 대통령은 법률안거부권, 법률공포권, 예산안제출권 등을 가지고 의회를 견제한다.

③ 대통령제의 장·단점

　㉠ 장점 : 대통령제의 장점으로는 정국의 안정, 국회의 졸속 입법방지, 다수당의 압제를 방지하고 소수자의 이익을 보호할 수 있다.

　㉡ 단점 : 독재화, 통일적 국정수행방해, 행정부와 의회의 대립시 쿠데타유발 우려, 국민의 정치적 훈련기회가 의원내각제보다 적다.

POINT 팁 대통령제의 단점 보완책

　　㉠ 독재방지책으로 권력의 분산, 선거제도의 개선, 정당구조의 개편 등이 요구된다.

　　㉡ 국가기능의 통일차원에서 내각에 대한 책임추궁제도가 있어야 한다.

　　㉢ 국무총리와 관계국무위원의 부서가 효력요건이 되어야 한다.

　　㉣ 정당정치의 활성화로 권력의 연결, 전국가적 기능을 수행하게 한다.

　　㉤ 대통령과 행정부가 여론을 존중해야 한다.

　　㉥ 대통령이 법률안제출권, 국회소집권 등으로 입법과정에 참여하게 한다.

문. 대통령제에 대한 설명으로 옳지 않은 것은?

① 집행권의 일원적 구조
② 입법권과 집행권의 상호독립
③ 권력의 공화관계
④ 견제와 균형

☞ ③

문. 대통령제와 의원내각제의 공통점이 아닌 것은?

① 정치적 연대책임
② 입헌주의
③ 법치주의
④ 사법권의 독립

☞ ①

④ 대통령제와 의원내각제의 비교
  ㉠ **공통점** : 양자는 동일한 역사적 배경, 동일한 이론적 기반, 동일한 헌법적
     조건 등을 갖는 점에서 공통적이다.
  ㉡ **차이점**
    • 의원내각제는 권력분립이 완화되어 입법부와 집행부가 공화적·협동적이다.
    • 집행부자체의 구조가 상이하다. 의원내각제는 대통령과 내각의 이원적
      구성이다.
    • 입법부와 행정부의 기본관계가 다르다. 대통령제는 상호독립의 원리가
      지배하나, 의원내각제는 상호의존의 원리가 지배한다.
    • 정치적 책임추궁이 상이하다. 대통령제에서는 정치적 책임추궁이 곤란하
      나, 의원내각제에서는 행정권이 분산되어 있기 때문에 수상에 대한 정치
      적 책임추궁이 용이하다.
    • 본질적 차이는 대통령제는 의회가 내각을 불신임할 수 없으나, 행정부가
      의회를 해산시킬 수 없다는 점이다.

3. 이원집정부제와 제3세계 국가의 정부형태

(1) 이원집정부제

① **의의** … 위기에 있어서는 대통령이 행정권을 전적으로 행사하나, 평상시에 있
   어서는 내각 수상이 행정권을 행사하는 의원내각제와 대통령제를 결합하여
   가지는 제도를 말한다.

② **특색**
  ㉠ **대통령의 지위** : 대통령은 의회에서 독립하여 있다. 그는 국민에게서 직접
     선거되며, 의회에 대하여 책임을 지지 않는다.
  ㉡ **내각의 지위** : 내각은 의회에 대하여 책임을 진다. 의회는 내각에 대해 불
     신임권을 가지고 있다.
  ㉢ **대통령·수상의 지위** : 국가긴급시에는 대통령은 수상과 국무위원의 부서
     없이도 행정권을 행사한다. 수상을 해임할 수 있고 국무회의를 주재한다.

③ **이원집정부제의 장·단점**
  ㉠ **장점**
    • 평상시에는 입법부와 행정부의 대립에서 오는 마찰을 피할 수 있다.
    • 국가위기시에는 신속하고 안정된 통치를 할 수 있다.
  ㉡ **단점**
    • 대통령이 국가긴급권을 가지고 있으나, 내각과 의회의 이에 대한 견제권
      이 약하기 때문에 대통령 독재화의 우려가 있다.
    • 국민주권주의에 충실하지 못할 우려가 있고 국민여론을 외면한 행정이
      되기 쉽다.

문. 정부형태에 관한 설명으로 가
  장 옳지 않은 것은?

① 대통령중심제에서는 의회와 정
  부의 정치적 대립을 의원내각제
  에서보다 효과적으로 해결할 수
  있다.
② 의원내각제에서는 대통령중심제
  에서보다 민주적 요구를 만족시
  키고 책임정치를 실현시키기 용
  이하다.
③ 라틴아메리카의 대통령중심제
  국가에서는 식민지 경험과 종속
  적 민족주의로 말미암아 신대통
  령제가 많이 출현하게 된다.
④ 의회와 정부의 공화는 대통령중
  심제의 기본원리 중의 하나라고
  할 수 있는 것이 아니다.

☞ ①

(2) 제3세계의 정부형태

① 의의 … 대통령제도 아니고 의원내각제도 아닌 제3유형의 정부형태를 말한다.

② 특징과 정부형태

　㉠ 특징 : 대통령제와 의원내각제를 혼합하며, 대통령의 절대적 우위와 집행부의 권한을 강화함과 동시에 입법부와 사법부를 약화시키는 방향으로 양 요소를 혼합한 점에 특색이 있다.

　㉡ 정부형태 : 제3세계의 정부형태를 종전 분류에 따른다면 신대통령제 또는 반대통령제에 해당된다.

③ 대통령의 지위

　㉠ 막강한 권한 : 대통령은 법률안제출권, 헌법개정안발의권, 사법부 구성원의 실질적 임명권, 광범한 비상권력, 의회해산권, 행정 각부의 장과 의원의 겸직까지 허용하는 경우도 있다.

　㉡ 권한의 필요성
　　• 신생독립국의 경우에는 국가적 과제의 신속·효율적 처리를 위해서는 이러한 대통령제가 필요하다고 생각하기 때문이다.
　　• 체제 도전이나 반쿠데타에 의한 실각예방의 장벽으로 활용하기 위해서이다.

4. 우리나라의 정부형태

(1) 각 시대별 정부형태

① 제1공화국

　㉠ 제헌 당시 : 대통령제를 채택하면서도 의원내각제의 요소를 어느 정도 가미한 대통령중심제였다.

　㉡ 발췌개헌시 : 대통령을 직선제로 하는 대신 의원내각제적 요소를 대폭 도입하였다.

　㉢ 사사오입개헌시 : 의원내각제적 요소를 불식하고 대통령제적 요소를 강화하였다. 국무총리제를 폐지하였고, 국회는 국무위원에 대하여 개별적인 책임추궁을 할 수 있도록 하였다.

② 제2공화국 … 고전적 또는 영국적 의원내각제에 해당하였다(통설). 대통령은 간선되며, 의례적·형식적 권한만을 가졌다. 행정권은 국무원에 귀속되고 국무원은 민의원에 대하여 연대책임을 졌고, 민의원해산권을 가졌다.

③ 제3공화국 … 대통령제가 실시되었다. 즉, 대통령이 집행부의 수반이 되었다. 정부의 국회해산권과 국회의 정부불신임권이 인정되지 않았다. 의원내각제적인 요소인 국무총리를 두고 있었으며, 국무총리에게 국무위원 임명제청권과 행정 각부에 대한 약한 통할권을 부여하고 있었다. 의원내각제와는 달리 국무총리는 대통령의 보좌기관에 지나지 않았고, 내각의 연대성이 인정되지 아니하였다.

④ **제4공화국** … 대통령에게 강력한 권한이 집중된 대통령제였다. 이에 대하여 신대통령제 또는 변형된 대통령제라고도 하였다. 대통령에게 긴급조치권과 국회해산권 등 대권이 부여되어 있었다. 권력의 조직화, 능률의 극대화라는 이름 아래 권력의 인격화를 추구하였기 때문에 행정권의 비대·강화에 따라 입법권과 사법권은 상대적으로 약화되어 있었다.

⑤ **제5공화국** … 원칙적으로 권력분립제를 규정하면서 정부형태는 대통령제였다. 그러나 대통령에게 국회해산권, 비상조치권을 비롯하여 헌법개정제안권, 법률안제출권 등 절대적 권한을 인정하였다.

⑥ **제6공화국** … 대통령의 권한을 약화하고 대통령을 직선으로 하고 국회해산권은 없애는 등 의원내각제적 요소를 완화하였다. 그러나 완전한 미국식 대통령제는 아니고 제3공화국 대통령제와 비슷하다. 구체적으로 대통령의 비상조치권, 국회해산권 등 대권적 권한들을 삭제하고 대신 국회의 권한을 확대하고 사법권의 독립을 강화함은 물론 헌법재판소의 관할을 확대하는 등 권력의 분산과 권력상호간의 억제와 균형장치를 재조정함으로써 권력구조의 합리화를 실현하고 있다. 기본적으로는 대통령제이지만 의원내각제적 요소를 다양하게 가미한 일종의 변형된 대통령제 내지 혼합형 정부형태에 해당한다.

POINT 팁 현행 헌법의 특징

　　㉠ 대통령제적 요소
　　　• 대통령은 국가의 원수인 동시에 정부수반이다〈제66조〉.
　　　• 국민이 직선한다〈제67조 제1항〉.
　　　• 임기는 5년〈제70조〉이며, 탄핵결정에 의하지 아니하고는 면직되지 아니한다〈제65조〉.
　　　• 법률안거부권을 가진다〈제53조〉.
　　　• 대법원장, 대법관의 임명권을 가진다〈제104조〉.
　　㉡ 의원내각제적 요소
　　　• 국무총리제 및 국무총리 임명에 국회의 동의를 요한다〈제86조 제1항〉.
　　　• 국무총리의 행정 각부 통할권〈제86조 제2항〉, 국무위원의 임명을 대통령에게 제청, 해임건의할 수 있다〈제87조 제1항, 제3항〉.
　　　• 국무총리와 관계 국무위원의 부서가 있어야 한다〈제82조〉.
　　　• 정부의 법률안제출권이 인정된다〈제52조〉.
　　　• 국무총리, 국무위원, 정부위원의 국회출석·발언권이 인정되어 있다〈제62조 제1항, 제2항〉.
　　　• 국회의원과 국무위원의 겸직이 허용된다〈국회법 제29조〉.

(2) 현행 헌법과 중요요소

① 미국 대통령제와의 비교

구분	내용
유사점	• 대통령이 원수인 동시에 행정부 수반 • 대통령의 임기보장 • 국회에 행한 정치적 책임 배제 • 법률안거부권

	• 중요공무원임명시 국회 동의 • 국회의 예산심의 · 확정권, 국정조사권, 탄핵소추권 • 대법원장 · 대법관임명권 • 법원의 위헌 · 위법명령심사권
차이점	• 부통령의 부존재 • 법률안제출권 • 계엄선포권, 긴급명령권 • 헌법개정안제안권 • 국무총리 · 국무위원해임건의권 • 국회의 국정감사권 • 단원제 국회 • 연방제가 아닌 단일제 • 헌법재판소의 위헌법률심사권

② 대통령제에서 볼 수 없는 제도
  ㉠ 대통령의 국민투표부의권〈제72조〉
  ㉡ 헌법개정안발의권〈제128조〉
  ㉢ 임시국회소집요구권〈제47조〉

③ 이원집정부적 요소
  ㉠ 대통령의 긴급명령권과 긴급재정 · 경제처분권 및 명령권〈제76조〉
  ㉡ 계엄선포권〈제77조〉
  ㉢ 국민투표부의권〈제72조〉

SECTION 3 통치의 작용

1. 입법작용

(1) 입법과 입법권

① 입법
  ㉠ 의의 : '실질적 의미의 입법'은 국가기관이 일반적 · 추상적인 성문법 규범을 정립하는 작용을 말한다. '형식적 의미의 입법'은 국회가 형식적 의미의 법률을 제정하는 작용을 의미한다.
  ㉡ 입법의 본질 : 입법의 본질에 관해서는 학설대립이 있으나, 이것을 실질적 의미로 이해하여 '국가기관에 의한 일반적 · 추상적인 성문의 법규작용'으로 이해하는 것이 타당하다. 여기의 성문의 법규는 일반적 · 추상적 법규범을 의미할 뿐 그 내용이 반드시 국민의 권리 · 의무와 직접 관계가 있는 것에 한정되지 아니하고 형식도 법률에 한정되지 아니한다.

② **입법권의 축소경향**

　㉠ **국가기능의 확대·변화**: 국가 성격이 시민적 법치국가에서 사회적 법치국가로 변함에 따라 행정입법과 비상입법이 증대하게 되었다. 이에 따라 국회의 입법권은 약화·축소되어 가고 있다.

　㉡ **통법부화**: 헌법은 국회입법의 원칙을 규정하고 있으나〈제40조〉 대통령의 법률안제출권〈제52조〉, 법률안거부권〈제53조 제2항〉 등으로 행정부가 입법과정을 실질적으로 주도하고 있다. 그리하여 국회는 법안을 통과시키기만 하는 이른바 통법부로 지위격하가 초래되고 있다. 의회가 제정하는 법률의 내용과 성격도 법률사항의 대강만을 규정하고 그 세부사항은 행정입법인 명령, 규칙 등에 위임하는 경향을 보여주고 있다.

(2) 입법권의 범위와 한계

① **입법권의 범위**

　㉠ **구체적 범위**: 실질적 의미의 입법 가운데, 다른 기관의 권한으로 하고 있는 것을 제외한 것이 국회 입법권의 범위이다. 현행 헌법상 국회가 갖는 입법권의 구체적인 범위는 법률의 의결권, 헌법개정제안권〈제128조 제1항〉, 법률의 제정권, 조약체결·비준에 관한 동의권, 국회규칙권이다. 이 중에서 법률제정권이 국회가 갖는 입법권의 중심을 이룬다.

　㉡ **국회입법의 원칙에 대한 예외**: 헌법은 국회입법원칙에 대한 예외를 여러 곳에서 규정하고 있다. 행정입법은 대통령, 국무총리, 행정 각부의 장에게〈제75조, 제95조〉, 자치입법은 지방자치단체에〈제117조 제1항〉, 사법입법은 대법원과 헌법재판소에〈제108조, 제113조 제3항〉, 선거관리, 국민투표관리 또는 정당사무에 관한 입법은 중앙선거관리위원회〈제114조 제6항〉, 조약체결권〈제73조〉과 긴급명령권, 긴급재정·경제명령권〈제76조〉은 대통령에게 각각 부여하고 있다.

　㉢ **국회에 전속되는 것**: 법률안의 의결과 심의

② **법률의 제정권**

　㉠ **의의**: 법률제정권에서의 '법률'은 국회가 헌법이 규정하는 입법절차에 따라 심의·의결하고 대통령이 서명·공포함으로써 효력을 발생하는 헌법의 하위 법규범인 형식적 의미의 법률을 의미한다.

　㉡ **법률의 성질**: 시민적 법치국가를 규율하는 법률은 민주적 정당성을 가져야 하고 민주적 절차에 따라 정립되어야 한다. 법치주의적 질서에 적합한 것이어야 하고 내용이 명백·확정적이어야 한다. 사회적·법치국가적 법률은 민주적 정당성을 구비하고 민주적 절차에 따라야 하며, 법치주의적 질서에 적합한 것이어야 하고 사회국가적 원리와도 합치하여야 한다.

　㉢ **일반적 법률**: 이는 일반적이고 추상적인 내용을 가진 법률을 말한다. '일반적'은 불특정다수인을 상대로 하는 경우를 말하며, '추상적'이라 함은 불특정한 경우를 규정하는 것을 말한다.

㉣ **처분적 법률** : 이는 어떠한 처분이나 조치와 같은 개별적·구체적 사항의 규율을 그 내용으로 하는 법률이다. 행정적 집행이나 사법적 집행이나 사법적 재판을 매개로 하지 아니하고 직접 국민에게 권리와 의무를 발생하게 하는 자동집행력을 가진 법률을 말한다.

POINT 팁 처분적 법률의 유형과 한계 및 사례
　㉠ **처분적 법률의 유형** : 개인대상법률, 개별사건법률 및 한시적 법률이 있다.
　㉡ **처분적 법률의 한계** : 처분적 법률은 국민의 생존과 복지를 배려하고 비상적·위기적 상황에 대처하기 위해 필요하다. 처분적 법률이 권력분립의 원칙에 위배되지 않는가, 평등원칙에 반하지 않는가에 대해서 평등한 것은 평등하게, 불평등한 것은 불평등하게라는 실질적 평등에 어긋나지 않는다는 것이 통설이다.

③ **입법권의 한계**

㉠ **헌법상의 한계** : 법률의 합헌성의 원리에 따라 국회의 입법권은 헌법의 명문규정에 위반할 수 없음은 물론 헌법의 기본원리나 일반원칙에 위반할 수 없다. 헌법은 최고규범으로서 입법권의 수권규범이자 한계를 긋는 제한규범이기 때문이다.

㉡ **정책상의 한계** : 입법권을 국회가 아닌 다른 국가기관에게 부여하는 것인데, 이러한 경우로는 대통령의 긴급재정·경제처분명령 및 긴급명령〈제76조〉, 행정입법〈제75조, 제95조〉, 자치입법〈제117조 제1항〉, 사법입법〈제108조〉, 사무관리규칙〈제114조 제6항〉 등이 있다.

㉢ **한계를 벗어난 법률의 효력** : 입법권의 한계를 벗어난 법률은 헌법위반이 되어 무효가 된다. 한계내외 여부는 헌법재판소의 심판에 따라 결정된다. 헌법재판소에 의하여 위헌으로 결정된 법률은 무효가 된다.

(3) 입법의 절차와 통제

① **입법의 절차** : 법률제정의 절차와 과정은 법률안의 제출, 법률안의 심의와 의결, 법률안의 정부에의 이송, 대통령의 거부권행사와 국회의 재의, 법률의 성립과 공포법률의 효력발생의 수순을 밟는다.

㉠ **법률안의 제출** : 국회의원(10인 이상)과 정부가 제출한다〈제52조〉. 정부가 법률안을 제출할 때에는 국무회의의 심의를 거쳐야 한다〈제89조 제3호〉. 정부의 법률안제출은 의원내각제의 반영이다.

㉡ **심의와 의결** : 법률안이 제출되면 의장은 상임위원회에 회부하여 이를 심사하게 하며, 본회의에 붙여진다. 본회의에 붙여진 법률안은 재적의원 과반수의 출석과 출석의원 과반수의 찬성으로 의결한다〈제49조〉.

㉢ **정부에의 이송** : 본회의에서 의결된 법률안은 정부에 이송된다〈제53조 제1항〉. 정부는 국무회의의 심의에 회부할 것인가의 여부를 결정한다.

㉣ **대통령의 거부권행사와 국회의 재의** : 법률안에 이의가 있는 경우 정부에 이송된 날로부터 15일 이내에 이의서를 붙여 국회로 환부하고 그 재의를 요구할 수 있다. 국회의 폐회중에도 또한 같다〈제53조 제2항〉.

ⓜ **법률의 성립과 공포** : 국회에서 의결된 법률안이 정부에 이송되고 정부가 그 법률안에 대하여 이의를 가지지 아니할 때에는 대통령이 서명하고 국무총리와 관계국무위원이 부서한다. 이로써 법률은 성립한다. 공포는 법률의 효력발생요건이다. 법령 등의 공포일 또는 공고일은 해당 법령 등을 게재한 관보 또는 신문이 발행된 날로 한다〈법령 등 공포에 관한 법률 제12조〉.

ⓗ **법률로서의 효력발생** : 법률에 특별한 규정이 없으면 공포한 날로부터 20일을 경과함으로써 효력을 발생한다〈제53조 제7항〉.

② **입법의 통제**

㉠ **대통령의 법률안거부권** : 국회 입법권에 대한 제1차적 통제수단이다. 법률이 헌법에 규정된 절차를 무시하고 제정되거나 그 한계를 일탈하는 경우 대통령은 거부권을 행사할 수 있다〈제53조 제2항〉.

㉡ **위헌법률심사제** : 국회입법권에 대한 제2차적 통제수단이다. 법률이 헌법에 위반되는 여부가 재판의 전제가 된 경우에는 법원은 헌법재판소에 제청하여 그 심판에 의하여 재판한다〈제107조 제1항〉.

㉢ **국회 자율에 의한 통제** : 법률안제출시 의원 10인 이상의 찬성을 얻어 제출하도록 하고 해당 상임위원회의 심의를 거치게 하며, 헌법개정안에 대해 재적의원 3분의 2 이상의 찬성과 기명투표를 채택하고 있다.

㉣ 국민, 이익단체, 정당에 의한 통제가 있다.

2. 행정작용

(1) 행정과 행정권의 의의

① **행정의 개념**

㉠ **의의** : '실질적 의미의 행정'은 국가작용의 성질을 기준으로 하여 법아래서 법의 규제를 받으면서 현실적으로 국가목적 또는 공익을 실현하기 위하여 하는 능동적이고 적극적인 형성적 국가작용을 의미한다. '형식적 의미의 행정'은 행정을 담당하고 있는 국가기관을 기준으로 하여 행정기관에 의하여 행해지는 모든 작용을 의미한다.

㉡ **헌법 제66조 제4항의 행정권** : 이는 실질적 의미의 행정에 관한 권한으로 이해된다.

② **행정개념과 행정작용 등**

㉠ **행정개념의 분설** : 행정개념의 정립에 관해서는 적극적 중 양태설이 다수설이다. 양태설에 따르면 행정은 "법에 따라 구체적으로 국가목적이나 공익의 실현을 위하여 행해지는 능동적이고 적극적인 형성작용이다."라고 정의하게 된다.

ⓛ **다른 국가작용과의 비교** : 행정작용은 입법작용, 사법작용, 통치작용과는 다음과 같이 구별된다.

- **입법작용과의 구별** : 입법작용은 일반적이고 추상적인 성문의 법규범을 정립하는 국가작용이고, 행적작용은 입법의 하위작용으로서 법규범에 따라 법을 구체화하고 집행함으로써 현실적으로 국가목적을 실현하는 작용이다.
- **사법작용과의 구별** : 양자는 법 아래에서 행해지는 법집행적 작용이라는 점에서 동일하지만 행정작용은 능동적이고 계속적인 형성적 국가작용인 데 비하여 사법작용은 구체적인 법적 분쟁이 발생한 경우에 당사자의 신청에 따라 법을 판단하고 선언함으로써 법질서를 유지하려는 소극적인 국가작용이라는 점에서 구별된다.

POINT 팁   행정행위와 통치행위

    ⓐ **통치행위의 의의** : 고도의 정치성을 띤 집행부의 행위로서 사법부가 그 합헌성·합법성을 심사하기 부적합한 행위를 말한다. 고도의 정치성에 대한 의미는 다음과 같다.

    ⓑ **행정행위와의 구별** : 행정행위는 보다 기술적·사무적·구체적·세부적 국가과제의 처리를 내용으로 하는 데 반하여 통치행위는 국가적 차원에서 정치적 결단과 정치적 형성을 그 내용으로 하는 점에서 구별된다.

(2) 행정작용의 확대·강화경향

① **복지행정의 원칙** … 현대국가는 자유주의적·시민적 법치국가가 아닌 복지국가, 사회적 법치국가로서 국민의 생존배려와 복지향상을 위하여 적극적인 행정활동이 요청되고 있다. 이러한 복지국가·사회적 법치국가를 위한 국가활동의 확대·강화는 집행권의 확대·강화를 가져오게 되었다.

② **권력의 융화** … 사회적 법치국가에서는 복지향상의 차원에서 행정권의 강화와 행정권과 입법권의 융화현상이 나타난다. 의원내각제하에서는 더욱 더 뚜렷이 나타난다.

    ☞ 행정의 이념 … 행정의 이념은 국가정책을 수립하고 집행·평가하는 행정과정에서 준수해야 할 가치기준 내지 원칙을 말한다. 행정은 그 성격상 사회목적을 위한 계속적인 형성작용이므로 자유재량과 자유형성의 여지가 많이 인정되므로 자의적인 작용과 재량권의 남용을 방지하기 위해서 준수해야 할 기본준칙이 필요하게 된다. 일반적으로 열거되는 행정이념에는 민주성의 이념, 공공성의 이념, 중립성의 이념, 합법성의 이념, 사회적 형평의 이념, 능률성의 이념, 합목적성·합리성 등의 이념이 있다.

(3) 행정의 분류와 통제

① **행정의 분류**

  ⓐ **주체에 따른 분류** : 국가행정, 자치행정, 위임행정

  ⓑ **성질에 따른 분류** : 입법적 행정, 사법적 행정, 집행적 행정

  ⓒ **권력성 여하에 따른 분류** : 권력행정(명령, 강제작용)과 비권력행정(관리작용)

② **행정권에 대한 통제** … 행정통제는 책임행정을 구현하기 위한 사전적·사후적 제어장치로서 행정조직의 하부구조와 행정공무원들이 행정조직의 목표와 규범으로부터 이탈하지 아니하도록 제재를 가하고 보상을 행하는 규제활동을 말한다. 행정에 대한 통제유형에는 내부적·자율적 통제와 외부적·민주적 통제로 구별된다. 내부적·자율적 통제는 행정부 스스로에 의한 것으로 민주적 정당성 확보가 그 목적이다.

ANSWER

> **헌법재판소와 행정통제**
> 헌법재판소는 검사의 불기소처분에 대한 헌법소원심판에서 '검사의 수사가 지나치게 편파적이거나 자의적인 것이어서 정의와 형평에 반하는 경우나 헌법의 해석·법률의 적용 또는 증거판단에 있어 불기소처분의 결정에 영향을 미친 중대한 잘못이 있는 경우'에 대해 그 불기소처분을 취소하였다.

3. 사법작용

(1) 사법과 사법권의 의의

① **사법의 개념**

   ⊙ **의의** : '실질적 의미의 사법'은 구체적인 법률상의 분쟁이 있는 경우에 당사자로부터 쟁송의 제기를 기다려 무엇이 법인가를 판단·선언함으로써 법질서를 유지하기 위하여 행하는 작용을 의미한다. '형식적 의미의 사법'은 법원의 관할에 속하는 사항을 의미한다고 한다. 제101조 제1항의 "사법권은 법관으로 구성된 법원에 속한다."는 규정은 실질적 의미의 사법으로 이해함이 다수설이다.

   ⊙ **헌법 제101조 제1항** : 이는 삼권분립에 관한 규정이며, 헌법에 특별한 규정이 없는 한 사법에 관한 권한은 법원이 행사한다는 법원사법에 관한 규정이다. 또한 사법권의 독립을 선언한 규정이기도 하다.

② **사법작용의 증가현상**

   ⊙ **사법작용의 개념** : 사법작용은 구체적인 분쟁이 발생한 경우에 당사자로부터의 쟁송제기에 의해 독립된 지위를 가진 기관이 제2자적 입장에서 무엇이 법인가를 판단하고 선언함으로써 법질서를 유지하기 위한 작용이다.

   ⊙ **사법작용의 증가현상** : 사회가 다양화·복잡화되어감에 따라 분쟁 또한 급증하고 있음이 세계적인 현상이다. 이러한 분쟁해결은 소송적 방법과 소송 외적 방법(언론중재, 소비자분쟁조정제도, 노동쟁의제도, 환경분쟁조정제도, 민사조정제도) 등이 활용되고 있다.

(2) 사법의 본질과 기능

① 본질

 ㉠ **사건성** : 구체적인 법적 분쟁의 발생을 그 전제로 한다.

 ㉡ **수동성** : 당사자로부터 쟁송의 제기를 그 전제로 한다.

 ㉢ **판단 · 선언성** : 법을 판단하고 선언하는 작용이다.

 ㉣ **법기속성** : 엄격히 법에 기속하는 성질을 갖는다.

 ㉤ **판단의 독립성** : 독자적 지위를 가진 판단기관이 제3자적 입장에서 독립하여 판단한다.

② 사법의 기능

 ㉠ 국민의 권익을 보호하는 기능을 한다.

 ㉡ 법질서를 유지하는 기능을 한다.

 ㉢ 법의 모순과 결함을 해결하고 보충하는 기능을 한다.

 ㉣ 사회적 갈등을 해소하는 사회평화보장기능을 한다.

(3) 사법권의 범위와 한계

① **사법권의 범위** … 제101조 제1항이 "사법권은 법관으로 구성된 법원에 속한다."는 규정은 실질적 의미의 사법에 관한 권한은 헌법에 특별한 규정이 없는 한 원칙적으로 법원의 권한에 속한다는 법원사법의 원칙을 규정한 것이다. 그러나 예외적으로 헌법은 헌법정책상의 이유로 실질적 의미의 사법에 관한 권한의 일부를 대통령(사면, 복권), 정부(행정심판의 재결, 징계 등), 국회(의원의 징계), 헌법재판소(위헌법률심판, 위헌정당해산심판, 탄핵심판, 권한쟁의심판, 헌법소원심판) 등에 부여하고 있다.

② **사법권의 한계** … 법원은 사법권의 범위 내의 모든 소송을 관할하는 것이 원칙이나, 사법권에는 사법본질적 · 정책적 · 실정법적 · 국제법적 한계가 있다. 헌법에 의하여 사법권은 법원에 속하고〈제101조 제1항〉, 또 국민의 재판청구권이〈제27조〉 보장되어 있기 때문에 과잉규제되는 경우 위헌법률이 된다.

 ㉠ 실정법상의 한계

  • 위헌법률심사, 탄핵심판, 권한쟁의심판, 위헌정당해산결정권, 헌법소원심판은 헌법재판소의 권한이다〈제111조 제1항〉, 법원은 이러한 재판권을 행사할 수 없다.

  • 국회의원의 자격심사, 징계 · 제명처분은 국회의 권한이다〈제64조 제2항〉.

  • 비상계엄하의 군사재판은 군인 · 군무원의 범죄나 군사에 관한 간첩죄와 초병 · 초소 · 유독음식물 공급, 포로에 관한 죄 중 법률에 정한 것은 사형선고의 경우를 제외하고는 단심으로 할 수 있다〈제110조 제4항〉.

ⓛ **국제법상의 한계**: 외교특권자는 체재국법의 적용을 받지 아니한다. 이에는 외교사절과 그 가족 및 수행원, 국제기구의 직원, 군함의 승무원, 책임있는 지휘관을 가진 군대 등이 포함된다.

ⓒ **권력분립상의 한계**: 통치행위, 국회의 자율권에 속하는 사항, 행정부의 자유재량행위, 행정소송상의 이행판결 등이 속한다. 통치행위는 고도의 정치성을 띤 최고통치기관의 행위이기 때문에 사법적 쟁송의 대상으로 하기에는 부적합한 성질의 행위이다. 통치행위는 국가원수 또는 집행부 수반의 권력적 행위, 고도의 정치성, 법적 무기속성, 사법심사부적합성, 그에 대한 판결의 집행곤란성을 그 특색으로 한다. 국회의 내부규율과 의원의 자격심사 및 징계〈제64조〉, 의결정족수와 투표의 계산 등은 사법적 심사의 대상에서 제외된다. 특별권력관계에서의 처분도 일정한 범위 안에서는 사법심사의 대상이 된다.

ⓔ **사법본질상의 한계**: 사법권의 심사대상이 되기 위해서는 구체적 사건성, 당사자 적격성, 소의 이익이 있어야 하고 사건이 어느 정도 성숙하여야 한다. 이러한 요건을 갖추지 못하면 사법권의 심사대상이 되지 못한다.

• **구체적 사건성**: 사법이 추상적으로 규범을 심사하는 것이거나 그 적용을 보장하는 것이 아니고 구체적이고 현실적인 소송사건이나 쟁송을 대상으로 함을 의미한다.

• **당사자적격성**: 당사자는 청구에 관하여 소송을 수행할 실질적 이익이 있어야 함을 의미한다.

• **소의 이익**: 당사자는 청구에 관하여 소송을 수행할 실질적 이익이 있어야 함을 의미한다.

• **사건의 성숙성**: 사법은 진실하고도 현존 또는 급박한 문제를 심사하여야 하며, 추상적 · 가정적 또는 먼 장래의 문제를 심사하여서는 안된다는 의미이다.

ANSWER

소의 이익
ⓖ 대법원 : 행정소송은 행정처분으로 인하여 법률상 직접적이고 구체적인 이익을 가지게 되는 사람만이 제기할 이익이 있는 것이고, 다만 사실상이며 간접적인 관계를 가지는 데 불과한 사람은 소송을 제기할 이익이 없다.
ⓗ 헌법재판소 : 심판청구 당시 권리보호의 이익이 인정되더라도 심판계속중에 생긴 사정변경, 즉 사실관계 또는 법령제도의 변동으로 말미암아 권리보호의 이익이 소멸된 경우에는 원칙적으로 심판청구는 부적법하게 된다.

(4) 사법권에 대한 통제

① **국민에 의한 사법부통제** … 재판참여제가 있다. 재판참여제는 사법의 비민주성, 관료성을 극복하고 민주적 정당성을 확보하여 주는 방안이다. 재판참여제에는 배심제, 참심제, 법관선거제 등이 있다.

   ⓐ **배심제** : 법률전문가가 아닌 배심원이 사실문제에 관한 판단권을 행사하는 제도로서 사법과정의 민주성을 확보하고 법관의 관료화를 억제하며, 인권보장에 기여하고 국민에게 친숙한 재판이 되게 하는 데 유효한 제도이다.

   ⓑ **참심제** : 비법률전문가인 비직업적 법관과 법률전문가인 직업적 법관이 합동하여 재판부를 구성하고 이 재판부가 사실문제와 법률문제를 판단하고 유·무죄 여부와 양형을 결정하는 제도이다.

   ⓒ **법관선거제** : 나라에 따라 채택 여부가 상이하나, 우리나라는 인정되지 아니한다.

② **입법부에 의한 사법부통제** … 국회는 사법사항에 관한 입법권의 행사, 대법원장 및 대법관의 임명동의권〈제104조 제1항, 제2항〉과 헌법재판소 재판관 3인의 선출권〈제111조 제3항〉, 국가 예산안의 심의·확정권〈제54조 제1항〉, 법관과 헌법재판소 재판관에 대한 탄핵소추권〈제65조 제1항〉, 일반사면에 대한 동의권〈제79조 제2항〉 등을 통하여 사법부를 통제한다.

③ **행정부에 의한 사법부통제** … 행정부는 대통령의 대법원장, 대법관임명권〈제104조 제1항, 제2항〉, 헌법재판소 재판관 3인의 임명권〈제111조 제2항〉, 대통령의 사면·감형·복권에 관한 권한〈제79조〉 등을 통하여 사법부를 통제한다.

④ **헌법재판소에 의한 사법부통제** … 헌법재판소는 탄핵심판, 헌법소원심판, 권한쟁의심판 등을 통하여 법원을 통제한다〈제111조 제1항〉.

통치구조의 원리와 형태

1 헌법상 권력분립의 원칙과 관련한 다음 설명 중 가장 옳지 않은 것은? (다툼이 있는 경우 헌법재판소 결정에 의함)

① 헌법상 권력분립의 원칙이란 권력 상호간의 견제와 균형을 통한 국가권력의 통제를 의미한다.
② 정치적 · 행정적 수요에 발맞추어 위임입법을 허용하되 그와 함께 권력분립의 원리를 구현하기 위하여나 법치주의의 원리를 수호하기 위하여 위임입법에 대한 통제도 필요하다.
③ 죄형법정주의는 자유주의, 권력분립, 법치주의 및 국민주권의 원리에 입각한 것으로서 무엇이 범죄이며 그에 대한 형벌이 어떠한 것인가는 반드시 국민의 대표로 구성된 입법부가 제정한 법률로써 정하여야 한다는 원칙을 의미한다.
④ 특정한 국가기관을 구성함에 있어 입법부, 행정부, 사법부가 그 권한을 나누어 가지거나 기능적인 분담을 하는 것은 권력분립의 원칙에 반한다.

> **Advice** ④ 특정한 국가기관을 구성함에 있어 입법부, 행정부, 사법부가 그 권한을 나누어 가지거나 기능적인 분담을 하는 것은 권력분립의 원칙에 반하는 것이 아니라 권력분립의 원칙을 실현하는 것으로 볼 수 있다.(헌재 2008.1.10, 2007헌마1468)
> ① 헌재 2008.1.10, 2007헌마1468
> ② 헌재 1998.5.28, 96헌가1
> ③ 헌재 1991.7.8, 91헌가4

2 현행 헌법상 입법과 행정의 관계에 관한 설명 중 옳지 않은 것은?

① 대통령은 법률안 거부권을 가진다.
② 국회위원과 국무의원의 겸직이 허용된다.
③ 대통령의 국무총리 임명에는 국회의 동의를 필요로 한다.
④ 대통령은 국회해산권을 가지고 국회는 내각불신임권을 갖는다.

> **Advice** 대통령의 국회해산권은 삭제되었으며, 국회는 국무총리 또는 국무위원의 해임건의권을 가질 뿐이다〈제63조〉.

3 다음 중 미국의 입헌정치가 성공하고 있는 이유에 해당하지 않는다고 생각되는 것은?

① 법원의 권위확립   ② 장기간의 민주정치의 경험
③ 권력분립주의의 확립   ④ 대통령제의 제도적 우수성

> **Advice** 미국의 입헌정치가 성공하고 있는 이유로는 ①②③ 이외에 표현의 자유의 보장, 풍부한 천연자원과 부유한 경제력, 각종 선거의 공정한 시행, 평화적 정권교체의 기회보장 등을 들 수 있다.

Answer 1.④ 2.④ 3.④

4 다음은 현대행정국가가 등장하게 된 배경에 관한 설명이다. 타당하지 아니한 것은?

① 급부국가적 기능의 확대
② 엄격한 권력분립사상의 대두
③ 대의제의 이념과 현실과의 모순의 노출
④ 행정권의 준입법적 · 준사법적 기능의 확대

Advice 정당국가 및 사회국가의 등장으로 고전적 3권분립제도는 근본적인 변화를 초래하였다.

5 다음 중 의회주의의 약화원인으로 적합하지 않은 것은?

① 정당국가적 경향의 진전
② 의회의 운영방식 및 의사절차의 비효율성
③ 압력단체나 로비스트의 역할 약화
④ 국가임무의 확대 · 전문화에 따른 위임입법의 증대

Advice ③ 압력단체나 로비스트의 역할이 강화됨으로써 의회가 이들의 의사를 대변하는 경우가 빈번해짐으로써 전체 국민의사의 반영이라는 의회제의 원리에 충실하지 못하고 있다.

6 다음 중 일반적으로 양원제의 장점이 아닌 것은?

① 양당제의 기초가 된다.
② 국회의 경솔한 의결과 과오를 방지할 수 있다.
③ 상원은 국회 · 정부간의 충돌을 완화하는 장소가 될 수 있다.
④ 상원은 국민대중의 급진적 세력에 대한 보루가 될 수 있다.

Advice 양원제의 장점 … 행정부에 대한 입법부의 과도한 우월을 견제할 수 있다. 국회의 경솔한 의결과 과오를 방지할 수 있다. 상원은 국회 · 정부간의 충돌을 완화하는 장소가 될 수 있다. 상원은 국민대중의 급진적 세력에 대한 보루가 될 수 있다. 양원의 조직을 달리함으로써 단원제에서의 파쟁을 중화시킬 수 있다. 국회구성에 권력분립의 원리를 도입함으로써 국회 또는 다수파의 전제나 횡포를 방지하고 국민의 이익을 옹호할 수 있다. 상원에 직능대표제 또는 지방대표제를 도입함으로써 직능단체 또는 지방의 특수이익을 대변하게 한다는 점 등을 들 수 있다.

7 다음 사항 중 옳지 않은 것은?

① 양원제 국회는 선거제도의 결함을 중화시킬 수 있다.
② 양원제 국회는 다수결주의의 폐단을 더욱 조장할 수 있다.
③ 양원제 국회는 국회의 권한을 약화시킬 가능성을 가진다.
④ 양원제 국회는 정부와 국회의 충돌을 약화시킬 수 있다.

Advice ① 양원제의 경우 하원은 국민이 직접 지역대표를 선출하고 상원은 직능대표제 또는 간접선거제 등으로 선거제도의 결함을 중화 내지 조정할 수 있다.
② 양원제는 다수결주의의 폐단을 중화시킬 수 있다.
③ 국회의 권한이 이분되기 때문에 타당하다.
④ 정부와 하원이 충돌하거나 대립되는 경우 상원이 조정의 역할을 할 수 있다.

8 다음은 국민투표의 역기능을 열거한 것이다. 이에 속하지 않는 것은?

① 인민투표적 독재　　　　　　　② 대의민주제의 기능약화
③ 과다한 경비·시간의 소요　　　④ 국가기관 상호간의 충돌해결

　Advice　④ 국민투표의 긍정적 측면이다.

　　　※ **국민투표의 긍정적 측면**…국민이 스스로 중대한 국가의사를 결정하므로 국민자치의 원칙이 고도로 실현
　　　되고, 중요한 국가의사를 국민이 직접 결정하므로 대의기관의 부패와 무능력이라는 결함을 시정·보완
　　　할 수 있으며, 국가기관 상호간의 충돌로 말미암아 국가의사의 결정이 지연될 경우에 국민이 개입하여
　　　이를 신속히 해결할 수 있다는 점 등이다.

9 국회의 상원에 관한 설명으로 잘못된 것은?

① 미국 상원의 권한은 하원의 권한보다 크다고 할 수 있다.
② 우리나라는 1954년 제2차 개헌에서 양원제를 채택하였다.
③ 영국의 상원(귀족원)은 성직, 귀족, 세속귀족, 종신귀족으로 구성된다.
④ 상원의원의 임기는 보통 하원의원의 임기보다 장기로 하는 경우가 일반적이다.

　Advice　② 우리나라의 양원제는 1952년 제1차 개헌에서 민의원과 참의원으로 채택되었다. 또한 제3차 개헌에서도
　　　양원제를 채택하였다.

10 미국 상원이 가지고 있는 특수권한은?

① 입법권　　　　　　　　　　　② 예산안심의권
③ 고급공무원 임명동의권　　　　④ 국정조사권

　Advice　미국 상원은 구성지분국인 주의 대표로 구성되며, 고급공무원임명에 대한 동의권과 대통령의 조약체결에
　　　대한 동의권 등을 가지고 있다.

11 직능대표제의 단점에 관한 기술로서 타당하지 아니한 것은?

① 경제사무처리에 대한 국회의 무능을 보충하기 어렵다.
② 의원분배의 표준이 되는 각 직능의 중요성의 순위결정이 곤란하다.
③ 직능의 수가 막대하고 각 직능간의 이해대립에 대한 조정이 곤란하다.
④ 동일직능에 속하는 노동자계급의 일체감은 다른 직능에 속하는 동일계급의 일체감에 비하여 약
　하다.

　Advice　① 직능대표제는 경제 등 전문분야의 사안을 처리하여 국회의 기능을 제고시킬 수 있다.

Answer　4.② 5.③ 6.① 7.② 8.④ 9.② 10.③ 11.①

12 권력분립주의에 관한 다음 기술 중 옳지 않은 것은?

① Montesquieu는 J. Locke의 이론을 프랑스에 적용하였다.
② 3권분립주의는 프랑스 인권선언에도 나타나 있다.
③ J. Locke는 입법, 행정, 사법의 3권분립을 최초로 주장하였다.
④ 3권분립주의를 전형적으로 채택한 헌법으로서 미국 헌법을 들 수 있다.

 ③ J. Locke의 권력분립론의 특색으로는 기능적으로 국왕의 대권, 입법권, 집행권 및 연합권의 4권분립이다. 기관면에서는 입법권과 집행권의 2권분립론이다.

13 권력분립에 관한 기술로서 타당하지 아니한 것은?

① 권력약화   ② 사회적 기본권보장의 요청
③ 자유보장의 수단   ④ 법치주의의 전제조건

 사회적 기본권보장의 요청은 사회국가적 내지는 복지국가적 요청이며, 권력융화주의의 촉진요소이다. 권력분립의 원리는 국민의 자유와 권리를 보장하기 위하여 국가권력을 성질에 따라 여러 국가기관에 분산시킴으로써 국가권력을 권력 상호간의 억제와 균형을 통하여 특정개인이나 집단 등에 집중하지 않도록 하는 통합구조의 구성원리를 말한다.

14 권력분립론에 관한 다음 기술 중 옳은 것은?

① Locke는 입법권과 집행권의 분립을 강조하였다.
② Montesquieu는 영국의 정치실행을 그대로 이론화하였다.
③ Montesquieu는 이 이론에서 군주의 존재를 부정하고 있다.
④ 억제와 균형의 원칙은 정치실행에서 생긴 것이고 이 이론에서는 주장되지 않았다.

 ① J. Locke의 이론이 권력의 분리를 강조하였음에 반해 C. Montesquieu의 그것은 권력의 견제와 균형을 강조하였다.
④ 권력분립론에서 억제와 균형의 이론은 가장 중요한 것이라고 강조하였다.

15 Locke와 의 Montesquieu의 권력분립론의 차이점에 관한 기술 중 적당한 것은?

① Montesquieu는 단순히 권력의 분리를 주장하는 데 반하여 Locke는 권력상호간의 억제와 균형을 주장한다.
② Montesquieu는 국왕의 대권을 인정하는 데 반하여 Locke는 국왕의 대권에 관하여 언급하지 않는다.
③ Locke는 입법과 행정의 동격적 입법을 주장하는 데 반하여 Montesquieu는 행정에 대한 위법의 우월을 주장한다.
④ Locke의 입법부위의 권력분립론은 의원내각제에 영향을 미쳤으나, Montesquieu의 수평적 권력분립론은 대통령제에 크게 영향을 미쳤다.

 ① Locke는 권력의 분리를, Montesquieu는 권력상호간의 억제와 균형을 주장한다.
② Montesquieu와 Locke는 둘다 국왕의 대권을 인정했다.
③ Locke는 행정에 대한 입법의 우위를 주장했으며 Montesquieu는 3권 상호간의 억제와 균형을 주장하였다.

16 다음 중 권력분립의 원칙과 관계없는 것은?

① C. Montesquieu
② J. Locke
③ J.J. Rousseau
④ 프랑스 인권선언(1789)

 ③ Rousseau는 권력분립에 반대하였다.

17 다음 중 권력분립주의의 현대적 상황에 관한 설명으로 가장 옳지 않은 것은?

① 정당국가의 출현으로 더 강화되고 있다.
② 사법권의 강화가 일반적 추세이다.
③ 국가로부터 자유를 확보하려는 의의를 여전히 가진다.
④ 권능분립의 이론으로 대체되어야 한다는 주장도 있다.

 ① 오늘날 사회(행정)국가, 정당국가화에 따라 권력융화현상이 두드러지게 나타나고 있다.

18 우리나라는 국가의 조직원리로서 3권분립주의를 채택하고 있는데, 이에 대하여 옳지 않은 것은?

① 3권분립주의는 3권을 상호견제하고 균형을 취하고 있다.
② 3권분립주의는 국가권력을 입법 · 사법 · 집행의 3권으로 분립하고 있다.
③ 3권분립주의는 복잡한 국가사무를 각각 다른 기관에 분담시켜 분업주의에 의하여 능률을 올리는 동시에 책임의 소재를 명백히 하기 위함이다.
④ 3권분립주의는 국민의 기본적 인권이 집권자의 자의에 의하여 침해 또는 제한되지 않음을 목적으로 한다.

 ③ 3권분립주의는 분업을 근거로 한 적극적 목적을 위한 것이 아니라 국가권력의 남용을 방지하여 국민의 자유를 보장하려는 소극적 목적을 위한 것이다.

19 다음 중 실질적 · 기능적 권력통제의 메커니즘으로 보기 어려운 것은?

① 입법부와 행정부간의 권력통제
② 연방과 지방간의 권력통제
③ 여당과 야당간의 권력통제
④ 지방자치단체와 중앙정부간의 권력통제

 현대의 권력분립론은 ①의 형식적인 권력의 분립, 분리와 함께 ②③④의 실질적 · 기능적 권력통제가 강조되고 있다.

 Answer   12.③ 13.② 14.① 15.④ 16.③ 17.① 18.③ 19.①

20 다음 중 억제와 균형이라는 의미의 권력분립적 효과를 가장 적게 갖는 제도는?

① 연방제도 ② 자유결사제도
③ 직업공무원제도 ④ 지방자치제도

 ②는 권력분립의 효과가 아니라 권력분립의 이념적 전제인 기본권으로 볼 수 있다.
③ 직업공무원제는 공무원중심의 관료조직과 정치권력간의 권력통제의 기반이 된다.

21 고전적 권력분립이론이 현대 입헌주의적 헌법에 있어서 변모되어야 한다는 이유로 가장 관계없는 것은?

① 비상사태의 항상화 ② 국민의 기본권보장의 완성
③ 정부입법증대와 처분적 법률의 출현 ④ 정당정치의 확립으로 인한 권력의 결합

 고전적 권력분립론의 변화요인으로는 자유민주적 평등사회의 실현, 위헌법률심사제 등 헌법재판제도의 강
화로 인한 사법국가화 경향, 정당제의 발달로 인한 권력통합, 사회복지국가의 출현과 급부국가적 기능의
확대, 행정국가화의 경향, 비상사태의 항상화와 그에 따르는 방위기구의 확대·강화, 법실증주의적 헌법
관의 극복 등을 들 수 있다.
② 국민의 기본권보장의 완성은 변모의 원인이라기보다 변모의 결과이다.

22 권력분립에 대한 설명으로 옳지 않은 것은?

① 사법권의 독립은 권력분립의 불가결한 기본요소이다.
② 권력분립은 공화제뿐만 아니라 입헌군주제와도 양립될 수 있다.
③ 현대헌법에서 권력분립이 변모한 것은 기본권을 실질화·효율화하기 위한 것이라고 본다.
④ C. Schmitt에 의하면 권력분립론은 자유주의적 요소를 갖고 있기 때문에 그것이 민주주의와
필수적으로 결부되는 것이 아니다.

 ③ 현대국가에 있어 권력분립이 변모된 것은 국가구조 자체의 실질적 변화, 정당에 의하여 국가권력담당
자의 통합적 경향, 집행부의 강화로 인한 집행권의 우위로 인한 것이다.
④ 권력분립론은 개인의 자유를 위한 자유주의적 원리를 의미하므로 민주주의를 동일성이론으로 이해하는
C. Schmitt는 권력분립이 민주주의이론과 갈등관계에 있다는 점을 강조한다.

23 입법부와 사법부의 관계를 기준으로 할 때 입법부우위형 국가는?

① 프랑스 ② 미국
③ 영국 ④ 독일

 입법부와 집행부의 관계를 중심으로 권력분립의 유형을 구별하면 엄격분립형(미연방헌법), 균형형(영국 등
의원내각제국가), 입법부우위형(스위스의 의회정부제), 집행부우위형(제한군주제와 신대통령제·반대통령
제국가의 헌법)으로 구분할 수 있다. 그리고 사법부와 입법부·행정부의 관계를 중심으로 권력분립의 유
형을 분류하면 입법부우위형(영국 등 위헌법률심사제부인국가), 사법부우위형(독일·오스트리아 등 위헌법
률심사제인정국가), 균형형(미국)으로 구분할 수 있다.

24 권력분립의 원리에 변질을 가져오게 한 요인으로 볼 수 없는 것은?

① 국가와 사회의 자동화
② 다원적 이익집단의 출현
③ 군주제의 붕괴
④ 기본권보장의 강화

Advice 권력분립의 원리는 국민의 정치적 자유를 보장하려는 자유주의적인 통치조직의 원리이다. 고전적 권력분립주의는 19세기 사회에 있어서 군주정과 민주정, 국가와 사회, 국가와 국민과 같은 이원설에 대응하는 헌법제도였으나, 오늘날 동질적인 민주주의적 사회에 있어서 국가의 모든 권력은 국민의 권력을 의미하기 때문에 그 변질을 가져올 수밖에 없었으며, 특히 정당에 의한 국가권력담당자의 통합적 경향에 이르러서는 이 원리의 시대착오성이 발견되게 되었고, 더구나 전후 다원적 이익집단의 출현으로 인한 산적된 정치적 문제해결에 있어서는 항구적인 집행권의 우위가 지속된다.

25 미국의 대통령제가 독재에 흐르지 않고 성공적으로 운영되고 있는 이유에 속하지 않는 것은?

① 대통령의 강력한 거부권행사
② 소수자의 이익을 위한 압력단체의 활발한 활동
③ 상원제도 및 연방제도
④ 대통령 임기(4년)와 하원의 임기(2년)가 달라 국민의 중간신임을 물을 수 있음

Advice 미국 대통령제의 성공적인 운영은 ②③④ 등과 엄격한 권력분립에 기인한다.
① 대통령의 의회에 대한 통제기능이다.

26 다음 중 이른바 대통령중심제의 특징이라고 할 수 없는 것은?

① 대통령의 법률안제출권
② 행정부의 성립과 책임의 독립
③ 부통령제
④ 행정부와 국회의 기능상의 독립

Advice 대통령제하에서는 법률안거부권은 인정되나, 법률안제출권은 원칙적으로 부인된다.

27 다음은 우리나라 대통령제와 미국의 그것에 관한 공통점을 기술한 것이다. 옳지 않은 것은?

① 대통령의 법률안제출권
② 국회의원의 대통령겸직금지
③ 국회의 행정부에 대한 국정조사제도
④ 대통령의 행정수반과 국가원수로서의 지위

Advice 미국에서는 대통령이 법률안제출권을 가지지 않는다.

 **Answer**   20.② 21.② 22.③ 23.③ 24.④ 25.① 26.① 27.①

28 대통령제 국가에서 가장 그 필연성이 적은 것은?

① 대통령의 민선제
② 국회해산제도의 부존재
③ 국무위원의 국회의원 겸직금지
④ 국회의 정부에 대한 불신임결의권의 부존재

> Advice ③ 원칙적으로는 국무위원과 국회의원의 겸직이 되지 않으나, 국가에 따라서는 겸직하기도 한다.

29 다음 중 우리나라의 정부형태에 관한 설명으로 잘못된 것은?

① 국회해산권과 정부의 불신임권이 인정되지 않는다.
② 대통령의 단임제 조항은 대통령의 책임정치의 실현에 이바지한다.
③ 대통령을 국민이 직선하는 것은 대통령제적 요소이다.
④ 국무총리의 임명에 국회의 동의를 요하는 것은 의원내각제적 요소이다.

> Advice ② 대통령의 단임제 조항은 평화적 정권교체의 의지를 반영한 것이지만 임기 후 임기기간동안의 정책집행 등에 대하여 책임을 물을 기회가 없기 때문에 대통령의 책임정치의 실현에는 방해가 된다.

30 다음은 대통령제의 장점에 관한 기술이다. 타당하지 않은 것은?

① 행정에 있어서 능률을 기할 수 있다.
② 책임정치의 원칙이 확립될 수 없다.
③ 대통령의 임기중에는 정부 내지 정국이 안정된다.
④ 권력분립의 원칙을 엄격히 채택하면 권력의 집중을 방지할 수 있다.

> Advice ②의 내용은 대통령제의 장점이 아니라 단점에 해당한다. 대통령제의 단점으로는 그밖에도 대통령의 독재화 우려, 행정부와 의회의 대립의 극단화, 국민의 정치적 참여의 저조, 행정부와 의회의 대립시 조정기관의 결여 등을 들 수 있다.

31 현행 헌법은 대통령중심제의 단점을 보완하기 위해 제도적 장치를 마련하였다. 해당되지 않는 것은?

① 대통령간선제　　　　　　　　② 평화적 정권교체 보장
③ 의원내각제 요소 가미　　　　④ 대통령자문기관설치

> Advice ① 현행 헌법은 대통령직선제를 규정하고 있다.

32 대통령제와 의원내각제의 공통점이 아닌 것은?

① 민주주의 원리　　　　　　　② 법치주의 원리
③ 정치연대책임　　　　　　　④ 권력분립의 원칙

Advice ③ 입법부와 행정부는 대통령제에서는 존속상 독립성을 갖지만 의원내각제에서는 존속상 의존성을 가진다.

※ 의원내각제와 대통령제의 비교

구분	의원내각제	대통령제
정부의 구조	이원주의(국가원수와 내각으로 구성)	일원주의(대통령이 국가원수인 동시에 행정부의 수반임)
의회와 정부의 성립·존속관계	의존관계(완화된 권력분립) • 국가원수의 의회간선 • 내각의 성립·존속의 의회의존(의회에 연대책임) • 의회의 내각불신임권과 내각의 의회해산권 인정	독립관계(엄격한 권력분립) • 대통령의 국민직선 • 정부는 대통령이 독자적으로 구성하고 그의 신임에 의존 • 대통령의 의회에 대한 정치적 무책임 • 내각불신임과 의회해산권의 배제
의회와 정부의 기능상의 관계	공화·협조관계 • 의원과 각료의 겸직 허용 • 정부의 법률안제출권 인정 • 수상과 각료의 의회출석 • 발언이 가능 • 정책의 최종결정자로서의 내각	상호독립관계 • 의원과 각료의 겸직 불허 • 정부의 법률안제출권 부인 • 대통령과 내각의 의회출석의무가 없음 • 대통령에 대한 조연자로서의 국무회의

33 다음은 현행 헌법이 채택하고 있는 의원내각제 성격을 가진 것을 열거한 것이다. 옳지 않은 것은?

① 정부의 법률안제출권   ② 국회의 국무총리 해임건의권

③ 대통령의 국회해산권   ④ 정부구성원의 국회에의 출석·발언권

Advice ③ 현행 헌법은 대통령의 국회해산권을 폐지하였다.

34 다음 사항 중 의원내각제의 본질적 요소라 볼 수 없는 것은?

① 각료와 의원의 겸직허용   ② 의회의 내각불신임권

③ 각료에 대한 의회의 탄핵소추권   ④ 내각의 법률안제출권

Advice 의원내각제에 있어서는 의회의 내각불신임권이 존재하기 때문에 탄핵소추권은 불필요하다는 견해도 있으며, 사실상 탄핵소추권은 대통령제 국가에 있어서도 존재하고 있다.

35 자유민주주의적 정부형태와 가장 관련이 적은 것은?

① 대통령중심제   ② 신대통령제

③ 내각책임제   ④ 직접민주제

Advice ①③④는 입법주의적 정부형태이나, ②의 신대통령제는 권위주의 정부형태로서 전제주의 정부형태에 속한다.

Answer   28.③   29.②   30.②   31.①   32.③   33.③   34.③   35.②

02 통치기구

  **국가기관으로서의 국민**

1. 국가기관으로서의 국민의 헌법상 지위

(1) 서설

① **개념** ··· 선거권자, 투표권자의 전체로서 구성되는 유권자집단을 의미한다. 유권집단(유권적 시민의 총체)은 선거권자 또는 투표권자의 전체로써 구성되는 조직체를 말하며, 법의 규정에 의하여 직접 그리고 당연히 그 구성원이 될 자격을 가지며, 그 자격요건은 공직선거법 등에서 규정하고 있다.

② **범위** ··· 국가기관으로서의 국민은 선거권과 투표권을 가진 자연인, 즉 국민의 총체이다. 합리적인 이유없이 선거권자의 범위를 제한하는 것은 국민주권의 원리에 위반하는 것이다.

(2) 법적 성질

① 국가기관으로서의 국민은 선거권자의 총체로서 합성기관을 구성하며, 그 기관성은 선거인단 또는 투표인단으로서의 성격을 가진다. 그리고 개개의 국민은 그 부분기관을 구성한다.

② 특별한 행위없이 법률의 규정에 의해 당연히 국가기관으로서의 지위를 가진다.

③ 자기를 위해 직접 행동하는 제1차 기관에 해당한다. Jelli-nek는 국가기관으로서의 국민과 그밖의 국가기관인 국회, 대통령, 법원 등의 관계를 제1차 기관(원시기관)과 제2차 기관(대표기관)으로 표현하였다.

2. 지위인정 여부와 구성·권한

(1) 국가기관으로서의 국민의 지위인정 여부

① **부정설** ··· 참정권에서 유래한다고 보고 국가기관으로서의 국민의 지위를 부정한다.

② **긍정설** ··· 참정권이 오히려 국가기관으로서의 국민의 지위에서 유래한다 하여 이 지위를 인정한다(통설).

(2) 구성

국가기관으로서의 국민은 헌법과 법률이 정한 바에 따라 선거권을 가진 자연인인 국민의 집단을 말하며, 법인·외국인은 제외된다.

(3) 권한

현행 헌법상 국가기관으로서의 국민은 국회의원선거〈제41조 제1항〉, 대통령선거〈제67조 제1항〉, 국가안위에 관한 중요 정책에 관한 국민투표〈제72조〉, 헌법개정안에 대한 국민투표〈제130조 제2항〉만을 직접 담당하고 그밖의 일반통치권인 입법권, 행정권, 사법권 등은 국가기관으로서의 국민에 의하여 직접·간접으로 선출된 국회, 대통령, 법원, 헌법재판소 등으로 하여금 담당하게하고 있다.

SECTION 2 입법부

1. 의회제도

(1) 의의와 연혁

① 의의 … 국민에 의하여 선출되는 의원들로 구성되는 합의체의 국가기관을 말한다. 의회를 중심으로 하여 국정이 운영되는 정치방식을 의회주의 또는 의회정치라 한다. 현대국가에서의 의회주의는 민주적 정당성에 바탕을 두고 구성된 합의체인 국가기관이 국가의사결정의 원동력이 되어야 한다는 정치원리를 의미한다.

② 연혁 … 의회제도의 기원에 대해서는 중세의 등족회의로 보는 견해가 있으나, 영국의 모범의회를 그 기원으로 보는 견해가 다수설이다.

(2) 의회제도의 구성원리

의회주의의 본질은 국민을 대표하는 의원들이 국정에 관하여 자유로이 의견을 개진하고, 다양한 이해관계를 토론을 거쳐 변증법적 방법으로 국정의 방향을 결정하는 데 있다. 의회주의의 기본원리로는 국민대표의 원리, 공개와 이성적 토론의 원리, 정권교체의 원리 등을 들 수 있다.

> ☞ 의회주의의 전제와 그 조건 … 대표관계가 정당하게 구성되고 유지될 것, 공개성, 다수결의 원리가 존중될 것, 정권의 평화적 교체가 실현될 것

(3) 의회제도의 위기와 그 대책

① 의회제도의 위기 … 의회제도의 전제조건의 불충족, 집행권의 비대화, 정당정치의 발달과 정당체제의 과두화현상으로 의회제도가 위기에 직면하였다. 구

문. 국회에 관한 설명으로 옳은 것은?

① 본회의 표결의 결과가 가부동수이면 의장이 결정한다.
② 회의는 공개가 원칙이므로 의장이 필요하다고 인정해서 비공개로 할 수는 없고 반드시 의결을 거쳐야 된다.
③ 국회의원이 임기가 만료되는 때에는 의안은 회기중에 의결되지 못한 이유로 폐기된다.
④ 모든 조약의 체결·비준은 국회의 동의를 거쳐야 한다.

☞ ③

체적으로 의회주의의 위기로 드는 것은 국민적 동질성의 상실과 이로 인한 계층간의 갈등, 정당국가화의 경향에 따른 합의기능 상실, 행정국가화·사회국가화의 경향에 따른 의회의 기능적 정체, 선거제도의 성격이 인물선택에서 정당 또는 정당지도자에 대한 신임투표로 변질된 점이다. 의회의 운영방식과 의사절차의 비효율성이 있다.

② 위기에 대한 대책 … 직능대표제의 도입, 직접민주제의 활용, 선거공영제, 의회제도의 내부개혁과 그 운영의 합리화 등이 거론된다. 직접민주제에 의한 보완은 의회제의 기능약화로 나타나는 국민과의 괴리현상을 해소하기 위하여 직접민주제(국민투표, 국민발안, 국민소환 등)에 의한 보완이 필요하다. 선거제도의 개혁으로는 직능대표제와 비례대표제, 절대다수대표제의 도입이 많이 거론된다. 의회의 전문성 보완을 위하여 직능대표제의 도입과 의회부설 전문위원회의 확대필요성이 제기되고 있다. 의회의 국정통제기능의 강화를 통해 국민의 희망과 불만을 국회로 반영시킴으로써 의회의 기능이 강화될 수 있다. 의회활동에의 국민참여 제고 즉, 심의과정의 중계방송 등 의사공개를 강화하고 공청회개최, 입법예고제, 국민참여를 제고할 수 있는 방안이 제기된다.

2. 국회의 헌법상 지위

국회의 헌법상 지위는 국가형태가 단일제국가인가 연방제국가인가, 정부형태가 의원내각제인가 대통령제인가, 헌법유형이 연성헌법인가 경성헌법인가에 따라 다르다. 일반적으로 단일제국가의 국회권한이 연방제국가보다 강하며, 연성헌법국가의 국회가 경성헌법국가보다 권한이 강하다.

(1) 국민대표기관으로서의 지위

① 국회의 국민대표성 … 국회의 국민대표성에 대해서는 법적 위임설, 법정대표설, 정치적 대표설, 사회적 대표설, 헌법적 대표설, 대표부인설 등이 있다. 이들 중 정치적 대표설이 다수설이다.

② 국민대표기관으로서의 지위의 변천 … 국민대표기관으로서의 지위는 정당정치가 발전함에 따라 정당의 대표기관으로 전락하고 있다. 특히 정당국가화의 경향에 따라 과두정적인 국회를 구성함으로써 당리당략의 입법에만 급급하기 때문에 국민의 국회에 대한 불신은 높아가고 있다. 이에 따라 국회입법에 대한 위헌심사제, 국회의원에 대한 국민소환제와 국민투표제에 의한 직접민주제의 채택이 행해지고 있다.

(2) 입법기관으로서의 지위

① 국회의 입법기관성 : 이는 국회의 가장 본질적이고 역사적인 권한이다.

② **입법권의 예외** … 국회가 입법권을 독점하는 것은 아니고 헌법 자체가 예외를 규정하는 경우도 있다.

③ **입법권으로서의 국회지위의 저하** … 국회의 통법부화현상이 나타났다.

(3) 정책통제기관으로서의 지위

① **지위의 중요성** : 국민대표기관, 입법기관으로서의 지위는 약화되고 있으나 국정통제기관으로서의 지위는 상대적으로 강화되고 있다. 오늘날 국가기관에 대한 비판·견제의 역할은 국민의 여론이나 정당의 역할도 중요하나, 그것은 법적·제도적 뒷받침이 없는 것인 데 비해 국회의 기능은 법적·제도적으로 보장되어 있다는 점에서 보다 강력한 국정통제기능을 한다.

② **우리 국회의 정부통제권** : 대통령제를 취하고 있으므로 의원내각제에서처럼 강력한 견제권은 없다.

> **POINT 팁**　국회의 국정통제권
> 　　　　　㉠ 국무총리나 국무위원에 대한 국회출석요구권
> 　　　　　㉡ 질문권
> 　　　　　㉢ 해임건의권
> 　　　　　㉣ 탄핵소추권
> 　　　　　㉤ 국정감사권, 국정조사권
> 　　　　　㉥ 예산심의확정권
> 　　　　　㉦ 예비비설치동의권
> 　　　　　㉧ 조약체결·비준에 대한 동의권

(4) 국가의 최고기관으로서의 국회

국회는 국민의 의사를 대표하여 국가의 최고정책을 결정하는 최고기관의 지위를 갖는다. 다수설은 최고기관성은 인정하되 유일한 최고기관은 아니며 정부, 법원, 헌법재판소 등과 같은 최고기관들 중의 하나라고 한다.

3. 국회와 정부·법원의 관계

(1) 국회와 정부의 관계

국회와 정부와의 관계는 정부형태에 따라 다르다. 대통령제인 경우에는 엄격한 권력분립원칙을 채택하고 있으므로 상호간에 견제와 균형을 유지하는 것이 원칙이고, 의원내각제인 경우에는 양자의 분리·독립을 전제로 하여 공화·협력관계를 특색으로 한다.

① **상호독립관계** … 대통령과 국회는 독자적으로 성립되고 구성되며, 겸직이 불허된다.

　㉠ 대통령은 탄핵소추를 제외하고는 임기 동안 국회의 의사와 관계없이 존속하며, 국회에 대하여 책임을 지지 않는다.

　㉡ 실질적 의미의 행정권은 대통령을 수반으로 하는 정부에 속하고〈제66조 제4항 등〉, 실질적 의미의 입법권은 원칙적으로 국회에 속한다〈제40조〉.

② 상호의존관계

   ㉠ 양자는 구성과 존속에 있어서 의존관계에 있다. 대법원장, 대법관, 국무총리, 감사원장, 헌법재판소장 등은 대통령이 임명하되 국회의 동의를 얻도록 하고 있고, 헌법재판소 재판관 9인 중 3인과 중앙선거관리위원회 9인 중 3인은 대통령이 임명하고 3인은 국회가 선출한다.

   ㉡ 때로는 기능면에서 공화·협력관계에 있으며, 겸직이 가능할 때도 있다. 대통령, 국무총리, 국무위원 등은 국회에 출석하여 의견을 발표할 수 있으며, 국회도 국무총리 등을 국회에 출석시켜 질문에 답변하게 할 수 있다. 국회의원과 국무위원의 겸직도 가능하다.

③ 상호통제관계

   ㉠ 정부구성원의 합헌적 권한행사를 보장하기 위한 통제를 한다. 이에는 탄핵소추권〈제65조〉, 국무총리·국무위원에 대한 해임건의권〈제63조〉, 국정감사·조사권〈제61조〉이 있다.

   ㉡ 정부의 재정작용에 대한 통제를 한다. 법률안·예산안·재정작용에 관한 심의권〈제54조, 제56조, 제58조〉 등이 이에 해당된다.

   ㉢ 대통령이 제안한 개헌안의 결의〈제130조〉, 국무총리 등 정부구성원에 대한 국회출석요구 및 질문권〈제62조〉, 확정된 법률을 대통령이 공포하지 않을 때의 국회의장의 법률공포권이 있다〈제53조〉.

   ㉣ 헌법기관구성에 대한 통제 등이 있다. 이에는 국무총리, 대법원장, 감사원장의 임명에 대한 동의권〈제86조, 제98조, 제104조〉 등이 있다.

   ㉤ 대통령의 긴급권행사에 대한 통제가 있다〈제76조, 제77조〉.

(2) 정부의 국회통제

① 임시국회소집권〈제47조 제1항〉

② 긴급명령권과 긴급재정·경제처분 및 그에 관한 명령권〈제76조〉

③ 법률안제출권〈제52조〉

④ 법률안거부권〈제53조 제2항〉

⑤ 행정입법권〈제75조, 제95조〉

⑥ 국회에 관한 예산안의 편성·제출권〈제54조 제2항〉, 국회의 권한과 기능에 관한 국민투표부의의결권〈제72조〉 등이 있다.

(3) 국회와 법원의 관계

복지국가의 확대로 행정에 대한 통제가 요청되어 세계 여러 국가가 사법국가로의 지향추세가 있어 법원과 타부와의 관계가 점차 중요시되어 가고 있다. 국회와 법원과의 관계도 이러한 추세하에 있다. 구체적으로는 개별국가의 국가권력구조 여하에 따라 다르나 의회우위형(영국), 균형형(미국), 사법부우위형(독일 등)이 있다.

① **상호독립관계** … 입법권은 국회에 속하고〈제40조〉 사법권은 법원에 속하므로 〈제101조〉 양자는 독립적인 기관이다.

　㉠ 국회의원은 법관의 직을 겸할 수 없고〈제43조〉 국회 내부에 있어서의 의원의 자격심사 · 징계 · 제명처분에 대해서는 법원에 제소할 수 없다〈제64조 제4항〉.

　㉡ 국회의 의결정족수, 투표의 계산, 국회의 의사 등은 통치행위로서 사법권은 이에 미치지 않는다.

　㉢ 사법권독립원칙은 현대입헌국가에 있어서의 가장 중요한 원칙으로서 절대적으로 요청되는 바 이는 법원의 독립〈제101조〉과 법관의 독립〈제103조, 제106조〉 등을 그 내용으로 한다.

② **공화관계** … 양자간에는 공화관계가 성립하지 아니함이 원칙이다. 헌법기관구성에 있어서는 상호협조하도록 하고 있다〈제111조 제3항, 제114조 제2항〉. 여기의 '헌법기관'에는 헌법재판소 재판관과 중앙선거관리위원을 의미한다.

③ **상호통제관계** … 국회가 법원에 대하여 가지는 통제(국회의 입법권, 예산심의 확정권, 법관탄핵소추권, 국회의원의 특권, 대법원장 임명에 대한 국회의 동의권)와 법원이 국회에 대하여 가지는 통제(법원의 위헌법률심사제청권, 법원의 규칙 · 처분심사권, 대법원의 선거소송관할권 등)가 있다.

(4) 국회와 헌법재판소와의 관계

국회와 헌법재판소는 독립된 대등관계이나 견제와 균형의 논리에 따라 상호 통제하고 있다. 국회는 헌법재판소장과 재판관임명시 동의권, 탄핵소추권, 헌법재판소의 조직 · 자격 · 재판관이 적용할 법률제정권을 가지며, 헌법재판소에 대한 예산심의, 국정조사와 감사를 할 수 있다. 헌법재판소는 법률의 위헌심사, 헌법소원심판, 국회와 다른 기관과의 권한쟁의시 심판권을 갖는다.

4. 국회의 구성

(1) 양원제

① **의의** … 의회가 두 합의체로서 구성되고 각 합의체가 각각 독립하여 결정한 의사가 일치하는 경우에 그것을 의회의 의사로 간주하는 제도를 말한다.

② **연혁** … 영국을 기원으로 하며 오늘날 미국, 영국, 독일, 프랑스, 이탈리아, 스페인, 일본 등이 채택하고 있다. 양원제는 영국과 같은 입헌군주제의 정치전통 그리고 미국과 같은 연방국가적 구조와 특별히 밀접한 관계가 있다. 이는 양원제가 입헌군주제의 이원적인 신분사회의 대의(代議)에 보다 유리할 뿐만 아니라 양원제가 연방국가의 구조적인 특성을 살리는 데 보다 더 실용적이기 때문이다.

③ 양원제의 장·단점

㉠ 장점

- 연방국가에 있어서 지방의 이익을 옹호할 수 있다.
- 상원의 구성이 직능대표로 될 수 있다.
- 상원의 급진적인 개혁을 막을 수 있다.
- 하원의 경솔한 의결이나 성급한 과오를 시정할 수 있다.
- 상원이 하원과 정부간의 충돌을 완화할 수 있다.

㉡ 단점

- 국회의결이 지연될 수 있다.
- 비용이 많이 들 수 있다
- 상원견제로 대정부기능이 약화될 수 있다.
- 연방 전체국민의 의사를 왜곡할 우려가 있다.
- 상·하원의 구성이 동일한 기초에 입각할 때에는 상원은 무용의 존재가 되고 상이한 때에는 상원이 보수·반동화할 위험이 있다.

④ 양원의 상호관계

㉠ 독립조직의 원칙, 독립의결의 원칙, 동시활동의 원칙, 의사일치의 원칙이 기본관계이다. 특히 양원의 구성관계에 있어서 양원의 조직적 특수성과 기능적 차이를 살리기 위해 상원은 간선, 하원은 직선에 의함이 일반이다. 양자를 직선하는 경우 선거구, 피선자격, 정원, 임기 등에서 차이를 둔다.

㉡ 권력의 균형을 위해 권한을 대등하게 하는 국가(미국)도 있지만 하원의 우월성을 인정하는 것이 일반적이다.

(2) 단원제

① 의의 … 민선의원으로 조직되는 단일의 합일체로 의회가 구성되는 것을 말한다.

② 이용국가 … 국정의 신속성과 능률적 처리를 위해 신생국이나 위기정부에서 채용되고 있다. 우리나라는 1948년 건국헌법에서 시작하여 1952년의 제1차 개정헌법과 1960년의 제2공화국 헌법을 제외하고는 줄기차게 단원제를 채택하고 있다.

③ 단원제의 장·단점

㉠ 장점

- 국정처리의 신속성
- 국회의 책임이 명백하고 지위가 강력
- 국민의 의사를 직접적으로 반영
- 국가재정경비의 절약

㉡ 단점

- 국정심의의 경솔
- 정부, 국회충돌시 조정곤란
- 국회의 정부에 대한 횡포

문. 양원제에 관한 다음 기술 중 옳지 않은 것만 고르면?

㉠ 양원제는 정당국가화의 경향에 따른 정당제의 발달과 행정국가화 경향에 따른 행정권의 비대화를 통해서 그 현실적 필요성이 보다 증대되어지고 있다.

㉡ 우리나라에서는 양원제 도입 논의는 중앙집권화된 국가권력구조를 지방분권적 구조로 개혁할 수 있는 방안으로서, 나아가서 통일을 준비하는 국가구조의 형성방법의 하나로서 주장되고 있다.

㉢ 우리나라는 국회의 구성원리로서 단원제만 채택해 왔다.

㉣ 양원제는 영국과 같은 입헌군주제의 전통을 가진 국가, 그리고 미국과 같은 연방국가적 구조와 밀접한 관련을 가지고 있다.

㉤ 양원제 분류의 핵심적 기준은 상원이 어떠한 대표의 원리에 근거하고 있는가 하는 상원의 성격이라고 할 수 있다. 따라서 상원의 구성원리가 양원제 분류의 핵심기준이 된다.

① ㉠㉡   ② ㉠㉢
③ ㉢㉤   ④ ㉣㉤

☞ ②

- 특수이익의 간과가능
- 국민의사가 양원제보다 덜 반영될 우려

5. 국회의 조직

(1) 국회의 조직

① 국회는 의장 1인과 부의장 2인을 두며〈제48조〉, 의장의 지휘·감독하에 국회의 사무를 처리하기 위하여 국회사무처를 설치하고 사무총장 1인과 기타 필요한 공무원을 둔다〈국회법 제21조〉.

② 의장은 국회를 대표하고 의사를 정리하며, 질서를 유지하고 사무를 감독한다〈국회법 제10조〉. 국회의장은 위원회에 출석하여 발언할 수 있으나 표결에는 참가할 수 없다〈국회법 제11조〉.

③ 의장과 부의장은 국회에서 무기명투표로 선거하며〈국회법 제15조〉, 임기는 2년이다〈국회법 제9조〉. 의장이 사고가 있을 경우 의장이 지정하는 부의장이 그 직무를 대리한다〈국회법 제12조〉.

④ 국회의장과 부의장은 국회의 동의를 얻어 그 직을 사임할 수 있고〈국회법 제19조〉, 특히 법률로 정한 경우를 제외하고는 의원 외의 직을 겸할 수 없다〈국회법 제20조〉.

⑤ 의원이 의장으로 당선된 때에는 다음 날부터 그 직에 있는 동안은 당적을 가질 수 없다. 다만, 국회의원 총선거에 있어서 정당추천 후보자로 추천을 받고자 하는 경우에는 의원 임기만료일 전 90일부터 당적을 가질 수 있다〈국회법 제20조의2 제1항〉.

(2) 국회의 위원회

국회의 위원회는 의원의 일부로서 구성되는 회의체이며, 그 임무는 본회의에 회부되는 안건을 예비심사하는 데 있다.

① 위원회는 상임위원회와 특별위원회 2종으로 한다〈국회법 제35조〉.

② 국회의 운영은 위원회중심주의이다. 위원회는 의안을 자유로이 수정할 수 있다.

> ☞ 위원회제도의 필요성 … 현대국가에 있어서는 국가기능이 확대됨에 따라 국회의 기능도 광범한 영역에 걸치는 바 이런 모든 사안을 국회가 심의하기는 부적합하고 입법에 있어서 고도의 전문성과 기술성까지 요구되기 때문에 국회위원회제도가 필요하게 되었다. 즉, 의안심의의 능률, 안건의 신속한 처리, 전문지식의 활용, 회의운영의 탄력성을 보장하기 위하여 소입법부라 호칭되는 위원회제도가 필요하게 되었다.

> ☞ 연석회의 … 2개 이상의 위원회가 연석하여 하는 회의이다. 이는 법적 의미의 위원회가 아니므로 표결은 할 수 없다. 국회의장은 소관위원회 위원장의 의견을 들어 그 위원회로 하여금 다른 위원회와 연석회의를 열어 의견을 교환하게 할 수 있다.

문. 국회의장에 관한 기술 중 옳지 않은 것은?

① 국회의 기관으로서 국회의장과 부의장은 국회에서 선출하고 그 임기는 2년으로 한다.
② 국회의장의 직무는 국회법 제10조에 따라 국회대표권, 의사정리권, 질서유지권, 사무감독권 등으로 구분할 수 있다.
③ 국회의장은 국회 전체를 통합하는 입장에 있지만 아울러 개별의원으로서의 지위도 가지고 있으므로 위원회나 본회의에 출석하여 발언하고 표결에도 참가할 수 있다.
④ 국회법은 국회의장의 당적 보유를 원칙적으로 금하고 있다.

☞ ③

문. 상임위원회와 소관사항의 연결 중 옳지 않은 것은?
▶ 2014. 9. 27 국회직
① 국회운영위원회 – 대통령경호실 소관에 속하는 사항
② 정무위원회 – 국민권익위원회 소관에 속하는 사항
③ 기획재정위원회 – 금융위원회 소관에 속하는 사항
④ 미래창조과학방송통신위원회 – 원자력안전위원회 소관에 속하는 사항
⑤ 정보위원회 – 국가정보원 소관에 속하는 사항

☞ ③

(3) 교섭단체

① **의의** … 이는 동일정당소속의 의원들로 구성되는 원내정파를 의미한다. 20인 이상의 소속의원을 가진 정당은 하나의 교섭단체를 구성한다.

② **기능** … 교섭단체는 정당국가에서 의원의 정당기속의 강화와 원내 행동통일을 기할 수 있으나, 의원의 자유위임적 원내활동과 갈등을 가져오기도 한다.

③ **구성 및 보고**〈국회법 제33조〉

　㉠ 국회에 20인 이상의 소속의원을 가진 정당은 하나의 교섭단체가 된다. 그러나 다른 교섭단체에 속하지 아니하는 20인 이상의 의원으로 따로 교섭단체를 구성할 수 있다.

　㉡ 교섭단체의 대표의원은 그 단체의 소속의원이 연서·날인한 명부를 의장에게 제출하여야 하며, 그 소속의원에 이동이 있거나 소속정당의 변경이 있을 때에는 그 사실을 지체없이 의장에게 보고하여야 한다.

　㉢ 어느 교섭단체에도 속하지 아니하는 의원이 당적을 취득하거나 소속정당을 변경한 때에는 그 사실을 즉시 의장에게 보고하여야 한다.

　　☞ 교섭단체정책연구위원 … 교섭단체 소속의원의 입법활동을 보좌하기 위하여 교섭단체에 정책연구위원을 둔다. 정책연구위원은 당해 교섭단체 대표의원의 제청에 따라 의장이 임면한다.

6. 국회의 운영과 의사절차

(1) 국회의 운영

국회의 운영에 관해서는 헌법과 국회법에서 규정하고 있으며, 별도의 규정이 없는 사항에 대해서는 국회자율권에 의한다. 국회운영에 관한 문제는 회기, 정기회, 임시회, 개회, 휴회, 폐회 등이 문제된다.

① **입법기(의회기)** … 임기개시일부터 임기만료의 도래나 국회가 해산되기까지의 기간을 의미한다. 원칙적으로 입법기는 의원의 임기와 일치한다.

② **회기** … 입법기 내에서 국회가 실제로 활용능력을 가지는 일정한 기간을 말한다. 회기는 집회당일부터 기산하며, 폐회일까지이다. 국회는 회기중이라도 일정기간 활동을 중지할 수 있는 바 이것을 휴회라고 한다. 휴회는 회기종료시에 행하는 폐회와 다르다.

③ **정기회·임시회** … 매년 1회 정기적으로 소집되는 회의가 정기회이고, 임시집회의 필요가 있을 때 집회하는 회의가 임시회이다. 정기회는 매년 1회 집회되며, 임시회는 대통령 또는 국회의 재적의원 4분의 1 이상의 요구에 의하여 집회된다〈제47조 제1항〉. 정기회의 회기는 100일을, 임시회의 회기는 30일을 초과할 수 없다〈제47조 제2항〉. 정기회에서는 예산안을 심의·의결하고 정부의 시정연설을 듣고 대정부 질문을 하며, 매년 정기회 집회일 이전에 감사시작일부터 30일 이내의 기간을 정하여 감사를 실시한다〈국정감사

및 조사에 관한 법률 제2조 제1항〉. 임시회는 의장이 집회기일 3일 전에 공고한다〈국회법 제5조 제1항〉. 대통령이 임시집회를 요구할 때에는 기간과 집회요구의 이유를 명시하여야 한다〈제47조 제3항〉. 임시회의 회기는 30일을 초과할 수 없으며〈제47조 제2항〉, 임시회에서는 추가경정예산안을 심의·확정하고 법률안을 심의·의결하며 기타 안을 처리한다.

(2) 국회의 의사절차

국회의 의사절차는 민주적이고 능률적이어야 한다. 의사절차에 관한 의사공개의 원칙, 회기계속의 원칙, 일사부재의의 원칙, 다수결의 원칙 등은 이러한 민주성과 능률성을 확보하기 위한 원칙들이다.

① 의사절차에 관한 기본원칙

ㄱ 의사공개의 원칙 : 방청의 자유, 국회의사록의 공표, 보도의 자유를 그 내용으로 한다. 의사공개의 원칙은 의회주의의 핵심적인 기본원리일 뿐만 아니라 대의제의 이념에 따라 국민이 의정활동을 감시·비판함으로써 책임정치를 구현할 수 있는 불가결한 전제조건이기도 하다.

ㄴ 회기계속의 원칙 : 회기중에 의결되지 못한 의안도 폐기되지 아니하고 다음 회기에 계속하여 심의할 수 있다는 원칙을 말한다. 이에 대하여 회기불계속의 원칙은 의회의 1회기중에 심의가 완료되지 못한 안건은 그 회기가 끝남으로써 소멸하고 다음 회기에 계속되지 아니한다는 원칙이다.

ㄷ 일사부재의의 원칙 : 국회에서 일단 부결된 의안은 동일회기중에는 다시 발의하거나 심의하지 못한다는 원칙을 말한다. 이는 의사활동의 원활화를 도모하고 특히 소수파에 의한 의사방해를 배제하려는 데 그 주안점이 있다.

② 정족수 … 다수인으로 구성되는 회의체에서 회의를 진행하고 의사를 결정하는 데에 소요되는 출석자의 수를 말한다. 이에는 의사정족수(의안을 심의하는 데 필요한 출석자의 법정수)와 의결정족수(의결을 하는 데 필요한 출석자의 법정수를 말한다)가 있다.

ㄱ 본회의 : 본회의는 재적의원 5분의 1 이상의 출석으로 개의한다.

ㄴ 위원회 : 위원회는 재적위원 5분의 1 이상의 출석으로 개회하고, 재적위원 과반수의 출석과 출석위원 과반수의 찬성으로 의결한다.

✿ 의결정족수

구분		내용
일반의결정족수		재적의원 과반수 출석에, 출석의원 과반수 찬성
특별의결 정족수	재적의원 3분의 2 이상 찬성	• 헌법개정안 의결 • 의원제명 • 의원자격심사 • 대통령에 대한 탄핵소추 의결

특별의결 정족수	재적의원 과반수 찬성	• 헌법개정안 발의 • 국무총리 · 국무위원의 해임건의 • 대통령 탄핵소추 발의 • 대통령 이외 탄핵소추 의결 • 국회의장 선출 • 계엄해제요구
	재적의원 3분의 1 이상 찬성	• 대통령 이외의 자에 대한 탄핵소추 발의 • 국무총리 · 국무위원 해임건의 발의
	재적의원 과반수 출석과 출석의원 3분의 2 이상 찬성	법률안 재의결
	국회 재적의원 4분의 1 이상 찬성	임시국회 소집요구

7. 국회의 권한

국회의 권한은 정부형태, 의회의 헌법상의 지위, 통치권의 기본권 기속성, 대의(代議)의 이념, 의회주의의 역사 등과 관련된다. 특히 통치권의 기본권 기속성의 관점에서 국회는 입법을 통해 기본권 실현기능을 가진다. 정부형태상 대통령제 하에서는 상호독립의 원칙에 따라 대통령에 대한 견제적 권한이 강화되나, 의원내각제하에서는 내각의 산실로서 정책적 지원의 입장에 서게 된다.

(1) 입법에 관한 권한

① **국회입법의 원칙** : 입법권은 국회에 속한다〈제40조〉. 이는 실질적 의미의 입법이 국회에 속한다는 의미이다.

② **헌법개정에 관한 권한** : 국회는 헌법개정에 관하여 그 발의권과 심의 · 의결권을 가진다. 헌법개정안에 대한 제안은 재적의원 과반수의 찬성이 있어야 한다.

③ **법률제정에 관한 권한** : 국회는 법률제정에 관한 권한을 갖는다. 여기의 '법률'은 형식적 의미의 법률이며, 원칙적으로 일반적 · 구체적 법률이어야 한다.

④ **조약의 체결과 비준에 대한 동의권** : 제60조 제1항에 열거된 조약에 대해서는 대통령의 비준 전에 국회의 동의를 요한다. 행정협정의 경우 그 내용이 국민의 권리의무와 밀접한 관련을 가질 경우에는 조약을 민주적으로 통제하려는 헌법정신에 비추어 국회의 동의를 요한다고 본다.

⑤ **국회규칙의 제정에 관한 권한** : 국회는 법률에 저촉되지 아니하는 범위 안에서 의사와 내규규율에 관한 규칙을 제정할 수 있다〈제64조 제1항〉. 이는 권력분립의 결과 국회의 자주성과 독립성을 존중하기 위한 것이다.

문. 국회에서의 의결정족수가 다른 하나는?

① 대통령에 대한 탄핵소추의 의결
② 헌법개정안의 의결
③ 국회의원제명의 의결
④ 법률안의 재의결

☞ ④

문. 다음 중 우리나라 국회의 권한에 속하는 것은?

① 탄핵심판권
② 선전포고동의권
③ 법률안심의거부권
④ 헌법개정확정권

☞ ②

문. 법률안에 관한 설명 중 옳지 않은 것은?

① 국회의원이 법률안을 제출하려면 10인 이상의 찬성이 있어야 한다.
② 예산상의 조치가 수반되는 법률안의 발의는 국회예산정책처의 추계서를 함께 제출하여야 한다.
③ 국회에서 의결된 법률안에 이의가 있는 경우에 대통령은 법률안의 일부에 대하여 또는 법률안을 수정하여 재의를 요구할 수는 없다.
④ 국회에서 의결된 법률안에 이의가 있는 경우에 대통령은 국회가 개회중인 경우에 한하여 15일 이내에 재의를 요구할 수 있다.

☞ ④

(2) 재정에 관한 권한

국회의 재정에 관한 권한은 연혁적으로 의회주의의 역사에서 비롯한다. 군주의 자의적인 세금징수에 대한 견제장치로 탄생된 것이 의회주의이기 때문이다. 헌법은 납세의무〈제38조〉를 비롯하여 조세법률주의〈제59조〉, 국회의 예산안 심의·확정권〈제54조〉, 계속비, 예비비 및 추가경정예산〈제55조 제1항, 제2항, 제56조〉, 그리고 국채의 모집과 예산 외의 국가부담이 될 계약체결에 대한 의결권〈제58조〉을 규정하고 있다.

① **재정의 기본원칙** … 재정은 국민의 재산과 권리에 미치는 영향이 지대하므로 재정에 관한 중요사항은 반드시 의회의 의결을 거치도록 하고 있는 바 이것을 재정에 관한 의회의결주의라고 한다.

② **공정과세의 원칙** … 납세의무는 개인의 담세력에 따라 공정하고 평등한 과세를 그 내용으로 하여야 한다. 공정과세의 원칙은 제11조 제1항에 의한 평등의 원칙, 차별금지의 원칙의 조세법적 표현으로서 정의의 이념에 따라 '평등한 것은 평등하게, 불평등한 것은 불평등하게' 취급함으로써 조세법의 입법과정이나 집행과정에서 조세정의를 실현하려는 원칙을 말한다.

③ **조세법률주의** … 조세 기타 공과금의 부과·징수는 반드시 법률로써 하여야 한다는 원칙이다. 이는 조세를 의회의 법률로 규정하게 함으로써 국민의 재산권을 보장하고 그 법적 생활의 안정을 도모하며, 공평한 납세의무를 과하려는 데 있다. 조세법률주의는 '법률에 의한 행정의 원칙'이 재무행정에 반영된 것이다. 조세법률주의는 과세요건법정주의, 과세요건명확주의, 소급과세금지의 원칙을 핵심내용으로 한다. 조세에 관한 법률주의는 당해 법률의 시행기간이 1년인가 영구적인가에 따라 1년세주의와 영구세주의가 있다. 우리 헌법은 영구세주의이다. 조세법률주의의 예외에는 조례에 의한 지방세의 세목규정, 관세에 관한 협정세율, 긴급재정·경제처분·명령 및 긴급명령에 의한 예외가 있다.

문. 조세법률주의의 내용에 속한다고 보기에 가장 어려운 것은?

① 과세요건법정주의
② 과세요건명확주의
③ 유추해석 및 확장해석금지원칙
④ 조세공평의 원칙

정답 ④

ANSWER

> 조세법률주의
> ㉠ 조세법률주의의 제도적 의의는 조세의 종류와 조세부과의 근거뿐만 아니라 납세의무자, 과세물건, 과세표준, 과세절차, 세율 등을 국회제정의 법률로 규정함으로써 국민의 재산권을 보장하고 국민생활의 법적 안정성과 예측가능성을 보장하려는 데 있다.
> ㉡ 조세평등주의는 특정의 납세의무자를 불리하게 차별하는 것을 금지할 뿐 아니라 합리적 이유 없이 특별한 이익을 주는 것도 허용하지 않는다.

④ 조세법률주의는 실질적 적법절차가 지배하는 법치주의를 뜻하므로 비록 과세요건이 법률로 명확히 정해진 것일지라도 그것만으로 충분한 것은 아니고 조세법의 목적이나 내용이 기본권보장의 헌법이념이나 헌법상 제원칙에 합치되어야 한다.

⑤ **예산심의 · 확정권**

　㉠ 국회는 예산안을 심의 · 확정한다〈제54조〉. 여기서 '예산'은 1회계연도에 있어서 세입 · 세출의 예정계획을 그 내용으로 하고 국회의 의결로써 성립하는 법 규범의 일종을 의미한다.

　㉡ 예산은 정부의 재정행위를 구속하는 준칙으로서 예산총칙, 세입, 세출예산(예비비 포함), 계속비, 국고채무부담행위 등을 그 내용으로 한다.

　㉢ 예산은 본예산과 추가경정예산, 확정예산과 임시예산(준예산), 일반회계예산(총예산)과 특별회계예산으로 구분된다.

　㉣ 예산은 1회계연도 내에서만 효력을 가진다.

　㉤ 예산의 편성, 제출은 정부의 권한에 속하고 심의와 의결은 국회의 권한이다.

☆ 예산과 법률의 비교

구분	예산	법률
형식	법률과 별개의 국법형식	입법의 형식
제안	정부	국회의원과 정부
시간적 효력	당해 회계연도에만	폐지시까지
구속력	국가기관만 구속	국민과 국가기관을 구속
수정	삭감은 할 수 있으나 증액 · 신설은 불가	자유롭다.
제출시한	회계연도개시 90일 전까지	제한없다.
거부권	없다.	있다.
공포	공포가 효력발생요건이 아니다.	공포가 효력발생요건이다.

POINT 팁 예산의 효력

　㉠ **시간적 효력**: 예산은 1회계연도(1. 1 ~ 12. 31까지) 내에서만 효력을 가진다(예산1년주의라 하며, 이에 대한 예외가 계속비제도).

　㉡ **대인적 효력**: 예산은 국가기관만을 구속하고 일반국민은 구속하지 않는다.

　㉢ **형식적 효력**: 예산과 법률은 그 형식을 달리하기 때문에 예산으로써 법률을 변경할 수 없고, 법률로써 예산을 변경할 수 없다.

　㉣ **실질적 효력**: 예산은 국회의 의결을 얻으면 법적 효력을 발생하여 정부의 재정행위를 구속한다.

⑥ **결산심사권** … 감사원은 세입 · 세출의 결산을 매년 검사하여 대통령과 차년도 국회에 그 결과를 보고하여야 한다〈제99조〉. 국회는 예산집행결과의 적부에 대하여 사후심사권을 가진다. 국회는 심사결과 결산이 부당하다고 인정할 때에는 정부에 대해 정치적 책임추궁과 탄핵소추 등 법적 책임을 추궁할 수 있다.

⑦ **정부의 그밖의 재정행위에 대한 국회의 권한**

　㉠ 긴급재정 · 경제처분 및 그에 관한 명령에 관한 승인권〈제76조 제3항〉

　㉡ 예비비지출에 대한 승인권〈제55조 제2항〉

　㉢ 국채동의권〈제58조〉

문. 예산에 대한 설명으로 옳은 것은?

　　　　　▶ 2014. 9. 27 국회직

① 정부는 회계연도마다 예산안을 편성하여 회계연도 개시 120일 전까지 국회에 제출하고, 국회는 회계연도 개시 30일 전까지 이를 의결하여야 한다.

② 한 회계연도를 넘어 계속하여 지출할 필요가 있을 때에는 정부는 연한을 정하여 준예산으로서 국회의 의결을 얻어야 한다.

③ 예비비는 총액으로 국회의 의결을 얻어야 하며, 예비비의 지출은 차기국회의 승인을 얻어야 한다.

④ 정부는 대내외 여건에 중대한 변화가 발생할 우려가 있는 긴급한 경우에는 국회에서 추가경정예산안이 확정되기 전이라도 이를 배정하거나 집행할 수 있다.

⑤ 국회는 정부의 동의 없이도 정부가 제출한 지출예산 각 항의 금액을 증가하거나 새 비목을 설치할 수 있다.

　　　　　☞ ③

⟪ 예산 외에 국가의 부담이 될 계약체결에 대한 동의권〈제58조〉

┉ 재정적 부담을 지우는 조약의 체결·비준에 대한 동의권〈제60조 제1항〉
등이 있다.

(3) 헌법기관구성에 관한 권한

민선의원에 터잡은 국회는 국민의 대의기관이기 때문에 통치기관 중 민주적 정당성이 강하다. 국회가 다른 통치기관의 구성에 관여하여 민주적 정당성을 확보하려는 권한이 헌법기관구성에 관한 권한이다. 이에는 대통령선출권, 헌법기관 구성원의 선출권, 헌법기관 구성원 임명에 대한 동의권 등이 있다.

① **대통령선출권** … 대통령선거에서 최고득표자가 2인 이상인 경우에는 국회에서 선출하도록 하고 있다〈제67조 제2항〉.

② **헌법기관구성원의 선출권**

㉠ 헌법재판소 재판관의 일부, 즉 9인 중 3인에 대한 선출권을 가진다〈제111조 제3항〉.

㉡ 중앙선거관리위원회 위원 9인 중 3인에 대한 선출권을 가진다〈제114조 제2항〉.

③ **헌법기관구성원 임명에 대한 동의권** … 국회는 대통령이 행사하는 국무총리, 감사원장, 대법원장, 대법관, 헌법재판소의 장의 임명에 대한 동의권을 가지고 이들 헌법기관의 구성에 참여함으로써 대통령의 권한을 견제하고 동시에 이들 기관에 민주적 정당성을 부여하고 있다. 국무총리 임명에 대한 동의권〈제86조 제1항〉, 대법원장과 대법관의 임명에 대한 동의권〈제104조 제1항, 제2항〉, 헌법재판소장의 임명에 대한 동의권〈제111조 제4항〉, 감사원장의 임명에 대한 동의권〈제98조 제2항〉 등이 국회에게 있다.

(4) 국정통제에 관한 권한

국회의 국정통제권은 국회가 자신 이외의 국가기관들을 감시, 비판, 견제, 책임추궁을 할 수 있는 권한을 말한다. 국회의 국정통제권도 정부형태와 권력구조 여하에 따라 그 내용이 동일하지 않다. 의원내각제에서는 그 통제력이 강력하나, 대통령제에서는 상대적으로 약하다. 헌법상 주요한 국정통제수단에는 탄핵소추권〈제65조〉, 국정조사·감사권〈제61조〉, 긴급명령에 대한 승인권〈제76조 제3항〉, 계엄해제요구권〈제77조 제5항〉, 외교정책 등에 대한 동의권〈제60조〉, 일반사면에 대한 동의권〈제79조〉, 국무총리·국무위원에 대한 해임건의권〈제63조〉, 국무총리·국무위원 등 출석요구 및 질문권〈제62조 제2항〉 등이 있다.

① **탄핵소추권** … 대통령·국무총리·국무위원·행정각부의 장·헌법재판소 재판관·법관·중앙선거관리위원회 위원·감사원장·감사위원 기타 법률이 정한 공무원이 그 직무집행에 있어서 헌법이나 법률을 위배한 때에는 국회는 탄핵의 소추를 의결할 수 있다〈제65조 제1항〉.

문. 예산과 법률에 관한 설명 중 가장 옳지 않은 것은?

① 현행 헌법은 영국·미국·프랑스·독일 등과 같은 예산법률주의를 택하지 않고 예산과 법률을 별개의 국가행위형식으로 하고 있다.

② 예산은 정부에만 제출권이 있고 국회에는 제출권이 없는데 반하여, 법률은 정부와 국회 양자가 제출권을 갖는다.

③ 법률안은 공포가 효력발생요건이나, 예산안은 단지 관보로써 공고하도록 되어 있으므로 공포가 효력발생요건이 아니다.

④ 대통령은 법률안거부권행사와 같이 국회에서 통과된 예산안을 국회에 환송하여 재심을 요구하는 등 거부권을 행사할 수 있다.

☞ ④

⑩ 탄핵소추의 의결을 받은 자는 탄핵심판이 있을 때까지 그 권한 행사가 정지된다〈제65조 제3항〉.

⑪ 헌법재판소는 9인의 재판관 중 6인 이상의 찬성으로 탄핵을 결정한다〈제113조 제1항〉. 탄핵결정은 공직으로부터 파면함에 그친다. 그러나 이에 의하여 민사상·형사상 책임이 면제되는 것은 아니다.

② **국정조사권, 국정감사권** … 국회는 입법에 관한 권한, 재정에 관한 권한, 국정통제에 관한 권한 등을 유효적절하게 행사하기 위하여 특정한 국정사안에 관하여 조사할 수 있는 바 이것이 국정조사권이고, 국회가 매년 정기적으로 국정전반에 관하여 감사할 수 있는 권한을 국정감사권이라고 한다.

⑩ 국정감사·조사권은 국회의 국정통제권 중에서도 가장 그 실효성이 큰 것으로서 현대자유민주주의 헌법질서 내에서는 하나의 불가결한 제도적 장치로 간주되고 있다.

⑪ 국정조사·감사의 본질에 대해서는 독립적 권한설과 보조적 권한설이 있으나, 보조적 권한설이 통설이다.

⑫ 주체는 국회이고 국정감사는 국정 전반에 대해서, 국정조사는 특정한 사안을 그 대상으로 한다.

⑬ 국정감사·조사권은 권력분립주의, 사생활사항 불간섭원칙, 중대한 국가이익우선의 원칙, 기본권 보장원칙 등에 의해 제한을 받는다.

③ **긴급명령과 긴급재정·경제처분 및 그 명령승인권** … 대통령이 긴급명령을 발하거나 긴급경제처분을 하거나 그에 관한 명령을 발한 때에는 지체없이 국회에 보고하여 승인을 얻어야 한다〈제76조 제3항〉. 이는 대통령의 긴급권에 대한 사후통제기능을 한다. 이러한 명령이 국회의 승인을 얻으면 계속 효력을 가지나, 승인을 얻지 못한 때에는 그 처분 또는 명령은 그때부터 효력을 상실한다. 개정·폐지되었던 법률은 그 명령이 승인을 얻지 못한 때부터 당연히 효력을 회복한다〈제76조 제4항〉.

④ **계엄해제요구권** … 대통령이 계엄을 선포한 때에는 지체없이 국회에 통고하여야 하고, 국회는 계엄의 해제를 요구할 수 있으며, 국회의 요구에 대통령은 응해야 한다〈제77조 제4항, 제5항〉.

⑤ **국방 및 외교정책에 대한 동의권** … 국회는 대통령의 권한행사를 견제하기 위하여 선전포고, 국군의 외국파견 또는 외국군대의 한국영역 안에서의 주류에 대한 동의권을 갖는다〈제60조 제2항〉.

⑥ **일반사면에 대한 동의권** … 대통령이 일반사면을 명할 경우에는 국회의 동의를 얻어야 한다〈제79조 제2항〉.

⑦ **국무총리, 국무위원의 해임건의권**

⑩ 국회는 국무총리 또는 국무위원의 해임을 대통령에게 건의할 수 있다. 이 제도는 대통령을 견제하는 의원내각제적 요소이다.

문. 국회의 집행부에 대한 통제권한으로 옳지 않은 것은?

① 국무총리 임명동의권
② 대통령 등에 대한 탄핵결정권
③ 일반사면에 대한 동의권
④ 긴급재정경제처분·명령에 대한 승인권

☞ ②

문. 국정감사 및 조사에 관한 설명 중 옳지 않은 것은?

① 검찰의 소추행위에 관여할 목적으로는 국정감사 및 조사를 할 수 없다.
② 국회는 행정의 적법성뿐만 아니라 타당성도 국정감사 및 조사를 할 수 있다.
③ 국정감사는 국정전반을 대상으로 할 수 있는 반면, 국정조사는 특정의 국정사안을 대상으로 한다.
④ 법원의 사법행정작용에 대해서는 사법권의 독립을 보장하기 위해 국정감사 및 조사를 할 수 없다.

☞ ④

ⓛ 해임건의 사유는 헌법에 규정이 없으나 탄핵소추의 사유(직무집행에 있어서 헌법이나 법률을 위배한 때)보다 광범위하고 포괄적이다. 즉, 직무집행에서의 과오나 무능력도 해임건의사유이다.

ⓒ 해임건의는 국회재적의원 3분의 1 이상의 발의에 의하여 국회재적의원 과반수의 찬성이 있어야 한다〈제63조 제2항〉. 해임건의안이 발의되면 의장은 본회의에 보고하고 그때부터 24시간 이후 72시간 이내에 무기명투표로 표결하여야 한다. 이 기간 내에 표결하지 않으면 해임건의안은 폐기된 것으로 본다〈국회법 제112조 제7항〉.

ⓔ 국회의 해임건의는 법적 구속력이 있는 해임의결이 아니고 법적 구속력이 없는 해임건의이므로 대통령을 구속하지 못한다는 것이 다수설이다.

POINT 팁 제3공화국 헌법과의 차이
제3공화국 헌법에서도 해임건의권을 규정하였으나 재적의원 과반수의 찬성을 요건으로 하며 대통령은 특별한 사유가 없는 한 이에 응하여야 하는 구속력이 있었다.

ⓜ 해임건의는 국무총리 또는 국무위원에 대하여 개별적 또는 일괄적으로 할 수 있다.

⑧ **국무총리, 국무위원 등의 국회출석요구 · 질문권** … 국무총리, 국무위원 또는 정부위원은 국회나 그 위원회에 출석하여 국정처리상황을 보고하거나 의견을 진술하고 질문에 응답할 수 있다. 국회나 그 위원회의 요구가 있을 때에는 국무총리, 국무위원 또는 정부위원은 출석 · 답변하여야 한다〈제62조 제1 항, 제2항〉.

(5) 국회의 자율권

① **의의** … 의회가 다른 국가기관의 간섭을 받지 아니하고 헌법, 법률, 의회규칙 등에 따라 그 의사와 내부사항에 관하여 독자적인 결정을 할 수 있는 권한을 말한다. 자율권에는 집회 등에 관한 권한, 의사에 관한 권한, 국회규칙제정권, 내부조직권, 질서유지에 관한 권한, 의원의 신분에 관한 권한 등이 있다.

② **집회 등에 관한 권한** … 국회는 헌법과 국회법이 정하는 바에 따라 집회, 개회, 회기 등을 자주적으로 결정한다. 정기회는 100일을, 임시회는 30일을 초과하지 못한다〈제47조 제2항〉.

③ **내부조직권(자주조직권)** … 국회는 자신의 내부조직에 관한 자율권을 가진다.

④ **국회규칙제정권** … 국회는 헌법과 법률에 저촉되지 아니하는 범위 내에서 의사와 내부규율에 관한 규칙을 제정할 수 있다〈제64조 제1항〉.

⑤ **의회규칙제정권** … 국회는 의사일정의 작성, 의안의 발의, 동의 등과 같은 의사에 관하여 국회법 및 국회규칙의 구속을 받는 외에는 자주적으로 이를 행한다.

⑥ **질서유지에 관한 권한** … 국회는 내부질서를 유지하기 위하여 내부경찰권과 의원가택권을 가진다.

      ㉠ **내부경찰권**: 국회 내의 질서를 유지하기 위하여 의원, 방청인은 물론 원 내에 있는 모든 자에 대하여 일정한 사항을 명하거나 실력으로써 그 명령을 강제할 수 있는 권한을 말한다.

      ㉡ **의원가택권**: 국회의사에 반한 국회 내의 침입을 금지하고 국회 내에 들어온 자에게는 국회질서에 따르게 할 수 있는 권한을 말한다.

⑦ **의원의 신분에 관한 권한**

      ㉠ **의원의 사직허가권**〈국회법 제135조 제1항, 제3항〉

      ㉡ **의원의 자격심사권**〈제64조 제2항〉

      ㉢ **의원에 대한 징계권**〈제64조 제2항〉: 징계의 종류에는 공개회의에서의 경고, 공개회의에서의 사과, 30일 이내의 출석정지, 제명의 4가지이다.

8. 국회의원의 지위

(1) 헌법상 지위

① **국회구성원으로서의 지위** … 국회는 국민의 보통·평등·직접·비밀선거에 의해 선출된 의원으로 구성한다〈제41조 제1항〉. 국회의원은 이러한 지위에서 각종 권한 및 권리와 의무를 진다.

    ☞ 선거직 공무원으로서의 지위 … 국회의원은 민선된 선거직 공무원으로서의 지위를 갖는다. 다른 공무원과 마찬가지로 공무원으로서의 책임과 의무를 지지만 헌법은 특히 국회의원의 청렴의무〈제46조 제1항〉, 국가이익우선의무〈제46조 제2항〉, 이권불개입의 의무〈제46조 제3항〉 등을 명문화하여 국민 전체에 대한 봉사자로서의 지위를 명백히 하고 있다.

② **국민의 대표자로서의 지위** … 국회의원은 국민의 대표이다. 그런데 그 대표성에 대해서는 정치적 대표설과 법적 대표설이 대립되어 있다. 정치적 대표설이 다수설이다. 국회의원은 국민 전체의 이익을 위하여 활동하여야 하고 국민은 국회의원에 대하여 선거나 여론 등의 방법으로 정치적 책임을 추궁할 수 있다.

③ **정당대표자로서의 지위** … 국회의원은 전체국민의 대표자로서의 지위와 정당의 대표자로서의 지위를 아울러 가지고 있다. 정당의 대표자로서의 지위와 국민 전체의 대표자로서의 지위가 충돌할 때에는 국익우선조항〈제46조 제2항〉에 따라 국민대표성이 우선한다(다수설).

(2) 국회의원의 신분상 지위

① **국회의원자격의 발생** … 헌법과 법률에 의한 임기개시와 동시에 발생한다(통설). 공직선거법은 국회의원의 임기는 총선거에 의한 전임의원의 임기만료일의 다음날부터 개시된다고 하여 임기개시일을 규정하고 있다〈공직선거법 제14조 제2항〉. 비례대표 국회의원직을 승계하는 의원의 자격은 중앙선거관리위원회가 승계를 결정·통고한 때부터 발생한다〈동법 제200조 제2항〉.

문. 국회의원의 지위에 관한 다음 설명 중 옳지 않은 것은? (다툼이 있는 경우 헌법재판소 결정에 의함)

▶ 2015. 3. 7 법원직

① 국회의원은 국무위원의 직을 겸직할 수 있으나, 국무총리의 직은 겸직할 수 없다.

② 국회의원을 제명하기 위해서는 국회재적의원 3분의2 이상의 찬성이 있어야 하는데, 그 제명처분에 대해서는 법원에 제소할 수 없음은 헌법이 명문으로 정하고 있다.

③ 국회의원이 회기 전에 체포 또는 구금된 때에는 국회의 요구가 있으면 회기중 석방되나, 현행범인인 경우에는 그러하지 아니하다.

④ 국회의원의 질의권, 표결권의 침해를 이유로 헌법소원을 청구할 수는 없다는 것이 헌법재판소의 입장이다.

☞ ①

문. 헌법상 법률로 규정할 수 있는 입법사항이 아닌 것은?

① 국회의원선거구와 비례대표제

② 국회의원의 임기

③ 조세의 종목과 세율

④ 재산권의 내용과 한계

☞ ②

② **국회의원자격의 소멸** … 의원자격은 임기만료, 국회의 해산, 당선무효와 유죄판결의 확정, 퇴직, 사직, 제명, 자격심사에 의해 소멸한다.

　㉠ **임기만료** : 국회의원의 임기는 4년이다〈제42조〉.

　㉡ **자격심사** : 국회는 의원의 자격을 심사할 수 있다. 자격심사는 피선거권이 있는지, 겸직으로 인한 자격상실의 사유가 있는지 여부의 심사를 말한다. 본회의에서 무자격자로 결정되면 의원자격을 상실한다.

　　• 자격심사의 청구 : 의원이 다른 의원의 자격에 대하여 이의가 있을 때에는 30인 이상의 연서로 자격심사를 청구할 수 있다〈국회법 제138조〉.

　　• 자격심사의 의결 : 본회의는 피심의원의 자격 유무를 의결로써 결정하되 그 자격이 없는 것을 의결함에는 재적의원 3분의 2 이상의 찬성이 있어야 한다〈동법 제142조 제3항〉.

　㉢ **사직** : 자기희망에 의하여 국회의원직을 사임하는 것이다. 사직희망자는 사직서를 제출하여야 하고 국회는 표결로써 사직을 허가할 수 있다〈국회법 제135조〉.

　㉣ **퇴직** : 의원이 공직선거법 제53조의 규정에 의하여 사직원을 제출하여 공직선거후보자로 등록된 때에는 의원의 직에서 퇴직된다. 의원이 법률에 규정된 피선거권이 없게 된 때에는 퇴직된다〈국회법 제136조〉.

　㉤ **기타** : 선거소송에 관한 판결의 결과 선거무효 또는 당선무효가 되면 의원은 자격을 상실한다.

③ **국회의원의 권리** … 국회의원은 헌법상의 책임을 다하기 위하여 여러가지 권리를 향유하고 있다. 이에는 발언권, 질문권, 질의권, 토론권, 표결권, 수당과 여비를 받을 권리, 국유교통수단의 무료이용권이다.

　㉠ **상임위원회소속활동** : 의원은 상임위원회의 위원이 되어 의정활동을 할 수 있는 권리를 가진다〈국회법 제39조 제1항〉.

　㉡ **발언 · 동의권** : 의원은 위원회와 본회의에서 발언하고 동의를 함으로써 의제를 성립시킬 수 있는 권리를 가진다.

　㉢ **질문권** : '현재 의제와 관계없이' 정부에 대하여 질문할 수 있는 권한을 가진다. 의원의 질문시간은 20분을 초과할 수 없다〈국회법 제122조의2〉

　㉣ **질의권** : '현재 의제가 되어 있는' 의안에 대하여 국무총리, 국무위원, 정부위원, 위원장, 발의자 등에 대하여 의의를 물을 수 있는 권리이다.

　㉤ **토론권** : 의원은 의제가 되어 있는 의안에 대하여 찬반의 토론을 할 수 있는 권리를 가진다.

　㉥ **표결권** : 의원은 본회의나 위원회 등에서 표결에 참가할 권한을 가지며〈국회법 제111조〉, 이는 헌법이 특히 보장하고 있다〈제45조〉.

　㉦ **기타 공동으로 행사할 수 있는 권리** : 이상의 권리는 의원 개인으로서의 권리이나 공동으로 행사할 수 있는 권리가 있다. 국회소집요구권(재적의원 4분의 1 이상 찬성)과 의안발의권(10인 이상)이 이에 속한다.

④ **국회의원의 의무** … 헌법상 의무와 국회법상 의무로 나뉜다.

　㉠ **헌법상 의무** : 국가이익우선의무, 청렴의무와 이권불개입의무, 겸직금지의무

　㉡ **국회법상 의무** : 본회의와 위원회에 출석할 의무, 의사에 관한 법령 및 국회규칙 준수의무, 회의장의 질서를 준수하고 국회의 위신을 손상하지 않을 의무, 의장의 질서유지에 복종할 의무, 다른 의원의 발언을 모욕하지 않을 의무, 국정조사 · 감사에 있어서의 주의의무

문. 헌법에 규정되어 있는 국회의원의 의무가 아닌 것은?

① 청렴의 의무
② 지위남용금지의 의무
③ 국회본회의와 위원회에의 출석 의무
④ 국익우선의 의무

 ③

(3) 국회의원의 특권

① **면책특권** … 의원은 국회에서 직무상 행한 발언과 표결에 대한 국회 외에서 책임을 지지 않는다〈제45조〉.

   ㄱ **연혁**: 이는 1689년 영국의 권리장전에서 성문화되었다.

   ㄴ **취지**: 면책특권의 제도적 의의는 행정부의 국회의원에 대한 부당한 압력을 배제하고, 전국민의 대표로서 오로지 자기양심에 따라 행동할 수 있고 선거민 기타 사회 제세력으로부터 압력을 받지 않기 위함이다.

   ㄷ **성질**: 국회의원 개인을 위한 권리가 아니고 국회 자체의 특권이므로 의원 스스로 포기할 수는 없다. 실체법상의 권리가 아니고 소송법상의 권리이다.

   ㄹ **대상**: 국회에서 직무상 행한 발언과 표결

   ㅁ **면책내용**: 직무상 행한 발언과 표결에 대해서 국회 외에서 책임을 지지 않는 것이다. 그러므로 국회 내에서의 징계처분은 가능하다. '책임'은 법적 책임을 의미한다.

② **불체포특권** … 의원은 현행범인인 경우를 제외하고는 회기 중에 국회의 동의없이 체포·구금되지 아니한다. 국회의원이 회기 전에 체포 또는 구금된 때에도 현행범이 아닌 한 국회의 요구가 있으면 회기중에 석방한다〈제44조〉.

   ㄱ **연혁**: 제임스 1세 치하의 영국에서 전제군주의 대권에 대항하여 법적으로 명문화한 데에서 유래하였다. 최초의 헌법화는 미연방헌법이다.

   ㄴ **취지**: 의회의 자주적 활동과 의원의 대정부통제 등 직무수행을 보장하고 행정부에 의한 부당한 탄압을 방지하려는 데 있다.

   ㄷ **성질**: 불체포특권은 국회의 특권[동시에 의원 개인의 특권도 의미(종합설)]을 의미하므로 의원은 특권을 포기할 수 없다(다수설). 이는 회기중에 한해 일시적으로 체포를 유예받는 특권이다.

   ㄹ **내용**: 회기중에는 의원을 체포·구금할 수 없다. 회기중에는 휴회중도 포함한다. 다만, 현행범에게는 불체포특권이 인정되지 않는다.

SECTION 3 대통령

1. 대통령의 헌법상 지위

(1) 서설

대통령의 헌법상 지위는 정부형태에 따라 다르고 개별국가마다 다소의 차이가 있다. 집행부의 구조가 일원적인가 이원적인가에 따라 그 지위는 현격히 다르다. 대별하여 미국식 대통령제, 신대통령제, 의원내각제 및 의회정부제로 나누면 다음과 같다.

문. 국회의원의 면책특권에 관한 설명 중 옳은 것은?

① 여기에서의 면책은 법적·정치적 면책을 뜻한다.
② 국회의원은 면책특권을 포기할 수도 있다.
③ 원내에서의 발언을 이유로 국회가 징계를 한다고 하더라도 면책특권을 침해하는 것이 아니다.
④ 확인되지 않은 혐의사실을 실명을 들어 말한 경우, 면책특권을 누릴 수 없다.

☞ ③

문. 국회의원의 불체포특권에 관한 설명으로 옳지 않은 것은?

① 의원 개인은 이 특권을 포기할 수 없다.
② 국회의원은 회기중에는 체포·구속으로부터 절대적인 보호를 받는다.
③ 국회의원은 회기 전에는 체포 또는 구금될 수 있다.
④ 국회의 요구에 의하여 석방된 국회의원은 회기가 종료된 후 다시 체포될 수 있다.

☞ ②

(2) 대통령지위의 유형

① **미국식 대통령제** : 행정부가 일원적 구조에 있는 미국 대통령은 국가원수인 동시에 행정부수반이지만 원칙적으로 입법부·사법부의 장과 동렬에 위치한다. 파면의 대상은 되나, 국회에 대해 책임을 지지 않는다. 국회해산권 및 법률안제출권이 없다.

② **신대통령제** … 헌법상 국가원수인 동시에 행정부수반이나 입법부, 사법부에 대해 절대적으로 우월한 지위를 갖는다.

③ **의원내각제** … 대통령의 지위는 의례적·형식적인 지위이다. 일반적으로 의회에서 간선되고 국법상의 행위는 관계장관의 부서를 통해서 이루어진다. 상징적·명목적인 국가원수에 불과하다.

④ **의회정부제** … 이는 행정부에 대해 의회의 절대적 우위성 때문에 실질적인 국가원수가 없는 정부형태이다. 국가원수나 대통령이 있는 경우라도 의례적·형식적 권한을 가지는 데 불과하다.

2. 우리나라 대통령의 지위

(1) 국가원수로서의 지위

제66조 제1항은 대통령을 국가의 원수로 규정하고 대외적으로 국가를 대표하도록 하고 있다. 그리고 대통령은 국민에 의하여 직접 선출되고 국회와 함께 국민의 대표기관으로서 역할을 한다.

① **대외적으로 국가를 대표할 지위** … 대통령은 외국에 대하여 국가를 대표한다〈제66조 제1항〉. 이 지위에서 조약체결·비준권, 선전포고, 강화권 등을 가진다〈제73조〉. 대통령은 이러한 국가대표의 지위로부터 일정한 국제법상의 특권을 누린다.

② **국가와 헌법의 수호자로서의 지위** … 대통령은 국가의 독립, 영토의 보전, 국가의 계속성과 헌법을 수호할 책무를 진다〈제66조 제2항〉. 이 지위에서 긴급명령권과 긴급재정·경제처분 및 그 명령권, 계엄선포권, 위헌정당해산제소권 등을 갖는다〈제76조〉. 또 대통령의 국가안전보장회의의 의장으로서의 지위〈제91조 제2항〉도 여기에서 나온다.

③ **국정의 통합·조정자로서의 지위** … 대통령은 3권을 통합·조정하고 중재하는 통합·조정권을 갖는다.
- ㉠ 헌법개정안제안권〈제128조 제1항〉
- ㉡ 국가안위에 관한 중요정책의 국민투표부의권〈제72조〉
- ㉢ 국회임시회의 집회요구권〈제47조 제1항〉
- ㉣ 국회에의 출석·발언권 및 서한에 의한 의견표시권〈제81조〉
- ㉤ 법률안제출권〈제52조〉
- ㉥ 사면, 감형 및 복권에 관한 권한〈제79조〉 등

④ **헌법기관 구성자로서의 지위**… 대통령은 국회의 동의를 얻어 대법원장을 임명하고 대법원장의 제청으로 국회의 동의를 얻어 대법관을 임명할 권한〈제104조 제1항, 제2항〉, 헌법재판소 재판관의 임명권〈제111조 제2항〉, 중앙선거관리위원회 위원의 임명권〈제114조 제2항〉, 감사원장의 제청에 의한 감사위원의 임명권을 갖는다〈제98조 제2항〉.

⑤ **국민대표기관으로서의 지위**… 대의제 민주주의에 있어서는 대통령은 의회와 더불어 국민을 대표하는 기관으로 간주된다. 대통령의 직선제 선출과 임기 중 탄핵결정에 의하지 아니하고는 퇴임하지 아니한다는 정치적 무책임조항도 이의 반영이다.

(2) 행정부수반으로서 지위

행정권은 대통령을 수반으로 하는 행정부에 속한다〈제66조 제4항〉. 대통령은 정부를 조직하고 지휘·통솔하는 행정부수반의 지위를 가진다. 행정부수반으로서의 지위는 입법부 및 사법부와 동렬에 위치하는 수평적 지위이다.

① **행정수반의 의미**… 행정부를 조직하고 통할하는 집행에 관한 최고책임자를 말한다. 행정부수반으로서의 지위는 다시 행정에 관한 최고지휘권자·최고책임자로서의 지위, 행정부조직권자로서의 지위, 국무회의 의장으로서의 지위 등으로 세분될 수 있다.

② **행정조직권자로서의 지위**… 국무총리와 국무위원을 임명하고 국무회의를 구성한다. 또한 행정 각부 장관과 감사위원장, 감사위원 등을 임명하며, 행정부를 구성한다.

③ **국무회의 의장으로서의 지위**… 대통령은 정책심의기관인 국무회의의 의장이 된다.

④ **행정권의 제1인자로서의 지위**… 대통령은 그 권한과 책임하에서 집행에 관한 최종적인 결정을 하고 집행부의 모든 구성원에 대하여 최고의 지휘·감독권을 행사한다. 국무총리는 대통령의 명을 받아 행정 각부를 통할한다〈제86조 제2항〉.

(3) 대통령의 신분상의 지위

① **대통령의 취임**… 대통령은 취임함으로써 대통령으로서의 신분을 취득하고 또 그 직무를 수행할 수 있다. 대통령은 취임에 즈음하여 '헌법을 준수하고 국가를 보위하며, 조국의 평화통일과 국민의 자유와 복리의 증진 및 민족문화의 창달에 노력하여 대통령으로서의 직책을 성실히 수행할 것을 국민 앞에 엄숙히 선서'하도록 규정하고 있다〈제69조〉.

② **대통령의 선거**
 ㉠ 현행 헌법은 "대통령은 국민의 보통·평등·직접·비밀선거에 의하여 선출한다〈제67조 제1항〉."라고 하여 대통령의 선거방식을 직선제로 하였다. 직선제는 대통령제를 채택하고 있는 헌법에서 일반적인 선출방식이다.

문. 다음 중 대통령 취임선서의 내용이 아닌 것은?

① 국가보위
② 민족문화창달
③ 국제평화주의
④ 조국의 평화적 통일

☞ ③

ⓛ 대통령 선거에 있어서 최고득표자가 2인 이상인 때에는 국회의 재적의원 과반수가 출석한 공개회의에서 다수표를 얻은 자를 당선자로 한다〈제67조 제2항〉.

ⓒ 대통령후보자가 1인일 때에는 그 득표수가 선거권자 총수의 3분의 1 이상이 아니면 대통령으로 당선될 수 없다〈제67조 제3항〉.

ⓔ 대통령으로 선거될 수 있는 자는 국회의원의 피선거권이 있고 선거일 현재 40세에 달하여야 한다〈제67조 제4항〉.

ⓜ 대통령의 선거에 관한 사항은 법률로 정하도록 되어 있는데〈제67조 제5항〉, 이에 관한 법률이 공직선거법이다.

③ **대통령의 임기** … 5년이며, 중임할 수 없다〈제70조〉. 임기중임제한을 둔 것은 장기집권에 의한 정치적 부패와 정권의 도덕적 타락, 권위주의적 통치관행을 단절시키고 평화적 정권교체를 이루려는 국민적 의지표명이다.

④ **대통령의 특권** … "대통령은 내란 또는 외환의 죄를 범한 경우를 제외하고는 재직중 형사상의 소추를 받지 아니한다〈제84조〉."고 하여 국가원수인 대통령의 권위를 유지하기 위한 배려를 하고 있다. 그러나 퇴직 후의 형사상의 소추나 재직중의 민사상·행정상의 책임까지 면제되는 것은 아니다. '형사상의 소추'라 함은 원래 형사소송법상의 공소의 제기를 의미하지만 제84조의 그것은 기소뿐만 아니라 체포, 구금, 수색, 압수, 검증도 포함된다고 보아야 할 것이다(통설). 또한 대통령의 형사상의 특권으로 인하여 소추의 권리자체가 침해되는 것은 아니기 때문에 재직중 소추하지 아니하는 기간에 공소의 시효는 완성되지 아니하고 공소시효의 진행이 정지된다.

🌱 ANSWER

12·12사건과 공소시효
대통령의 불소추특권에 관한 헌법규정은 대통령직책의 원활한 수행을 보장하고 국가의 권위를 유지해야 할 필요 때문에 재직중인 동안만 형사상 특권을 부여하는 것이다. 따라서 대통령의 재직중 형사상 소추를 할 수 없는 범죄에 대한 공소시효의 진행은 정지되는 것으로 해석하는 것이 원칙이다. 피의자 전두환에 대한 군형법상 반란죄 등에 관한 공소시효는 대통령으로 재직한 7년 5월 24일간은 진행이 정지되어 2001년 이후에야 완성되었다.

---

⑤ **대통령의 권한대행** … 대통령이 궐위되거나 사고로 인하여 직무를 수행할 수 없을 때에는 제1차적으로는 국무총리가 그 권한을 대행하고, 제2차적으로는 법률이 정한 국무위원의 순서로 그 권한을 대행한다〈제71조〉.

POINT 팁   대통령의 권한대행
　ⓐ **역대 권한대행자**
　　• 제1공화국 : 부통령
　　• 제2공화국 : 참의원 의장
　　• 제3·4·5·6공화국 : 국무총리
　ⓑ **권한대행의 일반원칙** : 대통령직위는 국민대표성, 민주적 정당성, 일신전속에 기초하므로 다른 국가기관에 의한 대행이 불허됨이 원칙이다. 다만, 궐위, 사고시에만 대행

문. 헌법상 대통령 선출에 대한 설명으로 옳지 않은 것은?

① 대통령선거에서 최고 득표자가 2인 이상인 경우에는 국회의 재적의원 과반수가 출석한 공개회의에서 다수표를 얻은 자가 당선된다.

② 대통령후보자가 1인인 경우 득표수가 선거권자 총수의 2분의 1 이상이어야 당선될 수 있다.

③ 대통령으로 선출되기 위해서는 선거일 현재 40세에 달하여야 한다.

④ 대통령선거에 대한 자세한 사항은 공직선거법에서 정하고 있다.

☞ ②

문. 대통령선거에 관한 설명으로 옳지 않은 것은?

① 대통령선거에는 정당의 추천을 받거나 무소속으로 입후보할 수 있다.

② 대통령의 궐위로 인한 선거 또는 재선거는 선거실시사유가 확정된 때로부터 60일 이내에 실시한다.

③ 최고득표자가 2인 이상이면 최고득표자에 대하여 국회가 결선투표를 하여 재적의원 과반수가 출석한 공개회의에서 다수득표자를 당선인으로 한다.

④ 대통령후보자가 1인일 때에는 그 득표수가 선거권자총수의 과반수 이상이 아니면 대통령으로 당선될 수 없다.

☞ ④

ⓒ 궐위와 사고

- 궐위: 사망·사임·탄핵결정으로 파면, 판결 기타 사유로 자격상실 등으로 재위(在位)하지 않은 경우, 대행자가 대행, 60일 이내 후임자선거, 대행자는 잠정적 관리자로서 현상유지에 국한
- 사고: 재위하면서 신병, 장기간 해외여행, 탄핵의결로 결정시까지 권한행사 정지된 경우, 사고가 명백한 경우(탄핵의결로 권한정지시)는 대행, 그외는 권한대행에 논란, 대행자는 잠정적인 현상유지에 국한

⑥ **대통령의 의무** … 이에는 직무에 관한 의무〈제69조〉와 겸직금지의무〈제83조〉가 있다. 직무에 관한 의무는 "헌법을 준수하고 국가를 보위하며, 조국의 평화적 통일과 국민의 자유와 복리의 증진 및 민족문화의 창달에 노력하여 대통령으로서의 직책을 성실히 수행할 의무〈제69조〉"이고, 겸직금지의무는 "대통령은 국무총리, 국무위원, 행정 각부의 장 기타 법률이 정하는 공·사의 직을 겸할 수 없는 것〈제83조〉"이다.

⑦ **전직대통령에 대한 예우** … 전직대통령은 국가원로자문회의의 의장이 된다〈제90조〉. 전직대통령의 예우에 관한 조항은 우리나라에 특유한 규정으로서 제5공화국 헌법에서 최초 규정되어 존속되어 오고 있다.

3. 대통령의 권한

대통령의 권한은 정부형태에 따라서 다르다. 대통령제 국가에서는 실질적 권한을 가지나, 의원내각제에서는 의례적·형식적 권한만 가진다. 우리나라는 대통령제이므로 실질적 권한을 가지고 있다.

(1) 비상적 권한

대통령은 국가원수로서 국가의 독립, 영토의 보전, 국가의 계속성과 헌법을 수호할 책무를 지고 있기 때문에 국가비상사태에서도 그 책무를 다하기 위하여 국가긴급권과 국민투표부의권 등 이른바 비상적 권한을 인정하고 있다.

① 긴급명령권

ㄱ 헌법의 규정: 대통령은 국가의 안위에 관계되는 중대한 교전상태에 있어서 국가를 보위하기 위하여 긴급한 조치가 필요하고 국회의 집회가 불가능한 때에 한하여 법률의 효력을 가지는 명령을 발할 수 있다〈제76조 제2항〉.

ㄴ 성격: 국가긴급권의 일종으로서 국회입법에 대한 예외이다.

ㄷ 요건: 이는 실질적 요건과 형식적 요건을 구비하여 발동하여야 한다.

✿ 긴급명령권의 요건

실질적 요건	상황요건	• 국가의 안위에 관계되는 중대한 교전상태가 발생할 것 • 국가를 보위하기 위하여 긴급한 조치가 필요할 것 • 국회의 집회가 불가능할 것
	목적요건	국가를 보위하기 위한 소극적 목적일 것
	판단요건	긴급한 조치의 필요성 여부 판단권자는 제1차적으로는 대통령일 것
절차적 요건		• 국무회의의 심의를 거칠 것 • 문서의 형식으로 할 것 • 국무총리, 관계 국무위원의 부서가 있을 것 • 국회에의 보고와 그 승인을 얻을 것 • 공포할 것

- ㉣ 내용 : 법률사항에 대한 명령적 규율을 그 내용으로 한다. 모든 법률사항을 그 대상으로 한다는 점에서 포괄적이다.
- ㉤ 효력 : 국회의 승인을 얻지 못한 경우 그때부터(즉, 비소급효) 효력을 상실한다. 국회의 승인을 얻는 경우 법률과 동일한 효력을 지닌다.
- ㉥ 통제 : 긴급명령에 대한 통제는 국회에 의한 통제, 법원에 의한 통제, 헌법재판소에 의한 통제가 있다.

② 긴급재정 · 경제처분

- ㉠ 의의 : 긴급재정 · 경제처분은 국회의 집회를 기다릴 여유가 없을 때에 한하여 대통령이 재정 · 경제상의 위기를 극복하기 위한 긴급처분적 조치로서 행하는 예외적인 처분조치를 말한다.
- ㉡ 성격 : 긴급재정 · 경제처분은 국회의 집회를 기다릴 여유가 없을 때에 한하여 발하는 법률이 효력을 가지는 처분으로서 국회입법의 원칙과 재정의회원칙의 예외이다.
- ㉢ 요건 : 실질적 요건과 절차적 요건을 구비하여야 한다. 실질적 요건으로는 내우, 외환, 천재, 지변 또는 중대한 재정 · 경제상의 위기가 발생할 것, 국가의 안전보장 또는 공공의 안녕질서를 유지하기 위하여 긴급한 조치가 필요한 처분일 것 등이다. 절차적 요건으로는 국무회의의 심의를 거쳐〈제89조 제5호〉, 문서형식으로, 국무총리와 관계국무위원의 부서를 거쳐〈제82조〉, 국회에의 보고와 승인을 얻은 후〈제76조 제3항〉, 공포하여야 한다〈제76조 제5항〉.
- ㉣ 내용 : 오로지 재정사항과 경제사항만을 그 내용으로 할 수 있을 뿐 그밖의 정치적 · 사회적 · 문화적 사항은 그 내용으로 할 수 없다. 처분은 필요불가분한 최소한에 그쳐야 한다.
- ㉤ 효력 : 긴급재정 · 경제처분이 국회의 승인을 얻지 못하면 그때부터 효력을 상실하고(비소급효) 승인을 얻으면 국회의 동의를 얻은 것과 동일한 효력을 갖는다.

문. 대통령의 국가긴급권에 대한 설명 중 옳지 않은 것은?

▶ 2014. 9. 27 국회직

① 대통령의 국가긴급권은 헌법보호의 비상수단이라고 할 수 있다.
② 헌법상 긴급재정 · 경제명령은 대통령령의 효력을 갖는다.
③ 헌법상 긴급명령은 법률의 효력을 갖는다.
④ 헌법 제76조의 국가긴급권을 행사한 때에는 지체없이 국회에 보고하여 그 승인을 얻어야 하며, 승인을 얻지 못한 때에는 그 처분 또는 명령은 그때부터 효력을 상실한다.
⑤ 헌법재판소 결정에 의하면 헌법 제76조의 국가긴급권은 기존질서의 유지 · 회복이 목적이므로, 공공복지의 증진과 같은 적극적 목적을 위한 긴급권의 행사는 불가능하다.

☞ ②

문. 현행 헌법상 긴급명령과 긴급재정 · 경제명령에 관한 다음 내용 중 옳지 않은 것은?

① 긴급명령과 긴급재정 · 경제명령은 모두 소극적 목적을 위해서만 발동할 수 있으며, 적극적으로 공익을 증진시키기 위해 발동할 수는 없다.
② 긴급명령과 긴급재정 · 경제명령은 모두 국회의 소집이 불가능한 경우에만 발동할 수 있다.
③ 긴급명령과 긴급재정 · 경제명령은 모두 국회의 승인을 얻지 못하면 그때부터 효력을 상실한다.
④ 긴급명령과 긴급재정 · 경제명령은 법률과 같은 효력을 가진다.

☞ ②

③ 긴급재정·경제명령권

　㉠ 의의 : 내우, 외환, 천재, 지변 또는 중대한 재정·경제상의 위기에 있어서 국가의 안전보장 또는 공공의 안녕질서를 유지하기 위하여 긴급한 조치가 필요하고 국회의 집회를 기다릴 여유가 없을 때에 한하여 대통령이 최소한으로 필요한 긴급재정·경제처분의 실효성을 뒷받침하기 위하여 발동하는 법률의 효력을 가지는 명령이다.

　㉡ 성격 : 긴급명령은 예외적인 긴급입법조치로서 법률의 효력을 가지는 명령이다. 이는 국회입법의 원칙과 재정의회주의에 대한 중대한 예외가 된다.

　㉢ 요건 : 실질적 요건과 절차적 요건이 필요하다. 실질적 요건과 절차적 요건이 긴급재정·경제처분과 같다.

　㉣ 효력 : 긴급재정·경제처분과 같다.

ANSWER

> **긴급명령**
> 대법원은 1972년 8월 3일의 대통령 긴급명령 제15호 '경제안정과 성장에 관한 긴급명령'과 당시의 조세감면규제법과의 관계에 대해서 "이에 의하면 위 긴급명령은 일반적으로 다른 법에 우선하는 것이나, 조세의 감면에 관한 한 특별법인 조세감면규제법이 우선적용된다고 해석함이 상당하다 할 것이다."라고 하였다.

④ 계엄선포권

　㉠ 의의 : 대통령은 전시, 사변 또는 이에 준하는 국가비상사태에 있어서 병력으로써 군사상의 필요에 응하거나 공공의 안녕질서를 유지할 필요가 있을 때에는 법률이 정하는 바에 의하여 계엄을 선포할 수 있다〈제77조 제1항〉. 이것도 국가긴급권의 하나로서 군사상의 필요에 응하거나 공공의 안녕질서의 회복을 목적(현상유지적 작용)으로 하고 병력사용을 수단으로 하는 점에서 고전적 국가긴급권의 대표격이다.

　㉡ 성격 : 계엄은 국가비상사태의 위해가 구체적으로 발생하는 경우에 한하여 사후적으로 발동할 수 있는 법치주의의 중대한 예외사유이다.

　㉢ 종류

　　• 비상계엄 : 전시, 사변 또는 이에 준하는 국가비상사태에 있어서 적과 교전상태에 있거나 사회질서가 극도로 교란되어 행정기능과 사법기능의 수행이 현저히 곤란한 경우에 군사상의 필요에 따르거나 공공의 안녕질서를 유지하기 위하여 선포하는 계엄이다〈계엄법 제2조 제2항〉.

　　• 경비계엄 : 전시, 사변 또는 이에 준하는 국가비상사태에 있어서 사회질서가 교란되어 일반행정기관으로는 치안을 확보할 수 없는 경우에 공공의 안녕질서를 유지하기 위하여 선포하는 계엄이다〈계엄법 제2조 제3항〉.

　㉣ 계엄의 변경 : 국무회의의 심의를 거쳐 계엄종류를 변경할 수 있고 계엄지역을 확대·축소할 수 있으며, 또한 계엄사령관을 변경할 수도 있다〈계엄법 제2조 제4항, 제5항〉.

　㉤ 요건 : 전시, 사변 또는 이에 준하는 국가비상사태가 발생하여 병력으로서 군사상의 필요에 응하거나 공공의 안녕질서를 유지할 필요가 있을 때에 한하여 발동할 수 있다〈제77조 제1항〉.

문. 현행 헌법상 대통령의 권한이 아닌 것은?

① 국회해산권
② 국민투표회부권
③ 긴급명령권
④ 헌법개정제안권

☞ ①

문. 긴급재정·경제명령권에 대한 설명으로 옳지 않은 것은?

① 중대한 재정·경제상의 위기에 있어서 발할 수 있다.
② 병력을 동원하지 않는다는 점에서 계엄선포권과 구분된다.
③ 경제의 고속성장과 같은 적극적 목적을 위해서는 행사할 수 없다.
④ 긴급명령과는 달리 국회의 집회가 불가능한 때에 한한다.

☞ ④

문. 계엄에 관한 설명으로 옳지 않은 것은?

① 대통령은 전시·사변 등 국가비상사태에 있어서 공공의 안녕질서를 유지할 필요가 있을 때에는 법률이 정하는 바에 의하여 계엄을 선포할 수 있다.
② 계엄에는 비상계엄과 경비계엄이 있다.
③ 비상계엄선포시는 영장제도나 언론·출판 등의 자유에 제한을 가할 수 있다.
④ 계엄선포시 대통령은 사전에 국회에 통고하여야 한다.

☞ ④

ⓗ 선포절차 : 국무회의의 심의와〈제89조 제5호〉 국회에의 통고절차를 거쳐야 한다〈제77조 제4항〉.

ⓢ 효력 : 경비계엄과 비상계엄에 따라 그 효력이 다르다.

• 경비계엄 : 계엄사령관은 계엄지역 내의 군사에 관한 행정사무와 사법사무를 관장한다〈계엄법 제7조 제2항〉. 그러나 헌법과 법률에 의하지 아니한 특별조치로서 국민의 자유와 권리를 제한할 수는 없다.

• 비상계엄 : 계엄사령관은 계엄지역의 모든 행정사무와 사법사무를 관장한다〈계엄법 제7조 제1항〉. 법률이 정하는 바에 의하여 영장제도, 언론·출판·집회·결사의 자유, 정부나 법원의 권한에 관하여 특별한 조치를 할 수 있다〈제77조 제3항〉. 비상계엄지역에서 계엄사령관은 군사상 필요할 때에는 체포·구금(拘禁)·압수·수색·거주·이전·언론·출판·집회·결사 또는 단체행동에 대하여 특별한 조치를 할 수 있다. 또한 계엄사령관은 법률에서 정하는 바에 따라 동원(動員) 또는 징발을 할 수 있으며, 필요한 경우에는 군수(軍需)로 제공할 물품의 조사·등록과 반출금지를 명할 수 있다. 작전상 부득이한 경우에는 국민의 재산을 파괴 또는 소각(燒却)할 수도 있다〈계엄법 제9조〉.

ANSWER

비상계엄하의 특별조치 ·
비상계엄하에서 국민의 기본권을 제한하는 특별조치의 효력은 필요한 최소한을 넘어서면 아니되는 것이므로 국가비상사태가 평상상태로 회복되면 제한되었던 기본권도 가급적 빨리 원상을 회복하여야 한다.

ⓞ 계엄의 해제 : 비상사태가 평상상태로 회복되거나 국회가 계엄의 해제를 요구한 때에는 대통령은 계엄을 해제하고 이를 공고하여야 한다〈제77조 5항, 계엄법 제11조 제1항〉. 국회의 계엄해제요구에 응하지 아니할 때에는 헌법위반이므로 탄핵사유가 된다. 계엄이 해제되면 해제된 날로부터 모든 행정사무와 사법사무는 평상상태로 복귀한다〈계엄법 제12조 제1항〉. 계엄기간중의 계엄포고 위반의 죄는 계엄해제 후에도 행위 당시의 법령에 따라 처벌되어야 한다.

⑤ **국민투표부의권**〈제72조〉

㉠ 의의 : 대통령은 필요하다고 인정할 때에는 외교·국방·통일 기타 국가안위에 관한 중요정책을 국민투표에 붙일 수 있다. 이는 국민적 정당성의 확보수단이 되며, 직접민주제의 실천방식이 되기도 한다.

㉡ 성격 : 국민투표부의권은 대통령이 국가안위에 관한 중요정책을 국회의결에 의하지 아니하고 직접 국민의사에 묻는 것으로 대의제의 예외인 직접민주제이다.

㉢ 대상 : 외교·국방·통일 기타 국가안위에 관한 중요정책이 국민투표의 대상이다. 국가안위에 관한 사항이며, 이에 국한되지 않는다는 것이 통설이다(예시적 규정).

㉣ 효과 : 국민투표가 확정되면 이는 국민주권주의의 직접적 표명이므로 절대적 효력으로 모든 국가기관을 구속하게 된다.

문. 비상계엄이 선포된 경우 법률이 정하는 바에 의하여 특별한 조치를 취할 수 없는 것은?

① 영장제도
② 언론·집회의 자유
③ 법원의 권한
④ 국회의 권한

☞ ④

문. 헌법 제72조의 투표권에 관한 다음 설명 중 가장 옳지 않은 것은? (다툼이 있는 경우 헌법재판소 결정에 의함)
▶ 2015. 3. 7 법원직

① 대통령은 필요하다고 인정할 때에는 외교·국방·통일 기타 국가안위에 관한 중요정책을 국민투표에 붙일 수 있다.
② 헌법은 대의민주주의를 기본으로 하고 있어, 중요 정책에 관한 사항이라 하더라도 반드시 국민의 직접적인 의사를 확인하여 결정해야 하는 것은 아니다.
③ 특정의 국가정책에 대하여 다수의 국민들이 국민투표를 원할 경우 대통령이 국민투표에 회부하지 아니하더라도 이를 헌법에 위반된다고 할 수 없다.
④ 국민은 특정의 국가정책에 관하여 국민투표에 회부할 것을 대통령에게 요구할 권리가 있다.

☞ ④

(2) 헌법기관 구성관여권

① 대법원 구성권〈제104조〉 … 대통령은 국가원수로서 국회의 동의를 얻어 대법원장을 임명하고 대법원장의 제청으로 국회의 동의를 얻어 대법관을 임명한다.

② 헌법재판소 구성권〈제111조 제2항, 제3항, 제4항〉 … 대통령은 헌법재판소의 재판관을 임명하고 헌법재판소의 장을 국회의 동의를 얻어 재판관 중에서 임명한다.

③ 중앙선거관리위원회 구성권〈제114조 제2항〉 … 대통령은 중앙선거관리위원회의 9인의 위원 중 3인을 임명한다.

④ 감사원 구성권〈제98조 제2항, 제3항〉 … 대통령은 국회의 동의를 얻어 감사원장을 임명하고 감사원장의 제청으로 감사위원을 임명한다.

(3) 행정에 관한 권한

① 개요 … 행정권은 대통령을 수반으로 하는 정부에 속한다〈제66조 제4항〉. 다른 규정이 없는 한 실질적 의미의 행정에 관한 권한은 대통령을 수반으로 하는 행정부에 속한다.

② 대통령의 권한
   ㉠ 법률집행권 : 대통령은 국회가 제정한 입법을 집행한다. 필요한 경우 위임명령과 집행명령을 발할 수 있다〈제75조〉.
   ㉡ 행정에 관한 최고결정권과 최고지휘권 : 대통령은 행정부수반으로서 행정에 관한 최고결정권과 최고지휘권을 가진다.
   ㉢ 국가의 대표 및 외교에 관한 권한 : 대통령은 국가원수로서의 지위에서 외국에 대하여 국가를 대표하고〈제66조 제1항〉 조약을 체결·비준하고 외교사절을 신임·파견·접수하며, 선전포고와 강화를 한다〈제73조〉.
   ㉣ 정부구성권과 공무원임명권 : 정부를 구성하기 위하여 대통령은 국회의 동의를 얻어 국무총리를 임명하고〈제86조 제1항〉, 국무총리 제청으로 국무위원을 임명하며〈제87조 제1항〉, 국무위원 중에서 국무총리 제청으로 각부 장관을 임명한다〈제94조〉. 또한 헌법과 법률이 정하는 바에 따라 공무원을 임면한다〈제78조〉.
   ㉤ 국군통수권 : 대통령은 헌법과 법률이 정하는 바에 따라 국군을 통수한다〈제74조 제1항〉. 이 권한은 국가원수로서 지휘에서 나온다(통설). 여기서 '통수'는 국군의 최고지휘자로서 군정, 군령에 관한 권한을 행사함을 의미한다.
   ㉥ 영전수여권 : 대통령은 국가원수로서 법률이 정하는 바에 의하여 훈장 기타의 영전을 수여한다〈제80조〉.

문. 대통령의 권한 중 국회의 동의에 구속되지 않고도 행사할 수 있는 것은?

① 헌법재판소 재판관의 임명
② 대법관의 임명
③ 대법원장의 임명
④ 감사원장의 임명

☞ ①

문. 대통령의 법률안거부권에 관한 설명 중 옳은 것은?

① 국회의 폐회중에도 환부가 인정된다.
② 공포나 재의의 요구가 없으면 당해 법률안은 자동적으로 폐기된다.
③ 일부거부는 부정되나 수정거부는 인정된다.
④ 일단 행사된 거부권의 철회는 불가능하다.

☞ ①

(4) 국회와 입법에 관한 권한

대통령이 국회와 입법에 관해 갖는 권한은 법률안제출권, 법률안거부권, 법률공포권, 행정입법권, 긴급입법권이 있다.

① **법률안제출권** … 대통령은 국무회의의 심의를 거쳐 법률안을 제출할 수 있다〈제52조〉. 순수한 대통령제에서는 인정되지 않는 권한이다. 이는 의원내각제의 요소이다.

② **법률안거부권** … 국회에서 의결되어 온 법률안에 대해 대통령이 이의가 있을 경우에 이의서를 붙여 국회의 재의를 요구하는 권한을 말하는데, 이는 미국 연방헌법에서 유래해 온 제도이다.

  ㉠ 취지 : 법률의 집행은 대통령 휘하의 정부의 책임이므로 행정부의 입장을 고려한 것이기도 하고 또한 대통령의 국회에 대한 견제수단이기도 하다. 구체적으로 열거되는 제도적 취지는 의회의 경솔이나 전제로 인한 부당한 입법을 방지하자는 것, 권력분립에 의한 견제와 균형의 수단으로 활용하자는 것이다.

  ㉡ 성질 : 정지조건설, 해제조건설, 취소권설, 공법에 특유한 제도설 등이 있으나, 국회의 재의결시까지 법률로서의 확정을 저지시키는 조건부 정지권의 성격을 갖는다는 것이 다수설이다.

  ㉢ 분류 : 환부거부와 보류거부가 있다. 환부거부는 법률안이 정부에 이송된 후 15일 이내에 이의서를 붙여 국회로 환부하고 그 재의를 요구하는 것이고〈제53조 제2항〉, 이 때 일부거부와 수정거부는 금지된다〈제53조 제3항〉. 보류거부는 대통령이 국회의 폐회로 인해 지정된 기일 안에 환부할 수 없을 때에 그 법률안이 자동적으로 폐기되는 것이다. 우리 헌법은 회기계속의 원칙을 취하므로〈제51조〉 보류거부가 인정되지 않는다고 봄이 통설이다.

  ㉣ 행사요건
    • 실질적 요건 : 대통령의 법률안거부권행사가 객관적으로 타당성 있는 정당한 이유가 있어야 한다.
    • 형식적 요건 : 정부로 이송되어 온 15일 이내에 국무회의의 심의를 거쳐〈제89조 제3호〉 이의서를 붙여 국회로 환부하여 재의를 요구해야 한다.

  ㉤ 재의 및 공포 : 대통령이 법률안을 거부하여 재의에 붙였을 때 국회는 그 법률안을 재적의원 과반수의 출석과 출석의원 3분의 2 이상의 찬성으로 전과 같이 의결하여 그 법률안을 확정시킴으로써〈제53조 제4항〉 대통령의 거부권을 압도하게 된다. 대통령은 재의결된 법률을 공포해야 되는데, 5일 이내에 공포하지 않으면 국회의장이 이를 공포한다〈제53조 제6항〉.

③ **법률공포권**〈제53조 제1항, 제7항〉 … 국회에서 의결된 법률안은 정부에 이송되어 15일 이내에 대통령이 공포한다. 법률은 특별한 규정이 없는 한 공포일로부터 20일을 경과함으로써 효력을 발생한다.

④ **명령제정권** … 대통령은 대통령령의 제정권을 가진다. 이에는 위임명령과 집행명령이 있다.

㉠ **위임명령** : 대통령이 법률에서 구체적으로 범위를 정하여 위임받은 사항에 관하여 발생하는 명령이다. 이는 법률의 구체적 수권에 의하여 발하여지며, 법률의 내용을 보충하므로 보충명령이라고도 한다. 위임명령은 법률에 의한 위임이 있어야 하므로 위임한 법률에 종속한다(법률에의 종속성). 위임명령은 법률(모법)에 위반하는 것을 규정할 수 없으며, 모법이 개정되거나 소멸된 때에는 위임명령도 개정되거나 소멸된다.

㉡ **집행명령** : 헌법에 근거하여 법률을 집행하는 데 필요한 세칙을 정하는 명령을 말한다. 집행명령은 특정의 법률(모법)에 종속한다(법률에의 종속성). 특히 집행명령은 법률을 변경하거나 보충할 수가 없으며, 모법에 규정이 없는 새로운 입법사항을 독자적으로 규정할 수 없다. 모법이 변경되거나 소멸된 경우에는 집행명령의 효력도 변경되거나 소멸된다. 집행명령은 행정기관과 국민을 다같이 구속하는 대외적·일반적 효력이 있는 법규로서의 성질을 가진 것이다.

── ANSWER

위임명령·집행명령

㉠ 법률의 시행령은 모법인 법률에 의하여 위임받은 사항이나 법률이 규정한 범위 내에서 법률을 현실적으로 집행하는 데 필요한 세부적인 사항만을 규정할 수 있을 뿐 법률에 의한 위임이 없는 한 법률이 규정한 개인의 권리, 의무에 관한 내용을 변경·보충하거나 법률에 규정되지 아니한 새로운 내용을 규정할 수는 없다.

㉡ 법률의 위임은 반드시 구체적이고 개별적으로 한정된 사항에 대하여 행해져야 한다. 그렇지 아니하고 일반적이고 포괄적인 위임을 한다면 이는 사실상 입법권을 백지위임하는 것이나 다름없어 의회입법의 원칙이나 법치주의를 부인하는 것이 되고 행정권의 부당한 자의와 기본권행사에 대한 무제한적 침해를 초래할 위험이 있기 때문이다.

㉢ 당구장에 대한 출입규제 내지 봉쇄는 법률에 의해서만 비로소 가능하다고 할 것인 바 이 사건 심판대상규정은 모법의 위임이 없는 사항을 규정하고 있어 결국 위임의 범위를 일탈한 것이다.

㉣ 이른바 집행명령은 근거명령인 상위법령이 폐지되면 특별한 규정이 없는 이상 실효되나, 상위법령이 개정됨에 그친 경우에는 개정법령과 성질상 모순·저촉되지 아니하고 개정된 상위법령의 시행에 필요한 사항을 규정하고 있는 이상 그 집행명령은 상위법령의 개정에도 불구하고 당연히 실효되지 아니하고 개정법령의 시행을 위한 집행명령이 제정, 발효될 때까지는 여전히 그 효력을 유지한다.

⑤ **국회임시회소집요구권** … 대통령은 국회임시회의 집회를 요구할 수 있다〈제47조 제1항〉. 이때에는 기간과 이유를 명시하여야 한다〈제47조 제3항〉.

⑥ **국회출석발언권** … 대통령은 국회에 출석하여 발언하거나 서한으로 의견을 표시할 수 있다〈제81조〉. 이는 국회의 입법과정이나 예산심의에 있어서 정부의 의견을 반영시킬 수 있게 한 것이다.

문. 다음 중 행정입법에 관한 설명으로 옳지 않은 것은?

① 집행명령은 근거법령인 모법이 폐지되면 특별한 규정이 없는 한 효력을 상실한다.

② 대통령령의 경우 국무회의의 심의를 거쳐야 한다.

③ 행정규칙(행정명령)이라도 때로는 대외적인 구속력을 가지는 것으로 인정되는 경우가 있다.

④ 법규명령은 대통령령으로, 행정규칙(행정명령)은 총리령이나 부령 등으로 하여야 한다.

☞ ④

(5) 사법에 관한 권한

① 위헌정당해산제소권 ⋯ 정당의 목적이나 활동이 민주적 기본질서에 위배될 때에는 헌법재판소에 그 해산을 제소할 수 있다〈제8조 제4항〉. 헌법재판소가 정당의 위헌 여부를 심리한 결과 일단 위헌이 아니라고 결정한 경우에는 동일한 정당에 대하여 동일한 사유로 다시 제소할 수 없다〈헌재법 제39조〉.

② 사면 · 감형 · 복권 ⋯ 대통령은 법률이 정하는 바에 의하여 사면, 감형, 복권을 명할 수 있다〈제79조 제1항〉. 이것은 사법권의 효과를 변경시키는 것이므로 권력분립원칙의 예외에 해당된다. 그러므로 일반사면의 경우에는 국회의 동의를 요하고 있다〈제79조 제2항〉.

　㉠ **사면권** : 형의 선고의 효과 또는 공소권을 소멸시키거나 형집행을 면제시키는 국가원수의 특권을 의미한다. 사면에는 일반사면과 특별사면이 있다.

　　• 일반사면 : 범죄의 종류를 지정하여 이에 해당하는 모든 범죄인에 대하여 그 형의 선고의 효과를 전부 또는 일부 소멸시키거나 형의 선고를 받지 아니한 자에 대해서는 공소를 소멸시키는 것을 말한다.

　　• 특별사면 : 이미 형의 선고를 받은 특정인에 대해서 형의 집행을 면제하여 주는 것을 의미한다.

　㉡ **사면의 방법** : 일반사면의 경우에는 국무회의의 심의를 거쳐 국회의 동의를 얻어야 하고〈제89조 제9호, 제79조 제2항〉 특별사면의 경우는 국무회의의 심의를 거쳐야 한다〈제89조 제9호〉.

　㉢ **사면의 효과** : 일반사면에 의한 형의 선고의 효과는 장래를 향하여 상실될 뿐 소급효가 인정되지 아니한다.

　㉣ **복권** : 형 선고의 효력으로 인하여 상실되거나 정지된 자격을 회복한다〈사면법 제5조〉. 복권은 형의 집행이 끝나지 아니한 자 또는 집행이 면제되지 아니한 자에 대하여는 하지 아니한다〈사면법 제6조〉.

POINT 팁 감형권(減刑權)

　㉠ **의의** : 형의 선고를 받는 자에 대하여 선고받은 형을 경감하거나 형의 집행을 감경시켜주는 국가원수의 특권을 말한다.

　㉡ **종류** : 일반감형(죄 또는 형의 종류를 정하여 일반적으로 행하는 감형)과 특별감형(특정인에 대하여 행하는 감형)이 있다.

　㉢ **절차** : 일반감형은 국무회의의 심의를 거쳐 대통령령으로써 행하고〈사면법 제8조〉, 특별감형은 법무부장관의 신청으로 국무회의의 심의를 거쳐 대통령이 행한다〈사면법 제9조〉.

　㉣ **효과** : 감형은 어떠한 경우이든 형의 선고에 의한 기성의 효과는 감형으로 인하여 변경되지 아니한다〈사면법 제5조 제2항〉.

문. 사면제도에 관한 설명 중 옳지 않은 것은?

① 특별사면은 국회의 동의가 필요하다.
② 특별사면은 형집행면제효과가 있다.
③ 일반사면의 경우 형선고 면제효과가 있다.
④ 일반사면, 특별사면, 감형 그리고 복권이 있다.

　☞ ①

문. 대통령의 사면권에 관한 설명 중 옳지 않은 것은? (다툼이 있는 경우 판례에 의함)
▶ 2014. 9. 27 국회직

① 법무부장관이 대통령에게 특별사면을 상신할 때에는 사면심사위원회의 사전심사를 거쳐야 한다.
② 일반사면은 일정한 종류의 범죄를 지은 자를 대상으로 형의 선고의 효력을 상실케 하거나 공소권을 소멸시키는 것이다.
③ 형의 집행을 종료하지 않았거나 집행의 면제를 받지 않은 경우에도 복권이 가능하다.
④ 일반사면은 국회의 동의를 얻어 대통령이 행한다.
⑤ 사면에는 일반사면과 특별사면이 있으며 모두 국무회의의 심의 사항이다.

　☞ ③

SECTION 4 행정부

1. 서설

(1) 정부의 개념

① 광의의 정부 : 입법부, 행정부, 사법부를 포함하는 모든 통치기구를 의미한다.

② 협의의 정부 … 행정부만을 의미한다.

③ 최협의의 정부 … 의원내각제에 있어서는 내각만을 의미한다.

④ 예산법상의 정부 … 경제주체로서의 국가, 즉 국고만을 의미한다.

(2) 정부의 구조

　제66조 제4항의 정부는 입법부와 사법부에 대립하는 행정부(협의의 정부)만을 의미한다는 것이 통설이다. 이 경우의 정부는 대통령을 정점으로 국무총리, 국무위원, 행정 각부 및 감사원으로 구성되고 국무회의 그리고 대통령의 자문기관으로 되어 있다.

2. 국무총리

(1) 서설

① 의의 … 대통령을 보좌하는 정부의 제2인자로서 대통령의 명을 받아 행정 각부를 통할하는 자이며, 유고시 대통령 권한대행 제1순위자이다. 국무총리제는 의원내각제의 본질적 요소로서 여기서의 국무총리는 행정권의 수반이며, 대통령제의 비슷한 지위와 권한을 갖는다. 대통령제에서는 두지 않음이 원칙이고 이원집정부제에서는 평상시에는 의원내각제의 국무총리, 비상시에는 대통령의 보좌기관이 된다.

② 제도적 취지 … 다수설에 의하면 대통령제의 경우 대통령의 유고에 대비하여 부통령제를 둠이 일반적이나 우리나라의 경우 대통령제의 능률극대화, 국회에 대한 책임대상, 대통령의 보좌기관, 집행부통할을 위해 인정되고 있다.

(2) 헌법상 지위

　제1공화국 때에는 부통령제를 취하며 국무총리를 두었고, 제2공화국 때에는 명실상부한 국무총리제하의 행정부의 1인자이었으나, 제3 · 4 · 5 · 6공화국에서는 대통령제를 기본으로 하고 국무총리를 존속시켜 대통령의 보좌기관으로서의 지위를 가진다.

문. 국무총리에 관한 설명 중 옳지 않은 것은?

① 국무총리는 국회의원직을 겸직할 수 있다.

② 국회의 국무위원해임건의와는 별도로 독자적인 해임건의를 할 수 있다.

③ 국무총리는 행정 각부의 통할에 있어서 대통령으로부터 독립된다.

④ 소관업무는 행정 각부의 업무를 기획 · 조정하거나 어느 한 부서에 관장시키는 것이 불합리한 업무이다.

　☞ ③

문. 헌법상 국무총리의 지위에 관한 설명으로 옳지 않은 것은?

① 국무총리는 그 직권으로 총리령을 발할 수 있다.

② 종전에는 헌법에 국무총리 서리에 관한 규정이 있었으나, 1972년 제7차 헌법개정시 삭제되었다.

③ 국무총리는 국무위원의 해임을 대통령에게 건의할 수 있다.

④ 현역군인은 국무총리는 물론 국방부장관도 될 수 없다.

　☞ ②

① **대통령의 권한대행자**〈제71조〉… 대통령이 궐위되거나 사고로 인하여 직무를 수행할 수 없게 된 때에는 권한을 대행한다.

② **대통령의 보좌기관** … 독자적인 정치적 결정권을 행사하지 못하고 대통령을 보좌하는 종속적 기관에 불과하다. 즉, 국무총리는 대통령을 보좌하기 위해 대통령의 명을 받아 행정 각부를 통할하고〈제86조 제2항〉 국무회의의 부의장이 되며〈제88조 제3항〉, 대통령의 국법행위에 부서를 한다〈제82조〉.

③ **행정부의 제2인자** … 대통령 다음가는 행정부의 제2인자로서 유고시 권한을 대행하며, 국무위원과 각부 장관의 임명을 제청하거나 국무위원의 해임을 건의할 수 있다.

④ **국무회의 부의장으로서의 지위**〈제88조 제2항, 제3항〉… 국무총리는 국무회의의 구성원으로서는 기타의 국무위원과 대등한 지위를 가지나 국무회의의 부의장으로서의 지위를 가지므로 국무총리의 타 국무위원에 대한 관계는 동렬 중의 제1인자이다.

⑤ **대통령 다음가는 상급행정관청으로서의 지위** … 대통령의 명을 받아 상급행정관청으로서 행정 각부를 통할할 권한을 가지며〈제86조 제2항〉, 행정 각부와 동등한 지위를 가지는 독임제 행정관부로서 소관사무를 수행한다.

(3) 신분상의 지위

① **임명** … 국회의 동의를 얻어 대통령이 임명한다〈제86조 제1항〉. 군인은 현역을 면한 후가 아니면 국무총리로 임명될 수 없다〈제86조 제3항〉. 국무총리의 지명을 대통령이 자유로이 할 수 있게 한 것은 대통령제의 반영이고 국회의 동의를 얻게 한 점은 의원내각제의 국무총리 임명과 유사하다.

② **국회의원의 겸직 여부** … 겸직여부에 대해서 학설대립이 있으나 궁극적으로는 입법사항이기 때문에 법률의 규정여하에 달려있다. 국회법 제29조 제1항과 제39조 제4항에 비추어 볼 때 겸직이 가능하다는 것이 통설의 견해이다.

(4) 권한

① **대통령권한대행권**〈제71조〉… 대통령이 궐위되거나 사고로 인하여 직무를 수행할 수 없을 때는 국무총리가 제1차적으로 대통령의 권한을 대행한다. 대통령제 국가에서는 부통령이 1순위이고 그 다음이 하원의장임이 상례이다.

② **국무위원·행정 각부 장의 임면관여권** … 국무총리는 국무위원과 행정 각부의 장의 임명에 제청권을 가지며〈제87조 제1항, 제94조〉, 국무위원의 해임에 대한 건의권을 가진다〈제87조 제3항〉. 국무총리가 사퇴한 경우나 해임된 경우 국무위원의 총사직은 인정되지 아니한다.

③ **국무회의에 있어서의 심의의결권** … 국무총리는 국무회의의 구성원으로서 또 그 부의장으로서 정부의 권한에 속하는 중요한 정책을 심의하고 의결할 권한을 가진다〈제88조 제3항, 제89조〉.

문. 국무총리에 관한 설명으로 옳은 것은?

① 국무총리는 국무위원으로서 국무회의의 부의장이며, 집행부의 제2인자이다.

② 국무총리는 자신의 권한과 책임하에 행정 각부를 통할한다.

③ 법률이나 대통령령의 위임이 없는 사항에 대한 총리령이나 부령은 위헌이다.

④ 국무총리는 국회에서 탄핵소추의 의결을 했더라도 헌법재판소의 탄핵심판이 있을 때까지 총리로서의 권한을 행사한다.

☞ ③

④ **행정 각부의 통할·감독권**〈제86조 제2항〉… 국무총리는 행정 각부의 장에 대한 상급 감독관청으로서 행정 각부의 적정한 권한행사를 위하여 훈령·지시 등의 형식으로 지시·감독하고 조정할 수 있다. 국무총리가 행정 각부를 통할함에는 반드시 대통령의 명령이나 승인을 얻어서 하는 것이다.

⑤ **총리령발포권** : 국무총리는 소관사무에 관하여 법률이나 대통령령의 위임 또는 직권으로 법규명령인 총리령을 발할 수 있고〈제95조〉, 또한 비법규명령인 행정명령을 발할 수 있다. 총리령과 부령과의 관계에 대해서는 동위설과 총리령우위설이 있다. 동위설이 다수설이다.

⑥ **국회에의 출석·발언권** … 국무총리는 국회나 그 위원회에 출석하여 국정처리 상황을 보고하거나 의견을 진술하고 질문에 응답할 수 있다〈제62조 제1항〉.

(5) 국무총리의 책무

① **대통령에 대한 책무** … 국무총리는 대통령의 보좌기관으로서 행정에 관하여 대통령의 명령을 받아 행정 각부를 통할할 의무와 책임이 있고〈제86조 제2항〉, 국무회의의 부의장으로서 국무회의의 구성과 운영에 관하여 대통령을 보좌할 의무와 책임이 있으며〈제88조 제3항〉, 부서할 의무와 책임도 있다〈제82조〉.

② **국회에 대한 책무** … 국회의 해임건의〈제63조〉, 국회의 요구에 의한 출석·답변〈제62조 제2항〉. 국회의 탄핵소추의 대상〈제65조 제1항, 제2항, 제3항〉이 된다.

3. 국무위원

(1) 서설

① **의의** … 국무회의의 구성원을 말한다. 국무위원은 국정에 관하여 대통령을 보좌하고 국무회의 구성원으로서 국정을 심의한다.

② **특이성** … 의원내각제의 각료와 미국식 대통령제의 각부 장관의 중간에 해당하는 것으로 대통령제에서는 이질적 요소이다. 국무위원은 국무회의의 구성원으로서의 지위와 대통령의 보좌기관으로서의 지위를 갖는다.

(2) 헌법상의 지위

① 대통령을 보좌하고 대통령의 독주를 견제한다.

② 국무회의 구성원으로서 행정부의 권한에 속하는 중요정책을 심의할 권한과 책임이 있다〈제88조 제1항〉. 국무위원은 국무회의의 소집을 요구할 수 있고〈정부조직법 제12조 제3항〉 국무회의에 의안을 제출할 수 있으며, 그 심의와 의결에 참여한다〈제89조〉.

문. 현행 헌법상의 국무총리제에 관한 설명으로 옳지 않은 것은?

① 국무총리는 대통령을 보좌하면서, 독자적으로 행정각부를 통할한다.
② 국무총리는 대통령의 국법상 행위에 관한 모든 문서에 부서한다.
③ 국무총리는 국무회의의 구성원인 국무위원의 해임을 건의할 수 있다.
④ 국무총리가 사고로 인하여 직무를 수행할 수 없을 때에는 기획재정부장관이 겸임하는 부총리가 우선적으로 그 직무를 대행한다.

☞ ①

(3) 신분상 지위

① 임명 … 국무총리의 제청으로 대통령이 임명한다〈제87조 제1항〉. 군인은 현역을 면한 후가 아니면 임명할 수 없고〈제87조 제4항〉, 그 수는 15인 이상 30인 이하이다〈제88조 제2항〉. 행정 각부의 장은 국무위원 중에서 국무총리의 제청으로 대통령이 임명한다〈제94조〉.

② 해임 … 대통령이 자유로이 해임할 수 있다. 국무총리의 해임건의는 법적 구속력을 가지지 아니한다. 국회의 해임건의권은 행정부의 독주를 견제하기 위한 수단의 하나이다.

(4) 국무위원의 권한

① 대통령 권한대행권 … 국무위원은 대통령이 궐위되거나 사고로 인하여 직무를 수행할 수 없을 때 국무총리에 이어 법률이 정한 국무위원의 순서로 권한을 대행한다〈제71조〉.

> ☞ 국무총리의 직무대행〈정부조직법 제22조〉 … 국무총리가 사고로 인하여 직무를 수행할 수 없을 때에는 기획재정부장관이 겸임하는 부총리, 교육부장관이 겸임하는 부총리 순으로 직무를 대행하고 국무총리·부총리가 모두 사고가 있을 때에는 대통령이 지명한 국무위원→지명이 없는 경우는 제26조 제1항에 규정된 순위의 국무위원이 대행한다.

② 국무회의에서 심의·의결권 … 국무회의의 소집요구, 의안제출, 출석발언, 심의와 의결에 참가할 권한이 있다.

③ 부서할 권한 … 국무총리와 관계국무위원이 부서한다.

④ 국회에서의 출석·발언권 … 국무위원은 국회나 그 위원회에 출석하여 국정 처리상황을 보고하거나 의견을 진술하고 질문에 응답할 수 있는 권한을 가진다〈제62조 제1항〉.

(5) 국무위원의 책무

국무위원은 출석·답변할 책무〈제62조 제2항〉, 부서하여야 할 책무〈제82조〉 등이 있다.

4. 국무회의

(1) 헌법상 지위

국무회의의 지위는 정부형태에 따라서 다르다. 미국식 대통령제하에서는 비헌법기관으로서 대통령의 자문기관에 불과하다. 의원내각제하에서는 최고의결기관으로서의 지위를 갖는다. 이원집정부하에서는 평상시에는 의원내각제의 내각의 지위를 차지하나, 비상시에는 대통령이 국정운영의 중심이 되는 관계로 대통령제의 내각과 같다.

Self Check

문. 다음 중 국무위원의 자격이 바로 상실되는 사유로서 옳은 것은?

① 국무위원이 수뢰사건으로 소추되는 경우
② 국회의원인 국무위원이 당선무효의 판결을 받는 경우
③ 대통령이 자유로이 해임한 경우
④ 국무회의에서 자기만이 국무회의의 의결에 반대한 경우

☞ ③

(2) 우리 헌법상 국무회의

① 변천 … 제1공화국에서는 의결기관, 제2공화국에서는 의결기관, 제3·4·5·6공화국에서는 최고의 정책심의기관이다.

② 헌법상 필수기관 … 국무회의는 정부의 권한에 속하는 중요한 정책을 심의하는 헌법상의 기관이다〈제88조 제1항〉. 헌법개정에 의하지 아니하고는 폐지할 수 없다. 편의상 인정되는 미국의 각료회의나 헌법적 관례로 인정되는 영국의 내각과 다르다.

③ 심의기관 … 의결기관과 자문기관의 중간형태인 심의기관이라는 것이 통설이다. 어떤 정책이 국무회의에서 비록 의결의 형식으로 결정된 경우에도 그 의결은 대통령을 법적으로 구속하는 효력이 없으며, 대통령은 국무회의의 심의내용과 상이한 정치적 결단까지도 할 수 있다.

④ 필수적 심의기관 … 헌법상 일정사항에 대해서는 반드시 심의를 거쳐야 하는 필수적 심의기관이다. 제89조에 열거된 사항의 심의는 국무회의의 심의를 최종적인 것으로 하고 다른 어떤 기관도 국무회의의 심의를 거친 사항을 다시 심의할 수 없다.

⑤ 대통령이 주재하는 기관 … 대통령이 의장으로서 국무회의를 주재한다.

⑥ 독립된 합의제기관 … 독립된 합의제기관이고 대통령에 소속하는 대통령의 하급소속기관은 아니다(통설). 국무회의 심의에 있어서는 대통령은 국무총리나 국무위원과 법적 동등성을 갖는다.

(3) 국무회의의 구성

대통령, 국무총리와 15인 이상 30인 이하의 국무위원으로 구성된다〈제88조 제2항〉. 대통령이 의장이 되고 국무총리가 부의장이 된다〈제88조 제3항〉. 국무위원은 국정에 관하여 대통령을 보좌하며, 국무회의 구성원으로서 국정을 심의한다.

(4) 국무회의의 심의

① 소집 … 국무회의는 구성원 과반수의 출석으로 개의하고 출석구성원 3분의 2 이상의 찬성으로 의결한다〈국무회의 규정 제6조〉.

② 심의사항 … 국무회의는 정부의 권한에 속하는 중요한 정책을 심의한다〈제88조 제1항〉. 특히 제89조 제1호 내지 제17호에 규정된 사항은 그 권한이 어느 기관에 속함을 불문하고 국무회의의 심의를 거쳐야 한다〈제89조〉. 제89조에 열거된 사항을 국무회의의 심의를 거치지 아니하고 한 대통령의 국법상 행위에 대해서는 무효설과 유효설이 대립되어 있다.

문. 국무회의에 관한 다음 설명 중 가장 옳지 않은 것은? (다툼이 있는 경우 헌법재판소 결정에 의함)

▶ 2015. 3. 7 법원직

① 국가안전보장에 관련되는 대외정책 등의 수립에 관하여 국무회의의 심의에 앞서 대통령의 자문에 응하기 위하여 헌법상 필수기관으로 국가안전보장회의를 둔다.

② 대통령은 국무회의 의장으로서 회의를 주재하지만, '사고'로 직무를 수행할 수 없는 경우에는 국무총리가 그 직무를 대행하는데, 대통령의 해외순방은 일시적으로 직무를 수행할 수 없는 경우로서 위 '사고'에 해당한다.

③ 국군을 해외에 파병하기로 하는 정책에 관한 국무회의의 의결은 그 자체로 국민에 대하여 직접적인 법률효과를 발생시키는 행위가 아니므로 헌법재판소법 제68조 제1항에서 말하는 공권력의 행사에 해당하지 않는다.

④ 검찰총장의 임명은 헌법이 직접 정하고 있는 국무회의 심의대상이 아니다.

☞ ④

문. 헌법에 명시적으로 규정된 국무회의의 심의사항이 아닌 것은?

① 대사 임명
② 합동참모의장 임명
③ 검찰총장 임명
④ 감사위원 임명

☞ ④

문. 헌법상 국무회의 심의사항이 아닌 것은?

① 선전·강화
② 대통령령안
③ 계엄의 해제
④ 국무위원의 임명

☞ ④

5. 대통령의 자문기관

헌법은 대통령의 권력집중을 억제하고 원로와 전문가의 식견을 참조하여 국정운영의 합리화와 효율화를 기하기 위하여 각종의 대통령자문기구를 두고 있다. 국가원로자문회의〈제90조〉, 국가안전보장회의〈제91조〉, 민주평화통일자문회의〈제92조〉, 국민경제자문회의〈제93조〉 등이 그것이다. 이 중에서 국가안전보장회의만이 필수적인 자문회의이고 나머지는 임의적인 자문회의이다.

(1) 국가원로자문회의

① 의의 … 국정의 중요한 사항에 관하여 대통령의 자문에 응하기 위하여 국가원로로 구성된 기관을 말한다〈제90조 제1항〉.

② 조직 … 의장은 직전 대통령이 되고 직전 대통령이 없을 때에는 대통령이 지명한다〈제90조 제2항〉. 국가원로자문회의의 조직, 직무범위 기타 필요한 사항은 법률로 정한다〈제90조 제3항〉.

③ 직무범위 … 국정의 중요사항에 관하여 대통령의 자문에 응하거나 기타 필요사항을 심의한다.

(2) 국가안전보장회의

① 의의 … 국가안전보장에 관련되는 대외정책, 군사정책과 국내정책의 수립에 관하여 국무회의의 심의에 앞서 대통령의 자문에 응하기 위하여 설치된 기관을 말한다〈제91조 제1항〉. 필수적 자문기관이자 국무회의의 전심기관이다.

② 조직 … 국가안전보장회의는 대통령, 국무총리, 통일부장관, 외교부장관, 국방부장관, 국가정보원장, 대통령으로 정하는 위원으로 구성된다〈국가안전보장회의법 제2조 제1항〉.

③ 직무범위 … 국가안전보장에 관련되는 대외정책, 군사정책과 국내정책의 수립에 관하여 대통령의 자문에 응한다〈국가안전보장회의법 제3조〉

(3) 민주평화통일자문회의

① 의의 … 평화통일정책의 수립에 관한 대통령의 자문에 응하기 위하여 설치된 기관이다(임의적 자문기관)〈제92조 제1항〉.

② 조직 … 주민이 선출한 지역대표와 정당, 직능단체, 주요 사회단체 등의 직능분야 대표급 인사 중에서 대통령이 위촉하는 7,000명 이상의 자문위원으로 구성되며〈민주평화통일자문회의법 제3조〉, 대통령이 의장이 된다〈동법 제6조〉.

③ 직무범위 … 민주적 평화통일을 달성함에 필요한 제반정책의 수립 및 추진에 관하여 대통령에게 건의하고 그 자문에 응한다.

문. 대통령과 관련된 기술 중 옳지 않은 것은?

① 국가원로자문회의와 국민경제자문회의는 대통령 소속의 필수적 기관이다.
② 대통령이 재직 중에 범한 일반 형사범죄는 퇴직 후에는 처벌이 가능하다는 것이 헌법재판소의 판례이다.
③ 대통령이 국립대학교총장을 임명하려면 반드시 국무회의의 심의를 거쳐야 한다.
④ 민주평화통일자문회의는 평화통일정책의 수립에 관한 대통령의 자문에 응하기 위한 임의적 기구이다.

☞ ①

문. 다음 중 국가안전보장회의에 관한 사항으로 틀린 것은?

① 대통령의 필수적 자문기관이다.
② 대통령이 의장이 된다.
③ 국가안전보장에 관련되는 대외 · 국내 · 군사정책에 관한 사항을 다룬다.
④ 국가안전보장회의에서 다루어질 안건은 국무회의에서 사전에 심의한다.

☞ ④

(4) 국민경제자문회의

국민경제발전을 위한 중요정책의 수립에 관하여 대통령의 자문에 응하기 위하여 설치된 기관을 말한다〈제93조 제1항〉.

(5) 국가과학기술자문회의

과학기술의 혁신과 정보 및 인력의 개발을 통한 국민경제의 발전을 위해 설치된 자문기구이다. 이는 헌법상의 자문기관이 아니다.

6. 행정 각부

(1) 서설

① 의의 … 대통령 또는 국무총리의 지휘 또는 통할하에 법률이 정하는 소관사무를 담당하는 중앙행정기관이다.

② 지위 … 행정 각부는 대통령이나 국무총리의 단순한 보조기관이 아니라 정부의 구성단위로서 대통령이나 국무총리의 하위에 있는 행정관청이다. 이 점에서 단순한 정책보좌기관에 불과한 국무위원과 다르다.

③ 설치 · 조직 · 직무범위 … 설치 · 조직 · 직무범위는 법률로 정한다〈제96조〉. 이에 관한 법이 정부조직법이다. 행정 각부에는 장관 1인과 차관 1인을 두되, 장관은 국무위원으로 보하고 차관은 정무직으로 한다. 다만, 기획재정부 · 미래창조과학부 · 외교부 · 문화체육관광부 · 산업통상자원부 · 국토교통부에는 차관 2명을 둔다〈정부조직법 제26조 제2항〉. 행정 각부 외에 정부조직법상의 중앙행정관청으로서 국무총리 소속하의 국민안전처, 법제처, 인사혁신처, 국가보훈처, 식품의약품안전처가 있다.

(2) 행정 각부의 장

① 임명 … 국무위원 중에 국무총리의 제청으로 대통령이 임명한다〈제94조〉. 국무위원이 아닌 자는 행정 각부의 장이 될 수 없다. 행정 각부의 장은 국무위원의 지위와 행정 각부의 장의 지위의 이중적 지위를 갖는다.

② 해임 … 대통령이 자유로이 할 수 있다.

③ 권한

　㉠ 행정 각부의 장(행정기관의 장)은 독임제 행정관청으로서 그 소관사무를 통할하고 소속직원을 지휘 · 감독하며〈정부조직법 제7조 제1항〉, 소관사무에 관하여 부령발포권을 가진다〈제95조〉. 국무총리 소속하의 중앙행정기관의 장인 국민안전처, 법제처, 인사혁신처, 식품의약품안전처, 국가보훈처의 장은 행정 각부의 장이 아니므로 비법규명령으로서의 행정명령만을 발할 수 있을 뿐이고 법규명령으로서의 부령은 발할 수 없다. 그러므로 소관사항에 관하여 법규명령이 필요한 때에는 총리령으로 하여야 한다. 부령은 행정 각부의 장이 서명한 후 관보로써 공포하며, 특별한 규정이 없는 경우 공포일로부터 20일이 경과함으로써 효력을 발생한다〈법령 등 공포에 관한 법률 제13조〉.

문. 다음 중 옳지 않은 것은?

① 행정 각부의 장은 국무위원이어야 한다.
② 행정 각부의 장은 국무총리의 제청으로 대통령이 임명한다.
③ 국무위원은 탄핵결정으로 파면될 수 있다.
④ 국무위원은 행정 각부의 장이어야 한다.

☞ ④

ⓛ 소관사무에 관한 정책을 입안하거나 법률 또는 대통령령을 제정·개폐하는 안과 예산안을 작성하여 그것을 국무회의에 제출할 수 있다. 행정 각 부의 장은 소속공무원에 대한 임용제청권(5급 이상의 공무원 및 고위공무원단에 속하는 일반직공무원)과 임용권(6급 이하의 공무원)을 가진다 〈국가공무원법 제32조〉.

7. 감사원

(1) 서설

① 의의 : 감사원은 국가의 세입·세출의 결산, 국가 및 법률이 정한 단체의 회계검사와 행정기관 및 공무원의 직무에 관한 감찰을 하기 위하여 대통령소속하에 설치한 기관이다〈제97조〉.

② 직위 : 대통령소속하의 헌법상 독립된 합의제 관청이다. 현행 감사원제도는 행정부형이고 회계감사권뿐만 아니라 직무감찰권까지 지니고 있다.

(2) 헌법상 지위

① 헌법상 기관(필수기관) … 감사원은 반드시 설치하여야 하는 헌법상 필수기관이다.

② 대통령 소속하의 기관 … 감사원은 행정부수반이 아닌 국가원수로서의 대통령 소속하의 중앙행정기관이다. 조직상으로는 대통령에 소속하지만 기능상 독립기관이다.

③ 독립된 기관 … 감사원은 누구의 지시나 간섭을 받지 않고 독자적으로 업무를 수행하는 독립기관이다. 감사원법상 감사원은 대통령에 소속하되 직무에 관하여는 독립의 지위를 가진다〈감사원법 제2조〉. 이러한 독립성과 정치적 중립성을 유지하기 위하여 감사위원의 신분을 보장하고 일정직의 겸직을 금지하고 있으며, 정당에 가입하거나 정치운동에 관여할 수 없게 하고 있다 〈감사원법 제8조 내지 제10조〉.

④ 합의제기관 … 감사원은 감사원장과 감사위원으로 구성되는 감사위원회에서 업무를 처리하는 합의제기관이다. 이처럼 합의제도로 한 것은 능률성, 감사 업무의 신속성보다는 감사업무의 신중성·공정성이 더 요구되기 때문이다.

(3) 감사원의 구성

① 인원 … 원장을 포함한 5인 이상 11인 이하의 감사위원으로 구성한다〈제98조 제1항〉. 감사원법은 감사원장을 포함하는 감사위원 7인으로 구성된 감사위원회와 사무처로 구성한다고 되어 있다〈감사원법 제3조, 제16조 제1항〉.

② **임명** … 감사원장은 대통령이 국회의 동의를 얻어 임명한다〈제98조 제2항〉. 감사위원은 원장의 제청으로 대통령이 임명한다〈제98조 제3항〉. 감사원장임명에 국회의 동의를 얻도록 한 것은 공정한 인사를 촉구함과 동시에 결산과 회계감사에 관한 권한이 국회의 예산심의권과 밀접한 관계가 있기 때문이다.

③ **임기** : 감사원장과 감사위원의 임기는 4년이고〈제98조 제2항, 제3항〉 1차에 한하여 중임할 수 있다〈제98조 제2항, 제3항〉. 임기제의 채택은 신분을 보장하여 직무집행의 독립성과 공정성을 확보하려 함에 있다. 감사위원의 정년은 65세이다. 다만, 원장인 감사위원의 정년은 70세로 한다〈감사원법 제6조 제2항〉. 감사원장이 사고로 인하여 직무를 수행할 수 없을 때에는 감사위원으로서 최장기간 재직한 감사위원이 그 직무를 대행한다〈감사원법 제4조 제3항〉.

(4) 권한

① **세입 · 세출 · 결산의 검사와 보고** … 감사원은 국가의 세입, 세출의 결산, 국가 및 법률이 정한 단체의 회계를 검사할 권한을 가진다. 그리고 대통령과 차년도 국회에 그 결과를 보고하게 하고 있다〈제99조〉.

② **직무감찰권** … 행정기관 및 공무원의 직무에 관한 직무감찰을 할 권한을 가지고 있다〈감사원법 제24조〉. 직무에 관한 감찰권에는 공무원의 비위적발에 관한 비위감찰권뿐만 아니라 공무원의 근무평정 또는 적극적으로 행정관리의 개선을 도모하기 위한 행정감찰권까지 포함한다.

③ **감사원규칙제정권** … 법령에 저촉되지 아니하는 범위 내에서 감사에 관한 절차, 감사원의 내부규율과 사무처리에 관한 규칙을 제정할 수 있다〈감사원법 제52조〉.

④ **감사결과와 관련된 권한** … 감사원은 감사결과와 관련하여 변상책임유무의 판정권〈감사원법 제31조〉, 징계요구권〈동법 제32조〉, 시정 · 주의 등의 요구권〈동법 제33조〉, 법령 · 제도 · 행정의 개선요구권〈동법 제34조〉, 소속장관 · 감독기관의 장 등에 대한 권고 · 통보〈동법 제34조의2〉, 수사기관에의 고발권〈동법 제35조〉, 재심의권〈동법 제36조 내지 제40조〉 등을 가진다.

ANSWER

> **감사원 변상판정처분**
> 감사원의 변상판정처분에 대하여는 행정소송을 제기할 수 없고 재결에 해당하는 재심의 판결에 대해서만 감사원을 피고로 하여 행정소송을 제기할 수 있다. 감사원에서 변상책임이 확정되면 그와 동일한 금액의 배상을 청구하는 민사청구는 특별한 사정이 없는 한 권리보호의 필요가 없다.

문. 감사원의 구성과 권한에 관한 설명으로 옳지 않은 것은?

① 감사원은 합의제기관으로 감사업무의 합의에 관한 한 감사원장과 감사위원은 법적으로 동등한 지위에 있다.
② 감사원은 독립된 헌법기관이므로 국정감사와 조사의 대상에서 제외된다.
③ 감사원장과 감사위원은 임기제로 신분이 보장되고 있다.
④ 감사원은 감사에 관한 절차, 감사원의 내부규율과 감사사무처리에 관한 규칙을 제정할 수 있다.
☞ ②

문. 감사원에 관한 설명 중 틀린 것은?

① 행정기관 및 공무원의 직무에 관한 감찰권을 가진다.
② 사법행정에 대한 감사도 가능하다.
③ 결산의 결과를 대통령과 차년도 국회에 보고한다.
④ 감사위원은 임기 5년에 1차에 한하여 중임할 수 있다.
☞ ④

문. 감사원에 관한 설명 중 옳은 것은?

① 감사원은 국무총리의 지휘 · 감독을 받는다.
② 국무회의와 마찬가지로 의결권이 없는 회의체기관이다.
③ 감사위원은 국회의 동의를 거쳐 대통령이 임명한다.
④ 감사원은 변상책임의 판정권을 갖는다.
☞ ④

8. 선거관리위원회

(1) 서설

① 의의 … 선거와 국민투표의 공정한 관리, 정당에 관한 사무를 처리하는 헌법상의 필수기관을 의미한다. 정당, 선거, 국민투표관리를 일반행정기관이 아닌 별도의 독립된 기관이 처리해야 할 필요성 때문에 제2공화국 헌법에서부터 선거관리위원회를 헌법상 규정하고 있다.

② 헌법규정 … 선거의 공정한 관리가 민주정치의 중요한 요소임을 감안하여 헌법은 선거관리위원회를 두고〈제114조〉이의 조직과 직무범위 등에 관해 법률에 위임하고 있다. 이 법률이 선거관리위원회법이다.

(2) 중앙선거관리위원회의 지위

① 헌법상의 필수적 기관 … 선거관리위원회는 헌법상의 필수기관이다. 그러므로 헌법개정에 의하지 아니하고는 폐지할 수 없다.

② 독립된 기관 … 선거관리위원회는 조직과 기능면에서 다른 국가기관으로부터 독립성을 지닌다. 선거관리위원의 헌법상의 임기제〈제114조 제3항〉와 정치적 중립성의 보장〈제114조 제4항〉 및 신분보장〈제114조 제5항〉도 기관의 독립성을 유지하는 장치이다.

③ 회의기관 … 선거관리위원회는 9인의 선거관리위원으로 구성되는 합의제기관이다. 위원 과반수의 출석으로 개의하고 출석위원 과반수의 찬성으로 의결한다〈선거관리위원회법 제10조 제1항〉. 합의제기관이므로 직무에 관한 합의에 있어서는 위원장과 위원들이 법적으로 동등한 지위에 있다.

(3) 조직과 구성

① 조직 : 중앙선거관리위원회 밑에 각급 선거관리위원회가 있다〈선거관리위원회법 제2조〉. 즉, 중앙선거관리위원회(9인), 특별시 · 광역시 · 도 선거관리위원회(9인), 구 · 시 · 군 선거관리위원회(9인), 읍 · 면 · 동 선거관리위원회(7인)가 그것이다.

② 구성 : 중앙선거관리위원회는 9인으로 구성되며, 위원장은 위원 중에서 호선한다. 위원의 임기는 6년이다. 연임에 관해서는 제한이 없다. 중앙선거관리위원회에 사무처를 두며, 사무처에 사무총장 1인과 사무차장 1인을 둔다.

(4) 중앙선거관리위원회의 권한

① 선거와 국민투표의 관리 : 각급 선거관리위원회는 법령이 정하는 바에 의하여 국가 및 지방자치단체의 선거에 관한 사무, 국민투표에 관한 사무, 위탁선거에 관한 사무 등을 담당한다. 각급 선거관리위원회는 선거인명부의 작성 등 선거사무와 국민투표사무에 관하여 관계행정기관에 필요한 지시 또는 협조 요구를 할 수 있다〈제115조, 선거관리위원회법 제16조 제1항, 제2항〉.

문. 선거관리위원회에 관한 설명으로 옳지 않은 것은?

① 합의제기관이므로 직무에 관한 합의에 있어서는 위원장과 위원들이 법적으로 동등한 지위에 있다.

② 헌법상 필수기관이므로 헌법개정에 의하지 아니하고는 이를 폐지할 수 없다.

③ 중앙선거관리위원회는 행정명령의 규칙을 제정할 수는 있지만 법규명령인 규칙은 제정할 수 없다.

④ 선거관리위원회는 정치자금의 기탁과 기탁된 정치자금 그리고 국고보조금을 각 정당에 배분하는 권한을 갖는다.

☞ ③

문. 선거관리위원회에 관한 설명으로 옳지 않은 것은?

① 선거관리위원회는 선거와 국민투표의 공정한 관리 및 정당에 관한 사무를 처리하기 위한 필수적인 헌법기관이다.

② 중앙선거관리위원회는 기탁된 정치자금과 국고보조금을 각 정당에 배분하는 사무를 담당한다.

③ 중앙선거관리위원회는 대통령이 임명하는 9인으로 구성되며, 위원장은 국회의 동의를 얻어 대통령이 임명한다.

④ 중앙선거관리위원회는 법률에 저촉되지 않는 범위 안에서 내부 규율에 관한 규칙을 제정할 수 있다.

☞ ③

② **정당사무관리권과 경비의 부담** … 선거관리위원회는 헌법과 정당법 및 선거관리위원회법에 따라 정당에 관한 사무를 관리한다. 선거관리위원회의 직무에 필요한 경비는 국가가 부담하고 그 사무의 수행에 지장이 없도록 중앙선거관리위원회에 지출하여야 한다〈동법 제19조 제1항〉.

③ **규칙제정권** … 중앙선거관리위원회는 법령의 범위 내에서 선거관리, 국민투표관리 또는 정당사무에 관한 규칙을 제정할 수 있다〈제114조 제6항〉.

④ **선거계몽의무** … 각급 선거관리위원회는 선거권자의 주권의식의 앙양을 위하여 상시계도를 실시하여야 한다〈선거관리위원회법 제14조 제1항〉.

(5) 선거운동의 원칙

① 모든 선거운동은 각급 선거관리위원회의 관리하에 법률이 정한 범위 안에서 하되 균등한 기회가 보장되어야 한다〈제116조 제1항〉.

② 선거에 관한 경비는 법률이 정하는 경우를 제외하고는 정당 또는 후보자에게 부담시킬 수 없다〈제116조 제2항〉. 이는 선거비용의 누출로 인한 부정부패를 방지하기 위한 것이다.

SECTION 5

사법부

1. 법원의 헌법상 지위

(1) 사법기관

① **사법** … 구체적인 법적 분쟁이 발생한 경우에 당사자로부터 쟁송의 제기를 기다려 무엇이 법인가를 판단·선언함으로써 법질서를 유지하기 위한 작용이다.

② **법원** … 법관으로 구성되고 소송절차에 따라 사법권의 행사를 본래의 직무로 하는 국가기관을 말한다.

③ 사법에 관한 권한은 헌법에 특별한 규정이 없는 한 원칙적으로 법원이 행사한다.

(2) 중립적 권력기관

입법부와 행정부가 정치적 권력인데 비하여 법원 또는 사법부는 이들로부터 분리·독립된 중립적 권력이어야 하며, 제3의 권력이라고 할 수 있다.

> **POINT 팁** 법원의 독립과 중립성의 예외
> ㉠ **법원의 예산**: 행정부가 편성하고 국회가 심의·확정
> ㉡ **비상계엄**: 법원의 권한에 대한 특별한 조치
> ㉢ **대법원장·대법관 임명**: 국회동의 얻어 대통령이 임명

문. 다음 중 중앙선거관리위원에 관한 설명으로 잘못된 것은?

① 위원의 임기는 6년이다.
② 선거의 공정성 보장을 위해 위원의 정당가입과 정치활동이 금지된다.
③ 중앙선거관리위원회는 9인으로 구성되며 위원장의 임명은 대통령이 한다.
④ 위원은 탄핵의 대상이고 현행범이 아니라도 형사소추의 대상이다.

☞ ③

문. 다음 중 정치자금의 기탁과 기탁된 정치자금 그리고 국고보조금을 각 정당에게 배분하는 사무를 담당하는 곳은?

① 국회
② 대법원
③ 행정자치부
④ 중앙선거관리위원회

☞ ④

문. 다음 공무원 중 그 임기를 긴 것에서 짧은 것의 순으로 올바르게 배열하면?

㉠ 대통령   ㉡ 국회의원
㉢ 국회의장   ㉣ 대법원장
㉤ 일반법관

---

① ㉤→㉣→㉠→㉡→㉢
② ㉤→㉢→㉠→㉣→㉡
③ ㉤→㉣→㉡→㉠→㉢
④ ㉣→㉤→㉠→㉡→㉢

☞ ①

(3) 헌법수호자

법원은 명령·규칙·처분의 위헌·위법심사, 헌법재판소에의 위헌법률심사제청 그리고 선거소송심판을 통하여 헌법수호기능을 담당하고 있다.

(4) 최고기관성 여부

중립적 권력으로서 입법부와 행정부로부터 독립을 유지하고 있을 뿐 국가의 최고기관이라고는 할 수 없다.

(5) 기본권보장자

군주의 행정권에 대한 투쟁과정에서 법원은 의회와 제휴하여 시민의 자유와 재산의 보장자로서 역할을 해왔다. 우리 헌법에서도 국민의 자유와 재산의 최후보루는 법원의 몫으로 하고 있다. 특히 행정부에 의한 자유와 재산의 침해에 대해서는 법원이 명령·규칙·처분의 위헌·위법심사를 위하여 보호하고 있다.

2. 사법권의 독립

(1) 서설

① 의의 … 실질적 의미에서는 사법권을 행사하는 법관이 구체적 사건을 재판함에 있어서 독립하여 누구의 지휘나 명령에도 구속되지 않고 재판하는 것을 말한다. 형식적 의미에서는 권력분립의 차원에서 입법부와 행정부로부터 조직상·운영상 분리·독립하는 것을 말한다.

② 제도적 의의 … 사법권의 독립은 권력분립원리의 실천, 법질서의 안정적 유지, 국민의 자유 및 권리의 보장을 완전한 것이 되게 하기 위한 것이다.

(2) 내용

사법권의 독립은 법원의 독립과 재판의 독립을 위한 법관의 독립을 그 내용으로 한다. 법원의 독립은 조직과 운영의 면에서 법원이 다른 권력으로부터 독립하는 것이고 법관의 독립은 재판을 할 때 내외의 간섭을 받지 않는 것이다.

① 법원의 독립

    ㉠ 법원의 독립은 먼저 입법부로부터의 독립을 의미한다.

    ㉡ 또한 행정부로부터의 독립을 의미한다.

    ㉢ 법원의 독립이 유지되려면 법원의 내부규율과 사무처리가 타 국가기관의 간섭을 받지 아니하고 법원이 그것을 자율적으로 행할 수 있는 사법자치제가 확립되어야 한다. 법원의 자치와 자율성을 보장하기 위하여 대법원에 규칙제정권을 부여하고 있다.

② 법관의 독립

    ㉠ 법관의 직무상의 독립은 법관의 물적 독립을 의미하는데, 헌법은 "법관은 헌법과 법률에 의하여 그 양심에 따라 독립하여 심판한다〈제103조〉."고 하였다(법관의 직무상 독립 = 법관의 재판상 독립 = 물질적 독립). 헌법

문. 사법권의 독립에 관한 설명으로 맞지 않는 것은?

① 사법권의 독립은 법치국가의 핵심적 요소이다.

② 연혁적으로 보아 행정부로부터의 독립이 사법권 독립의 본질적 요소이다.

③ 국회가 제정한 법률에 의하여 법원이 조직되는 것은 법치국가의 원칙상 전혀 문제가 되지 않는다.

④ 대통령이 대법원장을 임명하는 것은 사법권독립에 위배된다.

정답 ④

과 법률에 의한 심판에서 헌법은 성문헌법뿐만 아니라 헌법적 관습까지 포함하며, 법률이란 형식적 의미의 법률뿐만 아니라 기타 실질적 법규범도 포함한다. 양심에 따른 심판에서 법관으로서의 양심은 법관임을 직업으로 하는 법조적 양심인 법적 확신을 의미하며, 법적 확신이 도덕적 양심과 상충할 때에는 법적 확신을 우선시켜야 한다.

ⓒ **독립하여 하는 심판** : 외부작용으로부터의 독립을 의미한다. 즉, 타국가기관으로부터 독립, 소송당사자로부터 독립, 사회적·정치적 세력으로부터 독립이 그것이다. 사법부 내부로부터의 독립을 의미한다. 즉, 상급심 법원으로부터의 독립, 소속 상급자로부터의 독립이 그것이다.

ⓒ 재판의 독립을 위하여 법관의 인사를 독립시키고 법관의 자격과 임기를 법률로 규정함으로써 법관의 신분을 보장하는 것을 말한다(인적 독립). 법관의 신분상의 독립을 보장하기 위하여 법관의 자격을 법률로 정한다〈제101조 제3항〉. 이에 관해 규정된 법이 법원조직법이다. 법관의 신분상의 독립을 위해서는 법관인사의 독립, 법관자격의 법정주의, 법관의 임기제와 정년제 그리고 법관의 신분이 보장되어야 한다.

ANSWER

> **사법권의 독립**
> 사법권의 독립은 재판상의 독립, 즉 법관이 재판을 함에 있어서 오직 헌법과 법률에 의하여 그 양심에 따라 할 뿐 어떠한 외부적인 압력이나 간섭도 받지 않는다는 것 뿐만 아니라 그 수단으로서 법관의 신분보장도 차질없이 이루어져야 함을 의미하는 것이다. 특히 신분보장은 법관의 재판상의 독립을 보장하는 데 있어서 필수적인 전제로서 정당한 법절차에 따르지 않는 법관의 면직처분 내지 불이익처분의 금지를 의미한다.

(3) 사법권의 독립에 관한 예외

헌법은 사법권의 독립을 보장하기 위하여 법원의 독립과 법관의 독립을 보장하기 위한 규정을 두고 있지만 동시에 사법권의 독립을 제한하는 예외적인 규정도 두고 있다.

① **입법부의 통제·간섭** … 이에는 국회가 갖는 법원예산의 심의확정권, 국정감사·조사권, 법관탄핵소추권, 대법원장·대법관임명에 대한 동의권 등이 있다.

② **행정부의 통제·간섭** … 이에는 대통령의 계엄선포권, 사면권, 법원인사권(대법원장·대법관임명권), 행정부의 법원예산편성권 등이 있다.

3. 법원의 조직

제101조 제2항은 "법원은 최고법원인 대법원과 각급 법원으로 조직된다."라고 하고 제102조 제3항은 "대법원과 각급 법원의 조직은 법률로 정한다."라고 하여 법원의 조직에 관하여 규정하고 있다. 이에 관한 법률이 법원조직법이고 이에 의하면 법원은 대법원, 고등법원, 특허법원, 지방법원, 가정법원, 행정법원의 6종이 있다〈법원조직법 제3조〉.

문. 사법권의 독립에 관한 설명으로 옳은 것을 모두 고르면?

ⓐ 국회는 계속중인 소송사건에 대해서 재판에 관여할 목적으로 감사할 수 없다.
ⓑ 헌법 제103조의 헌법과 법률에 의하여 심판한다고 할 때 이 법률의 의미에는 국제관습법도 포함된다고 하는 것이 통설이다.
ⓒ 헌법 제103조의 법관의 양심은 주관적·윤리적 신념을 말한다.
ⓓ 당해 사건에 관하여 상급법원의 판단은 하급심을 기속한다는 법원조직법 제8조는 위헌이다.
ⓔ 법원이 위헌법률심판제청을 하지 않으면 당해 법률을 합헌으로 판단한 것이라 할 수 있다.

① ⓐⓑ
② ⓐⓒ
③ ⓐⓑⓒ
④ ⓑⓒⓓ

☞ ③

문. 법원에 관한 설명으로 옳지 않은 것은?

① 일반법관은 대법관회의의 동의를 얻어 대법원장이 임명한다.
② 법관은 징계처분에 의하지 아니하고는 파면되지 아니한다.
③ 대법관의 수는 대법원장을 포함하여 14인으로 한다.
④ 명령 또는 규칙의 위헌·위법 결정은 대법원 전원합의체에서 심판한다.

☞ ②

(1) 대법원

① **헌법상의 지위** … 헌법상 대법원은 주권행사기관으로서의 지위, 최고기관으로서의 지위, 최고법원으로서의 지위, 최고사법행정기관으로서의 지위, 기본권보장기관으로서의 지위, 헌법수호기관으로서의 지위를 가진다.

② **대법원의 조직**
    ㉠ 대법원은 대법관과 대법원장으로 구성된다. 법률이 정하는 바에 의하여 대법관이 아닌 법관도 둘 수 있다〈제102조〉. 대법원장은 대통령이 국회의 동의를 얻어 임명한다〈제103조〉.
    ㉡ 대법원에 대법관을 두며, 대법관의 수는 대법원장을 포함하여 14인으로 한다〈법원조직법 제4조〉. 대법원의 심판권은 대법관 전원의 3분의 2 이상의 합의체에서 행하며 대법원장이 재판장이 된다〈동법 제7조 제1항〉.

③ **대법원장의 지위** … 대법원장의 헌법상 지위로는 대법원의 수장, 대법원의 구성원, 대법관회의의 의장, 대법원 전원합의체의 의장의 지위를 갖는다. 대법원장의 신분에 있어서는 판사, 검사, 변호사의 자격이 있는 자 중에서 20년 이상 법조경력과 45세 이상인 자로서 국회동의를 얻어 대통령이 임명한다. 대법원장은 법원대표권, 대법관임명제청권, 각급판사임명권, 각급판사보직권, 법원직원임명권, 사법행정권, 법률제정·개정에 대한 의견제출권, 헌법재판소재판관지명권, 중앙선거관리위원회위원지명권 등을 갖는다.

④ **대법원의 관할** … 대법원은 상고심, 명령·규칙의 위헌·위법여부의 최종심사, 위헌법률심판의 제청, 선거소송 등을 관할한다. 대법원은 상고사건, 항고법원, 고등법원 또는 항소법원, 특허법원의 결정, 명령에 대한 재항고사건, 다른 법률에 의하여 대법원의 권한에 속하는 사건 등에 대해 종심으로 재판한다.

> **ANSWER**
>
> **대법원 관련 판례**
> ㉠ 상고이유를 제한하는 소액사건심판법 제3조는 헌법의 평등권 조항에 위반한다 할 수 없고 또 이 같은 목적의 상고제한은 공공복리를 위하여 필요한 기본권제한이라고 할 것이므로 헌법 제37조 제2항에 위반된다고 할 수 없다.
> ㉡ 특별항고는 하급심에서 한 결정이나 명령에 영향을 미친 헌법위반 또는 법률위반이 있음을 이유로 하는 때에 한하여 대법원에 할 수 있는 것이고 대법원의 판결에 대하여는 즉시항고할 수 없다.

⑤ **대법원의 심판** … 대법관 전원의 3분의 2 이상이 출석한 합의체에서 행한다.

⑥ **대법원의 규칙제정권** … 대법원은 법률에 저촉되지 아니하는 범위 안에서 소송에 관한 절차, 법원의 내부규율과 사무처리에 관한 규칙을 제정할 수 있다〈제108조〉. 이는 국회입법에 관한 예외이다. 대법원규칙이 법률에 저촉할 경우에는 무효가 된다.

문. 다음 설명 중 옳지 않은 것은?

① 법관은 탄핵 또는 금고 이상의 형의 선고에 의하지 아니하고는 파면되지 않는다.
② 일반 법관은 대법원장의 제청에 의하여 대통령이 임명한다.
③ 대법원규칙으로 법원의 내부규율을 정할 수 있다.
④ 대법원장의 임기는 6년이며 중임할 수 없다.

☞ ②

문. 법원에 관한 설명 중 틀린 것은 모두 몇 개인가?
▶ 2015. 3. 7 법원직

㉠ 대법관의 수는 대법원장을 포함하여 14명이다.
㉡ 국가의 안전보장상의 사유로 법원은 판결을 공개하지 아니할 수 있다.
㉢ 헌법재판소규칙이 헌법이나 법률에 위반되는 여부가 재판의 전제가 된 경우에는 법원은 이를 심사할 권한을 가진다.
㉣ 대법원은 법률의 근거가 있는 경우에만 소송에 관한 절차, 법원의 내부규율과 사무처리에 관한 규칙을 제정할 수 있다.

① 1개   ② 2개
③ 3개   ④ 4개

☞ ②

> **POINT 팁** 법원조직의 임기 · 연임 · 정년〈법원조직법 제45조〉
> ⊙ 대법원장의 임기는 6년으로 하며, 중임할 수 없다.
> ⓛ 대법관의 임기는 6년으로 하며, 연임할 수 있다.
> ⓒ 판사의 임기는 10년으로 하며, 연임할 수 있다.
> ⓔ 대법원장과 대법권의 정년은 각각 70세, 판사의 정년은 65세로 한다.

(2) 고등법원

① **조직** … 고등법원에는 고등법원장과 수석부장판사, 선임부장판사를 두며, 부에 부장판사를 둔다. 고등법원에는 민사부, 형사부, 특별부를 둔다. 고등법원장은 판사로 보하고 그는 고등법원의 사법행정사무를 관장하며 소속공무원을 지휘 · 감독한다〈법원조직법 제26조〉. 고등법원의 심판권은 판사 3인으로 구성된 합의부에서 행한다〈법원조직법 제7조 제3항〉.

> **POINT 팁** 합의심판과 단독심판
> ⊙ 고등법원 · 특허법원 · 행정법원의 심판권은 판사 3인으로 구성된 합의부에서 행한다(행정법원 예외 인정).
> ⓛ 지방법원 · 가정법원과 그 지원, 가정지원 및 시 · 군 법원의 심판권은 단독판사가 행한다.

② **관할** … 고등법원은 지방법원합의부, 가정법원합의부, 행정법원의 제1심 판결 · 심판 · 결정 · 명령에 대한 항소 또는 항고사건, 지방법원단독판사, 가정법원단독판사의 제1심 판결 · 심판 · 결정 · 명령에 대한 항소 또는 항고 사건으로서 형사사건을 제외한 사건 중 대법원 규칙으로 정하는 사건, 다른 법률에 따라 고등법원의 권한에 속하는 사건 등을 심판한다〈법원조직법 제28조〉.

(3) 특허법원

① **조직** … 특허법원에 특허법원장을 두며〈법원조직법 제28조의2〉, 심판권은 판사 3인으로 구성된 합의부에서 행한다〈동법 제7조 제3항〉.

② **관할** … 특허법원은 특허법, 실용신안법, 디자인보호법, 상표법 또는 다른 법률에 따라 특허법원의 권한에 속하는 제1심 사건을 담당한다.

(4) 지방법원

① **조직** … 지방법원에는 지방법원장을 둔다. 지방법원장은 그 법원과 소속지원, 시 · 군 법원 및 등기소의 사법행정사무를 관장하며, 소속공무원을 지휘 · 감독한다〈법원조직법 제29조〉.

② **지방법원 본원의 관할** … 지방법원의 심판권은 단독판사가 이를 행하며, 지방법원에서 합의심판을 요하는 경우에는 판사 3인으로 구성된 합의부에서 이를 행한다〈법원조직법 제7조 제4항, 제5항〉. 지방법원의 관할사항은 모든 소송의 제1심을 원칙으로 한다〈법원조직법 제32조 제1항〉.

문. 대법원의 조직에 관하여 옳지 않은 것은?

① 헌법은 대법원을 대법원장을 포함하여 14인으로 구성하도록 규정하고 있다.
② 대법관은 대법원장의 제청으로 국회의 동의를 얻어 대통령이 임명한다.
③ 대법관전원합의체는 대법관전원 3분의 2 이상으로 구성하고 대법원장이 재판장이 된다.
④ 명령 · 규칙의 위헌 · 위법결정은 반드시 전원합의체에서 심판하여야 한다.

답 ①

(5) 시·군법원

① 대법원장은 지방법원 또는 그 지원 소속 판사 중에서 그 관할구역에 있는 시·군법원의 판사를 지명하여 시·군법원의 관할사건을 심판하게 한다. 이 경우 1명의 판사를 둘 이상의 시·군법원의 판사로 지명할 수 있다〈법원조직법 제33조 제1항〉.

② 시·군법원의 관할사건은 소액사건심판법을 적용받는 민사사건, 화해·독촉 및 조정에 관한 사건, 20만원 이하의 벌금 또는 구류나 과료에 처할 범죄사건, 가족관계의 등록 등에 관한 법률 제75조에 따른 협의상 이혼의 확인 등이다〈법원조직법 제34조 제1항〉.

(6) 가정법원과 가정법원 지원

① 조직 … 가정법원과 그 지원에는 가정법원장(가정법원 지원장)을 두며 부를 둔다〈법원조직법 제37조, 제38조〉.

② 관할 … 합의부는 가사소송법에서 정한 가사소송과 마류 가사비송사건 중 대법원 규칙으로 정한 사건, 가정법원 판사에 대한 제척·기피사건, 다른 법률에 의하여 가정법원 합의부의 권한에 속하는 사건 등을 제1심으로 심판한다〈법원조직법 제40조 제1항〉.

(7) 행정법원

① 조직 … 행정법원에는 행정법원장을 두며, 행정법원의 심판권은 판사 3인으로 구성된 합의부에서 이를 행한다〈법원조직법 제40조의2 제1항, 제7조 제3항〉.

② 관할 … 행정법원은 행정소송법에서 정한 행정사건과 다른 법률에 따라 행정법원의 권한에 속하는 사건을 제1심으로 심판한다〈법원조직법 제40조의4〉.

(8) 군사법원

① 지위 … 군사법원은 그 재판에 대한 대법원에의 상고가 허용되지만 법관자격이 없는 국군장교에 의해 행해지는 헌법상 유일한 예외법원으로서 특별법원이다.

② 조직 … 군사법원의 조직·권한 및 재판관의 자격은 법률로 정하는데, 이에 관한 법률이 군사법원법이다. 군사법원에는 보통군사법원과 고등군사법원이 있다〈군사법원법 제5조〉.

③ 관할 … 보통군사법원은 군사법원이 설치되는 부대의 장의 직속부하와 직접 감독을 받는 사람이 피고인인 사건(그 예하부대에 군사법원이 설치된 경우는 예외), 군사법원이 설치되는 부대의 작전지역·관할지역 또는 경비지역에 있는 자군부대에 속하는 사람과 그 부대의 장의 감독을 받는 사람이 피고인인 사건(그 부대에 군사법원이 설치된 경우는 예외), 군사법원이 설치되는 부대의 작전지역·관할지역 또는 경비지역에 현존하는 사람과 그 지역에서 죄를 범한 군형법 제1조에 해당하는 사람이 피고인인 사건(피고인의 소속 부대의 군사법원이 그 지역에 있거나 그 사건에 대한 관할권이 타군(他軍) 군사법원에 있는 경우는 예외)을 제1심으로 심판한다〈군사법원법 제11조 제1항〉. 고등군사법원은 보통군사법원의 재판에 대한 항소사건, 항고사건 및 그 밖에 법률에 따라 고등군사법원의 권한에 속하는 사건에 대하여 심판한다〈군사법원법 제10조〉.

문. 다음 설명 중 옳지 않은 것은?

① 현행법상 행정소송의 제1심은 행정법원이 담당한다.
② 현행 헌법에서는 행정심판의 근거를 규정하고 있다.
③ 현행법상 행정소송은 행정심판 전치주의를 원칙으로 하고 있다.
④ 행정법원이 설치되지 않은 지역에 있어서의 행정법원의 권한에 속하는 사건은 행정법원이 설치될 때까지 해당 지방법원 본원이 관할한다.

☞ ③

4. 법원의 권한

(1) 쟁송에 관한 권한

① 개념 … 민사소송, 형사소송, 행정소송, 선거소송 등과 같은 법적 쟁송에 관하여 재판을 할 권한을 의미한다.

② 범위와 한계 … 사법권의 범위와 한계이론이 그대로 적용된다.

(2) 명령 · 규칙심사권

① 의의 … 헌법은 "명령 · 규칙 또는 처분이 헌법이나 법률에 위반되는 여부가 재판의 전제가 된 경우에는 대법원은 이를 최종적으로 심사할 권한을 가진다〈제107조 제2항〉."고 하여 법원의 명령 · 규칙심사권을 규정하고 있다.

② 취지 … 명령 · 규칙심사는 명령 · 규칙의 합헌성, 합법성을 유지하고 위헌 · 위법한 명령 · 규칙으로 인한 국민의 기본권 침해를 방지하기 위한 것이다. 또한 헌법이나 법률에 위반된 명령 · 규칙의 적용을 거부하여 국법질서의 통일을 가져오기 위함이다.

③ 주체 … 대법원을 비롯한 각급법원이 주체가 된다. 군사법원도 명령 · 규칙을 심사할 수 있다. 최종심사권은 대법원이 가진다〈제107조 제2항〉. 헌법재판소도 주체가 될 수 있는가에 대해서는 학설대립이 있다. 헌법재판소는 대법원규칙인 법무사법시행규칙에 대한 헌법소원심판에서 긍정설을 취하였다.

④ 대상 … 심사의 대상은 명령과 규칙이다. 여기서 명령은 법규명령을 말하며 위임명령, 집행명령을 불문하며 대통령령, 총리령, 부령 여부를 따지지 않는다. 행정협정도 이에 포함시키는 것이 다수설이다. 규칙은 국가기관에 의하여 정립되고 규칙이라는 명칭을 가진 모든 법형식이 포함된다.

> ── ANSWER
>
> **대법원 규칙의 구속력**
> 법원조직법에서 말하는 명령 또는 규칙은 국가와 국민에 대하여 일반적 구속력을 가지는 이른바 법규로서의 성질을 가지는 명령 또는 규칙이므로 이로 인한 기본권 침해시 헌법소원을 청구할 수 있다.

⑤ 심사의 요건 … 법원의 명령 · 규칙 또는 처분을 심사하기 위해서는 명령 · 규칙 또는 처분이 헌법이나 법률에 위반되는 여부가 재판의 전제가 되어야 한다〈제107조 제2항〉(구체적 규범통제).

⑥ 심사의 기준 … 명령 · 규칙심사의 기준은 헌법과 법률이다. 여기의 헌법에는 형식적 의미의 헌법뿐만 아니라 헌법적 관습이 포함되며, 법률에도 형식적 의미의 법률뿐만 아니라 법률과 동일한 효력을 가지는 조약이 포함된다.

⑦ 심사의 범위 … 법원의 명령 · 규칙심사에는 형식적 효력에 관한 심사는 물론 그 실질적 효력에 관한 심사도 포함한다.

문. 법원의 명령 · 규칙심사권에 대한 설명 중 옳지 않은 것은?

① 국법질서의 통일성, 합헌성, 합법성을 보장하고 위헌위법의 명령 · 규칙으로 말미암아 개인의 권리나 자유가 침해되는 것을 방지하려는 데에 그 제도적 의의가 있다.
② 명령 · 규칙에 대한 위헌위법의 심사는 각급법원이 할 수 없고, 대법원이 심사권을 행사한다.
③ 헌법 제107조 제2항에 의하면 법원의 명령 · 규칙 처분에 대한 심사는 재판절차에 의하여 구체적인 규범통제의 방법에 의하도록 하고 있다.
④ 헌법재판소는 명령 · 규칙 그 자체로 인하여 직접기본권이 침해된 경우에는 헌법소원 심판을 청구할 수 있다는 입장이다.

☞ ②

문. 법원의 명령 · 규칙 심사권에 대한 설명으로 옳은 것은?

① 대법원뿐 아니라 각급 법원도 명령 · 규칙 심사권을 갖는다.
② 헌법재판소는 어떠한 경우에도 명령 · 규칙에 대한 심사권을 갖지 않는다.
③ 대외적 구속력을 갖지 않더라도 원칙적으로 행정규칙은 모두 심사대상이 된다.
④ 명령이나 규칙이 헌법이나 법률에 위반된다고 인정한 경우에 법원은 그 명령 또는 규칙의 무효를 선언하고 모든 사건에 적용을 배제한다.

☞ ①

⑧ **방법과 절차**…심사는 각급법원이 하나 최종심판은 대법원이 한다. 대법원에서는 명령·규칙이 헌법이나 법률에 위반함을 인정하는 경우에는 대법관 전원의 3분의 2 이상이 출석하고 대법원장이 재판장이 되는 합의체에서 출석 대법관 과반수의 찬성으로써 이를 결정한다.

⑨ **위헌 또는 위법한 명령·규칙의 효력**…당해 사건에 적용하는 것을 거부할 수 있을 뿐(개별적 효력) 이를 무효라 선언할 수는 없다.

(3) 위헌법률심판제청권

① **의의**…법률의 위헌 여부가 재판의 전제가 될 때에는 당해 사건을 담당하는 법원이 직권 또는 당사자의 신청에 의한 결정으로 헌법재판소에 위헌 여부의 심판을 제청하는 권한을 말한다〈헌법재판소법 제41조〉. 이는 각급 법원에 법률의 위헌심판권을 인정하지 않는 대신 각급 법원이 위헌 여부에 의심이 있는 때에는 헌법재판소의 위헌 여부심판을 구하여 그 심판에 따라 재판하도록 한 것으로 헌법보장제도의 일환이다.

② **주체**…각급 법원이 할 수 있다〈헌법재판소법 제41조 제1항〉. 직권에 의한 제청뿐만 아니라 당사자의 신청에 의한 제청결정을 할 수 있으나, 제청할 권한은 당해 사건을 담당하는 법원의 권한이다(개별법관이 아니라 재판부로서의 법원이 제청의 주체).

③ **대상**…위헌법률심판제청의 대상이 되는 법률은 형식적 의미의 법률뿐만 아니라 법률과 동일한 효력을 가지는 긴급명령, 긴급재정·경제명령 및 조약도 대상이 된다.

④ **요건**…법률의 위헌 여부가 재판의 전제가 되어야 하고 구체적 사건성과 당사자 적격성 외에 소의 이익 등 사법권의 발동을 위한 요건을 구비하여야 한다. 헌법재판소는 여기의 '재판의 전제가 되는 재판'에는 종국판결뿐만 아니라 지방법원판사의 영장발부 여부에 관한 재판도 포함한다고 한다.

⑤ **절차**…법원이 헌법재판소에 위헌법률심판을 제청하려면 다음과 같은 절차가 필요하다

  ㉠ **제청신청**: 법원은 직권으로 위헌법률심판제청을 할 수 있고 당사자가 제청신청을 한 경우에는 그 신청이 이유있다고 인정할 때 법원이 헌법재판소에 제청한다. 당사자의 제청신청이 이유없을 때에는 이를 기각결정한다(기각결정에는 항고불가, 헌법소원 청구가능〈헌법재판소법 제68조 제2항〉).

  ㉡ **제청시 기재사항**: 제청법원, 사건, 당사자의 표시 및 위헌이라고 해석되는 법률 또는 법률조항과 위헌이라고 해석되는 이유 등이다〈헌법재판소법 제43조〉.

  ㉢ **대법원 경유**: 각급법원이 제청할 때에는 대법원을 경유하여야 한다.

  ㉣ **당사자의 취하**: 헌법은 구체적 규범통제주의이기 때문에 이 경우 법원은 위헌심판제청취소결정을 내리고 그 정본을 헌법재판소에 송부하여야 하며, 헌법재판소는 소의 이익이 없다는 이유로 각하하게 된다(판례).

⑥ 위헌법률심판제청의 효과
  ㉠ 헌법재판소의 위헌 여부의 결정이 있을 때까지 정지된다.
  ㉡ 당해 소송의 당사자 및 법무부장관은 헌법재판소에 법률의 위헌 여부에
   대한 의견서를 제출할 수 있다〈헌법재판소법 제44조〉.
  ㉢ 헌법재판소는 제청된 법률 또는 법률조항의 위헌 여부만을 결정한다.

5. 사법의 절차

사법의 절차는 법원이 사법권을 구체적으로 행사하는 절차를 말한다. 재판
또는 소송이 진행되는 절차이다. 구체적인 사법절차는 각기 개별특별법에 규정
되어 있으나 가장 기본이 되는 사법의 절차에는 재판의 심급제, 재판의 공개
제, 배심제 등이 있다.

(1) 재판의 심급제

① 3심제 … 헌법은 법원을 최고법원인 대법원과 각급 법원으로 조직하게 하여
 심급제를 규정하고〈제101조 제2항〉, 법원조직법은 법원의 심판권과 관련하
 여 3심제를 규정하고 있다. 민사사건이나 형사사건은 지방법원 합의부 – 고
 등법원 – 대법원의 3심제 원칙이고 소액사건에 있어서는 지방법원 단독부 –
 지방법원합의부 – 대법원의 3심제로 하고 있다.

② 2심제 … 특허소송(1심 : 특허법원, 2심 : 대법원)과 지방의회의원 및 기초자치
 단체장 선거소송(1심 : 고등법원, 2심 : 대법원)이 이에 해당한다.

③ 단심제 … 대통령, 국회의원선거소송과 비상계엄하의 군사재판 중 특정한 범
 죄에 대해서는 단심제를 규정하고 있다.

> **ANSWER**
>
> 심급제의 의의
> ㉠ 심급제는 소송절차의 신중으로 공정한 재판과 인권의 보장을 목적으로 한다.
> ㉡ 헌법재판소는 심급제도는 사법에 의한 권리보호에 관하여 한정된 법발견 차원의 합
> 리적인 분배의 문제인 동시에 재판의 적정과 신속이라는 서로 상반되는 두 가지 요
> 청을 어떻게 조화시키느냐의 문제로 돌아가므로 기본적으로 입법자의 형성의 자유
> 에 속하는 사항이라고 보았다.

(2) 재판의 공개제

① 의의 … 소송의 심리와 판결을 공개함으로써 재판의 공정과 당사자의 인권을
 존중하려는 제도를 말한다. 즉, 소송의 심리와 판결을 공개함으로써 여론의
 감시하에 재판의 공정성을 확보하고 소송당사자의 인권을 보장하며, 재판에
 대한 국민의 신뢰를 확보하려는 것을 말한다.

② 내용

　　㉠ 공개대상은 심리와 판결이다. 여기서 심리는 법관 앞에서 원고와 피고가 신문을 받으며 증거를 제시하고 변론을 전개하는 것을 말하며, 판결은 심리의 결과에 따라 사건의 실체에 따라 내리는 법관의 판단을 말한다.

　　㉡ 판결에 한하므로 소송법상의 결정이나 명령은 공개할 필요가 없다.

　　㉢ 재판이 공개대상이므로 가사심판절차나 비송사건절차는 공개대상이 되지 아니한다.

③ 공개의 예외

　　㉠ 국가의 안전보장 또는 안녕질서를 방해하거나 선량한 풍속을 해할 염려가 있을 때에는 공개하지 아니할 수 있다〈제109조〉.

　　㉡ 비공개는 심리에 관해서만 가능하고 판결은 언제나 공개하여야 한다.

(3) 재판의 배심제

① 의의 … 법률전문가가 아닌 국민 중에서 선출된 일정수의 배심원으로서 구성되는 배심이 심판을 하거나 기소하는 제도를 말한다.

② 참심제 … 선거나 추첨에 의하여 국민 중에서 선출된 자 즉, 참심원이 직업적인 법관과 함께 합의체를 구성하여 재판하는 제도이다. 배심원은 법관으로부터 독립하여 판정을 내리므로 참심제와 구별된다.

③ 배심제의 효용 … 이 제도는 사법과정의 민주화, 법관의 관료화방지, 인권보장에 기여, 국민의 재판에의 친화 등의 효용을 갖는다.

④ 국민참여재판 … 우리나라는 국민참여재판이라고 하여 2007년 6월 1일 공포된 '국민의 형사재판 참여에 관한 법률'을 근거로 2008월 1월 1일부터 시행되어 같은 해 2월 12일 대구지방법원에서 배심원이 참여한 재판이 처음 열렸다.

SECTION 6 헌법재판소

1. 헌법재판제도

(1) 서설

① 개념

　　㉠ 협의 : 헌법재판은 일반법원이나 헌법법원이 의회가 제정한 법률이 헌법에 위반되느냐의 여부를 심사하고, 헌법에 위반된다고 판단되는 경우에 그 법률의 효력을 상실하게 하든가 그 적용을 거부하는 제도를 말한다.

　　㉡ 광의 : 헌법재판은 위헌법률심사 외에 탄핵심판, 위헌정당해산심판, 권한쟁의심판, 헌법소원심판, 선거소송에 관한 심판 등을 총칭한다.

② 이념적 기초

 ㉠ **헌법의 규범력** : 헌법은 정치적 현실을 반영하는 사실적 측면도 있지만 정치적 현실을 규제해 가는 규범적 측면도 동시에 갖는다. 헌법재판은 헌법의 규범력을 전제로 성립한다.

 ㉡ **헌법의 최고규범성** : 헌법은 최상위의 규범으로서 최고규범성을 지닌다. 이것이 헌법재판을 가능하게 한다.

 ㉢ **성문 · 경성헌법** : 헌법재판은 성문의 경성헌법을 가진 나라에서 그 제도적 의의와 기능이 크다.

 ㉣ **기본권의 직접적 효력성, 통치권의 기본권 기속성** : 기본권이 국가권력을 직접 구속하고 통치권의 행사는 언제나 기본권적 가치에 기속되는 헌법질서 내에서 헌법재판은 권력통제 및 기본권보호의 기능을 다할 수 있게 된다.

③ **제도적 취지** … 긍정적 측면과 부정적 측면이 있다. 먼저 긍정적 측면으로는 헌법질서의 수호, 민주주의적 정치이념의 실천, 권력의 통제와 균형에 의해 개인의 자유와 권리수호, 법률의 합헌성보장으로 소수자보호, 정치적 평화유지 기능, 연방과 지방간의 관할권보장수단의 기능을 한다는 점이다. 부정적 측면으로는 일반법원이 위헌법률심사권을 행사하는 경우에는 사법부의 정치기관화를 초래하고, 보수적인 사법부로 말미암아 사회발전을 더디게 할 가능성이 있다는 점이다.

(2) 본질

① **일반재판과의 관계** … 헌법재판도 사법작용이지만 헌법문제에 관한 분쟁을 계기로 헌법의 의미내용을 해석하고 확정하는 것이 본래 목적이며, 구체적인 법적 분쟁의 해결을 위하여 법규를 적용하는 것을 원칙으로 하는 것이 일반재판이다. 이 점에서 일반재판과 다르다.

② **헌법재판의 법적 성격** … 사법작용설, 정치작용설, 입법작용설, 제4의 국가작용설 등이 있다. 헌법재판이 중립적 기관에 의해서 행해지고 그 재결이 사법적 절차에 따라 행해지며, 그 재결이 결정적인 것이라는 점 때문에 사법작용설이 강하나 정치적 성격도 아울러 가지고 있으므로 정치적 사법작용이라는 견해가 타당하다.

(3) 헌법재판제도의 유형

① **일반법원형** … 일반법원에 헌법재판권을 부여하는 방식으로서 미연방대법원이 위헌법률심사권을 갖는 것이 대표적인 예이다.

② **헌법법원형** … 일반법원으로부터 독립한 헌법법원을 설치하여 헌법재판을 담당하게 하는 유형이다.

③ **정치기관형** … 정치적 기관으로 하여금 헌법재판을 담당하게 하는 유형이다. 프랑스의 헌법평의회 등이 이에 해당된다.

2. 헌법재판소

(1) 서설

① **의의** … 헌법재판소는 법률의 위헌 여부, 탄핵, 정당의 해산, 권한쟁의와 법률이 정하는 헌법소원을 심판하는 권한을 가진 9인의 재판관으로 구성된 헌법기관을 말한다〈제111조〉.

② **비교법적 특색** … 프랑스의 헌법평의회는 예방적인 위헌심사기관인데, 우리나라 헌법재판소는 사후적인 위헌심사기관이다. 추상적인 규범통제와 의원자격심사권이 인정되지 않는 점에서 독일과 다르다.

(2) 헌법재판소의 헌법상 지위

① **헌법보장기관** … 헌법재판소는 헌법을 보장하는 기관으로 기능을 한다.

② **주권행사기관** … 헌법재판소가 가지고 있는 권한은 고도의 정치적 심판권으로서 주권의 내용이 된다. 이것은 국가에 있어서의 최고결정권의 하나이며, 주권의 내용을 이룬다.

③ **헌법재판기관** … 헌법재판소는 위헌법률심판 등 헌법재판을 그 고유권한으로 하고 있으므로 헌법재판기관으로서의 지위를 갖는다.

④ **권력통제기관** … 헌법재판소는 헌법재판을 통하여 권력을 통제하는 기관이다. 위헌법률심사제는 국회, 탄핵심판은 정부와 사법, 헌법소원심판은 모든 공권력, 정당해산심판은 정치권력을 각각 통제한다.

⑤ **기본권보장기관** … 헌법재판소는 위헌법률심사, 헌법소원심판을 통하여 기본권을 직접적으로 보장하고 탄핵심판, 권한쟁의심판, 정당해산심판을 통하여 기본권을 간접적으로 보장한다.

⑥ **정치적 평화보장기관** … 헌법재판소는 권한쟁의심판을 통하여 정치적 평화보장기관으로서의 지위를 가진다.

(3) 구성과 조직

① **구성** … 법관의 자격을 가진 9인의 재판관으로 구성되며, 재판관은 대통령이 임명한다. 헌법재판소의 장은 대통령이 국회의 동의를 얻어 임명한다. 헌법재판소장은 헌법재판소를 대표하고 헌법재판소의 사무를 총괄하며, 소속공무원을 지휘·감독한다〈헌법재판소법 제3조, 제6조 제1항, 제12조 제3항〉.

② **재판관** … 재판관은 법관의 자격을 가져야 하며, 임기는 6년이고 법률이 정하는 바에 의하여 연임할 수 있다〈제112조 제1항〉, 재판관은 직무상 독립과 신분보장을 받는다. 즉, 탄핵 또는 금고 이상의 형이 선고에 의하지 않고는 파면되지 않는다〈제112조 제3항〉.

③ **조직** … 헌법재판소는 재판소장, 재판관회의, 사무처, 헌법연구관 등으로 구성된다.

▶ 우리나라 헌법재판제도의 변천
　㉠ 제1공화국
　　• 헌법위원회(위헌법률심사)
　　• 탄핵재판소(탄핵심판)
　　• 대법원(권한쟁의)
　㉡ 제2공화국
　　• 헌법재판소
　　• 법률의 위헌심판, 헌법에 관한 최종적 해석, 국가기관간의 권한쟁송, 정당의 해산심판, 탄핵재판, 대통령·대법원장·대법관의 선거에 관한 소송
　㉢ 제3공화국
　　• 탄핵심판위원회(탄핵심판)
　　• 법원(위원법률심사·위헌정당해산심판)
　㉣ 제4공화국
　　• 헌법위원회
　　• 위헌법률심사, 탄핵심판, 위헌정당해산심판
　㉤ 제5공화국
　　• 헌법위원회
　　• 위헌법률심사, 탄핵심판, 위헌정당해산심판
　㉥ 제6공화국
　　• 헌법재판소
　　• 위헌법률심판, 탄핵심판, 정당해산심판, 권한쟁의심판, 헌법소원심판

문. 우리 헌정사상 위헌법률심사기관의 변천에 관한 다음 연결 중 옳지 <u>않은</u> 것은?

① 제1공화국 - 헌법위원회
② 제2공화국 - 헌법재판소
③ 제3공화국 - 헌법재판소
④ 제4공화국 - 헌법위원회

☞ ③

(4) 헌법재판소의 심판절차

① 심판
- ㉠ **심판주체와 당사자** : 헌법재판소의 심판은 특별한 규정이 없는 한 재판관 전원으로 구성하는 재판부에서 관장한다. 재판부의 재판장은 헌법재판소장이 된다〈헌법재판소법 제22조〉.
- ㉡ **변호사강제주의** : 각종 심판절차에 있어서 당사자인 사인은 변호사를 대리인으로 선임하지 아니하면 심판청구를 하거나 심판수행을 하지 못한다〈헌법재판소법 제25조 제3항〉.

> **ANSWER**
>
> 헌법재판소 심판의 변호사강제주의
> 헌법재판소는 '변호사강제주의는 재판업무에 분업화원리의 도입이라는 긍정적 측면 외에도 재판을 통한 기본권의 실질적 보장, 사법의 원활한 운영과 헌법재판의 질적 개선, 재판심리의 부담경감 및 효율화, 사법운영의 민주화 등 공공복리에 그 기여도가 크다 하여 헌법에 위배된다고 할 수 없다'고 보았다.

② 심리
- ㉠ 재판관회의는 재판관 7명 이상의 출석과 출석인원 과반수의 찬성으로 의결한다〈동법 제16조 제2항〉.
- ㉡ 심리방식은 구두변론(탄핵심판, 정당해산심판, 권한쟁의심판)과 서면심리방식(위헌법률심판, 헌법소원심판)으로 한다〈동법 제30조〉.
- ㉢ **심판의 원칙** : 변론공개주의가 적용되므로 심판의 변론과 결정의 선고는 공개한다. 다만, 서면심리와 평의는 공개하지 않는다〈동법 제34조 제1항〉.

(5) 결정

① **종국결정** … 헌법재판소의 재판부는 7인 이상의 출석으로 사건을 심리하며, 심리를 마친 때에는 종국결정을 한다〈동법 제23조 제1항, 제36조 제1항〉.

② **결정정족수** … 법률의 위헌결정, 탄핵의 결정, 정당해산의 결정, 헌법소원의 인용결정을 하는 경우와 종전에 헌법재판소가 판시한 헌법 및 법률의 해석적용에 관한 의견을 변경하는 경우에는 재판관 6인 이상의 찬성이 있어야 한다. 그외의 결정은 종국심리에 관여한 재판관 과반수의 찬성으로 결정한다〈제113조 제1항, 헌법재판소법 제23조 제2항〉.

③ **심판기간** … 심판사건 접수일로부터 180일 이내에 종국결정의 선고를 하여야 한다〈동법 제38조〉.

3. 헌법재판소의 권한

(1) 위헌법률심사권

① **의의** … 헌법재판소가 법률의 위헌 여부를 심사하여 위헌법률의 효력을 상실시키거나 적용을 거부함으로써 헌법의 최고규범성을 지키는 권한을 말한다.

② **연혁** … 미국의 1803년 Marbury V. Madison사건에서의 미국연방대법원 판결이 효시가 된다.

③ **성질**
- ㉠ 현행 헌법상 위헌법률심사권은 사후교정적 위헌심판이며, 구체적 규범통제로서의 성격을 갖는다.
- ㉡ 위헌법률의 효력을 상실시키는 일반적 효력을 인정하고 있다(객관적 규범통제).

④ **위헌법률심판의 내용** … 위헌법률심판은 법률이 헌법에 합치하는가 하는 합법성 여부만 판단하고 합목적성까지는 판단하지 않는다. 합법성은 법률의 형식적 합헌성뿐만 아니라 실질적 합헌성까지 포함한다.

⑤ **위헌법률심판의 요건** … 현행법은 구체적 규범통제이므로 심사를 하려면 재판의 전제성, 심판의 필요성, 당해 법률의 위헌성이라는 요건을 구비하여야 한다.
- ㉠ **재판의 전제성** : 구체적인 사건이 법원에 계속중이어야 하고 위헌 여부가 문제되는 법률이 당해 소송사건의 재판과 관련하여 적용되는 것이어야 하며, 그 법률이 헌법에 위반되는지의 여부에 따라 당해 사건을 담당한 법원이 다른 내용의 재판을 하게되는 경우를 말한다.
- ㉡ **심판의 필요성** : 당해 법률 또는 법률조항에 대한 헌법위반 여부의 판단이 제청법원에 계속중인 당해 사건의 주문 판단을 위한 직접적이고 절대적으로 필요한 경우라야 한다.
- ㉢ **당해 법률의 위헌성** : 심판대상인 법률에 명백하고도 현저한 위헌성이 있어야 함을 의미한다.

⑥ **위헌법률심판의 대상** … 심판의 대상이 되는 법률은 형식적 의미의 법률은 물론이고 그와 동일한 효력을 가지는 법규범까지 포함된다. 긴급명령과 긴급재정·경제명령은 물론 조약도 포함된다. '법률'은 현행 법률을 의미하므로 폐지된 법률과 개정된 법률은 심판대상이 되지 않음이 원칙이다.

⑦ **헌법재판소의 위헌법률심판**
- ㉠ **심판범위** : 원칙적으로 제청법원으로부터 제청된 법률에 대해서만 심판한다.
- ㉡ **심판기준** : 심판의 기준은 형식적 의미의 헌법뿐만 아니라 실질적 의미의 헌법에 해당하는 헌법적 관습까지 포함한다.

⑧ **위헌법률심판절차** … 위헌법률심판절차는 법원의 위헌법률심판의 제청과 헌법재판소의 위헌결정이라는 두 절차로 구성되어 있다. 헌법재판소는 제청된 법률 또는 법률조항의 위헌여부만을 결정한다. 다만, 법률조항의 위헌결정으로 인하여 해당 법률 전부를 시행할 수 없다고 인정될 때에는 그 전부에 대하여 위헌 결정을 할 수 있다〈동법 제45조〉.

문. 헌법재판소 재판관 6인 이상의 찬성을 필요로 하지 않는 것은?

① 법률의 위헌결정
② 국가기관의 권한존부결정
③ 헌법소원에 관한 인용결정
④ 정당해산의 결정

☞ ②

문. 다음 중 헌법재판소가 재판의 전제성을 충족시키는 경우로 본 것이 아닌 것은?

① 재판결과에 따라 주문에 반드시 영향을 미쳐야 한다.
② 재판의 내용과 효력에 관한 법률적 의미가 전혀 달라지는 경우도 포함된다.
③ 구체적인 사건이 법원에 계속 중이어야 한다.
④ 위헌 여부가 문제되는 법률이 당해 소송사건의 재판과 관련하여 적용되어야 한다.

☞ ①

문. 헌법재판소의 위헌법률심판권의 대상에 관한 설명 중 가장 옳지 않은 것은? (다툼이 있는 경우 헌법재판소 결정에 의함)
▶ 2015. 3. 7 법원직
① 폐지된 법률이라도 그 법률에 의하여 법익침해상태가 계속되는 경우에는 위헌법률심판의 대상이 된다.
② 관습법이 실질적으로 법률과 같은 효력을 가지더라도 형식적 의미의 법률이 아니기 때문에 위헌법률심판의 대상이 되지 않는다.
③ 위헌결정이 있었던 법률은 위헌법률심판의 대상이 되지 않는다.
④ 국내법률과 동일한 효력을 가지는 조약도 위헌법률심판의 대상이 된다.

☞ ②

(2) 위헌법률심판의 결정

① 결정의 형식(유형)
- ㉠ 합헌결정 : 단순합헌결정, 위헌불선언결정
- ㉡ 위헌결정 : 단순위헌결정, 일부위헌결정
- ㉢ 변형결정 : 헌법불합치결정, 입법촉구결정, 한정합헌결정, 한정위헌결정

② 합헌결정
- ㉠ 단순합헌결정 : "… 법률은 헌법에 위반되지 아니한다."라는 주문형식을 채택하고 있다.
- ㉡ 위헌불선언결정 : "… 헌법에 위반된다고 선언할 수 없다."라는 주문형식을 채택하고 있었지만 현재는 폐기되어 단순합헌만이 채택되고 있다.

③ 위헌결정
- ㉠ 단순위헌결정 : "… 법률은 헌법에 위반된다."라는 주문형식을 택하고 있다.
- ㉡ 일부위헌결정 : 위헌결정에는 법률의 일부에 대한 무효선언도 포함된다. 일반무효의 대상은 독립된 법조문일 수도 있고 법조문 중 특정의 항일 수도 있고 일정한 문 또는 문의 일부일 수도 있다.

④ 변형결정 … 헌법재판소가 국회를 존중하려는 의도나 법률생활의 안정을 유지하려는 의도 등으로 위헌결정을 하지 않고 일정기간 그 법률의 효력을 지속시키거나 개정을 촉구하거나 한정적으로 합헌임을 선언하는 등의 변형된 결정을 하는 경우가 있는데, 이것이 변형결정이다.
- ㉠ 한정합헌(위헌)결정 : 심판의 대상인 법조문의 해석 중에서 특히 헌법과 조화될 수 없는 내용을 한정해서 밝힘으로써 그러한 해석의 법적용을 배제하려는 결정형식이다.
- ㉡ 헌법불합치결정 : 법률의 위헌성을 인정하면서도 입법자의 입법형성의 자유를 존중하고 법의 공백과 혼란을 피하기 위하여 일정기간 당해 법률이 잠정적인 계속효를 가지는 것을 인정하는 결정형식이다(헌법에 합치되지 아니하나 ~ 까지 시한으로 입법자가 개정할 때까지 그 효력을 지속한다).
- ㉢ 입법촉구결정 : 아직은 합헌적인 법률이나 위헌법률이 될 소지가 있다고 인정하여 헌법에 완전히 합치한 상태를 실현하기 위하여 또는 장차 발생할 위헌의 상태를 방지하기 위하여 입법자에게 당해 법률의 개정 또는 보완 등 입법을 촉구하는 결정형식이다.

⑤ 위헌결정의 효력
- ㉠ 위헌결정의 공시 : 헌법재판소의 종국결정은 헌법재판소규칙으로 정하는 바에 따라 관보에 게재하거나 그 밖의 방법으로 공시한다〈동법 제36조 제5항〉.
- ㉡ 위헌결정의 기속력 : 법률의 위헌결정은 법원과 그 밖의 국가기관 및 지방자치단체를 기속한다〈동법 제47조 제1항〉.
- ㉢ 일반적 효력의 부인 : 헌법재판소법은 위헌으로 결정된 법률 또는 법률의 조항은 그 결정이 있는 날로부터 효력을 상실한다고 하여 일반적 효력까지 부인하고 있다. 다만, 형벌에 관한 법률 또는 법률조항은 소급하여

효력을 상실한다〈동법 제47조 제2항·제3항〉. 이와 같이 위헌법률심판제가 구체적 규범통제이면서 위헌으로 결정된 법률 또는 법률조항의 효력을 절대적으로 상실시키는 경우를 객관적 규범통제라고 한다.

ㄹ **위헌결정의 효력발생시기** : 위헌으로 결정된 법률 또는 법률의 조항은 그 결정이 있는 날로부터 효력을 상실한다〈제47조 제2항〉.

(3) 탄핵심판권

① **탄핵제도의 의의** … 탄핵은 일반적인 사법절차나 징계절차에 따라서 소추하거나 징계하기 곤란한 행정부의 고위공무원이나 신분이 보장된 공무원인 법관, 중앙선거관리위원회위원 등이 직무상 중대한 비위를 범한 경우 국회가 소추하고 헌법재판소가 심판하여 처벌하거나 파면하는 제도이다.

② **탄핵심판**

ㄱ **탄핵심판개시** : 소추위원이 소추의결서의 정본을 헌법재판소에 제출함으로서 개시된다.

ㄴ **탄핵심판절차** : 재판부는 사건의 심리를 위하여 필요하다고 인정할 경우 당사자의 신청 또는 직권에 의하여 증거조사를 할 수 있다. 탄핵심판은 심리공개주의와 구두변론주의를 원칙으로 한다〈동법 제30조 제1항, 제34조 제1항〉. 변론의 전 취지와 증거조사의 결과를 종합하여 정의 및 형평의 원리에 입각하여 행한다. 탄핵심판의 경우 민사소송에 관한 법령과 형사소송에 관한 법령의 규정을 준용한다.

③ **탄핵의 결정** … 탄핵심판청구가 이유있는 때에는 헌법재판소는 피청구인을 당해 공직에서 파면하는 결정을 선고한다. 재판부는 재판관 7인 이상의 출석으로 사건을 심리하고 탄핵의 결정을 할 때에는 9인의 재판관 중 6인 이상의 찬성을 요한다.

④ **탄핵결정의 효과**

ㄱ **일반적 효과** : 공직으로부터 파면된다. 그러나 이에 의하여 민사상이나 형사상의 책임이 면제되지는 않는다〈제65조 제4항〉(성격상 징계적 처벌이므로). 탄핵결정과 민·형사재판간에는 일사부재리의 원칙이 적용되지 않는다.

ㄴ **공직취임금지** : 탄핵결정으로 파면된 자는 결정선고가 있는 날로부터 5년을 경과하지 않으면 공무원이 될 수 없다〈헌법재판소법 제54조 제2항〉.

ㄷ **사면** : 탄핵결정에 대하여 대통령의 사면이 가능한가에 대해서 부정설이 통설이다.

(4) 정당해산심판권

① **헌법규정** … 정당의 목적이나 활동이 민주적 기본질서에 위배되는 때에는 정부는 헌법재판소에 그 해산을 제소할 수 있고, 정당은 헌법재판소의 심판에 의하여 해산된다〈제8조 제4항〉.

② **해산제도** … 위헌정당의 해산제소권은 정부의 권한이다. 정부는 정당해산심판에 있어서 원고의 지위에 선다.

③ **정당해산의 심판**

　㉠ **심리방식** : 구두변론주의와 공개주의를 원칙으로 한다〈헌법재판소법 제30조 제1항, 제34조 제1항〉.

　㉡ **가처분** : 헌법재판소는 정당해산심판의 청구를 받은 때에는 직권 또는 청구인의 신청에 의하여 종국결정의 선고시까지 피청구인의 활동을 정지하는 결정을 할 수 있다〈동법 제57조〉.

　㉢ **청구 등의 통지** : 정당해산심판의 청구가 있는 때, 가처분 결정을 한 때 및 심판이 종료한 때에 헌법재판소장은 국회와 중앙선거관리위원회에 통지하여야 한다〈동법 제58조 제1항〉.

　㉣ **일사부재리의 원칙** : 동일정당에 대해 동일사유로 다시 제소할 수 없다.

④ **정당해산의 결정** … 해산결정에는 9인의 재판관 중 6인 이상의 찬성이 있어야 한다〈제113조 제1항〉. 정당해산을 명하는 결정서는 피청구인 외에 국회, 정부 및 중앙선거관리위원회에도 송달하여야 한다〈동법 제58조 제2항〉.

⑤ **정당해산결정의 효과**

　㉠ **정당특권상실** : 해산결정을 선고하면 위헌정당이 되어 정당의 특권이 상실된다. 그 결과 대체정당창설금지, 잔여재산국고귀속의 효과가 발생한다.

　㉡ **의원직 상실 여부** : 위헌결정을 선고받는 정당소속의원의 자격상실에 대하여 긍정설과 부정설의 대립이 있으나, 방어적 민주주의의 관점에서 상실함이 타당하다.

(5) 권한쟁의심판권

① **의의** … 국가기관 또는 지방자치단체 등간에 권한존부나 범위에 관하여 적극적 또는 소극적 분쟁이 발생한 경우에 독립적 지위를 가진 제3의 기관이 그 권한의 존부, 내용, 범위 등을 명백히 함으로써 기관간의 분쟁을 해결하는 제도를 말한다.

② **취지** … 기관간의 권한의 존부와 범위 등을 명백하게 함으로써 억제와 균형의 원리를 적용하고 기능수행의 효율화를 꾀하려는 제도이다.

③ **권한쟁의심판의 청구**

　㉠ **청구권자** : 국가기관 상호간, 국가기관과 지방자치단체 간 및 지방자치단체 상호간에 권한의 유무 또는 범위에 관하여 다툼이 있을 때에는 해당 국가기관 또는 지방자치단체는 헌법재판소에 권한쟁의심판을 청구할 수 있다〈헌법재판소법 제61조 제1항〉.

　㉡ **청구사유** : 피청구인의 처분 또는 부작위가 헌법 또는 법률에 의하여 부여받은 청구인의 권한을 침해하였거나 침해할 현저한 위험이 있는 경우에만 할 수 있다〈동법 제61조 제2항〉.

문. 권한쟁의심판제도에 관한 다음 설명 중 가장 옳지 않은 것은? (다툼이 있는 경우 헌법재판소 결정에 의함)

▶ 2015. 3. 7 법원직

① 국가기관 상호간, 국가기관과 지방자치단체 간 및 지방자치단체 상호간에 권한의 존부 또는 범위에 관하여 다툼이 있을 때에는 당해 국가기관 또는 지방자치단체는 헌법재판소에 권한쟁의심판을 청구할 수 있다.

② 권한쟁의심판청구는 피청구인의 처분 또는 부작위가 헌법 또는 법률에 의하여 부여받은 청구인의 권한을 침해하였거나 침해할 현저한 위험이 있는 때에 한하여 이를 할 수 있다.

③ 국가사무로서의 성격을 가지고 있는 기관위임사무의 집행 권한의 존부 및 범위에 관하여 지방자치단체가 청구한 권한쟁의심판 청구는 적법하다.

④ 지방자치단체가 권한쟁의심판을 청구하기 위해서는 헌법 또는 법률에 의하여 부여받은 지방자치단체의 사무에 관한 권한이 침해되거나 침해될 우려가 있어야 한다.

답 ③

ⓒ 청구기간 : 심판청구사유가 있음을 안 날로부터 60일 이내에, 그 사유가 있은 날로부터 180일 이내에 청구하여야 한다〈동법 제63조 제1항〉(불변기간).

④ **가처분** … 권한쟁의 심판은 구두방식에 의하며, 직권 또는 청구인의 신청에 의하여 종국결정의 선고시까지 심판대상이 된 피청구인의 처분의 효력을 정지하는 결정을 할 수 있다〈헌법재판소법 제65조〉.

⑤ **권한쟁의의 결정** … 헌법재판소는 심판의 대상이 된 국가기관 또는 지방자치단체의 권한의 유무 또는 범위에 관하여 판단하고 이 경우 헌법재판소는 권한침해의 원인이 된 피청구인의 처분을 취소하거나 그 무효를 확인할 수 있고, 헌법재판소가 부작위에 대한 심판청구를 인용하는 결정을 한 때에는 피청구인은 결정 취지에 따른 처분을 하여야 한다.〈동법 제66조〉.

⑥ **결정의 효력** … 모든 국가기관과 지방자치단체를 기속하며, 국가 또는 지방자치단체의 처분을 취소하는 결정은 그 처분의 상대방에 대하여 이미 생긴 효력에 영향을 미치지 아니한다〈동법 제67조〉.

(6) 헌법소원심판권

① **의의** … 헌법에 위반하는 법령이나 처분 등 공권력의 행사 또는 불행사로 인하여 자신의 헌법상 보장된 기본권이 직접적 그리고 현실적으로 침해당한 경우에 헌법재판소에 대하여 당해 공권력의 행사 또는 불행사의 위헌 여부를 심사하여 그 권리를 구제하여 주도록 청구할 수 있는 제도를 말한다.

② **연혁** … 헌법소원제도는 바이에른주 헌법에서 유래하였으며 헌법차원에서 채택하고 있는 국가로는 독일, 오스트리아, 스위스, 스페인 등이 있다. 우리나라는 현행 헌법이 신설하였다.

③ **기능** … 개인의 주관적 공권을 보장하는 기본권 보장기능과 위헌적인 공권력 행사를 통제함으로써 객관적 헌법질서를 수호하는 기능을 한다.

> **POINT 팁** 헌법소원의 유형
> ⓐ **권리구제형 헌법소원** : 공권력의 행사 또는 불행사로 기본권을 침해당한 자가 청구하는 헌법소원(본래의 헌법소원)
> ⓑ **위헌심사형 헌법소원** : 위헌법률심판의 제청신청이 법원에 의하여 기각된 경우 그 자가 청구하는 헌법소원(우리나라 특유의 헌법소원)

④ **청구절차**
　ⓐ **청구권자** : 공권력의 행사 또는 불행사로 말미암아 헌법상 보장된 기본권이 침해되었다고 주장하는 모든 국민이다.

ANSWER

> **헌법소원 청구권자**
> 단체는 원칙적으로 단체 자신의 기본권을 직접 침해당한 경우에만 그의 이름으로 헌법소원심판을 청구할 수 있을 뿐이고 그 구성원을 위하여 또 구성원을 대신하여 헌법소원심판을 청구할 수 없다.

문. 헌법소원심판의 대상인 공권력에 대한 설명 중 옳은 것은? (다툼이 있는 경우 판례에 의함)
▶ 2014. 9. 27 국회직
① 공권력의 불행사에 대한 헌법소원의 경우 불행사가 계속되는 한 청구기간에 제한이 없다.
② 수사기관에 의한 비공개 지명수배조치는 헌법소원의 대상이 되는 공권력 행사에 해당한다.
③ 행정입법부작위에 대하여는 다른 권리구제절차를 거치지 아니하고는 헌법소원심판을 청구할 수 없다.
④ 정부가 국회에 법률안을 제출하는 행위는 공권력 행사에 해당한다.
⑤ 국회의장이 국회의원을 특정 상임위원회 위원으로 선임하는 행위는 공권력 행사에 해당한다.

☞ ①

ⓛ 실질적 청구요건

- 공권력의 행사 또는 불행사로 말미암아 헌법상 보장된 자신의 기본권이 직접적이고 현실적으로 침해되었을 것, 다른 법률에 구제절차가 없는 경우에는 그 절차를 모두 마친 후일 것(보충성의 원칙), 권리보호의 필요성이 있을 것 등이 실질적 요건이다.
- '공권력의 행사 또는 불행사'는 공권력을 행사하는 모든 국가기관의 적극적인 작위행위와 소극적인 부작위행위를 말하며 '기본권의 침해'는 헌법소원심판청구인 자신의 기본권이 직접 그리고 현재 침해된 경우이어야 한다(자기관련성, 직접성, 현재성).
- 헌법소원의 보충성원칙은 헌법소원은 기본권침해를 제거할 수 있는 다른 수단이 없거나 헌법재판소에 제소하지 아니하고서도 동일한 결과를 얻을 수 있는 법적 절차나 방법이 없을 때에 한하여 예외적으로 인정되는 기본권의 최후적 보장수단이라는 의미이다.

ⓒ 절차적 청구요건

- 헌법소원심판의 절차적 요건으로는 청구형식의 구비, 변호사의 자격을 가진 대리인의 선임, 청구기간의 준수, 공탁금의 납부 등이 있다.
- 청구형식은 서면주의가 채택되어 있으며 심판청구서에는 청구인 및 대리인의 표시, 침해된 권리, 침해의 원인이 되는 공권력의 행사 또는 불행사, 청구이유 기타 필요한 사항 등을 기재하여야 한다〈헌법재판소법 제71조〉.
- 변호사자격을 가진 대리인의 선임을 요하는 변호사강제주의가 원칙이다. 헌법재판소는 종래의 절대적 변호사강제주의의 내용을 다소 완화하고 있다.
- 청구기간은 사유가 있음을 안 날로부터 90일 이내에, 그 사유가 있는 날로부터 1년 이내에 청구하여야 한다〈헌법재판소법 제69조〉.
- 공탁금납부제도는 헌법소원의 남용을 막기 위해 청구인에게 헌법재판소규칙이 정하는 공탁금의 납부를 명하는 것이다〈동법 제37조 제2항〉.

ANSWER

헌법소원의 청구

ⓐ 국선대리인 선임신청을 기각하는 헌법재판소의 결정에 대해서는 헌법소원심판을 청구할 수 없다고 판시하고 있는데, 그 이유는 "…그 기각결정이 헌법재판소의 결정이고 헌법재판소 결정을 대상으로 한 헌법소원심판은 부적법하기 때문"이라고 한다.

ⓑ 청구기간을 도과한 경우라도 정당한 사유가 있는 경우 적법한 청구로 인정한다고 판시하였다.

ⓒ 신입생선발입시안에 대한 헌법소원에서 "대학의 자율은 대학시설의 관리·운영만이 아니라 학사관리 등 전반적인 것이어야 하므로…입학시험제도도 자주적으로 마련될 수 있어야 한다. 때문에 청구인들의 교육의 기회균등이 침해되었다고 볼 수 없어 심판청구를 기각한다."라고 하였다.

⑤ 헌법소원의 심판

ⓐ 심리의 방식 : 서면심리에 의한다(원칙)〈헌법재판소법 제30조〉.

ⓑ 지정재판부의 사전심사 : 헌법소원의 남발로 인한 헌법재판소의 업무량 과다를 조절하기 위해 헌법소원의 사전심사를 가능하게 하고 있다〈동법

문. 헌법재판소가 헌법소원의 대상이 되는 공권력의 행사 또는 불행사에 해당한다고 본 것은?

① 공정거래위원회의 고발권행사
② 지방자치단체의 조례
③ 대통령의 법률안제출행위
④ 공공용지의 취득 및 손실보상에 관한 특례법에 의한 토지의 협의취득

☞ ②

제72조 제1항〉. 사전심사는 청구인의 주장뿐만 아니라 가능한 한 모든 측면에서 헌법상 보장된 기본권의 침해유무를 직권으로 심사하여야 한다. 심사결과 심판청구권의 각하나 심판회부결정을 하게 된다.

ⓒ **심판의 기준**: 심판의 기준은 헌법이며 여기의 헌법에는 형식적 의미의 헌법뿐만 아니라 실질적 의미의 헌법에도 해당하는 헌법적 관습까지 포함한다. 심판내용은 기본권의 침해 여부, 기본권의 의미 여하, 침해의 직접성과 현재성 여부 등이다.

⑥ 헌법소원의 결정

ⓐ **심판절차 종료선언결정**: 청구인의 사망, 수계할 당사자가 없는 경우, 청구인이 취하하는 경우에 심판절차를 종료하는 결정형식이다.

ⓑ **각하결정**: 헌법소원의 실질적·절차적 요건에 흠결이 있는 경우 즉, 심판청구가 부적법한 경우에 내리는 결정형식이다.

ⓒ **기각결정**: 헌법소원심판청구가 이유없다고 하는 경우 즉, 공권력의 행사 또는 불행사로 인하여 자신의 헌법상 보장된 기본권의 침해가 인정되지 아니하여 청구인의 주장을 배척하는 경우에 하게 되는 결정형식이다.

ⓓ **심판회부결정**: 각하결정을 하지 아니하는 경우에 헌법소원을 재판부의 심판에 회부하여야 하는 결정형식이다.

ⓔ **인용결정**: 공권력의 행사 또는 불행사로 인하여 헌법상 보장된 자신의 기본권이 침해되었음을 인정하는 결정형식이다. 인용결정은 9인 중 6인 이상의 찬성을 요하고 인용결정서의 주문에 침해된 기본권과 침해의 원인이 된 공권력의 행사 또는 불행사를 특정하여야 한다. 인용결정은 모든 국가기관과 지방자치단체를 기속한다. 피청구인은 결정취지에 따라 새로운 처분을 하여야 한다〈헌법재판소법 제75조 제4항〉.

ANSWER

> **헌법재판소의 결정에 대한 재심허용 여부**
>
> ㉠ **위헌심사형 헌법소원**
>
> 위헌법률심판을 구하는 헌법소원에 대한 헌법재판소의 결정에 대하여는 재심을 허용하지 아니함으로써 얻을 수 있는 법적 안정성의 이익이 재심을 허용함으로써 얻을 수 있는 구체적 타당성의 이익보다 훨씬 높을 것으로 예상할 수 있으므로 헌법재판소의 이러한 결정에는 재심에 의한 불복방법이 그 성질상 허용될 수 없다(헌재 1992.6.26, 90헌아1).
>
> ㉡ **권리구제형 헌법소원**
>
> 헌법재판소법에 헌법재판소의 결정에 대한 재심의 허용 여부에 관하여 별도의 명문규정을 두고 있지 아니하므로 이에 관한 논의가 있을 수는 있으나, 헌법재판은 그 심판의 종류에 따라 그 절차의 내용과 결정의 효과가 한결같지 아니하기 때문에 재심의 허용 여부 내지 허용 정도 등은 심판절차의 종류에 따라서 개별적으로 판단될 수밖에 없다 할 것인바, … 권리구제형 헌법소원절차에 있어서는 그 결정의 효력이 원칙적으로 당사자에게만 미치기 때문에 법령에 대한 헌법소원과는 달리 일반법원의 재판과 같이 민사소송법의 재심에 관한 규정을 준용하여 재심을 허용함이 상당하다 할 것이다(헌재 2001.9.27, 2001헌아3).

(7) 헌법재판소규칙 제정권

① **의의** … 헌법재판소가 헌법 제113조 제2항에 따라 법률에 저촉되지 아니하는 범위 안에서 심판에 관한 절차, 내부규율, 사무처리 등에 관하여 제정하는 규칙이다.

② **지위** … 국회입법의 원칙에 대한 예외로서 그 형식적·실질적 효력이 명령, 규칙 등에 해당된다.

③ **취지** … 제도적 취지는 헌법재판소의 자주성 보장과 기술적·합목적적 고려에 의한 것이다.

④ **범위** … 헌법재판소규칙의 대상범위는 심판에 관한 절차, 내부규율과 사무처리에 관한 사항이다. 내부규율에 관한 사항은 헌법재판소의 조직을 내용으로 하는 사항이며, 사무처리에 관한 사항은 헌법재판소의 재판사무 그 자체가 아니라 그 처리방법에 관한 사항을 말한다.

⑤ **절차** … 헌법재판소규칙의 제정과 개정 등에 관한 사항은 재판관 회의의 의결을 거쳐야 하고 그 규칙은 소송당사자에게도 효력이 미치므로 관보에 게재하여 공포한다〈헌법재판소법 제10조 제2항〉.

⑥ **효력** … 특별한 규정이 없는 한 공포한 날로부터 20일이 경과함으로써 효력이 발생하고 헌법재판소규칙과 법률이 충돌할 때 헌법재판소규칙우위설, 동위설, 법률우위설이 대립하나, 법률우위설이 통설이다.

02 통치기구

1 우리나라 국회의 위원회조직에 관한 설명으로 거리가 먼 것은?

① 우리 국회법은 위원회 중심주의와 본회의결정주의를 취하고 있다.
② 다른 상임위원회의 경우와 달리 예산결산특별위원회의 위원의 임기는 1년으로 한다.
③ 임시의 특별위원회를 설치하기 위해서는 본회의의 의결이 있어야 한다. 이때 본회의는 그 활동 기간을 정해야 한다.
④ 소관위원회는 다른 위원회와 협의하여 연석회의를 열고 의안을 심의, 의결할 수 있다.

> **Advice** ④ 소관위원회는 다른 위원회와 협의하여 연석회의를 열고 의견을 교환할 수 있다. 그러나 표결은 할 수 없다〈국회법 제63조 제1항〉.
> ② 국회법 제45조 제3항
> ③ 국회법 제44조

2 국회에 관한 내용으로 옳지 않은 것은?

① 국회의 회의는 원칙적으로 공개한다.
② 정기회는 매년 1회 집회한다.
③ 의안은 기간중 의결되지 못하면 폐기된다.
④ 의결에 있어 가부동수인 때에는 부결된 것으로 본다.

> **Advice** ③ 국회에 제출된 법률안 및 기타 의안은 회기중에 의결되지 못한 이유로 폐기되지 아니한다〈제51조〉.

3 일반적으로 법률안의 효력발생시기는?

① 공포한 날로부터
② 법률로 확정된 날로부터
③ 공포한 날로부터 20일이 경과한 때
④ 법률이 확정된 날로부터 20일이 경과한 때

> **Advice** 법률에 특별한 규정이 없으면 공포한 날로부터 20일을 경과함으로써 **효력**을 발생한다. 그러나 국민의 권리제한, 의무부과와 직접 관련되는 법률은 원칙적으로 공포일로부터 30일이 경과한 날로부터 시행된다.

Answer 1.④ 2.③ 3.③

4 다음 중 헌법에 명시되지 않은 것은?

① 헌법은 회기계속의 원칙을 취하고 있다.
② 탄핵결정으로 민·형사상의 책임이 면제되지 않는다.
③ 모든 국민은 19세가 되면 법률이 정하는 바에 따라 선거권을 갖는다.
④ 국회 임시회의 개최는 대통령 또는 국회재적의원 4분의 1 이상의 요구에 의한다.

Advice 우리 헌법은 "모든 국민은 법률이 정하는 바에 의하여 선거권을 가진다."라고 하여 선거권에 관한 연령은 법률에 유보하고 있다.

5 우리나라에서 헌법상 양원제를 처음으로 채택한 때는?

① 제1공화국 ② 제3공화국
③ 제4공화국 ④ 제5공화국

Advice 우리 헌법상 양원제는 1차 개정헌법과 3차 개정헌법에 규정되어 있었다.

6 다음 중 예외적으로 국회의장이 할 수 있는 것은?

① 임시국회의 집회요구 ② 대통령의 권한대행
③ 대통령에 대한 탄핵소추의 발의 ④ 추정법률의 공포

Advice 국회의장은 확정법률이 정부에 이송된 후 5일 이내에 대통령이 공포하지 아니할 때 예외적으로 법률을 공포한다〈제53조 제6항〉.

7 헌법과 국회법에 규정된 국회의장의 권한이 아닌 것은?

① 국회대표권 ② 내부경찰권
③ 가결된 의안의 이송권 ④ 가부동수인 때의 결정권

Advice 헌법과 국회법이 정하는 국회의장의 권한으로는 국회대표권, 의사정리권, 질서유지권, 사무감독권 및 기타의 권한을 들 수 있다. 기타의 권한에는 임시회집회공고권, 의사일정의 작성·변경권, 원내 각 위원회의 출석·발언권, 의안을 심사할 위원회의 선택결정권, 국회에서 의결된 의안의 정부이송권, 대통령이 확정법률을 공포하지 않을 때의 법률공포권, 폐회중의 의원사직허가권, 원내 및 회의의 질서유지에 관한 권한, 방청허가권 등이 속한다.
④ 우리나라는 casting vote를 인정하지 않고 가부동수인 경우 부결된 것으로 본다〈제49조〉.

8 국회의 의사절차와 관련된 다음 기술 중 옳지 않은 것은? (다툼이 있는 경우 판례에 의함)

① 국민은 국회의 의사에 대하여 직접적인 이해관계 유무와 상관없이 일반적 정보공개청구권을 가진다.

② 헌법규정상 출석의원 과반수의 찬성으로 회의를 비공개하는 경우 그 비공개 사유에는 아무런 제한이 없다.

③ 이미 회의의 안건으로 논의된 의안을 의결이 이루어지기 전에 철회한 경우에는 같은 회기중에 다시 발의 또는 제출하지 못한다.

④ 국회의원이 국회에 법률안을 제출한 이후 국회의원의 임기가 만료된 경우에는 제출된 당해 법률안은 자동적으로 폐기된다.

Advice ③ 이미 회의의 안건으로 논의된 의안이 의결이 이루어지기 전에 철회되었을 경우 해당 의안은 같은 회기 중에 다시 발의 또는 제출할 수 있다.

9 다음 국회의사원칙 중 가장 부적당한 것은?

① 임시회는 대통령 또는 국회재적의원 4분의 1 이상의 요구로써 집회한다.

② 특별회에 관해서는 현행 헌법에 명문규정이 없다.

③ 표결에 있어서 가부동수일 때에는 부결된 것으로 본다.

④ 정기회는 헌법이 정하는 바에 따라 연 1회 집회하며, 그 회기에는 제한이 없다.

Advice ④ 정기회는 헌법이 아니라 법률이 정하는 바에 따라 연 1회 집회하며, 그 회기는 100일을 초과할 수 없다 〈제47조〉.

10 다음 중 옳지 않은 것은?

① 국회의장도 국회상임위원회 위원이 된다.

② 국회의 위원회는 상임위원회와 특별위원회의 2종으로 한다.

③ 의원은 2 이상의 상임위원회의 위원이 될 수 있다.

④ 각 교섭단체 대표의원은 국회운영위원회의 위원이 된다.

Advice ① 의장은 상임위원이 될 수 없다〈국회법 제39조 제3항〉.

11 국회운영의 기본방식의 하나인 위원회제(Committee System)에 관한 설명 중 옳지 않은 것은?

① 위원회제는 미국형 의안심의방법이다.

② 위원회에서의 심의가 그 회의의 실질적인 최종심의가 된다.

③ 의안심의절차의 복잡을 피할 수 있어 의안심의시간을 절약할 수 있다.

④ 의안심의에 요구되는 전문지식의 부족을 보충할 수 있다.

> Advice 위원회제도의 필요성으로는 의안심의의 능률을 향상시킬 수 있고 증대하는 안건을 효율적으로 처리할 수 있으며, 전문적 지식을 구비한 의원을 위원으로 선임하여 심사하게 함으로써 심도있게 심사할 수 있고, 소수의 위원들로 심의하기 때문에 회의운영에 있어 탄력성이 보장된다는 점 등을 들 수 있다.
> ② 위원회에서도 의안을 폐안(Pigeon Hole)할 수 있으나, 위원회의 의안폐기 후 의원 30인 이상의 요구가 있으면 본회의에 부의하여야 하고 통과된 의안은 본회의에서 심의하게 되므로 최종심의로 보기 힘들다.

12 다음 중 국회상임위원회의 소관사항의 연결이 잘못된 것은?

① 법제사법위원회 – 의원의 자격심사

② 국방위원회 – 국방부 소관에 속하는 사항

③ 국회운영위원회 – 국회사무처 소관에 속하는 사항

④ 안전행정위원회 – 행정자치부 소관에 속하는 사항

> Advice 국회의원의 자격심사, 징계는 윤리특별위원회의 소관이다. 법제사법위원회는 법무부 소관에 속하는 사항, 법제처 소관에 속하는 사항, 감사원 소관에 속하는 사항, 헌법재판소 사무에 관한 사항, 법원·군사법원의 사법행정에 관한 사항, 탄핵소추에 관한 사항, 법률안·국회규칙안의 체계·형식과 자구의 심사에 관한 사항 등을 소관으로 한다.

13 헌법상 국회의결에 있어서 특별정족수에 관한 설명 중 옳지 않은 것은?

① 국회의원의 제명처분 – 재적의원 3분의 2 이상의 찬성

② 대통령에 대한 탄핵소추의결 – 재적의원 3분의 2 이상의 찬성

③ 계엄의 해제요구 – 재적의원 과반수의 찬성

④ 국무총리해임건의 – 재적의원 과반수의 출석과 출석의원 3분의 2 이상의 찬성

> Advice ④ 재적의원 과반수의 찬성을 요한다. 국무총리 해임건의에 관한 발의는 재적의원 3분의 1 이상의 찬성을 요한다〈제63조〉.

※ 헌법과 국회법상 특별의결정족수를 요하는 경우

의결정족수	사항
재적의원 과반수의 출석과 출석의원 과반수의 찬성	법률안의결, 예산안의결, 조약동의, 일반사면동의, 예비비승인, 긴급명령의 승인, 공무원임명동의, 의원의 체포·석방동의
재적의원 과반수의 출석과 출석의원 3분의 2 이상의 찬성	법률안 재의결
재적의원 5분의 1 이상의 찬성	본회의 의사정족수, 위원회 의사정족수
재적의원 4분의 1 이상의 찬성	임시회 소집요구
재적의원 3분의 1 이상의 찬성	국무총리, 국무위원의 해임건의발의, 대통령 이외의 자에 대한 탄핵소추발의
재적의원 과반수의 찬성	헌법개정안발의, 계엄해제요구, 대통령 탄핵소추발의, 대통령 이외의 자에 대한 탄핵소추의결, 국회의장·부의장선출
재적의원 3분의 2 이상의 찬성	헌법개정안 의결, 의원의 제명·무자격결정, 대통령에 대한 탄핵소추의결

14 법률안의 제안과 관련된 다음의 설명 중 옳지 않은 것은?

① 국회의 상임위원회도 법률안을 제출할 수 있는 경우가 있다.

② 정부가 법률안을 제출하려면 국무회의의 심의를 거쳐야 한다.

③ 법률안은 정부가 제출할 수 있다.

④ 국회의원이 법률안을 제출하려면 30인 이상의 찬성을 얻어 발의하여야 한다.

Advice 10인 이상의 국회의원은 법률안을 제안할 수 있다. 다만, 예산상의 조치가 수반되는 법률안은 국회예산정책처의 추계서를 제출해야 한다〈국회법 제79조 제1항, 제79조의2 제1항〉.

15 다음 사항 중 타당한 것은?

① 국회에서 의결된 법률안은 정부에 이송되어 15일 이내에 공포한다.

② 대통령이 법률안거부권을 행사함에 있어 수정거부는 가능하나, 일부거부는 불가능하다.

③ 국회의 입법권이라 함은 모든 조약과 협정의 체결·비준동의권을 포함한다.

④ 권력분립의 원칙상 정부에서는 국회법이나 법원조직법을 제안할 수 없게 되어 있다.

Advice ② 수정거부나 일부거부는 불가능하다.
③ 헌법 제60조 제1항의 조약에 대한 체결·비준 동의권을 포함한다.
④ 정부와 국회의원은 모든 법률안을 제안할 수 있다.

 Answer   11.② 12.① 13.④ 14.④ 15.①

16 예산과 법률의 성질상 차이에 관한 다음 기술 중 옳지 않은 것은?

① 예산안의 제출권은 정부에 있고 법률안의 제출권은 정부와 국회 양자에 있다.

② 예산은 국가기관만 구속하지만 법률은 일반국민을 구속한다.

③ 법률과 예산은 공포함으로써 그 효력이 발생한다.

④ 법률은 국가기관을 구속하나, 예산은 국가기관의 재정행위만을 구속한다.

Advice 예산과 법률의 비교

기준	예산	법률
존재형식	비법률(법률과 별개의 국법형식)	법률(입법의 형식)
제안	정부 단독	정부와 국회
구속력의 범위	국가기관	국민과 국가기관
수정	삭감은 할 수 있으나, 증액·신설은 불가	자유로움
거부권	배제	인정
시간적 효력	당해 회계연도(매년 1월 1일부터 12월 31일까지)에만	개폐시까지
제출시한	회계연도 개시 90일 전까지	제한없음
효력발생요건	국회의 의결로 즉시 효력발생	공포시

17 우리나라의 예산회계제도에 대한 설명 중 옳지 않은 것은?

① 정부가 예산안을 국회에 제출한 후라도 수정예산안을 낼 수 있다.

② 정부가 회계연도개시 90일 전까지 예산안을 국회에 제출하지 못한 때에는 국회는 회계연도개시 30일 전까지 이를 의결하지 않아도 된다.

③ 총액을 정해서 미리 국회의 의결을 얻은 예비비의 지출은 차기국회의 승인을 얻어야 한다.

④ 회계연도가 개시될 때까지 예산안이 의결되지 못한 때에는 정부는 계속비만을 지출할 수 있다.

Advice ④ 국회가 새로운 회계연도가 개시될 때까지 예산안을 의결하지 못한 때에는 헌법이나 법률에 의하여 설치된 기관 또는 시설의 유지·운영, 법률상 지출의무의 이행, 이미 예산으로 승인된 사업의 계속을 위하여 정부는 국회에서 예산안이 의결될 때까지 전년도 예산에 준하여 집행할 수 있다〈제54조〉.

18 예산에 관한 아래의 기술 중 가장 부적당한 것은?

① 계속비제도는 예산일년주의에 대한 예외를 구성한다.

② 어느 경우라도 예산으로써 법률을 개정할 수는 없다.

③ 국회의 승인을 얻지 못한 예비비의 지출은 소급하여 효력을 상실한다.

④ 영·미는 예산법률주의를 채택하고 있다.

Advice ③ 예비비지출의 효력은 국회의 승인과 관계가 없다. 따라서 비록 국회의 승인을 얻지 못할 경우에도 지출행위 그 자체의 효력에는 영향이 없지만 정부에 대한 정치적 책임을 물을 수 있다.

19 조세법률주의에 관한 것으로 맞는 것은?

① 조세의 종목만을 법률로 정한다는 것이다.
② 조세법률주의는 모든 수수료도 법률로 정할 것을 요청한다.
③ 헌법에서 직접 정하고 있는 원칙은 아니다.
④ 관세율을 조약으로 정하는 것은 조세법률주의에 대한 일종의 예외라 하겠다.

> **Advice** 조세법률주의는 조세의 종목과 세율을 법률로 정해야 하는 원칙인데, 헌법에 명문규정이 있다. 관세율은 예외적으로 조약으로 정할 수 있다.

20 예산에 관한 설명으로 가장 옳지 않은 것은?

① 정부는 회계연도마다 예산안을 편성하여 회계연도 개시 90일 전까지 국회에 제출하고, 국회는 회계연도 개시 60일전까지 이를 의결하여야 한다.
② 예비비는 총액으로 국회의 의결을 얻어야 하며, 예비비의 지출은 차기국회의 승인을 얻어야 한다.
③ 국회는 정부의 동의없이 정부가 제출한 지출예산 각항의 금액을 증가하거나 새 비목을 설치할 수 없다.
④ 국채를 모집하거나 예산외에 국가의 부담이 될 계약을 체결하려 할 때에는 정부는 미리 국회의 의결을 얻어야 한다.

> **Advice** ① 정부는 회계연도마다 예산안을 편성하여 회계연도 개시 90일전까지 국회에 제출하고, 국회는 회계연도 개시 30일전까지 이를 의결하여야 한다〈헌법 제54조 제2항〉.
> ※ 국가재정법 제33조는 '정부는 대통령의 승인을 얻은 예산안을 회계연도 개시 120일 전까지 국회에 제출하여야 한다.'라고 규정하고 있다.
> ② 헌법 제55조 제2항
> ③ 헌법 제57조
> ④ 헌법 제58조

21 국회의 국정조사권에 관한 설명 중 옳지 않은 것은?

① 위원회는 증인·감정인·참고인으로부터 증언·진술의 청취와 증거의 채택을 위하여 청문회를 열 수 있다.
② 국회의 위원회는 그 의결로 증인의 출석과 증언을 요구할 수 없다.
③ 국정조사는 특정한 사안을 대상으로 하는 부정기적 조사이다.
④ 국가의 안전보장이나 국가의 중대한 이익을 위하여 필요하다고 인정한 경우, 국정조사권은 일정한 범위에서 제한된다.

> **Advice** ② 위원회는 의결로 증인·감정인 또는 참고인의 출석을 요구할 수 있다〈국회법 제129조〉. 국정조사권은 의회가 입법·재정 및 국정통제에 관한 권한 등을 유효적절하게 행사하기 위하여 특정한 국정사안에 관하여 조사할 수 있는 권한을 말한다.

 **Answer**   16.③ 17.④ 18.③ 19.④ 20.① 21.②

22 다음 중 국정감사권의 행사가 가능한 사항은?

① 중대한 국가이익에 관한 사항

② 법원의 사법행정에 관한 사항

③ 개인의 유죄 여부를 유일한 목적으로 하는 사항

④ 검찰의 소추행위에 관여하는 사항

Advice ② 법원의 사법행정에 관한 사항은 국정감사의 대상이 된다.

23 헌법이론과 우리의 헌법사에 비추어 볼 때 국회의 국정조사권과 국정감사권에 관한 다음 설명 중 옳지 않은 것은?

① 우리 헌정사상 양자를 함께 규정한 최초의 헌법은 제9차 개정헌법이다.

② 국정감사제도는 건국헌법에서 처음 채택되어 제3공화국 헌법에까지 존속했으나, 제4공화국 헌법에서 폐지되었다가 제9차 개정헌법에서 다시 부활되었다.

③ 양자는 다같이 국회의 국정통제기능에 속하지만 전자는 국회의 보조적 권한이고, 후자는 국회의 독립적 권한이라는 것이 국내 헌법학자들의 일치된 견해이다.

④ 제4공화국 헌법에는 국정감사권은 물론이고 국정조사권에 관한 명문규정도 없었다.

Advice 국정조사권은 의회가 그 입법·재정 및 국정통제에 관한 권한 등을 유효적절하게 행사하기 위하여 특정한 국정사안에 관하여 조사할 수 있는 권한을 말한다. 국정감사권은 국회가 매년 정기적으로 국정전반에 관해 감사할 수 있는 권한으로 한국 헌법의 특유한 제도이다. 국회의 국정조사권은 헌법상 명문규정의 유무를 불문하고, 국회가 국민대표기관의 입장에서 가지는 권한으로 이해되었다.
③ 양자를 모두 국회의 보조적 기능으로 보는 것이 우리나라의 통설이다.

24 탄핵소추에 관한 사항으로서 옳지 않은 것은?

① 탄핵결정의 효력은 공직으로부터 파면함에 그친다.

② 국무위원의 탄핵소추의 의결은 국회의 재적의원 과반수 찬성으로 한다.

③ 탄핵결정은 헌법재판소 재판관 전원출석하에 7인 이상의 찬성이 있어야 한다.

④ 탄핵소추의 의결을 받은 자는 탄핵결정이 있을 때까지 그 권한행사가 정지된다.

Advice 헌법 제113조 제1항에서는 탄핵결정을 할 때 재판관 6인 이상의 찬성이 있어야 한다. 그러나 헌법재판소법 제23조에서는 재판관회의가 7인 이상의 출석으로 심리하되, 탄핵결정은 6인 이상의 찬성을 요한다고 규정하고 있다. 이와 같은 의결정족수의 가중은 탄핵결정에 있어서 신중을 기하게 하려는 것이다.

25 탄핵제도에 관한 기술 중 옳지 않은 것은?

① 탄핵소추권은 국회가 갖는 것이 일반적이다.

② 우리 헌법상의 탄핵제도는 징계처벌적 성질의 것이다.

③ 우리 헌법상 탄핵결정의 효과는 공직으로부터 파면됨에 그친다.

④ 우리 헌법상의 탄핵심판과 민·형사재판간에는 일사부재리의 원칙이 적용된다.

Advice 탄핵결정으로 민·형사상 책임이 면제되지 않는다〈제65조 제4항〉.

26 탄핵소추에 관한 설명으로 가장 옳지 않은 것은?

① 대통령·국무총리·국무위원·행정각부의 장·헌법재판소 재판관·법관·중앙선거관리위원회 위원·감사원장·감사위원 기타 법률이 정한 공무원이 그 직무집행에 있어서 헌법이나 법률을 위배한 때에는 국회는 탄핵의 소추를 의결할 수 있다.
② 탄핵소추는 국회재적의원 3분의 1 이상의 발의가 있어야 하며, 그 의결은 국회재적의원 과반수의 찬성이 있어야 한다. 다만, 대통령에 대한 탄핵소추는 국회재적의원 과반수의 발의와 국회재적의원 3분의 2 이상의 찬성이 있어야 한다.
③ 탄핵소추의 의결을 받은 자는 탄핵심판이 있을 때까지 그 권한행사가 정지된다.
④ 탄핵결정은 공직으로부터 파면함에 그치며, 이에 의하여 민사상이나 형사상의 책임은 면제된다.

Advice ④ 탄핵결정은 피청구인의 민사상 또는 형사상의 책임을 면제하지 아니한다〈헌법재판소법 제54조 제1항〉.
① 헌법 제65조 제1항
② 헌법 제65조 제2항
③ 헌법 제65조 제3항

27 대통령의 지위 및 권한에 관한 다음 기술 중 옳지 않은 것은? (다툼이 있는 경우 판례에 의함)

① 대통령이 궐위된 때 또는 대통령 당선자가 사망하거나 자격을 상실한 때에는 60일 이내에 후임자를 선거한다.
② 대통령 재직중에 형사소추가 불가능한 범죄에 대해서는 그 재직중인 동안 당연히 공소시효의 진행이 정지된다.
③ 국가안위에 관한 중요정책으로서 국민투표에 붙여질 사안인지 여부는 대통령의 재량에 의해 결정된다.
④ 대통령이 발한 긴급명령이 국회의 승인을 얻지 못한 경우에는 애초에 그 효력을 가질 수 없다.

Advice ④ 대통령이 발한 긴급명령이 국회의 승인을 얻지 못한 때에는 그 처분 또는 명령은 그때부터 효력을 상실한다. 이 경우 그 명령에 의하여 개정 또는 폐지되었던 법률은 그 명령이 승인을 얻지 못한 그 때부터 당연히 효력을 회복한다〈헌법 제76조 제4항〉.
① 헌법 제68조 제2항
② 헌재 1995.1.20, 94헌마246
③ 헌재 2005.11.24, 2005헌마579

 **Answer** 22.② 23.③ 24.③ 25.④ 26.④ 27.④

28 다음 중 국회의 권한이 아닌 것은?

① 외국군대의 대한민국 내 주류에 대한 동의권
② 헌법개정안의 예외적인 공포권
③ 대통령에 대한 탄핵소추권
④ 계엄해제요구의결권

✎Advice 국회의장은 재의결된 법률안을 정부가 공포하지 않을 때에는 예외적인 공포권을 가지나, 헌법개정안에 대해서는 예외적 공포권을 가지지 않는다.

29 국회의 기능으로서 헌법에 명문으로 규정되어 있지 않은 것은?

① 국무위원의 해임건의권
② 국고부담계약의 의결권
③ 국정처리상황의 평가 · 분석
④ 외국군대의 한국영역 내 주류동의권

✎Advice ③ 국정처리상황의 평가 · 분석은 국무회의 심의사항이다.

30 현행 헌법의 규정과 부합되지 않은 것은?

① 긴급명령에 대한 국회의 해제요구
② 계엄에 대한 국회의 해제요구
③ 긴급명령선포시 국회에 보고
④ 계엄선포시 국회에의 통고

✎Advice 긴급명령에 대해서는 국회가 승인을 하지 않을 수 있으며, 승인 후에라도 법률을 제정하여 이를 폐지하거나 개정 · 변경할 수 있다. 그러나 계엄과는 달리 긴급명령에 대한 해제요구는 할 수 없다.

31 국회, 정부, 법원의 관련성에 관한 다음 기술 중 옳지 않은 것은?

① 국회는 국무위원의 해임을 건의할 수 있다.
② 대법원장은 국회의 동의를 얻어 대통령이 임명한다.
③ 정부와 법원은 예산안을 국회에 제출할 수 있다.
④ 감사원은 결산을 심사하여 대통령과 국회에 보고하여야 한다.

✎Advice 예산안은 정부의 제출과 국회의 심의 · 의결로써 결정된다. 법원은 현행법상 예산안제출권이 없다.

32 국회의원의 신분에 관한 설명으로 타당치 않은 것은?

① 국회의원은 헌법상의 청렴의 의무가 있다.

② 국회의 요구가 있으면 현행범인인 경우에도 회기중 석방된다.

③ 국회의원은 현행범인인 경우를 제외하고는 회기 중 국회의 동의없이 체포 또는 구금되지 아니한다.

④ 국회의원은 법률이 정하는 직을 겸할 수 없다.

✿Advice 현행범인 경우는 국회의원의 불체포특권의 예외로서 국회의 요구가 있어도 석방되지 않는다〈제44조〉.

33 다음 각 사항에서 찬성을 위한 국회의 의결정족수 요건이 같은 것끼리 묶은 것은?

<table>
<tr><td>㉠ 법률안의 재의결</td><td>㉡ 국무총리·국무위원의 해임건의</td></tr>
<tr><td>㉢ 국회의원의 제명처분</td><td>㉣ 대통령 탄핵소추의결</td></tr>
<tr><td>㉤ 헌법개정안의 의결</td><td>㉥ 계엄의 해제요구</td></tr>
</table>

① ㉠㉢㉣㉤

② ㉡㉥

③ ㉡㉢㉣

④ ㉠㉣㉤

✿Advice ㉠ 재의의 요구가 있을 때에는 국회는 재의에 붙이고, 재적의원 과반수의 출석과 출석의원 3분의 2 이상의 찬성으로 전과 같은 의결을 하면 그 법률안은 법률로서 확정된다〈헌법 제53조 제4항〉.

㉡ 해임건의는 국회재적의원 3분의 1 이상의 발의에 의하여 국회재적의원 과반수의 찬성이 있어야 한다〈헌법 제63조 제2항〉.

㉢ 의원을 제명하려면 국회재적의원 3분의 2 이상의 찬성이 있어야 한다〈헌법 제64조 제3항〉.

㉣ 국회의 탄핵소추는 국회재적의원 3분의 1 이상의 발의가 있어야 하며, 그 의결은 국회재적의원 과반수의 찬성이 있어야 한다. 다만, 대통령에 대한 탄핵소추는 국회재적의원 과반수의 발의와 국회재적의원 3분의 2 이상의 찬성이 있어야 한다〈헌법 제65조 제2항〉.

㉤ 국회는 헌법개정안이 공고된 날로부터 60일 이내에 의결하여야 하며, 국회의 의결은 재적의원 3분의 2 이상의 찬성을 얻어야 한다〈헌법 130조 제1항〉.

㉥ 국회가 재적의원의 과반수의 찬성으로 계엄의 해제를 요구한 때에는 대통령은 이를 해제하여야 한다〈헌법 제77조 제5항〉.

34 국회의원 및 국회에 관한 설명으로 옳지 않은 것은?

① 국회의원은 국회에서 직무상 행한 발언과 표결에 관하여 국회 외에서 책임을 지지 아니한다.

② 국회의원인 현행범인은 회의장 내에서라도 의장의 명령 없이 이를 체포할 수 있다.

③ 본회의 또는 위원회의 의결로 공개하지 아니하기로 한 경우를 제외하고는 의장 또는 위원장은 회의장 안(본회의장은 방청석에 한한다)에서의 녹음·녹화·촬영 및 중계방송을 국회규칙이 정하는 바에 따라 허용할 수 있다.

④ 보궐선거에 의한 국회의원의 임기는 당선이 결정된 때부터 개시되며, 그 임기는 전임자의 잔임기간으로 한다.

> **Advice** ② 국회 안에서 현행범인이 있을 때에는 경위 또는 국가경찰공무원은 이를 체포한 후 의장의 지시를 받아야 한다. 다만 의원은 회의장 안에 있어서는 의장의 명령없이 이를 체포할 수 없다〈국회법 제150조〉.
> ① 헌법 제45조
> ③ 국회법 제149조의2 제1항
> ④ 공직선거법 제14조 제2항

35 甲의원은 乙의원의 프라이버시까지 들어가면서 그 독직을 국회에서 추궁하고 있었다. 甲의원이 지는 책임으로 가장 타당한 것은?

① 甲의원에게 원내의 질서문란을 이유로 징계책임을 지울 수 있다.

② 甲의원은 형사책임을 면할 수 없다.

③ 甲의원은 민사책임만을 질 뿐이다.

④ 甲의원 소속정당에서 품위유지의무의 책임을 물어 자격을 박탈할 수 있다.

> **Advice** 국회의원의 면책특권도 국회 내의 징계책임까지 면제하는 것은 아니며, 국회 외에서의 법적 책임의 면제를 의미한다.

36 국회의원의 발언·표결에 대한 면책특권에 관한 설명 중 부당한 것은?

① 면책특권의 주체는 국회의원뿐이다.

② 면책을 받는 행위는 직무상 국회 내에서 행한 발언과 표결이다.

③ 헌정관계상 국회의원의 대정부질문 원고의 사전배포에 포함된 내용도 면책의 범위에 포함되어야 할 것이다.

④ 면책은 법적인 면책뿐만 아니라 어떠한 정치적 책임도 지지 않음을 의미한다.

> **Advice** 면책특권은 원외에서 민·형사상의 책임, 즉 법적 책임을 지지 않음을 의미한다. 따라서 선거민에 의한 정치적 비난이나 소속정당에 의한 제명처분 등의 정치적 책임까지 면제되는 것은 아니다.

37 국회의원의 불체포특권에 관한 기술 중 옳지 않은 것은?

① 폐회중인 경우 국회의 동의없이 국회의원을 체포·구금할 수 있다.
② 회기 전에 체포·구금된 때에는 현행범인이면 국회의 요구가 있어도 석방되지 아니한다.
③ 경찰관 직무집행범이 아닌 한 국회의 동의없이 체포·구금에 포함되지 아니한다.
④ 휴회중에도 현행범인이 아닌 한 국회의 동의없이 체포·구금할 수 없다.

✿Advice ③ 체포·구금은 자유를 구속하는 모든 처분을 말하므로 형사소송법상의 강제처분뿐만 아니라 경찰관 직
무집행방법에 의한 보호조치나 정신병환자의 감호처분 또는 전염병환자의 격리처분과 같은 행정상 강제처
분까지 포함한다.

38 다음 중 헌법상 국회의원의 의무에 해당되는 것은?

① 헌법준수의무　　　　　　　　　② 선서의무
③ 청렴의무　　　　　　　　　　　④ 위원회 참가의무

✿Advice 국회의원의 헌법·국회법상의 의무

헌법상의 의무	국회법상의 의무
• 청렴의무 • 국익우선의무 • 지위·특권남용금지의 의무 • 겸직금지의무	• 국회·위원회 출석의무 • 의사에 관한 법령·규칙준수의무 • 국정감사 조사상의 의무 • 의장의 내부경찰권에 복종할 의무 • 선서의무 • 품위유지의무

39 국회의원의 징계에 대한 설명으로 옳지 않은 것은?

① 의원에 대한 국회의 징계처분에 대하여는 법원에의 제소가 금지되어 있다.
② 징계처분은 모든 경우에 재적의원 3분의 2 이상의 찬성을 요한다.
③ 국회의 운영과 전혀 관계가 없는 개인적 행위는 징계사유가 되지 아니한다.
④ 의원이 징계를 요구하고자 할 때에는 의원 20인 이상의 찬성으로 그 사유를 기재한 요구서를 의장에게 제출하여야 한다.

✿Advice ② 의원을 제명할 때 한하여 국회 재적의원 3분의 2 이상의 찬성이 있어야 하고, 기타의 경우는 헌법 제
49조에 의하여 재적의원 과반수의 출석과 출석의원 과반수의 찬성으로 의결한다.

 Answer　34.② 35.① 36.④ 37.③ 38.③ 39.②

40 국회의원의 징계방법으로서 옳지 않은 것은?

① 30일 이내의 출석정지 ② 의원특권의 박탈
③ 공개회의에서의 경고 ④ 공개의회에서의 사과

Advice 국회의원에 대한 징계방법〈국회법 제163조〉… 공개회의에서의 경고, 공개회의에서의 사과, 30일 이내의 출석정지, 제명

41 국회의 의원자격심사권에 관한 다음의 설명 중 옳지 않은 것은?

① 의원을 제명하려면 국회 재적의원 3분의 2 이상의 찬성이 있어야 한다.
② 국회윤리특별위원회는 자격심사의 청구의원과 피심의원을 출석시켜 심문할 수 있다.
③ 본회의에서 자격심사의 결과에 대해서는 법원에 제소할 수 없다.
④ 피심의원은 자기의 자격심사에 관해 의회에서 의견을 발표할 수 없다.

Advice ④ 청구의원과 피심의원은 위원회의 허가를 받아 출석하여 발언할 수 있다. 이 경우 피심의원은 다른 의원으로 하여금 출석하여 발언하게 할 수 있다〈국회법 제141조 제2항〉. 피심의원은 본회의에서 스스로 변명하거나 다른 의원으로 하여금 변명하게 할 수 있다〈국회법 제142조 제2항〉.

42 우리 헌법상 대통령의 지위를 나타내는 다음 기술 중 타당하지 않은 것은?

① 대통령은 국가원수이며, 행정부의 수반이다.
② 대통령은 국회의 동의를 얻어 대법원장, 헌법재판소장, 중앙선거관리위원장 및 감사원장을 임명한다.
③ 대통령은 국가의 독립, 영토의 보전, 국가의 계속성과 헌법을 수호할 책무를 진다.
④ 대통령은 국제법상 특권을 누리며, 내란·외환의 죄를 범한 경우를 제외하고는 재직중 형사소추를 받지 아니한다.

Advice ② 중앙선거관리위원장은 호선을 통해 임명한다.
※ **대통령의 헌법상 지위**
㉠ **국민대표기관으로서의 지위**
㉡ **국가원수로서의 지위**
• 대외적으로 국가를 대표할 지위
• 국헌수호자로서의 지위
• 국정의 통합·조정자로서의 지위
• 헌법기관구성권자로서의 지위
㉢ **행정부수반으로서의 지위**
• 집행에 관한 최고지휘자, 최고책임자로서의 지위
• 집행부조직권자
• 국무회의 의장으로서의 지위

43 다음 중 현행 헌법의 특징으로 볼 수 없는 것은?

① 대통령의 권한축소와 독재화방지
② 국민의 기본권신장과 사법권의 독립보장
③ 국무총리의 권한강화와 국무회의의 지위강화
④ 대통령직선제에 의한 국민의 정부선택적 보장

　Advice　③ 국무총리는 대통령을 보좌하며 행정에 관하여 대통령의 명을 받아 행정 각부를 통괄할 뿐 고유의 권한을 갖지 못한 점, 국무회의는 의결기관이 아닌 심의기관인 점 등으로 제4·5공화국헌법과 차이가 없어 지위가 강화되었다고 볼 수 없다.

44 다음 부통령제의 장점에 관한 기술 중 타당하지 않은 것은?

① 경험있고 유능한 후계자를 양성할 수 있다.
② 국무총리, 국무위원제도와 병행할 경우에도 별 무리가 없다.
③ 대통령이 궐위될 경우 국가권력의 공백상태를 방지할 수 있다.
④ 대통령의 권한사항을 적절히 위임할 경우 과중한 업무부담을 경감할 수 있다.

　Advice　② 부통령제와 국무총리·국무회의제를 병행할 경우 부통령의 지위설정이 곤란하고 알력이 생길 소지가 크다.
　　※ 헌정사상 제1공화국 헌법은 부통령제를 채택한 바 있으나, 그 후에는 없다.

45 위헌법률심판에 관한 다음 기술 중 옳지 않은 것은? (다툼이 있는 경우 판례에 의함)

① 법원은 당사자의 신청이 없이 직권으로도 헌법재판소에 위헌법률심판을 제청할 수 있다.
② 법원이 위헌법률심판을 제청한 경우에는 당해 소송사건에 한하여만 재판이 정지된다.
③ 헌법재판소가 형벌법규 이외의 법률조항에 대해 위헌결정을 한 경우에 당해 법률조항은 소급하여 효력을 상실한다.
④ 헌법재판소는 제청법원이 주장하는 법적 관점에 구속되지 않고 모든 헌법적 관점에서 위헌여부를 심사한다.

　Advice　③ 위헌으로 결정된 법률 또는 법률의 조항은 그 결정이 있는 날부터 효력을 상실한다. 다만, 형벌에 관한 법률 또는 법률의 조항은 소급하여 그 효력을 상실한다〈헌법재판소법 제47조 제2항, 제3항〉.
　　① 헌법재판소법 제41조 제1항
　　② 헌법재판소법 제42조 제1항
　　④ 헌재 2002.8.29, 2000헌가5

46 대통령선거 및 임기에 관한 다음 기술 중 옳지 않은 것은?

① 헌법상 대통령후보자가 한 사람일 때에도 용인하고 있다.

② 대통령선거에서 최고득표자가 2인 이상인 경우에는 최고득표자에 대하여 국회에서 당선자를 결정한다.

③ 대통령 유고시의 권한대행자는 국회에서 선출한다.

④ 대통령의 임기가 만료되는 때에는 임기만료 70일 내지 40일 전에 후임자를 선거한다.

🔎 **Advice** 대통령의 권한대행은 국무총리 · 법률이 정한 국무위원의 순서로 한다〈제71조〉.

47 선거에 있어 대통령과 국회의원의 경우에 공통된 것은?

① 피선거자격 　　　　　　　　② 선거시기

③ 당선자결정방법 　　　　　　④ 선거원칙

🔎 **Advice** 대통령과 국회의원은 국민의 보통 · 평등 · 직접 · 비밀선거에 의해 선출한다.

48 헌법상 대통령선거와 관계가 먼 것은?

① 대통령으로 선거될 수 있는 자는 국회의원의 피선거권이 있고, 선거일 현재 40세에 달하여야 한다.

② 대통령의 임기가 만료되는 때에는 임기만료 70일 내지 40일 전에 후임자를 선거한다.

③ 대통령이 궐위된 때에는 60일 이내에 후임자를 선거한다.

④ 후임자의 임기는 전임자의 잔임기간으로 한다.

🔎 **Advice** 대통령이 궐위된 때 또는 대통령당선자가 사망 기타 자격을 상실한 때에는 60일 이내에 후임자를 선거하여야 하나〈제68조 제2항〉, 그 임기는 전임자의 잔임기간이 아니라 취임일로부터 5년이다.

49 대통령후보자의 기탁금이 국고에 귀속하게 되는 경우가 아닌 것은?

① 후보자가 사망한 때

② 후보자가 사퇴한 때

③ 후보자의 득표수가 유효투표총수의 100분의 15를 초과하지 못한 때

④ 후보자등록 후 후보자가 피선거권이 없음이 발견되어 등록이 무효로 된 때

🔎 **Advice** 대통령후보자가 사망한 경우에는 선거일 후 30일 이내에 기탁금을 반환한다〈공직선거법 제57조 제1항〉.

50 다음 중 임기가 가장 짧은 사람은?

① 대통령 　　　　　　　　　② 헌법재판소 재판관

③ 일반법관 　　　　　　　　④ 국회의원

Advice 대통령은 5년, 헌법재판소 재판관은 6년, 일반법관은 10년, 국회의원은 4년이다.

51 대통령의 권한대행문제가 대통령제에서 차지하는 의미는 적지 않다. 이에 대해서 가장 바르게 설명한 것은?

① 대통령이 궐위된 경우, 직무대리는 잠정적인 현상유지에 국한된다.
② 대통령 피선자격의 상실은 궐위의 사유가 된다.
③ 대통령이 사고인 경우, 직무대행자의 직무범위는 대통령의 권한 전반에 걸친다.
④ 권한대행권자는 1차적으로 국회의장이 된다.

Advice 궐위는 대통령이 재위하지 않게 된 경우를 말하고 사고는 대통령이 재위하면서도 직무를 수행할 수 없거나 권한행사가 정지된 경우 등을 말한다.
① 궐위된 경우, 그 대행은 합리적 범위 안에서 반드시 현상유지적이어야 할 이유는 없다.
③ 사고의 경우 권한대행은 그 성질상 잠정적인 현상유지에만 국한된다.
④ 대통령의 권한대행자는 1차적으로 국무총리이다.

52 우리나라 헌법상에 대통령의 의무로 명시적으로 되어 있지 않은 것은?

① 헌법의 준수　　　　　　　　② 민족문화창달
③ 국민의 기본권보장　　　　　④ 조국의 평화적 통일

Advice 대통령의 헌법상 의무
㉠ **직무상 의무**〈제69조〉: 헌법준수, 국가보위, 조국의 평화적 통일, 국민의 자유와 복리, 민족문화의 창달
㉡ **겸직금지의무**〈제83조〉: 국무총리, 국무위원, 행정 각부의 장, 기타 법률이 정하는 공사의 직을 겸하지 아니할 의무

53 헌법상 대통령의 법률안거부권에 관한 설명으로 옳지 않은 것은?

① 대통령은 확정된 법률을 지체 없이 공포하여야 한다.
② 국회의 폐회 중에는 법률안에 대해 재의를 요구할 수 없다.
③ 수정거부와 일부거부는 허용되지 않는다.
④ 국회에서 재적의원과반수의 출석과 출석의원 3분의 2 이상의 찬성으로 전과 같은 의결을 하면 그 법률안은 법률로서 확정된다.

Advice ② 법률안에 이의가 있을 때에는 대통령은 15일 기간 내에 이의서를 붙여 국회로 환부하고, 그 재의를 요구할 수 있다. 국회의 폐회 중에도 또한 같다〈제53조 제2항〉.

Answer　　46.③　47.④　48.④　49.①　50.④　51.②　52.③　53.②

54 대통령의 법률안거부권에 관한 다음 기술 중 옳지 않은 것은?

① 국회의원의 임기만료의 경우에도 대통령은 환부거부할 수 있음은 물론이다.
② 법률안거부권은 대통령중심제 국가에 있어서 대통령의 국회에 대한 가장 강력한 견제수단이다.
③ 행정부의 집행불능입법이나 국회의 경솔·부당한 입법을 방지하는 기능을 가지고 있다.
④ 일부거부, 수정거부 및 보류거부는 현행 헌법상 인정되지 않는다.

🐦Advice   ①의 경우에는 환부할 대상이 없으므로 환부하지 않고 거부할 수 있다.

55 다음 사항 중 옳지 않은 것은?

① 국회의장이 법률을 공포하는 경우도 있다.
② 대통령은 예산안에 대해서는 거부권을 행사할 수 없다.
③ 대통령은 국회에서 의결한 법률안의 일부에 이의서를 붙여 재의를 요구할 수 있다.
④ 오늘날 국회의 입법권은 점차 약화되어 통법부화의 경향이 있다.

🐦Advice   ③ 대통령의 법률안에 대한 일부거부는 인정되지 않는다.

56 위임명령에 관한 설명 중 옳지 않은 것은?

① 위임명령은 행정명령의 별칭이다.
② 위임명령은 모법이 소멸하면 그 효력도 상실된다.
③ 위임명령은 모법에서 구체적 범위를 정하여 위임한 사항에 관하여 발하는 것이다.
④ 위임명령은 대통령령 외에 총리령, 부령이 있다.

🐦Advice   ① 행정명령은 행정규칙을 말한다. 행정입법에는 법규성의 유무에 따라 법규명령과 행정명령으로 구분되
는데, 법규명령은 국민의 권리·의무에 관한 사항을 규정할 수 있는 위임명령과 집행명령으로 구분된다.

57 총리령과 부령과의 관계를 기술한 것 중에서 옳지 않은 것은?

① 양자는 대통령령에 저촉할 수 없다.
② 총리령은 부령에 상위하는 효력이 있다는 것이 지배적 학설이다.
③ 부령은 총리령의 위임에 의해 발하는 것이 아니다.
④ 각기 자기의 업무에 관하여 발할 수 있다.

🐦Advice   ② 총리령과 부령에 있어서 형식적 효력에는 우열이 없다. 그러나 총리령의 부령에 대한 우위를 인정하는
반대설이 있다.

58 행정입법에 관한 다음 설명 중 옳지 않은 것은? (다툼이 있는 경우 판례에 의함)

① 국민의 권리와 의무에 관한 중요한 사항은 입법부에 의하여 법률의 형식으로 결정되어야 한다는 의회주의원리는 입법부가 그 입법권한을 행정부 내지 사법부에 위임하는 것을 금지함을 내포하고 있다.

② 행정기관에 입법권을 위임하는 수권법률 자체도 명확성의 원칙을 준수해야 하며 침해적 행정입법에 대한 수권의 경우에는 급부적 행정입법에 대한 경우보다 명확성의 원칙이 보다 엄격하게 요구된다.

③ 국회가 행정기관에 입법권을 위임하는 경우에는 규율의 형식도 선택할 수 있으므로 헌법이 규정하고 있는 위임입법의 형식은 예시적인 것으로 보아야 한다.

④ 법률의 위임을 받아 행정입법이 제정되었으나 그 내용이 헌법에 위반되어 헌법재판소가 위헌선언을 하는 경우에는 입법권을 위임한 수권법률의 조항도 동시에 위헌으로 선언된다.

> **Advice** ④ 위임입법의 법리는 헌법의 근본원리인 권력분립주의와 의회주의 내지 법치주의에 바탕을 두는 것이기 때문에 행정부에서 제정된 대통령령에서 규정한 내용이 정당한 것인지 여부와 위임의 적법성은 직접적인 관계가 없다. 즉 이 사건의 심판대상 조항의 위임에 따라 대통령령으로 규정한 내용이 헌법에 위반될 경우라도 그 대통령령의 규정이 위헌으로 되는 것은 별론으로 하고 그로 인하여 정당하고 적법하게 입법권을 위임한 수권법률인 이 사건의 법률규정까지도 위헌으로 되는 것은 아니다(헌재 1997.9.25, 96헌바18).
> ① 헌재 2011.9.29, 2010헌가93
> ② 헌재 2003.7.24, 2002헌바82
> ③ 헌재 2004.10.28, 99헌바91

59 헌법이 규정하고 있는 명령이나 규칙에 해당되지 않는 것은?

① 총리령   ② 대법원규칙
③ 감사원규칙   ④ 중앙선거관리위원회규칙

> **Advice** 감사원의 규칙제정권은 감사원법에 근거하고 있다.

60 사면, 감형과 복권의 효과에 있어서 옳지 않은 것은?

① 특별사면은 형의 집행이 면제된다.
② 일반사면에 있어 형의 선고를 받지 아니한 자에 대하여는 형의 선고가 면제된다.
③ 감형은 특별한 규정이 없는 경우에 형을 변경한다.
④ 복권은 상실 또는 정지된 자격을 회복한다.

> **Advice** **일반사면** … 범죄의 종류를 지정하여 이에 해당하는 모든 범죄인의 형의 효력을 전부 또는 일부 소멸시키거나 형의 선고를 받지 아니한 자에 대하여 공소권을 소멸시키는 것을 말한다.

Answer 54.① 55.③ 56.① 57.② 58.④ 59.③ 60.②

61 국가긴급권에 대한 다음 서술 중 옳지 않은 것은?

① 헌법보장을 위한 제도이다.
② 로마공화정의 입헌적 독재에서 기원한다.
③ 우리나라의 경우 비상시에 있어서의 위임적 독재가 아니라 주권적 독재를 인정한 것이다.
④ 우리나라는 계엄, 긴급명령 등의 국가긴급권을 인정한다.

✿Advice 우리나라는 비상시에 위임적 독재에 해당하는 입헌적 독재로서의 계엄을 인정하나, 초헌법적인 주권적 독재를 인정하는 것은 아니다.

62 다음 중 긴급명령권에 관한 설명 중 옳지 않은 것은?

① 국회는 긴급명령의 해제요구권이 있다.
② 국회의 집회가 불가능할 때 긴급명령을 발할 수 있다.
③ 국회의 승인을 얻지 못한 때는 그 때부터 효력을 상실한다.
④ 국가의 안위에 관계되는 중대한 교전상태이어야 한다.

✿Advice 긴급명령권은 지체없이 국회에 보고하여 그 승인을 얻어야 할 뿐 국회가 그 해제를 요구할 수는 없다.

63 대통령의 긴급명령권 발동요건에 포함되지 않는 것은?

① 국무회의의 심의를 거쳐야 한다.
② 국회의 집회를 기다릴 여유가 없을 경우에 발한다.
③ 국가를 보위하기 위하여 긴급한 조치가 필요해야 한다.
④ 문서로써 하고 국무총리와 관계국무의원의 부서가 있어야 한다.

✿Advice ②는 긴급재정·경제처분 및 그 명령의 발동요건이다.
　　※ 긴급명령의 발동요건
　　　㉠ 실질적 요건
　　　　• 긴급명령을 발할 수 있는 상황 : 국가의 안위에 관계되는 중대한 교전상태가 발생할 것. 국가를 보위하기 위하여 긴급한 조치가 필요할 것. 국회의 집회가 불가능할 것
　　　　• 위급명령의 목적 : 국가보위라는 소극적 목적을 위하여
　　　㉡ 절차적 요건 : 국무회의의 심의를 거칠 것. 문서의 형식으로 할 것. 지체없이 국회에 보고하여 그 승인을 얻을 것. 국회의 승인 여부를 지체없이 공포할 것

64 대통령의 긴급재정·경제처분의 발동요건이 아닌 것은?

① 공공복리의 증진을 위할 것
② 내우·외환·천재·지변 또는 중대한 재정·경제상의 위기에 처할 것
③ 국가의 안전보장 또는 공공의 안녕질서를 유지하기 위할 것
④ 국회의 집회를 기다릴 여유가 없을 것

Advice ① 공공복리의 증진이라는 적극적 목적을 위해서는 발동할 수 없다.

긴급재정·경제처분의 발동요건

㉠ 실질적 요건
- 긴급재정경제처분을 할 수 있는 상황 : 내우·외환·천재·지변 또는 중대한 재정·경제상의 위기가 발생할 것. 국가안전보장·공공안녕질서의 유지를 위하여 긴급한 조치가 필요한 것. 국회의 집회를 기다릴 여유가 없을 것. 최소한으로 필요한 처분일 것
- 긴급재정경제처분의 목적 : 국가의 안전보장 또는 공공의 안녕질서라는 소극적 목적을 위하여

㉡ 절차적 요건 : 국무의회의 심의를 거칠 것. 문서의 형식으로 할 것. 지체없이 국회에 보고하여 그 승인을 얻을 것. 국회의 승인 여부를 지체없이 공포할 것

65 계엄에 관한 설명 중 옳지 않은 것은?

① 계엄의 경우 동원되는 국가권력은 병력과 경찰력이다.
② 계엄은 국회의 집회가능성 여부와는 관계없이 선포할 수 있다.
③ 계엄을 선포할 때에는 대통령은 지체없이 국회에 통고하여야 한다.
④ 국회는 재적의원 과반수의 찬성으로 계엄의 해제를 요구할 수 있다.

Advice ① 대통령은 전시·사변 또는 이에 준하는 국가비상사태에 있어 병력으로써 군사상의 필요에 응한다고 규정함으로써 경찰력은 동원되지 않는다.

※ 계엄선포의 요건

㉠ 실질적 요건
- 전시·사변 또는 이에 준하는 국가비상사태가 발생할 것
- 병력으로써 군사상의 필요에 응하거나 공공의 안녕질서를 유지할 필요가 있을 것

㉡ 절차적 요건
- 국무회의의 심의를 거칠 것
- 계엄선포의 이유, 계엄의 종류, 계엄시행일시, 시행지역 및 계엄사령관을 공고할 것
- 지체없이 국회에 통고할 것

66 대통령에 관한 다음 설명 중 옳지 않은 것은?

① 대통령은 형사상 특권을 향유한다.
② 대통령의 국법상의 행위는 문서로써 하되 이 문서에는 국무총리와 관계국무위원이 부서해야 한다.
③ 전직 대통령은 전직대통령 예우에 관한 법률에 따라 응분의 대접을 받는다.
④ 대통령의 계엄선포시에는 국회가 재적의원과반수의 출석과 출석의원 과반수의 찬성으로 계엄해제를 요구하면 대통령은 이에 해제해야 한다.

Advice ④ 계엄의 해제요구는 재적의원 과반수의 찬성이 필요하다.

 **Answer**   61.③ 62.① 63.② 64.① 65.① 66.④

67 다음 기술 중 맞는 것은?

① 국무회의는 대통령, 국무총리와 행정 각부 장관으로 구성한다.

② 국가안전보장에 관련되는 대외정책, 군사정책과 국내정책의 수립에 관하여 대통령의 자문에 응하기 위해 국가안전보장회의를 둘 수 있다.

③ 국회의원 재적과반수의 찬성에 의하여 계엄해제를 요구한 경우 대통령은 이를 해제하여야 한다.

④ 국무위원의 임명에는 국무총리의 제청과 국회의 동의가 필요하다.

> **Advice** ① 국무회의는 대통령, 국무총리와 15인 이상 30인 이하의 국무위원으로 구성한다〈제88조 제2항〉.
> ② 국가안전보장회의는 필수적 자문기관이다.
> ③ 국회가 재적의원 과반수의 찬성으로 계엄의 해제를 요구한 때에는 대통령은 국무회의의 심의를 거쳐 계엄을 해제하여야 한다. 국회의 계엄해제의 요구에 응하지 않을 때에는 그것은 위헌이므로 대통령에 대한 탄핵소추의 사유가 된다.
> ④ 국무위원은 국무총리의 제청으로 대통령이 임명한다.

68 비상계엄이 선포되면 다음과 같은 특별조치가 인정된다. 옳지 않은 것은?

① 영장제도, 언론 · 출판 · 집회 · 결사의 자유에 관하여 특별한 조치를 할 수 있다.

② 모든 형사사건은 군사법원에서 이를 재판한다.

③ 비상계엄하의 군사재판은 군인 · 군무원의 범죄와 군사에 관한 간첩죄 등은 법률이 정한 경우에 단심으로 할 수 있다.

④ 계엄사령관은 계엄지역 내에 있는 모든 행정 · 사법사무를 관장한다.

> **Advice** 비상계엄시에는 모든 형사사건이 아니라 법률이 정하는 특정한 사건에 한하여 군사재판을 한다.

69 부서에 대한 설명으로 옳지 않은 것은?

① 독일에서 발생하였다.

② 원래는 군주의 전단을 견제하고 대신의 보필책임을 명백하게 하려는 것이었다.

③ 관계국무위원의 부서가 없는 대통령의 국법상 행위는 적법한 행위가 아니다.

④ 부서없는 대통령의 국무행위는 국회의 탄핵소추사유가 된다.

> **Advice** ① 부서제도는 군주국가였던 영국에서 발생하였다.

70 다음 기술 중 옳지 않은 것은?

① 국립대학교 총장은 국무회의의 심의를 거쳐 대통령이 임명한다.

② 해군참모총장은 대통령이 임명한다.

③ 중앙선거관리위원회의 위원 3인은 대통령이 임명한다.

④ 대통령은 대법원장의 제청으로 일반법관을 임명한다.

Advice ①② 국무회의의 심의를 거쳐 대통령이 임명한다.

④ 대법원장과 대법관이 아닌 법관은 대법관회의의 동의를 얻어 대법원장이 임명한다〈제104조 제3항〉.

71 정부란 말을 잘못 사용한 것은?

① 정부형태는 국가형태를 전제로 한다.
② 재정적 주체로서의 국가, 다시 말해서 국고를 의미하기도 한다.
③ 의원내각제에서는 대통령까지 포함하여 정부라고 한다.
④ 입법부인 국회와 대립되는 의미의 행정부를 말한다.

Advice 의원내각제에서의 정부란 대통령을 제외한 내각을 의미한다.

72 국무총리에 관하여 옳지 않은 것은?

① 통상 국무회의를 주재한다.
② 대통령의 모든 국법상 행위에 부서한다.
③ 총리임명은 국회동의를 요한다.
④ 군인은 현역을 면하는 조건으로 일단 국무총리로 임명될 수 있다.

Advice 군인은 현역을 면한 후가 아니면 국무총리로 임명될 수 없다〈제86조 제3항〉.

73 국무총리의 헌법상 지위를 잘못 설명한 것은?

① 대통령의 명을 받아 행정 각부를 지휘·감독한다.
② 국무총리도 위임명령을 제정할 수 있다.
③ 국무총리는 대통령의 보좌기관이다.
④ 국무총리는 임명권자인 대통령에게만 정치적 책임을 진다.

Advice 국무총리는 대통령뿐만 아니라 국회에 대해서도 책임을 진다.

 **Answer**   67.③ 68.② 69.① 70.④ 71.③ 72.④ 73.④

74 국무총리에 관한 다음 기술 중 타당하지 않은 것은?

① 국무총리는 총리령을 발할 권한을 가지며, 대통령의 궐위시에 제1순위의 권한대행자가 된다.
② 국무총리는 국회의 동의를 얻어 대통령이 임명한다.
③ 국무총리는 국무위원의 임명을 대통령에게 제청할 권한과 해임을 건의할 권한을 가진다.
④ 국무총리는 국무회의를 주재하며, 행정 각부를 독립된 지위에서 통할한다.

Advice 국무총리는 대통령의 명을 받아 행정 각부를 통할한다.

75 다음 중 국무총리서리 임명을 합헌으로 보는 논거로서 타당하지 않은 것은?

① 대통령은 국정공백을 피하기 위하여 불가피한 경우에는 국무총리서리를 임명하지 않을 수 없다.
② 국회가 그 사정으로 대통령의 임명동의요청을 처리해주지 아니하는 경우에는 국무총리서리제도
가 가능하다.
③ 대통령의 국무총리임명행위는 정치적인 것이나, 사전에 국회의 동의를 받는 것은 헌법적 요건
이다.
④ 대통령의 국무총리임명권은 대통령의 고유한 정치적 권한이며, 선국회동의의 요건은 완화하여
탄력적으로 해석할 수 있다.

Advice 국무총리서리의 위헌 여부에 관해서는 부정설과 예외적 인정설로 나뉘어져 있다.
②②④는 예외적 인정설의 논거로서 주장되는 것들이고, ③은 부정설의 논거의 하나이다.

76 국무위원에 관한 다음 기술 중 옳지 않은 것은?

① 국무위원의 수는 15인 이상 30인 이하이다.
② 군인의 신분으로 국무위원에 임명될 수 없다.
③ 국무위원이 부령을 발할 수는 없다.
④ 국회는 국무위원 전체에 대하여 해임을 의결할 수 있다.

Advice 국회는 국무위원에 대해 개별적으로 해임을 건의할 수 있을 뿐이지 전체의 해임을 의결할 수 없다.

77 다음 기술 중 타당하지 않은 것은?

① 국무위원은 탄핵에 의해서도 해임된다.
② 국회는 재적의원 3분의 2 이상의 요구가 있다 해도 국무위원 전체에 대해 해임의결을 할 수
없다.
③ 군인은 현역을 면한 후가 아니면 국무위원이 될 수 없으나, 전시에는 국방장관에 한하여 예외
가 인정된다.
④ 행정 각부의 장은 국무위원이어야 하나, 국무위원이라고 해서 반드시 행정 각부의 장은 아니다.

Advice 군인은 현역을 면한 후가 아니면 국무위원으로 임명될 수 없다.

78 우리나라의 국무위원에 대한 설명으로 옳은 것은?

① 국무위원은 국무총리에 대한 보좌책임만을 질 뿐이다.

② 그 임명에 있어서 문민원칙의 적용이 없다.

③ 국무위원의 국회출석 · 답변은 국무위원의 의무이자 권한이기도 하다.

④ 국무총리도 국무위원들과 더불어 국무회의의 구성원이므로 국무위원의 해임을 건의할 수 없다.

Advice ① 대통령에 대한 보필책임이다.
② 문민원칙이 적용된다.
④ 국무총리는 국무위원의 해임을 건의할 수 있다.

79 현행 헌법상 국무회의의 지위로서 옳은 것은?

① 필수적 헌법기관은 아니다.

② 행정부 속의 의결기관이다.

③ 독립된 합의제기관으로서 정책심의기관이다.

④ 대통령에 예속된 심의기관이다.

Advice 국무회의는 헌법상 필수기관, 독립된 합의기관으로서 최고의 국가정책심의기관이다.

80 다음 중 헌법에 명시된 국무회의의 심의안건인 것은 모두 몇 개인가?

㉠ 산림청이 소속될 행정 각부의 결정	㉡ 주미한국대사의 임명
㉢ 서울지방검찰청 검사장의 임명	㉣ 국군의 동티모르 파병
㉤ 박찬호선수에게 체육훈장 수여	

① 1개

③ 3개

② 2개

④ 4개

Advice 국무회의 심의안건 … 행정 각부간의 권한획정, 대사임명, 군사에 관한 중요사항, 영전수여 등

81 국무회의의 헌법상 지위를 설명한 것 중 타당하지 않은 것은?

① 국무회의는 최고의 정책심의기관이다.
② 국무회의는 국가중요정책의 심의기관이다.
③ 국무회의는 국무위원이 아닌 공무원이 출석·발언할 수 있다.
④ 국무회의는 심의기관일 뿐이기 때문에 대통령은 이의 결의에 구속받지 아니하며, 긴급한 경우에는 심의를 거치지 않는다.

🔍 **Advice** ④ 헌법 제89조에 열거된 사항은 반드시 심의를 거쳐야 한다. 그러나 심의결과에 구속되지는 않는다.

82 다음 중 국무회의의 필수적 심의사항이 아닌 것은?

① 군사에 관한 중요사항
② 각군 참모총장의 임명
③ 행정 각부 장관의 임명
④ 국영기업체 관리자의 임명

🔍 **Advice** 행정 각부 장관은 국무위원 중에서 국무총리의 제청으로 대통령이 임명한다.

83 감사원의 권한 중 옳지 않은 것은?

① 지방자치단체의 회계검사
② 행정기관 및 공무원의 직무에 대한 감찰
③ 국가세입·세출의 결산
④ 국가 또는 지방자치단체가 자본금의 3분의 1 이상을 출자한 법인의 회계검사

🔍 **Advice** 감사원은 한국은행의 회계와 국가 또는 지방자치단체가 자본금의 2분의 1 이상을 출자한 법인의 회계를 검사한다〈감사원법 제22조 제1항〉.

84 감사원에 관한 설명 중 옳은 것은 모두 몇 개인가?

> ⊙ 감사원은 대통령 소속하에 있다.
> ⓒ 감사원법을 개정하여 감사원을 국회의 소속하에 둘 수 있다.
> ⓒ 감사원은 국무총리에 대한 종속적 기관이 아니기 때문에 그 직무수행에 있어서는 오직 대통령만이 구체적인 지시를 할 수 있다.
> ⓔ 감사원장과 감사위원의 임기는 4년이며 1차에 한하여 중임할 수 있다.

① 1개
② 2개
③ 3개
④ 4개

🔍 **Advice** ⓒ 헌법 제97조에서 '대통령 소속하에 감사원을 둔다'라고 규정하고 있어 만약 감사원을 국회의 소속으로 두기 위해서는 헌법을 개정해야 한다.
ⓒ 감사원은 대통령에 소속하되, 직무에 관하여는 독립의 지위를 가진다〈감사원법 제2조 제1항〉.

85 중앙선거관리위원회에 관한 기술 중 옳지 않은 것은?

① 의원의 임기는 6년이며, 정당에 가입하거나 관여할 수 없다.
② 중앙선거관리위원회는 규칙제정권을 가진다.
③ 중앙선거관리위원회 위원은 9인으로 대통령이 임명한다.
④ 의원은 탄핵 또는 금고 이상의 형의 선고에 의하지 아니하고는 파면되지 아니한다.

Advice ③ 중앙선거관리위원회는 대통령이 임명하는 3인, 국회에서 선출하는 3인과 대법원장이 지명하는 3인의 위원으로 구성한다〈제114조 제2항〉.

86 선거관리위원회에 대한 설명으로 옳지 않은 것은?

① 선거관리위원회는 헌법상 필수기관이며, 합의제 행정관청이다.
② 위원장은 표결권을 가지며, 가부동수인 때에는 결정권을 가진다.
③ 위원장은 위원 중에서 호선한다.
④ 읍·면·동 선거관리위원회의 위원은 9인이다.

Advice 중앙선거관리위원회, 특별시·광역시·도 선거관리위원회, 시·구·군 선거관리위원회의 위원은 각 9인이 지만 읍·면·동 선거관리위원회의 위원은 7인이다〈선거관리위원회법 제2조〉.

87 현행법상 대통령의 자문기관이 아닌 것은?

① 민주평화통일자문회의
② 국가원로자문회의
③ 감사원
④ 국가안전보장회의

Advice 감사원은 대통령소속하의 독립된 헌법기관으로서 자문기관이 아니다.

88 다음 중 사법의 특성을 설명하는 것으로 볼 수 없는 것은?

① 분쟁의 심판작용이다.
② 사건성을 필요로 한다.
③ 대심절차를 취함이 원칙이다.
④ 직권탐지절차가 보편적으로 적용된다.

Advice 직권탐지주의는 소송자료의 수집·제출책임을 당사자가 아닌 법원이 지는 소송진행형태로, 예외적으로 가 사소송이나 행정소송 등에서 인정된다. 민사소송과 형사소송에서는 당사자주의가 원칙적으로 인정되고 예 외적으로 직권탐지주의, 직권주의가 적용된다.

Answer 81.④ 82.③ 83.④ 84.② 85.③ 86.④ 87.③ 88.④

89 우리나라의 사법제도와 일치하지 않는 것은?

① 특별법원으로서 특허법원의 신설　　　② 행정법원의 설치
③ 시·군 법원의 설치　　　　　　　　　④ 최고법원으로서의 대법원

    Advice　특허법원은 법원조직법상의 법원으로서, 특별법원이 아닌 특수법원이다.

90 사법권의 한계를 인정하는 통치행위의 이론설명과 가장 관계가 먼 것은?

① 법원자제　　　　　　　　　　　　　② 정당정치
③ 권력분립　　　　　　　　　　　　　④ 행정부의 자유재량

    Advice　통치행위의 근거이론으로는 ①③④ 이외에 통치행위 독자성설, 대권행위설, 고도의 정치성설 등이 있다.

91 다음은 통치행위에 관한 설명이다 옳지 않은 것은?

① 오늘날 통치행위의 범위는 확대되어가는 경향이 있다.
② 통치행위란 고도의 정치성으로 말미암아 사법심사의 대상에서 제외되는 국가작용을 말한다.
③ 고도의 정치성을 띤 것이므로 통치행위는 입법도 사법도 행정도 아닌 제4의 국가작용이라고도 한다.
④ 통치행위를 인정한다는 것은 법치주의에 대한 제약이다.

    Advice　통치행위는 사법심사의 대상이 되지 않는 국가작용을 말하기 때문에 이를 넓게 인정할수록 법치주의는 제약을 받게 된다. 따라서 오늘날 통치행위는 축소해석되는 경향이 있다. 또한 통치행위는 예외적으로 사법심사의 대상에서 제외되는 국가작용을 말하므로 개괄주의를 채택하고 있는 국가에서 논의의 실익이 있다.

92 법원의 명령·규칙심사권에 관한 다음 기술 중 옳지 않은 것은?

① 대법원은 명령·규칙이 헌법이나 법률에 위반되는가의 여부를 최종적으로 심사할 권한을 가진다.
② 이른바 처분에 대한 심사권은 명령·규칙심사권에 해당하지 않고 행정재판권에 속하는 것이 대부분이다.
③ 법률에 위반된 명령·규칙은 개별적 재판에 있어 그 적용을 거부할 수 있다.
④ 모든 명령·규칙의 심사권과 같이 모든 처분의 심사권도 각급 법원에 속한다.

    Advice　행정소송법에서 정한 행정사건과 다른 법률에 따라 행정법원의 권한에 속하는 사건은 행정법원이 제1심으로 판단한다.

93 위헌명령심사권에 관한 다음 기술 중 옳지 않은 것은?

① 지방자치단체의 규칙과 조례도 심사대상이 된다.
② 개별적 사건에 있어서 적용을 거부함에 그친다.
③ 조약은 명령과 같은 효력이 있으므로 심사대상이 된다.
④ 실질적 헌법은 명령·규칙의 합헌성, 합법성의 심사기준이 된다.

✎Advice 조약은 명령이 아닌 법률과 같은 효력을 갖는 것으로서 위헌법률심사의 대상이 된다.

94 위헌법률심사제청의 절차에 관한 설명으로 옳지 않은 것은?

① 법원은 법률심사의 제청을 할 수 있다.
② 법원이 제청시에는 대법원을 경유하여야 한다.
③ 대법원은 위헌이 아니라고 인정하더라도 하급법원이 제청하면 헌법재판소에 제청하여야 한다.
④ 소송당사자는 법률심사의 제청을 직접 할 수 있다.

✎Advice 소송당사자는 법원의 결정에 따라 제청신청이 기각된 경우에는 헌법소원을 제기할 수 있으나, 직접 헌법
재판소에 위헌법률심사를 제청할 수 없다. 이에는 변호사강제주의가 적용된다.

95 다음에서 잘못 설명된 것은?

① 일반법관은 대법원장이 임명한다.
② 대법관의 임기는 5년이며, 중임할 수 없다.
③ 법관은 징계처분에 의해서는 파면되지 않는다.
④ 우리나라는 사법의 보수화를 막기 위해 법관의 임기제를 채택하고 있다.

✎Advice 대법관의 임기는 6년으로 하며, 법률이 정하는 바에 의하여 연임할 수 있다〈제105조 제2항〉.

96 다음 중 법원의 재판관할권에 속한 것은?

① 조약에 대한 합헌성심사　　　　　　② 명령·규칙에 대한 합헌성심사
③ 국회의원의 징계처분에 대한 쟁송　　④ 대통령의 국무총리임명에 관한 쟁송

✎Advice ①은 헌법재판소의 권한, ③은 권력분립과 국회의 자율권의 보장적 이유에서, ④는 통치행위라는 이유에
서, 각각 법원의 심사대상이 되지 않는다.

97 법원에 제소할 수 있는 것은?

① 국회의원이 자격심사에서 자격이 상실된 때
② 국립학교 학생이 퇴학처분을 당한 때
③ 법관이 헌법재판소의 결정으로 파면된 때
④ 국무위원이 대통령에 의해 파면된 때

> **Advice** 특별권력관계에 있어서의 처분을 사법적 심사의 대상으로 할 수 있는가에 관해서는 학설이 대립하고 있다. 비록 특별권력관계일지라도 그 내부규율에 그치지 아니하고 일반국민으로서 향유하는 공권에 영향을 미칠 때에는 행정소송이 가능하다고 보는 것이 일반적이다.

98 다음 중 옳지 않은 것은?

① 외국인의 법적 지위보장에는 상호주의원칙이 적용된다.
② 대통령은 조국의 평화적 통일을 위한 성실한 의무를 진다.
③ 국내법 효력을 갖는 조약은 성립, 절차, 적용이 헌법에 적합해야 한다.
④ 명령 또는 규칙과 동일한 효력을 가지는 조약의 위헌성 여부는 반드시 헌법재판소가 관할한다.

> **Advice** 헌법재판소는 법률의 효력을 갖는 조약의 위헌 여부를 심사하며, 명령·규칙과 동일한 효력을 가지는 조약의 위헌 여부는 각급 법원이 관할한다.

99 현행 헌법상 옳지 않은 것은?

① 대법원의 법관의 수는 법률로 정한다.
② 법관이 중대한 심신상의 장해로 직무를 수행할 수 없을 때에는 법률이 정하는 바에 의하여 퇴직하게 할 수 있다.
③ 대법원장인 법관은 대통령이 법관추천회의의 제청을 얻은 자를 국회의 동의를 얻어 임명한다.
④ 대법원장이 궐위되면 선임대법관이 그 권한을 행한다.

> **Advice** 대법원장은 대통령이 국회의 동의를 얻어 임명한다.

100 1948년 7월에 제정된 우리나라의 건국헌법에 규정이 전혀 없었던 것은?

① 군사법원의 헌법적 근거　　　　② 영토규정
③ 중요공무원에 대한 탄핵제도　　④ 법률의 위헌 여부의 심사제도

> **Advice** 군사법원(군법회의)에 관한 헌법적 근거는 제2차 개헌으로 헌법상 명문화되었다.

101 헌법의 내용에 비추어 바르지 않은 것은?

① 대법원장의 임명권자는 대통령이다.
② 법원의 종류나 심급제를 명문으로 두고 있다.
③ 대법원에는 대법관이 아닌 법관을 둘 수 있다.
④ 법관정년의 법정주의를 헌법에 명문화하고 있다.

Advice 우리 헌법에서는 심급제를 명문으로 규정하고 있지 아니하다. 법원은 최고법원인 대법원과 각급 법원으로 조직된다고만 밝히고 심급제는 법률로 규정하고 있다.

102 현행 헌법하에서 채택이 가능한 재판재도는?

① 대법원에 상고할 수 없는 행정재판
② 법률심에도 배심원을 참가시키는 재판제도
③ 대통령령선거소송의 단심제
④ 형사피고인의 묵비권을 인정하지 않는 형사재판

Advice ① 대법원은 최고법원으로서 행정소송의 종심이다.
② 배심원이 사실의 판정에만 관여하고 법률판단에는 참여하지 않는 한 합헌이라는 것이 통설이다.
④ 형사피고인의 묵비권은 헌법 제12조 제2항상의 기본권이다.

103 현행법상 대통령과 국회의원 선거소송에 관한 설명 중 맞는 것은?

① 선거소송과 당선소송은 심급절차를 밟을 필요없이 직접 대법원에 제기해야 한다.
② 선거소송만은 심급절차를 밟아야 하지만 당선소송만은 직접 대법원에 제기해야 한다.
③ 대통령의 선거소송은 대법원에서, 국회의원의 선거소송은 하급법원에서 심판한다.
④ 모든 선거소송은 중앙선거관리위원회에서 심판한다.

Advice 대법원은 상고심, 명령·규칙의 위헌·위법여부의 최종심사, 위헌법률심판의 제청, 선거소송 등을 관할한다. 대법원은 특히 다음 사건을 종심으로 심판한다〈법원조직법 제14조〉.
㉠ 고등법원 또는 항소법원, 특허법원의 판결에 대한 상고사건
㉡ 항고법원, 고등법원 또는 항소법원, 특허법원의 결정·명령에 대한 재항고사건
㉢ 다른 법률에 따라 대법원의 권한에 속하는 사건(공직선거법에 의한 선거소송사건, 지방자치법에 의한 기관소송사건)

 **Answer** 97.② 98.④ 99.③ 100.① 101.② 102.③ 103.①

104 우리 헌법에서 채택하지 않은 것은?

① 대법원에 상고되지 않은 법원의 설치
② 대법원의 규칙제정
③ 법관에 대한 탄핵소추
④ 법령의 실질적 심사권

Advice 특별법원의 개념을 그 권한의 제한, 관할대상의 특수성, 법원존립의 임시성으로 이해하는 것이 아니라 최고법원에의 항소가 인정되지 않거나 헌법이 규정하는 법관의 자격 내지 일반법원의 독립성에 관련되는 제규정이 인정되지 않는 법원, 즉 예외법원으로 이해할 경우 헌법상 명문의 근거가 있는 군사법원을 제외하고는 그 설치를 인정할 수 없다.

105 법원조직법상의 법원이 아닌 것은?

① 대법원
② 군사법원
③ 고등법원
④ 지방법원

Advice 군사재판을 관할하기 위하여 특별법원으로 둔 군사법원법은 헌법 제110조 제1항에서 명문으로 규정하고 있다.

※ **법원조직법상 법원** … 대법원, 고등법원, 특허법원, 지방법원, 가정법원, 행정법원의 6종이다〈법원조직법 제3조 제1항〉.

106 우리 헌법상 법원에 관한 기술 중 옳은 것은?

① 대법관과 일반법관의 임명절차는 다르다.
② 재판의 심리와 판결은 법원의 결정으로 공개하지 않을 수 있다.
③ 법률의 개정만으로 고등법원과 지방법원의 이심제로 할 수 있다.
④ 법관의 정년은 65세이고 헌법상 이를 명시하고 있다.

Advice ① 대법관은 대법원장의 제청으로 국회의 동의를 얻어 대통령이 임명하고, 일반법관은 대법관회의의 동의를 얻어 대법원장이 임명한다.
② 판결은 반드시 공개해야 한다.
③ 대법원은 반드시 두어야 한다.
④ 헌법에는 법관의 정년에 관한 것은 법률로 정하도록 되어 있다. 이에 따라 법관의 정년은 법원조직법에서 정하고 있다.

107 법원의 조직에 관한 설명 중 헌법에 위배되는 것은?

① 군법위반사건을 대법원이 종심으로 재판하는 것
② 노동법원을 종심으로 하는 것
③ 행정법원을 독립시켜 상고심을 대법원으로 하는 것
④ 선거소송을 대법원이 단심으로 심판하는 것

 ② 대법원에 연결되지 않는 특별법원의 설치는 헌법의 개정없이는 불가능하다.

108 다음의 법원에 관한 기술 중 가장 옳은 것은?

① 재판의 심리와 판결은 법원의 결정으로도 공개하지 아니할 수 없다.
② 법원의 조직에 있어서 대법원은 반드시 두어야 한다.
③ 심판의 합의과정은 재판공개의 원칙에 당연히 포함된다.
④ 법관은 탄핵에 의하여서만 파면된다.

 ① 재판의 심리만은 법원의 결정으로 공개하지 않을 수 있다.
③ 심판의 합의과정, 공판준비절차, 비송사건절차, 결정이나 명령은 재판공개의 원칙에 당연히 포함되지는 아니한다.
④ 법관의 자격상실은 탄핵 외에 금고 이상의 형벌의 선고에 의한 파면으로 가능하다.

109 우리 헌법상 법원의 조직에 관한 다음 기술 중 옳은 것은?

① 법률로써 고등법원을 상고심으로 할 수 있다.
② 대법원에 연결되지 않는 특별법원은 설치할 수 없다.
③ 대법원과 연결되는 하급법원에는 고등법원, 지방법원뿐이다.
④ 법률을 개정해도 고등법원을 폐지할 수 없다.

 대법원에 연결되지 않은 특별법원의 설치는 헌법의 개정없이는 불가능하다〈제101조〉.

110 대법원에 관한 설명으로 맞는 것은?

① 군사법원재판의 상고심법원은 아니다.
② 대법관회의는 재판기관이다.
③ 국회의원 선거소송에 대하여는 시심이며, 종심법원이다.
④ 행정부에 대하여 아무런 견제수단도 갖지 않는다.

 ① 군사재판의 상고심은 대법원이 관장한다.
② 대법관회의는 재판기관이 아니고 대법관 전원으로 구성되며, 대법원장이 의장이 되는 의결기관이다.
④ 행정부에 대해서는 위헌·위법의 명령·규칙심사권 등 견제수단을 갖고 있다.

**Answer** 104.① 105.② 106.① 107.② 108.② 109.② 110.③

111 법관의 독립에 관한 기술 중 옳지 않은 것은?

① 법관의 자격제는 직무상 독립의 중요한 내용이다.

② 법과 양심에 따른 심판은 법관의 직무상 독립의 내용이다.

③ 대통령이 국회의 동의를 얻어 대법원장을 임명하는 것은 법관의 독립에 대한 침해라고 볼 수 없다.

④ 법관의 신분상의 독립은 직무상의 독립을 보장하기 위한 전제조건이다.

Advice ① 법관의 자격제, 법관의 인사의 독립, 법관의 임기보장 등은 법관의 인적 독립의 내용이다.

112 사법부독립과 가장 관계없는 것은?

① 법원의 위헌법률심사권   ② 법관의 신분보장

③ 대법원의 규칙제정권   ④ 법관의 겸직금지

Advice 법률심사권의 귀속주체는 특별히 헌법재판소를 설치하는 경우, 일반법원 내에 특별한 조직을 설정하는 경우 및 일반법원에 의한 경우가 있으며 우리나라는 법원이 아닌 헌법재판소에 위헌법률심사권을 귀속시키는 유형 즉, 독일과 오스트리아의 예를 따르고 있다. 법원의 위헌법률심사권은 사법권의 독립과 직접적 관계는 없다.

113 사법권의 독립에 관한 설명 중 옳지 않은 것은?

① 법관은 양심에 따라 재판한다.

② 법관의 자격은 법률로 정한다.

③ 법관의 물적 독립은 결국 인적 독립을 위한 것이라 할 수 있다.

④ 법원의 독립도 공정한 재판을 위하여 필요하다.

Advice 법관의 인적 독립(신분상 독립)은 물적 독립(재판상 독립)을 위한 것이다.

114 사법권의 독립과 관련하여 옳지 않은 것은?

① 재판의 공정을 기하려는 것이다.

② 재판관의 직무상의 독립을 보장하려는 것이다.

③ 재판의 특수성을 감안하여 기술적 분업화의 일환으로 채택한 것이다.

④ 사법부가 다른 국가기관의 불법·부당한 압력을 받지 않도록 하자는 것이다.

Advice 사법권독립의 궁극적인 목표는 재판의 공정을 통한 인권보장이며, 통치권의 기능적 분업화가 그 목적이라고는 할 수 없다.

115 사법권독립에 관하여 옳지 않은 것은?

① 법관의 헌법, 법률 및 양심에 따른 심판은 사법권독립의 기본이다.
② 법원의 조직과 법관의 자격을 법률로 정함은 사법권독립의 침해이다.
③ 국회의 법관탄핵소추권은 사법권독립에 대한 예외이다.
④ 사법권독립은 법관의 재판의 독립에 의해 기본권을 보장하려는 것이다.

Advice 법원의 조직과 법관자격의 법정주의는 사법권의 독립상 요청되는 것이다.

116 다음 중 법관자격의 상실사유가 아닌 것은?

① 탄핵에 의한 파면　　　　　　　　② 자의에 의한 사직
③ 직위해제로 인한 당연퇴직　　　　④ 금고 이상의 형의 선고에 의한 파면

Advice ③ 법관이 직위해제된다 하여 당연히 퇴직되는 것은 아니다. 법관은 탄핵 또는 금고 이상의 형의 선고에
의하지 아니하고는 파면되지 아니한다.

117 헌법 제103조는 "법관은 양심에 따라 심판한다."고 하였는데, 여기의 '양심'에 관한 기술 중 타당한 것은?

① 법관 개인의 논리관에 의거하여 판단하는 것이다.
② 법관 개인이 정치적으로 정당하다고 믿는 판단을 말한다.
③ 법관이 하나의 사회인으로서 정당하다고 믿는 판단을 말한다.
④ 법관이 자기의 신조에 반하는 경우일지라도 헌법과 법률에 따라 판단하는 것이다.

Advice 법관이 재판과정에서 따라야 할 양심은 '개인으로서의 양심'이 아니고 '직업인으로서 가지는 객관적 양심'이
어야 한다.

118 헌법상 헌법재판소의 관장 사항이 아닌 것은?

① 탄핵심판　　　　　　　　　　　② 정당해산심판
③ 위헌법률심판　　　　　　　　　④ 사면 · 감형과 복권

Advice 사면 · 감형과 복권은 국무회의 심의사항이다〈제89조〉.

Answer　　111.① 112.① 113.③ 114.③ 115.② 116.③ 117.③ 118.④

119 법관의 임기에 관하여 다음 중 옳지 않은 것은?

① 법관의 정년은 법률로 정한다.

② 대법원장이 아닌 법관은 연임될 수 있다.

③ 대법원장의 임기는 6년이며, 중임할 수 없다.

④ 대법관의 수는 대법원장을 포함하여 13인으로 한다.

> **Advice** ④ 대법관의 수는 대법원장을 포함하여 14명으로 한다〈법원조직법 제4조 제2항〉.
>
> ※ 법원조직의 임기 · 연임 · 정년〈법원조직법 제45조〉

구분	임기	연임	정년
대법원장	6년	중임 불가	70세
대법관	6년	연임 가능	70세
판사	10년	연임 가능	65세

120 법원조직법상 법원의 조직에 대한 설명이 잘못된 것은?

① 대법원의 심판권은 대법관 전원의 3분의 2 이상의 합의체에서 행한다.

② 대법원에는 재판연구관을 둔다.

③ 사법보좌관은 대법원에 두는 특별직원이다.

④ 법정의 존엄과 질서유지, 법원청사의 방호를 위해 대법원과 각급 법원에 법원보안관리대를 둔다.

> **Advice** ③ 대법원과 각급 법원에 민사소송법상 소송비용액 · 집행비용액 확정결정절차, 독촉절차 등 법원의 사무를 수행하는 사법보좌관을 둘 수 있다〈동법 제54조〉.
>
> ① 법원조직법 제7조 제1항
>
> ② 법원조직법 제24조 제1항.
>
> ④ 법원의 경비를 위해 유형력을 행사할 수 있는 법원보안관리대가 신설되었다〈동법 제55조의2〉.

121 헌법소원의 대상에 대한 다음 설명 중 옳지 않은 것은?

① 행정규칙의 경우에도 그것이 상위법령의 위임한계를 벗어나지 아니하는 한, 상위법령과 결합하여 대외적인 구속력을 갖는 법규명령으로서 기능하게 되는데, 이러한 경우 직접 기본권을 침해받았다면 헌법소원의 대상이 된다.

② 공정거래위원회의 심사불개시 결정은 공권력 행사에 해당한다.

③ 감사원의 국민감사청구에 대한 기각결정은 공권력주체의 고권적 처분이라는 점에서 헌법소원의 대상이 될 수 있는 공권력행사라고 볼 수 있고 따라서 헌법소원의 대상이 된다.

④ 피해자와 피의자는 검사의 불기소처분 등에 대해서 법원에 재정신청을 할 수 있게 되어 보충성의 원칙에 따라 헌법소원을 제기할 수 없게 되었다.

Advice ④ 개정된 형사소송법에서는 검사의 불기소처분통지를 받은 고소인(형법 제123조 내지 제125조의 죄에 대하여는 고발을 한 자)은 검찰 항고를 거친 후 법원에 불기소처분의 당부에 관하여 재정신청을 할 수 있도록 하였으나(개정 형사소송법 제260조 제1항, 제2항) 이와 같이 재정신청을 한 경우에는 헌법재판소법 제68조 제1항이 법원의 재판을 헌법소원심판의 대상에서 제외하고 있으므로 헌법재판소에 헌법소원심판청구는 할 수 없다. 다만, 불기소처분이 재정신청이 되지 않거나 적절한 구제수단이 없는 경우에는 헌법소원심판을 청구할 수 있다.
① 헌재 1992.6.26. 91헌마25
② 헌재 2004.3.25. 2003헌마404
③ 헌재 2006.2.23. 2004헌마414

122 다음 중 우리나라 헌법재판소의 운영에 관한 기술로서 옳지 않은 것은?

① 헌법소원절차에서 변호사자격이 없는 사람은 변호사를 반드시 선임하지 않으면 안된다.
② 심판부는 재판관 7인 이상의 출석으로 사건을 심리한다.
③ 탄핵심판, 정당해산심판, 권한쟁의심판은 서면심리에 의한다.
④ 재판관 3인으로 구성된 지정재판부는 헌법소원의 사전심사를 담당한다.

Advice ③은 구두변론에 의하고 위헌법률심판과 헌법소원에 관한 심판은 서면심리에 의한다〈헌법재판소법 제30조 제2항〉.

123 헌법재판소에 관한 설명 중 옳은 것은?

① 헌법재판소의 장과 재판관은 국회의 동의를 얻어 대통령이 임명한다.
② 헌법재판소의 헌법소원 이외의 인용결정 및 권한쟁의결정에는 재판관 6인 이상의 찬성이 있어야 한다.
③ 일정직의 공무원에 대한 탄핵심판에 있어서는 국회의장이 소추위원이 된다.
④ 헌법재판소에 심판청구를 하는 사인은 변호사자격이 있거나, 변호사를 대리인으로 하여서만 가능하다.

Advice ① 헌법재판소 재판관은 국회동의없이 임명한다.
② 권한쟁의는 7인 이상이 출석하여 심리하며, 종국심리에 관여한 재판관의 과반수 이상의 찬성으로 결정한다.
③ 탄핵심판에서는 국회 법제사법위원장이 소추위원이 된다〈헌법재판소법 제49조 제1항〉.

124 다음 기술 중 올바른 것은?

① 헌법에 타당한 입법기술은 일반법률의 경우와 동일하다.
② 헌법의 규범성은 경합하는 정치세력의 투쟁과 타협의 결과임에 기인한다.
③ 헌법재판제도를 통하여 헌법이 최고규범이라는 점이 간접적으로 확인된다.
④ 헌법에 요구되는 완결성의 결과내용의 폐쇄성이 필요하다.

Advice 현행 헌법에는 헌법이 최고규범이라는 명문규정이 없고, 부칙 제5조에서 이 헌법시행 당시의 법령과 조약은 이 헌법에 위배되지 아니하는 한 그 효력을 지속한다고 하며 간접적으로 최고규범임을 확인한다.

Answer   119.④   120.③   121.④   122.③   123.④   124.③

125 헌법재판소 재판관과 중앙선거관리위원회 위원에 관한 설명 중 서로 공통되지 않는 것은?

① 장은 대통령이 임명한다.
② 임기는 6년이다.
③ 위원은 정당에 가입하거나 정치에 관여할 수 없다.
④ 위원은 탄핵 또는 금고 이상의 형의 선고에 의하지 아니하고는 파면되지 아니한다.

Advice 헌법재판소 재판관과 중앙선거관리위원회 위원의 비교

	기준	헌법재판소 재판관	중앙선거관리위원회 위원
차이점	자격	법관의 자격이 있는 자	자격 제한 없음
	기관의 장	국회의 동의를 얻어 대통령이 임명	위원 중에서 호선
	임명	재판관 9인. 대통령이 임명(형식적 임명권)	위원 9인으로 구성되고 그 중 3인만 대통령이 임명
공통점	구성원	9인으로 구성	
	임기	6년	
	연임	가능	
	신분보장	탄핵 또는 금고 이상의 형의 선고에 의하지 아니하고는 파면당하지 아니함	
	정치적 중립성	정당가입이나 정치활동금지	

126 다음의 우리나라 헌법재판기관의 구성에 관한 연결 중 잘못된 것은?

① 건국헌법 – 대법원
② 제2공화국 헌법 – 헌법재판소
③ 제3공화국 헌법 – 대법원
④ 제4·5공화국 헌법 – 헌법위원회

Advice 우리나라의 헌법재판기관의 변천

구분	헌법재판기관	관장사항
건국헌법	헌법위원회	위헌법률심판
	탄핵재판소	탄핵심판
	대법원	일정한 권한쟁의
제2공화국 헌법 (1960)	헌법재판소	위헌법률심판, 탄핵심판, 정당해산심판, 권한쟁의심판, 대통령, 대법원장 – 대법관의 선거에 관한 소송
제3공화국 헌법 (1962)	대법원	위헌법률심판, 정당해산, 선거소송
	탄핵심판위원회	탄핵심판
제4·5공화국 헌법	헌법위원회	위헌법률심판, 탄핵심판, 정당해산심판
현행 헌법(1988)	헌법재판소	위헌법률심판, 탄핵심판, 정당해산심판, 권한쟁의심판, 헌법소원심판

127 우리나라의 헌법재판소에 관한 설명 중에서 맞는 것은?

① 헌법재판소는 그 재량에 따라서 어떤 법률이든지 임의로 심사할 수 있다.
② 헌법재판소는 명령에 대한 위헌 여부의 심사권도 가지고 있다.
③ 헌법재판소의 재판관은 모두 헌법상 반드시 법관의 자격을 구비하여야 하는 것은 아니다.
④ 헌법재판소에서 위헌으로 결정된 법률은 형벌법규를 제외하고 장래를 향해서만 효력을 상실한다.

Advice ① 법원의 제청으로 심사한다.
② 명령의 위헌 여부는 원칙으로 각급 법원의 권한이다.
③ 모두 법관의 자격을 구비하여야 한다.

128 헌법재판소와 의회간의 견제기능을 설명한 것 중 옳지 않은 것은?

① 국회의 헌법재판소 예산심의권
② 국회법률의 위헌심판기능
③ 위헌정당해산심판권
④ 국회의원 제명처분을 헌법소원의 대상이 되도록 하는 것

Advice ④ 의원의 제명처분에 대해서는 법원에 제소할 수 없다〈제64조〉.

129 위헌법률심판제도에 관한 설명 중 옳은 것은?

① 대법원은 법률의 위헌성결정기관이다.　　② 대법원은 법률의 합헌성결정기관이다.
③ 대법원은 위헌법률심사제청기관이다.　　④ 대법원은 협의의 헌법재판기관이다.

Advice ①② 대법원은 법률의 위헌이나 합헌은 결정할 수 없다.
③ 위헌제청신청이 있는 경우에는 헌법재판소에 제청하여야 할 뿐이다.

130 위헌법률심사에 관한 설명 중 옳지 않은 것은?

① 제청자는 오직 대법원장일 뿐이다.
② 위헌 여부결정의 제청시 당해 사건의 재판은 정지된다.
③ 대상에는 법률, 법률과 같은 효력을 지닌 조약 등이 포함된다.
④ 심사제청에는 구체적 사건성과 재판의 전제가 있어야 한다.

Advice ① 위헌법률심사제청은 각급 법원이 한다.

 **Answer**　　125.① 126.① 127.④ 128.④ 129.③ 130.①

131 위헌심사권에 관한 기술 중 옳지 않은 것은?

① 영국과 같은 연성헌법을 갖는 국가에서는 위헌심사권의 문제는 처음부터 생기지 않는다.

② 최종적인 위헌법률심사권은 대법원에 있지 않다.

③ 조약의 국내적 효력에 있어서 이원론에 따르면 조약에 위헌심사권이 미치느냐의 여부의 문제가 생긴다.

④ 위헌심사제를 유지하는 취지는 헌법의 최고법규성의 담보, 기본적 인권의 확보에 있다.

🐑**Advice** 국제법과 국내법의 효력을 별개의 것으로 보는 이원론과 일원론 중 조약우위론에서는 조약의 헌법저촉이라는 문제는 논리상 발생할 수 없으나, 일원론 중 헌법우위론에서는 문제된다.

132 우리나라의 위헌법률심사제도에 관한 설명 중 옳은 것은?

① 위헌법률심판의 제청은 직권 또는 당사자의 신청에 의한 결정에 의해 당해 사건을 담당하는 법원이 행한다.

② 헌법재판소는 위헌심사의 대상이 되는 법률에는 폐지된 법률은 제외된다고 명백히 밝혔다.

③ 헌법재판소의 법률의 위헌결정은 구체적·개별적 효력을 가진다.

④ 법원은 소송당사자가 위헌법률이라고 주장하면 반드시 이에 응하여 헌법재판소에 제청할 의무가 있다.

🐑**Advice** ② 폐지된 법률의 위헌 여부가 관련 소송사건의 재판의 전제가 되어 있다면 위헌심판의 대상이 된다(헌재 2015.5.12, 2015헌바173).
③ 당해 사건에만 무효로 되지 않고, 법률 또는 법률의 조항이 일반적으로 효력을 상실한다.
④ 반드시 응해야 할 의무는 없다.

133 위헌법률심사제도의 기능에 관하여 타당하지 않은 것은?

① 헌법의 입장에서 국가의사의 형성을 통제하고 통합한다.

② 간접적으로 헌법개정의 결과를 가져오는 것을 방지한다.

③ 권력의 통제와 균형에 의하여 개인의 자유를 수호한다.

④ 민주정치의 본질인 소수자의사의 희생을 전제로 한 다수결의 실현을 위한 것이다.

🐑**Advice** ④ 법률은 다수에 의해 제정되기 때문에 법률에 대한 위헌심사는 결국 소수자를 보호하기 위한 것이다.

134 헌법재판의 변형결정에 관한 기술 중 타당하지 않은 것은?

① 조건부위헌결정과 헌법불합치결정은 변형결정이 아니다.

② 변형결정에는 국회의 입법권을 존중하려는 의도가 있다.

③ 변형결정은 법적 안정성을 유지하기 위하여도 행하여진다.

④ 위헌적 법률의 효력을 일정기간 유지시킬 필요가 있을 때에도 변형결정이 행하여진다.

Advice ① 변형결정이다.

135 다음 헌법재판소의 관장사항 중 그 결정에 재판관 6인 이상의 찬성을 요하지 않는 것은?

① 정당해산의 결정

② 헌법소원에 관한 인용결정

③ 권한쟁의에 관한 심판의 결정

④ 탄핵의 결정

Advice ③ 권한쟁의심판은 9인의 재판관 중 7인 이상이 출석하여 심리하며, 종국심리에 관여한 재판관의 과반수 이상의 찬성으로 결정한다.
※ 제113조 ⋯ 헌법재판소에서 법률의 위헌결정, 탄핵의 결정, 정당해산의 결정 또는 헌법소원에 관한 인용결정을 할 때에는 재판관 6인 이상의 찬성이 있어야 한다.

136 기관간 권한쟁의소송에 관한 다음 기술 중 옳지 않은 것은?

① 국가기관 또는 지방자치단체가 소송당사자이다.

② 국가기관 또는 지방자치단체가 자기의 권한을 정당화시켜주는 주관적 소송이지 직무행위를 합리적으로 분배하기 위한 것이 아니다.

③ 국가기관과 지방자치단체의 권한의 존부 또는 그 범위에 관하여 적극적 · 소극적 관할상의 분쟁을 조정하기 위한 것이다.

④ 권한쟁의심판은 사전적 헌법보장의 성격이 있다.

Advice 권한쟁의심판이라 함은 국가기관 상호간이나, 국가기관과 지방자치단체간 또는 지방자치단체 상호간에 헌법적 권한과 의무의 존부나 범위에 관하여 분쟁이 발생한 경우에 독립적 지위를 가진 제3의 기관이 그 권한의 존부나 범위 등을 명백히 밝힘으로써 기관간의 분쟁을 해결하는 제도를 말한다.
② 권한쟁의소송은 국가기관의 기능수행을 원활히 하고 국가기관 상호간의 견제와 균형의 원리가 실현되게 하려는 데 목적이 있는 객관적 소송이다.

137 탄핵제도의 설명 중 옳은 것은?

① 국회의원도 탄핵의 대상이 된다.

② 탄핵소추의 의결은 법원이 행한다.

③ 탄핵결정으로 민사 · 형사책임이 면제된다.

④ 직무집행에 있어서 헌법이나 법률을 위반한 경우에는 탄핵사유가 된다.

Advice ① 국회의원은 제외된다.
② 국회가 행하고 소추위원은 법제사법위원장이 된다.
③ 탄핵결정은 공직으로부터의 파면에 그치고 민 · 형사상 책임은 별도로 문제된다.

Answer 131.③ 132.① 133.④ 134.① 135.③ 136.② 137.④

138 헌법재판소 권한 중 권한쟁의의 대상이 되지 않는 것은?

① 정부와 감사원
② 정부와 중앙선거관리위원회
③ 국회와 정부
④ 국회와 법원

   Advice   헌법재판소는 국가기관(국회 · 정부 · 법원 · 중앙선거관리위원회) 상호간, 국가기관과 지방자치단체(특별시 · 광역시 · 도 · 시 · 군 · 자치구)간 및 지방자치단체 상호간의 권한쟁의에 관한 심판을 관장한다.

139 다음 권한쟁의에 관한 기술 중 타당하지 않은 것은?

① 헌법은 특별히 권한쟁의의 심판 권한을 법원의 권한에 속하는 기관소송과 달리 헌법재판소에 맡기고 있다.
② 헌법재판소는 권한의 존부와 범위에 관하여만 판단할 뿐이다.
③ 헌법재판소의 관장사항으로서의 권한쟁의는 적극적 쟁의만을 그 내용으로 한다.
④ 권한쟁의심판은 그 사유가 있음을 안 날로부터 60일 이내에, 그 사유가 있은 날로부터 180일 이내에 청구하여야 한다.

   Advice   국가기관 상호간 그 권한의 존부와 행사를 둘러싼 다툼을 해결하기 위한 제도로서 헌법재판소가 관장하는 권한쟁의심판제도와 행정소송법에 의하여 법원이 관할하는 기관소송제도가 있다.
    ③ 권한쟁의는 적극적 쟁의와 소극적 쟁의를 그 내용으로 한다. 전자는 특정사항이 자신의 관할에 속한다는 다툼이고, 후자는 특정사항이 자신의 관할에 속하지 아니한다는 것에 대한 다툼이다.
    ④ 헌법재판소법 제63조 제1항

140 헌법소원에 대한 헌법재판소의 결정으로 옳지 않은 것은?

① 헌법소원의 대상이 되는 공권력의 행사라 하더라도 다른 법률이 정한 구제절차를 모두 거친 후에야 비로소 헌법소원심판을 청구할 수 있다.
② 검사의 불기소처분에 불복하여 재정신청 절차를 거침으로써 그 불기소처분에 대해 이미 법원의 재판을 받은 경우에는 그 재판이 취소되지 않는 이상 그 불기소처분 자체는 헌법소원심판의 대상이 되지 아니한다.
③ 진정에 따라 이루어진 진정사건의 종결처리는 구속력이 없는 진정사건에 대한 수사기관의 내부적 사건처리방식에 지나지 않으므로 헌법소원심판의 대상이 되는 공권력의 행사라고 할 수 없다.
④ 건축물대장의 말소행위는 원칙적으로 건축물 소유자의 권리관계에 영향을 미치고 특별한 사정이 없는 이상 이로 인하여 청구인의 기본권이 새로이 제한되는 형성적 효력이 발생하기 때문에 헌법소원의 대상이 된다.

   Advice   ④ 건축물대장의 말소행위의 경우에도 원칙적으로 건축물 소유자의 권리관계에 영향을 미친다고 보기 어렵기 때문에, 특별한 사정이 없는 이상 이로 인하여 청구인의 기본권이 새로이 제한되는 형성적 효력이 발생한다고 볼 수는 없다(헌재 2004.1.29. 2002헌마235).
    ① 헌법재판소법 제68조 제1항 단서, 헌재 2015.6.25. 2015헌마585
    ② 헌재 2015.6.16. 2015헌마588
    ③ 헌재 2015.6.2. 2015헌마474

141 국회 의사공개의 원칙과 관련된 다음 설명 중 가장 옳지 않은 것은? (다툼이 있는 경우 헌법재판소 결정에 의함)

① 우리 헌법은 제50조 제1항 본문에서 "국회의 회의는 공개한다"라고 하여 국회 의사공개의 원칙을 천명하고 있다.

② 헌법 제50조 제1항 본문의 국회 의사공개의 원칙은 위원회나 소위원회의 회의에는 적용되지 않는다.

③ 국민은 헌법상 보장된 알권리의 한 내용으로서 국회에 대하여 입법과정의 공개를 요구할 권리를 가지며, 국회의 의사에 대하여는 직접적인 이해관계 유무와 상관없이 일반적 정보공개청구권을 가진다.

④ 의사공개의 원칙 및 알권리는 절대적인 것이 아니므로 헌법유보 조항인 헌법 제21조 제4항과 일반적 법률유보 조항인 헌법 제37조 제2항에 의하여 제한될 수 있고, 헌법 제50조 제1항 단서에 의해 출석의원 과반수의 찬성이 있거나 의장이 국가의 안전보장을 위하여 필요하다고 인정할 때에는 회의를 공개하지 아니할 수 있다.

  ✿Advice ② 오늘날 국회기능의 중점이 본회의에서 위원회로 이동하여 위원회 중심으로 운영되고 있고, 법안 등의 의안에 대한 실질적인 심의가 위원회에서 이루어지고 있는 현실에서, 헌법 제50조 제1항 본문이 천명한 국회 의사공개의 원칙은 위원회의 회의에도 적용되며, 소위원회의 회의에도 당연히 적용되는 것으로 보아야 한다(헌재 2009.9.24, 2007헌바17).
      ① 헌재 2009.9.24, 2007헌바17
      ③ 헌재 2009.9.24, 2007헌바17
      ④ 헌재 2009.9.24, 2007헌바17

142 대통령에 대한 다음 설명 중 가장 옳지 않은 것은?

① 대통령후보자가 1인일 때에는 그 득표수가 선거권자 총수의 2분의 1 이상이 아니면 대통령으로 당선될 수 없다.

② 대통령 선거에 있어서 최고득표자가 2인 이상인 때에는 국회의 재적의원 과반수가 출석한 공개회의에서 다수표를 얻은 자를 당선자로 한다.

③ 대통령이 궐위되거나 사고로 인하여 직무를 수행할 수 없을 때에는 국무총리, 법률이 정한 국무위원의 순서로 그 권한을 대행한다.

④ 대통령이 궐위된 때 또는 대통령 당선자가 사망하거나 판결 기타의 사유로 그 자격을 상실한 때에는 60일 이내에 후임자를 선거한다.

  ✿Advice ① 대통령후보자가 1인일 때에는 그 득표수가 선거권자 총수의 3분의 1이상이 아니면 대통령으로 당선될 수 없다(헌법 제67조 제3항).
      ② 헌법 제67조 제2항
      ③ 헌법 제71조
      ④ 헌법 제68조 제2항

 **Answer**   138.①   139.③   140.④   141.②   142.①

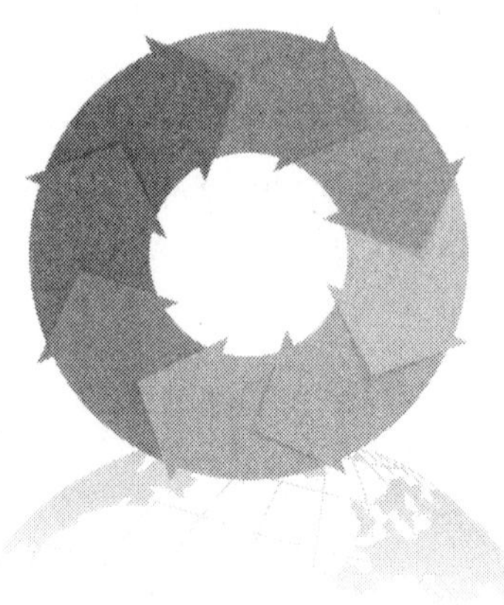

합격에 한 걸음 더 가까이!

부록으로 2016년에 시행된 법원직 및 국회직 최근 기출문제를 수록하였습니다. 기출문제 풀이를 통해 시험경향 파악과 최종 마무리를 할 수 있도록 꼼꼼한 해설을 함께 넣어 구성 하였습니다.

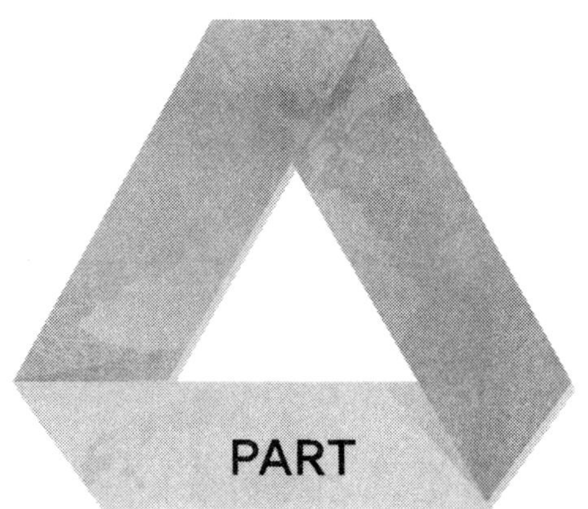

부록

최근기출문제분석

01. 2016. 3. 5 법원직 9급
02. 2016. 8. 13 국회직 9급

01

2016. 3. 5 법원직 9급

1 1987. 10. 29. 개정된 현행 우리 헌법의 전문(前文)에서 명시적으로 언급하고 있지 않은 것은?

① 조국의 민주개혁
② 경제의 민주화
③ 세계평화와 인류공영
④ 국민생활의 균등한 향상

Advice 대한민국헌법 전문[시행 1988.2.25.] [헌법 제10호, 1987.10.29., 전부개정]

유구한 역사와 전통에 빛나는 우리 대한국민은 3·1운동으로 건립된 대한민국임시정부의 법통과 불의에 항거한 4·19민주이념을 계승하고, <u>조국의 민주개혁</u>과 평화적 통일의 사명에 입각하여 정의·인도와 동포애로써 민족의 단결을 공고히 하고, 모든 사회적 폐습과 불의를 타파하며, 자율과 조화를 바탕으로 자유민주적 기본질서를 더욱 확고히 하여 정치·경제·사회·문화의 모든 영역에 있어서 각인의 기회를 균등히 하고, 능력을 최고도로 발휘하게 하며, 자유와 권리에 따르는 책임과 의무를 완수하게 하여, 안으로는 <u>국민생활의 균등한 향상</u>을 기하고 밖으로는 항구적인 <u>세계평화와 인류공영</u>에 이바지함으로써 우리들과 우리들의 자손의 안전과 자유와 행복을 영원히 확보할 것을 다짐하면서 1948년 7월 12일에 제정되고 8차에 걸쳐 개정된 헌법을 이제 국회의 의결을 거쳐 국민투표에 의하여 개정한다.

2 대한민국 국적(國籍)에 관한 다음 설명 중 옳은 것은 모두 몇 개인가?(다툼이 있는 경우 헌법재판소 결정에 의함)

> 가. 대한민국의 국민이 되는 요건은 법률로 정한다.
> 나. 외국인인 개인이 특정한 국가의 국적을 선택할 권리가 우리 헌법상 당연히 인정된다고는 할 수 없다.
> 다. 출생 당시에 부 또는 모가 대한민국의 국민인 자는 출생과 동시에 대한민국 국적을 취득한다.
> 라. 외국인이 복수국적을 누릴 자유는 헌법상 행복추구권에 의하여 보호되는 기본권에 해당하지 않는다.

① 1개
③ 3개
② 2개
④ 4개

Advice 가. 대한민국의 국민이 되는 요건은 법률로 정한다〈제2조 제1항〉.

나. 외국인인 개인이 특정한 국가의 국적을 선택할 권리가 자연권으로서 또는 우리 헌법상 당연히 인정된다고는 할 수 없다(헌재 2006.3.30. 2003헌마806).

다. 출생 당시에 부(父)또는 모(母)가 대한민국의 국민인 자에 해당하는 자는 출생과 동시에 대한민국 국적(國籍)을 취득한다〈국적법 제2조 제1항 제1호〉.

라. 외국인이 복수국적을 누릴 자유가 우리 헌법상 행복추구권에 의하여 보호되는 기본권이라고 보기 어려우므로, 외국인의 기본권주체성 내지 기본권침해가능성을 인정할 수 없다(헌재 2014.6.26. 2011헌마502).

3 언론·출판의 자유에 있어 검열금지원칙에 관한 다음 설명 중 가장 옳지 않은 것은?(다툼이 있는 경우 헌법재판소 결정에 의함)

① 헌법상 검열금지의 원칙은 모든 형태의 사전적인 규제를 금지하는 것은 아니고, 의사표현의 발표 여부가 오로지 행정권의 허가에 달려있는 사전심사만을 금지하는 것이다.

② 민사소송법에 따라 방영금지가처분을 허용하는 것은 헌법상 검열금지의 원칙에 위반되지 않는다.

③ 건강기능식품의 기능성 표시·광고의 사전심의절차에 관하여 규정한 구 건강기능식품에 관한 법률은 헌법이 금지하는 사전검열에 해당하지 않는다.

④ 인터넷언론사에 대하여 선거운동기간 중 해당 인터넷홈페이지의 게시판에 정당·후보자에 대한 지지·반대의 글을 게시할 수 있도록 하는 경우 실명을 확인받도록 하는 기술적 조치를 할 의무 등을 부과한 것은 헌법상 사전검열금지원칙에 위배된다.

Advice ④ 인터넷언론사의 의무는 후보자·정당에 대한 지지·반대의 글을 게시하려는 이용자의 경우에는 실명을 확인받도록 하는 기술적 조치를 할 의무를 부담할 뿐이고, 이용자로서는 스스로의 판단에 따라 자신이 게시하려는 글이 지지·반대의 글에 해당하면 실명확인 절차를 거쳐 '실명확인'의 표시가 나타나게 게시하고 그렇지 아니하다고 판단되면 실명확인 절차를 거치지 아니하고 게시하는 것이 가능하므로, 이러한 제한이 사전검열금지의 원칙에 위배된다고 할 수 없다(헌재 2010.2.25. 2008헌마324).
　① 헌재 1996.10.4. 93헌가13
　② 헌재 2001.8.30. 2000헌바36
　③ 헌재 2010.7.29. 2006헌바75

4 사회보장수급권에 관한 다음 설명 중 가장 옳지 않은 것은?(다툼이 있는 경우 헌법재판소 결정에 의함)

① 입법자는 공무원연금법상 연금수급권의 구체적 내용을 정함에 있어 반드시 민법상 상속의 법리와 순위에 따라야 하는 것이 아니라 공무원연금제도의 목적 달성에 알맞도록 독자적으로 규율할 수 있다.

② 공무원과는 달리 산재보험에 가입한 근로자의 통상의 출·퇴근 재해를 업무상 재해로 인정하지 않더라도 입법자의 입법형성의 한계를 벗어난 자의적인 차별은 아니다.

③ 공무원연금법상의 각종 급여는 후불임금으로서의 성격을 띠므로, 그에 관한 입법자의 입법재량은 일반적인 재산권과 유사하게 제한된다.

④ 공무원이 유족 없이 사망하였을 경우, 연금수급자의 범위를 직계존·비속으로만 한정하는 것은 공무원의 형제자매 등 다른 상속권자들의 재산권을 침해한 것으로 볼 수 없다.

Advice ③ 공무원연금법상의 각종 급여는 기본적으로 모두 사회보장적 급여로서의 성격을 가짐과 동시에 공로보상 내지 후불임금으로서의 성격도 함께 가지며 특히 퇴직연금수급권은 경제적 가치 있는 권리로서 헌법 제23조에 의하여 보장되는 재산권으로서의 성격을 가지는데 다만, 그 구체적인 급여의 내용, 기여금의 액수 등을 형성하는 데에 있어서는 직업공무원제도나 사회보험원리에 입각한 사회보장적 급여로서의 성격으로 인하여 일반적인 재산권에 비하여 입법자에게 상대적으로 보다 폭넓은 재량이 헌법상 허용된다고 볼 수 있다(헌재 2005.6.30. 2004헌바42).
　① 헌재 1999.4.29. 97헌마333
　② 헌재 2013.9.26. 2012헌가16
　④ 헌재 2014.5.29. 2012헌마555

Answer　1.② 2.④ 3.④ 4.③

5 주민등록번호 변경에 관한 규정을 두고 있지 않은 주민등록법(2007. 5. 11. 법률 제8422호로 전부개정된 것) 제7조에 관한 다음 설명 중 가장 옳지 않은 것은?(다툼이 있는 경우 헌법재판소 결정에 의함)

① 주민등록번호는 모든 국민에게 일련의 숫자 형태로 부여되는 고유한 번호로서 당해 개인을 식별할 수 있는 정보에 해당하는 개인정보이다. 그런데 심판대상조항은 주민등록번호 변경에 관한 규정을 두지 않음으로써 주민등록번호 불법 유출 등을 원인으로 자신의 주민등록번호를 변경하고자 하는 청구인들의 개인정보자기결정권을 제한하고 있다.

② 주민등록번호는 단순한 개인식별번호에서 더 나아가 표준식별번호로 기능함으로써, 결과적으로 개인정보를 통합하는 연결자(key data)로 사용되고 있는바, 개인에 대한 통합관리의 위험성을 높이고, 종국적으로 개인을 모든 영역에서 국가의 관리대상으로 전락시킬 위험성이 있으므로 주민등록번호의 관리나 이용에 대한 제한의 필요성이 크다.

③ 다만 국가가 개인정보보호법 등의 입법을 통하여 주민등록번호 처리 등을 제한하고, 유출이나 오·남용을 예방하는 조치를 취하였다면, 이러한 조치는 국민의 개인정보자기결정권에 대한 충분한 보호가 될 수 있다.

④ 주민등록번호 변경을 허용하더라도 변경 전 주민등록번호와의 연계 시스템을 구축하여 활용한다면 개인식별 기능과 본인 동일성 증명기능이 충분히 이루어질 것이고, 입법자가 정하는 일정한 요건을 구비한 경우에 객관성과 공정성을 갖춘 기관의 심사를 거쳐 변경할 수 있도록 한다면 주민등록번호 변경절차를 악용하려는 경우를 차단할 수 있으며, 사회적으로 큰 혼란을 불러일으키지도 않을 것이다.

🖉Advice ③ 비록 국가가 개인정보보호법이나 정보통신망법 등의 입법을 통하여 주민등록번호 처리와 수집·이용을 제한하고, 주민등록번호의 유출이나 오·남용을 예방하는 조치를 취하고 있다고는 하나,⋯⋯위와 같은 조치만으로는 국민의 개인정보자기결정권에 대한 충분한 보호가 된다고 보기 어렵다(헌재 2015.12.23. 2013헌바68).
①②④ 헌재 2015.12.23. 2013헌바68

6 종교의 자유에 관한 다음 설명 중 가장 옳지 않은 것은?(다툼이 있는 경우 헌법재판소 결정에 의함)

① 종교의 자유의 구체적 내용으로는 신앙의 자유, 종교적 행위의 자유 및 종교적 집회·결사의 자유가 포함된다.

② 종교 의식 내지 종교적 행위와 밀접한 관련이 있는 시설의 설치와 운영은 종교의 자유를 보장하기 위한 전제에 해당되므로 종교적 행위의 자유에 포함된다. 따라서 종교단체가 종교적 행사를 위하여 종교집회장 내에 납골시설을 설치하여 운영하는 것은 종교행사의 자유와 관련된 것이고, 그러한 납골시설의 설치를 금지하는 것은 종교행사의 자유를 제한하는 것이다.

③ 종교전파의 자유는 국민에게 그가 선택한 임의의 장소에서 자유롭게 행사할 수 있는 권리까지 보장한다고 할 수 없다.

④ 구치소장이 수용자 중 미결수용자에 대하여 일률적으로 종교행사 등에의 참석을 불허한 것은 미결수용자의 종교의 자유를 나머지 수용자의 종교의 자유보다 엄격하게 제한한 것이나, 교정시설의 여건 및 수용관리의 적정성을 기하기 위한 것으로서 목적과 수단이 정당하고 일부 수용자에 대한 최소한의 제한에 해당하므로 종교의 자유를 침해한 것으로 볼 수 없다.

Advice ④ 피청구인이 수용자 중 미결수용자에 대하여만 일률적으로 종교행사 등에의 참석을 불허한 것은 미결수용자의 종교의 자유를 나머지 수용자의 종교의 자유보다 더욱 엄격하게 제한한 것이다. 나아가 공범 등이 없는 경우 내지 공범 등이 있는 경우라도 공범이나 동일사건 관련자를 분리하여 종교행사 등에의 참석을 허용하는 등의 방법으로 미결수용자의 기본권을 덜 침해하는 수단이 존재함에도 불구하고 이를 전혀 고려하지 아니하였으므로 이 사건 종교행사 등 참석불허 처우는 침해의 최소성 요건을 충족하였다고 보기 어렵다.……따라서 이 사건 종교행사 등 참석불허 처우는 과잉금지원칙을 위반하여 청구인의 종교의 자유를 침해하였다(헌재 2011.12.29. 2009헌마527).
① 헌재 2001.9.27. 2000헌마159
② 헌재 2009.7.28. 2008헌가2
③ 헌재 2008.6.26. 2007헌마1366

7 대한민국 정당제도에 관한 다음 설명 중 가장 옳지 않은 것은?(다툼이 있는 경우 헌법재판소 결정에 의함)

① 국회의원선거에 참석하여 의석을 얻지 못하고 유표투표총수의 100분의 2 이상을 득표하지 못한 정당에 대해 그 등록을 취소하도록 한 법률 조항은 정당설립의 자유를 침해하는 것으로 헌법에 위반된다.

② 정당의 목적이나 활동이 민주적 기본질서에 위배될 때에는 정부는 헌법재판소에 그 해산을 제소할 수 있고, 헌법재판소는 재판관 과반수 이상의 찬성에 따라 정당해산의 결정을 할 수 있다.

③ 헌법재판소의 정당해산 결정으로 해산되는 정당 소속 국회의원은 그 국회의원이 지역구에서 당선되었는지 비례대표로 당선되었는지 상관없이 의원직을 상실한다.

④ 비례대표국회의원 또는 비례대표지방의회의원이 소속정당의 합당·해산 또는 제명 외의 사유로 당적을 이탈·변경하거나 2 이상의 당적을 가지고 있는 때에는 퇴직된다. 다만 비례대표국회의원이 국회의장으로 당선되어 국회법규정에 의하여 당적을 이탈한 경우에는 그러하지 아니하다.

Advice ② 정당의 목적이나 활동이 민주적 기본질서에 위배될 때에는 정부는 국무회의의 심의를 거쳐 헌법재판소에 정당해산심판을 청구할 수 있고, 헌법재판소는 재판관 6명 이상의 찬성으로 정당해산의 결정을 할 수 있다〈헌법재판소법 제55조, 제23조 제2항〉.
① 헌재 2014.1.28. 2012헌마431
③ 헌재 2014.12.19. 2013헌다1
④ 〈공직선거법 제192조 제4항〉

8 직업의 자유에 관한 다음 설명 중 가장 옳지 않은 것은?(다툼이 있는 경우 헌법재판소 결정에 의함)

① 헌법 제15조에 따라 모든 국민은 직업의 자유를 가지지만, 국가는 국민의 신체와 재산의 보호와 밀접한 관련이 있는 직업들에 대해서는 공공의 이익을 위해 그 직업의 수행에 필요한 자격제도를 둘 수 있으며, 이때 그 구체적인 자격제도의 형성에 있어서는 입법자에게 광범위한 입법형성권이 인정되고, 다만 입법자가 합리적인 이유 없이 자의적으로 자격제도의 내용을 형성한 경우에만 그 자격제도가 헌법에 위반된다고 할 수 있다.

② 헌법 제15조가 규정하는 직업선택의 자유는 자신이 원하는 직업을 자유롭게 선택하는 좁은 의미의 '직업선택의 자유'와 그가 선택한 직업을 자기가 원하는 방식으로 자유롭게 수행할 수 있는 '직업수행의 자유'를 포함하는 직업의 자유를 의미한다.

③ 직업선택의 자유와 직업수행의 자유는 기본권 주체에 대한 그 제한의 효과가 다르기 때문에 제한에 있어서 적용되는 기준도 다르며, 특히 직업수행의 자유에 대한 제한의 경우 인격발현에 대한 침해의 효과가 일반적으로 직업선택 그 자체에 대한 제한에 비하여 작기 때문에 그에 대한 제한은 폭넓게 허용된다.

④ 직업의 자유를 제한함에 있어서도 다른 기본권과 마찬가지로 헌법 제37조 제2항에서 정한 과잉금지의 원칙은 준수되어야 하므로, 직업수행의 자유를 제한하는 법령에 대한 위헌 여부를 심사하는 데 있어서 좁은 의미의 직업선택의 자유에 비하여 다소 완화된 심사기준을 적용할 수는 없다.

  Advice ④ 헌법재판소는 직업수행의 자유는 입법자의 재량의 여지가 많은 것으로, 그 제한을 규정하는 법령에 대한 위헌 여부를 심사하는데 있어서 좁은 의미의 직업선택의 자유에 비하여 상대적으로 폭넓은 법률상의 규제가 가능한 것으로 보아 다소 완화된 심사기준을 적용하여 왔다(헌재 2007.2.22. 2003헌마428).
  ① 헌재 2010.2.25. 2007헌마956
  ② 헌재 1998.3.26. 97헌마194
  ③ 헌재 2002.12.18. 2000헌마764

9 재산권에 관한 다음 설명 중 가장 옳지 않은 것은?(다툼이 있는 경우 헌법재판소 결정에 의함)

① 영화관 관람객이 입장권 가액의 100분의 3을 부담하도록 하는 영화상영관 입장권 부과금 제도는, 영화라는 특정 산업의 진흥에 직접적 근접성 및 책임성과 효용성이 인정되는 집단은 영화산업의 종사자들임에도 불구하고 영화관 관람객에 대해 부과하는 것으로서, 재정조달목적 부담금의 헌법적 허용 한계를 벗어나 영화관 관람객의 재산권을 침해하는 것이다.

② 개발사업자는 개발사업을 통해 이익을 얻었다는 점에서 개발사업 지역에서의 학교시설 확보라는 특별한 공익사업에 대해 밀접한 관련성을 가지고 있을 뿐만 아니라 이에 대해 일정한 부담을 져야 할 책임도 가지고 있는바, 개발사업자에 대한 학교용지부담금 부과는 평등원칙에 위배되지 아니하고, 개발사업자의 재산권을 과도하게 침해한다고 볼 수도 없다.

③ 선의취득의 인정 여부는 무권리자로부터의 동산의 양수인이 그 소유권을 취득하기 위한 요건의 문제에 불과하므로, 일정한 문화재에 대하여 선의취득을 배제하는 법률규정에 의하여 그 동산 문화재의 양수인이 그 문화재의 소유권을 취득할 기회를 제한받는다고 하더라도 그와 같이 제한된 기회가 헌법 제23조 제1항에 의하여 보호되는 재산권에 해당한다고 볼 수는 없다.

④ 국가가 국민을 강제로 건강보험에 가입시키고 경제적 능력에 따라 보험료를 납부하도록 하는 것은 재산권에 대한 제한이 되지만, 이러한 제한은 정당한 국가목적을 달성하기 위하여 부득이 한 것이고, 가입강제와 보험료의 차등부과로 인하여 달성되는 공익은 그로 인하여 침해되는 사익에 비하여 월등히 크다고 할 수 있으므로, 재산권을 침해한다고 볼 수 없다.

 **Advice** ① 영화예술의 진흥과 한국영화산업의 발전이라는 공적 과제는 반드시 조세에 의하여만 재원이 조달되어야만 하는 국가의 일반적 과제라기보다 관련된 특정 집단으로부터 그 재원이 조달될 수 있는 특수한 공적 과제의 성격을 가진다. 그리고 영화상영관 관람객은 영화라는 단일 장르의 예술의 향유자로서 집단적 동질성이 있고, 영화 예술의 진흥 발전에 객관적 근접성이 있으며, 영화발전기금의 지출용도는 영화의 장기적 발전에 기여하는 내용으로 그 기금의 집행을 통한 궁극적인 이익은 영화산업의 소비자인 관람객에게 돌아간다는 점에서 집단적 책임성 및 집단적 효용성도 인정되므로 위와 같은 공적 과제에 대하여 특별히 밀접한 관련성이 있는 집단이다. ……그러므로 영화상영관 입장권에 대한 부과금 제도는 과잉금지원칙에 반하여 영화관 관람객의 재산권과 영화관 경영자의 직업수행의 자유를 침해하였다고 볼 수 없다(헌재 2008.11.27. 2007헌마860).

② 헌재 2008.9.25. 2007헌가1
③ 헌재 2009.7.30. 2007헌마870
④ 헌재 2003.10.30. 2000헌마801

10 집회의 자유에 관한 다음 설명 중 가장 옳지 않은 것은?(다툼이 있는 경우 헌법재판소 결정에 의함)

① 외교기관의 경계 지점으로부터 반경 100미터 이내 지점에서의 집회 및 시위를 원칙적으로 금지하되 외교기관의 기능이나 안녕을 침해할 우려가 없다고 인정되는 예외적인 경우에 집회 및 시위를 허용하는 법률 조항은, 외교기관을 대상으로 하는 경우에는 그 경계지점으로부터 100미터 이내의 장소에서는 개별 집회 · 시위의 내용과 성질을 불문하고 일체의 집회 · 시위를 전면 금지하고 있는 것으로서 집회의 자유를 과도하게 침해하여 헌법에 위반된다.

② 집회에 대한 허가제는 절대적으로 금지된다.

③ 집회의 자유는 집회의 시간, 장소, 방법과 목적을 스스로 결정할 권리를 포함하므로, 옥외집회를 야간에 주최하는 행위 역시 집회의 자유에 의해 보호되는 것이 원칙이다.

④ 옥외집회의 신고의무는 집회 자체를 보호하고 타인이나 공동체와의 이익충돌을 피하기 위해 요구되는 사전적 협력의무이다.

 **Advice** ① 외교기관의 경계지점으로부터 반경 100미터 이내 지점에서의 집회 및 시위를 원칙적으로 금지하되, 그 가운데에서도 외교기관의 기능이나 안녕을 침해할 우려가 없다고 인정되는 세 가지의 예외적인 경우에는 이러한 집회 및 시위를 허용하고 있는 바, 이는 입법기술상 가능한 최대한의 예외적 허용 규정이며, 그 예외적 허용 범위는 적절하다고 보이므로 이보다 더 넓은 범위의 예외를 인정하지 않는 것을 두고 침해의 최소성원칙에 반한다고 할 수 없다. 그리고 이 사건 법률조항으로 달성하고자 하는 공익은 외교기관의 기능과 안전의 보호라는 국가적 이익이며, 이 사건 법률조항은 법익충돌의 위험성이 없는 경우에는 외교기관 인근에서의 집회나 시위도 허용함으로써 구체적인 상황에 따라 상충하는 법익 간의 조화를 이루고 있다. 따라서 이 사건 법률조항이 청구인의 집회의 자유를 침해한다고 할 수 없다(헌재 2010.10.28. 2010헌마111).

②③ 헌재 2009.9.24. 2008헌가25
④ 헌재 2009.5.28. 2007헌바22

 **Answer** 8.④ 9.① 10.①

11 개인정보자기결정권에 관한 다음 설명 중 가장 옳지 않은 것은?(다툼이 있는 경우 대법원 판례에 의함)

① 개인정보자기결정권의 보호대상이 되는 개인정보는 개인의 신체, 신념, 사회적 지위, 신분 등과 같이 개인의 인격 주체성을 특징짓는 사항으로서 개인의 동일성을 식별할 수 있게 하는 일체의 정보라고 할 수 있고, 반드시 개인의 내밀한 영역에 속하는 정보에 국한되지 않고 공적 생활에서 형성되었거나 이미 공개된 개인정보까지 포함한다.

② 개인정보자기결정권은 인간의 존엄과 가치, 행복추구권을 규정한 헌법 제10조 제1문의 일반적 인격권 및 헌법 제17조의 사생활의 비밀과 자유에 의하여 도출되고 보장된다.

③ 다만 개인정보를 대상으로 한 조사·수집·보관·처리·이용 등의 행위 일체는 모두 원칙적으로 개인정보자기결정권에 대한 제한에 해당한다.

④ 국회의원인 甲 등이 '각급학교 교원의 교원단체 및 교원노조 가입현황 실명자료'를 인터넷을 통하여 공개한 사안에서, 대법원은 위 정보가 개인정보자기결정권의 보호대상이 되는 개인정보에 해당하므로 이를 일반 대중에게 공개하는 행위는 해당 교원들의 개인정보자기결정권과 전국교직원노동조합의 존속, 유지, 발전에 관한 권리를 침해할 여지가 있다고 보았으나, 甲 등이 위 정보를 공개한 표현행위로 인하여 얻을 수 있는 법적 이익이 이를 공개하지 않음으로써 보호받을 수 있는 해당 교원 등의 법적이익보다 우월하므로, 甲 등의 정보 공개행위는 적법하다고 보았다.

Advice ④ 국회의원인 갑 등이 '각급학교 교원의 교원단체 및 교원노조 가입현황 실명자료'를 인터넷을 통하여 공개한 사안에서, 위 정보는 개인정보자기결정권의 보호대상이 되는 개인정보에 해당하므로 이를 일반 대중에게 공개하는 행위는 해당 교원들의 개인정보자기결정권과 전국교직원노동조합의 존속, 유지, 발전에 관한 권리를 침해하는 것이고, 갑 등이 위 정보를 공개한 표현행위로 인하여 얻을 수 있는 법적 이익이 이를 공개하지 않음으로써 보호받을 수 있는 해당 교원 등의 법적 이익에 비하여 우월하다고 할 수 없으므로, 갑 등의 정보 공개행위가 위법하다(대판 2014.07.24. 2012다49933).
①②③ 헌재 2005.5.26. 99헌마513

12 국회의원에 관한 다음 설명 중 가장 옳지 않은 것은?

① 국회의원을 체포 또는 구금하기 위하여 국회의 동의를 얻으려고 할 때에는 관할법원의 판사는 영장을 발부하기 전에 체포동의요구서를 정부에 제출하여야 하며, 정부는 이를 수리한 후 지체 없이 그 사본을 첨부하여 국회에 체포 동의를 요청하여야 한다.

② 정부는 체포 또는 구금된 국회의원이 있을 때에는 지체 없이 국회의장에게 영장의 사본을 첨부하여 이를 통지하여야 한다. 다만 구속기간의 연장이 있을 때에는 그러하지 아니하다.

③ 국회의원이 체포 또는 구금된 의원의 석방요구를 발의할 때에는 재적의원 4분의 1 이상의 연서로 그 이유를 첨부한 요구서를 국회의장에게 제출하여야 한다.

④ 국회의원은 국유의 철도·선박과 항공기에 무료로 승용할 수 있다는 국회법 제31조는 논란이 있어 삭제한 바 있다.

Advice ② 정부는 체포 또는 구금된 의원이 있을 때에는 지체 없이 의장에게 영장의 사본을 첨부하여 이를 통지하여야 한다. 구속기간의 연장이 있을 때에도 또한 같다〈국회법 제27조〉.
① 〈국회법 제26조 제1항〉
③ 〈국회법 제28조〉
④ 국회법 제31조는 2014. 3. 18. 삭제되었다.

13 대통령의 사면권에 관한 다음 설명 중 가장 옳지 않은 것은?(다툼이 있는 경우 대법원 판례·헌법재판소 결정에 의함)

① 형의 선고에 따른 기성의 효과는 사면, 감형 및 복권으로 인하여 변경되지 아니한다.
② 일반사면은 대통령령으로 죄의 종류를 정하여 행하여야 하되, 국회의 동의를 거칠 필요는 없다.
③ 확정판결의 죄에 대하여 일반사면이 있었더라도 일사부재리의 효력은 여전히 존속한다.
④ 사면, 감형, 복권은 국무회의의 심의사항이다.

> Advice ② 일반사면, 죄 또는 형의 종류를 정하여 하는 감형 및 일반에 대한 복권은 대통령령으로 한다. 이 경우 일반사면은 죄의 종류를 정하여 한다〈사면법 제8조〉. 일반사면을 명하려면 국회의 동의를 얻어야 한다 〈제79조 제2항〉.
> ① 〈사면법 제5조 제2항〉
> ③ 대판 1995.12.22. 95도2446
> ④ 〈제89조〉

14 국회의 인사권 등에 관한 다음 설명 중 가장 옳지 않은 것은?(다툼이 있는 경우 헌법재판소 결정에 의함)

① 국회가 선출하여 임명된 헌법재판관 중 공석이 발생하였다 하더라도 국회가 공석인 헌법재판관의 후임자를 선출하여야 할 구체적 작위의무를 부담한다고 볼 수는 없다.
② 국회는 대통령, 국무총리, 국무위원, 행정각부의 장이 그 직무집행에 있어서 헌법이나 법류를 위배한 때에는 탄핵의 소추를 의결할 수 있다.
③ 국회 인사청문위원회가 국가정보원장에 대하여 부적격판정을 하였더라도 대통령이 이를 수용해야 할 법적 의무는 없다.
④ 국회는 헌법재판소 재판관 3인 및 중앙선거관리위원회 위원 3인에 대한 선출권을 보유한다.

> Advice ① 헌법 제27조, 제111조 제2항 및 제3항의 해석상, 피청구인이 선출하여 임명된 재판관 중 공석이 발생한 경우, 국회는 공정한 헌법재판을 받을 권리의 보장을 위하여 공석인 재판관의 후임자를 선출하여야 할 구체적 작위의무를 부담한다고 할 것이다(헌재 2014.4.24. 2012헌마2).
> ② 〈제65조 제1항〉
> ③ 헌재 2004.5.14. 2004헌나1
> ④ 〈제111조 제3항, 제114조 제2항〉

 **Answer** 11.④ 12.② 13.② 14.①

15 기본권제한의 한계원리인 과잉금지원칙에 관한 다음 설명 중 가장 옳은 것은?(다툼이 있는 경우 헌법재판소 결정에 의함)

① 헌법재판소는 구 형법상 혼인빙자간음죄에 대해 목적의 정당성은 물론, 수단의 적절성과 피해의 최소성 요건도 갖추지 못해 위헌이라고 보았다.

② 변호사시험 성적을 합격자에게 공개하지 않도록 규정한 변호사시험법의 규정은 법학전문대학원 간의 과다경쟁 등을 방지하기 위한 것으로 그 수단의 적절성이 인정되어 과잉금지원칙에 반하지 않는다.

③ 입법목적을 달성하기 위하여 가능한 여러 수단들 가운데 구체적으로 어느 것을 선택할 것인가의 문제는 기본적으로 입법재량에 속하지만, 반드시 가장 합리적이며 효율적인 수단을 선택해야 한다.

④ 입법자가 임의적 규정으로도 법의 목적을 실현할 수 있는 경우에 구체적 사안의 개별성과 특수성을 고려할 수 있는 가능성을 일체 배제하는 필요적 규정을 두었다고 해서 최소침해성의 원칙에 위배될 여지는 없다.

Advice ① 이 사건 법률조항(구 혼인빙자간음죄 조항)은 목적의 정당성, 수단의 적절성 및 피해최소성을 갖추지 못하였고 법익의 균형성도 이루지 못하였으므로, 헌법 제37조 제2항의 과잉금지원칙을 위반하여 남성의 성적자기결정권 및 사생활의 비밀과 자유를 과잉제한하는 것으로 헌법에 위반된다(헌재 2009.11.26. 2008헌바58).
② 헌재 2015.6.25. 2011헌마769
③ 헌재 1996.4.25. 92헌바47
④ 헌재 2000.6.1. 99헌가11

16 헌법재판소의 한정위헌 결정에 관한 다음 설명 중 가장 옳지 않은 것은?

① 2014년 헌법재판소는 일출 전 또는 일몰 후의 야간 시위를 금지한 집회 및 시위에 관한 법률 (2007. 5. 11. 법률 제8424호로 개정된 것) 제10조 본문에 관하여 한정위헌 결정을 내린 바 있다.

② 헌법재판소는 형법상 뇌물죄의 주체가 되는 '공무원'에 구 '제주특별자치도 설치 및 국제자유도시 조성을 위한 특별법'상의 제주특별자치도 통합영향평가심의위원회 심의위원 중 위촉위원이 포함되는 것으로 해석하는 한 헌법에 위반된다고 판단하였다.

③ 대법원은 위 제주특별자치도 통합영향평가심의위원회 심의위원 중 위촉위원에 관하여 공무원 의제조항이 없음에도 해석에 의하여 뇌물죄의 주체가 되는 공무원에 해당한다고 보았다.

④ 다만 대법원은 종래 민사나 행정사건에서 헌법재판소의 한정위헌결정에 관하여 일반적인 기속력을 인정하고 있다.

Advice ④ 법률 또는 법률조항 자체의 효력을 상실시키는 위헌결정은 기속력이 있지만, 한정위헌결정과 같은 해석기준을 제시하는 형태의 헌법재판소 결정은 기속력을 인정할 근거가 없다(대판 2001.4.27. 95재다14).
① 헌재 2014.3.27. 2010헌가2
②③ 헌재 2012.12.27. 2011헌바117

17 평등권에 관한 다음 설명 중 가장 옳지 않은 것은?(다툼이 있는 경우 헌법재판소 결정에 의함)

① 국가공무원 임용 결격사유에 해당하여 공중보건의사 편입이 취소된 사람을 현역병으로 입영하게 하거나 공익근무요원으로 소집함에 있어 의무복무기간에 기왕의 복무기간을 반영하지 않은 것은 평등의 원칙에 반한다.

② 국가유공자의 가족이 공무원채용시험에 응시하는 경우 만점의 10%를 가산하도록 한 것은 일반 응시자들의 공직취임의 기회를 차별하는 것이고, 이러한 차별로 인한 불평등 효과는 입법목적과 그 달성수단 간의 비례성을 현저히 초과하는 것으로서 일반 공직시험 응시자들의 평등권을 침해한다.

③ 헌법상의 평등원칙은 사회보험인 건강보험의 보험료부과에 있어서 경제적 능력에 따른 부담이 이루어질 것을 요구하나, 건강보험제도나 노인장기요양보험제도는 전 국민에게 기본적인 의료서비스 및 요양서비스를 제공하기 위한 사회보장제도의 일종으로, 입법자는 이에 관하여 광범위한 입법형성권을 보유한다.

④ 선거로 취임하는 공무원인 지방자치단체장을 공무원연금법의 적용대상에서 제외하는 법률 조항은, 지방자치단체장도 국민 전체에 대한 봉사자로서 공무원법상 각종 의무를 부담하고 영리업무 및 겸직 금지 등 기본권 제한이 수반된다는 점에서 경력직공무원 또는 다른 특수경력직공무원 등과 차이가 없는데도 공무원연금법의 적용에 있어 지방자치단체장을 다른 공무원에 비하여 합리적 이유 없이 차별하는 것으로, 지방자치단체장들의 평등권을 침해한다.

> **Advice** ④ 지방자치단체장은 특정 정당을 정치적 기반으로 할 수 있는 선출직공무원으로 임기가 4년이고 계속 재임도 3기로 제한되어 있어, 장기근속을 전제로 하는 공무원을 주된 대상으로 하고 이들이 재직 기간 동안 납부하는 기여금을 일부 재원으로 하여 설계된 공무원연금법의 적용대상에서 지방자체단체장을 제외하는 것에는 합리적 이유가 있다. 선출직 공무원의 경우 선출 기반 및 재임 가능성이 모두 투표권자에게 달려 있고, 정해진 임기가 대체로 짧으며, 공무원연금의 전체 기금은 기본적으로 기여금 및 국가 또는 지방자치단체의 비용으로 운용되는 것이므로 공무원연금급여의 종류를 구별하여 기여금 납부를 전제로 하지 않는 급여의 경우 선출직 공무원에게 지급이 가능하다고 보기도 어렵다. 따라서 심판대상조항은 청구인들의 평등권을 침해하지 않는다(헌재 2014.6.26. 2012헌마459).
>
> ① 헌재 2010.7.29. 2008헌가28
> ② 헌재 2006.2.23. 2004헌마675
> ③ 헌재 2013.7.25. 2010헌바51

18 헌법소원의 대상으로서의 공권력의 행사·불행사에 관한 다음 설명 중 가장 옳지 않은 것은?(다툼이 있는 경우 헌법재판소 결정에 의함)

① 헌법소원의 대상이 되는 공권력의 행사는 국민의 권리·의무에 대해 직접적인 법률효과를 발생시키는 행위를 말한다.

② 교도소장이 수용자에 대하여 지속적이고 조직적으로 실시한 생활지도 명목의 이발 지도행위는, 우월한 지위에 있는 교도소장이 일방적으로 수용자에게 두발 등을 단정하게 유지하도록 강제하는 것으로서 헌법소원심판의 대상인 공권력의 행사에 해당한다.

③ 강제력이 개입되지 아니한 임의수사는 헌법소원의 대상이 되는 공권력의 행사에 해당하지 아니한다.

④ 법학전문대학원은 교육기관으로서의 성격과 함께 법조인 양성이라는 국가의 책무를 일부 위임받은 직업교육기관으로서의 성격을 가지고 있기는 하나, 이화여자대학교는 사립대학으로서 국가기관이나 공법인, 국립대학교와 같은 공법상의 영조물에 해당하지 아니하고, 일반적으로 사립대학과 그 학생과의 관계는 사법상의 계약관계이므로 학교법인 이화학당을 공권력의 주체라거나 그 모집요강을 공권력의 행사라고 볼 수 없다. 따라서 사립대학인 학교법인 이화학당의 법학전문대학원 모집요강은 헌법소원심판의 대상이 되는 공권력의 행사라고 볼 수 없다.

 ② 이 사건 이발지도행위는 피청구인이 두발 등을 단정하게 유지할 것을 지도·교육한 것에 불과하고 피청구인의 우월적 지위에서 일방적으로 청구인에게 이발을 강제한 것이 아니므로, 헌법소원심판의 대상인 공권력의 행사라고 보기 어렵다(헌재 2012.4.24. 2010헌마751).
　① 헌재 2008.1.17. 2007헌마700
　③ 헌재 2012.8.23. 2010헌마439
　④ 헌재 2013.5.30. 2009헌마514

19 국민투표에 관한 다음 설명 중 가장 옳지 않은 것은?(다툼이 있는 경우 헌법재판소 결정에 의함)

① 대통령이 국정운영에 위기를 맞이하여 이를 타개하는 방법으로 자신에 대한 국민의 재신임을 묻기 위해 이를 헌법 제72조의 국민투표에 회부하는 것은 인정되지 않는다.

② 주민등록을 할 수 없는 재외국민의 국민투표권 행사를 전면적으로 배제하고 있는 국민투표법 제14조 제1항은 국민투표권을 침해한다.

③ 신행정수도 후속대책을 위한 연기·공주지역 행정중심복합도시 건설을 위한 특별법이 수도를 분할하는 국가정책을 집행하는 내용을 가지고 있고 대통령이 이를 추진하고 집행하기 이전에 그에 관한 국민투표를 실시하지 아니하였다면 국민투표권이 행사될 수 있는 계기인 대통령의 중요정책 국민투표 부의가 행해지지 않았다고 하더라도 청구인들의 국민투표권이 행사될 수 있을 정도로 구체화되었다고 할 수 있으므로 그 침해의 가능성이 인정된다.

④ 헌법 제72조의 국민투표 부의제는 대통령의 임의적 국민투표제이지만, 헌법개정안에 대한 국민투표제는 필요적 국민투표제이다.

 ③ 이 사건 법률(신행정수도 후속대책을 위한 연기·공주지역 행정중심복합도시 건설을 위한 특별법)이 설사 수도를 분할하는 국가정책을 집행하는 내용을 가지고 있고 대통령이 이를 추진하고 집행하기 이전에 그에 관한 국민투표를 실시하지 아니하였다고 하더라도 국민투표권이 행사될 수 있는 계기인 대통령의 중요정책 국민투표 부의가 행해지지 않은 이상 청구인들의 국민투표권이 행사될 수 있을 정도로 구체화되었다고 할 수 없으므로 그 침해의 가능성은 인정되지 않는다(헌재 2005.11.24. 2005헌마579).

① 헌재 2004.5.14. 2004헌나1
② 헌재 2014.7.24. 2009헌마256
④ 〈제72조, 제130조 제2항〉

20 헌법상 죄형법정주의에 관한 다음 설명 중 가장 옳지 않은 것은? (다툼이 있는 경우 헌법재판소 결정에 의함)

① 죄형법정주의는 법치주의, 국민주권 및 권력분립의 원리에 입각한 것으로서 일차적으로 무엇이 범죄이며 그에 대한 형벌이 어떠한 것인가는 반드시 국민의 대표로 구성된 입법부가 제정한 성문의 법률로써 정하여야 한다는 원칙인바, 여기서 말하는 '법률'이란 입법부에서 제정한 형식적 의미의 법률을 의미한다.

② 법률에 의한 처벌법규의 위임은, 헌법이 특별히 인권을 최대한으로 보장하기 위하여 죄형법정주의와 적법절차를 규정하고 법률에 의한 처벌을 특별히 강조하고 있는 기본권보장 우위사상에 비추어 바람직스럽지 못한 일이므로, 그 요건과 범위가 보다 엄격하게 제한적으로 적용되어야 한다. 따라서 특히 긴급한 필요가 있거나 미리 법률로써 자세히 정할 수 없는 부득이한 사정이 있는 경우로 한정되어야 한다.

③ 농업협동조합의 임원선거에 있어 정관이 정하는 행위 외의 선거운동을 한 경우 이를 형사처벌하도록 한 법률조항은, 조합의 임원선거에 있어 정관이 정하는 것 이외의 일체의 선거운동을 금지한다는 의미로 명확하게 해석된다고 할 것이므로 선거운동의 예외적 허용 사항을 정관에 위임하였더라도 죄형법정주의원칙에 위배된다고 볼 수 없다.

④ 노동조합 관련 법률에서 범죄의 구성요건을 '단체협약에……위반한 자'라고만 규정한 경우, 이는 범죄구성요건의 외피(外皮)만 설정하였을 뿐 구성요건의 실질적 내용을 직접 규정하지 아니하고 모두 단체협약에 위임하고 있는 것으로, 죄형법정주의의 기본적 요청인 법률주의에 위배되고, 그 구성요건도 지나치게 애매하고 광범위하여 죄형법정주의의 명확성의 원칙에 위배된다.

 ③ 이 사건 법률조항(농업협동조합의 임원선거에 있어 정관이 정하는 행위 외의 선거운동을 한 경우 이를 형사처벌하도록 한 법률조항)은 형식적 의미의 법률이 아닌 정관에 범죄구성요건을 위임함에 따라 수범자로 하여금 형사처벌 유무에 대하여 전혀 예측할 수 없도록 하고 있으므로 헌법상 죄형법정주의원칙에 위배된다고 할 것이다(헌재 2010.7.29. 2008헌바106).

① 헌재 2012.6.27. 2011헌마288
② 헌재 2004.8.26. 2004헌바14
④ 헌재 1998.3.26. 96헌가20

 **Answer**　　18.② 19.③ 20.③

21 교원의 노동 3권에 관한 다음 설명 중 가장 옳지 않은 것은?(다툼이 있는 경우 헌법재판소 결정에 의함)

① '교원의 노동조합 설립 및 운영 등에 관한 법률 시행령'(2013. 3. 23. 대통령령 제24447호로 개정된 것) 제9조 제1항 중 '노동조합 및 노동관계조정법 시행령' 제9조 제2항에 관한 부분(이하 '법외노조통보 조항'이라 한다)은 시정요구 및 법외노조통보라는 별도의 집행행위를 예정하고 있으므로, 법외노조통보 조항에 대한 헌법소원은 기본권 침해의 직접성이 인정되지 아니한다.

② '교원의 노동조합 설립 및 운영 등에 관한 법률'의 적용을 받는 교원의 범위를 초 · 중등학교에 재직 중인 교원으로 한정하고 있는 '교원의 노동조합 설립 및 운영 등에 관한 법률'(2010. 3. 17. 법률 제10132호로 개정된 것) 제2조가 교원의 근로조건과 직접 관련이 없는 교원이 아닌 사람을 교원노조의 조합원 자격에서 배제하는 것이 단결권의 지나친 제한이라고 볼 수 없다.

③ 고용노동부장관의 청구인 전국교직원노동조합에 대한 2013. 9. 23.자 시정요구 (이하 '이 사건 시정요구'라 한다)는 청구인 전국교직원노동조합의 권리 · 의무에 변동을 일으키는 행정행위에 해당하나, 청구인 전교조는 이 사건 시정요구에 대하여 다른 불복절차를 거치지 아니하고 곧바로 헌법소원심판을 청구하였으므로, 이에 대한 헌법소원은 보충성 요건을 결하였다.

④ 다만 교원이 아닌 사람이 교원노조에 일부 포함되어 있다는 이유로 이미 설립신고를 마치고 활동 중인 노동조합을 법외노조로 하도록 정하는 것은 과잉금지의 원칙에 반한다고 할 것이다.

> Advice　④ 교원이 아닌 사람이 교원노조에 일부 포함되어 있다는 이유로 이미 설립신고를 마치고 활동 중인 노동조합을 법외노조로 할 것인지 여부는 법외노조통보 조항이 정하고 있고, 법원은 법외노조통보 조항에 따른 행정당국의 판단이 적법한 재량의 범위 안에 있는 것인지 충분히 판단할 수 있으므로, 이미 설립신고를 마친 교원노조의 법상 지위를 박탈할 것인지 여부는 이 사건 법외노조통보 조항의 해석 내지 법 집행의 운용에 달린 문제라 할 것이다. 따라서 이 사건 법률조항은 침해의 최소성에도 위반되지 않는다(헌재 2015.5.28. 2013헌마671).
> ①②③ 헌재 2015.5.28. 2013헌마671

22 의회유보원칙에 관한 다음 설명 중 가장 옳지 않은 것은?(다툼이 있는 경우 대법원 판례 · 헌법재판소 결정에 의함)

① 법률에서 안마사업은 누구나 종사할 수 있는 업종이 아니라 행정청에 의해 자격인정을 받아야만 종사할 수 있는 직역이라고 규정하고 그 자격인정 요건을 정할 수 있는 권한을 행정부에 위임하는 것은 의회유보 원칙을 준수한 것으로 볼 수 있다.

② 특정 사안과 관련하여 법률에서 하위 법령에 위임을 한 경우에 모법의 위임범위를 확정하거나 하위 법령이 위임의 한계를 준수하고 있는지 여부를 판단할 때에는, 하위법령이 규정한 내용이 입법자가 형식적 법률로 스스로 규율하여야 하는 본질적 사항으로서 의회유보의 원칙이 지켜져야 할 영역인지 여부는 고려되어야 할 사항이라고 볼 수는 없다.

③ 수신료금액의 결정은 납부의무자의 범위, 징수절차 등과 함께 수신료에 관한 본질적이고도 중요한 사항이므로, 수신료금액의 결정은 입법자인 국회 스스로 해야 한다.

④ 규율대상이 기본권적 중요성을 가질수록, 그리고 그에 관한 공개적 토론의 필요성 내지 상충하는 이익간 조정의 필요성이 클수록, 그것이 국회의 법률에 의해 직접 규율될 필요성 및 그 규율밀도의 요구정도는 그만큼 더 증대되는 것으로 보아야 한다.

 **Advice** ② 입법자가 형식적 법률로 스스로 규율하여야 하는 본질적 사항으로서 의회유보의 원칙이 지켜져야 할 영역인지, 당해 법률 규정의 입법 목적과 규정 내용, 규정의 체계, 다른 규정과의 관계 등을 종합적으로 고려하여야 하고, 위임 규정 자체에서 의미 내용을 정확하게 알 수 있는 용어를 사용하여 위임의 한계를 분명히 하고 있는데도 문언적 의미의 한계를 벗어났는지나, 하위 법령의 내용이 모법 자체로부터 위임된 내용의 대강을 예측할 수 있는 범위 내에 속한 것인지, 수권 규정에서 사용하고 있는 용어의 의미를 넘어 범위를 확장하거나 축소하여서 위임 내용을 구체화하는 단계를 벗어나 새로운 입법을 한 것으로 평가할 수 있는지 등을 구체적으로 따져 보아야 한다(대판 2015.08.20. 2012두23808).
① 헌재 2003.6.26. 2002헌가16
③ 헌재 1999.5.27. 98헌바70
④ 헌재 2004.3.25. 2001헌마882

23 국회의 회의, 권한 등에 관한 다음 설명 중 가장 옳지 않은 것은? (다툼이 있는 경우 헌법재판소 결정에 의함)

① 국회의 정기회는 법률이 정하는 바에 의하여 매년 1회 집회되며, 국회의 임시회는 대통령 또는 국회재적의원 4분의 1 이상의 요구에 의하여 집회된다.

② 국회에 제출된 법률안 기타의 의안은 회기중에 의결되지 못한 이유로 폐기되지 않으나, 국회의원의 임기가 만료된 때에는 폐기된다.

③ 국회에서 의결된 법률안은 정부에 이송되어 15일 이내에 대통령이 공포하되, 법률안에 이의가 있을 때에는 대통령은 위 기간내에 이의서를 붙여 국회로 환부하고 재의를 요구할 수 있다. 이 경우 대통령은 법률안의 일부에 대하여 또는 법률안을 수정하여 재의를 요구할 수 있다.

④ 대통령의 재의의 요구가 있을 때에는 국회는 재의에 붙이고, 여기서 재적의원 과반수의 출석과 출석의원 3분의 2 이상의 찬성으로 전과 같은 의결을 하면 그 법률안은 법률로서 확정된다.

 **Advice** ③ 〈제53조 제1항, 제2항, 제3항〉
국회에서 의결된 법률안은 정부에 이송되어 15일 이내에 대통령이 공포한다. 법률안에 이의가 있을 때에는 대통령은 제1항의 기간내에 이의서를 붙여 국회로 환부하고, 그 재의를 요구할 수 있다. 국회의 폐회중에도 또한 같다. 대통령은 법률안의 일부에 대하여 또는 법률안을 수정하여 재의를 요구할 수 없다.
① 〈제47조〉
② 〈제51조〉
④ 〈제53조 제4항〉

 **Answer** 21.④ 22.② 23.③

24 법관의 신분보장에 관한 다음 설명 중 가장 옳지 않은 것은?

① 법관의 징계종류는 일반 공무원과 달리 견책·감봉 그리고 정직의 3가지로 제한된다.

② 법관징계위원회의 징계처분에 대하여 불복하는 경우에는 전심절차를 거치지 아니하고 곧바로 대법원에 징계처분의 취소를 구하여야 한다.

③ 대법원장과 대법관의 임기는 각 6년이고, 일반법관의 임기는 10년이며, 대법원장과 대법관, 일반법관은 법률이 정하는 바에 의하여 중임 및 연임할 수 있다.

④ 임기가 끝난 판사는 인사위원회의 심의를 거쳐 대법관회의의 동의를 받아 대법원장의 연임발령으로 연임한다.

   Advice ③ 〈제105조 제1항, 제2항, 제3항〉

      대법원장의 임기는 6년으로 하며, 중임할 수 없다.

      대법관의 임기는 6년으로 하며, 법률이 정하는 바에 의하여 연임할 수 있다.

      대법원장과 대법관이 아닌 법관의 임기는 10년으로 하며, 법률이 정하는 바에 의하여 연임할 수 있다.

      ① 〈법관징계법 제3조 제1항〉

      ② 〈법관징계법 제27조 제1항〉

      ④ 〈법원조직법 제45조의2 제1항〉

25 사법(司法)제도에 관한 다음 설명 중 가장 옳지 않은 것은?(다툼이 있는 경우 대법원 판례·헌법재판소 결정에 의함)

① 법원의 종류로는 대법원, 고등법원, 특허법원, 지방법원, 가정법원, 행정법원 6가지가 존재한다.

② 법관의 재판에 법령의 규정을 따르지 아니한 잘못이 있다하더라도 이로써 바로 그 재판상 직무행위가 국가배상법 제2조 제1항에서 말하는 위법한 행위로 되어 국가의 손해배상책임이 발생하는 것은 아니다.

③ 법관에 대한 징계처분 취소청구소송을 대법원의 단심재판에 의하도록 하더라도 이는 입법자의 적법한 재량범위 내의 입법행위로서 재판청구권을 침해하지 않는다.

④ 판사가 중대한 신체상 또는 정신상의 장해로 직무를 수행할 수 없을 때에는, 대법원장의 제청으로 대통령이 퇴직을 명할 수 있다.

   Advice ④ 법관이 중대한 신체상 또는 정신상의 장해로 직무를 수행할 수 없을 때에는, 대법관인 경우에는 대법원장의 제청으로 대통령이 퇴직을 명할 수 있고, 판사인 경우에는 인사위원회의 심의를 거쳐 대법원장이 퇴직을 명할 수 있다〈법원조직법 제47조〉.

      ① 〈법원조직법 제3조 제1항〉

      ② 대판 2003.7.11. 99다24218

      ③ 헌재 2012.2.23. 2009헌바34

2016. 8. 13 국회직 9급

1 다음 중 국적의 취득에 대한 설명으로 옳지 않은 것은?

① 출생하기 전에 부(父)가 사망한 경우에는 그 사망 당시에 부(父)가 대한민국의 국민이었던 자는 출생과 동시에 대한민국 국적을 취득한다.

② 대한민국에서 발견된 기아(棄兒)는 대한민국에서 출생한 것으로 추정한다.

③ 부(父) 또는 모(母)가 대한민국의 국민이었던 외국인은 대한민국에 일정기간 거주하지 않아도 귀화허가를 받을 수 있다.

④ 외국인의 자(子)로서 대한민국의 「민법」상 미성년인 자는 부(父) 또는 모(母)가 귀화허가를 신청할 때 함께 국적 취득을 신청할 수 있다.

⑤ 대한민국 국적을 취득한 외국인으로서 외국 국적을 가지고 있는 자는 대한민국 국적을 취득한 날부터 1년 내에 그 외국 국적을 포기하여야 한다.

Advice ③ 부 또는 모가 대한민국의 국민이었던 자에 해당하는 외국인으로서 대한민국에 3년 이상 계속하여 주소가 있는 자는 제5조 제1호의 요건을 갖추지 아니하여도 귀화허가를 받을 수 있다〈국적법 제6조〉.
①② 〈국적법 제2조〉
④ 〈국적법 제8조〉
⑤ 〈국적법 제10조〉

2 다음 중 행복추구권에 대한 설명으로 옳은 것은? (다툼이 있는 경우 헌법재판소 판례에 의함)

① 현행헌법에서 인간의 존엄과 가치와 행복추구권을 처음 규정하였다.

② 공법인도 행복추구권의 주체가 될 수 있다.

③ 소비자가 자신의 의사에 따라 자유롭게 상품을 선택할 수 있는 소비자의 자기결정권은 행복추구권과는 무관하다.

④ 18세 미만자의 노래방출입제한을 통해 얻을 수 있는 공익이 이로 인해 제한되는 행복추구권의 법익보다 크다.

⑤ 행복추구권은 국민이 행복을 추구하기 위하여 필요한 급부를 국가에 대하여 적극적으로 요구할 수 있는 것을 기본적인 내용으로 한다.

Advice ④ 노래연습장에 대하여 18세 미만자의 출입을 금지시킴으로써 노래연습장업자가 입게될 불이익보다는 18세 미만자의 출입을 방치함으로써 초래되는 청소년보호에 관한 공적 불이익이 크다고 할 것이므로, 노래연습장에 18세 미만자의 출입을 금지하는 이 사건 법령조항들은 법익의 균형성의 원칙에도 위배되는 것으로 볼 수 없다(헌재 1996.2.29. 94헌마13).

① 현행헌법은 제9차 개헌 이후의 헌법이다. 인간의 존엄과 가치는 제5차 개헌에서 처음 도입하였고, 행복추구권은 제8차 개헌에서 신설되었다.

② 국가나 국가기관 또는 국가조직의 일부나 공법인은 기본권의 '수범자(Adressat)'이지 기본권의 주체로서 그 '소지자(Trager)'가 아니고 오히려 국민의 기본권을 보호 내지 실현해야 할 '책임'과 '의무'를 지니고 있는 지위에 있을 뿐이므로, 국가기관인 국회의 일부조직인 국회의 노동위원회는 기본권의 주체가 될 수 없고 따라서 헌법소원을 제기할 수 있는 적격이 없다(헌재 1994.12.29. 93헌마120).

③ …소비자가 자신의 의사에 따라 자유롭게 상품을 선택하는 것을 제약함으로써 소비자의 행복추구권에서 파생되는 "자기결정권"도 제한하고 있다(헌재 1996.12.26. 96헌가18).

⑤ 헌법 제10조의 행복추구권은 국민이 행복을 추구하기 위하여 필요한 급부를 국가에게 적극적으로 요구할 수 있는 것을 내용으로 하는 것이 아니라, 국민이 행복을 추구하기 위한 활동을 국가권력의 간섭 없이 자유롭게 할 수 있다는 포괄적인 의미의 자유권으로서의 성격을 가지는데…(헌재 2000.6.1. 98헌마216)

3 다음 중 정당의 자유에 대한 설명으로 옳지 않은 것은? (다툼이 있는 경우 헌법재판소 판례에 의함)

① 오늘날 대의민주주의에서 차지하는 정당의 기능을 고려하여, 헌법 제8조 제1항은 국민 누구나가 원칙적으로 국가의 간섭을 받지 아니하고 정당을 설립할 권리를 기본권으로 보장함과 아울러 복수정당제를 제도적으로 보장하고 있다.

② 헌법 제8조 제1항 전단은 단지 정당설립의 자유만을 명시적으로 규정하고 있지만, 정당설립의 자유는 당연히 정당존속의 자유와 정당활동의 자유를 포함하는 것이다.

③ 입법자는 정당설립의 자유를 최대한 보장하는 방향으로 입법하여야 하고, 헌법재판소는 정당설립의 자유를 제한하는 법률의 합헌성을 심사할 때에 엄격한 비례심사를 하여야 한다.

④ 국회의원선거에 참여하여 의석을 얻지 못하고 유효투표총수의 100분의 2 이상을 득표하지 못한 정당에 대해 그 등록을 취소하도록 하는 「정당법」 조항은 정당설립의 자유를 침해하는 것은 아니다.

⑤ 정당의 명칭은 그 정당의 정책과 정치적 신념을 나타내는 대표적인 표지에 해당하므로, 정당설립의 자유는 자신들이 원하는 명칭을 사용하여 정당을 설립하거나 정당활동을 할 자유도 포함한다.

Advice ④ 현재의 법체계 아래에서도 입법목적을 실현할 수 있는 다른 장치가 마련되어 있으므로, 정당등록취소조항은 침해의 최소성 요건을 갖추지 못하였다. 나아가, 정당등록취소조항은 어느 정당이 대통령선거나 지방자치선거에서 아무리 좋은 성과를 올리더라도 국회의원선거에서 일정 수준의 지지를 얻는 데 실패하면 등록이 취소될 수밖에 없어 불합리하고, 신생·군소정당으로 하여금 국회의원선거에의 참여 자체를 포기하게 할 우려도 있어 법익의 균형성 요건도 갖추지 못하였다. 따라서 정당등록취소조항[국회의원선거에 참여하여 의석을 얻지 못하고 유효투표총수의 100분의 2 이상을 득표하지 못한 정당에 대해 그 등록을 취소하도록 한 정당법(2005. 8. 4. 법률 제7683호로 개정된 것) 제44조 제1항 제3호]은 과잉금지원칙에 위반되어 청구인들의 정당설립의 자유를 침해한다(헌재 2014.1.28. 2012헌마431).
①②③⑤ 헌재 2014.1.28. 2012헌마431

4 다음 중 사생활의 비밀과 자유에 대한 설명으로 옳지 않은 것은? (다툼이 있는 경우 헌법재판소 판례에 의함)

① 존속상해치사죄를 가중처벌하는 것이 사생활의 자유를 침해하는 것은 아니다.

② 공직선거후보자로 등록하고자 하는 자가 제출하여야 하는 금고이상의 형의 범죄경력에 실효된 형까지 포함하도록 하는 것은 사생활의 비밀과 자유를 침해한다.

③ 4급 이상 공무원의 병역면제 사유인 질병명 공개는 사생활의 비밀과 자유를 침해한다.

④ 국정감사는 개인의 사생활을 침해하여서는 아니된다.

⑤ 구치소장이 수용자의 거실에 CCTV를 설치하여 계호한 행위가 수용자의 사생활의 비밀과 자유를 침해하는 것은 아니다.

Advice ② 금고 이상의 범죄경력에 실효된 형을 포함시키는 이유는 선거권자가 공직후보자의 자질과 적격성을 판단할 수 있도록 하기 위한 점, 전과기록은 통상 공개재판에서 이루어진 국가의 사법작용의 결과라는 점, 전과기록의 범위와 공개시기 등이 한정되어 있는 점 등을 종합하면, 이 사건 법률조항은 피해최소성의 원칙에 반한다고 볼 수 없고, 공익적 목적을 위하여 공직선거 후보자의 사생활의 비밀과 자유를 한정적으로 제한하는 것이어서 법익균형성의 원칙도 충족한다. 따라서 이 사건 법률조항은 청구인들의 사생활의 비밀과 자유를 침해한다고 볼 수 없다(헌재 2008.4.24. 2006헌마402).
① 헌재 2002.3.28. 2000헌바53
③ 헌재 2007.5.31. 2005헌마1139
④ 〈국정감사 및 조사에 관한 법률 제8조〉
⑤ 헌재 2016.4.28. 2012헌마549

5 다음 중 청원권에 대한 설명으로 옳은 것은? (다툼이 있는 경우 헌법재판소 판례에 의함)

① 모든 국민은 법률이 정하는 바에 의하여 국가기관에 문서로 청원할 권리를 가지고, 국가는 청원에 대하여 심사할 의무를 지므로 청원인이 기대한 바에 미치지 못하는 처리내용은 헌법소원의 대상이 되는 공권력의 불행사이다.

② 청원권의 보호범위에는 청원사항의 처리결과에 심판서나 재결서에 준하여 이유를 명시할 것까지를 요구하는 것을 포함하는 것은 아니다.

③ 청원권은 특히 국회와 국민의 유대를 지속시켜 주는 수단이기 때문에 국회의 경우에는 국회의원의 소개를 받아서 청원을 하여야 하지만, 지방의회의 경우에는 지방의회의원의 소개를 얻지 않고서 가능하다.

④ 동일인이 동일한 내용의 청원서를 동일한 기관에 2건 이상 제출하거나 2 이상의 기관에 제출한 때에는 청원에 대한 심사 의무가 발생하지 않는다.

⑤ 청원서를 접수한 기관은 청원사항이 그 기관이 관장하는 사항이 아니라고 인정되는 때에는 청원인에게 청원서를 반려하여야 한다.

Advice ② 청원사항의 처리결과에 심판서나 재결서에 준하여 이유를 명시할 것까지를 요구하는 것은 청원권의 보호범위에 포함되지 아니하므로 청원 소관관서는 청원법이 정하는 절차와 범위내에서 청원사항을 성실·공정·신속히 심사하고 청원인에게 그 청원을 어떻게 처리하였거나 처리하려고 하는지를 알 수 있는 정도로 결과통지함으로써 충분하고, 비록 그 처리내용이 청원인이 기대하는 바에 미치지 않는다고 하더라도 헌법소원의 대상이 되는 공권력의 행사 내지 불행사라고는 볼 수 없다(헌재 1997.7.16. 93헌마239).

① 적법한 청원에 대하여 국가기관이 수리, 심사하여 그 처리결과를 청원인 등에게 통지하였다면 이로써 당해 국가기관은 헌법 및 청원법상의 의무이행을 필한 것이라 할 것이고, 비록 그 처리내용이 청원인 등이 기대한 바에 미치지 않는다고 하더라도 더이상 헌법소원의 대상이 되는 공권력의 행사 내지 불행사라고는 볼 수 없다(헌재 1994.2.24. 93헌마213).

③ 국회에 청원을 하려고 하는 자는 의원의 소개를 얻어 청원서를 제출하여야 한다〈국회법 제123조 제1항〉. 지방의회에 청원을 하려는 자는 지방의회의원의 소개를 받아 청원서를 제출하여야 한다〈지방자치법 제73조 제1항〉.

④ 동일인이 동일한 내용의 청원서를 동일한 기관에 2건 이상 제출하거나 2 이상의 기관에 제출한 때에는 나중에 접수된 청원서는 이를 반려할 수 있다〈청원법 제8조〉.

⑤ 청원서를 접수한 기관은 청원사항이 그 기관이 관장하는 사항이 아니라고 인정되는 때에는 그 청원사항을 관장하는 기관에 청원서를 이송하고 이를 청원인에게 통지하여야 한다〈청원법 제7조 제3항〉.

6 다음 중 국회의 의사절차원칙에 대한 설명으로 옳지 않은 것은? (다툼이 있는 경우 헌법재판소 판례에 의함)

① 국회에 제출된 법률안 기타의 의안은 회기 중에 의결되지 못한 이유로 폐기되지 아니한다는 회기계속의 원칙은 의원의 임기만료 시에는 예외가 인정된다.

② 위원회에서 본회의에 부의할 필요가 없다고 결정된 의안을 본회의에서 다시 심의하더라도 이는 동일 사안의 재의가 아니다.

③ 가부동수가 된 안건을 같은 회기 중 다시 발의하는 것은 일사부재의 원칙에 위배된다.

④ 법률안에 대한 본회의의 표결이 종료되어 재적의원 과반수의 출석에 미달되었음이 확인된 경우에는, 출석의원 과반수의 찬성에 미달한 경우와 마찬가지로 국회의 의사는 부결로 확정되었다고 보아야 한다.

⑤ 의사공개의 원칙은 본회의에만 적용되고 위원회에는 적용되지 않는다.

Advice ⑤ 오늘날 국회기능의 중점이 본회의에서 위원회로 옮겨져 위원회중심주의로 운영되고 있고, 법안 등의 의안에 대한 실질적인 심의가 위원회에서 이루어지고 있음은 주지의 사실인바, 헌법 제50조 제1항이 천명하고 있는 의사공개의 원칙은 위원회의 회의에도 당연히 적용되는 것으로 보아야 한다. 의사공개에 관한 국회법의 규정 또한 이러한 헌법원칙을 반영하고 있다. 국회법 제75조 제1항은 "본회의는 공개한다"고 하여 본회의공개원칙을, 동법 제65조 제4항은 "청문회는 공개한다"고 하여 위원회에서 개최하는 청문회공개원칙을 분명히 밝히고 있으며, 국회법 제71조는 본회의에 관한 규정을 위원회에 대하여 준용하도록 규정하고 있다(헌재 2000.6.29. 98헌마443).

① 〈제51조〉

② 부결된 안건은 같은 회기중에 다시 발의 또는 제출하지 못한다〈국회법 제92조〉는 조항에도 불구하고 위원회의 의결은 국회 자체의 결정이 아니므로 본회의에서 다시 심의할지라도 동일사안의 재의가 아니다. 또한 〈국회법〉에서도 '위원회에서 본회의에 부의할 필요가 없다고 결정된 의안은 본회의에 부의하지 아니한다. 그러나 위원회의 결정이 본회의에 보고된 날로부터 폐회 또는 휴회중의 기간을 제외한 7일 이내에 의원 30인 이상의 요구가 있을 때에는 그 의안을 본회의에 부의하여야 한다.〈국회법 제87조 제1항〉'고 명시하고 있다.

③ 부결된 안건은 같은 회기중에 다시 발의 또는 제출하지 못한다〈국회법 제92조〉는 것이 일사부재의의 원칙이며, 가부동수인 때에는 부결된 것으로 본다〈제49조〉.

④ 헌재 2009.10.29. 2009헌라8

7 다음 중 권한쟁의심판에 대한 설명으로 옳지 않은 것은? (다툼이 있는 경우 헌법재판소 판례에 의함)

① 국회의원과 국회의장은 헌법 제111조 제1항 제4호의 "국가기관"에 해당하므로 권한쟁의심판의 당사자가 될 수 있다.

②「헌법재판소법」이 국가기관 상호간의 권한쟁의심판을 "국회, 정부, 법원 및 중앙선거관리위원회 상호간의 권한쟁의심판"이라고 규정하고 있더라도 이는 한정적, 열거적인 조항이 아니라 예시적인 조항이라고 해석하는 것이 헌법에 합치된다.

③ 지방자치단체의 장이 국가위임 사무에 대해 국가기관의 지위에서 처분을 행한 경우에는 권한쟁의심판 청구의 당사자가 될 수 있다.

④ 국회의 구성원인 국회의원들은 국회의 "예산 외에 국가의 부담이 될 계약"의 체결에 있어 대통령에 대하여 동의권의 침해를 주장하는 권한쟁의심판을 청구할 수 있다.

⑤ 권한쟁의심판의 대상으로서의 처분은 입법행위와 같은 법률의 제정 또는 개정과 관련된 권한의 존부 및 행사상의 다툼, 행정처분은 물론 행정입법과 같은 모든 행정작용 그리고 법원의 재판 및 사법행정작용 등을 포함하는 넓은 의미의 공권력처분을 의미하는 것으로 보아야 한다.

Advice ④ 권한쟁의심판의 청구인(국회의원들)은 청구인의 권한침해만을 주장할 수 있도록 하고 있을 뿐, 국가기관의 부분기관이 자신의 이름으로 소속기관의 권한을 주장할 수 있는 '제3자 소송담당'의 가능성을 명시적으로 규정하고 있지 않은 현행법 체계에서 국회의 구성원인 청구인들은 국회의 '예산 외에 국가의 부담이 될 계약'의 체결에 있어 동의권의 침해를 주장하는 권한쟁의심판을 청구할 수 없다(헌재 2008.1.17. 2005헌라10).
①② 헌재 1997.7.16. 96헌라2
③ 헌재 2006.8.31. 2003헌라1
⑤ 헌재 2006.5.25. 2005헌라4

8 다음 중 대통령의 사면권에 대한 설명으로 옳지 않은 것은?

① 대통령의 일반사면은 죄를 범한 자에 대하여 국회의 동의를 얻어 법률의 형식으로 한다.

② 특별한 규정이 없는 한 대통령의 일반사면은 형 선고의 효력이 상실되며 형을 선고받지 아니한 자에 대하여는 공소권이 상실된다.

③ 대통령의 특별사면은 법무부장관이 사면심사위원회의 심사를 거쳐 대통령에게 상신하여야 한다.

④ 대통령의 특별사면은 형을 선고받은 자의 형 집행을 면제하는 것을 원칙으로 한다.

⑤ 형의 선고에 따라 이미 완성된 효과는 사면으로 인하여 변경되지 않는다.

Advice ① 일반사면은 죄를 범한 자를 대상으로 하며〈사면법 제3조 제1호〉, 일반사면을 명하려면 국회의 동의를 얻어야 하고〈제79조 제2항〉, 일반사면은 대통령령으로 한다〈사면법 제8조〉.
② 〈사면법 제5조 제1항 제1호〉
③ 〈사면법 제10조 제1항, 제2항〉
④ 〈사면법 제3조 제2호, 제5조 제1항 제2호〉
⑤ 〈사면법 제5조 제2항〉

9 다음 중 현행헌법이 명문으로 규칙제정권을 부여하고 있지 않은 국가기관은?

① 국회
② 대법원
③ 감사원
④ 중앙선거관리위원회
⑤ 헌법재판소

Advice ① 〈제64조 제1항〉
② 〈제108조〉
④ 〈제114조 제6항〉
⑤ 〈제113조 제2항〉

10 다음 중 국회 위원회의 권한에 대한 설명으로 옳은 것은?

① 상임위원회는 위원회 또는 상설소위원회를 정기적으로 개회하여 그 소관 중앙행정기관이 제출한 부령에 대하여 법률에의 위반여부 등을 검토하여 당해 부령이 법률의 취지 또는 내용에 합치되지 아니하다고 판단되는 경우 소관 중앙행정기관의 장에게 그 내용을 통보할 수 있다.

② 위원회는 중요한 안건 또는 전문지식을 요하는 안건을 심사하기 위하여 그 의결 또는 재적위원 4분의 1 이상의 요구로 공청회를 열고 이해관계자 또는 학식·경험이 있는 자 등으로부터 의견을 들을 수 있다.

③ 정보위원회는 그 소관사항을 분담·심사하기 위하여 상설소위원회를 둘 수 있다.

④ 상임위원회는 총리령, 부령이 법률의 취지 또는 내용에 합치되지 않는다고 판단한 경우에는 소관 행정기관의 장에게 수정·변경을 요구할 수 있다.

⑤ 위원회는 소관 현안, 중요한 안건의 심사와 국정감사 및 국정조사에 필요한 경우 증인·감정인·참고인으로부터 증언·진술의 청취와 증거의 채택을 위하여 그 의결로 청문회를 열 수 있다.

Advice ①④ 상임위원회는 위원회 또는 상설소위원회를 정기적으로 개회하여 그 소관중앙행정기관이 제출한 대통령령·총리령 및 부령(대통령령 등)에 대하여 법률에의 위반여부 등을 검토하여 당해 대통령령 등이 법률의 취지 또는 내용에 합치되지 아니하다고 판단되는 경우에는 소관중앙행정기관의 장에게 그 내용을 통보할 수 있다〈국회법 제98조의2 제3항〉.

② 위원회(소위원회 포함)는 중요한 안건 또는 전문지식을 요하는 안건을 심사하기 위하여 그 의결 또는 재적위원 3분의 1 이상의 요구로 공청회를 열고 이해관계자 또는 학식·경험이 있는 자 등(진술인)으로부터 의견을 들을 수 있다〈국회법 제64조 제1항〉.

③ 상임위원회(정보위원회를 제외한다)는 그 소관사항을 분담·심사하기 위하여 상설소위원회를 둘 수 있다〈국회법 제57조 제2항〉.

⑤ 위원회(소위원회 포함)는 중요한 안건의 심사와 국정감사 및 국정조사에 필요한 경우 증인·감정인·참고인으로부터 증언·진술의 청취와 증거의 채택을 위하여 그 의결로 청문회를 열 수 있다〈국회법 제65조 제1항〉.

 **Answer** 7.④ 8.① 9.③ 10.①

11 다음 중 대의제 원리에 대한 설명으로 옳지 않은 것은? (다툼이 있는 경우 헌법재판소 판례에 의함)

① 국회의원은 정당의 대표가 아니라 국민 전체의 대표이기 때문에 당선 당시의 당적을 이탈·변경하더라도 국회의원의 직을 상실하지 않는다.

② 국회의원선거에서 유권자의 의사에 의하여 설정된 국회의 정당 간 의석분포가 존속될 것이라는 내용의 '국회구성권'은 헌법상 인정되지 않는다.

③ 정당이 민주적 기본질서에 위배하여 해산되는 경우에는 해당 정당에 소속된 국회의원의 신분이 상실된다.

④ 소속 정당의 의사를 따르지 않는 국회의원에 대해서 국회의원의 신분에 변동을 가하지 않으면서 본인의 의사에 반하여 소속 상임위원회를 변경하는 조치는 국회의원의 권한을 침해하는 것은 아니다.

⑤ 대의제 원리가 적용되는 민주주의에서 국민투표와 같은 직접민주주의적 요소는 헌법이 규정하는 경우에 한하여 예외적으로 적용되며, 따라서 대통령의 신임을 국민투표를 통하여 묻는 것은 헌법이 명시하지 않았기 때문에 허용되지 않는다.

Advice ① 비례대표국회의원 또는 비례대표지방의회의원이 소속정당의 합당·해산 또는 제명외의 사유로 당적을 이탈·변경하거나 2 이상의 당적을 가지고 있는 때에는 「국회법」 제136조(退職) 또는 「지방자치법」 제78조(의원의 퇴직)의 규정에 불구하고 퇴직된다〈공직선거법 제192조 제4항〉.

② 헌재 1998.10.29. 96헌마186
③ 헌재 2014.12.19. 2013헌다1
④ 헌재 2003.10.30. 2002헌라1
⑤ 헌재 2003.11.27. 2003헌마694

12 다음 중 포괄위임입법금지원칙에 대한 설명으로 옳지 않은 것은? (다툼이 있는 경우 헌법재판소 판례에 의함)

① 헌법이 인정하고 있는 위임입법의 형식은 예시적인 것으로 보아야 할 것이고, 그것은 법률이 행정규칙에 위임하더라도 그 행정규칙은 위임된 사항만을 규율할 수 있으므로, 국회입법의 원칙과 상치되지 않는다.

② 자산의 양도차익을 계산함에 있어서 그 취득시기 및 양도시기에 관하여 대통령령으로 정하도록 규정한 구「소득세법」제98조는 조세법률주의 및 포괄위임입법금지원칙에 위배된다.

③ 오늘날 일정한 범위 내에서 행정입법을 허용하게 된 동기가 사회적 변화에 대응한 입법수요의 급증과 종래의 형식적 권력분립주의로는 현대사회에 대응할 수 없다는 기능적 권력분립론에 있다는 점 등을 감안하더라도 입법의 본질사항은 의회에 유보되어야 한다.

④ 조례제정권에 대한 지나친 제약은 바람직하지 않으므로 조례에 대한 법률의 위임은 법규명령에 대한 법률의 위임과 같이 반드시 구체적으로 범위를 정하여 할 필요는 없으며 포괄적인 것으로 족하다.

⑤ '무시험 추첨배정에 의한 고등학교 입학전형제도'를 포괄적으로 교육감에 위임하고 있는 「초·중등교육법」제47조 제2항은 의회유보의 원칙에 위반되지 않는다.

Advice ② 자산의 양도차익을 계산함에 있어서 그 취득시기 및 양도시기에 관하여 대통령령으로 정한다고 규정하고 있는데, '양도' 또는 '취득'이라는 용어는 그 자체로도 어느 정도 개념 확정이 가능하므로, 이 사건 법률조항 자체에서 직접 대통령령에 규정될 내용과 범위를 한정하여 위임하고 있다. 또한 소득세법상 '양도'는 '자산이 유상으로 사실상 이전되는 것'으로 규정되어 있고, 유상거래에 있어 취득은 양도에 대응하는 개념이므로, 관련조항의 전체적·체계적 해석 및 입법취지 등을 고려할 때 이 사건 법률조항이 대통령령에 위임한 내용은 자산이 유상으로 사실상 이전되었다고 평가할 수 있는 시점이고, 그 원칙적인 기준시점은 대금청산일이 될 것이라고 일반적으로 예측할 수 있다. 따라서 이 사건 법률조항은 위임의 구체성 또는 예측가능성 요건을 갖추었다. 그렇다면 이 사건 법률조항은 조세법률주의 및 포괄위임입법금지원칙에 위배되지 아니한다(헌재 2015.7.30. 2013헌바204).

①③ 헌재 2006.12.28. 2005헌바59
④ 헌재 1995.4.20. 92헌마264
⑤ 헌재 2012.11.29. 2011헌마827

13 다음 중 신체의 자유에 대한 설명으로 옳지 않은 것은? (다툼이 있는 경우 헌법재판소 판례에 의함)

① 형벌은 범행의 경중과 행위자의 책임, 즉 형벌 사이에 비례성을 갖추어야 한다.

② 징역형 수형자에게 정역 의무를 부과하는 「형법」 제67조는 신체의 자유 침해가 아니다.

③ 범죄에 대한 형벌권은 대한민국에 있기 때문에 범죄를 저지르고 외국에서 형의 전부 혹은 일부의 집행을 받은 경우에 형을 감경 혹은 면제할 것인가의 여부를 법원이 임의로 판단할 수 있도록 한 것은 헌법에 위반되지 않는다.

④ 구속영장은 구속 전에 발부되어야 하지만 현행범인의 경우 또는 긴급체포의 경우에는 사후에 영장을 청구할 수 있다.

⑤ 행정상 즉시강제는 그 본질상 급박성을 요건으로 하고 있어 원칙적으로 영장주의가 적용되지 않는다.

✿Advice ③ 입법자는 국가형벌권의 실현과 국민의 기본권 보장의 요구를 조화시키기 위하여 형을 필요적으로 감면하거나 외국에서 집행된 형의 전부 또는 일부를 필요적으로 산입하는 등의 방법을 선택하여 청구인의 신체의 자유를 덜 침해할 수 있음에도, 이 사건 법률조항과 같이 우리 형법에 의한 처벌 시 외국에서 받은 형의 집행을 전혀 반영하지 아니할 수도 있도록 한 것은 과잉금지원칙에 위배되어 신체의 자유를 침해한다. 만약 이 사건 법률조항이 위헌결정으로 즉시 효력을 상실할 경우, 임의적으로나마 형을 감면할 근거규정이 없어지게 되어 감면 적용을 받아야 할 사람에 대하여도 감면을 할 수 없게 되므로, 법적 안정성의 관점에서 용인하기 어려운 법적 공백이 생기게 된다. 따라서 이 사건 법률조항에 대하여 헌법불합치결정을 선고하되, 2016. 12. 31.을 시한으로 입법자의 개선입법이 있을 때까지 계속적용을 명하기로 한다(헌재 2015.5.28. 2013헌바129).

① 헌재 2004.12.16. 2003헌가12

② 헌재 2012.11.29. 2011헌마318

④ 체포·구속·압수 또는 수색을 할 때에는 적법한 절차에 따라 검사의 신청에 의하여 법관이 발부한 영장을 제시하여야 한다. 다만, 현행범인인 경우와 장기 3년 이상의 형에 해당하는 죄를 범하고 도피 또는 증거인멸의 염려가 있을 때(긴급체포의 경우)에는 사후에 영장을 청구할 수 있다〈제12조 제3항〉.

⑤ 헌재 2002.10.31. 2000헌가12

14 다음 중 재판청구권에 대한 설명으로 옳지 않은 것은? (다툼이 있는 경우 헌법재판소 판례에 의함)

① 재판을 받을 권리는 사법권의 독립이 보장된 법원에서 재판을 받을 권리를 포함한다.

② 재판청구권은 권리구제절차를 규정하는 절차법에 의해서 구체적으로 형성·실현되며 동시에 이에 의하여 제한된다.

③ 군사법원에서 심판관을 일반장교로 임명할 수 있도록 규정하는 것이 재판청구권을 침해하는 것은 아니다.

④ 법관에 의한 재판을 받을 권리를 보장한다고 함은 법관이 사실을 확정하고 법률을 해석·적용하는 재판을 받을 권리를 보장하는 것이다.

⑤ 교원에 대한 징계처분에 관하여 재심청구를 거치지 아니하고서는 행정소송을 제기할 수 없도록 하는 것은 재판청구권을 침해하는 것이다.

⑤ 입법자는 행정심판을 통한 권리구제의 실효성, 행정청에 의한 자기시정의 개연성, 문제되는 행정처분의 특수성 등을 고려하여 행정심판을 임의적 전치절차로 할 것인지, 아니면 필요적 전치절차로 할 것인지를 결정하는 입법형성권을 가지고 있는데, 교원에 대한 징계처분은 그 적법성을 판단함에 있어서 전문성과 자주성에 기한 사전심사가 필요하고, 판단기관인 재심위원회의 독립성 및 공정성이 확보되어 있고 심리절차에 있어서도 상당한 정도로 사법절차가 준용되어 권리구제절차로서의 실효성을 가지고 있으며, 재판청구권의 제약은 경미한 데 비하여 그로 인하여 달성되는 공익은 크므로, 재심제도가 입법형성권의 한계를 벗어나 국민의 재판청구권을 침해하는 제도라고 할 수 없다(헌재 2007.1.17. 2005헌바86).
① 헌재 2002.2.28. 2001헌가18, 〈제101조 제3항, 제104조, 제103조, 제106조, 법원조직법 제41조 내지 제43조, 동법 제46조〉
② 헌재 2002.10.31. 2000헌가12
③ 헌재 1996.10.31. 93헌바25
④ 헌재 2013.9.26. 2012헌마562

15 다음 중 헌법이 금지하는 사전검열에 대한 설명으로 옳지 않은 것은? (다툼이 있는 경우 헌법재판소 판례에 의함)

① 사전검열로 인정되려면 사상이나 의견이 발표되기 전에 일반적으로 허가를 받기 위한 표현물의 제출의무가 있어야 한다.
② 행정권이 주체가 된 사전심사절차도 사전검열의 인정요소이다.
③ 사전검열로 인정되려면 허가를 받지 않은 의사표현의 금지도 필요하다.
④ 광고물 등의 모양, 크기, 색깔 등을 규제하는 것도 검열에 해당한다.
⑤ 자료의 납본만을 요구하는 경우에는 검열에 해당하지 않는다.

④ 헌법 제21조 제2항에서 정하는 허가나 검열은 행정권이 주체가 되어 사상이나 의견 등이 발표되기 이전에 예방적 조치로서 그 내용을 심사·선별하여 발표를 사전에 억제하는, 즉 허가받지 아니한 것의 발표를 금지하는 제도를 뜻한다. 옥외광고물등관리법 제3조는 일정한 지역·장소 및 물건에 광고물 또는 게시시설을 표시하거나 설치하는 경우에 그 광고물 등의 종류·모양·크기·색깔, 표시 또는 설치의 방법 및 기간 등을 규제하고 있을 뿐, 광고물 등의 내용을 심사·선별하여 광고물을 사전에 통제하려는 제도가 아님은 명백하므로, 헌법 제21조 제2항이 정하는 사전허가·검열에 해당되지 아니한다(헌재 1998.2.27. 96헌바2).
①②③ 헌재 1996.10.4. 93헌가13
⑤ 헌재 1992.6.26. 90헌바26

16 다음 중 헌법소원의 청구인적격에 대한 설명으로 옳은 것은? (다툼이 있는 경우 헌법재판소 판례에 의함)

① 대통령은 중앙선거관리위원회의 선거운동에 관한 정치적 의사표현의 자유제한에 대하여 헌법소원을 청구할 수 없다.

② 국회의원은 법률안 의결과 관련하여 국회의장에 대하여 법률안 심의·표결권 침해를 이유로 헌법소원을 청구할 수 있다.

③ 단체는 원칙적으로 단체 자신의 기본권을 직접 침해당한 경우에만 그의 이름으로 헌법소원을 청구할 수 있는 것이 아니라, 구성원을 위하여 또는 구성원을 대신하여서도 헌법소원을 청구할 수 있다.

④ 한국신문편집인협회가 침해받았다고 주장하는 언론·출판의 자유는 그 성질상 법인이나 권리능력 없는 사단도 누릴 수 있는 권리이므로 동 협회가 언론·출판의 자유를 직접 구체적으로 침해받은 경우에는 헌법소원을 청구할 수 있다.

⑤ MBC 문화방송은 공법상의 재단법인인 방송문화진흥회가 최다출자자인 방송사업자로서 「방송법」 등에 의하여 공법상의 의무를 부담하고 있으므로 헌법소원을 청구할 수 없다.

🐦Advice　④ 한국신문편집인협회가 침해받았다고 주장하는 언론·출판의 자유는 그 성질상 법인이나 권리능력 없는 사단도 누릴 수 있는 권리이므로 청구인협회가 언론·출판의 자유를 직접 구체적으로 침해받은 경우에는 헌법소원심판을 청구할 수 있다고 볼 것이다(헌재 1995.7.21. 92헌마177).

　① 대통령도 국민의 한사람으로서 제한적으로나마 기본권의 주체가 될 수 있는바, 대통령은 소속 정당을 위하여 정당활동을 할 수 있는 사인으로서의 지위와 국민 모두에 대한 봉사자로서 공익실현의 의무가 있는 헌법기관으로서의 지위를 동시에 갖는데 최소한 전자의 지위와 관련하여는 기본권 주체성을 갖는다고 할 수 있다(헌재 2008.1.17. 2007헌마700).

　② 입법권은 헌법 제40조에 의하여 국가기관으로서의 국회에 속하는 것이고, 국회의원이 국회 내에서 행사하는 질의권·토론권 및 표결권 등은 입법권 등 공권력을 행사하는 국가기관인 국회의 구성원의 지위에 있는 국회의원에게 부여된 권한으로서 국회의원 개인에게 헌법이 보장하는 권리 즉 기본권으로 인정된 것이라고 할 수는 없다.… "기본권의 침해"에는 해당하지 않으므로, 이러한 경우 국회의원은 개인의 권리구제수단인 헌법소원을 청구할 수 없다고 할 것이다(헌재 1995.2.23. 90헌마125). 단, 권한쟁의심판은 청구할 수 있다(헌재 2011.8.30. 2009헌라7).

　③ 단체는 원칙적으로 단체 자신의 기본권을 직접 침해당한 경우에만 그의 이름으로 헌법소원심판을 청구할 수 있을 뿐이고 그 구성원을 위하여 또는 구성원을 대신하여 헌법소원심판을 청구할 수 없다(헌재 1991.6.3. 90헌마56).

　⑤ 청구인은 공법상 재단법인인 방송문화진흥회가 최다출자자인 방송사업자로서 방송법 등 관련 규정에 의하여 공법상의 의무를 부담하고 있지만, 그 설립목적이 언론의 자유의 핵심 영역인 방송 사업이므로 이러한 업무 수행과 관련해서는 기본권 주체가 될 수 있고, 그 운영을 광고수익에 전적으로 의존하고 있는 만큼 이를 위해 사경제 주체로서 활동하는 경우에도 기본권 주체가 될 수 있다. 이 사건 심판청구는 청구인이 그 운영을 위한 영업활동의 일환으로 방송광고를 판매하는 지위에서 그 제한과 관련하여 이루어진 것이므로 그 기본권 주체성이 인정된다(헌재 2013.9.26. 2012헌마271).

17 다음 중 재산권에 대한 설명으로 옳은 것은? (다툼이 있는 경우 헌법재판소 판례에 의함)

① 토지거래허가제는 위헌이다.

② 재건축사업 진행단계에 상관없이 임대인이 갱신거절권을 행사할 수 있도록 한 구「상가건물 임대차보호법」제10조 제1항 단서 제7호는 상가임차인의 재산권을 침해한다.

③ 토지수용 시에 개발이익이 포함되지 아니한 공시지가를 기준으로 보상하는 것은 합헌이다.

④ 강제집행권도 헌법상 보호되는 재산권에 속한다.

⑤ 자신의 토지를 장래에 건축이나 개발목적으로 사용할 수 있으리라는 기대가능성이나 신뢰 및 이에 따른 지가상승의 기회는 원칙적으로 재산권의 보호범위에 속한다.

Advice ③ 토지수용법 제46조 제2항과 지가공시법 제10조 제1항 제1호가 토지수용으로 인한 손실보상액의 산정을 공시지가를 기준으로 하되, 개발이익을 배제하고, 공시기준일로부터 재결시까지의 시점보상을 인근토지의 가격변동률과 도매물가상승률 등에 의하여 행하도록 규정한 것은 헌법 제23조 제3항에 규정한 정당보상의 원리에 위배되는 것이 아니며, 또한 위 헌법 조항의 법률유보를 넘어섰다거나 과잉금지의 원칙에 위배되었다고는 볼 수 없다(헌재 1995.4.20. 93헌바20).

① 국토이용관리법 제21조의3 제1항의 토지거래허가제는 사유재산제도의 부정이 아니라 그 제한의 한 형태이고 토지의 투기적 거래의 억제를 위하여 그 처분을 제한함은 부득이한 것이므로 재산권의 본질적인 침해가 아니며, 헌법상의 경제조항에도 위배되지 아니하고 현재의 상황에서 이러한 제한수단의 선택이 헌법상의 비례의 원칙이나 과잉금지의 원칙에 위배된다고 할 수도 없다(헌재 1989.12.22. 88헌가13).

② 심판대상조항이 재건축 사유 및 재건축을 이유로 갱신거절권을 행사할 수 있는 시점 등에 대해 분명한 규정을 두고 있지 아니하여 임대인에 의해 남용될 여지가 있는 것은 사실이나, 복잡하고 다양한 재건축 사유 및 그 진행단계를 일일이 고려하여 입법하는 것이 기술적으로 어려운 점, 임대인의 갱신거절권 행사가 정당한지 여부에 대해, 법원이 구체적인 재건축 사유, 재건축사업의 실제 추진가능성 및 진행단계, 그 밖에 여러 사정을 고려하여 합목적적으로 판단하고 있는 점, 임차인의 권리는 계약갱신요구권 이외에도 우선변제권이나 차임감액청구권 등 상가건물 임대차보호법 상 다른 규정에 따라 두텁게 보호되고 있는 점 등의 사정을 종합하여 보면, 심판대상조항이 과도하게 상가임차인의 재산권을 침해한다고 볼 수 없다(헌재 2014.8.28. 2013헌바76).

④ 강제집행권은 국가가 보유하는 통치권의 한 작용으로서 민사사법권에 속하는 것이고, 채권자인 청구인들은 국가에 대하여 강제집행권의 발동을 구하는 공법상의 권능인 강제집행청구권만을 보유하고 있을 따름으로서 청구인들이 강제집행권을 침해받았다고 주장하는 권리는 헌법 제23조 제3항 소정의 재산권에 해당되지 아니한다(헌재 1998.5.28. 96헌마44).

⑤ 개발제한구역의 지정으로 인한 개발가능성의 소멸과 그에 따른 지가의 하락이나 지가상승률의 상대적 감소는 토지소유자가 감수해야 하는 사회적 제약의 범주에 속하는 것으로 보아야 한다. 자신의 토지를 장래에 건축이나 개발목적으로 사용할 수 있으리라는 기대가능성이나 신뢰 및 이에 따른 지가상승의 기회는 원칙적으로 재산권의 보호범위에 속하지 않는다(헌재 1998.12.24. 89헌마214).

18 다음 중 위헌법률심판에 대한 설명으로 옳지 않은 것은? (다툼이 있는 경우 헌법재판소 판례에 의함)

① 위헌법률심판에서 재판의 전제성이 인정되기 위해서는 구체적인 사건이 법원에 계속 중이어야 하고, 위헌 여부가 문제되는 법률이 당해 소송의 재판에 적용되어야 하며, 적용법률의 위헌 여부에 따라 당해 사건을 담당하는 법원이 다른 내용의 재판을 하는 경우에 해당하여야 한다.

② 법원이 헌법재판소에 위헌법률심판을 제청한 때에는 당해 소송사건의 재판은 헌법재판소의 결정이 있을 때까지 정지된다.

③ 법률의 효력을 갖는 관습법은 위헌법률심판의 대상에 해당된다.

④ 위헌법률심판에서 재판관 5인이 단순위헌의견, 2인이 헌법불합치의견, 그리고 2인이 합헌의견을 낸 경우에는 헌법불합치결정의 주문을 채택한다.

⑤ 형벌에 관한 법률 조항에 대한 위헌결정은 소급효를 가지지만 해당 법률 또는 법률 조항에 대하여 종전에 합헌결정이 있는 경우에는 그 결정이 있는 날로부터 효력을 상실한다.

Advice ⑤ 형벌에 관한 법률 또는 법률의 조항은 소급하여 그 효력을 상실한다. 다만, 해당 법률 또는 법률의 조항에 대하여 종전에 합헌으로 결정한 사건이 있는 경우에는 그 결정이 있는 날의 다음 날로 소급하여 효력을 상실한다〈헌법재판소법 제47조 제3항〉.
① 헌재 1992.12.24. 92헌가8
② 〈헌법재판소법 제42조 제1항〉
③ 헌재 2013.2.28. 2009헌바129
④ 주문형식은 청구인에게 유리한 것부터 산입해가며, 정족수를 충족하는 순간의 주문형식이 최종 주문이다. [관련판례 : 이 사건 법률조항들이 헌법에 위반된다는 의견이 5인이고, 헌법에 합치되지 아니한다는 의견이 2인이므로, 단순위헌 의견에 헌법불합치 의견을 합산하면 헌법재판소법 제23조 제2항 제1호에 규정된 법률의 위헌결정을 함에 필요한 심판정족수에 이르게 된다. 따라서 이 사건 법률조항들에 대하여 헌법에 합치되지 아니한다고 선언…(헌재 2009.9.24. 2008헌가25)]

19 다음 중 국회의 입법과정에 대한 설명으로 옳지 않은 것은?

① 국회의 위원회도 그 소관에 속하는 사항에 대해서는 법률안을 제출할 수 있다.

② 정부가 예산 또는 기금상의 조치가 수반되는 법률안을 제출하는 경우에는 재원조달방안을 비용추계서로 갈음하여 제출할 수 있다.

③ 국회의장은 법률안이 제출되면 이를 의원에게 배부하고 본회의에 보고하며 소관 상임위원회에 회부한다.

④ 위원회의 위원장은 간사와 협의하여 회부된 법률안(체계·자구 심사를 위해 법제사법위원회에 회부된 법률안은 제외한다)에 대하여 원칙적으로 입법예고하여야 한다.

⑤ 위원회의 심사를 거친 안건에 대해서는 본회의의 의결로 질의와 토론 또는 그 중의 하나를 생략할 수 있다.

Advice ② 정부가 예산 또는 기금상의 조치를 수반하는 의안을 제출하는 경우에는 그 의안의 시행에 수반될 것으로 예상되는 비용에 대한 추계서와 이에 상응하는 재원조달방안에 관한 자료를 의안에 첨부하여야 한다〈국회법 제79조의2 제3항〉.
① 〈국회법 제51조 제1항〉
③ 〈국회법 제81조 제1항〉
④ 〈국회법 제82조의2 제1항〉
⑤ 〈국회법 제93조〉

20 다음 중 우리나라 헌정사에 대한 설명으로 옳지 않은 것은?

① 제헌헌법은 중요한 운수, 통신, 금융, 보험, 전기, 수리, 수도, 가스 및 공공성을 가진 기업을 국영 혹은 공영으로 하도록 하였다.

② 제2차 개정헌법은 초대 대통령에 한하여 중임제한 규정을 적용하지 않도록 하여 초대 대통령에게 영구집권의 가능성을 열어 주었다.

③ 제3차 개정헌법은 정당에 관한 규정을 처음으로 두었고, 정당이 민주적 기본질서에 위배되는 경우에 헌법위원회의 결정에 의하여 해산될 수 있도록 하였다.

④ 제5차 개정헌법은 인간의 존엄과 가치에 관한 규정을 처음으로 도입하였다.

⑤ 제7차 개정헌법은 기본권의 본질적 내용 침해 금지 조항을 삭제하였다.

Advice　③ 제3차 개정헌법 제13조[일부개정 1960.6.15 헌법 제4호]에서 정당에 관한 규정을 처음으로 두었고 정당의 목적이나 활동이 헌법의 민주적 기본질서에 위배될 때에는 정부가 대통령의 승인을 얻어 소추하고 헌법재판소가 판결로써 그 정당의 해산을 명할 수 있도록 하였다.

공무원 기출문제집

서원각 기출문제집으로 시험 출제경향 파악하자!

▲ **기출문제 정복하기**

전 직렬 공통 필수과목
일반행정직
사회복지직
교육행정직

▲ **최신 기출문제**

필수과목/행정직
교육행정직/사회복지직

▲ **최근 5개년 기출문제**

국어/영어/한국사/사회
행정법총론/행정학개론
교육학개론

▲ **최근 10개년 기출문제**

국어/영어/한국사/사회
행정법총론/행정학개론
교육학개론

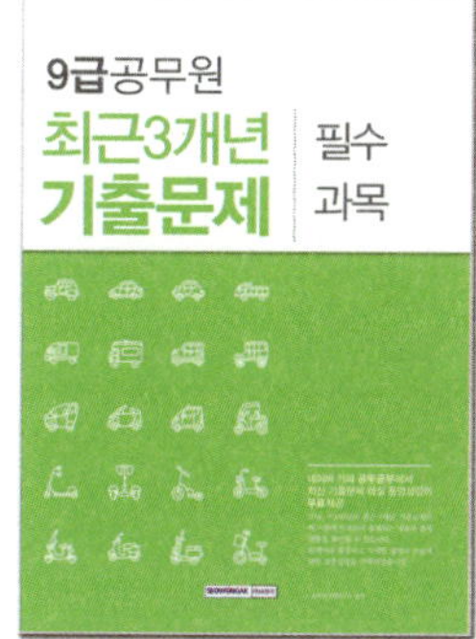

▲ **최신 3개년 기출문제**

필수과목/행정직
교육행정직/사회복지직

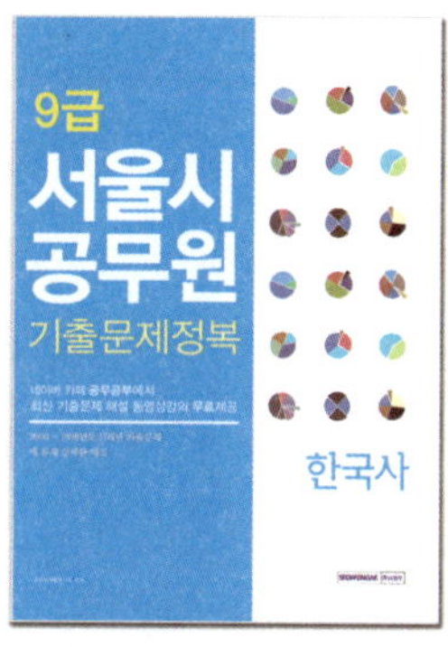

▲ **서울시 공무원**

필수과목 기출문제정복하기,
국어/영어/한국사/
행정학개론/행정법총론

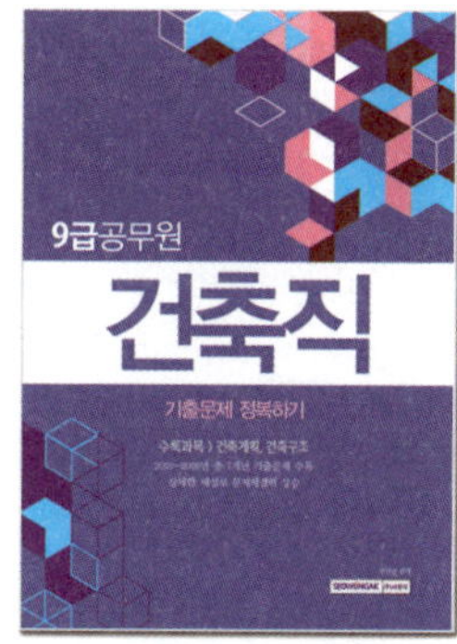

▲ **기출문제 정복하기**

9급 건축직/7급 건축직/
9급 기계직/8급 간호직/
9급 보건직

네이버 카페 검색창에서 **공무공부**를 검색하셔서 네이버 카페 공무공부에 가입하시면 각종 시험 정보를 보실 수 있습니다.

상식키우기

서원각과 함께하는 상식키우기!

▲ 공사공단 일반상식

▲ 시사일반상식

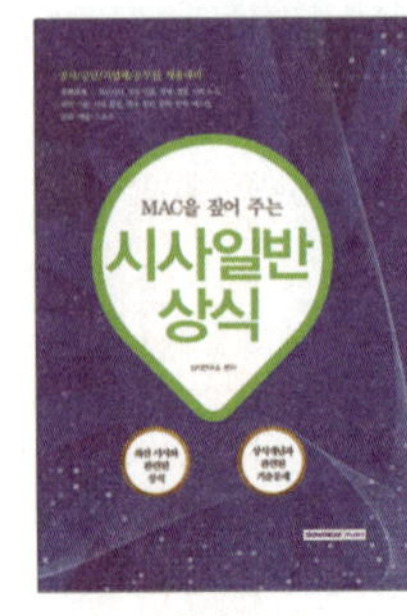
▲ MAC을 짚어 주는
시사일반상식

▼ 공사/시사 일반상식

정치·법률, 경제·경영, 사회·노동,
과학·기술, 지리·환경, 세계사·철학,
문학·한자, 매스컴, 문화·예술·스포츠
관련 상식을 중요한 것만 모아 수록하였다.

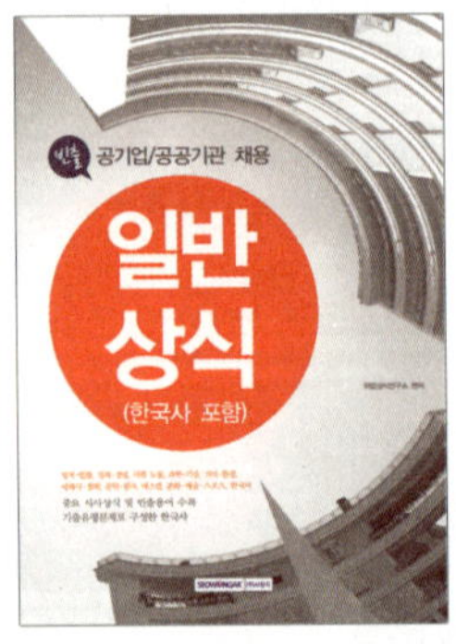
▲ 공기업/공공기관 채용
빈출 일반상식

▼ 공기업/공공기관 채용 시리즈

공기업과 공공기관 채용시험에 나올 법한 상식만을 모았다!
정치·법률, 경제·경영, 사회·노동, 과학·기술, 지리·환경,
세계사·철학, 문학·한자, 매스컴, 문화·예술·스포츠 관련 상식을
중요한 것만 모아 수록하였다. 또한 한국사의 기출유형문제를
정리하여 포함하였다.

빈출 일반상식 – 중요 시사상식 및 빈출용어 수록
간추린 일반상식 – 출제가 예상되는 문제와 해설 수록

▲ 경제용어사전

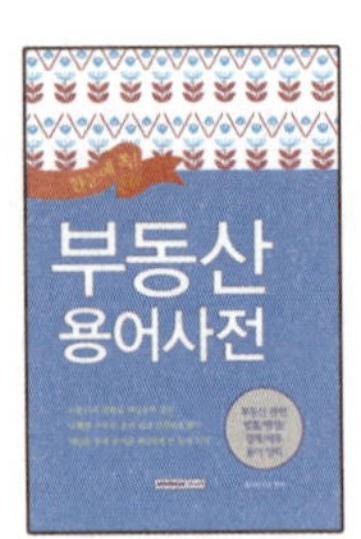
▲ 부동산용어사전

▼ 한눈에 쏙! 시리즈

경제용어사전 – 단기간에 완성하는 경제용어 및 금융상식
시사용어사전 – 시사용어 및 시사 상식을 한눈에 쏙
부동산용어사전 – 부동산과 관련된 핵심 용어를 쉽고 간결하게 정리